地势坤，君子以厚德载物。

Voices of
a People's History of
the United States

另一半美国史

民主进程中被掩藏的声音

〔美〕霍华德·津恩　安东尼·阿诺夫 著
汪小英　邱霜霜 译

浙江人民出版社

浙江省版权局
著作权合同登记章
图字：11-2017-54号

图书在版编目（CIP）数据

另一半美国史 /（美）津恩，（美）阿诺夫著；汪小英，邱霜霜译．—杭州：浙江人民出版社，2017.9
ISBN 978-7-213-07355-7

Ⅰ．①另… Ⅱ．①津… ②阿… ③汪… ④邱… Ⅲ．①美国—历史 Ⅳ．① K712

中国版本图书馆 CIP 数据核字（2016）第 104887 号

另一半美国史
〔美〕霍华德·津恩　安东尼·阿诺夫　著
汪小英　邱霜霜　译

出版发行　浙江人民出版社（杭州市体育场路 347 号　邮编 310006）
责任编辑　张世琼
责任校对　王欢燕　杨　帆　张志疆
封面设计　南　番
电脑制版　顾小固
印　　刷　三河市文通印刷包装有限公司
开　　本　700 毫米 ×980 毫米　1/16
印　　张　33.5
字　　数　557 千字
版　　次　2017 年 9 月第 1 版
印　　次　2017 年 9 月第 1 次印刷
书　　号　ISBN　978-7-213-07355-7
定　　价　49.80 元

如发现印装质量问题，影响阅读，请与市场部联系调换。
质量投诉电话：010-82069336

致谢

首先，我们要感谢的是我们的编辑和朋友丹·西蒙，他不仅构想并完成本书，还是本书公认的最忠实的倡导者。

两位身经百战、富有真知灼见的研究员给了我们宝贵的帮助，理应特别感谢。乔伊·福克斯在我们举步维艰的起步阶段提供了帮助，杰西·金迪格在最后阶段协助了我们。少了他们中的哪一个，本书都不会到诸位手中。

布伦达·库格林长期不辞辛劳地协助我们的编辑和调研工作，更重要的是，在我们感到完成无望时，她让我们铭记本书的重要性。

也要感谢哈珀·柯林斯出版社的休·范·杜森对本书长达二十多年的支持。

哈佛大学工会计划的伊莱恩·伯纳德极力推进启动会议并开展调查，本书由此开始。

雷·拉斐尔、伊丽莎白·马里内斯和大卫·威廉斯为我们提供了宝贵的编辑、推荐和指导建议。

万分感谢乔治·莫雷尔解决了授权许可问题，还要感谢保罗·阿布鲁佐在本书刚成型阶段进行了一些初期的调查。

塞瑞斯·菲利普斯、达奥·X.陈、皮特·兰菲尔、劳拉·德凯、莫妮可·珍妮·多尔斯、大卫·瑟斯顿、克里斯·彼得森、罗西·盖洛、斯托里·李·马特金罗恩和梅雷迪思·克罗德纳都对我们的调查工作做出了重要贡献，他们花了大量时间翻阅旧手稿和查看微缩胶卷。

乔恩·吉伯为本书做了费力的出版工作，值得特别感谢。

手稿完成后，谢伊·迪安展现了她超凡的编辑能力。

纽约大学历史图书管理员安德鲁·H.李给我们的调查提供了重要帮助。在协助调查方面，我们要感谢的还有：纽约大学劳动档案馆的赖安·尼克尔、塔米蒙特·莱伯勒里和罗伯特·F.瓦格纳，加利福尼亚大学伯克利分校班克罗夫特图书馆的大卫·凯斯勒和艾米莉亚·哈勒姆，华盛顿大学哈利桥西雅图劳工研究中心，西雅图公共图书馆的斯蒂芬·基索，加利福尼亚电子图书馆，加利福尼亚在线档案馆，路易斯维尔大学图书馆的谢莉·F.波森和大卫·G.霍瓦特，路易斯维尔免费公共图书馆的汤姆·哈丁，内布拉斯加州历史协会的安·比尔斯贝奇，太平洋无线档案馆的布赖恩·德谢佐，纽约历史协会的约瑟夫·迪特，加利福尼亚大学伯克利分校爱玛·戈尔德曼文件项目的坎迪斯·福尔克，纽约公共图书馆，印第安纳州布卢明顿印第安纳大学的安·布里斯托，密歇根底特律韦恩州立大学劳工和城市问题档案馆的威廉·勒费夫尔，弗吉尼亚历史协会的托妮·M.卡特，哈利·埃尔金斯·威德纳图书馆和哈佛所有的图书馆，波士顿公共图书馆，纽约历史协会，芝加哥历史协会，朔姆堡黑人文化研究中心，还有其他所有为我们的研究提供帮助的图书馆。

我们也要感谢帮助我们获得珍贵文献和特别许可的人，他们是：广播电台的大卫·巴萨米安、琼·缪拉、约翰娜·劳伦森、朱莉·黛蒙德、尤兰达·休伊特沃恩、威尼·布赖内斯，《社会主义工人》杂志编辑艾伦·马斯，《国际社会主义评论》编辑保罗·达马托，秣市图书公司的比尔·罗伯茨、苏珊·罗森塔尔，《今日民主》节目主持人艾米·古德曼及其外联主任丹尼斯·莫伊尼汉，沃姆广播的鲍勃·西伊，政治研究协会的奇普·伯利、罗伯托·巴雷托、伊斯梅尔·瓜达卢普·奥尔蒂斯、玛丽安·赖特·埃德尔曼、帕蒂·史密斯、罗伯特·比尔斯，伍迪·格思里基金会和档案馆的迈克尔·史密斯，《皮奥里亚星报》图书管理员朱蒂·希克斯，底特律公共图书馆的娜佳·切内帕，美国国家档案局和档案管理处手稿部的迈克尔·F.奈特，国会图书馆手稿部的小约瑟夫·L.劳，文件提供者欧内斯特·J.埃姆里奇，堪萨斯州历史协会参考书目提供者林·弗雷德里克森，托莱多大学图书馆的魏德·李、玛莎·霍尼、马丁·杜波门、乔·艾伦、威诺娜·拉杜克、奥兰多·罗德里格斯、菲利斯·罗德里格斯、安尼塔·卡梅伦、科罗拉多·阿代普特、迈克·戴维斯、小保罗·罗伯逊、辛迪和克雷格·科里。

我们要感谢的还有：安娜·保蒂斯塔、尼特·利维森、卡罗尔·苏·布伦科、帕蒂·米歇尔、詹姆斯·P.丹基、伍迪·霍尔顿、罗伯特·格罗斯、劳伦斯·古德温、罗伯特·阿诺夫、艾克·阿诺夫、苏珊娜·契伦科夫、梅雷迪思·布莱克、约翰·塞尔斯、麦琪·里兹、鲁迪·阿库纳、乔纳森·H.里斯、皮特·纳博科夫、汉斯·科宁、保罗·里格斯、马琳·马丁、阿赫麦德·邵基、莎伦·史密斯、比尔·罗伯茨、朱莉·费恩、赫伯特·阿普特克、菲利普·福纳、艾瑞克·福纳、格尔达·勒纳、杰里米·布雷彻、曼宁·马拉布尔、理查德·霍夫施塔特、迈克尔·沃伦斯、罗克珊·邓巴奥提兹、鲍勃·温、鲍勃·雷宾和别克斯岛救援与发展委员会、弗兰克·亚伯、吉姆·斯威兹、琳妮·霍兰德、吉姆·克拉奇菲尔德、哈德森莫霍克独立媒体中心、国家图书出版社的露丝·鲍尔温、玛丽亚·赫雷拉索贝克、芭芭拉·西曼、奥迪尔·西斯内罗斯、艾米·霍夫曼、马克·法夫罗、安迪·库珀史密斯、诺尔玛·卡斯蒂罗、马里察·卡斯蒂略、卢·普拉默、“军人家庭发声”组织以及莫纳米·毛利克。

感谢为本书编写教师指南的盖尔·奥尔森雷默、雷·拉斐尔、罗恩·佩里、杰克·巴雷莱、麦克·本博、塔沙·伯特歇尔哈勒、罗宾·皮克林、杰尼佛·罗斯布鲁克、科尔比·斯玛特和艾瑞克·伏尔默氏。

也要感谢塔拉·帕米特，她在本书刚开始构思时，就努力将之介绍给历史学家。

我们由衷感谢我们所选取文本的作者、转录者、记录者、发表者以及将这些文本保存多年的人，特别是那些不记名的人。

最后，我们要特别感谢罗姿和布伦达。没有你们的爱，我们将一事无成。

导　言

我的《另一半美国史》一书的读者几乎都会指出，书里有大量的引用资料，引用了逃奴、美洲原住民、农民、工人、持异议者、持不同政见者等各种各样的人的言论。我必须承认，打动读者的与其说是我本人对国家历史的评论，不如说是我所引用的诸人的言谈。

1607 年，印第安酋长波瓦坦这样恳求白人定居者："你们有可能爱不动干戈地占有，为何还要用武力强行夺取呢？"任何历史学家都难以匹敌他的口才。

黑人科学家本杰明·班纳克[①]在写给托马斯·杰弗逊的信中说："我想您是不会放过每一个能消除这种歧视、这种错误思想和观念的机会的。而对我们来说，这些观念也禁锢着我们。您的思想感情与我的思想感情是一致的，是同一个上帝平等地赐予我们大家的。我们不但肉体上相同，而且有着同样的感觉；我们被赋予了同样的才情……"

南方白人妇女莎拉·格里姆凯写道："我不为自己的性别争取权益。……我只请求我们的兄弟们，请他们高抬贵脚，从我们的颈上挪开，允许我们顶天立地地站在上帝划分给我们的地方。"

反对美墨战争的亨利·戴维·梭罗在《论公民的不服从》中写道："你可以看到一支由士兵、上校、上尉、下士、一等兵和军火搬运工组成的队伍，以令人羡慕的队列翻山越岭，奔赴战争。但是，由于他们违背了自己的意志、常情和良心，他们的行军变得异常困难，人人都感到心惊肉跳。"

逃奴杰梅恩·韦斯利·罗格恩评论 1850 年的《逃奴法案》："我的自由是

① 本杰明·班纳克：1731 年 11 月出生于马里兰州的巴尔的摩，《自由非裔美国人年鉴》作者之一，博物学家，逝于 1806 年 10 月。

天授予的，所以我要捍卫自己的自由。……我并不尊重这条法律——我不畏惧它——我不会遵守它！它剥夺了我的权益，我就宣布它无效。”

民粹主义演说家玛丽·伊丽莎白评论：“整个国家都为华尔街所有。这不再是民有、民治、民享的政府，而是为华尔街所有、由华尔街治理、为华尔街服务的政府。”

1964年，密西西比的黑人佃农范妮·露·哈默因登记投票而受到威胁。“种植园园主走过来对我说：‘范妮·露……如果你不去取消登记，你就得离开这里……因为我们还没有准备让黑人在密西西比投票。’我郑重其事地告诉他：‘我不是为你登记的，我是为我自己登记。’”

亚历克斯·莫尔纳有个21岁的儿子在驻扎于波斯湾的美国海军中服役，他在给老布什总统的信中愤怒地写道：“当伊拉克使用毒气杀害它自己的人民的时候，你在哪里？……我就希望能够通过我竭尽所能地反对美国在波斯湾地区的军事进攻行动，来支持我的儿子和他的战友们。”

所有这些声音的共同点就是他们大多被排斥在正统历史、主流媒体、标准教科书以及受控制的文化之外。总统、将军或其他“重要”人物主导历史的结果是造就了顺从的公民，他们不知道自身的力量，总是等着高高在上的救世主——不是上帝就是下一任总统——带来和平与正义。

历史，透过表象，在街道或农场里，在军营或野外营地中，在办公室或工厂里，不同的地方，有着完全不同的面目。每当不正义得到纠正，战争得到制止，女人、黑人、印第安人拿回他们应有的一切，那都是因为“小人物”发声，组织起来抗争，重现民主。

20世纪70年代，当我决定写《另一半美国史》时，我已经教了20年的历史了。当中有10年，我参与了南方的民权运动。那时，我在斯贝尔曼学院授课，那是佐治亚州亚特兰大的一所黑人女子学校。接着是为期10年的反对越南战争的活动。这些经历并不是我不偏不倚地教授和书写历史的诀窍所在。

毫无疑问，我的党派偏见在更早之前就定型了。因为我出生在移民纽约的工人阶级家庭；因为我从18岁开始做了3年的船坞工人；因为我在第二次世界大战期间担任过空军投弹手，从英格兰出发，轰炸在欧洲各个地区的目标，包括法国的大西洋海岸。

战后，我依据《退伍军人权利法案》到学院学习。那是战时的法规，使得上百万的老兵不用支付学费就能上学，也使得出身工人阶级的儿子获得了接受高等教育的机会。在正常情况下，他们是绝对上不起大学的。

我在哥伦比亚大学获得历史博士学位，但凭借我早年的经历，我知道，我在学校所学的历史“省略”了美国历史上的某些关键因素。

从我教授和书写历史开始，我对“客观性”就不抱有任何幻想，如果客观性意味着避免采取一种态度。我知道每一位历史学家（或记者，或任何叙事者）都面临着选择，从无数的事实中做出选择，展现什么，省略什么。而这种选择的结果不可避免地反映了历史学家本人的立场，无论是有意识的还是无意识的。

在美国，某些教育家和政治家坚持要学生们务必学习事实。这使我想起了查尔斯·狄更斯《艰难时世》中的人物格雷戈林，他告诫一位年轻的老师：“现在，我要的就是事实。只教这些男孩女孩事实。生活只需要事实。”

然而，纯事实并不存在，没有不受解说影响的事实。在每个呈于世人的事实背后都有一名判官，无论其叙事者是老师、作家还是任何人。判官们所下的判断就是：此事实重要，而彼事实不重要，可不予提及。

我发现一些至关重要的主题在主导美国文化的主流历史中缺失了。这些遗失不仅让我们对过去曲解，更重要的是，还误导我们的现在。

比如，阶级问题。美国教育、政治、媒体的主流文化都假装我们生活在没有阶级、利益一致的社会。美国宪法的前言宣称是为“我们人民”（we the people）而写下了这一文件。这是一个弥天大谎。宪法是1787年由55个白人制定的，他们是奴隶主、债券持有人和商人，他们建立了强大的中央政府，为他们的阶级利益服务。

将政府用于阶级目的，满足有钱有势者的需要，整个美国历史都是如此。时至今日，仍旧如此。在语言的欺骗下，（官僚机构）暗示我们，无论贫穷、富裕还是中产阶级，利益都是一致的。

于是，国家的情况都是用这样通用的概念来表述的。当总统欣然宣布“我们经济健全”时，他绝不会承认在生存线挣扎的民众的经济并不健全。同时，许多中产阶级，经济只是相对健全，而对占有全国40%财富的1%的大富翁来说，那是再健全不过的了。

阶级利益在一层名为“国家利益”的面纱下往往模糊不清。

因为我有参加战争的经历，我也了解美国参与过的所有武力交锋的历史，所以，当政府高官以“国家利益”或“国家安全”为理由为其政策辩护时，我就产生了怀疑。例如，哈里·杜鲁门在朝鲜进行“警察行动”，杀了几百万人；林登·约翰逊和理查德·尼克松在东南亚发动战争，导致300万人死亡；罗纳德·里根侵略格林纳达；老布什先后攻打巴拿马和伊拉克；比尔·克林顿一次又一次地轰炸伊拉克。

2003年春，小布什宣布轰炸伊拉克是为了国家利益，荒谬绝伦。美国人接受这个观念，只是因为政府和公共信息的主要机构将谎言铺天盖地地散播在全国——什么“大规模杀伤性武器”，什么伊拉克和基地组织的联系，统统是谎话。

当我决定写《另一半美国史》时，我决定要讲述战争的真相，不是从将军或政治首领的角度，而是从工人阶级、年轻人的角度，从那些美国军人，或是收到报丧电报的父母、妻子的角度。

我想从“敌方”的角度讲述战争的真相：在墨西哥战争中被侵略的墨西哥人；1898年被美国占领国家的古巴人；20世纪初承受毁灭性的、来势汹汹的战争；美国政府攻克菲律宾的决定，使得大约60万人死亡。

我开始学历史的时候，打动我的，我想要在我书写的历史中传达的就是民族主义狂热者如何反复灌输思想，通过孩童时期宣誓效忠，通过国歌和迎风飘扬的国旗，通过军国主义的豪言壮语，渗透到所有国家的教育体系中。

我很好奇，如果我们真的清除了全世界的国界，至少是在我们的构想中，认为无论哪个地方的孩子都与我们一样，美国的对外政策会是怎样的呢？我想，我们就不会在广岛投原子弹，在越南投凝固汽油弹，在阿富汗和伊拉克投子母弹。因为战争，在我们那个年代的战争，总是对孩子不利的战争。

当我开始撰写本书时，我受到自身经验的影响。我和家人住在南部的一个黑人社区，我在一所黑人女子学校教书，开始参与反对种族隔离的活动，我才意识到历史教学和历史书写扭曲的程度，就是将非白人一概抹除。没错，美洲原住民在历史上仍有一席之地，但一翻而过。黑人被当作奴隶，然后是得到了解放，可仍旧遭到无视。历史只是白人的历史。

从小学到研究生院，我无从知道哥伦布在新世界的登陆实际上开启了种族灭绝的历史，伊斯帕尼奥拉岛的原住民被灭绝了。或者说这是新国家“友好”扩张的第一阶段，但这其中有暴力驱逐美洲原住民，伴随着难以言说的残酷手段，在大陆的每一寸土地进行扫荡，直到无事可干……

每个美国学生都知道波士顿大屠杀引发了反抗英国的独立战争。1770年，

5个殖民地居民被英军杀死。

但是，有几个学生知道1637年在新英格兰佩科特人部落的600名男女老少遭屠杀呢？还有内战时期，科罗拉多州沙溪上百户美洲原住民家庭被美国士兵屠杀呢？

在历史教育中，找不到不断发生的屠杀黑人的事件，当地政府默不作声，尽管他们当初对着宪法宣誓，要捍卫人人平等。

例如，1917年，在圣路易斯东部，发生了诸多“种族暴乱”中的一起事件，那还是在白人主导的历史书所称的“进步时代”。大约200名黑人被杀害，使得美国黑人学者W.E.B.杜波依斯愤慨地写了一篇文章《东圣路易斯大屠杀》。表演艺术家约瑟芬·贝克说：“一想到美国，我就震惊、战栗、噩梦连连。”

我想通过书写民族史，唤醒民众反对阶级压迫、种族歧视、男女不平等和民族虚荣的强烈意识。

我也想阐明民众对现存权力潜在的对抗——美洲原住民不甘就此死去，化为乌有，黑人进行的废奴运动，近期的反对种族隔离，工人为提高工资待遇进行的罢工……

5年前，我开始着手本书的整理和编辑，我想将那些挣扎的声音，在历史书中常常缺失的声音，放到应有的位置上；我想让工人的历史，一直在战场奋战，十年复十年，百年复百年，为人类尊严而进行战斗的工人的历史崭露头角；我想让读者体验在关键时刻，我们历史中一些最大胆、最有效的政治行动，正是人类本身的声音。

约翰·布朗在审判中宣传他的理想，范妮·露·哈默为黑人登记选举所受的威胁做证，亚历克斯·莫尔纳在第一次海湾战争中代表他的儿子和我们所有的人公开反驳总统……他们的话影响并启发了许多人。这不是可有可无的言论，它激发了人们的行动。

省略或删减这些反抗的言论，就表明权势掌握在有枪、有钱、有报纸、有电话的人手中。我想指出，那些看似没有权力的人，无论是工人阶级，还是有色人种，甚至是女人，一旦他们组织起来进行反抗，付诸行动，他们就会发出政府镇压不了的声音。

目录

第一章

哥伦布和巴托洛梅·德拉斯·卡萨斯

克里斯多夫·哥伦布的日记（1492）

巴托洛梅·德拉斯·卡萨斯：关于哥伦布遗产的两种解读（1542和1550）

爱德华多·加莱亚诺：《火的记忆》（节选）（1982）

在数代美国人通过课本、学校、大众文化学习的历史中，找不到比克里斯多夫·哥伦布的事迹更严重歪曲事实的了。他被标榜为英雄人物，一个勇敢的冒险家，一个技艺高超的航海员。他漂洋过海，茫然远行，偶然之中登上一个无人知晓的大陆。

这些都是事实。然而，在这一事件中没有说明的是，在巴哈马群岛靠岸时，哥伦布和他的随员受到了原住民友好热情的欢迎。但前者为了谋求黄金，冷酷无情、不择手段，于是原住民就遭受蓄奴、苦难和死亡。

获利是哥伦布远洋之旅以及登陆后所有行为背后的驱动因素。他的航行由西班牙国王和王后资助，抱着越洋到达亚洲获取黄金和香料的希望。马可·波罗等人曾经跨大陆到达亚洲，可是，当时土耳其人占领了地中海东部，阻碍了亚欧交通，所以西班牙就需要开辟海上之路了。

哥伦布得到承诺，如果他带回黄金和香料，他将拥有新发现的大陆10%的利润和统治权。他从未到过亚洲，尽管他知道地球是圆的，但他以为的地球周长比实际的要短，所以，他到了亚洲四分之一的地方就意外出现了陆地。

他认为他碰到的原住民——印第安人中爱好和平的泰诺人和阿拉瓦克人，根本算不上人类（尽管他在日记中描述了他们的温和和慷慨），所以，他拷打他们，强迫他们为他寻找黄金。他绑架并奴役了其中几百人，强制他们在条件恶劣的矿井劳作，寻找黄金。这是伊斯帕尼奥拉岛（海地和多米尼加共和国所在的岛屿）上的印第安人灭绝的开始，也是欧洲统治西半球的开始。

我们以哥伦布第一次到达美洲的日记为首章。

我们手头能找到的第一次航行日记的唯一版本是巴托洛梅·德拉斯·卡萨斯誊写的。“由于日记原稿遗失已久，伊莎贝拉王后对哥伦布的命令只有一份完整的原件，这两份不可能再找到了，所以德拉斯·卡萨斯部分总结、部分引用的版本极为接近原版。”

历史学家奥利弗·邓恩和小詹姆斯·E.凯莱指出，德拉斯·卡萨斯的手稿也丢失了，然而，大约在1790年，又找到了一份。

值得注意的是，德拉斯·卡萨斯有时是在解说，而不是引用哥伦布的原文，因为哥伦布在写作中，用的是第三人称或将自己称为“远征军司令”。

克里斯多夫·哥伦布的日记（1492）

1492年10月11日　周四

继续向西南以西航行。此时海面风浪骤起，其势超过整个航行中迄今所遇到的任何一次风浪。水手们看见若干海燕在船的上空飞翔，在船的四周，他们还看见了绿色的灯芯草。“品达”号水手发现了一根芦苇和一根棍棒。他们还捞起另一根似用铁器打制过的小棒、一根芦苇、一簇陆生野草和一小块木板。“妮娜”号水手也发现了一些陆地的迹象，且捞起一根长满牡蛎的木棒。目睹如此迹象，人人感到宽慰，个个欣喜万分。是日，航行至日落，航程27里格。

日落后又以12海里的时速向西航行至凌晨2时，行程约90海里，即

22.5 里格。“品达”号速度最快，一直在远征军司令（哥伦布）所在的旗舰前方行驶，故首先发现大陆并发出远征军司令规定的信号。第一个发现陆地的是一个名叫罗德里格·德·特里亚纳的水手。在此之前，远征军司令曾于晚上 10 时在艉楼上发现远处似有火光，只因光线十分暗淡，无法肯定那是否确是陆地，遂叫来国王的御膳侍从佩德罗·古铁雷斯，对他说，那像是火光，令他细看。御膳侍从看后表示确实如此。

远征军司令又请来国王与王后派驻船队的督察员罗德里格·桑切斯·德·塞戈维亚，由于他所站位置不合适，所以什么也没有看见。自远征军司令发现火光后，众人也曾一两次看到过它。火光忽隐忽现，好似飘忽不定的烛光，因此很少有人认为那是陆地的迹象。但远征军司令坚信陆地已近在眼前。为此，当所有的水手都按习惯以自己的方式唱过赞美诗后，远征军司令要求他们认真瞭望，并宣布谁第一个发现了陆地，就赏谁国王允诺的 1 万马拉维迪（铜币），并额外奖赏一件丝制胡朋[①]。

凌晨 2 时，发现了陆地，当时船队离那里仅 2 里格。水手们卷起所有风帆，只留无副帆的方帆，张帆停泊至星期五。随后，3 艘船驶抵卢卡约群岛中的一个小岛，该岛被印第安人叫作瓜纳哈尼。不久，水手们便看见了岛上赤身裸体的人群。远征军司令乘武装小艇登陆，随行者是马丁·阿隆索·平松及其表兄“妮娜”号船长维森特·亚涅斯。

远征军司令双手高擎王旗，两位船长也各持一面绿十字旗。此旗是远征军司令作为帆船标志挂在船上的。旗的正反两面分别有字母“F”和“Y”（代表国王斐迪南二世和王后伊莎贝拉），字母之上各有一个王冠，王冠之上是十字。登陆后，他们看见岛上树木葱茏，水源充足，树冠挂满各种水果。远征军司令叫来两个船长和其他登陆水手，还叫来船队上的王室抄写员埃斯科贝多和罗德里格·桑切斯·德·塞戈维亚，请他们做证。他当着众人的面，以其国王和王后的名义占领了这个岛屿。应司令所请，他们做了必要的口头声明，随后，这些声明又以文字记录在案。这时，很多岛民纷纷聚拢过来。

以下是远征军司令第一次发现西印度航行的航海日记上的原话：

> 鉴于彼等十分友好，吾认为用仁爱而不必动武，即能使他们完全得到拯救，皈依吾人神圣之宗教。吾把红色四角帽赠予他们中的一些人，把玻璃念珠挂到另一些人的脖子上，还送给他们一些小玩意儿。他们

① 本处为音译。

如获至宝，十分快活，随即与吾等亲善，大大出乎吾人之意料。而后，他们还游到吾等小艇旁，带来鹦鹉、棉线团、投枪以及其他许多东西，以换取我们的小玻璃念珠、小铃铛等物品。总之，彼等取走我们的东西，又自觉留下他们的东西以做交换。吾认为彼等十分贫穷，人人身上一丝不挂，如刚出娘胎一般，连女子也一样。吾只见到一个少女，余者皆为青年男子，无一人超过30岁。彼等个个身躯魁伟、体态娇美、相貌端正。像马尾一样粗硬的短发垂于眉端，少数长发披在肩上，这部分头发好像从不剪短似的。他们有的把身体涂成褐色，有的涂成白色、红色以及其他的颜色，也有的只涂面或仅仅涂眼周和鼻子。彼等肤色不黑也不白，颇像加纳利人。

他们不携带武器，也不知武器为何物，因为当吾等拿出利剑供他们观看时，他们居然无知地用手握剑，以致自伤。他们尚无武器，所谓投枪，只是一些无铁制枪头的棍棒，也有某些投枪在棍棒的顶端绑上鱼齿或其他类似的东西充作枪尖。他们个个身材魁伟，面目善良，体魄强壮。吾见一些人身上有伤疤，遂打手势问其原因，据彼等告知，附近岛上的人曾到这里企图掳掠他们，在抵抗时受的伤。吾以为，这说明曾有人自大陆来过这里，企图把他们捉去当俘虏。

这里的人一定很顺从，也很聪明，因为他们能马上领悟吾等的意思。吾还认为，他们极易归化成为基督徒，因为据吾看，他们尚无任何教派。为取悦吾主，离此岛时，臣将给陛下带去6个人，令彼等学会吾人之语言。岛上除鹦鹉外，不见其他飞禽走兽。

1492年10月13日　周六

黎明时，很多岛民来到海滩，如上所述，他们全是青年男子，个个身材魁伟、体态健美，头发犹如马鬃，平直粗硬，额头皆比所见其他人种宽阔，眼睛不小且挺漂亮，肤色如加纳利人，无一黑人。其实他们样子本该如此，因为该岛与加纳利群岛的耶罗岛位于东西半球的同一纬线上。彼等双腿平直有力，腹部丰满但不外鼓。岛民系乘独木舟而来。此舟用一整根树干刨凿而成，很像一艘大长船。以当地的条件，能造到这般程度简直就是一大奇迹。这种舟大小不等，大至可容四五十人，小至只能容纳一人。船桨形似面包师的铲子。该舟驶得又快又稳，万一覆舟，彼等便跳入水中，把舟扶正，用所携之葫芦（已经挖空的）把水舀净。彼等携来棉线团、鹦鹉、投枪和其他东西（此处不再赘述），以换取任何吾方所给之物。

吾密切注视，仔细观察可有黄金否。果然他们中有些人在穿孔的鼻子下挂有小块黄金。借助手势，吾了解到，此岛以南有一王国拥有大量黄金。我竭力劝说彼等为吾人带路，前往该王国，可惜彼等不明吾意。吾决定明日下午离此岛向西南航行。因据当地众人所言，在此岛以南，西南和西北皆有陆地，但西北陆地上的人常来此滋事挑衅，故吾决定去西南寻找黄金和宝石。本岛面积辽阔、地势平坦、树木茂密、水源丰富。全岛无山，岛心有一大湖。整个岛屿郁郁葱葱，景色绮丽，令人赏心悦目。岛上居民十分温顺。彼等很想要吾人的东西，但又深知，如不以物交换，别人不会白给，而他们又无值得交换之物，遂随便拿起树木、物件游过来换取吾人的小东西，甚至连破汤盆、碎玻璃也如获至宝。

吾曾见有人用16团棉线仅换走3个葡萄牙塞乌第，只相当于西班牙1布朗克，而他们的棉线足有1阿罗巴重。臣当妥善保存好这些棉团，防止被他人拿走，一俟积存颇丰，遣人呈送二位陛下。这里无疑盛产棉花，无奈逗留时间短暂，吾未得见。人们系于鼻端之金显然亦系该岛所产。为不耗费时间，吾欲尽快航行，寻找西邦戈岛。此时，如同昨晚，所有土人皆乘其独木舟返回去了。

1492年10月14日　晴

天一亮，吾即吩咐备好每条帆船所携之小艇，沿岛向西北航行，以观察东侧岛情，并了解那里是否有人居住。不久，吾即见两三村庄。所有岛民纷纷跑到海边向吾等欢呼，并向上苍致意。一些人给吾等带来淡水，另一些人送来食品。岛民见吾等无意登陆，便跳水游向小艇。显然，彼等在询问吾人是否来自天上。此时，一老者也乘独木舟而来。有数人向众男女叫道，快来看这些自天而降的人，快给他们送些吃的喝的呀！不久，果然又来了许多人，其中多为女人，每人手里都带着东西，嘴里叫道，感谢上帝，时而屈身伏地，时而仰面高举双手，向上天表示感谢。然后，彼等向吾人高声呼叫，邀吾等登陆。然而，吾发现该岛四周尽是石滩，不免有些担心。石滩之间断处形成深水港湾，其面积之广，似可容纳所有基督教国家之船只，但入口处甚窄。石滩间多有暗礁，水面却如井水一般平静。

今晨，吾沿岛仔细观察岛情，以便向两位陛下奏报详情，并踏勘何处可以筑堡设防。吾发现一小块陆地形小岛，但实际并不是。那里有6户人家。

只需两天时间就能将该块陆地隔离成小岛。然吾以为无须如此，因当地人不谙军事。吾已下令俘获 6 人，拟送国王和王后两位陛下，待彼等学会吾人语言，再遣回原岛。两位陛下从 6 名土著中可以看出，彼等对军事一无所知。其实，只要国王和王后一声令下，吾等即可把所有土人带到卡斯蒂利亚，或将其全部拘留在岛上，因为我们 50 人足可征服其所有人，并随心所欲地支配他们。岛上遍地树木，满目青翠。吾从未见过如此美丽的树木，叶稠阴翠，像卡斯蒂利亚四五月间的树木一样。

此外，此地水源也极为丰富。吾踏访整个港湾后回到船上，张帆准备起航，但吾发现这里岛屿甚多，以致无法决定首先驶向何方。被吾拘留的土人打手势说，此处岛屿确实多得难以胜数，彼等也只能叫出百十个岛的名称。最后，吾选中其中最大的一个，决意先去那里。该岛距萨尔瓦多岛 5 里格，其他岛屿远近不等，但所有岛屿皆地势平坦，无山，土地十分肥沃，且都住有居民，虽然岛民生性淳朴、相貌堂堂，但岛与岛间战事十分频繁。

1492 年 10 月 15 日　周一

晚间顶风停泊。因不知那里的海岸附近有暗礁，吾担心在清晨前抵达上述岛屿恐遭不测，故黎明时分，方降下船帆。该岛离吾船至多 5 里格，原来相距 7 里格，但因海浪影响船速，故中午才驶抵该岛。萨尔瓦多岛南北走向，长 10 里格。因见此岛以西有一更大的岛，吾遂卷帆继续航行，以尽早抵达此岛的西海角。吾给此岛取名为圣马利亚·德拉·康塞普西翁。将近日落，吾方在此岛的西海角抛锚，以便观察那里是否有黄金。据吾从萨瓦尔多带来的人说，该岛居民大多戴着很大的金脚镯和金手镯。吾很清楚，彼等是在瞎说，旨在寻机逃走。纵然如此，吾下决心，凡抵达一个岛，必占领之，唯如此，才谈得上占领了所有岛屿。

近年来，人们开始反思哥伦布理想化、浪漫化的形象，也许是因为印第安人开始维护自己作为美洲大陆原住民的重要性。这样的反思，从另一个角度看哥伦布，他是欧洲封建国家到达西半球的第一个代表，他是一个一边虚伪地将自己美化为虔诚的基督徒，一边又为了黄金绑架、弄残并杀害伊斯帕尼奥拉岛上无数居民的人。

这些改变的证据来自哥伦布同代人巴托洛梅·德拉斯·卡萨斯，他曾目睹了伊斯帕尼奥拉岛上的情景。下文就是他对此的描述。

巴托洛梅·德拉斯·卡萨斯：关于哥伦布遗产的两种解读（1542和1550）

巴托洛梅·德拉斯·卡萨斯：《西印度毁灭述略》（1542）

西印度发现于1492年。翌年，便有西班牙基督徒移居该地。此后，大批西班牙人源源不断，纷至沓来，他们的第一个定居点就是幅员辽阔、美丽富饶的西班牙岛。该岛方圆600里格，周围还零零落落点缀着一些岛屿。我们发现，这些岛上都密密麻麻住满了居民，犹如挤在蜂巢里的蜜蜂，其人数比世界任何地方都多。

人们称这里的居民为印第安人。大陆与西班牙岛最近距离为250余里格，已发现的大陆海岸线长达1万里格，现在每天都有新的发现。直至1541年，在所有已发现的大陆沿海地带都辐辏稠密，到处是人，仿佛上帝特意如此安排似的。

在上帝创造的各类人种中，数这里诸岛上随处可见、数不胜数的百姓最为淳朴憨厚、心地善良。他们个个坦白诚实，对人从不虚伪狡狯，且人人天性驯良，对为之效命的天然头领和基督徒忠心耿耿。他们遇事耐心忍让、心平气和，从不飞扬跋扈、大叫大嚷。他们从不淫荡放浪，也不争吵不休；从不动辄发怒、嫉恨于人，也无世俗报复心理。他们身体单薄、瘦弱异常，不能胜任繁重劳动，而且极易死于各种疾病。其孱弱的身体甚至还不如我们娇生惯养的纨绔子弟，甚至连他们中身强力壮者也无法与后者相比。

他们生活十分清苦，全都一贫如洗，但无一人企图占有更多的财产。他们从不贪得无厌、野心勃勃，从不想方设法攫取不义之财。他们饮食粗劣，就连困于沙漠之中的圣徒们的食品也比他们略胜一筹。一般说来，他们的衣着仅是一块用于遮羞的兽皮，最多不过用一块约1.5—2巴拉见方的棉布遮身。他们仅用一张席子当床，讲究些的人也只睡在一种悬吊着的网上。西班牙岛上的语言把这种网叫作“阿马卡”。然而，他们全都心地善良、待人诚恳、思维敏捷、天资聪颖。

他们极易接受我们天主教的信仰，其良好的习俗也极少与上帝在这个世界上所规定的戒条相悖。印第安人初闻天主教的存在，就急不可待地要了解它，要去教堂做圣礼和膜拜神明，教士只有具备上帝所赋予的极大耐心，才能承受得住这种急切心情。后来，人们对我说，所有的印第安人对宗教的虔诚都是不容置疑的，一旦了解了上帝，他们肯定是这个世界上心地最善良的人。

西班牙人就像是穷凶极恶的豺狼闯进这群驯服的羔羊中来，尽管他们明明知道这群羔羊有着造物主赋予的上述种种美德。40多年来，这些西班牙人做的唯一事情就是对当地居民滥施暴行、肆意屠杀，其残暴程度令人触目惊心，真是见所未见、闻所未闻。有些暴行，下面我当详述。由于西班牙人杀人如麻，致使原来生活在西班牙岛上的300多万名土著，现在只剩下200人。

古巴岛，其长度相当于从巴利亚多利德到罗马的距离，目前也几乎渺无人烟。圣胡安岛和牙买加岛是两个极为富饶美丽的大岛，现在业已变成一片废墟。位于西班牙岛和古巴岛北部的卢卡约群岛是由“巨人群岛”和其他大大小小共60个岛屿组成的。在那里，每个岛都比塞维利亚皇家花园美丽，那是世界上最美妙的地方。过去群岛上曾有50万居民，现在已不见一人。当西班牙岛上的印第安人被赶尽杀绝后，卢卡约群岛的百姓被驱赶到那里，不久也都被折磨致死。

一个善良的基督徒，出于怜悯，想使印第安人改变信仰，皈依上帝，他乘船在各岛间航行了3年，寻找屠杀后的幸存者，仅仅找到11人，这些人我都见到了。

由于相同的原因，与圣胡安岛相邻的30多个岛屿也都变成一片废墟，这些岛屿的土地共计方圆2100里格，现在皆渺无人烟。

至于广袤的大陆，我可断言，由于西班牙人的凶残狠毒，那里的良田沃野定是满目疮痍，居民也惨遭杀戮，所剩无几，到处呈现一派荒凉凄惨景象。这个大陆的面积比10个西班牙还要大，全境长2000里格，比从塞维利亚到耶路撒冷还长两倍。

各王国里原来全都住满了有理智的印第安人。可以确切无误地说，在上述40年间，由于西班牙人极其残酷的血腥统治，有1200万无辜的印第安人惨遭杀害。实际上，我个人认为足有1500万人死于无辜。

到达西印度的所谓基督徒们，主要用两种手段摧残西印度各国百姓：一是通过非正义的、残暴、血腥的战争，二是通过残酷的剥削压榨。一些渴望自由、追求自由的人，不堪忍受酷刑，终于逃走，但大多数男人和首领被杀（一般说来，只有儿童和妇女才有可能在战争中活下来），其余的幸存者均成为奴隶，备受压榨。这种对奴隶的剥削和压榨更为残忍，就连牲畜都不堪忍受。各种各样名目繁多的灭绝印第安人的手段，归根结底都离不开上述两种主要手段。

基督徒们之所以如此杀人，仅仅是为了一个目的，即攫取黄金。他们企图在短短的几天之内就飞黄腾达、大发横财，由卑微低贱者一跃而成为上流社会的一员。由于这种越来越膨胀的黄金欲念和攫取财富的野心难以得到满足，也由于西印度土地如此富饶，居民如此谦恭、忍让，驯服犹如羔羊，所以西班牙人不顾一切，凶残地对待他们，根本不把他们放在眼里，甚至把他们看得连牲畜都不如——上帝保佑，西班牙人对牲畜还稍微珍爱些。或者说，看得连街上的粪土都不如。

我这样说，是以我在上述时间里耳闻目染的事实为根据的。西班牙人如此“关照”印第安人的生命和灵魂，乃至成千上万的人在尚未皈依宗教、没有举行洗礼的情况下就惨遭杀戮。与此相反，下面的事实又是确凿无误的，甚至连暴徒和刽子手也不得不承认：从来没有一个西印度的印第安人伤害过基督徒。相反，他们在受到多次洗劫、欺凌、镇压和侮辱之前，一直把基督徒看成是从天而降的神祇。

如上所述，西班牙岛是基督徒首先定居的地方，他们在那里屠杀了无数印第安人，制造了巨大的灾难。刚一登陆，他们便掳掠印第安人的妻小，奴役蹂躏他们，吞吃他们用汗水换来的食物。结果，西班牙岛全部被摧毁，整个岛屿一片荒凉。西班牙人从不满足印第安人按自己的标准——一般说来，这种标准确实不高，他们总是用少许劳动生产出仅供一天所需的食物就满足了——所自愿提供给他们的东西，因为足够印第安人三户十口之家享用一个月的食物，还不够一个基督徒一天挥霍。

西班牙人的暴行和对当地居民的蹂躏使印第安人开始明白这些外来者并非下凡的神祇。于是，有人藏起食物，有人把妻子隐蔽起来，还有人逃进深山老林，躲避那些穷凶极恶的入侵者，断绝与他们的来往。

基督徒对印第安人动辄拳打脚踢，棍棒相加，连村中的头人也不放过。他们真是胆大妄为、无耻至极。一个探险队队长，虽身为基督徒，却把当地最有权威的国王——全岛最高头人的妻子强奸了。

于是，印第安人开始设法把基督徒驱逐出自己的家园。他们拿起既不能进攻也不能自卫的原始武器（他们的战争很像孩子们用杆子玩耍）进行自卫，而基督徒则用他们的马匹、利剑和锐矛对印第安人进行前所未有的屠杀，犯下了种种罪行。他们闯进村庄，见到老少、孕妇和产妇便挑破肚皮，然后剁成碎块，犹如宰割畜栏中的羔羊。歹徒们还打赌，看谁能一刀把人从中间劈开，谁能一下子砍掉人头或开膛破肚。他们还从母亲怀中把吃奶的婴儿夺走，提起孩子的双脚往石头上摔。还有一些人从背后将孩子推下水，一边狞笑，一边戏弄地喊道："下去吧！"

西班牙人还用利剑把母亲连同怀中的婴儿一起刺穿，其用力之猛，如果他们前面还有别人，也会一起被刺伤的。暴徒们还做了一些长架，把印第安人每 13 个一排吊在架子上，双脚稍稍离开地面，在脚下放柴草，点上火，以上帝和其十二使徒的名义把他们活活烤死。另一些西班牙人则把印第安人全身捆上干草，然后点火，把他们活活烧死。对那些试图逃跑的人，暴徒们便砍掉他们的双手，然后把手挂在肩上，对他们说："这就是信，快给那些逃跑的人送去吧！"让那些已逃进山里的人感到恐惧。

一般说来，西班牙人是这样屠杀头人和贵族的：在框架上装上柱子，把他们绑在柱子上，然后在下边点上文火，慢慢炙烤。在这种令人难以忍受的酷刑下，头人和贵族们发出阵阵惨叫声，他们的灵魂就这样离开了自己的躯体……

当战争和屠杀结束后，只有一些女人和孩子活下来了，幸存者在基督徒内部被分配当奴隶。分配的份额和比例根据基督徒的等级而定，有的可以分到 30 人，有的分到 40 人，还有的能分到一两百人。除了等级，还要考虑被他们称作"总督"的暴君给予的评价（借口是这些受分配的印第安人需要接受基督教的教规）。好像这些愚蠢、残忍、贪婪、凶恶的人是灵魂的看护者！西班牙人还派他们到矿场挖金子，那是难以忍受的苦活儿，派女人到农场的田里锄地耕种，这本来是男人干的活儿；无论男女，都没有食物，只有草叶和豆荚，妇女的乳水干了，很快婴孩也活不成了。

因为男女是分开的，也就没有了婚姻关系。男人死在矿场，女人死在农场，死因一样，都是精疲力竭和饥饿。

就这样，一个原本人口稠密的大陆上人口急剧消失。

圣胡安岛和牙买加岛的毁灭

1509 年，西班牙人到达圣胡安岛和牙买加岛，其目的与征服西班牙岛完全一样。这两个岛景色优美，宛如两个大花园。岛上人口稠密，有如蜂巢中的蜜蜂。

基督徒们欺辱不幸的无辜者，除犯下与上文所述的相同罪行——烧、杀、炙烤、放狗咬等之外，还干了其他很多臭名远扬的勾当。在矿山和其他地方，他们拼命压榨印第安人，对他们施以酷刑，以致这两岛有60万无辜百姓不幸死于非命。我个人认为足有100万人丧命。现在，每个岛仅剩下不足200人。所有的死者生前都未皈依天主教，也没有行过圣礼。

古巴岛

1511年，西班牙人登上古巴岛。如上所述，此岛长相当于巴利亚多利德到罗马的距离，全岛很多省区住有居民。基督徒们以与上述相同的手段或比那更凶残的手段摧毁了该岛，这中间发生了很多令人发指的事情。

有位酋长叫阿图埃伊，是当地一位重要的首领，为躲避基督徒的非人暴行和其所制造的灾难，率众从西班牙岛逃到古巴岛。一天，有人告知基督徒登上古巴岛的消息，他把部下召集起来，说道："诸位想必已知基督徒来到此地，想必也知某某、某某头人的遭遇，那些海地人（即从西班牙岛来的西班牙人）在此也会如法炮制的。大家可知他们为何如此作为吗？"部下答道："因为他们天性卑劣。"头人说："除此之外，他们还十分爱戴和崇拜他们的上帝，为了迫使我等也崇拜他，他们就对我等进行奴役和屠杀。"

头人家中有一篮子珠宝，他取出来说道："基督徒的上帝就在这篮子里，如果诸位同意，我们就给他跳个阿莱伊多[①]吧！"大家异口同声地说："好啊！好啊！"于是，他们便在篮子前面跳起舞来，直到精疲力竭方才罢休。接着，头人阿图埃伊又说："诸位听着，如果我等继续保留此物，他们定会前来抢夺，到时候还会杀掉我等，不如把它扔到河里去吧！"众人纷纷表示同意，于是他们便把珠宝扔进一条大河。

基督徒一登上古巴岛，这位酋长就像早已了解他们的伎俩似的，到处巧妙躲藏，偶然相遇也极力抵抗，但最终还是被捉住了。仅仅为了躲避凶恶的歹徒，为了免遭压榨和屠杀，西班牙人就非要把他及其部下一大批人置于死地不可，活活把他们烧死了。

酋长被绑在柱子上，一位在场的方济各会传教士向他宣讲了上帝的存在和基督徒的信仰。传教士在刽子手所给的这一短暂的时间里所讲述的事情是阿图埃伊从来没听说过的。传教士问他是否相信刚才对他说的话，即他或

① 印第安人的一种舞蹈。

步入天堂享受尊严、荣誉以及永恒的憩息，或坠入地狱去忍受那无涯的折磨和痛苦。头人想了想问道：“基督徒是否也进天堂？”传教士答道：“进，但只有好的基督徒才能进。”于是这位头人断然表示，他宁愿下地狱也不进天堂，因为地狱没有基督徒，只有在那里，他才能避开那些凶恶的暴徒。这就是西印度的基督徒为上帝和我们的信仰所赢得的“声誉”和“尊严”！

一次，印第安人带着食品和礼物来到一个离大村庄 10 里格的地方迎接我们。我们一到，他们就奉上大量鲜鱼、干粮和其他食品，还有他们所能拿出的一切。不料，基督徒突然凶相毕露，当着我的面毫无道理地用剑杀死了坐在我面前的 3000 多名男女老少。这一暴行是我亲眼所见的，我相信任何人见此惨状都会毛骨悚然的。

另一次，就在不久以前，我派几名使者去哈瓦那省告诉所有的头人，不要因我们的到来而害怕——由于多次屠杀，印第安人见了基督徒就胆战心惊。这些头人对我有所闻，是信任我的。我令使者对他们说不必惊惶，尽可放心前来迎接我们，不会有任何人伤害他们的。队长也表示同意不伤任何人。

我们到达后，有 21 名酋长和头人出来欢迎我们。不料那个队长却突然背信弃义，扣留了所有来人，结果我对印第安人的保证成了一句空话。后来，那个队长竟打算过几天把被捕的人烧死，他说必须这样做，因为那些头人总有一天会闹事的。我竭尽全力才把头人从死亡中解救出来。

古巴岛的印第安人与西班牙岛的百姓一样，沦为奴隶，备受折磨，为了不白白送命，他们纷纷逃进山里。有的夫妻没能逃走，绝望至极，在扼死自己的孩子后，双双悬梁自尽。仅由于一个西班牙暴徒（我认识他）的残暴行为，就有 200 多人上吊自杀，此外，还有成千上万的人死于其他暴徒之手。

古巴岛上有一个西班牙国王派来的官员，他分得 300 名印第安人，三个月后，他的矿上累死了 270 名，仅剩下 30 名，即十分之一。后来又给了他 300 名，同样又被他折磨死了。总之，给得越多，他折磨得越多，直到他一命呜呼——魔鬼勾去了他的灵魂。

我在古巴岛逗留的三四个月中，7 万多名儿童饿死在他们父母服役的矿山和农场。

我还目睹了很多其他恐怖现象。后来，西班牙人决定上山猎获逃跑的印第安人，在那里，他们又犯下了令人发指的罪行。我亲眼看见了他们如何迅速地毁灭了全岛，灭绝了岛上的居民，全岛到处呈现一片荒凉凄惨的景象，见此情况，真令人痛心疾首。

巴托洛梅·德拉斯·卡萨斯为劝服西班牙君王停止对印第安人的残暴行为而奋斗了几年。1550年，在西班牙巴利亚多利德枢密院前，德拉斯·卡萨斯和希内斯·塞普尔维达教士展开了一场辩论，中心问题就是：印第安人是否应该被这样对待？

巴托洛梅·德拉斯·卡萨斯：《印第安人的抵抗》（1550）

英明的殿下：

关于伟大帝国安全和和平的问题，仁慈的上帝交托与您，理应向您汇报，因为您是以您伟大的父亲查尔斯之名，统治西班牙和奇妙的新世界的。您为永久的荣誉而奋斗，用的不仅仅是帝国的力量，尤以慷慨的精神，还有基督赐予的智慧。因此，我认为可以让殿下注意我手头上的一些摘要，摘自希内斯·塞普尔维达的据说是用拉丁语写的著作的西班牙版。他在其著作中列出了四条理由，他认为，每一条都无可辩驳地证明了对印第安人的战争是正义的，只要操作得当、遵守战争规则就行了。

我听说此人的目的是论证西班牙国王拥有印第安帝国的论题，他用论据和法规来支撑他的立场，所以，从现在开始，无人可以中伤您，尽管大家对这一论断心照不宣。我认真地一遍又一遍地研读这一著作。据说塞普尔维达在他的拉丁语著作中更详尽地阐明了其他各种观点（我还没机会拜读）。我不知道那些给其他人造成什么影响。我发现里面有掺着蜂蜜的毒药。为了取悦他的王子，这个神学家用蜂蜜包装，用石头代替面包。英明的殿下，如果您不用您的智慧消除这样的流毒，这致命的毒素就会扩散，会毒害读者的思想，欺骗粗心大意的人，煽动暴君的不公正思想。相信我，这小小的一本书会毁掉许多人的思想。

首先，他宣称要证明您对印度群岛的合法管辖权，可他用那些愚蠢、错误、微弱的论据将您的权力分割、削弱。而且，如果此人对这一问题的判断被印出来，获得王家准许，毫无疑问，印第安帝国很快就会被全面推翻，遭到彻底破坏。

事实上，发布的诸多法律、法令和严厉警告，还有查尔斯国王及其前任认真贯彻执行的条例，都无法阻止几千名无辜的人被刀剑、饥饿、无情的战争杀死。一个高度文明的国度，最富饶的省份，人口稠密的地区，却遭到无情的抢劫和破坏。如果对上帝的敬畏、对魔鬼的恐惧都无法削弱（我不敢说“遏制”）西班牙人恶魔般的残酷无情，那么他们的忏悔是无用的，不会得到原谅的。如果这帮邪恶的人（古谚“只要逮着机会”说的就是这种人）在读书时发现，一个学者、一个神学博士，同时也是历史学家出版了一本书，书的内容认同罪恶的战争和邪恶的罪行，忘记了基督徒的美德，奴役那些最不幸的人，那么这些所谓的幸存者也只是侥幸逃过了这最残忍的种族迫害，而不是因为西班牙人大发善心。而且，书中“教导”人们，士兵有权占用其在战争中夺得的一切，尽管他们进行这一活动的险恶目的就是抢劫，也就是烧杀抢掠，造成动乱、覆灭，践踏一切法律，遇人杀人、遇佛杀佛。西班牙人坏事做尽，杀掉了献身于上帝、接受基督恩典的无辜者（我听说塞普尔维达写过），他们禁止偶像崇拜。

他们会留下谁呢？他们不会杀死谁呢？还有哪些残酷的手段他们还没有用上呢？这帮刽子手心肠如此狠毒，看着田野上鲜血淋漓，他们不管性别、年龄和地位，通通杀死，他们连吸奶的婴孩和孕妇，甚至是白发苍苍、行动不便的老人都不放过。岁月的负重会积下仇恨还是宽容？如果他们听说一个人在布施，他们屠杀、抢劫、压迫印第安人是在奉承上帝，他们什么干不出来呢？他们跟那些杀死以色列崇拜牛的子民的人一样。他们会更信任那些人，比起上帝之子面对我们的诤言，他们会更信任那些谄媚之人。

印第安人面临灭族的危险，国家被推翻，人们被屠杀。新世界最繁荣的帝国，一旦原住民被杀害，就会变成荒野，只剩下老虎、狮子和野兽为西班牙国王统治这一疆域。对于这一点，谁还会持怀疑态度呢？

塞普尔维达说过并写进了他的著作，攻打印第安人的行动是合法的。除了鼓励压迫者犯罪，为那些犯罪提供机会，持这种行为的人还会做些什么呢？就是因为他们，无数人受到残酷的屠杀，永远消失。印第安人受到西班牙人非人的残害，在弥留之际，还会听见上帝的话、基督温和的教条……您能想象得出比这更恐怖、更不公平的事情吗？

如果塞普尔维达的观点（西班牙人攻打印第安人是合法的）被认同了，那么，对基督的圣洁信仰，对基督徒的骂名，将伴随着西班牙人对不幸种族的残害。不管是我们这一代，还是下一代，无论在什么情况下，他们都不会接受我们的信仰，因为他们看见的第一个人不是牧师，而是强盗；不是圣父，而是暴君……

除了巴托洛梅·德拉斯·卡萨斯，这一时期再没有文字描述哥伦布“发现”印第安人的事迹。爱德华多·加莱亚诺根据无数的史料重现他们的磨难。加莱亚诺是乌拉圭人民记者，也是激进的短篇小说作家，因其著作《拉美开裂的血管》和三部曲《火的记忆》闻名于世。

下文就是其中的节选。这些段落，摘自三部曲的第一部《创世记》，描述了哥伦布的旅行，完全颠覆了对哥伦布一些带有神秘色彩的幻想。

爱德华多·加莱亚诺：《火的记忆》（节选）（1982）

1492：海洋到印度群岛的光明大道

和风清甜，如塞维利亚的春风，大海就像瓜达基维尔河，但波浪一扬起，他们就晕船呕吐了，统统挤进水手舱。这些人乘坐拼凑的三艘小轮船，在不知名的海域穿行，大海无边无际。茫茫大海，只有船员，风里带有小雨滴。如果大海对他们不留情面，在轻快的帆船上，夜幕降临，风会把他们打翻吗？一条剑鱼追赶一条飞鱼，跳到船板上，船上一片骚动。船员们并不感激有点波涛汹涌的大海送来的可口美味的食物，他们也无心去听西边传来的海鸥和塘鹅的叽喳叫声。地平线，是深海的开头，还是深海的尽头？

在上千次航行中饱经风霜、充满狂热的海员的眼睛，从安达卢西亚监狱抓来押上船的囚犯愤怒的眼睛，这样的眼睛无法预见在海浪泡沫中折射的金色和银色。在乡村，水鸟掠过船顶，他们也不会欣赏碧绿的急流中的树枝、马尾藻类海草中漂浮的贝壳。深海之下就是地狱烈火开始燃烧的地方吗？要在怎样危险的情况下，信风才能刮倒这些渺小的人？他们凝视着星星，寻找上帝的踪迹，但是天空跟他们正在航行的大海一样，深不可测。

他们听见母亲海在巨吼，嘶吼的声音用简短永恒的谴责回应风，深处传来神秘的震响。他们画着十字架，想要祈祷，却结结巴巴地说："今晚我们将不久于世，今晚我们将不久于世。"

1492：关娜哈尼德岛　哥伦布

他跪下哀悼，亲吻大地。他蹒跚前行，因为他失眠了一个多月，他用剑砍掉灌木。

然后，他升起旗帜。他单膝跪着，眼望天空，郑重地念了三遍伊莎贝拉和斐迪南的名字。他旁边是抄写员埃斯科贝多，他在缓慢地起草文件。

即日起，一切都归远方的君王所有，珊瑚海、海滩、布满绿色苔藓的岩石、树林、鹦鹉，还有这些月桂色皮肤的人种，他们还不知道衣服、罪恶和钱，他们茫然地望着眼前的场景。

将克里斯多夫·哥伦布的问题译成希伯来语："你知道大可汗的王国吗？你们鼻子、耳朵上挂的金饰是哪里来的？"

浑身赤裸的人瞠目结舌地盯着他们，翻译官用迦勒底语问道："黄金？寺庙？宫殿？王中之王？黄金？"

接着，他又用他略懂的阿拉伯语说道："日本？中国？黄金？"

翻译官用古西班牙语向哥伦布道歉，哥伦布用热那亚语咒骂，将用拉丁语写给大可汗的国书扔到地上。赤裸的人看着这个红头发、皮肤粗糙、身着非常炫目的衣服的侵入者发火了。

不久，这个消息传遍各岛：

"快来看从天上来的人！给他们带来吃的喝的！"

1493：巴塞罗那　光荣日

传令官奏起号角迎接他的到来。钟声、鼓声奏出喜庆的旋律。刚从印度群岛回来的司令，跨上石阶，踏着红地毯，走到穿着炫目多彩的绫罗绸缎的王室成员中间。这个实现了先哲预言的人来到讲台前，跪下来，亲吻国王、王后的手背。

身后传来了阵阵喇叭声，托盘上闪闪发光，那是哥伦布用镜子和红色军帽换来的黄金。尾随司令的是一些王室成员从未见过的人种——畏畏缩缩，啜泣而行。这些是在严寒、麻疹还有让基督徒恶心的食物和恶臭中存活下来的人。他们是靠近西班牙的帆船时被捉住的。这些人头上和肩膀上停着鹦鹉，但鹦鹉的羽毛被航行中的大风吹光了，与人一样，奄奄一息……

厅里传来了不满的抱怨声。呀！黄金就那么一点儿，看不见黑胡椒、肉豆蔻和生姜的影儿，而且哥伦布也没有带回来浑身长毛的海妖和有尾巴的人，或者独眼人，或者单腿人——那条大腿站直了还能遮住烈日。

1493：罗马　亚当的遗嘱

在罗马教廷微弱的灯光下，弥漫着东方香水的气息，教皇口述了他的新训谕。

不久前，西班牙的罗德里哥·迪波吉亚改称亚历山大六世。他花钱买了红衣主教团不够7票的投票数还不到一年，他的红衣主教的紫袍便换成了罗马教皇的貂皮披肩。

亚历山大六世计算赎罪券价格的时间比思考《圣经》奥秘的时间要多得多。大家都知道他希望弥撒有多短就多短，除了是他卧室里戴着面具的小丑加布里尔林诺主持的弥撒。大家都知道这个新主教有能力变更基督圣体节的游行路线，为的是能经过一个大美人的阳台。

他还擅长像切鸡一样分割世界，他举起手就画出了边界，将地球从头分到尾，跨过不知名的海域。上帝的代理人永远承认已发现、有待发现的一切，那条西海岸线，属于卡斯提尔的伊莎贝拉、阿拉贡的斐迪南以及西班牙王室的后代。他委托他们派善良、敬畏上帝、博学英明的专家到那些已发现、待发现的岛上和大陆，给原住民传授天主教的信仰和优良的传统。东面发现的一切都归葡萄牙王室所有。

劳累不堪却又异常兴奋，帆迎风招展，在安达路西亚，哥伦布已经准备好第二次航行，要到黄金遍地的地方去，宝石等着镶在龙头上呢。

1493：洪休提兹干真理在哪里？根源在哪里？

这是音乐之城，不是战争之城。洪休提兹干位于特拉斯卡拉州的一个谷地。刹那间，阿兹特克人攻击并摧毁了这个城市，用犯人做牺牲祭拜上帝。

当天晚上，洪休提兹干的国王特卡亚哈特津集合了其他地区的诗人。在宫苑里，诗人们不再天马行空，只是闲谈鲜花和歌曲。在此刻此地，这天堂宫苑里也仅剩这些了。诗人们谈论并发问：

> 那些人是真的吗？
> 我们的歌曲，
> 明日还有人诵读吗？

话音此起彼伏。夜幕降临，洪休提兹干的国王向他们致谢，并向他们告别：

> 我们知道真实的是，
> 我们朋友的真心。

1493：帕斯托　人人纳税

连北部偏远的山区，印加国王的收税官都不放过。

Quillacinga 人没什么可以上缴，但在这个庞大的国家，所有部落都要进贡，用实物或劳务偿付。不管地处多偏远，人有多贫穷，没有人会忘记自己的管理者。

在火山角，Quillacinga 酋长走出来，将竹桶放到库斯科使节的手中，桶里满是鲜活的虱子。

1493：圣克鲁斯　来自萨沃纳的米格尔·德库尼奥的经历

海上帆影遍布。马尾藻和水母随波而行，从海面漂向海岸。

在一艘轻便帆船的甲板上，哥伦布望着白茫茫的沙滩，怀着希望和恐惧。这是他的第二次航行。他不知道这次旅程需要多长时间，他认为一切都会好起来的，不过还是有些担心。他不是习惯用手按着胸膛数心跳来计算船速吗？

另一艘轻快帆船的甲板下方，在船长舱里，一个年轻的女孩龇牙咧嘴。米格尔·德库尼奥要摸她的胸部，她撕扯、踢打他，并放声尖叫。米格尔刚刚得到她。她是哥伦布送的礼物。

他用绳子将她绑住。他用力击打她的头部、胃部和双腿。她的尖叫变成了呻吟，呻吟又变成了号哭，最后只剩下海潮起落的声音，还有木板猛烈撞击的“嘎吱嘎吱”声。海浪一次又一次地打向舷窗。

米格尔扑向流血的身躯，用力推，喘着粗气扭打着。空气中弥漫着焦油、硝石和汗水的气味。接着，那个像是昏倒或死掉的女孩突然用指甲死抠米格尔的背部，凶狠地将他翻转过来。

一段时间后，米格尔醒过来，不知道自己身处何处，发生了何事。他脸色铁青，将自己的身体从她身上抽开，再次用拳头击打她。

他摇摇摆摆地走到甲板上，张大着嘴，使劲地呼吸海风。他大喊，似乎在宣布一个永恒的真理：“印第安女人都是婊子。”

1495：萨拉曼卡　从美洲来的第一个消息

语言学者埃利奥·安东尼奥·内布里哈在这里发布了他的“西班牙－

拉丁词汇”。

词汇包含了卡斯提尔语的第一个英文单词：“Canoa”，独木舟，用单一木块做成的船。

这个新词来自安的列斯群岛。

这些船没有帆，是用木棉树树干做成的，驶来迎接克里斯多夫·哥伦布。将独木舟划离岛屿，载着黑长头发、黑色身躯、身上有朱砂文身的人。他们靠近轻快的帆船，主动送来淡水，用黄金交换在卡斯提尔只卖一个铜板的锡质铃铛。

1495：曹娜博

犯人形单影只地坐在克里斯多夫·哥伦布屋子的入口处。他戴着手铐和脚镣。

曹娜博将司令发现海地岛后建立的纳维达德要塞烧成了灰烬。他烧毁了这个要塞，杀死了这里的居民。不但是这些人，而且在那漫长的两年，他把在锡瓦的山脉地区遇到的西班牙人都用剑铲除了，这些西班牙人在寻找黄金和印第安人。

阿朗索·奥杰达是攻打摩尔人的老兵，在和平前夕拜访了曹娜博。奥杰达邀请他骑上他的马，戴上锃亮的手铐，骗他这是卡斯提尔国王在舞会上或节日里戴的首饰。

曹娜博酋长一连数天坐在门口，眼睛盯着黎明射进来的一束光直到晚上消退。哥伦布来的时候，他连眼睑都不抬。而当奥杰达出现时，他努力站起身来，鞠躬致敬，因为奥杰达是唯一打败他的人。

1496：康塞普西翁悖理逆天的行为

哥伦布的弟弟——陆军中尉巴塞洛缪·哥伦布参与了人体焚化。

六个人是海地焚化盛大的开幕式的主角。烟雾呛得所有的人都大声咳嗽。这六个人被烧死是为了惩罚，因为他们烧毁了弗莱·雷蒙·潘恩留给他们做保护的基督和马利亚的圣像。潘恩教他们在面对诱惑、伤害和死亡时，以圣母马利亚和基督之名跪着祈祷。

没有人询问烧毁圣像的原因。他们希望新的上帝能让他们种植玉米、木薯、番薯和大豆的田地更加肥沃。

大火给湿热的天气增添了热度，预示着一场大雨即将到来。

第二章
第一个奴隶

关于奴隶起义的三份文件（1720—1793）

反对奴隶制的四份申诉（1773—1777）

本杰明·班纳克给托马斯·杰弗逊的信（1791）

1619 年，第一个黑人被强制带到弗吉尼亚詹姆斯敦的白人殖民地为奴。而奴隶贸易在此前近 100 年就开始了，那时加勒比和南非的黑奴被带到葡萄牙和西班牙的殖民地。

1609—1610 年的冬天，饥荒令殖民地的居民大量死亡，殖民者从原来的 500 人锐减到只剩 60 人。他们再也不能强迫印第安人为他们工作了，但在非洲逮到的黑人，他们远离家园，茫然无助，还是有用的。所以，奴隶运输开始了，有了第一批从印度群岛押送到詹姆斯敦的 12 个黑人奴隶。

一些历史学家提出，奴隶们不会就此认命。他们用多种方式进行抵抗，如下面三份文件所揭示的，包括付诸实践的造反。首先，在一封匿名信中，作者描述了一个奴隶在卡罗来纳州的起义。除非废除奴隶制，否则这样的起义一定还会发生。第二封信写道：“弗吉尼亚东岸发生了极度危险的叛乱。”

第三份文件是南卡罗来纳州档案馆的一封珍稀信件，是一个奴隶讲述的有数千名奴隶参与的反叛计划。这些不曾取得成果，但是这份 1793 年在弗吉尼亚约克镇街上发现的文件，揭示了奴隶对自由的渴望，尽管通往自由的道路充满了艰难和险阻。

关于奴隶起义的三份文件（1720—1793）

给伦敦的布恩先生的匿名信（1720 年 6 月 24 日）

我现在要告知你，近期我们进行了一个邪恶且野蛮的计划，让黑奴起义打倒国内的全部白人，拿下整个镇（查尔斯镇）。不幸的是，这个“阴谋”被识破了，他们中许多人被关入监狱，有些被烧死，有些被吊死，有些被流放。

我想你可以告诉珀西瓦尔先生，说他的奴隶是主谋，我的建议是，将他们一一卖掉，否则，我就怀疑他对奴隶缺乏严格的管理。有 14 个人现在就在萨凡纳镇，他们想去奥古斯丁，想要找个温顺的同伴，但萨凡纳驻防区的黑奴都饿个半死，温顺的印第安人也不会参与他们的计划。

从弗吉尼亚寄来的信（1792 年 5 月 17 日）

镇里收到了几份紧急警报，大约两周前，弗吉尼亚东岸发生了极度危险的黑奴叛乱，危害居民。900 多名黑奴聚集在东岸不同的地方，全副武装——步枪、矛和棍棒。陆军上校萨维奇最喜欢的仆人也加入了，在路上碰见了他，抢了他的马和一些钱，还无礼地对待他。黑奴司雷波是这伙恶徒的指挥。他是西姆金斯先生最喜欢的仆人，是跟其主人一起生活了很长时间的监工。一些枪支弹药、矛和粮草被发现并缴获。据说矛是东岸的黑人铁匠制造的。大量黑奴被捕获，不出意外，将被绞死。

下面这封东岸黑奴写的信在诺福克被发现，信中提到他们与来自诺福克和普利茅斯的黑奴共同谋划，要在那些城镇及周边地区制造暴乱。其中 600 人将在夜里某个时候跨过海岸，与相邻的镇的黑奴会合，他们想要炸掉诺福克的杂志社，屠杀当地的居民。

保密人里奇蒙（不具名）给保密人诺福克（不具名）的信（1793）

亲爱的朋友：

我们已经有500支枪。枪是够了，但火药不够。我希望你们那边能有大量的火药和子弹，希望你们一经号召就即刻罢工，不要犹豫。用不了多久，就要爆发起义了。我十分欣慰，因为再过几个星期，我们就能拥有整个国家了。

我收到我们的朋友从查尔斯镇寄来的信，信中说名单上有近600人，有个绅士可以给我们提供所需的全部弹药，当我们开始行动后，他会尽他所能帮助我们。

那些该死的白佬每晚都在巡逻，但我们很快就要把他们通通干掉。他们人不多，我们会指定一个晚上，开始射击，见一个射杀一个。在那个晚上，每个城镇都会行动。随时准备听命令。再次收到从查尔斯镇寄来的信。我会写信给你，不要让其他人看到……别害怕，要有信心，勇敢地战斗，我们会得到自由的。我一直想要××××××（字迹模糊），但上帝是站在我们这一边的。

我要出门了，就此搁笔，你永远的朋友。

从奴隶递交给州议会的申诉书里可以找到更多的反对奴隶制的证据，奴隶渴望挣脱束缚、获得解放。下面四份申诉书，虽然语气很谦恭，但慷慨激昂、言辞凿凿。

反对奴隶制的四份申诉（1773—1777）

“菲力克斯”（不具名）奴隶的自由申诉书（1773年2月6日）

马萨诸塞湾的托马斯·哈钦森阁下、总督先生、尊敬的陛下的地方议会、波士顿常设法院众议院：

写这份卑微的申诉书，是因为住在波士顿镇还有本州其他城镇的许多奴隶想请阁下和尊敬的议员们能公正无私，妥善考虑他们的不幸和贫困落魄的处境。

我们要赞美爱诸人的上帝，他派来的神子为救赎人类而死，可不受人尊重，因为他近来要求大洋两岸的民众生生忍受那些声名斐然、拥有实权的人。他们用论据辩护他们的事业，我们倒希望这些证据在这庄严的法庭上同样有力。

我们不听从尊敬的阁下的命令，擅自挑战你们所谓的“人性”和“公正”。现在，我们希望能就这个问题说一两句。尽管一些黑奴是“邪恶”的（他们违反了国王的命令，毫无疑问会被拘禁），然而还有很多人性格并不相同，如果让他们获得自由，他们还是会乐意承担公共责任的。许多人天性善良、谨慎、严肃、诚实且勤劳，虽然他们对宗教并不友好，缺少耐心。有一批人，他们每天都要忍受最不能忍受的磨难。无论是他们自己，还是他们的孩子，以至后代子子孙孙，都不能拥有或享用任何东西。不，甚至是他们的命都不是自己的，他们像畜类一样被杀害。

我们没有财产，没有妻子儿女，没有城市，没有祖国，但我们有上帝，有仁慈的上帝赋予我们的能力……

我们冒昧地建议尊敬的阁下制定合理的法律。关于我们痛苦的现状，无论我们多不高兴，都不是我们的错，这给我们极大的鼓励，我们祈祷并希望得到与您的智慧、公正和善良相应的救赎。

我们可以写信上诉本州常设法院，那里有最好的法官，在上帝的指导下，英明、公正且善良。

我们谦卑地请求再添加一条：我们的要求仅仅是得到救赎，它不可能对我们的主人造成伤害，却能让我们起死回生。

（签名）菲力克斯

皮特·贝斯特斯和其他奴隶的自由申诉书（1773年4月20日）

先生：

本州立法机构在最后阶段所做的废除奴隶制的努力，让饱受磨难的我们万分满足。我们期待着那些坚决反对蓄奴的人的伟大创举。我们只能希望先生您在下一轮投票中也有同样庄严的目标，我们指的是公民和宗教自由。这个大陆上每个人的胸中都燃烧着自由的精神，除了那些受贿而进行邪恶计划的人。

我们被告知，如果允许我们获得本该属于我们的权利，将对我们现在的主人造成极大的危机，我们断不会承认这一点。西班牙人虽然没有英国人那些庄严的自由思想，但也能意识到他们无权享受同胞的服侍。我们所说的同胞，指的是他们花钱买的非洲人。这些花钱买来的非洲人，一周只能休息一天。我们认为，应当让他们有能力挣钱买居所，只要他们有能力，就可以要求相应的份额。我们并不是命令先生和您所属的伟大议会，我们知道自己对您的责任，但理当遵守公平正义的原则。我们只希望议院再次认真地考虑我们悲惨的境况，给我们生为人所必需的休息。

…………

我们已经决定，一旦我们通过艰苦劳作获得足够的钱，就立即离开这里，到非洲海岸定居。在这之前，我们会服从一切与我们相关的法律和规定。我们非常渴望您能给我们相应的指导，我们祈求您为我们递交这封信，并为我们请求。

我们代表本省的奴隶同胞们。

皮特·贝斯特斯

桑搏·弗里曼

菲力克斯·霍布鲁克

切斯特·乔悦

给托马斯·盖奇的《众多黑人申诉书》（1774 年 5 月 25 日）

本州众多黑人申诉书，通过庄严的许可，在一个自由的基督教国家里还有奴隶州。

恭请拜读！

向你们请愿的人认识到，我们与其他的人一样，拥有自由的权利，任何人都无法剥夺。因为我们生而自由，任何合同契约都不能剥夺这种自由。但是强权罪恶的手不公平地拽走了我们的亲友，让我们离开慈爱的父母的怀抱，离开快乐富饶的国家，来到这里。在这片基督徒的土地上，我们作为奴隶活着。我们被剥夺了所有，没有任何的保留——哪怕一点点的依靠，甚至无法作为夫妻来彼此安慰。

我们的主人可随意撮合或拆散我们。我们的孩子被强夺，被送去远方，我们再也看不到他们了。他们生来就是奴隶。很多孩子因为离开母亲的怀抱而不久于人世。我们的生活境况是如此糟糕。我们无法向上帝展示我们的谦卑，一个奴隶又怎能尽到丈夫对妻子的责任呢？尽到父母对孩子的责任呢？作为丈夫，怎能不顾主人和工作，忠于他的妻子呢？而妻子又怎能事事顺服她的丈夫呢？孩子们又怎能事事听从他们的父母呢？

怎么能说上帝已担当了重负？他让我失望，用奴隶的链条和束缚来回应我的愿望。这样悲惨的境地，怎能将我们献祭于他呢？我们怎能诚心服侍上帝呢？我们不能从这片土地上的法律中获得同样的益处，看到对奴隶制的谴责。如果有任何法律可以奴役我们，我们将谦卑地请求：我们的孩子出生在一个自由的国家，没有人能继续奴役我们的孩子。

我们为此请求，请阁下仔细地权衡，加以考量，提请立法通过，使我们获得天赋的自由，并且使我们的孩子获得自由。

给马萨诸塞众议院的《众多黑人申诉书》（1777 年 2 月 13 日）

敬爱的市政厅和马萨诸塞湾普通法院及 1777 年 2 月 13 日组织的众议院：

本州众多黑人申诉书，在一个自由的基督教国家里还有奴隶州，恭请拜读。

作为请求人，我们认为，我们与其他所有的人一样，享有获得自由的天然的不可剥夺的权利。自由是造物主平等地赐予所有人的，不能以任何形式的契约或协定废除。但是，强权罪恶的手不公平地将我们拽离了最亲密的朋友，我们中的一些人甚至离开慈爱的父母的怀抱，离开快乐富饶的国家。这些人违背自然规律，无视人类所有的柔情，把我们带到这里当牛马卖了。我们一样谴责奴役的生活，其中一个人自称是耶稣。人们无法享受理性自由的快乐，也没有精神怨恨别人的不公正，减轻自己被束缚和屈从的状态。

想必诸公知道奴隶的生存状况——生不如死，与请愿人一样，所有的奴隶都被剥夺了一切权利，一切让一个人能够生存下去的必备要素。请愿人的申诉提交到本州的立法机构后，像本州所有值得赞赏的好公民一样，耐心地等待着申诉的结果，可每次的结果都让他们悲伤万分。

他们不得不表示惊讶的是，它从来没有被考虑过，那些美利坚人民从反抗英国的不幸而艰难的过程中得来的立国原则，胜过一千句为我们——您的请愿人的辩护。

因此，他们谦恭地恳求尊贵的阁下，给这个请求应有的重视吧。通过立法法案，使他们得以恢复自由，这是所有人和他们的孩子们享有的自然权利（他们出生在这自由的土地上），他们 21 岁以后不再为奴。

…………

您的请愿人将义不容辞地提出每一次恳求。

当革命军需要更多的兵力时，许多奴隶被要求或强制入伍，他们得到了“服兵役就能获得自由”的保证。但这些承诺像例行公事一样无效，许多主人表示有权再次奴役参加独立战争的黑奴。不过，无数申诉书，比如下面这封，都成功地证明了黑人服役后通过努力能够争取自由。

本杰明·班纳克，一个获得自由的奴隶的儿子，自学了数学和天文学，并准确地预测出日食，被任命参与规划新华盛顿城的工作。

他写信给托马斯·杰弗逊，请求废除奴隶制。班纳克和杰弗逊的来往信件收录在费城出版商大卫·劳伦斯的小册子里。

本杰明·班纳克给托马斯·杰弗逊的信（1791）

总统先生：

我充分了解了自由了的重要，比如在现在的场合。当我想起您所在的尊贵和威严的位置，还有世人对我们的肤色普遍存在的偏见和成见，我觉得我们这类人似乎是不配享有自由的。

我想，有一个事实对您来说是再明白不过的了，那就是：我们这类人在别人的辱骂和刁难下长期进行着劳作，并一直被别人瞧不起，一直被当作动物而不是被当作人，很少被认为具有心智上的才能。

总统先生，我希望我可以承认，我手中的报告显示了您在情感上不像许多人那般死板。您对人更加友好，对我们多有包容，您愿意伸手援助我们，救我们于水深火热之中。

总统先生，现在如果确有其事，我想您是不会放过每一个能消除这种歧视、错误思想和观念的机会的。对我们来说，这些观念也禁锢着我们。您的思想感情与我们的思想感情是一致的，是同一个上帝平等地赐予我们大家的。我们不但肉体上相同，而且有着同样的感觉，我们被赋予了同样的才情。无论您、我们在社会或宗教中有怎样不同的身份地位，无论我们的情况或肤色多么迥异，我们都是一家人，拥有同一个上帝。

…………

总统先生，我一直坚信，如果您爱自己，爱那些维护您人性权利的法律，是建立在诚实的基础上的，那么您就要关心每一个人，不管此人的地位如何，都应当和您一样享受祝福。

总统先生，我愉快地承认，我是非洲人，自然赋予的色彩是最深的染料（我父亲是被当作奴隶从非洲带来的），这是一种对宇宙最高统治者最深沉的感激。现在，我向您坦白，我的诸多兄弟都是处在暴君奴役的状态之下，被不人道地囚禁，但我不是，我尝到了无与伦比的自由带来的祝福，您也从这自由中获利。而且，我希望，您会愿意让自己大方地接受这个人送来的每一件完美的礼物。

总统先生，请让我提醒您，面对英国国王军队的暴政和强势镇压，当时，您也是一个奴隶。您曾面对种种危险，回想那个时候，每个人的援助似乎都是徒劳无功的，而希望和毅力又都于事无补，您一定会肃然起敬，感谢这种奇迹般的结局和来自上天的庇护。您不得不承认，目前您享受的自由和安宁是上苍的奇特的祝福。

总统先生，是看清奴隶制不公的时候了，并在其中感受为奴的惨状和忧惧。现在您是如此激愤，您公开提出这真实而宝贵的教训，这是值得被记录并被今后的历史牢记的：

> 我们认为这些真理是不言而喻的：人人生而平等，造物者赋予他们若干不可剥夺的权利，其中包括生命权、自由权和追求幸福的权利。

总统先生，您知道自由的重要性，并无偿拥有自然赐予的这些祝福，但是，总统先生，遗憾的是，虽然您深信天父的仁爱，平等而公正地分配这些权利，但您应该同时抵消他的怜悯。因为欺诈和暴力，我们无数兄弟遭受奴役的痛苦和残酷的压迫。您检举别人的罪行，可自己却犯着同样的罪行。

总统先生，我想，您对我兄弟们的情况已经十分了解，不需要我一一加以赘述，我也不想向您建议解救他们的办法，与其向您和其他所有人提建议，以消除您对他们抱有的狭隘偏见，还不如对他们“设身处地”地加以关注。您的心因对他们的宽厚和仁慈而宽大，因此您不需要我或他人的指导，该以何种方式继续进行。

总统先生，因为我对我的弟兄们抱有极大的怜悯和情感，所以我热切地希望，您的坦率和慷慨能使我有勇气与你们争辩。我要你们知道，这不是我的原本设计，但我已经拿起了我的笔，将之作为礼物直接给您——我为明年计划好的一本《年鉴》。

总统先生，这是我在生命晚期苦心研究的结果。因为长期以来，我一直怀着无限的欲望，希望探究大自然的秘密，以满足我的好奇心。在此，我就不向您复述我面对过的许多困难了。

现在，总统先生，我得出结论，并用最深刻的尊重签名——您最听话的卑微的仆人。

本杰明·班纳克（签名）

第三章
奴役和反抗

在英国以及北欧其他国家，走投无路的穷人们成了商人们和船长们的利润，他们运送男男女女到美洲卖身为奴。这些人就是我们所知的契约仆人，他们要上缴5—7年的劳务费以偿还旅费。

他们被装进轮船，与非洲黑奴一样，然后开始长达数月的旅途，备受折磨。到达时，他们中有许多人死了，其中以小孩居多。

登陆美洲的幸存者就像奴隶一样被买卖。从那一刻起，他们的生命完全由他们的主人掌控，女人受到性侵犯，男人不守“规矩”就会被痛打、鞭打。契约奴役从 17 世纪开始持续到 18 世纪，那些劳役期结束后获得自由的人，有的成了殖民地占绝大多数份额的工人阶级，有的人还成了小地主，有的人成了佃农或流浪汉，还有一部分人返回英国，因为在美洲生活的美梦破灭了。

早在 1623 年，契约奴理查德·费雷桑就来到了詹姆斯敦殖民地。很快，他将他所观察到的苦难写信告诉了他的父母。

契约奴理查德·费雷桑给父母的信（1623）

慈爱的母亲和父亲：

生为人子，我卑微地希望上帝保佑二老身体安康，而我要格外注意自身的健康。我想让你们知道，在这个国家，你们的孩子——我正危机重重，坏血病和痢疾严重，又引发了多种疾病，使我的身体更加虚弱，几近奄奄一息。

人一生病，就会变得灰心丧气。我下船后，吃的只有豌豆和稀粥。上岸后，我就压根儿没见过鹿和鹿肉。倒是有些飞禽，但禁止捕捉。我们必须起早贪黑地苦干，才能获取一顿稀粥、面包和牛肉。一条面包要四个人分，这才是最痛苦的。

人们日夜哀号，哎！如果能再次回到英国，他们也不会在乎身体残疾了。他们挨家挨户地乞讨，毫无骨气可言。因为我们活在对敌人的恐惧之中，我们曾跟他们有过一次战斗。我们活捉了两人，充当奴隶。这也是不得已而为之，因为我们处在水深火热之中。我们的殖民地在疾病和死亡面前不堪一击。我们原有 20 个人被商人奴役，但已死了一半，要不了多久，还会有 2 人死去。中尉死了，还有他的父亲和兄弟。

去年还有 20 人，但现在只剩下 3 人了，所以我们不得不找其他人与我们一起种地。如果有人来，我们就要 32 人对抗 3000 人。我们能够求助的人离我们 10 英里远，上次这帮流氓攻占这个地方，杀害了 80 人。我们一旦落入他们手中，命运将会怎样呢？他们可能会轻而易举地灭了我们，但上帝是仁慈的，正如他对基列一样。

这里，这里除了疾病和死亡，其他的什么都没有。除非有人能弄些钱。但我什么都没有，连遮体的衬衫都没有，只有两块破布；也没有像样的衣服，只有一套破旧的衣服；没有像样的鞋子，只有长筒靴、帽子和两条衣带。我的斗篷被一个同伴偷去了，他到死都没告诉我他将斗篷怎么了。一些同伴告诉我，曾看见他从船上拿回黄油和牛肉，我怀疑是用我的斗篷换来的。

所以，我一分钱也没有，也没有值一分钱的东西，我换不到香料、糖或烈性酒，没有这些是活不下去的。英国的烈酒让英国人魁梧健壮，这里的水反而使人消瘦。我现在的体魄连在英国时的八分之一都不到，全是吃不饱造成的。在家时，我一天吃的比在这儿一个星期吃得还多。你们给门口乞丐的食物都比我在这儿一天吃的多。

当我们到詹姆斯敦（离这里 10 英里）时，那里都是即将靠岸的船，他们要在那儿转送物资。我们到镇上，也许是周一的正午或晚上，第二天正午前装货，然后下午回家，卸完货，又在晚上离开，因为我们必须在午夜前出现。如果下大雨或刮大风，我们就要躺在漂浮在水面的船上，只能吃到一点儿面包。

善良的父亲，别忘了我，对我的悲惨遭遇给予仁慈和同情吧。我知道你看见我会流泪的，因为我只有一套衣服（虽然看着怪模怪样的，但我必须牢牢地保住它）。因此，看在上帝的分儿上，怜悯我。我愿你能转达我对所有亲友的爱。我希望我的兄弟姐妹们身体健康，而我已经下定决心，让这封信的回复决定我的生死。所以，慈爱的父亲，请务必尽快寄出，并在你给我寄的东西上做个标记。

1676 年，《独立宣言》诞生的 100 年前，弗吉尼亚州发生了“叛乱”。纳撒尼尔 · 培根是这次“叛乱”的领头人，偏远地区的白人居民、奴隶和奴仆也都加入了。《美国民族史》中写道：“这一暴乱极为严重，总督不得不逃离硝烟弥漫的詹姆斯敦首府，英国决定派遣 1000 名士兵越过大西洋，希望维持 4 万殖民者的秩序。”

这支多方组合的队伍的冤情各不相同，偏远地区的白人居民觉得在印第安人攻击时没有得到适当的保护，奴隶和奴仆觉得受到主人和政治首领的强烈压迫。英国成立了调查委员会，报告培根叛乱事件，情况如下：

如实报告弗吉尼亚州近期叛乱的兴起、发展和结束，受命调查该殖民地事务的委员会最谦卑而公正的报告（1677）

培根气急败坏地威胁说要报复总督及其同党，公开表示自己要夺取一切，怒火熊熊地向詹姆斯敦前进，只是在新肯特停留了一阵，补充生力军，再派人到詹姆斯河上游一带寻找武器。

总人数增加到300人后，他径直向城镇行进。公路两旁的人都祝贺他，责骂总督及其同党，看见他们带着印第安人俘虏展示胜利，感谢他的关心，给他的军队送来水果和食物。女人们纷纷表示，如果他需要帮助，她们会追随他。

才智过人的培根想到总督在镇里有1000名全副武装、随时待命的士兵，便说："我去拜会他们！现在我就要审判他们！"

晚上，他和他的小队人马来到帕斯泊哈耶斯的荒地。他只身骑在马上，在沙地上行进，直到镇里的号角吹起、炭火烧起，他才下马监察场地……

整个晚上，培根手下的人借着月光砍树、砍灌木丛、翻土，他们在日出前就完成了，虽然他们的工具只有两把斧头和两把铲子。

第二天破晓时分，培根的6个士兵爬上保护镇子的木栅栏，向哨兵开枪后迅速撤退，这次事件没有造成人员伤亡（据报道）。总督下令不准对培根及其党羽开枪，假惺惺地说不愿意引起流血事件。但是，培根更希望他能调停，在某种程度上阻止战争。总督因培根一直以来与印第安人作战（据他听说）而对他有好感，培根甚至在队伍中带了几个印第安人战俘。更有人因此被培根拉进队伍，以为这是针对印第安人的战争，并不真的清楚自己在干什么。然而，培根不信任总督，并不想达成协议，他对他手下的人说："总督那帮人全都说话不算话，都是懦夫。"为了更好地观察他们的举动，培根命令白天固定在烟囱顶部的哨兵观察镇里，看镇里的士兵怎么站岗和换岗，怎么前进和撤退，人数多少，动向如何。

通过对镇里士兵各种行动的观察，培根发现他们想突围。于是，培根尽可能地将他的人安排在有利的位置上，准备迎战。培根计划在打退总督突围后，冲进镇子。培根的队伍等了一个小时，直到哨兵发出进攻的信号。

培根的人按照计划行事，突然之间，总督的部队开始突围。据我们所知，没有什么描述能比培根这封信更真实的了：

> 昨天，我们在范布伦。有人骑马，有人步行，进行了一次围攻。他们攻来了，前驱人数很少，每个人都挨得特别近，前排可能是他们用来做掩护的弃兵。我们的队伍无比热情地“迎接”了他们。他们分散开来，章法大乱，丢掉武器，跑到海边，连战鼓和死去的战友也不管了。我们的人将其中两具尸体拖入我方的战壕，将他们掩埋……他们展现了多么可悲的怯弱，你都忍不住“钦佩”了。据说，休伯特·法雷尔被射中腹部，哈特维尔被射中了腿，史密斯是头……马修有好几处，我们没有确切的记录……

突围失败之后，总督军队的士气和数目锐减，培根的队伍更加英勇无畏，以至于到了培根几乎无法控制的程度。培根不让他们立刻就涌入镇里，劝他们不要尝试（相比他们的轻率，培根十分谨慎），让他们保持信心，等他瞅准时机再行动。他还告诉他们，可以不牺牲一人就拿下小镇，他们任何人的生命都比整个世界还重要。

培根部署完他的士兵后，把绅士们的女眷驱赶到阵前，当作炮灰。这样做的确让他在战斗中占到了“便宜”。除了时间和地势，总督部队就只剩下人数占优势了。然而，威廉·贝克力的党羽是那样的胆怯和卑鄙（只想着掠夺、压迫、雇人办事），大约只有20名绅士愿意支持他，剩下的（实现了掠夺的愿望）急着保住其既得利益，因此威廉·贝克力先生宁愿死在这块土地上，也不愿意放弃镇子。值得欣慰的是，最后，他违背了自己的意愿，在“敌人”的仁慈下，匆忙逃走。

前晚，培根就对总督及其党派放弃城镇有了预见，于是他们畅通无阻地进入镇里，士兵们想到了避难所的重要性，想到它可能再次落入总督及其党羽的手中，当即决定将之夷为平地，就在占领了这个镇后，放火烧了城镇、教堂和州议会的议场（德拉蒙德将国家记录资料私下弄走，才免遭烧毁）。镇里有12所新砖房，还有大量的有砖烟囱的框架房，所有这些房屋没有1500英镑是无法重建的（据估计）。

那些遗弃城镇的人就这样乘船逃跑了，（出于羞愧和懊悔）他们注视着镇里的火焰染红夜空，他们卑鄙地遗弃的物品成了火的祭品。

殖民地多数人的大致情况是一直处于贫穷和绝望之中，看着极少数的人拥有大片的土地，积累了大量财产。例如，在波士顿，税务报告显示，独立战争爆发前，占 1% 的最富有的资本家拥有市里 40% 的财富。新汉普郡的穷人因为需要木柴，就砍了富人庄园的树。英国总调查员丹尼尔·邓巴发现镇里的人不会帮助他寻找罪犯，他便集结了自己的小势力。1734 年 4 月，他到达埃克塞特的小镇时，遭到当地居民的攻击、暴打。下面是新汉普郡立法机关的官方报道。

新汉普郡立法机关对“桅杆树暴乱”的公告（1734）

4 月 23 日晚上大约 9 时，大量被虐待的人聚集在新汉普郡的达埃克塞特，然后，以混乱、骚动、暴力的方式来到了市长萨缪尔·吉尔曼的住所（他在小镇里有一处住宅），严重击伤了敬爱的大卫·邓巴的雇用者。当陛下的总监督官员带人来支援时，许多人被暴打，奄奄一息（上述省份的太平绅士阁下检查的结果）。这是对陛下莫大的羞辱，违背了法律和人性，应该受到所有司法部门的仇视和憎恶。

为了给犯法者和教唆者应得的惩罚，为了使这样的罪恶不再在这个省发生，众议院投票表决，真诚希望总督阁下和委员会认真调查此事，还陛下以公正，让罪犯不再逃脱惩罚。

在独立战争前的几十年，反对英国海军强征殖民地的年轻人甚多，整个殖民地的叛乱层出不穷。例如，在罗德岛新港，500 名海员中，有黑人，也有白人，因英国海军长达 5 个星期的强制入伍而发动起义。

下面是独立战争前早期事件中的一例，反对海军准将诺尔斯的一次起义，记录在威廉·谢利的信中。

威廉·谢利关于反对诺尔斯准将的起义的一封信（1747）

尊敬的阁下：

近来发生了一次侮辱英国政府的造反，我认为我有责任向您汇报。

起因是 11 月 16 日晚上的征兵，海湾中所有的船，在海军准将诺尔斯的指令下，在坎特伯雷登陆，安排小舰队。

我收到关于暴徒情况的消息，是众议院议长在上午九十点钟发给我的。他已经用汽车载来“阿波罗”号船长德比阁下，还有坎特伯雷的珀泽，带他们到我家躲避。同时，通知我，暴徒约有 300 名海员，全是生面孔（苏格兰人居多），手握弯刀和棍棒。他们逮到了纳克的一名中尉，是在海边的临时住房碰到的。我收到的第二个消息是郡治安官在大约半小时后送来的，他和其他官员一直在寻找暴徒的踪迹。为了找到战舰上的上尉，他们分散行动，四人一队，缴获了一把弯刀，并逮住了其中两人，但被暴徒扭转了局面（有人通知了他们）。正当他押着两人去目的地时，遭到突袭，受了重伤。无奈之下，他只能交出两名囚徒，还有一个中尉落入暴徒手中。他告诉我，那人恐怕已经遭遇不测了。

为此，我直接给军团的陆军上校下达命令，组织自卫队，武力镇压暴徒，必要时不惜对他们使用炸弹，这是极少出现的情况。当他们和上尉、两名海军军官出现在我家门前时，部分人直接冲进了我家的院子，与中尉一起攻击我和其他两位海军军官。待在我家大门外的那些暴徒不断大喊，表示绝不会释放囚犯的。我立即出门走向他们，要求他们解释喧闹的原因，有个拿着弯刀的人傲慢地回答说，就因为我那无理的强制征兵委任状。我告诉他不是我授权的，我根本就没有那种想法，可他是蛮不讲理的无赖，变得更加猖狂。

我的女婿刚好跟着我出来，随手就将他的帽子打落在地，并责问他是否知道现在在跟谁讲话，这一举动立即止住了他们的叫嚷。我问被他们抓住的官员在哪里，他们指给我看。我走到中尉身边，吩咐他进屋。他告诉我，他们没有打他。我将他从人群中带出来，让他走在我的前面。我还请了另外三个人，跟在他们后面。这期间没有再与暴徒交谈，我尽可能地避免向他们做保证、谈条件。而我的女婿、议会代表、军团上校和护卫舰舰长都进屋了，在门边站了一段时间，安抚他们不要再喧闹。他们威胁说，如果我没把他们送出来，或者中尉不保证不再强制征兵，他们就将再次抓捕海军军官。我让一个治安官很快进屋，让绅士们明白我谁也不认同。退到屋里后，我和武装好的七八个官员进行自卫，以防止暴徒们发狂，强行入屋。暴徒将房子团团围住，大有准备破门而入的架势，咒骂院子里的治安官（还打了他，最后给他上了枷锁）。房前的暴乱持续了约半个小时。

暴徒的人数增加了，一些当地居民加入了他们。暴徒们来到市政府（举着蜡烛），攻入会议厅（我和议员们正坐在那里，众议院在一两分钟内也遭到攻击）。他们向窗户扔石头和碎砖，较低楼层的窗户通通被打破，那儿聚集着几个自卫队的长官。他们强行攻入，迫使多数官员退进会议厅。暴徒们很快就追了过来，但被跑在后面的官员阻止了。

在混乱中，有两名议会成员竭力阻挡，却毫无作用，他们站在市政厅的阳台上，安抚暴徒。之后，议员们和其他人要求我也讲几句。我和诺尔斯先生保证，我们会尽最大的努力，免除征召入伍的居民和远航水手的兵役。这不是我的本意，但如果我拒绝，事态只会变得更严重，我只能屈服。其中一名暴徒，是镇里的居民，让我交出纳克中尉，我拒绝了。这人还问我，有个叫华伦的男孩被判了死刑，但为什么没有执行？这个男孩在强制征兵时杀了两名水手。我告诉他，是否处决这个男孩要听阁下的命令。这人——他可能是这群暴徒的发言人，还问我是否记得波蒂厄斯案件，他在爱丁堡被吊死在路牌上。我回答得很好，我让他们别忘了那起案件给这个城市的居民造成的损失。

之后，我想是该结束与暴徒的谈判了，于是我重新回到会议室。但问题是，暴徒们说他们明天会再到市政府来，看那些被强制入伍的人是否被释放。接着，他们离开市政厅，准备去烧毁正在船坞上建造的一艘可以装20门炮的战舰。于是，我和同僚们——威廉·佩博雷尔爵士和议会的其他先生都去了我家。不到15分钟的时间，暴徒们改变了主意，把舰队的一艘小艇抬到我家的院子里，烧掉了。我令士兵去阻止暴徒们进入外院大门，有十几个士兵立刻行动，暴徒们一出现，他们就亮出步枪予以回击。暴徒们被震慑住了，以为每个窗子后面都有我们的士兵。他们又改变计划，直接在院外的公界上烧船。事后我们才发现，那艘小船其实是他们的某个头领的，一个苏格兰船主的。

隔天，诺尔斯先生听说了这帮暴徒给我写了信，他决定第二天早上带着他的整个船队到镇里来，我立刻写信劝他放弃行动。晚上，暴徒搜索了海军医院，寻找属于国王军舰的船员，到七八个私人住宅寻找军官，带走了四五个低级官员，没有虐待他们，不久又将他们放了。同时，也用这样的方式对待厄斯金船长，希望诺尔斯先生能够放弃强制征兵。

在下面的材料中，戈特利布·米特尔伯格详细描写了契约奴的苦境。

戈特利布·米特尔伯格：《戈特利布·米特尔伯格1750年到宾夕法尼亚州、1754年回德国的旅程》（1754）

鹿特丹和阿姆斯特丹人口都十分密集。同样，在巨型游轮里亦是如此。一个人的容身之所是宽仅2英尺、高仅6英尺的床架。许多船装了400—600人，更不用说难以计数的工具、器械、供应品、水桶以及其他同样要占据许多空间的东西了。

考虑到会遇到逆风，船只可能要花两三周或4周时间才能从荷兰到英国。然而，在顺风的情况下，8天或不用8天就能到达。在那里，要检查所有的东西，要付关税，需要停泊8—14天甚至更长的时间，直到货物装载完毕。在那段时间里，所有的人都不得不花掉剩下的钱，消耗小部分的储备粮食，所以多数乘客发现自己缺少急需要的东西，必须忍受饥饿和匮乏。当船只在考普（现名考兹）附近起锚，漫漫旅途的苦难才真正开始了。因为从那儿起程的船只，往往需要8—12周才能到达费城。即使是顺风，也要7周的时间。

在航行过程中，船上的状况惨绝人寰，船舱恶臭污浊，晕船、呕吐、发烧、痢疾、头痛、便秘、生疮、腐口病等比比皆是，都是因为极咸的食物和肉，还有臭水、馊水引起的，许多人因此死了。

更糟糕的是，供应不足导致饥渴难耐，天气变化，严寒酷暑，阴冷潮湿，人们情绪焦躁，饱受折磨，哀恸不已。此外，还有其他麻烦，虱子密布，可怕至极，特别是体弱的人，皮肤都抓破了。当暴风肆虐两三天后，苦难达到了极端。大家都以为船上所有的人将沉入海底。遭遇这样的天灾，人们痛哭哀号，极尽其诚地祈祷。

大风狂卷，海面上波涛汹涌，一浪高过一浪，如同连绵起伏的高山。大浪常常会打到船上，所有的人都担心船被打翻。当船颠簸起伏时，大家不仅不能走动，连坐都坐不住了，又不能躺，挤在卧铺里的人集体在颤抖，无论是生病的还是健康的。船上的多数人，没有人想过会遇到这样的灾难，他们已经不抱生还的希望了。

我清楚地记得当时的感受。这些穷人长久地渴望抚慰，我经常用唱歌、祈祷来逗乐、安慰他们。风平浪静的时候，我每天坚持在甲板上祈祷。此外，我给 5 个孩子洗礼，因为船上没有牧师。

在健康的人当中，不耐烦的情绪加剧，让人变得残忍不堪，互相诅咒，甚至诅咒自己，有时甚至达到剑拔弩张的程度。不幸和恶意互相滋生，他们互相欺骗、抢劫。有人责怪另一个人劝他参加这样的旅程。常有孩子大哭，与父母吵闹，夫妻吵架，兄弟姐妹吵架，朋友、熟人之间相互争吵……

许多人叹气："哦，我如果能躺在自家的狗窝里就好了。"他们还说："哦，我要是有块能吃的面包就好了，哪怕是一滴新鲜的水也行啊！"许多人啜泣、叹气，哭着想家，多数人思乡心切。数百人都会死去，因为这苦难消失后，人就被丢进海里。在这样的绝望中，几乎没有办法抚慰他们。

没有人知道，船上的女人与她的孩子将会遇到什么。这类人很少能够活下来。许多母亲死后，立即就和她的孩子一起被扔到海里。有一天，我们遭遇了大风，船里的一个女人要生了，可是在这种情况下，孩子不可能生下来，于是就被扔到漏洞（舷孔）里，然后丢到海里。

1—7 岁的孩子很少能存活下来。我目睹了 32 个孩子的悲剧，他们都被扔到了海里。孩子的父母是最悲伤的，因为这个世界上没有他们的孩子的容身之地，这些孩子只能被无情的大海吞噬。

在这所有的磨难和痛苦中，多数人生病不足为怪。热食一周只有三次，分量少得可怜。这样的饭根本不能入口，看着实在太脏了。船上供应的水黑不见底，浓稠，还有虫子，渴得不行的人才能喝下去。到最后，我们被迫吃船上的饼干，饼干许久以前就已经坏了，一整块饼干还没有一个美元硬币大，上面满是红色的虫子和蜘蛛丝。

经过一段漫长而煎熬的旅程之后，船上的人看见了大陆，望见了海角。人们从甲板下爬出来，热切而焦急地眺望着远处的大陆，喜极而泣，祷告、唱歌、感谢并赞美主。大陆在望，使得船上的人，特别是病患和半死的人重新活了过来，心又跳动了。他们大喊，喜不自禁，耐心地忍受着苦难，希望能够快点安全上岸。

但是……天啊!

经过漫长的旅程，当船在费城靠岸时，只有支付船费或有食物保障的人才能下船，而那些没钱的人必须待在船上，等到他们被人买下，才能离开。生病的人是最糟糕的，因为健康的人自然受欢迎，首先就被买走了。生病的人要在船上待两三周，经常会死去，如果可以偿还债务，就可以立即离开，有可能恢复健康，也会活下来。

船上人的价格：一旦达成协议，成年人就要根据年龄和体力服务三四年或五六年；10—15岁的年轻人必须服务到21岁。

许多父母必须像卖牲口一样卖儿卖女，因为如果孩子承担所有债务，父母就可以自由地离开了。但是父母常常不知道自己的孩子会卖给谁，卖到哪里去，所以，父母和孩子离开船后，好几年才能重逢，有些一生都没有机会见面。

经常是，整个家庭，丈夫、妻子和孩子被卖给不同的人，特别是他们一点船费都没有付。

如果航程过半，夫妻俩在船上死掉，幸存者不仅要付自己的船费，还要付死去的家人的船费。

如果双亲都在航程过半后死掉，他们的孩子，特别是年轻的孩子，没有什么可以支付或当掉的，必须负担自己以及父母的船费，干到21岁。到期后，就可以在离开时得到一件新衣服，额外获得一匹马、一个女人和一头牛。

如果农奴有机会在这个国家结婚，他或她必须每年支付还没到期的债务：5—6英镑。许多人都会为妻子支付，随后又反悔了，最后落得人财两空。

如果有人因为受主人虐待而逃掉，他是逃不远的，因为逃奴很快就会被捉住。捉到逃奴的人能得到报酬。

如果逃奴逃跑超过一天，他必须用一个星期、一个月或半年作为“补偿”。

在纽约，英国王室将大片土地分给约翰·范·伦斯勒家族。在这些土地上干活儿的佃农如同农奴一样备受压迫。约翰·范·伦斯勒的部分土地被穷人家庭占有，他们声称这些土地是从印第安人那儿买的，其结果是约翰·范·伦斯勒的小军队与当地农民多次发生冲突。这一情况记录在1766

年 7 月的报纸上。

纽约佃农造反记录（1766）

星期三，镇里收到快报，我们得到了下列特报：

人巴灵顿谢菲尔德西部的作诺布尔镇和斯潘塞镇的居民表示，他们现在所有的土地都是向斯托克布里奇印第安人购买的。依据市里常设法院的一条命令，约有 200 个家庭在此定居。约翰·范·伦斯勒阁下胡诌自己对上述土地的所有权，残酷地对待当地居民，因为他们不肯当他的佃农（他宣称自己已从纽约政府那里取得了授权）。几年前，约翰·范·伦斯勒集结一帮人攻击穷人，推倒房子，杀害民众，关押剩下的人，不断地骚扰、残害人民。上个月 26 日，约翰·范·伦斯勒带领两三百人，全都有枪和刀剑。这些人是冲着当地居民来的，四五十个居民拿着棍棒，与入侵者展开了对峙。入侵者冲向篱笆，治安官赫尔曼纳斯·斯凯勒开枪打死了他……居民决定跟他们谈谈，但他们根本就不听。而几个认识治安官的人说，治安官命令开火，最后还打死了自己的人，因为这个人跑到篱笆那边，而那里还有一个居民。

如前面提到的，居民并没有武器，就退到了森林里，只有几个人跑进房里，用轻武器进行防卫。双方互相开火。入侵者杀死了屋里的一人，居民伤了他们几个人，被人抬着撤回来。最后的 7 人都活了下来。治安官没有出示文件，也没有保证书，居民也没有挑衅，只是一直赖着不走。

有个居民腿断了，入侵者捉住他并将他带走。他表示，他宁愿死也不想被带走。入侵者回答说："那你就去死吧！"在他倒地的时候，入侵者夺走了他的手枪，射杀了他。

骚乱发生在距哈得孙河约 16 英里的地方。荷兰人将那些穷人当成罪犯一样追击，让他们时时刻刻活在恐惧之中。

第四章
革命前夕

托马斯·哈钦森描述波士顿对印花税的反应（1765）
萨缪尔·赵恩关于波士顿惨案的证词（1770）
乔治·休斯回忆波士顿倾茶事件（1834）
纽约工人的《独立宣言》（1776）
托马斯·潘恩：《常识》（节选）（1776）

到1760年，有18起旨在推翻殖民地政府的起义。从南卡罗来纳州到纽约的广大地区共发生了6起黑人暴动，以及40起各种原因引起的叛变事件。这些反抗的力量很快被殖民地的大人物转化为对抗英国的力量，他们从这些力量中看到了摆脱英国统治的巨大优势。

英法七年战争（在殖民地是法国与印第安人的战争）于1763年结束，法国战败。现在，英国可以将注意力转移到对美洲殖民地的统治了。战争需要钱，英国就从殖民地攫取。殖民的贸易活动越来越成为英国经济的重要组成部分。

没有法国的碍事，殖民统治权就不太需要英国的保护。同时，英国人现在更需要的是殖民地的财富。这就是冲突的根源。对法之战带给将军们的是无上的荣耀，而带给平民的却是死亡的威胁；商人们大发战争横财，穷人们却饱受失业之苦。这些导致的怒火对准的不再是殖民地的富人，而是英国。

这种积蓄已久的怨恨突出表现在对强征印花税的反应上。印花税是英国王室为了缓解战争积累的债务而向美国殖民地征收的。

1765 年，对印花税反应最激烈的就是波士顿的一系列暴乱，攻击一个名叫安德鲁·奥利弗的富商的家，他是负责征收印花税的一名官员。接着攻击的是副总督托马斯·哈钦森的家。下面，就是他对此事件的叙述。

对印花税的各种暴力抵制，迫使英国议会取消了这一税收。

托马斯·哈钦森描述波士顿对印花税的反应（1765）

康涅狄格州殖民地的印花税分销商（杰瑞德·英格索兰）从伦敦到达波士顿，他是该殖民地的代理人，在某方面是值得尊敬的人，受到镇里很多绅士的欢迎。当他出发前往康涅狄格州时，马萨诸塞海湾的分销商安德鲁·奥利弗先生陪他出了镇。这引起了民众的碎语，还有《波士顿公报》一篇煽动人心的文章。

几天后的清晨，一幅填充图挂在波士顿南部的一棵大树（后来叫作“自由之树”）上。附在上面的标签表明是针对印花税分销商的。

傍晚，这幅图被取下来，放到了市政府总督和委员会所在的会议室。四五十个穿着得体的商人领头，几千名暴徒紧随其后，走过国王街到奥利弗的船厂。奥利弗先生最近在附近建了一幢房子，据推测，是要建印花税办公楼。大楼几分钟就被夷为平地。接着，暴徒向希尔堡行进。奥利弗先生的住所就在那条路上，他们拼命地冲进去，打破窗户，踢翻门，攻进去毁坏家具。这场混乱持续到午夜，人才散去。

那些人中不仅有波士顿人，还有国内其他地方的，是绝不会缴纳印花税的，其后果只能是对抗。据报道，康涅狄格州的人威胁要吊死分销商。奥利弗先生在第二天下午决定：辞掉职务。

第二天晚上，暴徒包围了副州长和副总督的家（哈钦森先生的家）。屋子遭到攻击时，哈钦森刚好在奥利弗先生的家里。他强烈要求治安官和军团尽快镇压暴乱。他赞同印花税并多次写信向部长推荐的消息很快传播开来。看到民众逼近，他立即关紧了门窗，待在屋里，闭门不出。

8月26日晚，一帮暴徒聚集在国王街，围绕在篝火边，还有大量的烈性酒供应。在对海军军部的登记所进行捣乱后，接着攻击了海关处的监察官，在地下室盗取了红酒和烈酒，又醉醺醺地闯入副总督的房子。门很快被斧头砍成碎片，然后他们攻了进去。还有人破窗而入，纷纷涌进来，迅速挤满整个屋子。

副总督还不知道有暴徒攻入。他叫家人即刻离开房子，决定只身保卫家产。他的大女儿逃离出去一小段路后又折回，坚决守住自己的家，除非父亲也一起离开。

他只好在暴徒攻入前的几分钟放弃了自己的决心。暴徒们继续攻击，直到第二天，将房子里的所有东西毁坏、抢走或扔到街上，将房子的每一部分都捣毁，除了墙壁推不倒，但砖从砖墙上脱落了。

损失估计有2500英镑，还有副总督保管的大量的公共和私人文件。

整个城镇在一夜之间就成了暴徒的囊中之物。地方法官和自卫军陆军校级军官都成了束手无策的围观者，没有人敢反对或对抗。

对英军驻扎波士顿的强烈抵触为1770年的波士顿惨案奠定了基础。这一事件是由制索工发动的，因为英国士兵抢了他们的工作。一大群人聚在一起，英国士兵对他们开枪，杀死了5个人，其中1个是黑白混血工人克里斯珀斯·阿塔克斯。

士兵的辩护律师约翰·亚当斯称那群人是“由鲁莽的小伙子、黑人、黑白混血儿、爱尔兰茶客和各国水手组成的乌合之众”。法庭赦免了6个士兵，并轻罚了另外犯众怒的2个士兵，英军从波士顿撤离，希望能平复局面。

下面，是当时的一个波士顿人的证词。

萨缪尔·赵恩关于波士顿惨案的证词（1770）

波上顿的萨缪尔·赵恩在法定年龄做证，证言提到，1770年3月5日晚上约9时，他站在康希尔的自家门口，看见第29军团的十四五个士兵从墨累河的营房走过来，一些人拿着弯刀、短剑和刺刀，其他人拿着棍棒、火铲或钳子，来到了镇里的居民住所前，或站或走，看见人就咒骂或攻击，而那些被辱骂殴打的人都没有自卫的武器。宣誓证人可以清楚地辨别，因为月光明亮，他本人也是受攻击者之一。

他看见的所有士兵都沿着康希尔走，走过弯曲的车道、王家交易所、国王街，很快就与当地居民争吵或斗殴。宣誓证人认为人数不到 12 个。在这不到 12 个人中，多数是男士，站在交易所再过去的市政府附近。看见全副武装的士兵，多数人跑开了，一些人首先被攻击。据宣誓证人观察，士兵从那儿跑到警卫总队，同时有 5 个士兵跑到国王街，一个下士拿着明火枪，叫住前面那个拿弯刀的士兵，叫他们走开，然后他们就散开了，各走各的路。

那时，我们大约 200 人在国王街集合，宣誓证人就站在交易所酒馆的台阶上，隔壁就是海关，不久就看见了他很熟悉的普勒斯顿船长，还有一些拿着明火枪的士兵，朝海关的西面走去。宣誓证人这才发现武装的士兵到处都是，有二三十人还在国王街，在那里的人大多是船员，其他人穿着破旧的衣衫，对士兵大喊，害怕他们开枪。宣誓证人听见普勒斯顿船长对士兵说："怎么还不开枪？"士兵并不在乎他的话，他立刻说，"开枪！"他们就胡乱扫射，站着绕圈扫射……

当士兵开枪的时候，宣誓证人看见有两枪扫过来，一枪是从阳台西面办公室的窗户里射出来的，另一枪是从阳台上射过来的。他清楚地看到拿枪的人弯着腰退回屋子里，脸上蒙着手帕。

因为与法国的战争负债累累，英国便在美洲殖民地对茶叶强制征税。茶叶是热门饮品，所以没人希望缴税。这就意味着殖民地的人屈从于"纳税无代表"。英国东印度公司开始直接将茶叶从印度运到殖民地，茶叶价格下降了，但税收照旧。许多呼吁独立的人号召民众抵制英国茶叶。

1773 年末，一些载着茶叶的英国船在波士顿遭到阻挡，船上的茶叶被倒入海中。萨姆尔·亚当斯要求其中三艘船回航，但是马萨诸塞州总督允许船进港，条件是必须缴纳关税。

1773 年 12 月 16 日，一群人乔装成印第安人袭击了三艘英国船，并将船上数百箱茶叶倒入海中。下面是茶党、波士顿鞋匠乔治·休斯对这件事的回忆。

乔治·休斯回忆波士顿倾茶事件（1834）

被倾倒的茶叶装在三艘货船里，船紧挨着停在格里芬码头，武装的战舰环卫着。战舰司令公开宣称，喜欢波士顿人风格的反叛者如果在1773年12月17日反对茶叶登陆，他们就会在加农炮的掩护下强行登陆。

17日前一天，萨福克郡的公民在波士顿开了个会，目的是协商用怎样的力度来阻止茶叶运送，保证人们不被征收关税。会议任命一个委员会招待哈钦森总督，请求他告知是否愿意采取措施满足大会的要求。

对委员会的第一份申请，总督告诉他们，将在下午5时前给他们确切的答复。时间一到，委员会成员来到总督的住所，询问后才知道他已经到距离6英里的弥尔顿乡间宅邸去了。委员们回来，告诉人们："总督不在。"大家都困惑地低语，会议即刻自动解散了。许多人大喊："人人各司其职，忠于国家！"大家对着格里芬的码头大呼"万岁"。

现在是晚上，我穿着印第安人的服装，拿上短柄小斧——我和同伴称它为"战斧"，还有一根棍棒。我的脸和手上涂上了铁匠的煤灰。我来到格里芬码头，装着茶叶的船就停在那儿。我一身伪装来到街上，遇见了与我一样打扮的人，我们一起朝目的地行进。

我们到了码头，有三人指导我们的行动，他们将我们分成三组，这样就能同时登上三艘船。我们这组的队长叫伦纳德·皮特。其他队的我就不知道了。

我们在三名指挥官的指挥下，同时上三艘船。我这组的指挥官一上船，就管我叫水手长，命令我去找船长，向他索要舱门的钥匙和一打蜡烛。我照做了，船长立刻就给了我钥匙和蜡烛，但同时要求我不要破坏船只和设备。

我们打开舱门，搬出一箱箱的茶叶，扔到海里。我们听从命令，迅速行事，先用小斧将箱子劈开，再将茶叶倒入水中。

我们上船大约是在3时，我们将船上找到的茶叶都扔到水中。其他两艘船也一样。我们被英国军舰包围了，但他们没有逮捕我们。

当我们静静地回到我们的住所时，相互间都没有说话，也完全弄不清自己的同伴是谁，我也没有回想参加这次行动的任何一个人的名字，除了我上面提到的我们队的指挥伦纳德·皮特。我们达成共识，每个人都是自愿行动，都要保密。可以看到，这个寂静的夜之后是波士顿持续了好几个月的欢愉。

在我们往海里倒茶叶的时候，几个住在附近的波士顿居民积极地为自己家抬走了少量的茶叶。为了达到目的，他们会瞄准机会从甲板上抓一把茶叶放进口袋，那里散落了很多茶叶。

我很熟悉的船长奥康纳，也为了茶叶上了船，他以为自己没有被发现，口袋和外套的里层装满了茶叶。我早就发现他了，将他的行为报告给船长。我听命监禁他，他刚从船舱里出来，我就抓住他的外衣，奋力将他拉回来。我在撕扯间向后退，他乘机火速逃走了。他穿过码头的民众时，每 9 个人中就有 1 人踢打、抽打他。

为了“拿”点茶叶，有个高个儿的老人戴着三角帽和当时流行的白色假发。他悄悄地拿了点塞进口袋里，但也被发现了，他们抓住他，将他的帽子和假发从头上扯下来，并和从口袋里搜出来的茶叶一起扔到海里。考虑到他年纪大，只是轻轻踢了一脚，就让他走了。

第二天早晨，我们将船上的茶叶倒空之后，发现大量的茶叶漂浮在水上。一些海员和市民坐着船，将茶叶拨到港口能看见的地方，用船桨扫过去，让茶叶浸湿，再也不能喝了。

至少有 90 个州以不同的形式宣布独立，呼应托马斯·杰弗逊。下面是一个突出的例子，1776 年 5 月，体力劳动者在纽约机械大厅签署文件。他们通过决议，指示州议会代表通知纽约的代表，在大陆会议中宣布独立。

纽约工人的《独立宣言》（1776）

敬爱的州议会的纽约代表们：

纽约城乡及工人联盟总委员会，代表本人及其选民发言。

先生们，我们作为选民的一部分，将朋友贡献给伤痕累累的国家，希望我们以尽责的方式离开，就在此刻，我们的代表们，请你们善意地倾听我们卑微的发言。

我们看一眼我们心爱的大陆，那里公平自由、文明、信仰宗教，我们长久地享受，这丰收的土地让世界欢愉，贸易种类多种多样。但当我们看见人们被剥削压迫，饱受暴政和死亡的折磨，我们内心充满悲伤。但是，我们应当将目光放远一些，看见那高举的阻挡我们的“铁腕”，注视我们的国王，他宣誓要支持我们的和平幸福的生活，捍卫我们的权利自由，但他的统治是依靠我们的贸易才得来的。我们还能静坐，满足于做这样的臣民吗？他对我们反对皇权统治的话充耳不闻，非但不安抚我们，还将快乐建立在我们的痛苦之上。

他们烧毁我们的城镇，打劫我们的船只，扼杀我们爱子的自由，让妇女因失去重于生命的爱人而痛哭，让无助的孤儿为慈爱的父亲而恸哭。但他们还是追求血腥的目标，我们会成为他们的奴隶，未经我们同意就征税，那么我们选择断绝关系，不再理会这些压迫者。我们，工人联盟委员会，代表我们自己和我们的选民，在此公开宣布：州议会的先生们，请通知我们最敬爱的大陆会议的代表，尽全力在威严的大会上使合众殖民地摆脱大不列颠的统治，取得独立。我们将万分满足，在此用我们的生命财产诚心地保证。

委员会签名

路易斯·蒂堡主席

托马斯·潘恩的《常识》在1776年发行，成了美洲殖民地最受欢迎的小册子，超过24种版本，销售量达上百万册。数百本小册子在这一时期出现，探讨英国与殖民地之间的问题，潘恩对独立的论点清晰、大胆有力。下面是节选内容。

托马斯·潘恩：《常识》（节选）（1776）

在接下来的篇章中，我将仅仅提供一些简单的事实，还有明显的论据和常识。我要求读者做好准备的，只是摆脱偏见和成见，让理智和感情独自做出判断，持真守朴，不受现时代的约束，尽量抒发自己的见解。

关于英美之间的斗争这个话题，人们已经写过很多书籍。各阶层的人们出于不同的动机，抱着各种目的，参加了这场争论，但一切都毫无结果。现在，论战已经结束了。作为最后手段的武力，决定了这场争执的结果。诉诸武力的办法是由英王选择的，北美大陆已经接受了这个挑战。

当时，对问题各执一词的人的意见，终于归结到同一点上，即与英国联合；双方唯一的差别在于实施这一主张的方法：一方建议采用武力，另一方建议利用友谊。然而，到目前为止的实际情况是，前者已经失败，后者已经不再产生影响。

既然对于和解的利益已经争论多次，既然它已经像美梦一样消逝，并没有使我们有任何收获，那么我们就应该考察一下论证的相反一面，稍稍探究一下这些殖民地在与大不列颠保持联系并处于从属地位的条件下，现在和以后将会有多少物质损失。要根据自然原理与常识来考察这种联系和从属地位，看看我们如果分离的话必须依靠什么，如果处于从属地位的话可以有什么指望。

我听见有人硬是这样说：既然北美在以前与大不列颠保持联系时曾经繁荣过，那么为了它将来的幸福，同样的联系是必要的，并且总会产生同样的效果。没有一种论点比这更荒谬的了。你还不如说，因为一个孩子是吃奶长大的，所以他永远不该吃肉；或者说，我们一生的开头 20 年应该成为第二个 20 年的先例。这都是言过其实的说法，因为我可以直率地说，假如没有欧洲列强的“关注”，北美照样繁荣，或许还能更兴旺。北美赖以致富的贸易商品，属于生活必需品，只要欧洲人还有饮食的习惯，它就不会没有市场。

有人说欧洲保护了我们。不错，它是把我们垄断了，而且它花我们的钱和它自己的钱来保卫北美大陆，这也是事实。然而，出于同样的动机，也就是说为了贸易和统治权，它也会保卫土耳其的。

有人说英国是“亲国”，那么它的所作所为就格外丢脸了。豺狼不食其子，野蛮人也不会同亲属作战。因此，那种说法如果是正确的，倒是对它的谴责。可是，那种说法恰巧是不正确的，或者说只是部分正确，而英王和他的一伙帮凶阴险地采用“亲国”或“母国”这种词儿，含有卑鄙的天主教的意图，想要悄悄地影响我们心地善良的弱点。

事实上，欧洲不是英国，而是北美的亲国。这个新世界曾经是欧洲各地受迫害的酷爱公民自由与宗教自由的人士的避难所。他们逃到这里来，并不是要避开母亲的抚慰，而是要避开吃人怪物的虐待；把最初的移民逐出乡里的那种暴政，还在残害着他们的后代，这话对英国来说至今仍然是适用的。

可是，即使我们承认自己是英国人的后裔，这还有没有意义呢？没有！英国现在既然是一个公开的敌人，那它就取消了其他一切的名义和头衔。说什么和解是我们的责任，那是滑稽透顶的说法。现在这个王室的第一任国王（威廉一世）是法国人，英国目前的贵族半数是法国人的后裔。因此，根据同样的推论方法，英国应该受法国的统治。

我要求最热心倡议和解的人指出北美大陆由于与大不列颠联合而能获得的一个好处。我重复这个要求，照我看来是一点好处也得不到的。我们的谷物将在欧洲的任何市场上顺利出售，我们的进口货物一定要在我们愿意购买的地方成交。

但是，我们由于同英国联合而遭受的危害和损失是不胜枚举的。我们对全体人类（包括我们自己）的责任教导我们要拒绝这种同盟，因为，对大不列颠的任何屈从或依附，都会立刻使这个大陆卷入欧洲的各种战争和争执中，使我们与一些国家发生冲突，而那些国家本来是愿意争取我们的友谊的，我们对它们也没有愤怒或不满的理由。既然欧洲是我们的贸易市场，我们就应当与欧洲的任何国家保持不偏不倚的关系。北美的真正目的在于避开欧洲的各种纷争，由于其从属于英国，变成英国政治天平上的一个小小的砝码，所以它就永远不能置身于纷争之外。

欧洲王国林立，不可能长期保持和平状态，一旦英国和任何外国之间爆发战争，北美由于它与英国的关系，在贸易上就一定会遭到毁灭。下一次的战争结果也许不会像这次这样，现在鼓吹和解的人那时就会希望分离了，因为在那种情况下中立将是比兵舰更安全的护航舰。所有正确的或合理的事情都为分离做辩护。被杀死的人的鲜血直流，造化的啜泣声在喊着：现在是分离的时候了。甚至上帝把英国放在远离北美的地理位置上，也顺理成章且有力地证明：英国对美国享有权力这一点，绝不是上苍的意图。从发现北美大陆的时间上说，也能增加这个论据的力量，而当时各国移民的分布情况则使这一论据更具有说服力。宗教改革先于发现美洲而进行，仿佛是上帝慈悲为怀，有意为以后几年受迫害的人们开辟一个避难所，那时英国既不会与北美建立友谊，也不会给它安全感。

大不列颠对这个大陆的权能，是一个迟早会结束的政权形式：一个认真考虑问题的人会痛苦地坚决相信，他称之为“现在的政体”的这种体制只是临时性的，在这种心情的支配下，他瞻望前途，绝不会得到真正的快乐。我们身为父母，既然知道这个政权不会有很长的寿命足以保障我们可能传给后代的任何东西，心里也绝不会高兴。用一种简单的论证方法来说，既然我们会使下一辈人负债，我们就应该自己担当起来，否则我们对待他们的态度就显得卑鄙而可怜了。为了正确地发现我们的责任范围，我们应当照顾我们的子孙，把我们的职责、地位推进几年，那样高的位置将使我们看到一种被目前一些恐惧和偏见所掩蔽的形势。

虽然我小心谨慎地避免做不必要的攻讦，可是我认为，凡是拥护和解论调的人均可以归入这几类：私心很重、不可靠的人，脑子糊涂、愚钝的人，不愿了解事物的真相、抱有偏见的人，还有一批过分重视欧洲世界的稳健的人。而最后一类人，由于考虑欠妥，将比其他三类人对北美大陆造成更多的灾难。

许多人住的地方，离目前发生不幸事件的现场很远，这是他们的运气——祸害并没有完全降临到他们的门口，使他们感到北美的全部财产岌岌可危。可是让我们的想象力把我们带到波士顿去一会儿吧。那个充满灾难的地方会教我们学得聪明一些，并叮嘱我们永远与我们不能信任的一种政权断绝关系。在几个月以前，那个不幸的城市的居民们还过着安乐和富裕的生活，可是他们现在除了待在那里挨饿或出外求乞之外，没有别的办法。他们如果继续留在城里，就有遭受炮火轰击的危险；他们如果离开，就要被军队洗劫。在目前的情况下，他们是一些没有超度希望的囚徒，在实施总攻击来救助他们的时候，他们将暴露在双方军队的猛烈炮火之下。

秉性迟钝的人多少有些忽视大不列颠对我们的攻击，仍旧非常乐观，动辄喊道："来吧！来吧！纵然发生了这一切，我们还是可以和好的呀！"然而，请你们考察考察人类的感情，根据自然的标准来衡量和解的主张，然后告诉我，你们以后是否依然继续热爱、尊敬在你们的土地上杀人放火的政权并忠心耿耿地替他们服务？假如这一切事情你们做不到，那么你们不过是掩耳盗铃，由于你们的延误而使后代子孙遭到毁灭。

既然你们不爱英国，那你们将来与英国的联系就一定是被迫的和不自然的，并且因为它仅仅是权宜之计，所以不久就会回到比当初更不幸的老路上去。如果你们说，你们还能容忍那些侵犯，那么我就要请教你们了：你们的房屋有没有被烧掉？你们的财产是否曾在你们的面前被破坏？你们的妻儿还有床铺睡觉、有面包充饥吗？你们的父母、儿女是否曾遭到他们的毒手？你们是不是在颠沛流离中死里逃生？如果你们没有过这些遭遇，你们就不能很好地体会那些有过这种遭遇的人的心情。但如果你们遭了殃，还能同凶手握手言欢，那么你们便不配称为丈夫、父亲、朋友或爱人，并且无论你们的地位或头衔如何，你们都只是有着胆小鬼的胆量和马屁精的精神。

这不是火上浇油或夸大其词，而是用自然所认为正当的情感来检验这些问题，如果缺少那种情感，我们就不能恪尽职守，也不能享受人生的种种幸福。我的意思并不是用揭露恐怖的景象来挑起复仇的情绪，而是要唤醒你们，不要再优柔寡断，不要再醉生梦死，毅然决然地追求某种确定的目标。如果北美不是由于延误和胆怯而自陷于被征服者的地位，那么英国或欧洲是征服不了北美的。目前这个冬季如果利用得当，就可以抵得上一个时代，但如果蹉跎和玩忽，整个大陆就将同遭不幸。只要如此可贵和有用的季节在一个人的手里白白浪费掉，那么不论他是谁，他担任什么职务，他住在什么地方，对他的任何惩罚都是罪有应得。

认为这个大陆可以长期受任何外来势力的支配，这种想法是悖论，违反事物常规的，也是不合历代先例的。甚至英国最自信的人也不会这样想。在这个时候，人们即使竭尽智慧，不谈独立，而保证这个大陆苟安一年，也是办不到的。和解在现今是个荒谬的梦想。造化既已抛弃这种联系，人力也不能有所补救。因为，正如弥尔顿很精辟的表达："在不共戴天之仇造成的伤口已经裂得这样深的地方，永远产生不了真正的和解。"

每一种争取和平的温和的方法都已经失效。我们的历次恳求已经被他们鄙夷地一口拒绝。这使我们相信，反复的请愿只能鼓励国王们的自负和证实他们的顽固，而且那种做法最能助长国王们的专制气焰。丹麦和瑞典就是很好的例子。因此，既然抵抗才有效力，那么为了上帝，就让我们争取最后的独立，不让下一代人在遭受侮辱的毫无意义的父子关系的名义下趋于灭亡。

要说他们不会再想那样干了，这是单凭想象得来的结果，是没有根据的。我们对于取消印花税法曾经抱有这样的想法，然而一两年的时间就打破了我们的美梦，否则我们也可以认为那些已经被打败的国家永远不会再寻衅了。

至于说到统治的问题，英国是无法以公平合理的态度来对待这个大陆的。它的事务不久就会十分繁忙，这不是一个离我们这样远、对我们这样无知的国家用种种权宜之计所能管理的。如果它不能征服我们，便无法统治我们。为了一件事情或一项申请，要经常奔波三四千英里；为了批复要等待四五个月，而得到批复以后又需要五六个月来加以解释，这种情况不出几年就会被看作是荒唐和幼稚的行径。如果过去有一段时间它是适当的，那么现在便是它不再存在的适当时机了。

几个不能自卫的小小的岛屿，处在政府的保护之下，但是认为一个大陆可以永远受一个岛屿的统治，那就不免有些荒谬了。在自然界，从来就没有卫星大于行星的先例。既然英国和北美的关系违反了自然的一般规律，那么显而易见，它们是属于不同的体系。英国属于欧洲，北美属于它本身。

第五章
完成一半的革命

约瑟夫·普拉姆·马丁:《独立战争期间士兵的冒险、危险和苦难》(1830)
萨缪尔·德维斯:《关于1781年兵变后对大陆军内部叛乱的镇压》(1844)
亨利·诺克斯给乔治·华盛顿的信(1786)
普布利乌斯:《联邦党人文集(十)》(1787)

美国独立战争是向英国争取独立的战争。战争爆发前100年，殖民地就因阶级矛盾而四分五裂:佃农反抗地主，穷人暴乱。而这些内部矛盾因为反英斗争而弱化。然而，这些矛盾依然存在，并时不时地爆发，独立战争期间及战胜英国后都出现过。

《独立宣言》包括激动人心的口号——平等和民主,即“人人生而平等”,保证“生存、自由和追求幸福”的权利。但是，在这些鼓舞人心的话语背后的真相，却是重要人物组成的新兴阶层需要征兵来打败英国，并不是动摇150年殖民历史所形成的财富和权势格局。

独立战争期间，大陆军兵变，战后马萨诸塞和其他州的农民起义，印证了在新国家内部仍旧存在的阶级矛盾。开国元勋意识到这些矛盾，担心未来会有暴乱，于是他们制定了宪法，制约反叛精神，保持“法律和秩序”。

1776年，美国独立战争期间，普拉姆·马丁加入大陆军，在纽约和康涅狄格州服役。下面这篇文章是约瑟夫·普拉姆·马丁对独立战争期间士兵的境况的回忆。

约瑟夫·普拉姆·马丁：《独立战争期间士兵的冒险、危险和苦难》（1830）

那些在战争期间入伍的人，曾被告知：当战争结束后，每个人在其所在的州或相邻的州将拥有100英亩的土地。

然而，当国家最大限度地榨取了劳力之后，贫穷的士兵就会被赶走，像精疲力竭的老马一样四处漂泊，原先信誓旦旦的保证变成了水中之月，再也不提了。国会确实以“士兵之地”的名义拨出了土地，可是没有人关心士兵是否真的得到了土地，没有任命代理人照看贫穷的同胞是否真的收到了土地，没有人关心过。

除了一帮投机商，他们如恶鬼一般到处跑，竭力将士兵骗个精光。士兵们并不知道如何才能获得奖励给他们的土地，也没有人受命告知他们。事实上，根本就没有人在意他们，美利坚合众国已经诞生了，尽忠职守，一切都是理所应当的。是士兵指望你们，而合众国已经不再需要士兵了。我只希望有一天我能找到自己的葬身之处。如果我刚好死在一个文明的国家，我的愿望完全能实现。尸体是不需要祈求的，这点让人感激。

他们同样还得到保证，每年能得到以下几种衣服：一套军装、羊毛和亚麻马甲、四件衬衫、四双鞋、四双长筒靴、一条羊毛裤和一条亚麻工装裤、一顶普通帽子或皮帽、一条围脖、一套猎户装、一对鞋扣。对了，还有一条毛毯。你们会说衣物真多，我也说衣物真多。然而，看着这么多的衣物，人们会发现，也许是一件外套（我们通常能得到的）和一两件衬衫、一两双鞋子和长筒鞋，还有其他衣服，一大堆，每次少一点点，一年两三次，一次得不到完整的一套，且质量极差。一块似毡的厚毛呢（羊毛）毯子，薄得连稻草插进去都不会破坏线条。

我经常在严寒的夜晚躺在树林里、田野中、荒凉的山上，没有毯子，也没有像毯子般的衣服，什么都没有，只有苍穹将我覆盖（严冬时分也是如此）。即使我饥寒交迫，浑身湿透，奄奄一息，我路过某处屋子，想走进去取取暖，遭遇的也只有屋子主人蔑视和冷酷的嘲讽。

几乎每个人都听说过，独立战争期间战士流的血冻结在地上，成为被追踪的线索。此话没有错，但是他们的第一百个劫难，无法用语言来表达。那时的国家又穷又没根基，年轻人都很谦和，特别是女性。我认为国家（尽管我们用“她”和“她的”来代指）在那个时代，她的军队没有私用部分。我们从福吉谷到泽西岛再到蒙默思郡战役，是军队的第四部分参加的，衣不蔽体，只能用破旧的衬衣将胸前遮住。

去年冬天，我捡了一些薄衣服——在宾夕法尼亚州的农民家里，否则我将一直处于衣不遮体的窘境之中。“擦了就跑”一直都是独立战争期间士兵的座右铭。

至于食物供应，我说过多次了，每日的食物量如下：一磅优质的新鲜或腌牛肉，四分之三磅上好的腌猪肉，一磅面粉，软或硬面包，每一百磅牛肉有一夸脱盐，每一百份有一夸脱酱油，一吉尔（四分之一品脱）朗姆酒、白兰地或威士忌。每天有一些小肥皂和蜡烛，因为我只能拿到一小块，所以久而久之都不知道什么叫“大”了。我记不得酱油的味道了，因为只在 1777 年感恩节时得到了一小勺。

我们从来没有得到承诺的分量。经常是，一天、两天、三天，甚至四天，我们连一点儿食物都没有，除非在田里或森林里找到吃的，才能躲过这不可避免的饥饿。我从稀粥里挑出最后一粒米，我肚子饿得好像从未吃过东西一样。

我平时能得到定量供应。这些定量供应是什么呢？噢，不到一磅的新鲜牛肉和面包（或面）。牛肉一分再分，最后连一磅的四分之三都没有，只有半磅。吃到的牛肉跟腐肉差不多，肥肉多瘦肉少。我们常常在田里或行军，半生不熟，都被煮坏了。

我们通常领取四天的肉、七天的面。四天结束后，另外三天有牛肉。亲爱的读者，请你想一想，混乱的五个人，饿得不行的五个人，四天只吃 20 磅鲜牛肉（我该说 12 磅或 15 磅才对），没有蔬菜和调味料。在炎热的夏季也是如此。即使如此，我们也只能吃了，不然什么都没的吃了。当华盛顿将军告诉议会“士兵们除了不吃草，连马饲料都吃遍了”，他也许想进一步说明士兵们吃了大量的马饲料。

我们每个月应有 6.32 美元津贴，按月支付。前期我还收到钱，到（我清楚地记得）1777 年的 8 月，却不再支付了。6.32 美元的“大陆钞票”到底值多少钱？还不够买一个人的饭呢！总督耻于用这些垃圾“逗弄”士兵，明智地放弃了。

在到弗吉尼亚的行军途中，我收到了这个月的工资（实物），加入军队后，我还从来没有名副其实地收到过工资。虽然之前他们向我保证，加入军队就有工资。

这是发人深思的问题。国家要求我服从对这种形式，但并没有认真对待与我的契约。为什么会这样呢？其中一个原因是，它拥有所有的权力，而我却没有任何权力。结果就是这样。

贫穷的士兵受尽苦楚，不想挨饿，最起码给他们点儿吃的吧！他们有权要求“劳者得其肉”吧！我像麻木的动物一样无数次躺在田野里，“被无情的大浪翻滚”，在夏天就够受的了，冬天更加难挨。有人可能会说：“你可以点火啊！”那是一种奢侈。大雪、大雨天，怎么能保住火苗呢？在深冬就要度过漫长、寒冷潮湿且无聊的夜晚。没有足够的衣服保暖，这是多么让人失望的窘境，让读者来评判吧！

绝望，没有信仰，从没经历过的人，要经历 24 小时或 48 小时的行军（有太多次我都要这样做），经常白天、晚上都不能休息，希望前面能看见树林或乡村，才能有休息的地方。当我真的碰到了，啊，天哪，这时的我腿快断了。

结果还是没有休息的地方。我是多么嫉妒猪的幸福生活，当我听见它们在猪圈里争吵时，我全身湿透了，真想冲进去。在干燥的天气中，经过长途跋涉的行军，我精疲力竭，倒头就睡……

停下来休息时，我乐得不钻进毛毯，直接就躺在草丛或荆棘里，以便争取有一两小时的睡眠。哦！万幸。

现在，对贫穷士兵的私下抱怨还不少。我亲耳听见很多人说士兵不值得拥有这么好的待遇。我对这些硬心肠的人，唯一的希望就是让他们也经历这些苦痛，如果他们依然持原来的论调，那就是我错了。

然而，我还是真心希望这些人身体健康。那些想死在粪堆里的人，他们一生中都没有冒过险，没有经历过贫穷、疾病和死亡，为国家的独立和自由而战，而是像寄生虫一样懒洋洋地晒着太阳。

士兵们正直的行为、艰苦的奉献，却换来了贬低、侮辱、中伤、毁谤。战士们不仅忍受谩骂，还受到了不公平的对待。

阶级矛盾在美国独立战争期间突然间复苏，乔治·华盛顿的军队发生了多起兵变。1781年，忍受了长达5年的战争，1000多名士兵终于在新泽西莫里斯敦和宾夕法尼亚发起兵变。他们看见长官们薪酬丰厚、丰衣足食，而士兵喝馊水、穿着破烂，行军时连鞋子也没有，得到的工资是派不上用场的大陆钞票，而且一连几个月没有发工资，稍有一点小错就被长官辱骂、鞭打。

多数人很后悔，不想再打仗了，声称他们的兵役已经到期，但被强制留在军队。他们知道1780年的春天，康涅狄格州11个逃兵被判处死刑，但在最后关头有一人获得缓刑。一人被吊死，因为他给100人伪造了解散文件。

华盛顿将军经历了近两千次兵变，他的军队的主力聚集在新泽西普林斯顿，决定议和。许多叛兵可以离开军队，华盛顿还要求州总督出钱慰问士兵。宾夕法尼亚州恢复了平静。但是在新泽西的另一次兵变只有几百人，华盛顿下令采取强硬措施。他看见了这种“危险的精神”扩散的可能性。

两个最“穷凶极恶的反抗者”当场就被军事法庭判枪毙，一些叛军流泪自责，被执行死刑。在霍华德·法斯特的小说《骄傲者和自由者》中讲述了兵变的情况。

法斯特将阶级矛盾融入大陆军，其中一个角色是兵变士兵杰克·马洛尼，他回忆托马斯·潘恩的话——自由的承诺，说他愿为自由牺牲，但不愿为费城怯弱的国会、穿着绫罗绸缎的宾夕法尼亚州的淑女、恶贯满盈的君主或肥头大耳的大庄园主牺牲。

下面是萨缪尔·德维斯在宾夕法尼亚州对这些血腥事件的描述。

萨缪尔·德维斯：《关于1781年兵变后对大陆军内部叛乱的镇压》（1844）

我们在黎巴嫩驻军。

下面，我将记录这恐怖的悲剧事件的序幕，如果有人真的参与“犯罪”，就得为自己的“罪行”受到法律制裁。一个军人（一个非常活跃、优雅而聪明的人），假借麦克农尼·杰克的名义，做了一些小反抗。他的妻子与他一起在军营里负责给士兵们洗衣服。

长官为了让他长记性，或者是为了让他表现得更好，命令他从警卫室搬出来。之后，他被绑了起来，让鼓手抽打他的裸背。

他被绑起来时，环顾四周，对士兵大喊：“亲爱的士兵兄弟，你就不能帮帮我吗？”这在长官眼里就是叛变：“把他放下来，放下来！”士兵立刻依令行事，他再次被带回警卫室，戴上手铐，这次有两个逃兵与他关在一起。

在第二天或第三天，我们受命到达宾夕法尼亚州的约克，我们刚到那里，就在镇里露营。我们到达的时候，有三个犯人被关在约克的监狱里。我们到约克的几天后，有个叫杰克·史密斯的士兵，还有一个我忘记名字的士兵，发射长子弹。几个官员刚好走在那条路上，差点被子弹射中。长官破口大骂史密斯和他的同伴，双方展开了对骂。一队人立刻逮捕了史密斯和他的同伴，他俩被送入约克监狱。

一个叫“莉莉”的士兵，是一个非常好的人，军团的文章都出自他的手笔。有一天，他喝得醉醺醺的，与伙伴们吵起来，一些军官看见他不在帐篷内，就过来问发生了什么事。军官指责他，要他立即回自己的帐篷。他无法忍受这样的对待，说了些不当的话。军官立刻下令，将他送进约克监狱。

第二天早上，点完名后，队伍再次集合。我猜想，这里有三个军团，共有800人或1000人驻扎在约克，由巴特勒上校指挥。整队人（哨兵、伤残人员等除外）集合后，行进到离营地半英里的地方，然后立定站好。20人出列，组成行军队形，奏乐队打头阵。我们是直奔监狱。六个犯人被带了出来，对他们行刑（死刑）。

这时候，除了长官之外，没有人知道监狱看守将要做些什么。在开枪打死这些犯人之前，他向天空射了六枪中的四枪。士兵们小声讨论怎么救下这些人，但是还没等到想出办法，他们就被处罚了。

在监狱门前，他们对倒霉的士兵宣读死刑令。我们正在镇里来回行军，在他们面前奏起哀乐。我们行进了半英里，然后在一块毗邻黑麦地的地方停下来。停下来后，犯人背对着黑麦田跪下。他们的眼睛被绑住或是用丝巾盖住了。指挥官将他的20名士兵分成两组，然后下令所有的人各司其职。之后，10人得令向前，长官一挥动手巾，第一分队就发射六枪中的一枪。

麦克农尼·杰克第一个被射杀，当场死亡。第一分队退下来，重新装弹，第二分队向前。手巾再次一挥，史密斯同样难逃厄运，但情况更为可怖，他向后退，震惊地站着，他的头炸开了。第二队得令后退，重新装弹，同时第一队上前，在指令下射杀第三个人。第三队射杀的是一名军士，他勇敢而神圣的灵魂立刻带着翅膀来到上帝面前。

行刑时，他们的手臂都被绑上，手放在背上。这种绑法让他们可以用到手。我大胆地向前看，发现麦克农尼·杰克的手臂被绑在胸前，两个大拇指都被射掉了。两队人射击的距离不过10步。站得这么近，等待被射杀的人眼睛被盖住，无异于架在火上烤。场地旁的篱笆和黑麦田都被洒上鲜血和脑浆，血腥可怖。

剩下四人被射杀后，乐队和射击队受命回到大队。我们到的时候，整队人得令前进。大队人马到场后，被分成两队，接近尸体，那些还跪着的人，确信很快就轮到自己了。长官命令每个人经过尸体时都要看着尸体，为了让经过的人看得更加清楚，他们返回时还要回头再看。

跪着的两个犯人缓刑，绑在眼睛上的布被取下来，手被解开，回归各自的队伍。

一些人受命挖大坑。四个士兵的身体被包裹着，葬在一起。

读者们可以想象我在叙述的时候有多么感伤，从监狱到行刑地，犯人们大哭、祈求、大声祈祷，女人们为他们哭泣哀号。麦克农尼·杰克的妻子惊声尖叫，几近昏厥。一路上，她企图冲入队伍，跑到她丈夫身边，但一个军官用剑面击倒了她。

在美国，兵变在军队中时有发生。例如一年前，宾夕法尼亚州和泽西战线莫里斯敦发生了叛乱。约克的士兵敢怒不敢言，更遑论行动，那些人哪怕只是小小的反抗就被杀死，他们以后无论如何都不敢举行兵变了。在那之后很长一段时间里，我在营外遇见一名长官，只要我可以溜走，我立即就会开溜。比起列兵，我更怕军官，害怕他们误以为我不服从命令。

所有的兵变都被残忍的手段镇压了。毫无疑问，在独立战争期间，如此行事是高度需要的。也许有指令，也有证据，军官在军事法庭审判了他们的案件，只是我们不知道罢了，然后他们被判处死刑。但是，对于士兵来说，那天是悲惨的一天，对目击者产生了深刻的影响。

战胜英国后，国内并没有得到民主和平。独立战争前的阶级矛盾，在战争中仍旧不消停，并持续到战后。在一些州，小农——多数是战争中的老兵，感到了州政府对他们征税的压迫。

在马萨诸塞，农民看见土地和股票被无须纳税者抢走，上千人组织起来。他们包围法院，决不让他们的财产再被买卖。这是武装叛乱，其中一个领导者丹尼尔·谢司是独立战争的老兵。

叛乱最终被镇压，一部分人被杀，一些领头的人被吊死。这样的事情让开国元勋们极为忧虑，他们立即在费城会面，起草了新宪法，希望中央政府有能力镇压起义。

马萨诸塞的农民普劳·格，对反对立法组织的非法大会说："我一生辛苦工作，艰难度日，却遭到极大的侮辱。在战争中恪尽职责，但要负担阶级费用——镇、省、中央，所有地方的费用被州长、治安官和收税官拖拉拽，我的羊被贱卖。我依法纳税，但没有人付钱给我。因为这个人、那个人、其他人，我损失惨重。那个伟人要夺取我们的一切，我想是时候我们都站起来改变这种现状，不要再有法庭、州长、治安官、律师。我知道我们是最大的组织，我们来解决人们的困难。没有法庭，除非他们听取诉求。"

谢司起义后，亨利·诺克斯——美国独立战争的炮兵指挥成为战争部部长，他写信给乔治·华盛顿，提醒他关注起义者的目的："他们看到了政府的软弱。他们觉察到自身的贫困，也觉察到自身拥有的力量，他们决心用后者来弥补前者。他们相信，既然美利坚的财富因美利坚人民的共同努力而免于不列颠的掠夺，那么美利坚的财富理应属于全体美利坚人民。"

下面，是亨利·诺克斯的信的全文。

亨利·诺克斯给乔治·华盛顿的信（1786）

亲爱的先生：

我一直希望能有幸拜访弗农山的您，并从未放弃过这个希望，也许下个月就能得到满足。我再也不能延迟对我们尊重和深爱的将军的拜访，您的友谊是我一生中最宝贵的财富。

我觉得您对我也有同样的情感。我最近到波斯东部地方，处理私人生意，不久就会回来，马萨诸塞的骚乱催促我回到波士顿。

我们的政体由13个独立的行政区组成，一直都是独立行政，互不干涉，连联邦政府也无权干涉，国会的力量并不能平衡对应的州，命令他们做本质上有利于他们及大众的事。当地的司法部门似乎没有正常人的想法，让联邦宪法不能起到强有力的作用。整个行政部门反其道而行之，不顾公共利益。许多州反对联邦统治，反对和平。

面对这些帮派作乱，马萨诸塞政府丢弃并践踏法律。骚乱者抨击说，（政府）税定得太高，收税手段太严酷。这确实是事实，过高的税额是引起骚乱的直接原因，但真正的原因则被掩盖了。叛乱的人从未纳过税，或者只纳极少的税。但是他们看到了政府的软弱，他们觉察到自身的贫困，也觉察到自身拥有的力量，他们决心用后者来弥补前者。他们相信，既然美利坚的财富因美利坚人民的共同努力而免于不列颠的掠夺，那么美利坚的财富理应属于全体美利坚人民。反对这一宗旨的人就是公平和正义的敌人，应该从世上消失。总之，他们决心消除所有的公共和私人的债务，还有容易打动人的土地法和没有基金的纸币。

这帮人集结在马萨诸塞，其人数相当于人口稠密的郡的五分之一，还有同样情绪的人来自罗德岛、康涅狄格州和新汉普郡，共有12000—15000个绝望和无道德的人。他们主要是社区里活跃的年轻人，眼下召集比日后容易得多。他们成熟了，违背自己的理智，反对政府的原则，反对自由之名。这可怕的情形“敲醒”了新英格兰那些有原则、有资产的人。他们开始深思是因为一个梦，询问我们为什么会有这样的幻想。我们的政府要撑住、改变，保护我们的生命和财产。我们想象政府的温和与人们的品质是对应的，我们不需要像其他国家一样通过暴力来维护法律，但我们发现我们是人，实实在在的人，我们拥有野兽所有的狂暴的激情，所以我们需要合适的政府。比如，马萨诸塞的人民决心建立一个政府来保护他们合法的利益，他们认为自由是自下而上的，自由就是法律公正。他们希望有联合的政府，因为他们发现地方行政需要中央政府。

我们到了看着人民自相残杀的时刻，这样的进步，并不是公众和个人的幸福，我们需要做些事，我们要加入所有的政党，阻止可怕的后果发生。除非这样做，否则我们将会被独断的暴君统治，他的话就是法律。

前线的印第安人提供了导致他们敌对态度无可辩驳的证据。国会忧心忡忡地躲开前线的罪恶，全体同意军队听命于2400个未经授命的军官和列兵。附加提升者如下：

康涅狄格州　180人
罗德岛　120人
马萨诸塞　660人（步兵和炮兵）
新汉普郡　260人
马里兰　60人（骑兵）
弗吉尼亚　60人
总计　1340人

这些措施很重要，不仅加强了政府的规则，还能保卫前线。我提到了加强政府管理的建议，马萨诸塞需要强力救助，国会要全权维护其执行任务。

1787年和1788年，亚历山大·汉密尔顿、詹姆斯·麦迪逊和约翰·杰伊用笔名“普布利乌斯”写了一系列文章支持纽约执行新宪法。在麦迪逊的文章中，我们看到他对大“党派”的惧怕燃起了他对强大中央政府的渴望。

历史学家查尔斯·比尔德在他的《美国宪法的经济解释》中曾写道，麦迪逊认为“这个国家的财富主要由种植园和奴隶构成”，应“吸引、说服选民认同宪政”。而《联邦党人文集》的作者们则用民粹主义的语言写道，他们自己“在大趋势下说服财阀，让他们相信选择了新体制就等于选择了国富民强”。

普布利乌斯：《联邦党人文集（十）》（1787）

致纽约州人民：

在一个组织良好的联邦能够保证的许多利益中，再也没有比控制狂热分裂的趋势更值得正确地加以发挥了。平民政府的赞助者，从未感到对平民政府的性质和命运的担忧，会像他仔细考虑其危险弊病的倾向时那样严重。因此，他对于能恰当地清除这种弊病而不违反他所遵循的原则的任何计划，不会不给予应有的评价。不安定、不公正和带进国民会议里的混乱状态，事实上是使平民政府处处腐败的不治之症，而这些情况始终是自由的敌人赖以进行最华而不实的雄辩的素材和效果最好的题目。

美国宪法对古今民主典型所做的宝贵改进，并不值得过多地赞颂，但如果硬说宪法像人们所期望的那样有效地排除了这方面的危险，那也是有失偏颇的。到处可以听到我们最关心的善良的公民以及拥护公众信用和私人信用、公众自由和个人自由的人们抱怨说："我们的政府太不稳定，在敌对党派的冲突中不顾公共利益，决定措施过于频繁，不是根据公正的准则和小党派的权利，而是根据有利害关系的占压倒性数量的超级势力的利益所定的。"

无论我们多么热切希望这些抱怨毫无根据，但是已成事实的证据不容我们否认，这些抱怨在某种程度上是正确的。的确，在认真检查我们的情况时会发现，我们遭受的某些痛苦，曾被错误地归咎于政府的工作失误；但同时也会发现，其他原因也不能单纯说明我们所遭受的许多不幸，特别是不能说明普遍的、日益增长的对公共义务的不信任和对私人权利的忧虑——从大陆的一端到另一端，均有这种反应。这一切即使不完全是，也主要是党争精神给我们的公共管理带来的不稳定和不公正的影响。

我理解，党争就是一些公民（无论是全体公民中的多数还是少数）团结在一起，被某种共同情感或利益所驱使，反对其他公民的权利，或者反对社会的和集体的利益。

消除党争危害有两种方法：一种是消除其产生的原因，另一种是控制其影响力。

消除党争原因有两种方法：一种是消除其存在所必不可少的自由，另一种是给予每个公民同样的主张、同样的热情和同样的利益。

关于第一种纠正方法，再没有什么比这样一种说法更确切了：它比这种弊病本身更坏。自由于党争，如同空气于火，是一种离开它就会立刻窒息的养料。但是，因为自由会助长党争，而政治生活又不可缺少自由，所以第二种办法是做不到的，如同第一种办法是愚蠢的一样。只要人类的理智继续发生错误，而且人们可以自由地运用理智，就会形成不同的意见。只要人们的理智和自爱之间存在联系，人们的意见和情感就会相互影响，前者就会成为后者依附的目标。人的才能是多种多样的，因而就有财产权的产生，这种多样性对于达到利益一致来说，不亚于一种无法排除的障碍。

保护这些才能是政府的首要目的。由于保护了获取财产的各种不同才能，立刻就会产生不同程度的财产占有情况；而由于这一切对各财产所有人的感情和见解的影响，从而使社会划分成不同的利益集团和党派。

党争的潜在原因就这样深植于人性之中。我们看到这些原因根据人类社会的不同情况，导致了不同程度的行动——热心于有关宗教和政体的不同意见，以及其他许多理论和实践上的见解，依附于各种野心勃勃、争权夺利的领袖或依附于其财产使人们感兴趣的人，相继把人们分为各种党派，煽动他们仇恨彼此，使他们更有意于激怒和压迫对方，而无意为公共利益而合作。人类互相仇恨的倾向是如此强烈，以致于在没有充分机会表现出来时，最细小的差别就足以激起他们不友善的情感和最强烈的冲突。

但是，造成党争的最普遍而持久的原因，是财产分配的不同和不平等。有产者和无产者在社会上总会形成不同的利益集团。债权人和债务人也有同样的区别。土地占有者集团、制造业集团、商人集团、金融业集团和许多较小的集团，在文明国家里必然会形成，从而使他们划分为不同的阶级，受到不同情感和见解的支配。管理各种各样又互不相容的利益集团，并且把党派精神和党争带入政府的必要的和日常的活动中去，是现代立法的主要任务。

没有一个人被准许审理他自己的案件，因为出于自身的利益，他肯定会使自己的判断发生偏差，而且很可能会败坏他的名声。出于同样的理由，不，出于更充分的理由，一个人不宜既做法官又做当事人。然而，许多重要的立法案件，难道不是与那么多的司法判决，与庞大的公民团体的权利有关吗？而各种不同的立法者，还不是那些法案的辩护者和当事人吗？曾经有人提出过一条有关私人债务的法律吗？这是债权人和债务人各为一方的问题，法官应当在他们之间掌握平衡。然而，政党本身是而且必然是法官，是人数最多的党派，或者换句话说，最有力量的党派自然会占优势。本国工业是否需要以及在何种程度上通过限制外国工业而得到鼓励？这是土地占有者阶级和制造业阶级会采取不同行动的问题，可能两者都不会真正关心正义和公共利益问题。对各种财产征税的分配，看来是一条需要极其公平的法令，然而恐怕没有一条法令能为居于统治地位的党派提供更多的机会来践踏正义的准则了。他们每使处于劣势的派别多负担一个先令，就能为自己节省一个先令。

开明的政治家能够调整这些不一致的利益，使之有利于公共福利，这种说法是徒劳的。开明的政治家不会经常执掌大权。在许多情况下，如果不做间接和长远的考虑，也根本不能做出这样的调整，而那种长远的考虑也很难胜过一个党派不顾另一个党派的权力或全体人民的福利而争取眼前利益的打算。

我们的结论是，党争的原因不能排除，只有用控制其结果的方法才能求得解决。

如果党争所包括的人数不多，可用共和政体的原则来求得解决，这就是使多数人用正规投票的方法来击败其阴险的对手。党争会妨碍行政管理，会震撼社会，但不能在宪法的形式下进行，并掩饰其激烈的情况。另一方面，当党争包括大多数人时，民众政府的机构能使他们把公共利益和其他公民的权利当作占统治地位的感情或利益而做出牺牲。因此，我们所要探究的重大题目就是，保护公共利益和私人权利免遭党争的威胁，同时保持民众政府的精神和形式。再补充一点，这是使这种形式的政府摆脱长期受辱最为迫切需要的东西，从而能使政府被人们所尊重。

用什么方法才能达到这个目的呢？显然只能用两种方法中的一种——要么防止大多数人同时存在同样的情感或利益，要么使具有同样情感或利益的大多数人不能同心协力地损害他人的利益。我们深知，无论道德还是宗教的动机都不能作为适当控制的依据。在个别人的不义和暴力行为中，找不到道德和宗教的动机，而随着人数的增多，它们的效果就相应地减少，也就是说，按照效果需要的程度而变化。

由此，可以得出结论：一种纯粹的民主政体——我指的是由少数公民亲自组织和管理政府的社会，不能制止派别斗争的危害。几乎在每一种情况下，一个整体中的大多数人会觉得有共同的情感或利益。联络和结合是政府形式本身的产物，没有任何东西可以阻止政府牺牲弱小党派或可憎的个人的动机。因此，这种民主政体就成了动乱和争论的图景，与个人安全或财产权是不相容的，往往由于暴亡而夭折。赞成这种政府的理论政治家错误地认为，如果使人类在政治权利上完全平等，那么他们就能在财产、意见和情感上完全平等。

共和政体，我指的是采用代议制的政体，情形就不同了，它能保证我们的矫正工作顺利进行。让我们来研究一下它和纯粹的民主政体的差别吧，我们就能理解矫正的性质以及它必然会从联邦那里得到的功效。

民主政体和共和政体的两大区别是：第一，后者的政府委托给由少数公民组成的团体；第二，后者所能管辖的公民人数较多，国土范围也较大。

第一个区别造成的结果，一方面是通过某个选定的公民团体，使公众意见得到提炼和扩大，因为公民最能辨别国家的真正利益，而爱国心和对正义的热爱使得他们似乎不会为暂时的或局部的考虑而牺牲国家利益。在这样的限制下，很可能发生这些情形：由人民代表发出的公众呼声，要比人民自己为此集会和亲自提出意见更能符合公共利益；另一方面，捣乱成性的人、本位主义者和别有用心的人，可能用阴谋、贿赂以及其他方法首先取得参政权，然后再背叛人民的利益。于是，产生了这样一个问题：是小共和国好呢，还是大共和国好呢？

从以下两个明显的理由中可以清楚地看出，是后者较好。

首先，共和国无论多小，为了防止少数人结党图谋，代表都必须达到一定的数量。同时，共和国无论多大，为了防止人数过多造成混乱，代表都必须限于一定的数量。因此，在这两种情况下，代表人数并不同两个共和国的选民人数成比例，小共和国中代表人数所占的比例应当大一些。结果是，如果大共和国里的合适人选的比例并不小于小共和国，那么前者将有较大的选择机会，从而就有可能做适当的选择。

其次，由于选举每一个代表的公民人数，大共和国要比小共和国多，所以不足取的候选人就更难以在选举中采用不道德的手腕。同时，由于人民的选举比较自由，选票也就更能集中于德高望重的人。

必须承认，在这种情况下，如同在其他许多情况下一样，两者都有麻烦之处。因为，倘若把选举人的数量增加得太多，会使代表很不熟悉当地的一切情况和次要利益；如果把选举人数减得太多，会使代表不适当地关注一切，而很少了解和追求重大的全国性目标。在这方面，联邦宪法使两者恰当地结合起来，把重大的集体利益托付给全国的和地方的特别是州的立法机关。

另一个区别是，共和政府能比民主政府管辖更多的公民和更为辽阔的国土。正是由于这种情况，使前者的派别联合没有后者那么可怕。社会愈小，组成不同党派和利益集团的可能性就愈少；不同的党派和利益集团愈少，发现同一党派人数居多的情况就愈多；而同一党派的人数愈少，他们所处的范围就愈小，他们就更容易结合起来，执行他们压迫人民的计划。把范围扩大，就可包罗种类更多的党派和利益集团，全体人员中的多数人有侵犯其他公民权利的共同动机的可能性也就小了。换句话说，即使存在这样一种共同动机，这些人也比较难以显示自己的力量，并且彼此一致地采取行动。除了其他障碍之外，可以指出，即使意识到他们有不正当的或卑鄙的目的，也往往由于相互不信任而无法交往。

因此，很清楚，在控制党争影响方面，共和政体优于民主政体，大共和国胜于小共和国，联邦优于组成联邦的各州。共和政体的优点就是能够选拔见解高明、道德高尚的人，能消除局部偏见和不公正。不可否认，联邦的代表最有可能具有这些必要的才能。它的优点是否在于党派的种类较多，能更好地防止一个党派在数量上超过其他党派而且压迫它们呢？不过，在联邦内组成的种类更多的党派，加强了这方面的保证。总之，联邦的优点不正是在于给不讲正义和图谋私利的多数人设置更大的障碍，反对他们协调一致，实现其秘而不宣的愿望吗？这点又为联邦扩大势力提供了最明显的便利。

党派领袖的势力，可能在他们各自的州里燃起烽火，但是不能使它蔓延到其他各州。一个教派可能变为联邦某一部分的政治派别，但是散布在联邦四面八方的各种教派，必然会保护全国议会不受任何威胁。对纸币，对取消债务，对平均分配财产，或者对任何其他不适当的或邪恶的目的的渴望，比较容易传遍联邦的某一党派，而不容易传遍整个联邦。正如这样的弊病容易传遍某一个县或地区，而不容易传遍全州一样。

因此，我们发现，在联邦的适当结构中，能够避免共和政体最容易产生的弊病。根据我们赞成共和政体，并以此自豪的程度，我们应该以相应的热情拥护联邦党人的精神，并支持他们的人格。

第六章
早期妇女运动

玛利亚·斯图亚特在波士顿非裔美国人互助会上的演讲（1833）

安吉琳娜·格里姆凯在宾夕法尼亚州大厅的演讲（1838）

S. 玛格丽特·福勒·奥索里：《19 世纪的女性》（节选）（1845）

伊丽莎白·卡迪·斯坦顿：《情绪和决议宣言》（1848）

索杰纳·特鲁斯：《难道我不是女人》（1851）

露西·斯通和亨利·布莱克威尔的婚姻抗议（1855）

苏珊·B. 安东尼：《美利坚合众国与苏珊·B. 安东尼》致辞沃德·亨特法官（1873）

黑人女性反抗奴隶制的束缚，白人女性憎恨在男人社会低人一等，两者之间有某种天然的联系。

黑人女性作为黑人和女性，受到了双重压迫。白人女性要么是新工业体系中的“饲料”，很小年纪就要工作，直到死亡，要么就是丈夫恭顺的助手，生养小孩的仆人。

19 世纪早期，女性开始了抵抗，作坊女孩罢工，黑人女性公开反对奴隶制，白人女性加入废奴运动。

南方白人女性莎拉·格里姆凯是废奴主义者安吉琳娜·格里姆凯的妹妹，她在19世纪30年代写道："我不为自己的性别争取权益。我不会放弃我们对平等的宣传。我只请求我们的兄弟，请他们高抬贵脚，从我们的颈上挪开，允许我们顶天立地地站在上帝划分给我们的地方。"在另一封信中，她补充道，"对我而言，没有什么绝对的人要做什么、女人要做什么。"

女性在全国的废奴社团工作，收集了上千封请愿书递交国会。1840年，世界性废奴协会在伦敦开会。对这些问题热烈地讨论后，他们投票表示不让女性参加废奴运动，但是可以戴着面纱出席会议。女性静坐在过道抗议。这一事件更加激起了她们继续为平等斗争的决心。

下面，是非裔美国人活动家先锋玛利亚·斯图亚特的演讲。

早在19世纪30年代，斯图亚特就开始通过演讲反对蓄奴，不顾同辈人劝阻，成为威廉·劳埃德·加里森废奴主义报纸《自由者》的投稿人。

在1833年的一次演讲中，她说出了为什么要废除奴隶制——她的那句"遍身罗绮者，不是养蚕人"，也同样适用于性别歧视者和女性解放运动的倒退。

玛利亚·斯图亚特在波士顿非裔美国人互助会上的演讲（1833）

我们被告知，对白人要战战兢兢，从出生开始，到能走路、工作，并称他们为"主人"，在他们面前不能叫妈妈。长久的惧怕和过重的劳动使得我们忘记了作为一个人我们应有的权利和力量，我们那神圣勇敢的权利。只要给有色人种同样的机会，从出生到成年，再从成年到死亡，你就能找到尊贵的政治家、科学家、哲学家。

可是，非洲的孩子没有这样的机会，恐怕原本厉害的人也不觉得应该有这样的机会。高高在上的权力者，说我们没有力量。哦，非洲的孩子，什么时候才能听到你们在市政厅反对敌人的声音，为平等和自由权利辩论的声音呢？

无限纯洁的上帝不会将他的祷告者分为一方把持宗教，另一方却充满偏见、罪恶和污染。他不会将祷告者分成正直和虚伪两类。由于缺乏知识，我们数百年辛苦劳动供养他人，还满足于他们给我们的“回报”。放眼看去，能看多远就看多远，所有一切都是圣主般的白人拥有的，这里是有色人种的栖息地，充满绝望、欺骗和压迫，我们几乎什么都不能做。就像是所罗门王[①]，没有为建造圣殿贡献一钉一锤，却收获了最高的赞美。还有美国白人给自己的美名——巨人，而事实上我们才是国家的支柱。我们跟着这个阴影，他们获得财富，我们进行劳动，他们收取成果。真是“遍身罗绮者，不是养蚕人”。

莎拉和安吉琳娜·格里姆凯姐妹不仅是仗义执言的废奴主义者，反对罪恶的奴隶制，也是女权主义早期的倡导者。

1838 年，安吉琳娜·格里姆凯在费城的宾夕法尼亚州大厅进行了最后一次公众演讲。她演讲时，有几千人聚集在一起，攻击大楼，朝玻璃窗扔石头。那天晚上，他们将大楼夷为平地。

安吉琳娜·格里姆凯在宾夕法尼亚州大厅的演讲（1838）

儿子们、弟兄们和父亲们，还有母亲们、女儿们和姐妹们，你们出去看看发生了什么。风吹动芦苇的声音吗？仅仅是好奇，或者是出于对死亡奴隶的深切同情，才引来这么多的听众吗？（房外传来了呼喊声。）这些声音应该唤醒我们埋在心底的同情。大骗子！他们不知道他们所做的事情。他们不知道，他们破坏了他们自己的权利和幸福、时间和永恒。

你会问：“北方对奴隶制做什么了？”听！这些声音告诉我们什么是奴隶制，并激起了我们的愤怒，要我们废除演讲和约定。因为自由肯定不会撕裂自己的愤怒，因为自由每天都在增加。你还会问：“北方应当做什么？”我回答：“首先，消除你心中对奴隶制的恐惧，然后伸出你的手推翻南方奴隶制。”

到场的每个人都有工作要做，无论他或她是什么情况，无论他们的条件受到怎样的限制，无论他们的影响多么微不足道。这个国家的伟人不会做

① 犹太民族历史上的君王。

这项工作，教会永远不会这么做。迎合世界的欲望，保持各方所有的条件，使他们对关于这些和其他不受欢迎的话题显得愚钝。他们已经成为老于世故的人。因此，上帝用他的智慧，教导他们不要继续他们的改革和救赎。他用世界上愚蠢的事情来迷惑智者和弱智。

作为一个南方人，我觉得今晚有责任站出来，提供证词反对奴隶制。我看过，我看过它。我知道这恐惧永远无法描述。我是在它的翅膀下长大的，多年来我目睹了败坏道德的影响，以及对人类幸福的破坏。我从来没有见过一个快乐的奴隶。我看到他们戴着脚镣跳舞，这是事实，但他们并不快乐。幸福和欢乐有很大的区别。有色人种不能享受前者，而他们的男子气概被摧毁，这是必要的一部分。然而，奴隶也许有时是愉快的。希望熄灭时，他们说："让我们吃喝吧，因为明天我们就死了。"（这时，有石头扔向窗户，室内一片混乱。）

如果暴徒现在突然出现，打断我们的会议，并用暴力对待我们——这与奴隶们所忍受的能相比吗？我感谢主，让我还有余生来感知真理，尽管真理往往是残酷的——人的良心不会永远受蒙蔽而对永恒的真理无动于衷。许多人去南方度假，坐在客厅的桌子边，受到奴隶主的款待。他们从来不进入奴隶的小屋，他们根本不知道阴暗面，他们回家后赞扬奴隶主的慷慨。或者虽然他们目睹了奴隶制的残酷，但依然做保持沉默的围观者，他们就成了冷酷无情的人—— 一个不在乎随之而来，甚至准备为野蛮道歉的人。只有奴隶制的败坏影响才能让北方人真心道歉。为了反抗南方奴隶制，可以做很多很多的事，但是北方人自觉努力地改革北方，却没有人愿意为自己的声誉冒险，甚至原谅将人视为财产的行为。（又是一阵响亮的声音，屋里再次陷入骚乱。）

每一次，南方的微风飘向我，夹带着哭泣和哀号的不和谐的音调——尖叫和呻吟，还夹杂着祈祷和亵渎神明的诅咒。我认为已经没有希望了，恶人将继续作恶，直到他摧毁了他自己和他的国家。我的心寒了。它会利用什么？我痛苦地哭喊，奴隶制的恐怖和污染暴露在众目睽睽之下，那时没有人倾听，也没有人为奴隶祈祷。我藏在心底的话是："哦，不要在迦特报告这事，不要在亚实基伦街上公布。"但现在我的感受完全不同，因希望而活跃，不，因为自由的胜利和对人的善意，我像一个高音喇叭，向世人揭露他们犯下的罪行、他们虐待奴隶的罪孽行径……

我们可以讨论中立立场。然而，在这个问题上，就目前的情况而言，没有所谓的中立立场。不赞成我们，即反对我们；不与我们团结在一起，就要排除在外。如果你想保持中立却没有做到中立，南方人就会把你看成是压迫者。难道一个爱国之人愿意支持或间接地支持奴隶制吗？上帝一扫，就将埃及破坏了，处罚朱迪亚更是手段残忍，就是因为奴隶制。我们有理由证明他不公正吗？或者，比起他自己的“选民”，他更偏向我们吗？（尖叫声、石头砸碎窗户的声音不断传来。）

大可不必担心那些想让我们闭嘴的人，因为他们才应该感到恐惧和颤抖。当前的局势对他们更加不利。如果北方的手臂没有让奴隶制的巴士底狱动摇，你就不会听到那些喊叫声。几年前，南方还感到很安稳，用轻蔑的语气问道：“谁是废奴主义者？废奴主义者不值得一提吧？”是的，在某种意义上，他们确实不值得一提，他们什么都没有。但现在我们可以大声地说：“上帝造的人不会不值得一提。”（暴徒再次打断会议。）

我们经常听到有人发问：“我们该怎么办？”现在就有一个机会做些事了。到场的所有男女现在都可以做些事，表明我们不害怕暴民，在威胁和辱骂中，我们张开我们的嘴巴，向沉默的人大喊，奴隶制终将灭亡。

我们就是要为这一事业而奋战，我们必须知道什么是奴隶制。我劝你买专门阐述这一问题的书来阅读，然后把书借给你的邻居。不要再把你的钱花在迎合那些傲慢与充满欲望的人上面，而是尽力去温暖这个国家赤裸的良心——去唤醒站在痛苦而愤怒的奴隶一边的基督徒的同情心。但是，一些人说，我们的书和文章不讲真话。那么，他们反驳我们的话了吗？他们没法反驳。而且，南方是恳求，而不是命令我们沉默，我们的出版物应当提供更多的有关真相的证据。

费城的女人！请允许我作为一个女人，以我对出生地的依恋之情，恳求你们来担任这个工作，特别是让我劝你们写请愿书。男人可以用票数解决这个问题和其他问题，但你们没有这样的权利，只有通过请愿书才能接触立法机关。因此，写请愿书是你们特别的责任。

你们可能会问：“这样做有用吗？”南方只需数数请愿书的数量，就已经脸色苍白了。他们读过国会的报告，发现其中大量的请愿书就是北方女性针对奴隶制的。这一事实引起了南方对这个议题的关注。

我们怎样才能做得更多呢？男人压迫奴隶，统治国家的议会，他们否认我们的请愿书，谴责我们对性别和种族的抗议。但是我们有这些权利，是上帝赐予我们的。我们应当运用这些权利，并采取相应的行动。南方嫉妒我们的措施，表明我们的措施是有效的。因此，没有理由怀疑或绝望，而是应当欣喜。

据说，在英国，妇女们做了很多在英国殖民地废除奴隶制的努力。直到今天，她们也没有停顿下来。她们将无数的请愿书递交给女王，其中一份请愿书长达 2.25 英里。

你们认为这些努力会白费吗？让历史来回答你们吧！

1845 年，S. 玛格丽特 · 福勒 · 奥索里发表了开创性的著作《19 世纪的女性》。这里节选了书的一部分，对美国女权运动有深远的影响。

S. 玛格丽特 · 福勒 · 奥索里：《19 世纪的女性》（节选）（1845）

虽然美国伟大的独立被这个国家里个人的悲惨遭遇所玷污，虽然美国的自由与平等口号被证明只是为奴隶制开路，虽然美国人经常觉得自己就像古罗马人一样自由，通过同胞的小小不幸就能满足自己的贪婪和懒惰，但是我仍要说，“人人生而自由平等”不是一句空话。

以善为荣，以恶为耻，仍是亘古不变的至理名言。新世界如果压迫悲伤的兄弟，就将招致最大的惩罚。即使人是聋子，天使也能听到。然而，人不可能是聋子。个人的自由、免于他人侵犯的权利是毋庸置疑的。美国建国时所争取的这些原则必须向它的人民兑现。经过深思熟虑的构想不会失败，人们迟早会有所行动。

我们嫌恶矛盾的话语，同样嫌恶夸耀的话语。我们觉得再没有像现在这样就道德和宗教主题的滔滔雄辩更让民众的肺部膨胀的了。我们希望求助于这些“英雄之言”，这些卡托斯之言和基督之言，最重要的是谨防伪善之言。虚伪是最无望、最恶劣的罪行，而那些没有道德和宗教教义的人，势必遭到唾弃。兰道（瓦尔特 · 萨维奇）说他不可能有很多思想，不能让最大的部分放空，而真正的天才是不缺少这样的美德的。

舌头是有价值的一部分，但应该适当对待，而至关重要的体液只要一小部分就能影响到整个身体。我认为思想“会在毒烟里腐朽变黑”，甚至在“圣坛”上也是如此。我们从高谈阔论走向自我封闭，关上了门，这启发了我们的探讨精神，“这是修辞健康血液的‘盛开’，还是一个错误的色素巧妙铺设？”我们再次发现有这么多烟，一定是着火了。如此多的关于美德和自由的谈论，他们的欲望一定混杂其中，不能白费心机，这些成了男性常谈的话题。他们并不是在实行暴政和掠夺的计划，报纸觉得他们最好宣布自己为“朝圣者”“清教徒”和“圣洁先锋”。国王拥有如此“昂贵”的随行人员，不仅仅是夸口，也不是巴拉巴小说。我们在沙尘中等待许久，我们又累又饿，但是凯旋队伍最后一定会出现。

在所有人中，没有比被奴役的非洲的拥护者更加稳立不倒的，没有人比他们更有勇气和意愿做出真正的牺牲。这个团队强大的部分原因是依据自然的原则，另一部分原因是许多女性在这一事业中表现出色，是最热情的呼吁者。

虽然社会对这一话题已经越来越放开讨论了，但是社会并不准备满足该政党的要求，并将在一段时间内，冷冷地将其视为雅各宾派时代。

…………

“这还不够，”恼怒的交易员叫道，“你尽你所能破坏国家联盟，从而摧毁了我们国家的繁荣，而现在你竟然试图打破家庭团结，将我的妻子从摇篮边和厨房灶边带走，去投票，去选举，去讲坛布道。当然，如果她做这样的事情，她就不能完成自己的本来任务。她快乐极了。她比我有更多的闲暇时间，有各种提升的办法，有纵情的机会。”

“你问她对这样的生活满意吗？”

“不，但我知道她和蔼可亲，不会做令我不快的事；她也足够明智，对不适合自己性别的事不会越雷池半步。我绝不会同意让此类评论扰乱我家平和的生活。”

“你不同意？这不是你同不同意的问题，而是要征求你妻子的意见。”

“可我不是家里的头儿吗？”

“你不是你妻子的头儿。上帝给了她一颗属于她的心。”

“好吧，我是头，她是心。”

“是吗？我想我得心存感激，因为你没有说她只有手。如果头压制没有自然脉搏的心脏，你让自己同意没有问题。两者一致，就可以提出任何问题，得到一个完整、真正的答案。没有必要做预防措施、放纵，更不需要征求意见。但是，我的疑问是‘心是否同意大脑，或只是被动遵循’。可以确定的是，我们提出了一些解放措施。”

1848年，女性历史性的集会在纽约塞尼卡福尔斯市伊丽莎白·卡迪·斯坦顿的家举行，斯坦顿和卢克丽霞·莫特两人组织了塞尼卡福尔斯市大会。

斯坦顿仿照《独立宣言》，在这个组织的宣言里列举了女性的种种诉求。宣言要求女性拥有选举权，这一激进的要求拉开了女权运动的序幕，最终在1920年通过的宪法修正案第十九条认可了女性的选举权。

伊丽莎白·卡迪·斯坦顿：《情绪和决议宣言》（1848）

在人类发展的进程中，对一部分家庭来说，宣传其与众不同的立场，是自然法则和上帝赋予他们的。

我们认为这些真理是不言而喻的：所有的男人和女人都生而平等，造物者赋予他们若干不可剥夺的权利，其中包括生命权、自由权和追求幸福的权利。为了保障这些权利，人们才在他们中间建立政府。而政府的正当权力，则是经被统治者同意授予的。任何形式的政府一旦对这些目标的实现起破坏作用，人民便有权予以更换或废除，以建立一个新的政府。新政府所依据的原则和组织其权力的方式，务使人民认为唯有这样才最有可能使他们获得安全和幸福。若真要审慎地说，成立多年的政府是不应当由于无关紧要的和一时的原因而予以更换的。过去的一切经验都说明，任何苦难，只要尚能忍受，人类还是情愿忍受，也不想为申冤而废除他们久已习惯的政府形式。但是，当追求同一目标的一连串滥用职权和强取豪夺的事发生，证明政府企图把人民置于专制统治之下时，那么人民就有权利也有义务推翻这个政府，并为他们未来的安全建立新的保障。这样的政府，女性若尚能忍受，那就限制了她们争取天赋和平等地位的权利。

人类的历史是一个男人对女人不断伤害和掠夺的历史，其直接目的就是对女人施行独裁暴政。为了证明这一点，现将事实呈现在公正的世界面前：

男人从不允许女人行使不可剥夺的选举权。

男人强迫女人服从法律，而法律的制定与女人无关。

男人剥夺了女人的正当权利，而这些权利连最无知、最堕落的男人都拥有——无论国籍。男人剥夺了女人作为公民的首要权利——选举权，从而使得女人在立法时没有代表性。男人在各个方面都压迫着女人。

男人制定的法律，女人一旦结婚，就再无公民权。

男人规定女人没有财产权，连她自己挣的工资都不是她的。

男人将女人放在了一个不负责任的位置上。只要确认她们的丈夫在场，她们就可以犯罪，而自身不受到惩罚。在婚姻的契约中，她们被迫承诺服从自己的丈夫，丈夫成为她们所有的意图和目的，是她们的主人，法律赋予丈夫剥夺她们的自由和惩罚她们的权利。

男人制定了离婚的法律，例如，应当有什么适当的理由离婚，在分离的情况下，孩子监护权所属，完全不顾女人的幸福。在所有的情况下，法律都错误地假设男人至高无上，并将一切权利都交在他们的手中。

如果是已婚女性，就剥夺她们的所有权利；如果是单身女性，是财产的所有者，男人就要求她们纳税支持政府，政府只在她们的财产能给它带来利润的时候才认可她们的财产权。

男人垄断几乎所有赢利的工作，而女人从那些允许女人参加的工作中，只能获得微薄的报酬。所有能获得财富和地位，并被男人认为是最光荣的工作，女人都被排除在外。女人并不知道神学、医学或法律这些职位。

能获得全面教育的机构和大学，女人都无权利进入。

男人允许女人加入教会和政治集团，但都处于从属地位，宣传使徒的权威，不得做牧师，不得参与公众教会的事务。

男人通过赋予男人和女人在道德上的双重准则，营造了一种错误的公众情绪。道德不佳的女性被排除在社会之外，因为社会认为男人才应该是道德的表率。男人自己已经篡夺了耶和华的特权，声称这是他们对女人的权利进行分配的范围，而实际上这应当属于她们的良心和她们的神。

男人致力于在各方面摧毁女人对自身力量的自信，削弱她们的自尊心，让她们心甘情愿地依赖男人，且不幸地生活。

进入我们眼前的伟大工作，我们预计会产生不少的误解、误传和嘲笑，但我们用自己的力量实现了我们的目标。我们将使用代理、循环系统，并向国家立法机构递交申诉书，努力争取讲坛和媒体来代表我们。我们希望本公约能带来涉及国家方方面面的一系列公约。

1827 年，黑人废奴主义者索杰纳·特鲁斯解除了奴隶身份。1851 年，在亚克朗市的一场女权主义者集会上，她发表演说，为受压迫的女性辩护。尽管演讲时没有手稿，但演讲却激发了听众的热情。

索杰纳·特鲁斯：《难道我不是女人》（1851）

孩子们，哪里有这么多的喧闹，哪里就有不顺的事。我认为，南方的黑人和北方的妇女都在谈论权利，白人很快就会陷入进退维谷的境地了。然而，他们具体都在谈论什么呢？

有人说，女人上车时或是跨过水沟都需要男人的搀扶，到了哪里都能坐在最好的位置上。然而，我上马车或者是走过泥坑时，从来没有人帮我一把，也从来没有人给我让出过好位置。难道我不是女人吗？看着我！看看我的手臂！我耕田种地，收获谷物，没有人能超过我！难道我不是女人吗？我干的活儿跟男人一样多，吃得跟男人一样多（如果我能吃到足够的食物的话），我还被鞭打！难道我不是女人吗？我生了 13 个孩子，我眼睁睁地看着自己的多数孩子被卖为奴，我作为母亲，悲伤哀号，唯有耶稣听到了我的哭诉！难道我不是女人吗？

然后，他们谈论这件事，他们把这称作什么？（观众低语“智慧”）就是这样，亲爱的。他们打算怎么处理妇女的权利和黑人的权利？如果我的杯子能装一品脱，你的杯子能装一夸脱，难道你就那么吝啬，连我的杯子的一半都不让装吗？

一个小个子男人声称，女人不能和男人拥有一样的权利，因为基督不是女人！请问：你的基督从何而来？是上帝和一个女人生的！男人才跟基督无关。

如果上帝创造的第一个女人强大到足以颠覆世界，那么，所有的女人就能够将它一起翻转过来，放在正确的位置上！

她们现在就想这么做，男人最好不要阻止她们！

露西·斯通不仅是马萨诸塞第一个取得大学学位的女人，也是美国第一个在婚后保持本姓的女人。1855 年，斯通和亨利·布莱克威尔结婚。她和布莱克威尔签订了下列条约，在婚礼上当众宣讲，还登在了废奴主义报纸上。

露西·斯通和亨利·布莱克威尔的婚姻抗议（1855）

虽然我们通过公开丈夫和妻子的关系来证明我们之间的感情，但对我们的公正和一个伟大的原则，我们认为有责任声明：这种行为在我们看来意味着没有批准，也不承诺自愿服从这样的法律规定的婚姻，拒绝承认妻子作为一个独立的、理性的人存在，而法律授给丈夫一个有害的、非自然的优势，给他法律权利的支持，但有理智的人不会这么做。我们尤其抗议法律给丈夫的权利：

1. 对妻子本人的监护权。

2. 对孩子专一的控制权和监护权。

3. 除非婚前声明授予女性自己或者另一个受托人，否则丈夫对妻子有独占所有权，对她的不动产有使用权——就像法律对未成年人、智障人士或精神病人的规定一样。

4. 对她的工业产品的绝对拥有权。

5. 法律给予鳏夫对亡妻财产的拥有权比寡妇对已故丈夫的财产拥有权更大、更持久。

6. “妻子结婚后无法律权益”，在大多数州，她没有权利选择自己的住所，不能立遗嘱，不能以自己的本名起诉或被起诉，也没有财产继承权。

我们觉得个人独立、平等人权永远不能丧失，除了犯罪。婚姻应该是一种平等的、永久的合作关系，所以法律都应该认可；夫妻双方应该反对激进的不公正的法律，想方设法利用他们手中的力量，直到法律认可。

1872 年 12 月，苏珊·B. 安东尼成了在总统投票选举中公然驳斥法律的 14 个女人之一，以“无法律选举权却故意投票”的理由被逮捕，并于 1873 年 6 月被判有罪。

1873 年 6 月 19 日，她的律师申请上诉，她在法庭发言，回应沃德·亨特法官的提问。

苏珊·B. 安东尼：《美利坚合众国与苏珊·B. 安东尼》致辞沃德·亨特法官（1873）

亨特法官：（命令被告站起来）对不能判决的理由，囚犯有何话说？

安东尼小姐：法官大人，我有许多话要说，因为您的有罪判决践踏了我国政府的每一个重要原则。我的天赋人权、我的公民权利、我的政治权利、我的司法权利，通通被无视了。我被剥夺了公民的基本权利，我从一个公民降为一个臣民。不仅仅是我，还有我的女性同胞们，都因为法官大人的判决，注定根据这个所谓的共和政体要服从政治。

亨特法官：法庭不会再次听囚犯的律师已经用三个小时提过的论据。

安东尼小姐：恳请法官大人，我并不想争论这个问题，而只是说明不能这样判决的原因，这样的判决对我不公平。您剥夺了我的公民选举权，就是剥夺了我作为同意政府管理的权利，剥夺了我纳税的代表权，剥夺了我作为罪犯接受与我同等的人组成的陪审团审判的权利，因此，剥夺了我神圣的生命权、自由权、财产权……

亨特法官：法庭不能让犯人继续说下去。

安东尼小姐：可是，法官大人，您不能再剥夺我这项权利，我只剩这一项权利反对高压手段剥夺我的公民权了。请法院记住，这是我去年 11 月的一天被捕以来，第一次和或被剥夺公民权的人在法官和陪审团面前说话……

亨特法官：囚犯必须坐下来——法庭不允许。

安东尼小姐：在所有的检察官中，从加入控诉的街角酒吧的政客，到元帅、专员、地区检察官、地方法院法官，还有现在法庭上的法官阁下您，没有一个人和我是同等的，全都是我的最高政治统治者。法官大人将我的案件交给陪审团，显然这是您的职责。尽管如此，我还是要抗议，当中没一个与我同等地位的人。不管是本土的还是外来的，白人还是黑人，贫穷还是富裕的，受过教育还是文盲，神志清醒的还是醉酒的，所有人都是我的政治领导，完全没有与我同等地位的人。在这种情况下，我一个女人在全是男人组成的陪审团中被审讯，比一个英国平民在贵族组成的陪审团前被审讯更加有理由抱怨。我的律师汉·亨利·R. 塞尔登在法官大人面前如此干练、如此认真，如此无可辩驳地辩护，他也是我的政治领导。正是因为没有被剥夺公民权的人有权坐在陪审团中，而女人没有公民权，只有长期得到认可的律师才能上法庭，女人都无权进入法庭，所以，陪审团、法官、律师都必须来自上层阶级。

亨特法官：法庭必须强调，囚犯是依据现有法律进行判罪的。

安东尼小姐：法官大人，法律是男人制定、男人解释、男人执行的，有利于男人而不利于女人。而法官大人的判决违反了美国的“公民投票权”，仅仅是因为投票的是女人，而不是男人。昨天，有人将一杯冷水、一片面包送给逃往加拿大的奴隶，并提供一晚上的住宿，法律就将之定罪，被处以 1000 美元的罚款并入狱六个月。任何一个男人或女人只要因为恻隐之心、出手相助，就违反这邪恶的法律，就要为此付出代价。而获得自由的奴隶就因为这不公正的法律被逮住，并继续为奴。也就是说，女人必须在政府有发言权，我已经取得我的发言权了，我也会抓住每个机会进行发言。

亨特法官：法庭命令囚犯坐下，不准再说一句话。

安东尼小姐：当我被带上法庭，带到法官大人您面前，我希望听到宪法和近期修正案广义和字面的解释，即宣布所有的美国公民都受到法律的保护。国家保证在美国出生的人和加入美国国籍的人都有平等权利，但这样的公正并没有实现，连陪审团中都没有与我的地位相同的人。我不请求你们宽大仁慈，但请求有完整严谨的法律。

亨特法官：法院必须坚持——（安东尼小姐坐下来。）囚犯站起来！（安东尼小姐再次站起来。）法院的判决是，交罚款 100 美元和检方的费用。

安东尼小姐：法官大人，我永远不会为您不公正的判罚支付 1 美元。我拥有的贸易股票有 1 万美元的债务，因为我发表了论文《革命》，其唯一目的是教育全体妇女从事我所做的工作，反抗人为的、不公正的、违反宪法的法律——法律规定女人必须纳税、缴纳罚款、接受监禁和绞刑，却剥夺她们在政府中的代表权。我会全力工作来支付我欠下的每一美元的债务，但不公正的罚款我一分钱都不付。我要继续认真地敦促所有的妇女实现革命时期的格言，即“抵抗暴政就是服从上帝”。

第七章
印第安人迁移政策

蒂卡姆西对奥塞奇人的演讲（1811—1812）

关于切罗基族人迁移政策的两份文件（1829和1830）

黑鹰酋长的《投降宣言》（1832）

约翰·G.伯内特：《列兵眼中的切罗基人迁移政策》（1890）

酋长约瑟夫的陈述（1877和1879）

布莱克·埃尔克：《梦想终结》（1932）

美国独立战争中，英国的失败为殖民地西进到印第安领地铺平了道路，因为英国在1763年规定不准在阿巴拉契亚山脉某条界线之外的地方定居。

至1840年，1.3亿美国人中有450万人越过这座山，进入密西西比河谷地。那块大土地上河流纵横，经由东西方向汇入密西西比河。1820年，12万名印第安人在密西西比河东岸居住。到1844年，只剩下不到3万人。多数印第安人不是被杀害，就是被暴力向西驱逐。这是20世纪晚期屡见不鲜的情况，这种行为按其他国家的说法就是“种族清洗”。

佛罗里达州、亚拉巴马州、佐治亚州和密西西比河的印第安人反抗“印第安人迁移政策”，但他们根本不是美国陆军的对手（除了佛罗里达州顽强抵抗的塞米诺族人）。极具讽刺意味的是，对印第安人的粗暴压迫正是发生在所谓的“杰克逊式民主时期”。

早期土著抵抗殖民地的重要人物之一就是蒂卡姆西，他是美国萧尼族印第安人的领袖，因跟中西部的白人定居者和自卫军作战而闻名。他和他的兄弟团结印第安人，为共同抵抗西进侵犯他们土地的殖民者而奋争，“从日出到日落，没有什么能满足他们的了，除了我们的整片猎场”。

蒂卡姆西对奥塞奇人的演讲（1811—1812）

兄弟们，我们属于一个大家庭，我们是伟大的神灵的孩子，我们走在同样的道路上，汲取同一条泉水，而现在至关重要的是，我们冰释前嫌，为共同的目标而奋斗！

兄弟们，我们是朋友，我们必须互相帮助来承担我们的责任。为了满足白人的贪婪，我们的父亲和兄弟都已经血流成河，而我们自己则受到那大恶魔的威胁，只有屠杀尽所有的红种人，他们才肯罢休。

兄弟们，白人第一次踏上我们的土地时，他们说他们饥肠辘辘，没有地方铺毯子，没有地方生火。他们是如此无能，连自力更生的能力都不具备。我们的父辈怜悯他们，大方地与他们分享神灵赐予红种人的一切。饿的时候，给他们食物；生病的时候，送给他们药；为他们铺好兽皮，让他们睡觉；还分给他们土地，供他们打猎和种植玉米。

兄弟们，白人就像一条毒蛇。寒冷时，他们软弱而无害，但温暖会“鼓励”他们对自己的恩人恩将仇报。

白人来到我们身边时是软弱的，而我们让他们变强后，他们就化身成豺狼杀死我们、驱逐我们。

兄弟们，白人不是印第安人的朋友。起初，他们只要求有足够的搭窝棚的地方；现在，从日出到日落，没有什么能满足他们的了，除了我们的整片猎场。

兄弟们，白人怎么会仅仅满足于夺取我们的猎场呢？他们还想杀死我们的战士，甚至连老人、妇女和幼儿都不放过。

兄弟们，很久很久以前，根本没有土地，也没有东升西落的太阳，一切都在黑暗之中。伟大的神灵创造了万物，他给白人的地方是在大洋的另一头。他在这块土地上给红种人设置了猎物，然后赋予他们力量和勇气去捕捉猎物。

兄弟们，我的同胞们渴望和平，红种人也都渴望和平，但是，只要白人所到之地，就无和平可言。

兄弟们，白人轻视并诈骗印第安人，他们虐待和侮辱印第安人，不认为红种人有资格生存。

红种人已经承受了太多太大的伤害，他们不应该再承受下去。他们决心进行反抗，他们已经拿起战斧，要用血来滋养战斧，他们要“喝”白人的血。

兄弟们，我的同胞们英勇无畏、数目庞大，但以他们之力仍不能抵挡强大的白人。我希望你们跟随他们拿起战斧。如果大家团结起来，我们就能让白人血流成河。

兄弟们，如果你们不与我们团结起来，他们会先干掉我们，然后你们就会成为他们的瓮中之鳖。他们已经摧毁了红种人的很多部落，因为那些人不团结，他们没有互相友爱。

兄弟们，白人派出了几拨信差，他们想将我们当作敌人，他们想像狂风洪水一般席卷并捣毁我们的猎场。

兄弟们，我们伟大的父亲对我们的敌人——白人发怒了。他将派遣他勇敢的战士攻打他们，他会送我们步枪和其他我们想要的武器。他是我们的朋友，我们是他的孩子。

兄弟们，谁是我们害怕的白人？他们不能跑得快，是命中的好靶子。他们只是人，我们的祖先已经杀了他们很多人，我们不是印第安女人，我们会让大地被鲜血染红。

兄弟们，神灵已经对我们的敌人发怒了，他声大如雷，吞没了村庄，饮尽了密西西比河的水。大水会淹没低地，他们的玉米不能生长了。神灵会席卷那些逃往山上的人，大风将他们刮离地面。

兄弟们，我们必须团结一致，我们必须冰释前嫌，我们必须互相支持。最重要的是，我们要敬爱神灵，他是站在我们这边的，他会打倒我们的敌人，使所有的红种人过上幸福的生活。

19 世纪上半叶，因为美国政府进行领土扩张，进入了切罗基族人和其他印第安人的领地，使得成千上万的印第安人被暴力驱逐。1823 年，最高法院规定印第安人的“占有权”屈服于美国政府的“发现权”。

四年后，切罗基族人宣告自己是有独立主权的国家并进行反抗。但是，佐治亚州不认可他们的主权地位，只是把他们当作生活在州土地上的佃农。切罗基族人上诉至最高法院。

1830 年，安德鲁·杰克逊总统通过迁移政策法案，获得与密西西比河东岸的印第安部落协商迁移政策的权力。

下面两份文件记录了切罗基族人对迁移政策的反抗，是通过“直接或间接的方式”进行的。

关于切罗基族人迁移政策的两份文件（1829 和 1830）

纪念切罗基族人（1829 年 12 月）

尊敬的美利坚合众国的参议院和众议院阁下们：

在下面签了名的请愿者谦恭地告诉尊贵的诸位，他们是印第安人国家的自由公民。最近发生的情况让我们忧心忡忡，了解了您是慷慨而公正的人后，我们此刻向您请愿。

弱者和穷人的孩子习惯于向他们的监护人寻求保护，因此我们来此向您诉苦。您会听取我们的诉求吗？您会可怜可怜我们吗？您是伟大而著名的，您所代表的国家就像一个勇士展示着他的实力。但我们是少数人，并不出名，而您是富有的，什么也不缺。我们生活困苦，没有富人的武器和权利。

在上帝和整个世界的统治者的意志下，红种人变得无比渺小，白人则变得强大而著名。当这些美国人的祖先第一次来到美国的海岸，虽然白人无知且野蛮，但红种人还是热情友好地接待了他们，并腾给他们地方歇脚。他们和平地会面了，握手表达友谊。无论白人向印第安人要求什么，后者都欣然给予。

当时，印第安人是主人，白人是恳求者。然而，现在情况却发生了逆转，红种人的力量削弱了。由于他们的邻居数量增加，他们显得弱势，原先强大到覆盖美洲的部落越来越少，只剩下极少的几个。北方部落曾经为数众多且力量雄厚，现在几乎绝迹。这就是美国印第安人的结局。我们这些“残余者”难道也同样难逃此厄运吗？

我们根据祖先的惯例向您陈词，我们要向您哭诉我们的冤情。我们的邻居佐治亚州正在压迫我们，并要求我们放弃我们的财产以满足他们的利益。我们被告知，如果我们不离开我们热爱的这个国家，并前往西部荒野，国家的法律就会向我们施压，1830 年 6 月 1 日为执行“诏书”的日子。当我们第一次听到这个消息时，感到无比沉痛，并恳求我们的父亲、我们的总统保护我们。但是，让我们备感难过的是，今年 3 月，战争部部长寄给我们一封信，信中提到总统拒绝保护我们，而且，他决定赞成修改现有的法律。这一决定迫使我们向美国人民的直接代表请愿。

我们深情地爱着我们的国家，我们想告诉你们，美国是你们的，也是我们的，我们想和平地留在这里。我们脚下的土地是我们从祖先那儿继承来的，我们的祖先在远古时代就拥有了这片土地，是我们共同的天亲送来的礼物。我们已经说过，当白人来到美洲海岸时，我们的祖先就已经在这片土地上和平地生活着。然后，他们传给了他们的子孙后代。这一继承权，我们从未割让，也永不丧失。请允许我们问一句，对一个国家的公民而言，有什么比继承权和远古的和平占有权更加绝对的权利呢？佐治亚州和美国判定我们丧失了这一权利，但我们认为这种说法毫无根据。

请问我们的权利什么时候被没收了？我们到底是犯了什么弥天大罪，才使得我们必须永远被剥夺权利并被驱逐出国？是在独立战争期间，我们加入英国一方，敌视美国吗？如果是这样，为什么不在美英宣布和平协议的时候就剥夺我们的权利呢？为什么条约中没有这样的条目：“美国解放了切罗基人，宣布他们为自由佃农。为了本州的便利，切罗基人必须迁移。”我们的祖先根本不会同意这样的条款，这些条款剥夺了他们的权利，不认可他们是国家的一员。我们再次重申，我们的继承权利以及和平占有权，从未割让，永不丧失。

除了首要的权利——继承权与和平占有权，我们对美国有信念和承诺，无论何时条约都不变。这些条约清楚地承认我们作为一个独立的人的权利应当受到保护。可见，我们始终懂那些条约的意思。政府对我们的行为，从组织到近期总统对我们的演讲，以及代理委员的发言，都表明我们的理解没有错。一些条约签订者尚在世，他们的证词也证明我们的理解没有错。我们一直认为这种理解同政府的观点是一致的，我们完全想象不出还有其他的解释。

我们又该怎么理解美国和佐治亚州的行为呢——在他们与我们的交涉中，他们与我们缔结条约，让我们割让土地。如果我们是自由佃农，为什么不经我们同意，政府就可以合法占有我们的土地？答案显而易见。政府完全理解我们的权利，我们对国家的权利，以及我们对自治的权利。

我们对条约的理解有美国法律的有力佐证：禁止侵犯土地。前面的请愿者谦恭地指出，他们对条约的理解与政府的理解不同，而政府的要求和承诺都是在欺骗他们。

您的请愿者严正抗议被视为自由佃户而没有主权。我们已经说过，第一批欧洲移民证实我们的祖先对这片土地有绝对的主权，我们从未割让，绝不丧失，我们反对用直接或间接的手段逼迫我们离开。对于我们现在拥有的土地，我们饱含深情，这是我们祖先的礼物，地下有他们的骨灰，这是我们的故土，我们的出生之地。

我们不同意放弃它，无论受到怎样的威逼和利诱，我们都不放弃它。我们抗议我们的邻居佐治亚州，它企图将它的法律施压到我们身上，未经我们同意便勘察我们的土地，并直接反对条约和美国法律，干扰我们自己的法律正常运行。

我们请求您保护我们的合法权利免受侵犯。我们的生存和将来的幸福受到了威胁，他们剥夺了我们的自由和国家。美国人民是最崇尚自由的，但连这点都做不到。您的请愿者看不到这样的结果。您代表善良理智的基督教国家，所以我们心甘情愿让您对我们的事业做出公正的判决。

路易斯·罗斯等人在切罗基族总理事会上致美国人民的演讲
（1830 年 7 月 17 日）

在结束演讲前，请允许我们阐述我们设想的我们与美国的关系。切罗基人是一个独立的民族，毋庸置疑，与地球上所有的人一样。他们曾经是英国的盟友，作为一个忠实的盟友，在独立战争中，他们与英国并肩作战。他们已经把自己纳入被保护的对象范围，但毫无缘由就宣称敌视保护他们的人。殖民地被制伏后，等待他们的是怎样的命运呢？但它（英国）在这个大陆上的势力被打败了。它承认美国独立，并提出和平。为此，切罗基人只能在这种情况下只身作战。他们当时对英国、法国和西班牙都没有责任了。美国从来没有征服过切罗基人。相反，我们的祖先拥有自己的国家，手中仍握着武器。

有些人认为（将我们）迁移到密西西比河以外对我们有利，但我们的想法正好相反。我们普遍认为这对我们的利益是致命的打击，我们向国会派了请愿者，反对迁移政策。任何一个成年人都不会对这项举措无动于衷，如果人们能清楚地明白后果，就可以免受邻州法律的侵害。我们之中没有一个成年人认为迁居是好事，我们不愿意移民……

我们希望继续待在我们祖先的土地上。我们有不受侵扰或烦扰的绝对和根本权利。我们的条约与美国对应条约的法律保证我们的居住地免受入侵。我们唯一的要求是：遵守条约，执行法律。

如果我们被迫离开原有的居住地，那我们只会被毁灭。对阿肯色领土的西部，我们一无所知，我们对那里也没有好印象。更关键的是，已经有印第安人定居在那里了，那是一块已经分配好的土地。他们会把我们当作入侵者，并用仇视的目光望着我们。该地区的大部分地方不是丛林就是湖泊，种田的印第安人没有土地是活不下去的。我们所有的邻州，无论我们迁移到附近哪个地方，他们都与我们不一样，例如，讲完全不同的语言，有着不同的风俗。该地区的原始拥有者——流浪的野人潜伏在附近捕获猎物。他们一直处于战斗状况之中，轻而易举就会将他们的武器对准和平的移民。也许我们被迫迁移的土地比我们现在的要好，但那不是我们的出生之地，我们对它也没有感情。那里没有我们童年的回忆，也没有我们祖先的墓地。

早在1832年，索克人布莱克·汉克领导的上千名美洲土著奋起反对1804年的条约，从艾奥瓦州越过密西西比河到伊利诺伊州。他们很快就遭到美国第六步兵团的攻击，最后战败。布莱克·汉克仍然不屈服，在《投降宣言》中阐述了自己和其他人战斗的原因，以及他们的敌人该感到羞耻的原因。

黑鹰酋长的《投降宣言》（1832）

黑鹰已经成为白人的阶下囚，可是他从来没有做过任何一件令印第安人蒙羞的事情。这些年来，白人不断地欺骗我们，掠夺我们的土地。

为了全体印第安同胞的福祉，为了我们的女人和孩子，黑鹰选择了战斗——与白人战斗。你们都知道我们选择战斗的原因，白人也是心知肚明，他们应该感到羞耻。印第安人不是奸诈之徒，白人却四处诋毁我们，并用仇视的眼神看着我们。可是，印第安人从来不说谎，印第安人从来不偷窃。

一个和白人一样堕落的印第安人根本就不可能在我们的民族中生存，他将会被处死，尸体也会被留在荒野喂狼。白人存心教唆我们走向堕落，虚伪的他们说一套做一套。为了迷惑欺骗我们，他们向我们微笑，假意与我们握手，在骗取我们的信任后，他们设法灌醉我们，玷污我们的妻子。我们叫他们滚开，不要再来骚扰我们，但是他们紧紧地跟在我们后面，阻挡我们前进的道路，像毒蛇一样盘绕着我们。他们的每一个举动都使我们深受毒害，我们生活在危险之中，再也没有安宁和安详。我们中的一些人也发生了分化，他们开始变得和白人一样——虚伪、懒惰、谎话连篇，犯下奸淫的秽行，喜欢空口说大话，却不肯实实在在地做事。

于是，我们向我们的祖先求助，希望祖辈们的智慧可以帮助我们渡过难关。先贤们给我们描绘了光辉的未来，我们深受鼓舞。但是我们并不满意，因为情况越来越糟——森林里的鹿没有了，海狸也逃得无影无踪，泉水日渐干涸，食物日渐稀少，女人和孩子只能忍饥挨饿。为此，我们燃起篝火，召集部族会议。祖辈的灵魂幽然升起，提醒我们必须为我们所遭受的不公正战斗，否则只有死路一条。

我们在部族会议的篝火前庄严地宣誓，彼此感到温暖和快乐。我们商量好了战斗时的呐喊，磨快了我们的战斧和尖刀。当黑鹰酋长率领他的战士们投入战斗的时候，他的心在剧烈地跳动。他不再有遗憾，他可以很平静地到另一个世界去。他已经尽了他的责任，他的父亲将在天堂等着他，嘉奖他。

别了，我的祖国！别了，黑鹰！

1838 年 5 月，联邦自卫军开始包围切罗基人，将他们赶到几个北方州的栅栏里。他们被迫向西行进 100 英里。上千名切罗基人死于这次迁移。这次迁移名为“眼泪的审判”或“哭泣的审判”。

52 年后，1890 年，曾在骑兵营的列兵约翰 · G. 伯内特告诉他的孩子关于“眼泪的审判”之事，他说这是“美国行军史上最残酷的刑罚”。

约翰·G. 伯内特：《列兵眼中的切罗基人迁移政策》（1890）

我今年 80 岁了。

1810 年 12 月 11 日，我出生在田纳西州沙利文县的国王铁厂。我从小到成年都在比弗河里捕鱼，并在森林中狩猎——鹿、野猪和大灰狼。我常常用几周时间待在孤独的旷野，无人做伴，只带了步枪、猎刀和一把小斧头。凡是在旷野漫游，我都会把小斧子绑在腰间。

在长期的狩猎旅行中，我结识了许多切罗基印第安人，白天与他们一起狩猎，晚上就睡在他们的营地附近。我学会了讲他们的语言，他们教我尾随猎物和设陷阱的诀窍。1829 年秋，在一次漫长的狩猎中，我发现了一个年轻的切罗基人被巡回的猎人队伍射中，为了躲避他们的追杀而藏身于一块岩石下。由于失血过多，这可怜的家伙非常虚弱，无力行走。我将他带到泉水边，帮他沐浴和包扎枪伤，用从枯死的板栗树上砍下的树干建了一个避身之所。我喂他喝水，给他吃栗子，烤鹿肉喂他。等他能行走时，我就陪他到他同族的家里。那个时候，我已经成为一个步枪兵专家和还算不错的弓箭手、良好的捕手，大部分时间都在森林中进行捕猎。

1838 年，切罗基印第安人迁移政策让他们离开了一生居住的家。那年，我正当壮年，是美国军队里的列兵。由于我结识了许多印第安人，并能流利地讲他们的语言，1838 年 5 月，我被派往大烟山村担任翻译，并见证了美国战争史上最残酷的执行命令的场面。我看到无助的切罗基人从他们的家园中被拖出来，被人拿着尖刀驱逐到栅栏里。10 月，在一个细雨蒙蒙的清晨，我看到他们像牛羊一样，每 645 人被装上一辆卡车运往西部。

我永远也不会忘记那天早上的悲痛和肃穆。酋长约翰·罗斯带头祈祷，当号角响起、货车开始滚动时，许多孩子都站起来，挥动自己的小手向他们大山里的家园告别，因为他们知道自己要永远离开这里了。许多无助的人没有毛毯，其中许多人赤着脚被赶出家园。

11 月 17 日上午，我们遇到了一场严重的冰雹和暴风雪。从那天起，直到 1839 年 3 月 26 日我们完成了这次旅程，切罗基人的遭遇惨绝人寰。

对逃亡者的审判就是死刑。他们不得不睡在货车和地面上，无火可以取暖。我知道其中多达 22 人在一个晚上死于肺炎，因为受到虐待，天气又冷，却无御寒衣物。其中包括酋长约翰·罗斯美丽的基督徒妻子（卡提亚·罗斯）。这个崇高善良的女人如烈士一般，将自己的毯子给了一个生病的孩子。她在炫目的暴风雪中感染肺炎，在这个萧瑟的冬日死去，她的头枕在中尉格雷格斯的鞍毡上。

我跟着切罗基人向西行进，我做了所有列兵能力范围内的事来减轻他们的痛苦。每当轮到我夜间站岗的时候，我曾多次将我的上衣给一些患病的孩子，让他们得到温暖。罗斯夫人去世那晚正好是我执勤。午夜休息时，我也没闲着，在卡车附近同情地看着酋长罗斯，并在破晓后，完成队长麦克莱伦的任务，协助埋葬在途中不幸死亡的人。她的尸体被埋在一个浅浅的墓穴里，远离她的老家，而忧伤的马队继续前进。

作为一个年轻人，我自由地置身于年轻的女人中。我本该睡在自己的毯子里，却花了很多时间陪伴她们，她们多次为我唱歌，这是她们为报答我的好意而唯一能做的。从 1829 年 10 月到 1839 年 3 月 26 日，我与印第安女孩交往的过程中，从来没有遇到过妓女。她们都很善良、温柔，其中许多人还长得很美。

在西进的整个旅途中，唯一与我发生冲突的人就是那个粗暴的卡车司机本·麦当劳。他用鞭子鞭打脆弱的切罗基人，催促他们上车。几乎失明的老人在牛鞭下颤颤巍巍地行走，这情景让我忍无可忍。我试图阻止麦当劳，但我们两人发生了冲突。他打了我一耳光，鞭子的焊丝部分在我的脸上刮了一个大口子。我在狩猎时绑在腰带上的小斧子派上了用场，最后是麦当劳晕过去，被带离现场。

少尉亨利·布洛克和列兵以利加拿·米勒德目睹了我们的争执。他们向麦克莱伦上尉报告，但我没有受到审判。几年后，我在布里斯托尔遇到了第二中尉莱利和少尉布洛克，布洛克开玩笑地提醒我，我有一个案件尚未结案，想知道我还想拖延审判多久。

麦当劳最终还是康复了，并于 1851 年在田纳西州孟菲斯跑船。

1839 年 3 月 26 日，漫长而痛苦的西进旅程结束了，有 4 万个沉寂的墓地从大烟山山麓延伸到被称为西印度领土的地方。而贪婪的白种人正是所有的切罗基人遭遇这般磨难的罪魁祸首。1540 年，斐迪南德·德索托在旅途中经过印第安国家时，就有了大烟山附近某地有丰富的金矿的传言。

我认为传言是真的。1829 年的圣诞之夜，在艾克塔，我同印第安女孩载歌载舞，她们脖子上的饰物看着就像是黄金。

1828 年，一个住在沃德小溪边的印第安男孩卖了一块金块给白人商人。就是这块金块开启了切罗基人的厄运。在很短的时间内，这个地方充斥着武装土匪，他们自称是政府工作人员，无视印第安人对这块土地的合法拥有权。他们所犯下的罪行是文明的耻辱。土地被没收，房屋被烧毁，男子被枪杀，其他人被这帮黄金掠夺者赶出家门。

酋长祖纳鲁斯加与安德鲁·杰克逊总统有私交。他派遣 500 名切罗基精锐侦察兵，帮助杰克逊赢得了霍斯舒战役，但有 33 人死在战场上。而在这场战役中，祖纳鲁斯加用美洲印第安人用的战斧劈开了克里克士兵的脑袋，救下了杰克逊。

酋长约翰·罗斯派祖纳鲁斯加作为特使前去恳求杰克逊总统保护他的人，但杰克逊对救过他性命的森林之子极为冷漠。他会见了祖纳鲁斯加，听了他的请求，但简略地说："先生，我就听到这里。我没什么能帮到你的。"切罗基人的厄运到来了。华盛顿特区颁布法令，他们被驱赶到西部，他们的土地归白人所有。1838 年 5 月，温菲尔德·斯科特带领由 4000 名常规军、3000 名志愿军组成的队伍，闯进印第安领地，书写了美国历史上最黑暗的篇章。

在地里干活儿的男人被逮捕，赶到营寨。女人被拉出家门。孩子与父母分离，并关入营寨，以天为被，以地为庐。年老体弱者被刺刀驱赶到营寨。

有的人会在夜间死去。脸上露出难受表情的孩子死了，躺在一张熊皮沙发上，一些妇女正在准备安葬小躯体。所有人被逮捕，赶出家门，只留婴儿在摇篮里。我不知道最后有谁能安葬他们。

有这么一家人，一个体弱多病的寡妇带着三个孩子，其中一个还只是个婴儿。当被告知她必须走了，母亲将孩子们叫到身边，用她的母语谦卑地祈祷，拍拍家里的老狗，跟这忠诚的动物告别，将婴儿绑在背上，让孩子们手牵手走出去。但对体弱的母亲来说，这任务太艰巨了。心脏衰竭解除了她的一切痛苦，她倒下了，连同她背上的婴儿一起死去，她的另外两个孩子紧紧地握住她的手。

霍斯舒战役中救了杰克逊总统的酋长祖纳鲁斯加目睹了这一幕，泪水涌出了他的眼眶，他摘掉帽子，转脸向天，说："哦，我的上帝呀！如果我在霍斯舒战役中能预知现在的惨况，那么，美国历史将被改写。"

1890 年，离切罗基迁移政策颁布的时间还很远，可以让青少年充分了解我们对手无寸铁的种族所犯下的罪恶的严重性。实际情况是——事实被刻意隐瞒，当今的年轻人无从知晓。今天学校的学生还不知道，我们生活的地方是从手无寸铁的种族那里用刺刀夺来的。

后人将谴责这种行为，我也希望后人会记得像我一样的列兵——四个切罗基人被斯科特将军逼迫着射杀印第安酋长和他的孩子们，他们不得不执行上司的命令。在这个问题上，我们别无选择。

然而，谋杀就是谋杀，无论是躲在暗处的小人，还是跟随着军乐曲迈步的士兵。

谋杀就是谋杀，必须有人回答。有人必须解释 1838 年夏季印第安人为何血流成河。一定要有人解释那标志着切罗基人被放逐路线的 4 万座沉寂的坟墓。

我希望自己能忘记这一切，但是 645 辆货车在冰天雪地里载着遭受苦难的“货物”的画面至今萦绕在我的脑海中。

让未来的历史学家叹息、流泪、痛吟，讲述这悲伤的故事吧！

内兹佩尔塞人的土地从俄勒冈州延伸到爱达荷，但在 19 世纪 60 年代的淘金热以后，联邦政府夺取了上百万公顷的土地，将他们全赶到一小块地方。19 世纪 70 年代，酋长约瑟夫反抗入侵者占领他们的土地，但他的族人在 1877 年受到攻击。

约瑟夫被迫退到加拿大边界。1877 年 10 月 5 日，他和他的随从在蒙大拿州离边境大约有 40 英里的地方被打败。他被送到俄克拉何马州的印第安领地，在那里，他仍然谴责美国政府的罪行，就如 1879 年他访问华盛顿一样。

酋长约瑟夫的陈述（1877 和 1879）

酋长约瑟夫的投降（1877 年 10 月 5 日）

告诉（奥利弗·奥蒂斯）霍华德将军，我懂他的心。他之前告诉我的，我已经记在心中。我厌倦了战争。塔忽忽舒特死了，路金·格拉斯死了。

老人们都死了，现在是年轻人掌事了。年轻人的领导者也死了。天冷了，我们却没有毯子，小孩子都被冻死了。我的族人有一些逃到山里，他们也没有毯子，没有食物。没有人知道他们在哪儿，也许都已经冻死了。我想抽出时间去寻找我的孩子们，看看我还能找到几个。也许，我得在死人堆里才能找到他们。

听我说，长官们，我累了，我的心脆弱而悲伤。就在此刻，我再也不想打仗了。

酋长约瑟夫在华盛顿特区见闻记述（1879）

我被批准来到华盛顿，带着我的朋友黄牛和我的翻译。我很高兴能来到华盛顿。我跟很多朋友握过手，但有一些我想知道的事却无人向我解释。我不明白政府为何要派（纳尔逊）米尔斯将军来攻打我们，还违背了他的诺言。这样的政府想来是有问题的。我不明白为什么有这么多长官被允许用这么多不同的方式讲话，并承诺这么多不同的事情。我已经见过总统拉瑟福德·伯查德·海斯、内政部长卡尔·舒茨、特派长官、法律长官以及议员们，他们所有人都说，他们是我的朋友。而我，必须公正地说一句：为什么他们每个人嘴上都说得那么漂亮，却没有人为我的族人做过一件事，哪怕是一件小小的事？这些话我听了又听，但他们就是没有任何行动。好话也只有付诸行动才能好听。好话并不能救活我死去的族人，不能保卫我那被白人践踏的国家。他们不保护我父亲的坟墓，他们不赔偿我们的损失。好话不能让我的孩子们活过来。好话不会让你们的米尔斯将军好好地实践自己的诺言。好话不会让我的族人身体健康。好话不会带给我的族人一个和平幸福的家，让他们好好地照顾自己。我厌倦了这些空话。

一想起这些好话和所有的失信，我的心就痛得无法自拔。那些没有发言权的人说了太多的话，白人和印第安人之间产生了太多的误解。如果白人希望与印第安人和平共处，那么必定就能和平共处。一视同仁就不会产生任何纠纷。大家遵守同样的法律，就能给大家活着和成长的机会。所有的人都是上帝造的，大家都是兄弟。地球是所有人的母亲，地球上的所有人都应该有平等的权利。一个人被剥夺自由的权利，在哪儿都不能做主，你还不如指望所有的河流倒流呢！如果你将一匹马绑在树桩上，你还能指望它长膘吗？如果你将印第安人圈在一小块地方，并强迫他们一直待在那里，那么，他们是不会满足的，也不会成长。我曾问过一些白人大长官：“你们哪来的权利将印第安人赶到一个地方，而让白人想去哪儿就去哪儿？”他们答不出来。

我只要求政府能一视同仁。如果我不能回到自己的家，那就给我一个地方安家吧，不要让我的族人死得那样快。我想去苦根谷。能到那儿，我的族人会很高兴，因为他们现在待的地方使他们无法生存下去。我离开我的营地来华盛顿的时候，又死了三个族人。

当我想到我们的情况，我的心情变得无比沉重。我看到族人们被视为不法分子，被人从一个地方赶到另一个地方，像猎物一样被击杀。

我知道我的族人必须改变。我们知道我们不能像白人那样，因为我们是印第安人。我们想活出人样来。我们想被承认是人。我们只要求我们能遵守同一种法律。如果印第安人犯法了，那就依法惩治他。如果白人犯法了，也依法惩治他。

让我恢复自由之身，想去哪儿旅行就去哪儿，想在哪里停歇就在哪里停歇，想在哪儿工作就在哪儿工作，想在哪儿做生意就在哪儿做生意，自由择师，自由选择宗教，自由掌握话语权，有自己的想法和行动，而我则会服从一切法律，如若犯法，会心甘情愿地接受惩罚。

如果白人像对待自己一样对待印第安人，那就不会再有战争了。我们都是一样的，同样有父亲和母亲，头顶同一片天空，在一个政府管理下的同一个国家生活。那么，上帝就会微笑地巡视他统治的这片土地，降下雨水，洗净地面上兄弟自相残杀留下的血迹。

为了那一刻，印第安人一直在等待和祈祷。我希望上帝再也听不到受伤的男人和女人的呻吟声，所有人都不分彼此。

约瑟夫酋长代表他的族人发言。

印第安人最严重的大屠杀发生在1890年12月29日，与其他许多大屠杀一样，媒体在报道时都用漠不关心的口吻，甚至还有赞扬之意。

这场大屠杀发生在印第安人领袖西廷·普尔被杀害后。他死后，南达科他州亚伯丁的《周六先锋报》称：“白人，通过征服的法律、文明的正义，成了美洲大陆的主人……保障边界定居者权利的最好的办法就是消灭残余的印第安人。”报纸的编辑是《绿野仙踪》的作者L.弗兰克·鲍姆。

伤膝河大屠杀的记录是拉苏族酋长布莱克·埃尔克口述的证据，发表在《黑麋鹿如是说》上。

布莱克·埃尔克：《梦想终结》（1932）

士兵列队走后，里德·克劳和我开始一起返回松岭。我抱着我之前说过的那个小婴儿，里德·克劳手里也抱着一个。

我们回到松岭，因为我们认为回到家就能平安。然而，我们想错了。我们不在的时候，驻地附近打了一仗，我们的人都不见了。他们走得太快，连帐篷都没有拆掉。

天快黑了，我们经过松岭北面。那里有医院，一些士兵朝我们开枪，但没有打中。我们骑马回到营地，那里全空了。我们从一大早就没有吃过东西，饿得不行，所以我们进入一个个帐篷，直到我们发现一只锅里有煮熟的帕帕（风干肉）。我们坐下来开始吃。正吃着，士兵们就朝着帐篷开枪，一颗子弹正好打在里德·克劳和我中间。灰尘扬起，落到汤里，但我们还是不停地吃，直到填饱了肚子。然后，我们抱起婴儿，骑上马走了。如果当时那颗子弹射中了我，那我就是口里含着帕帕死掉的。

人们逃到了泥溪边，我们就跟着他们的踪迹前进。天黑了，这会儿已是深夜，我们赶到他们扎营的地方。他们坐在小火旁，雪开始下了起来。我们骑着马来到他们中间，我听到我妈妈的声音。她正在为我唱葬曲，因为她认为我已经死了。她看见我，喜极而泣，眼泪止不住地流淌下来。

有奶水的女人给里德·克劳和我带来的两个婴儿喂奶。

那一晚，只有那两个婴儿睡着了。天下着雪，我们没有帐篷。

天刚亮，一队打仗的人出去了，我也跟着，这次我带着一把枪。我到达伤膝河前一天，只带了神圣的弓，并不是为了射杀人——因为我有点怀疑 Wanekia 的宗教信仰，我并不是真的想杀人。

现在，我再也没有那种感觉了。看了那边的情景，我只想报复，只想杀人。

我们越过白泥溪，一直沿着西侧行进。很快，我们听到很多枪声。所以我们到了西方，沿着山岭来到战场。这个地方很接近米申，那里子弹乱飞。

从这个山岭，我们可以看到拉科塔族人就分布在小溪的两岸，射击来到溪边的士兵。当我们往下看时，我们看见一个小峡谷，对面是一座很大的山。我们穿过峡谷，登上山坡。

他们正在战斗，有个拉科塔人对我喊道："黑麋鹿，我终于等到这一天了，干点大事吧！"我回答："好极了！"

我下了马，将土抹到身上，没有它的帮助，我什么也干不成。然后，我拿起步枪，重新上了马，骑马到山顶。士兵们在下面朝我射击，我这方的人叫我不要下去，那帮士兵中有几个神射手，我不能平白被杀死。

猛然间，我想起了我的图腾——来自北方的天鹅，我要凭借它们的力量。于是，我在奔跑的马背上伸出双臂，右手握着步枪，就像天鹅在空中飞翔。我学着天鹅的声音大叫"br—r—r—p，br—r—r—p，br—r—r—p"，我感到充满了力量。士兵们看见了我，快速地向我开枪。我一路飞驰，连披在身上的鹿皮都没有被射中。当我跑近了，直接对着他们的脸开枪，然后骑马奔向山顶。

子弹在我耳边"嗡嗡"作响，但我不为所动。我甚至连害怕的感觉都没有，我像是置身枪战的梦中。但当我到达山顶时，突然间如梦初醒，顿时后怕不已。我将双手放下，也不再学天鹅叫唤。然后，我感觉腰部被重击了一下，就好像有人用斧头的背面打我。我几乎要从马鞍上摔下来，但我拼命支撑着，骑马越过山。

一个老人站在那里，他跑过来接住我，因为我快要从马上掉下来了。子弹就打在我肚子上，我的五脏六腑都快流出来了。老人撕了一条毯子，将我的肚子绑住才止住了血。我已经杀红了眼，我对老人说："扶我上马！让我回那里去。今天是牺牲的好日子，我必须回到那里！"但老人说："不，年轻的后生，你不能死。这太愚蠢了！你的族人需要你。将来可能会有更好的一天让你做出牺牲。"他将我抱到马鞍上，牵着马下山……

现在的形势看着似乎能铲除所有的士兵，拉科塔人打得更加激烈了。但我听说，我离开后，黑沃萨奇的大兵来了，拉科塔人不得不撤退。

米申那里有许多我们的小孩，修女和牧师在照顾他们。我听说有修女和牧师就在战场那边救助受伤的人。

有个叫小兵的人是我的长官，他把我带到营地。米申战役结束后，他们逃到了O—ona—gazhee，在山上安营，这样妇女儿童就安全了。老空角就在那里。他是一个非常厉害的大夫，过来医治我的伤口。三天后，我能下地走路了，但还是一直在肚子上绑着毯子。

现在，接近霜月（1月）中旬。我们听说烟土河边的士兵要来O—ona—gazhee攻打我们。他们正在黑羽的附近。所以，我们一支约60人的队伍在寻找与他们作战的机会。我妈妈想让我待在家里，因为虽然我可以走路和骑马，但我的伤口还没有完全愈合。然而，我不会待在家里，因为伤膝河的经历，促使我不放过任何一个杀敌的机会。

我们骑着马经过草溪到达烟土河，蹚过河水。很快，在一座小山丘上，我们看到骑兵保护着马车。士兵们围着，随时准备战斗。我们下了马，绕到山后面。只见一些士兵牵着马到小溪饮水，我对其他人说："你在这儿射击士兵，我去那边偷一些好马回来。"他们知道我的实力，所以照我说的做了。我专心偷马，他们不停地射击。我偷到七匹马，但是当我开始拉着马往回走时，对方的士兵发现了我，并开始射击。他们射杀了其中两匹马，但我平安地带回五匹马，毫发无损。

现在来了更多的骑兵，有很大一群。我们边打边撤退。突然，我看见里德·伟罗徒步奔跑着。他对我喊道："表哥，我的马被射中了！"于是，我将手中牵着的马的缰绳给了里德·伟罗，士兵快速向我开枪。就在这时，我感觉到了疼痛。在这个战斗中，长熊和另一个我记不起名字的人受了重伤，但我们救了他们，并带着他们撤离。士兵们到了荒地就不再追击我们了。晚上，我们带着伤者回到 O—ona—gazhee。

我们希望组织一个更大的战斗团体，这样我们就能对抗士兵，报仇雪恨了。但这很难办到，因为不是所有的人都是这样想的，他们又冷又饿。我们开了个会，准备召集更多的战士，而 Afraid—of—His—Horses 越过松岭，想与我们的里德·克劳议和。

我们中的主战派不管怎样都想继续战斗，但里德·克劳发表了一个演讲，说了这样的话：

> 兄弟们，这是一个异常严寒的冬天，妇女和儿童都在忍饥受冻。如果现在是夏天，我一定赞成决战到最后，但是我们不能这样做，我们必须考虑妇女和儿童，这对他们来说太难挨了。所以我们必须议和，我不想再有人受伤了。

大家都同意了，事实确实如此。所以，我们第二天收拾营地，从 O—ona—gazhee 到松岭，许多拉科塔人已经在那里了。还有许多士兵也在那里。两者各据一方，胸前都抱着枪，我们从中间走过，回到我们的营地。

所以，一切都结束了。

当暮年的我站在高山回首过去，眼前仍能浮现出被屠杀的妇女和儿童堆在一起，散落在弯曲的峡谷中，与我年轻时看到的一样。我看到还有别的东西也死了，葬在暴雪中。

一个民族的梦想被埋葬在了那里。那是一个美丽的梦。

而我，年轻时曾有过许多美好的愿望。

如今，我这个可怜的老人，一事无成。因为一个牢不可破的民族被打碎了，分散在各地。

没有了中心，神圣的树也死了。

第八章
墨西哥战争

伊桑·艾伦·希契科克上校的日记（1845—1846）

米格尔·巴乐根：《关于得克萨斯殖民者的快报》（1835）

胡安·索托：《叛兵传单》（1847）

弗雷德里克·道格拉斯在新英格兰大会上的演讲（1849）

《北极星报》社论：《美墨战争》（1848）

亨利·戴维·梭罗：《论公民的不服从》（1849）

1836 年，得克萨斯（在美国政府的支持下）宣告脱离西班牙统治而获得独立，美国吞并得克萨斯为攻打墨西哥铺平了道路。1844 年，民主党人、扩张主义者詹姆斯·诺克斯·波尔克当选总统。在 1845 年年初就职演说的当晚，他私下向海军部部长透露，他作为总统的主要目标之一就是收购墨西哥的加利福尼亚。

代表民主党立场的《华盛顿同盟报》写道：

> 让我们共同完成兼并这一重大举措。试问谁能阻挡向西奔涌的洪流？通向加利福尼亚的道路已向我们敞开。

1845年夏，《民主评论》编辑约翰·奥沙利文使用了一个后来名噪一时的说法，原话是“吾等尽取神赐之洲以纳年年倍增之万民自由发展之昭昭天命”，没错，就是“昭昭天命”。

整个计划万事俱备，只差一个借题发挥的机会了。一队美国侦察兵进入努埃塞斯河和格兰德河之间的领土，那是墨西哥人宣称的他们的土地。所以，侦察队很快被墨西哥军队消灭。为此，波尔克无中生有地宣称：“墨西哥侵略了我们的领土，使美国人的鲜血在美国人的土地上流淌。”

其实，在案发前，他就在日记里写道，美国有“充分的理由宣战”。波尔克当即要求国会宣战。国会迫不及待地表示同意，仅用了30分钟就完成了讨论。

1846年，辉格党选举亚伯拉罕·林肯进入国会。他们起初是反对战争的，但并不反对领土扩张。所以，他们以压倒性的票数同意战争。在国会中，林肯用他的“地点解决方案”向波尔克提出质问，要求具体指明美国人“在美国土地上”被杀戮的确切地点。但是，与其他辉格党一样，他并不赞成用停止拨款的办法来中止战争。辉格党一次又一次地投票同意为战争适量供应人员和物资。

有些美国人认为扩张的目的是为了夺取更多的奴隶和更多的领土，因而反对战争。随后，侵略墨西哥变得更加血腥，轰炸居民区，杀害妇女和儿童，反抗也由此变得更加激烈。美国士兵的伤亡人数不断增长。弗吉尼亚、密西西比和北卡罗来纳的志愿军团纷纷哗变，反抗他们的长官。在这场战争中，至少有9000名士兵叛逃。

老兵重返家园后，囊中羞涩，只好将政府颁发的土地许可证转卖给投机商。纽约《商业广告商》指出，独立战争时的经验——“穷苦士兵的牺牲带来巨大的财富”，在墨西哥战争中同样适用。

墨西哥投降了，美国政府用1.5亿美元买下了新墨西哥和加利福尼亚。一份辉格党的报纸总结道：“征服令我们一无所获。感谢上帝。”

作为现场目击者，第三步兵团的上校伊桑·艾伦·希契科克在日记中反驳了支持战争的政治家的论调。

伊桑·艾伦·希契科克上校的日记（1845—1846）

1845年6月30日

路易斯安那州杰塞普堡。

昨晚，华盛顿发来快报，命令（扎卡里）泰勒将军即刻进军，占领萨宾或其他哪个海岸附近的某个地点，而他听到国会通过兼并得克萨斯的决议，就立即将他的整个部队带到得克萨斯州的最西端边界，并占领那里的河岸或格兰德河河岸附近的地区，驱逐越过该河的一切墨西哥军队。

昨晚，(威廉·W.S.)布利斯在军乐的祈福声中匆匆将这些命令读给我听。我几乎一夜没合眼，盘算着必要的筹备工作。现在，起床号已经吹响，他们发动的这场战争必定导致流血冲突以及诸如此类的事件发生。

8月29日

昨晚收到凯西船长的信和军需处处长办公室寄来的得克萨斯州的地图，地图是埃默里中尉准备的，他已经在格兰德河添加了一个不同的界标。我们的人民傲慢无礼、刚愎自用，就该受到谴责！无论是否受到惩罚，这一切足以让我们中的无神论者看清这个世界的罪恶。

9月8日

不管真诚与否，泰勒将军谈到了进军格兰德河。从最初直到近期他们都谴责吞并不是明智的政策，事实上就是行为恶劣的人的奇异语言！得州人宣称格兰德河是他们的领土，这是没有根据的。（罗伯特·J.）沃克先生根据1819年条约的论据表示，美国放弃了萨宾西部和南部所有的土地，要么只字不提，要么指出其无效。然而，我们根据该条约占有了佛罗里达。事实是，旧路易斯安那州的边界直到通过该条约才得到解决。直到1819年的条约签订后，旧路易斯安那州的范围才被规定，那些说参议院（或称之为缔约权力机构）无权决定领土问题的说法是荒谬的。路易十五割让给西班牙查理三世的时候，路易斯安那州并没有固定的边界，再被割让给法国(拿破仑）时也没有，而美国购买的时候也没有，所以，我们没有任何权利超越该条约。

至于得克萨斯州，它原来的边界就是努埃塞斯和丘陵范围往北延伸的地方，而且它从来没有被征服、占有过，或由努埃塞斯西部统治过，除了一小撮走私团体在墨西哥管制下住在这里。如果没有墨西哥的保护，他们就会自称得克萨斯人，有一些居民也选择把自己称为得州人。

9 月 20 日

基督圣体节。他（泰勒）似乎已经放弃了赢得全体墨西哥人的尊重的机会，而完全成为波尔克总统的工具，尽其所能向西拓展我们的领土。当我告诉他，一旦他采取什么行动，波尔克先生就会把责任推给他的时候，他回答说他会自己担责，而且只要总统先生授意他自行裁夺，那么他一解决运输问题就立马进军格兰德河。我觉得将军是想立些军功，搞到额外加衔（勋章）。

11 月 2 日

报纸似乎都表明，墨西哥将不做任何变动，而政府却豪气十足，一心想利用其优势，坚持得到格兰德河的“主张”。我认为这是可怕和可憎的。但是现在我明白了，美利坚合众国作为一个国家正在发生本质的变化，我们的祖先的真正地位和原则很快消失不见了。如果我在退休后能有体面的谋生手段，我会抛弃这个被无穷无尽的野心和贪婪败坏的政府。

3 月 23 日

至于这个运动的权利，我开头就说了，美国就是侵略者。我们的傲慢激怒了墨西哥政府和人民，理应受到惩罚。10 年来，我们一直在蚕食并侮辱墨西哥。它的人民，我认为他们简朴友好，一点儿都不野蛮。

3 月 26 日

我们没有一丁点权利住在这里。我们的整体力量太小了，不足以成事。这看起来好像是政府故意派出一支小部队挑起战争，以便有借口占领加利福尼亚州，并尽可能多地占领这个国家。不管这支军队之后是什么下场，美国和墨西哥势必会打起来。

1819 年与西班牙的协议中，美国放弃得克萨斯。但此举并不能阻止华盛顿的政客处心积虑地贿赂墨西哥官员卖掉得克萨斯，企图将之兼并为殖民地。墨西哥企图阻止美国的移民进入得克萨斯，但是殖民者依旧纷至沓来，为该州地位的冲突和美墨战争的爆发奠定了基础。

下面这份快报描述了得克萨斯殖民者是怎样压迫墨西哥人的。

米格尔·巴乐根：《关于得克萨斯殖民者的快报》（1835）

很长一段时间，忘恩负义的得州殖民者都在取笑墨西哥国家法律，完全忘记墨西哥曾慷慨地欢迎他们，将他们放在心上，给他们的利益与给我们自己儿子的一样多，甚至更多。

每当我们有内部动乱，他们都认定是我们的共和国太软弱和无能，无法控制自己的过激行为。这种想法不断强烈，一次又一次地侮辱我们所有的国家武装。

当我们的秩序最终恢复后，他们又假装跟我们情谊深厚，好像那些恶劣行径从未发生过一般。然而，只要能抓住一丁点机会，他们就立即恢复了穷凶极恶的本来面目，侮辱我们的海关员工，甚至与保护他们的小分队打架。

对得州殖民者而言，墨西哥是一个恶劣的称呼，而且一直都是。我们的同胞什么样的侮辱或侵犯都遭受过，包括在自己的国家里被称为“外国人”。

得州殖民者很长一段时间被视为国家的大敌人，而来自全世界的流浪汉和冒险家已经聚集起来，反抗容忍他们的傲慢的慷慨的国家。

反叛的旗帜高举后，这一切达到了顶点。得州人无耻地接管我们的领土中最富饶的一部分。这帮恶鬼的帮凶是路易斯安那州的冒险家，他们挑起事端，支持叛军。文明世界不会耽误法院宣判这些臭名昭著的叛军该受的惩罚。最高法院知道自身的职责，也知道应当如何制裁他们。

我们勇敢的战士，多次战胜国内外的敌人，已经向得克萨斯州行进了，以保护我们的国旗和荣誉，惩罚叛徒，并奖励那些始终忠于自己的誓言、承担自己的责任和义务的人。这次战争是由不公正的挑衅引起的，正义在我们这一边，罪恶在反政府武装那边，他们高举侵占和不和谐的火炬，打算让共和国臣服在他们脚下。

当我们的法律、财产和权利受到猛烈攻击时，我们的国家应该是它本该有的样子—— 一个伟大而光荣的国家。诸公，请召唤麾下的军队吧，他们将像在特比卡、科尔瓦多、阿卡波扎克、韦尔塔、韦拉克鲁斯和塔毛利帕斯州等众多海外战争中一样，创造无敌的战绩。

我们的政府认为没有一个墨西哥人愿意被一支外国武装军队判处叛国罪，如果存在那样的不幸，惩戒的权柄也始终在您手中。

上帝和自由！

在墨西哥战争中，一队爱尔兰士兵本效命于美国军队，却倒戈加入墨西哥军队，拿起武器反抗美国侵略墨西哥。他们被称为圣帕特里西奥（圣帕特里克）。下面是他们印发的传单，解释叛变的缘由，还特别请求天主教教徒不要自相残杀。

胡安·索托：《叛兵传单》（1847）

叛军中信仰天主教的爱尔兰人、法兰西人和德国人：

美国对墨西哥发动了最不义之战，并将你们当作他们罪孽的工具。你们不能攻打信仰天主教的人，也不应该出现在那些宣告奴隶制为基本原则的人的队伍之中。

信仰天主教的人拥有伟大的心灵，必须始终为自由而奋斗，自由不在那些将人分为三六九等的人那边，他们让痛苦和无辜的人在奴隶制下赚取面包；自由不在那些渴望成为世界领主的人那边，他们掠夺不属于自己的财物和领土，为了完成他们的目标不惜杀戮。

各个地方的墨西哥人将聚集起来，发动起义战争，美国军队再强大，也只能葬身此地。墨西哥人民不希望杀害有同一信仰的人，而我，以韦拉克鲁斯州居民的名义请你们抛弃那空虚的名位。我已经下达了必要的命令，这样一来，只要你们离开叛军，无论你们在哪个地方，都能得到尊重，以及所有必要的协助。

你们从前的很多同伴在我们的队伍中战斗。

这场战争结束后，坦荡大方的墨西哥国家将对你们的所为进行封赏，你们就能留在我们这里，共同培育肥沃的土地。信仰天主教的爱尔兰人、法兰西人和德国人！自由万岁！天主万岁！

1829 年，墨西哥废除了奴隶制，奴隶受法律保护，这威胁了奴隶主的势力扩张。在其后的 20 年中，得克萨斯爆发了战争。

1846 年，废奴主义者弗雷德里克·道格拉斯在演讲中称美国兼并得克萨斯“由始至终都是阴谋，是精心策划的阴谋，目的是持续人类有史以来最黑暗、最肮脏的罪行”。

1849 年，道格拉斯在演讲中号召反对侵略墨西哥，反对南方的奴隶主。

弗雷德里克·道格拉斯在新英格兰大会上的演讲（1849）

你和我一样清楚，那法尼尔大厅响起了谴责对墨西哥战争的掌声，这是一场凶残的战争，一场反对自由州的战争，一场反对自由、反对黑人的战争，一场违反国家工人利益的战争，是一种为了扩大巨大的邪恶和毁灭性的诅咒的黑人奴隶制的手段。（热烈的掌声）对我来说，哪天我听到在墨西哥血腥的战争中有人死去，我不会动容，因为这是手无缚鸡之力的墨西哥人的必然命运。（鼓掌声和“嘘嘘”声）

再说一点，在这片土地上，美国有 300 万名奴隶，在美国宪法的约束下，所有的担保和妥协都是有利于奴隶制的。在这些担保与妥协之中，有一个是你——波士顿的公民在上帝面前宣誓，这 300 万名奴隶只要活着，就只能是奴隶。你的剑和刺刀等武器要随时听从奴隶制的召唤，通过一个蓄奴州法律裁判官或总督保证镇压奴隶，为其服务。

当 1800 万自由人站在心中颤抖的 300 万奴隶之上，我的同情心当然是向着被压迫者的。我就在他们当中，而你将他们踩在脚下进行贩卖。你的影响力，手下的人数，政治联合和宗教组织，还有你的军力，在很大程度上取决于他们，但是这一刻你却让他们继续被锁链绑住。我想到了在美国历史上，他们如何势单力薄地对抗英军的炮弹轰炸，如何抵制一个 3 便士的茶税，维护他们祖国的独立。想到这一切，我期待明天这样的消息会传来，我相信它必定能传来，奴隶们在南方起义，我们的黑人军团将席卷南方。（听众情绪高涨）

此刻，在南方的一个州发生了战争。奴隶主对被压迫者发动了一场侵略战争。奴隶们都倒在他们的脚下。你收到来自法国的情报，路易斯・菲利普一直躲在巴黎，你为何对共和主义战胜保皇党如此兴奋呢？你大声喊着“共和国万岁”，热诚地拥护“自由、平等、博爱”，但为什么南部的奴隶起义，打败铁石心肠的奴隶主，你就不能同样欢呼雀跃呢？（响亮的掌声和一些“嘘嘘”声）

弗雷德里克・道格拉斯在纽约罗彻斯特的废奴主义报纸《北极星报》上发表文章，反对美墨战争，不仅重点论述了奴隶制问题，还论述了战争中的阶级问题。

《北极星报》社论：《美墨战争》（1848）

从当前的形势和国会及内阁的动向（指各州州议会、南北方的立法机关），还有公共媒体的精神、领导人的行动、广大人民的普遍看法和情绪，可以判断出美国有点希望尽快结束目前这场对我们的姐妹共和国可耻、残忍和不公正的战争。

墨西哥似乎注定要成为盎格鲁－撒克逊人的贪婪和统治野心的牺牲品。我们的蓄奴总统决心发动的战争，人财两得的可能性是显而易见的。没有一个老练或处在高位的政治家愿意公开否定这场战争，阻止这个业已成势的政策无疑是在拿他和他的党的支持率开玩笑。似乎没有人愿意为了支持和平而自己冒所有这些风险。似乎所有人都愿意以某种形式进行战争。如果有人反对总统的要求，那并不是因为他们憎恨战争，而是想知道战争的目的和战争的对象。在这一点上最大胆的声明者是汉・约翰・P. 黑尔，他不会投一个美元给总统进行战争，直到他充分了解了战争的目的和对象。

黑尔先生知道，总统可以告诉他，为何要发动战争，他会用这审慎的条件印证他的宣言。这显示出我们所抗衡的邪恶是多么根深蒂固，连最大胆的人都不敢完全与之对抗。

同时，阴谋变得复杂，邪恶扩散。对国库（更确切地说是穷人的腰包）的需要日益增长。众议院、参议院及州议会都发表了雄辩的爱国演说，辉格党和民主党的官员们都坚决支持战争：经验丰富的政治家消耗精力，用欺骗的手段来推进这邪恶的事业，招揽中士和下士，他们不是刀剑下的牺牲品，就是充实军力的“粮草”。只要有罪恶的水槽或污染的巢穴，这些鹰犬就会寻找他们肮脏的猎物。他们潜入朗姆酒店和赌场，以及名声污浊的地方，用亲和力寻找堕落的人，来侮辱我们基督徒的国家的荣誉。

军事头领和英雄的人数大量增长，他们高高在上，充满荣耀。整个国家似乎都游荡着“这些（血腥的）野兽”。穷凶极恶的野心、暴虐的侵略、盛气凌人、残酷和傲慢四处扩散，充斥着整个国家。我们受到诅咒，外国遭受灾难。国内的任何地方都无法宣称自己免遭其摧残，在纽约州和南卡罗来纳州，在诺斯科特和萨宾，随处可见。人民似乎都被掌控在谋求官职者、煽动者和政治赌徒手中。

在这个政治渔网的网眼中，他们迷惑不解，他们担心、混乱，于是，普遍都在呐喊：“强烈要求战争！”“墨西哥必须谦卑！”“打出和平！”“赔偿！”“我们不得不战！”“国家的荣誉！”“整个墨西哥！”“命定扩张论！”“这个大陆上！”“盎格鲁－撒克逊人的鲜血！”“更多的领土！”“自由机制！”“我们的国家！”直到“正义涌向野蛮的野兽，人们便失去了理智”。人血的气味和硝烟的味道似乎已经让人丧失了理智、失去了良知，颠覆了人们的认识，使他们产生了我们的国家已经进入低迷的状态、必须进行战斗和流血的令人作呕的想法。

“火与剑”成了我们这个年轻的共和国的选择。美国损失了数千人，而墨西哥数以万计的人民遭到屠杀。时代的文明、世界的声音、人的宝贵生命、巨大的牺牲、所有的危险和艰辛、深刻的耻辱，都与我们反人道的行为紧密相关，似乎都无法阻止野心、鲜血、屠杀和堕落。

关于蓄奴的改革运动，所有的政党都一样糟糕。爱好和平的朋友们，请别对政党抱有任何幻想。民主党要求会议的信用；辉格党垄断投票权，厚颜无耻地坚持战争。如果我们偏向于这两个政党，这种偏好就倾向于一种做法，虽然是邪恶的，却最符合我们的职业。我们知道在哪里可以找到所谓的民主人士。他们往往在给奴隶主拉皮条。对他们来说，只要我们国家中的无情的盗贼要求他们去办的事，就没有什么是卑鄙、肮脏或臭名昭著的。不能期望这样的政党有任何光荣或体面的地方。他们吞并得克萨斯，说是要扩大自由的区域。他们选奴隶主詹姆斯·诺克斯·波尔克作为自由的朋友，他们支持他作为总统的谎言。他们已经尽了他们最大的努力来粉碎言论自由的权利，剥夺请愿的权利，并延续对这个国家有色人种的奴役。但我们现在不打算调查政党，之后我们有的是机会这样做。我们只是希望给我们的读者描述我们的国家对墨西哥战争的情况，以及它的计划和结果。

毫无疑问，最终的决定是进行战争。波尔克已经公开宣布了，政府机构也发布了文件，他们的一切行动都以战争为基准，他们的一系列行动都是为了让诉诸战争的想法扎根在每个人心里，让人们变得铁石心肠。所有的危险必须无视，所有的痛苦必须默默承受，所有的荣誉必须回避，所有的悲悯都已枯竭，所有对人类美好灵魂的激励都将减弱、压制和否定。而我们心中邪恶的火焰被激发出来，去雇用刺客——这些杀人的机器——进出墨西哥国境，直到将其完全变成地狱。

高贵的品质、种种宝贵的原则、法律和劝解、国家的尊严——这些曾经被尊重的东西现在必须被嘲笑。有尊严的意识必须被削弱。无论年龄、性别如何，都不能对我们的士兵有任何人性化的影响，限制他们的撒旦计划。

被屠宰的男人的呻吟声、被侵犯的妇女的尖叫声和孤儿的哭喊声，都无法引起美国的同情，反而成为激励我们的军队更加残暴凶恶、色欲熏心和嗜血杀戮的乐响。这项工作已经计划好，并正在执行中。何时结束，唯有宇宙的伟大统治者知道，而责任在谁、谁会遭到报复都是确认无疑的。

前几天，我从罗彻斯特来到维克多，我们听到了两个温和睿智的人之间的谈话，谈论的是美国对墨西哥的战争。两人的看法有巨大的分歧：一个人大肆谈论战争的合法性，另一个人极力否认。赞成战争的人的主要论据是墨西哥人民的卑鄙和邪恶，讲到激动之处，他还将之作为自己庄严的信念，说这是耶和华的旨意！墨西哥罪孽深重，于是上帝用盎格鲁－撒克逊民族作为鞭子，惩罚他们！这种宗教式的阐释令对手震惊得说不出话来，这层面太高而圣洁，他不敢反驳。于是，辩论草草结束了。当人们对上帝指控他人的罪恶时，是不需要论据的。而这个可怜的人，因缺乏道德勇气而静静地坐着。

我们将罪恶的计划巧妙地藏在宗教之中，给世人的假象是——美国似乎是遵照伟大的上帝的指示来惩罚这些野蛮人的！凭什么说我们的福音被牧师亵渎了？神职人员似乎成了无声的坟墓，他们的沉默是最大的犯罪。他们已经看到了无辜的血如水般被倒出来，却什么也不做。他们已经看到真相被践踏在尘土中，错误代替了正确，战争代替了和平，不光彩的手段代替了光彩的手段，却连一句反对的话都不敢说。他们跟众人一样，与罪犯同流合污。

如果讲忠诚，我们就不必受到这样的诅咒。我们有时会担心，美利坚作为一个民族，没有希望了。愿上帝不要那样做！可是这个国家一意孤行，执意推行它邪恶的计划，不顾道路上已血流成河、尸骨遍野。

好吧，就这样吧！不过，卑微如我们，虽然我们的话会白说，我们还是要提醒同胞们，尽管他们会按照他们的路标行进，没有障碍会阻挠他们，他们可能会完成他们所有的愿望，墨西哥可能在他们面前倾倒，它可能会被征服，它可能会全军覆没，国家的名称会被邻国抹掉，它的独立会被消除，它的权利会被篡夺，它的人民会在专制的铁蹄下苟延残喘，与被诺曼底侵略者征服了的撒克逊人差不多，但是，正义之神依然存在！

惩罚是肯定的，我们无法逃脱。我们恳求我们的同胞放弃这可怕的冲突，放弃这罪恶的计划，放弃这流血的方式。这样，美国还可能得救。让新闻机构、讲坛、教会和广大人民立刻团结起来，让数以万计的请愿书涌向国会，要求美国军队立刻撤出墨西哥。唯有这样，才有可能拯救美国。

反对墨西哥战争的人还有亨利·戴维·梭罗，他因反对缴税而被关入监狱，而这项税收支持战争，实质上就是奴隶制的扩张。

亨利·戴维·梭罗：《论公民的不服从》（1849）

我完全赞成这句格言——“最少管事的政府是最好的政府”，并希望它能更迅速、更彻底地得到实践。我也相信，实践之后，其最终结果便是“一事不管的政府才是最好的政府”。只要人们对此有所期待，他们就会得到那样的政府。政府充其量不过是一种权宜之计，但几乎所有的政府都会越俎代庖。人们对常备军提出的意见很多，也很有分量，值得广泛宣传。但它最终也可能会用来反对常设政府。常备军只是常设政府的武器。政府本身是由人民选择用来执行他们意志的一种方式。但是在人民能够通过它采取行动之前，它同样有可能被引入歧途，有人会滥用职权。请看当前对墨西哥的战争，这是极少数人把常备政府当工具使用的例子。因为在一开始，人民并不同意采取这种手段。

当权力一旦落入人民手中，人们才发现大部分人被允许长久地治理国家，不是因为他们代表着真理，也不因为这看起来对少数人最公正，而是因为他们在力量上最强大。然而，即使是一个在所有情况下都由多数人统治的政府，也不可能基于正义，哪怕是人们通常理解的正义。假设在政府里不靠多数人，而是用良知来判断是非，多数人只决定政府该管或不该管的问题，这样的政府难道不可能实现吗？难道一个公民永远应当在特定时刻，或最低限度地迫使他的良心服从立法者吗？若是这样，人们要良心又有何用？

我想，我们首先应该是人，其次才是臣民。仅仅为了公正而培养尊敬法律的习惯是不可取的。我有权承担的唯一义务就是在任何时候做我认为是正确的事。公司没有良心，但是由有良心的人组成的公司是有良心的公司，这样的说法完全正确。法律丝毫没有使人变得更公正些，相反，由于尊重法律，甚至好心人也日益变成非正义的执行者。你可以看到一支由士兵、上校、上尉、下士、一等兵和军火搬运工组成的队伍，以令人羡慕的队列翻山越岭，奔赴战争。但是，由于他们违背了自己的意志、常情和良心，他们的行军变得异常困难，人人都感到心惊肉跳——这就是过分尊重法律的一个普通而自然的结果。他们卷入了一场可恶的交易，对此，他们深信不疑，他们都希望和平。现在他们成了什么？是人，还是一些小型活动堡垒或弹药库，在为某些不择手段的掌权者效劳呢？

一个人应该怎样对待美国政府才合适呢？我说，他不可能与之相关联而不失体面。我一刻也不能承认那个政治就是我的政府，因为它也是奴隶的政府。

所有的人都承认革命的权利，那就是当人们无法容忍一个独裁或无能的政府时，拒绝效忠它，并抵抗它的权利。但是几乎所有人都说现在不是那种情况。他们认为只有 1775 年大革命才属于那种非常时期。如果有人告诉我，这是个坏政府，因为它向进入港口的外国商品征税，我完全不可能把这种指控当回事儿，因为我可以不要这些商品。所有的机器都有摩擦，这有可能抵消罪恶。无论如何，要是从中进行煽动，便是极大的罪恶。但是当这一摩擦开始毁坏机器，当镇压和抢劫的力量已组织起来时，我说，我们再也不要这样的机器了。

换句话说，当一个承诺要保护自由的国家的六分之一的人是奴隶，当一个国家完全被外国军队非法地蹂躏、征服，并实施军法管制的时候，我想，过不了多久，诚实的人便会起来造反和革命。使得这一任务更为紧迫的事实是：被蹂躏的国家不是我们自己的，而侵略军是我们的。

事实上，反对马萨诸塞州改革的人不是南方的上万名政客，而是这里千千万万的商人和农场主，他们更感兴趣的是他们的商业和农业，而不是他们属于人类这个事实。不论花费什么代价，他们都不打算公平地对待奴隶和墨西哥。我要与之争论的敌人，不是远在天涯的人，而是那些就在我们周围的敌人。他们与远方的敌人合作，按照他们的旨意办事。要不是这些人的话，远方的敌人不会为害。我们习惯于说，群众还未做好准备。可是情况的改善是缓慢的，因为这些少数人实质上并不比多数人高明多少。在某处宣扬某种绝对的善，比起让许多人都像你这么好更重要。因为绝对的善将像酵母一样影响整体。虽然成千上万人具有反对奴隶制、反对战争的观点，但实际上未做任何事情来结束奴隶制和战争。

自以为是的华盛顿和富兰克林的子孙，两手插在裤兜里，坐在那儿，以不知道该做些什么为借口，而无所事事。他们甚至优先考虑自由贸易问题，而不是事关自由的问题。饭后，他们安然地读报纸和来自墨西哥的战事情报，也许，读着读着，便昏昏入睡了。

第九章
奴隶制和反抗

大卫·沃克：《致全世界有色公民的呼吁书》（节选）（1830）

哈里特·A.雅各布斯：《自述：一个奴隶女孩的生活》（1861）

詹姆斯·诺卡姆寻找逃奴哈里特·雅各布斯的广告（1835）

詹姆斯·R.布拉德利给莉蒂亚·玛利亚·蔡尔德的信（1834）

西奥多·帕克牧师：《西奥多·帕克在法尼尔大厅的演讲》（1854）

奴隶写给前奴隶主的两封信（1844—1860）

弗雷德里克·道格拉斯：《7月4日对美国黑奴有何意义》（1852）

约翰·布朗：《约翰·布朗最后的演讲》（1859）

奥斯本·P.爱德森：《哈珀渡口传来的声音》（1861）

马丁·德拉尼给前奴隶的建议（1865）

亨利·麦克尼尔·特纳：《有色人种获得佐治亚州立法机关席位的资格》（1868）

奴隶制是残忍的制度。奴隶制并非源自人类本性的残酷，而是因为经济体系需要廉价且完全受控的劳动力，即美国南方的殖民体系。奴隶制的兴起首先是由于烟草和大米产量的增长，之后是棉花产量的增长。1790 年，南方的棉花年产量为 1000 吨。1860 年，年产量上涨到 100 万吨。就在这一时期，奴隶的数量由 50 万增加到 400 万。

南方在法律、法庭和奴隶主雇佣势力的支持下，建立了一套控制制度。这一制度连政府都不得反对。宪法的第十修正案规定联邦政府有一定的法律权限，但不包括对奴隶制的干预权。事实上，宪法规定奴隶制合法，保证逃奴归还奴隶主。

奴隶历经艰难险阻，一次又一次地反抗奴隶制。他们有些逃跑成功，特别是在废奴运动高涨时期，奴隶从“地下铁路”逃走成功。

废奴主义运动的倡导者包括白人反蓄奴者、自由黑人（他们中间多数曾经是奴隶）。他们不仅要与南方政府交涉，还要与联邦政府交涉，因为联邦政府与奴隶主互相勾结。1850 年《逃奴法案》通过后，联邦政府就动用警察局局长和士兵追捕逃奴，送还给奴隶主。黑人和白人废奴主义者驳斥这条法律，并帮助许多奴隶逃跑。

内战结束后，第十三修正案废除了奴隶制，却没有给奴隶带来真正的自由。奴隶没有分到土地和资源，无法成为自给自足的农民，最后仍成为前主人的佃农。

虽然第十四和第十五修正案保证了平等和选举权，南方联邦也执行了一段时间，但是北方政客与南方殖民者达成协议后，就不再执行了。南方黑人被出卖，他们的代表权被强制剥夺。成千上万名黑人逃离了南方，逃离了暴力和贫穷。其他人则在等待再次获得平等权的那一天。

1829 年，奴隶大卫·沃克的儿子在南卡罗来纳州出生，是自由黑人，后来他们搬到了波士顿。1830 年，大卫·沃克发表了小册子《致全世界有色公民的呼吁书》，激怒了南方的奴隶主。佐治亚州出 1 万美元捉拿沃克，干掉沃克的赏 1000 美元。

下面是《致全世界有色公民的呼吁书》的节选。

大卫·沃克:《致全世界有色公民的呼吁书》(节选)(1830)

我请求全世界坦诚和无偏见的人，认真翻阅历史学家的记录，看看古代人——埃及人、巴比伦人、尼尼微人、迦太基人、波斯人、马其顿人、希腊人、罗马人、犹太人，甚至是魔鬼，哪个曾经像美国白人基督徒那样对待我们黑人？我也请求全世界的人读读这些美国人的宣言。

1776 年 7 月 4 日的《独立宣言》:

在人类事务的发展过程中，当一个民族必须解除其与另一个民族之间的政治联系，并在世界各国之间依照自然法则和自然神明，取得独立和平等的地位时，出于对人类公意的尊重，必须宣布他们必须独立的原因。我们认为这些真理是不言而喻的：造物者创造了平等的个人，并赋予他们若干不可剥夺的权利，其中包括生命权、自由权和追求幸福的权利。为了保障这些权利，人们才建立政府，而政府之正当权力，则来自被统治者的同意。任何形式的政府，只要破坏上述目的，人民就有权改变或废除它，并建立新的政府；新政府赖以奠基的原则，得以组织权力的方式，都要最大可能地保障民众的安全和幸福。的确，慎重考虑，不应当由于细小的原因而改变成立多年的政府。过去的一切经验也都说明，任何苦难，只要尚能忍受，人类都宁愿容忍，而无意废除他们久已习惯的政府来恢复自身的权益。但是，当政府一贯滥用职权、强取豪夺，一成不变地追逐这一目标，旨在把人民置于绝对专制统治之下时，人民就有权利也有义务推翻这个政府，并为他们未来的安全建立新的保障。

美国人，看看你们的《独立宣言》！你们明白自己说过的话吗？听听 1776 年 7 月 4 日美国对全世界发表的宣言——

我们认为这些真理是不言而喻的：造物者创造了平等的个人，并赋予他们若干不可剥夺的权利，其中包括生命权、自由权和追求幸福的权利。

对比上面节选的《独立宣言》，再看看你们和你们的父辈对我们和我们的父辈所犯下的残酷罪行，而我们从没有挑衅过你们。

再次听听你们曾经说过的话：

> 但是，当政府一贯滥用职权、强取豪夺，一成不变地追逐这一目标，旨在把人民置于绝对专制统治之下时，人民就有权利也有义务推翻这个政府，并为他们未来的安全建立新的保障。

现在，美国人，我坦率地发问：你们在英国的压迫下所受的痛苦有我们在你们的残酷专制压迫下所受的痛苦的百分之一多吗？毫无疑问，你们当中有一些人相信我们永远不会推翻你们那罪恶的政府，并为我们未来的安全建立新的保障。既然撒旦能使你们相信这点，那么他就不会欺骗你们了吗？

白人会说："你是黑人，所以你应该谦卑。"可是，我乐于接受这一说法吗？我问你们，你们不应该像我一样卑微吗？还是你们认为你们可以拿着武器与耶和华较量？上帝没有让你们谦卑吗？你们对待有色人种还不如野兽，你们对上帝还不够卑微吗？

一些白人无知地告诉我们，我们应该顺从你们，他们的脚一直踩在我们的脖子上。如果我们不乖乖地让他们打死，我们就是坏的动物，当然必须是该死的，等等。

若有人想听到美国传教士公开对我们的布道，那就让他到这个国家的南部和西部去——我所写的不是我道听途说的，而是我亲眼所见、亲耳所闻。没有人会认为我的书出自猜想——我亲自观察过这几乎所有的一切，即使有些不是我亲自观察得来的，也是我从白人和黑人那里听到的，我相信他们所说的。

美国人尽可能地保持警惕，但他们不能警惕上帝，他们也不能躲起来，因为上帝会将他们揪出来。

1861年，哈里特·A.雅各布斯以笔名琳达·布伦特发表了《自述：一个奴隶女孩的生活》。文章探索了教会和奴隶制之间的关系，研究教条"如果你违背了世俗的主人，你就冒犯了天堂的主”如何用于阻止奴隶反叛。

宗教有时能给人带来片刻的慰藉，但在文章中，雅各布斯探讨了宗教是否能给奴隶带来有意义的救赎。

哈里特·A.雅各布斯:《自述: 一个奴隶女孩的生活》(1861)

纳特·特纳起义带来的警报平息后，奴隶主得出结论，最好对奴隶进行宗教“教育”，让他们放弃谋杀自己主人的念头。圣公会牧师提出在星期天为他们举行一个单独的布道。他的有色人种成员极少，也很体面，难处在于选择一个合适的地方做礼拜。卫理公会和浸信会教堂允许他们下午去，但是他们的地毯和垫子不如圣公会教堂那样华贵，最后他们决定在一个有色人种的家里会面，他是成员之一。

我被邀请参加,因为我识字。周日晚上,在夜色的掩护下,我冒险出去了。白天我很少冒险，因为我总是担心会在那个路口遇到弗林特（詹姆斯·诺卡姆）教授，他一定会叫住我，或叫我到他的办公室，问我的帽子或其他服饰是从哪里得来的。

当牧师派克先生（约翰·艾弗里）来的时候，已经有大约20人了。这位尊敬的先生跪着祈祷，然后是布道，要求在场所有认字的人打开书，并指出部分要重复朗读或做出回应的内容。

他的原话是：“仆人们，要服从你们肉身的主人，带着恐惧和颤抖敬畏他们，就如同顺服基督一样。”

虔诚的派克先生一头整齐的发型，让每根头发都竖立起来，然后用深沉而庄严的音调开始布道：

> 你们这些仆人，认真听我说话！你们是叛逆的罪人，你们的心中充满了各种各样的邪恶。魔鬼诱惑着你们。啊，上帝对你们发怒了，一定会惩罚你们，如果你们不放弃邪恶的道路的话。住在城里的人是在雇主看着时才干活儿的人。你们没有忠诚地服侍你们的主人，来取悦你们天上的主人，而是懒懒散散，逃避你们的工作。上帝看见了。你们说谎，上帝听到了。

你们非但没有崇拜上帝，还躲在暗处享用主人的东西，与一些邪恶的占卜者一起扔掉咖啡渣，或者与另一个老巫婆在一起。你们的主人可能看不到，但上帝看到了，会惩罚你们。啊，你们是多么堕落啊！当你们完成工作后，你们会静静地坐在一起思考神对这些罪恶的人的宽恕吗？不，你们争吵着，你们将台阶下的根部刨光，互相毒害。上帝看到了。男人偷走主人的玉米卖到熟料店里，然后买了朗姆酒喝。上帝看到了。你们溜进街道，或在灌木丛中扔铜币。你们的主人可能看不到，但上帝看见了，他必定会惩罚你们。

你们必须放弃罪恶的手段，做忠实的仆人，服从你们的新主人和旧主人。如若你们冒犯了俗世的主人，你们就冒犯了天堂的主。你们必须遵守上帝的诫命。当你们行走时，不要停在街道的角落里说话，而是直接回家，让你们的主人知道你们回来了。

布道结束时，派克先生告诉我们，他觉得在这里会面很不方便，他乐意在每周日晚上在他家的厨房和我们会面。

我回到家，感觉这次是我最后一次听派克牧师先生布道了。他的一些成员到了他家，发现厨房里有两根牛脂蜡烛，我相信这是他们第一次见到，因为仆人们能用的只有松节蜡烛。奴隶们离开很长一段时间后，牧师先生才走出他舒适的客厅，去一个卫理公会。他们似乎从未如此高兴地在宗教仪式中大喊大叫和唱歌。他们中的许多人都是真诚的，比伪善的派克先生更加接近天堂的大门。还有一个长脸的基督徒，他看到受伤的撒马利亚人，就从另一边走开了。

奴隶们创造了歌曲和诗歌，他们轻易就能创造出来。他们经常唱下列诗句：

撒旦是个繁忙老人家
他推着巨石挡住我的路
耶稣是我的知己
他把巨石推开了

我若英年早逝
我该唱首什么歌

但我如今健在
几乎没有机会上天堂

我清楚地记得有一次我参加一个卫理公集会，我饱受着精神折磨，碰巧坐在一个贫穷的失去孩子的母亲身旁，她的心比我还沉重。会长是城里的名人，他买卖奴隶，鞭打绑缚在柱子上的教会的弟兄姐妹们。这个脸白心黑的家伙走近我们，对遭受打击的母亲说："姐妹，你能告诉我上帝如何处置你的灵魂吗？你还像以前一样爱他吗？"

她站起来，用哀怨的语气说：

我的主和主人，帮帮我！我承受不住这样的伤害。上帝不照看我，将我留在黑暗和痛苦之中。

然后，她拍打着胸口说：

我不能告诉你这里有什么！他们夺走我所有的孩子。上周，他们卖了最后一个。只有上帝知道他们把她卖到哪里去了。他们让我照看她16年，然后——哦！哦！我为她的兄弟姐妹祈祷！现在没有什么可以支撑我活下去了。上帝给我的生命太短了！

她坐了下来，四肢颤抖着。

我看到会长憋笑憋得满脸通红，但他举起了他的手帕，那些同情这个可怜的女人的不幸的人并没有看见他在偷着乐。然后，他对失去孩子的母亲说："姐妹，向上帝祷告，让他来救治你那可怜的灵魂吧！"

会众唱起了圣歌，唱得我们好像是自由的鸟儿一样飞翔——

撒旦认为自己有个强大的目标
他错过了我的灵魂，带走我的罪
喊阿门，喊阿门，对着上帝喊阿门

他把我的罪背在背上
满怀抱怨地下了地狱

喊阿门，喊阿门，对着上帝喊阿门

撒旦的教堂在这下面
我想到神的自由教会去
喊阿门，喊阿门，对着上帝喊阿门

对可怜的奴隶来说，这样的时刻是弥足珍贵的。如果你在这种时候去听他们说话，你可能会认为他们是幸福的。但那时的唱歌和大喊能帮他们度过疲劳不堪的一周吗？他们苦干却没有工资，时刻处于被鞭笞的恐惧之中。

下面这份广告是奴隶主寻找逃跑奴隶的广告。报纸也常常刊登拍卖奴隶的广告，这些奴隶包括与父母失散的幼小孩童。

詹姆斯·诺卡姆寻找逃奴哈里特·雅各布斯的广告（1835）

如果举报或送还我的奴隶——女孩哈里特，将有 100 美元的报酬。她是个白黑混血儿，21 岁，身高约 5 英尺 4 英寸，身材肥胖，有厚重的黑发，自然卷曲，但很容易梳直。她讲话十分流利。作为女裁缝，她习惯穿着得体，有各种好看的衣服，是最新流行的样式。这个女孩毫无预兆地从我儿子的种植园逃跑了，她或许是计划逃到北方去。

只要发现她，或在美国境内的监狱里救出她，都可以得到以上酬劳，并满足你其他合理的要求。

看见告示的所有人都不得运送或款待她，或参与其他帮助她逃亡的事，否则将受到法律的制裁。

詹姆斯·R. 布拉德利是安肯萨斯地区的一个奴隶，一直工作到能够花钱买回自己的自由，写了这封谴责奴隶生活的信，发给废奴主义作家和反蓄奴报纸《绿洲》的编辑莉蒂亚·玛利亚·蔡尔德。

詹姆斯·R. 布拉德利给莉蒂亚·玛利亚·蔡尔德的信（1834）

亲爱的女士：

我现在凭我的记忆给您写这封记录我生活的信。一想起过去的自己，我就悲伤难抑。那是一段充满黑暗和泪水的日子。我总是渴望和祈求自由。有时，我希望我能够得到自由，然后就会思考和祷告，研究一些方法，在晚上工作，以赚足够多的钱买回我的自由。然而，我总是遇到阻碍，所有的希望都落空了，仿佛我必须由生到死都是奴隶，没有人同情我。

我将从我最早的记忆开始写起。2—3 岁的时候，凶徒将我从温柔的母亲的怀抱中夺走。那时我住在非洲，离这里很远很远。他们将我带到船上，离家已经十万八千里了。我回头眺望，哭了一路。船上满载着绑着锁链的男男女女。因为我太小，他们就让我在甲板上乱跑。许多天之后，他们把我带到查尔斯城（南卡罗来纳）。一个奴隶主买了我，带我到彭德尔顿县。我在他那儿待了六个月左右，他又把我卖给一个叫布拉德利的人。从那以后，我一直叫这个名字。这个人被称为非常善良的奴隶主，他确实比多数人要善良。他给了我足够的食物。与其他奴隶主不同，他不怎么打我。但对我来说，这又算得了什么呢？我度过了许多不眠之夜，终日以泪洗面。因为我是一个奴隶，所以我呼唤着自由。

我说了许多关于我对自由的渴望。我相信没有哪个奴隶是不渴望自由的。我知道奴隶主费了很大的劲儿让自由州的人们相信奴隶也是快乐而满足的。我还知道，任何一个奴隶，不管他的主人怎么对待他，他都是渴望自由的。有一件事，自由州的人并不理解。当他们对奴隶讲话时，问他们是否希望得到自由，是否想像白人一样自由，他们回答“不想”，他们可能会接着说他们无法离开自己的主人。其实，他们为自己制订计划已经很长时间了，他们最渴望的东西就是自由。其实，每个奴隶都知道，如果他表示希望得到自由，并表达自己作为奴隶的疲惫和不满，那他肯定会因为这些话而受到更严厉的对待，需要更加辛苦地工作。所以，他们总是很小心地不表现出任何疲惫，尤其是当白人问他们关于自由问题的时候。

奴隶们私下在一起的时候，总是谈论自由。自由是最伟大的思想和感觉，他们时刻都渴望自由。我想要说的还有很多，但是我亲爱的朋友，我就只写了我生活的“简要记录”。恐怕我已经写得太多了，但我还是想再说几句：上帝会帮助受压迫的人，只要念着上帝的名字祷告，他一定会帮助你。

亲爱的小姐，我并不认识您，但我看过您关于奴隶制的书，还读到许多关于您的信息，我也希望在正义复苏的时候见到您。我感谢上帝，他赐给所有被压迫的有色人种和痛苦的奴隶这么一位可敬的朋友。亲爱的小姐，愿上帝施恩保护您，保佑伟大而神圣的事业，直到您看到所有的偏见都被破除，奴隶制的枷锁被打成碎片，所有有色人种一起坐在耶稣的脚下，说善意的话，互敬互爱，最后一起在天堂生活。愿所有人彼此相爱，共同生活在世上。

《逃奴法案》动用国家的力量搜捕逃奴，归还奴隶主，受到普遍的反对。黑人和白人共同进行了武装抵抗。他们被捕后，如果遇到的陪审团是反对《逃奴法案》的，就将他们无罪释放。比如，1851 年，在波士顿，一个叫沙德卡的奴隶就在法庭上被 50 个黑人救了，其中 8 个黑人被提审，然后无罪释放。同年，逃奴杰里在锡拉丘兹的警察局被救出。还有，18 人被起诉，最后全都无罪释放。

1854 年，总统富兰克林・皮尔斯派联邦军、州自卫军和当地警察搜捕从弗吉尼亚逃到马萨诸塞的逃奴安东尼・伯恩斯。1854 年 5 月 27 日，爱德华・G. 劳瑞引用《逃奴法案》命令伯恩斯回到弗吉尼亚为奴。就在两天前，黑人和白人废奴主义者用攻城锤撞击法院的大门，遭到驱逐。6 月 2 日，伯恩斯向海滨走去，经过挂着黑布的街道和一排排支持他的人，伴随着教堂的钟声，被强制送回去当奴隶。

在伯恩斯被判刑的前夕，牧师西奥多・帕克、废奴主义者约翰・布朗的支持者在波士顿发表了激情四射的演说。当晚有 13 人被捕。1 个警察局局长被杀。

西奥多·帕克牧师：《西奥多·帕克在法尼尔大厅的演讲》（1854）

同胞们，弗吉尼亚下达的命令刚在约翰·汉考克城完成，还有“亚当斯的支撑”。这是波士顿人干的。这是一个波士顿人发出的手令，由一名波士顿执法官执行。波士顿人绑架了马萨诸塞州的公民，并送他去当奴隶，直到永远。这是我们的过错。8年前，波士顿商人就曾在法尼尔大厅和旧昆西市之间的公路上绑架了一个男子。然后在第二天，工人就展示了他们奴役一个男人的战利品——几个5元硬币。

你在这个大厅里召开过会议。现在就和当时一样拥挤。我和我的朋友以及以前的邻居并排站着，“光荣而崇高的主席”（大声欢呼），而在希腊为自由事业奋斗的人，因这神圣的事业而被关押在波兰的地牢里。（塞缪尔·G.豪博士）就站在这里，向您介绍“雄辩的老人”约翰·昆西·亚当斯（大声欢呼）。这是他最后一次站在法尼尔大厅。他来捍卫孤立无援的黑人奴隶不可剥夺的权利。今晚我们连约翰·昆西·亚当斯的照片都没有！萨福克大陪审团竟然找不到波士顿商人绑架那个男人的起诉证据（“太可耻了”“太可耻了”）。如果波士顿发言的话，我们今晚就不会聚集在这儿，我们就应该没有《逃奴法案》。这一法案通过后，我们发射了100枪。你不记得在这个大厅里举行的联合会议了吗？一名男子站在这个讲台上，他现在成了最高法院的法官，他说：“当某个‘尊敬的绅士’被指控犯有伪证罪，我想问问他，他会怎么回应这项指控？”“尊敬的绅士”站起身来，问道：“你现在要我回答你的问题吗？”法尼尔大厅里的听众大喊：“不！不！把他扔出去！”

如果法尼尔大厅里的人站在真理和自由的一方，我们现在就不会是弗吉尼亚州的臣民。是的，我们是弗吉尼亚州的奴仆。它将手伸向我们母亲的坟墓，绑架了清教徒城市的人，还将手伸向塞缪尔·亚当斯和约翰·汉考克的坟墓。（“太可耻了”的呼喊声）太可耻了！我也这样说。但这是谁的错？“没有北方。”（丹尼尔）韦伯斯特先生说。答案是没有。南方延伸到了加拿大的边界。不，先生们，那就没有今天的波士顿了。曾经有一个波士顿。现在，有一个亚历山大城北郊，这就是波士顿了（笑声）。而你和我，同是弗吉尼亚州的臣民（听众疾呼“不”“不”）。你们告诉我事实并非如此，那我收回这句话。男人和兄弟们（无论如何，都是兄弟），我已经老了，我已经许多次听到为自由而呐喊和欢呼的声音，但是，我却从没见过为自由而做的伟大行动。我问你们，你们有言论，你们有行动吗？（听众疾呼“有”“有”，并大声欢呼。）

现在，兄弟们，无论如何，你们都是我的兄弟，无论是马萨诸塞州的公民还是弗吉尼亚州的臣民以及波士顿的同胞们。这个国家有两部伟大的法律，其中之一是奴隶制的法律，该法律被宣布为“定法”。宪法的目标是维持公正、促进安宁和保障我们及我们后代的自由权利。现在，宪法不保障自由了，宪法将奴隶制扩展到内布拉斯加州，那里的奴隶制度确立后，为了展示奴隶制的意义，来自亚历山大的警长绑架波士顿市的一个人，他在萨福克郡发出令状，并让波士顿男人执行该令状！（听众疾呼“太可耻了”“太可耻了”。）

奴隶制践踏宪法，践踏国家的权利。马萨诸塞州的权利“跑”到哪里去了？《逃奴法案》的专员将之放入自己的腰包。哪里有陪审团审判？由沃森·弗里曼的法警人员担任。哪里有个人发还扣押物令（在法院需要具体的退货的法律补救办法）？几百年前，我们的祖先从英国的暴君那里争取来的权利，法官（法勒）斯普拉格将之踩在脚下！哪里有人身权这项神圣的权利？副元帅莱利将之粉碎，而波士顿人并没有出声反对。马萨诸塞州的哪条法律禁止在州大厦里拘禁逃亡者？他们将被踩在脚下。

这些人从弗吉尼亚来到这里绑架一个人。过去，是波士顿；现在，是亚历山大市的北部郊区。起初，他们从波士顿抓到一个逃奴是一件困难的事情，需要市长的帮助，而且他们必须派出“模拟卫队”，花 9 天时间才能完成；现在，他们信心十足，我们已经是弗吉尼亚州的臣民了，他们甚至不必将我们监禁在法院里。

…………

同胞们，奴隶“代理商”如此“自信”，他们能够在白天带走奴隶，不用派士兵驻扎在法尼尔大厅，与他们在 1851 年所做的一样。他们认为他们可以在明天早上将这名男子关在车里载走（“他们做不到的”“让他们试试看”的喊声）。

我说，这个国家有两条伟大的法律。一条是奴隶制法，即美国总统的法律，参议员（斯蒂芬·A.）道格拉斯的法律，美国最高法院的法律，委员会的法律，每个执法官的法律，每一个执法官雇用来的最卑鄙的恶棍执行的法律。还有另一条法律，我的朋友（温德尔）菲利普斯先生对它的表述比我强，我也不会尝试，我只陈述其最简单的条款。这是人民的法律，他们坚信他们是对的，并决心继续前进（欢呼声）。

先生们，从前在波士顿，你们和我都有父亲——他们是勇敢的父亲——还有激发父亲英雄气概的母亲。好吧，先生们，一旦英国议会颁布了一条"法律"——他们称之为法律——比如印花税法，在这种情况下，你们的父亲会做什么呢？他们会用阿尔杰农悉尼的语言引述你们的决议："不公正的法律都不是法律，不是法律就不需要服从。"（欢呼声）他们就不服从印花税法，他们不把它当作法律。而在80年前，遵守这条法律的人将有一件毛衣穿在身上。他们称这是"法案"，他们对其执行专员特别恭敬，他们并没有伤害他一根头发，他们并非那种空有蛮力的反抗者（笑声），让他庄严发誓，他将不会再发出一张印花税。他是该州总督的兄弟、王室的仆人，极受尊敬，坐拥大笔财富，曾经非常出名。但他们捉住他，让他发誓不执行他的任务，他就遵守了自己的誓言，印花税法就打哪儿来回哪儿去了。你懂的（欢呼声）。那时人们否定贼法，以绝对的公正制定法律，使之成为普通法的一个实例。大家肯定知道他们把他怎样了。

好吧，先生们，在南方有一种舆论——是非常邪恶的舆论，比法律更强大。当一个有色人种船员从波士顿到查尔斯，他立刻就会被关进监狱，直到船舶准备开航才能离开。波士顿的商人或其主人必须支付赎金，波士顿的黑人就必须承受伤害。这是南卡罗来纳州的邪恶规定。萨姆尔·霍先生——我们最尊敬和推崇的公民之一——被送到查尔斯，以检测这种不公正的法律的合法性，查尔斯的公民对他下了逐客令，他很高兴地逃跑了，以免遭到更多的侮辱。没有暴力，也没有枪击。这是最不公正的舆论力量的实例。

好吧，先生们，奴隶制法律无处不在。还有另一条法律，也是定法。这条法律就掌控在你们手中，你们在认为合适的时候执行。先生们，我是一个牧师，一个爱好和平的人，我热爱和平。但是凡事都有手段和目的，自由是目的，但有时和平不是自由的手段（掌声）。现在，我要问问你们，你们打算做什么？（有声音喊道"开枪""开枪"）有不用杀人就能解决这件事的方式。可以肯定的是，这些在波士顿进行绑架的人都是懦夫，如果我们立场坚决，并宣布不被枪射杀就不能离开波士顿市（“就是这样”的呼声和响亮的掌声），那么他们就回不去了。现在，我提出，明天上午9时整在法院广场会面。赞成该议案的举手（大量的人举手了，但许多人喊着“走吧，就今晚”，“让我们去拜访里维尔的奴隶捕手”，等等）。你们提议今晚就去里维尔众议院吗？那就举起手吧（一些人举起了手）。票数不多。那我们决定明天上午9时整在法院广场会面。

自由奴隶和逃奴在修建“地下铁路”[①]和组织废奴运动中发挥了重要作用。奴隶开始讲述自己的遭遇，有些人私下记录，有的人公开发表，写信给他们的前奴隶主，反对再做奴隶。

下面是其中的两封信。第一封是亨利·比布写的，他在肯塔基州出生，是一个参议员的奴隶，他奋斗了多年，直到1841年才赢得自由。第二封是杰梅恩·韦斯利·洛格写的，他是锡拉丘兹“地下铁路”建设的关键人物。

奴隶写给前奴隶主的两封信（1844—1860）

亨利·比布给威廉·盖特伍德的信（1844年3月23日）

亲爱的先生：

我很高兴，我想告诉您，您没有误会将我作为财产卖给收钱的人。但我要感谢主，我现在不是财产了，我跟您一样，是人！虽然我住在遥远的北方，但我通过自己的双手过上了舒适的生活。如果您有机会到这儿来旅行，一定要来拜访我啊！我会比您当我是奴隶的时候更好地使唤您。不要认为我对您有任何恶意，我只是想“报答”我在您手中时您对我的折磨。因为这样对待同胞是你们国家的习俗，所以您对我和我的小家庭不过是依照惯例行事，我可以大方地原谅您。

我想让您告诉我的老母亲和朋友，我想他们，如果我们此生永远不能

①“地下铁路”：19世纪美国废奴主义者把黑奴送到自由州、加拿大、墨西哥以及海外的秘密通道。虽然官方承认只有6000人通过“地下铁路”脱离奴役，但1810—1850年，估计逃离者有30000—100000名之多。

再见面，我会向上帝祷告，祈求我们能在天堂相见，然后再也不用分离。

先生，还有金和杰克，我很高兴地告诉您，他们都在这里，过得很好。他们住在加拿大西部，他们现在拥有的农场比曾经奴役他们的主人的还要棒。

或许您会觉得我们逃脱奴隶制是错的，但对我本身而言，我只为一件事后悔：我为何没有在较早的时候就逃离呢？那我就会比现在拥有更长的自由时间。我想，如果您能对我好点，我现在可能还会作为您的“财产”辛勤地工作。

看着您毫不手软地鞭打我的妻子，而我只能袖手旁观，却不能给她一丁点保护，甚至不能代替她遭受鞭打，这是一个作为奴隶的丈夫所不能忍受的。而通往加拿大的道路敞开着。我的孩子也经常被盖特伍德夫人鞭打，因为他的哭声吵到她了，她会打到他皮肤上的伤口发青。这样的虐待驱使我离开我的家和家人，为他们寻找更好的家园。但我愿意忘记过去。若我收到您的回信，我会很开心的。除了回我这封信，我也希望您能经常与我通信，如果您乐意的话。我将自己视为被压迫者的朋友，希望自由长存。

杰梅恩·韦斯利·洛格给萨拉·罗格的信（1860 年 3 月 28 日）

萨拉·罗格夫人：

您 2 月 20 日寄来的信如期收到，感谢您的来信。距离我上次收到我可怜的老母亲的来信已经很长一段时间了，我很高兴知道她还活着，而且，就像您说的，“与平时一样”。我不知道这话是什么意思，我希望您能多说说她的情况。

您是一个女人，但是，如果您有一个女人的心肠，您就不会告诉一个兄长，您买了他唯一的兄弟姐妹，不会将他和她卖了换钱。

您卖了我的兄弟和姐妹——安倍和安，还有 12 英亩的土地。您说，这是对我逃跑的惩罚。现在您居然要我继续做您悲惨的动产或替代物，给您 1000 美元赎回土地，而不是赎回我那可怜的兄弟和姐妹！这是让人说不出口的卑鄙想法啊！如果我给您寄钱，那也是要赎回我的兄弟和姐妹，而不是帮您赎回土地。您说您是一个跛子，毫无疑问，您这么说是想唤起我的怜悯，您知道我是善良的人。我确实发自内心地同情您。不过，我心中的愤怒是语言所不能表达的。您曾如此残忍地将我深爱的人的心撕成碎片，您想要刺穿我们所有的人，因为您可怜的脚或腿。

可悲的女人！您知道我有多珍惜现在的自由，更不用说我的母亲和兄弟姐妹，都比您的整个身体重要。事实上，比我自己的生命还要重要，比天下所有的奴隶主和暴君的生命还要重要。

您说，您将我买下，如果我不给您寄去1000美元，您就要把我卖掉。您还说："我们像抚养自己的孩子一样抚养你。"女士，您养大自己的孩子难道是为了卖掉他吗？您养大自己的孩子是为了将他们绑缚在鞭打犯人的柱子上吗？您养大自己的孩子是为了给他戴上锁链赶到奴隶市场吗？我可怜的兄弟姐妹现在在哪里啊？您能告诉我吗？是谁将他们派到甘蔗地和棉花田里干活儿，戴上枷锁，踢打、鞭打他们，让他们痛苦地呻吟和死去，而没有亲友可以听到他们的呻吟声，或在垂死的床旁安慰他们，或参加他们的葬礼？

可悲的女人！您敢说您没有做过这样的事吗？我来回答，您的丈夫就做过，您也认同了他的行为，您寄给我的信中就充分表明您是赞成他这样做的。我为您感到可耻！

顺便问一下，您的丈夫去哪儿了？您信上没有提到他。那么，我推断，他已经过世了，他去报到了，他对我可怜的家人犯下的罪孽都算在他的头上。可怜的男人！去见死去的那些可怜人吧！那些被他谋杀、怒火熊熊的人！在那边的世界上，自由与正义才是主人。

您说我是个小偷，因为我带走了老母马。您到底明不明白，我对这匹老母马比您对我还要有权利处置？我偷马的罪难道会比您丈夫从我妈妈的摇篮中盗走我的罪还大吗？如果他和您认为我丧失了对你们的所有权利，那我也能认为你们丧失了对我的所有权利吗？您知道人权是相对而言的，如果您剥夺了我的自由和生命权利，您也会丧失自己的自由和生命权利。在上帝面前和天堂里面，有什么法律对一部分人有效，而对另一部分人无效呢？

如果您和其他投机者想知道我如何看待自己的权利，那就让他们到我这里来，把我绑架起来，试试看。您恐吓我，说什么要么给您钱，要么就再次把我变成奴隶。这有用吗？

我告诉您，您的建议让我不知该如何嘲笑和轻视您。这个建议让人愤慨，是一种侮辱。我寸步不让。为了逃脱，我宁愿少活几年。

我现在身处自由人之中，为此我要感谢上帝。他们尊重我的权利，这是人类的权利。如果您的使者来这里想要再次奴役我，就算这人逃过了我坚实的右臂，那我也相信我所在的这个城市、这个州的坚强而勇敢的朋友会来救我，为我复仇。

7 月 4 日是为独立和自由奋战的纪念日。伟大的废奴主义者弗雷德里克·道格拉斯曾经是奴隶，是废奴主义报纸《北极星报》的编辑，他敢于质疑这一纪念日的正确性。

下面，是他为妇女废奴主义社团演讲的精彩内容。

弗雷德里克·道格拉斯：《7 月 4 日对美国黑奴有何意义》（1852）

公民同胞们，对不起，请允许我问一声：今天，我为什么要在这里发言？你们国家的独立与我以及我所代表的人有何相干？我是否应该被叫到这里，向国家的祭坛奉献上我们微不足道的牺牲贡品，然后，由于你们的独立赐福给了我们，而我要不停地说“谢谢，谢谢”，感恩戴德呢？

为了你们，也为了我们，但愿上帝真能听到对这些问题的肯定回答。如果真是这样，我的任务就简单了，身上的担子也就挑得轻松愉快了。有谁会如此铁石心肠，以至于对一个国家的慰问都无动于衷？有谁会如此顽固不化，缺乏感激之心而不感谢得到这些无价的恩惠呢？又有谁是如此淡漠和自私，以至于手脚上的锁链被打开时都不放开嗓门高唱这个国家欢乐的颂歌呢？我不是那样的人。在这样的情况下，哑巴都会开口，瘸子会像鹿儿般欢跃起来。

然而，情况并非如此。我这么说，是因为我痛切地感受到我们之间有着差异。今天辉煌的周年盛会是把我们排斥在外的。你们光荣地独立仅仅表明我们之间存在着不可逾越的鸿沟，并非所有人都享受到了你们为之高歌欢唱的种种幸福。你们分享了你们的先辈留下的正义、自由、繁荣和独立的丰厚遗产，而我没有。阳光带给你们光明和抚慰，带给我们的却是鞭痕和死亡。

7 月 4 日属于你们，而不属于我。你们欢欣雀跃，而我却伤心悲叹。将一个戴着镣铐的人拖过自由的雄伟光辉的圣殿，让他和你们一起高唱欢乐的圣歌，不啻惨无人道的嘲弄和亵渎神明的讽刺。公民们，你们是否为了嘲弄我才请我发言的？若是这样，那么你们要为自己的行为负责。

我要警告你们，不要重蹈这一个国家的前辙。在那里，万能的主一声叹息，这个国家所犯的滔天罪行就倾覆而下，使其永世变为废墟！今天，我要把一个皮肉被活剥、饱受苦难的民族的悲叹之声传达给你们！

在巴比伦河之滨，我们坐在一起。是啊！想起锡安山，我们哭泣。我们把竖琴悬挂在柳树上，因为就在此地，将我们沦为俘虏的人要我们唱一支歌，蹂躏我们的人叫我们欢笑起来。他们说，唱一支锡安山的歌吧！然而，我们怎么能在一块陌生的土地上唱起主的赞美歌呢？

噢，耶路撒冷，如果我忘掉了你，就让我的右手瘫痪吧！如果我忘掉了你，就让我的舌头粘在上腭顶上吧！

公民同胞们，在你们举国喧嚣的欢乐声中，我听到成百上千万人在哀号！他们身上的锁链，昨日已是沉重难忍，而今日，你们的欢乐声又使他们的苦痛加剧。如果我真的忘记了，如果我不能牢记那些今日尚流淌着鲜血的孩子，那么，就让我的右手瘫痪吧，就让我的舌头粘在上腭顶上吧！如果忘了他们，如果对他们遭受的屈辱置若罔闻，如果还在此与众人一起同声鸣唱，就无异于最可耻、最耸人听闻的背叛，就会使自己在上帝和世人面前受尽谴责。

公民同胞们，我发言的主题是美国的奴隶制。我要从奴隶的角度，来看今日此时，以及它对公众的“意义”。我身同美国黑奴，他们的屈辱就是我的屈辱。我以自己的整个心灵，毫不犹豫地声明：7月4日，这个国家的黑暗德行和罪行显得前所未见！不论我们回顾美国往日的声明，还是倾听其今日的诺言，它的所作所为都骇人听闻、令人作呕。美国过去是虚伪的，现在是虚伪的，未来也会是虚伪的。

此时此地，我站在上帝和遍体鳞伤、鲜血淋淋的黑奴一边，以惨遭凌辱的人性之名义，以身着桎梏的自由之名义，以遭到抛弃和践踏的宪法和《圣经》之名义，挺身而出，尽我所有力量，对一切使奴隶制——深重的罪孽、美国的耻辱——永世永存的企图发出我的抗议、发出我的谴责！我不会闪烁其词，我不会客套！我要用的是我最激烈的言辞。而任何判断力不被偏见所蒙蔽的人，任何心里不想继续奴役黑人的人，都会承认我说的每句话都是正确的、公道的。

然而，我没想到有些听众会说：“正是现在，你和你的废奴主义兄弟们没有给公众留下良好的印象。如果你们能多说理少责难，多劝诫少训斥，你们事业成功的希望就大得多了。”然而，我认为，当一切都显而易见时，讲道理是多余的。关于反奴隶制的纲领，你们要我说明哪一点呢？这个问题在哪一个枝节上还需要点拨呢？我还需要着手证明奴隶也是人吗？这些已属公认的，无人可以怀疑。奴隶主们在实施他们政府的法律时承认了这一点。当他们惩罚奴隶们时也承认了这一点。弗吉尼亚州列出 72 项罪行，一个黑人（无论他多么不知情）犯了其中任何一项都要处以极刑，而其中只有两项能使一个白人受到同样的惩罚。这不正说明了奴隶是有道德、有理智、有责任的人吗？奴隶具有人性，这也属公认的。事实证明了奴隶的人性：南方的法令条例规定禁止教奴隶读书写字，否则将受到高额罚款和严厉的处置。假如你们能指出有谁曾对在田里耕作的牛马也实施过这样的法律，那么也许我会同意讨论“奴隶是否有人性”。假如街上的小狗、空中的飞鸟、山上的牛羊、海里的游鱼、地上的爬虫都分辨不出奴隶和野兽，那么我会和你们讨论奴隶是不是人！

此时此刻，只要肯定黑色人种同样具备人性就足够了。我们耕耘、种植、收获；我们使用各种工具，建房、修桥、造船；我们利用各种金属——铜、铁、金、银；我们读书、写字、计算；我们当职员、商人、秘书；我们中间有律师、医生、牧师、诗人、作家、编辑、演说家和教师；我们从事其他人所从事的一切活动，在加利福尼亚开金采矿，在太平洋里捕鲸捉鱼，在山坡上放养牛羊；我们生活着、奔忙着、行动着、思考着、计划着；在家中，我们是丈夫、妻子、儿女……最重要的是，我们承认和崇奉基督教的上帝，祈求来世的洪福永生。而在此情况下，还要我们证明我们是人，岂不令人惊讶万分！

难道你们要我证明人有自由的权利，证明人是自身的正当主人吗？你们早已声明如此了。我还须证明奴隶制的邪恶吗？这对共和主义者们还是问题吗？这个问题竟如此复杂，需要推敲其道义原则是否合适，这样深奥难解，以至于要展开逻辑分析和辩论吗？当着美国人的面，我如果在发言中对此问题条分缕析，又核对又实证，又否定又肯定，证明人生来享有自由，那么我会留给你们什么印象呢？这样做会显得荒唐可笑，也是对你们的理解力的不尊敬。在天穹底下，无人不知晓奴隶制对人是不公正的。

将人变为野兽，剥夺他们的自由，使他们劳无所获，使他们对自己与他人的关系一无所知，对他们棍棒交加，用皮鞭抽打他们的肉体，用镣铐锁住他们的四肢，带着狼犬追捕他们，将他们拍卖于集市，让他们妻离子散，敲碎他们的牙齿，燎烙他们的皮肤，用饥饿迫使他们屈从于主人——还用我来证明这一切都是不公正的吗？我还须证明一个血腥污臭的制度是邪恶的吗？不！我拒绝！我的时间和精力要花在更值得做的事情上，而不是用来做此求证。

那么，还剩下什么需要论证的呢？要证明奴隶制不是天意、不是上帝建立的吗？要证明我们的神学博士们是错的吗？这样想，本身就是亵渎。非人道的东西不会是天意而为的！有谁能够以此为题做出论证呢？那些能做到这一点的人也许会这样做，但我不能。现在已不是做此论证的时候了。

此时此刻，需要的是灼热的钢铁，而非令人信服的论证。啊！倘若我有此能力，倘若我能让全美国都听到我的呼声，今天我就会以滚滚巨流之势进行尖刻无情的嘲笑、摧枯拉朽的讽刺、声色俱厉的训斥。因为我们需要的不是光亮，而是火焰；我们需要的不是和风细雨，而是电闪雷鸣。我们需要风暴，需要地震。国家的感情必须激烈，国家的良知必须唤醒，国家的温良必须打破，国家的虚伪必须揭露！它对上帝和人类犯下的罪行必须公之于众，并给以迎头痛击！

你们的7月4日对美国黑奴有何意义？我的回答是：一年之中，没有哪一天比今日更使他们感到自己随时沦为牺牲品的那种巨大的不公平和残忍。对他们来说，你们的庆典是欺人之道，你们鼓吹的自由是放肆的亵渎，你们国家的伟大是虚荣和浮夸的，你们的喜庆欢悦是空虚和无情的，你们对暴君的谴责是厚颜无耻，你们对自由平等的欢呼声是空洞的。你们的祈祷和赞美诗，你们的布道和感恩，加上所有的宗教仪式，仅仅是面对上帝时的装腔作势、虚假欺骗、不虔诚的亵渎和虚伪的做作——在野蛮人都会感到羞耻的罪行上覆盖一层薄薄的纱巾。

此时此刻，世界上还没有任何一个野蛮民族、任何一个其他民族，像美国人那样犯下如此骇人听闻、鲜血淋淋的罪行。

不论你们走到哪里，不论你们在哪里寻觅，哪怕是游遍旧大陆的所有君主国家和专制国家，踏遍整个南美洲，搜集所有残忍的记录，然后把你们的调查结果与美国每天发生的事做个比较，你们就会与我一样得出结论：在令人发指的野蛮和厚颜无耻的伪善方面，美国的确是举世无双。

1859年10月16日，约翰·布朗和他的24个同事在弗吉尼亚西部的哈珀渡口夺取了兵工厂，希望能利用里面的大量弹药武力结束奴隶制。结果被捕，他们被带到查尔斯镇附近的法庭。

法庭宣布布朗的叛国罪成立。在行刑前的一个月，约翰·布朗在弗吉尼亚法庭上演讲，为自己在哈珀渡口的行动辩护。

亨利·戴维·梭罗，虽然他本人并不赞成使用暴力，但是赞扬了约翰·布朗。当这名热情的传教士被判死刑时，拉尔夫·沃尔多·爱默生说道："他让绞刑架如十字架一般神圣。"

约翰·布朗：《约翰·布朗最后的演讲》（1859）①

如果法庭允许，我有几句话要说。

首先，我只承认自己在解放奴隶计划中的作用，其他的一切指控我都否认。我确实想做这正义之事，正如去年冬天我所做的那样。当时，我来到密苏里，不用持枪护行就带走了奴隶，穿过美国领土，最后将他们安置在加拿大。我计划再进行一次更大规模的这类行动。这就是我的全部打算。我从未图谋杀人、叛国、毁坏私人财产、煽动奴隶造反或发起暴动。

我还要提另一个抗议，那便是我受到这样的判决是不公正的。我在法庭上所承认的事实，已经得到充分的证明（我钦佩在这个案件中做证的多数证人的诚实和正直）。假如我代表富人、权贵、智者和所谓大人物的利益，或者是他们的任何亲朋好友——无论是其父母、兄弟、姐妹、妻子还是儿女，还是其所属阶级的任何人的利益，并因而蒙受现在这样的痛苦，甚至牺牲自己，那一切都会相反，法庭上的每一个人都会认为我的行动应当得到奖赏，而不是处罚。

我想，法庭承认上帝的法规的公正性。我看到你们亲吻一本书，我想那大概是《圣经》，或者至少也是《新约全书》吧。它教导我说："要别人怎样待你，你就要怎样待别人。"还教导我不要忘记身陷囹圄的人，就如同自己与他们囚禁在一起。我曾努力遵循这个教诲。我认为我还太年轻，不懂得上帝竟也会偏袒人。我一直坦率承认我为上帝鄙视的穷苦难民所做的工作并没有错，而是完全正确的。如果为了伸张正义而必须献出我的生命，

① 本次演讲的日期是1859年11月2日。

必须使我的鲜血和我子女的鲜血与这个蓄奴国家中被邪恶、残暴、不公正的法规剥夺了权利的千百万人的鲜血混流在一起，那我在所不惜！

让我再说几句。

我对在审判中所受到的处置完全满意。考虑到各种因素，这已比我所期望的要宽大多了。然而我依然无法认罪。一开始我就声明我的意图是什么，我从未计划过要限制任何人的自由，也不曾打算谋反，煽动奴隶造反或举行总暴动。我从来没有鼓动过任何人去这样做，相反，我一直在制止这类念头。

我还要再说几句。

这涉及与我有关的人的陈述。我听到他们当中有人说，是我引诱他们与我联合的，但事实恰恰相反。我说这话并不是要伤害他们，而是为他们的弱点深感遗憾。与我合作的每一个人都是自愿的，而且大部分人是自己掏钱。他们当中的许多人来找我之前，我从未见过他们，也从未和他们说过一句话，他们是为了我所声明过的目的而来的。

现在，我的话说完了。

17 个白人和 5 个黑人参与了约翰·布朗的哈珀渡口袭击计划。

奥斯本·P. 爱德森是唯一幸存的黑人，他写下这一事件的真相。下面这篇文章是他对袭击计划的叙述。

奥斯本·P. 爱德森：《哈珀渡口传来的声音》(1861)

在由奴隶主及其追随者对哈珀渡口冲突的各种截然不同的报道中，没有比这些有关奴隶的报道更不真实的了。似乎有一个蓄意的企图让人相信奴隶是懦弱的，与其让他们获得自由，还不如让其继续跟着弗吉尼亚的奴隶主。作为一个深刻了解有色人种的人，我想为他们承受的所有苦难辩诉。他们被指控是不可靠的人。

事件爆发的那个晚上，我们参观完种植园，并告诉奴隶们，我们来解决他们的问题，他们表现出极大的热情——人人脸上洋溢着喜悦。一个老母亲，已经年迈，白发苍苍，承担了许多年的债务，当我们告诉她我们来此地的目的时，她回答说：“上帝保佑您！上帝保佑您！”接着，她亲吻了围在她房子边的人，要求所有的人跪下，我们照做了，她向上帝祈祷，祈求我们能成功。

在奴隶们的住处，一派过节的喜庆气氛，他们不用强迫或哄骗就大胆地向前走。只有一人显得十分犹豫，一个黑皮肤的自由民拒绝拿起武器，他对这次行动没有信心。事实上，据我所知，南方的自由黑人比奴隶更不可靠，必须十分提防。在华盛顿市，有一群自由的有色人种主动向市长提出要帮助我们。他们跟随我们来到渡口，一些人负责帮忙拿东西，其他人包围发动机房，在队长布朗的命令下，充当护卫，看守囚犯，以防他们逃跑。

美国独立战争中，第一个流血的是黑人克雷斯布斯·阿塔克斯，在哈珀河渡口第一个流血的也是我们黑人。在美利坚合众国的军队到达之后，双方开始交火，桥上还没有大量的军队，一个奴隶被击中了。我看见他跌倒了……卡希他们被迫改走河道，但在石滩上被枪击，很多人死了，其中就有奴隶。被击中后，他们跌入水中而死。就在周一的早晨，布朗上尉还对我说，他对奴隶的行为有一点失望，但现在他惊喜地看到奴隶们为了自由而自愿去战斗。他本以为 9 个人中间不会有一个愿意去战斗。哈珀渡口事件的真相就是主要由奴隶参与，其他有色人种协助。首先，奴隶是这个脆弱仓促的行动得以进行的关键，反抗的时机总会到来；其次，有色人种作为一个整体，无论是力量还是数量，都不比白人逊色。

第一份报告中说，被杀的“暴动者”有 17 人，其中有一些奴隶。肯尼迪农场有 9 个人在渡口丧生：其中 7 个是白人——约翰·亨利·卡吉、杰里·安德森、沃森·布朗、斯图尔特·泰勒、阿道弗斯·汤普森、威廉·汤普森、威廉·利曼，另外 2 个是有色人种——丹杰菲尔德·纽比和谢拉德·路易斯·利里。报告中其余的死者，根据肤色来看也都是有色人种。17 个人跟着布朗队长，还有 4 个人被押解到查尔斯镇，其中 2 个白人——A.D. 史蒂芬和埃德温·卡皮科，2 个有色人种——约翰·A. 科普兰和希尔兹·格林。不难看出，相当一部分有色人种在渡口被杀死或是在查尔斯镇被处决。最后有 4 个白人和 1 个有色人种逃脱了奴隶制爪牙的所有追捕，我就是那个唯一逃离农场的有色人种。

几百个奴隶准备加入，布朗上尉的同情如果没有唤起囚犯家人的赞同，那么结果将大不相同。在军队到来之前，他和他的人有大把机会可以离开。

但是，奴隶主是那样胆怯——其中路易斯·华盛顿上校是国父乔治·华盛顿将军的后代——他们轻易就成了阶下囚，因为他们没有作战的勇气。他们为了不受到伤害，建议和谈，甚至不惜落泪以博同情，免受惩罚。

奴隶的行为值得颂扬。我们的老布朗并非铁石心肠，能对俘虏的苦苦哀求无动于衷，对他们的家庭毫不怜悯，但如果他下了狠心，就不会理会那些人的话和自己对朋友与家人的私心，坚持最初的计划，离开渡口去解放更多的奴隶——许许多多的人将武装起来响应布朗。如果事情是那样，历史将被改写。历史学家会记下，约翰·布朗不但占领了哈珀渡口20个小时，而且控制了整个矿产和铁路，实实在在地将奴隶制从自由世界驱赶了出去。

自由黑人、著名的北方军非裔美国人军官的儿子——马丁·德拉尼在南卡罗来纳州圣赫勒拿岛对几百人发表演讲，讲了关于《解放宣言》颁布后反对奴隶制、争取自由的抗争。德拉尼在内战后受雇于自由人办事处，但办事处担心他的政治活动，派爱德华·M.斯德博中尉听取他在圣赫勒拿岛布里克教堂中所做的演讲。

斯德博的记录是该演讲现存的唯一文本。斯德博写道，“聚会者情绪高涨”，“演讲的一些话还得到了大家的喝彩”。事后，聚会者告诉斯德博中尉，他们要摆脱美国佬雇主，德拉尼是唯一告诉他们真理的人。

马丁·德拉尼给前奴隶的建议（1865）

宣布让南方奴隶获得自由只是政府的暂时政策，因为他们知道南方的整个力量都掌握在奴隶手中。

然而，我希望你们明白，如果我们不拿起武器为我们的独立而战，我们就不可能得到真正的自由。

如果我是个奴隶，我将是最难对付的奴隶，因为任何威胁和惩罚都不能征服我。无论生死，我都要奋争到底，拿着火把和刀剑到他们中间厮杀。我知道你们一直很好，只是太好了。我的一个朋友告诉我，当一个奴隶被安排到农场工作，他会静静地躺下，密切注意着，一有监督员到来，就立即假装在辛苦地劳作。他向我坦承，他从来没有为他的主人做过一天完整的工作。他是对的，我也会那样做，你们都应该那样做。

有人会说："你是在偷懒！""你没有足够的智力，只能让监督者看着或赶着你工作。"我说这是一个谎言，亵渎的谎言，我会证明的。

我现在要告诉你们，你们的价值。大家都知道克里斯多夫·哥伦布1492年在这里登陆。他们来到这里的目的只是为了挖金子，寻找珍贵的珍珠、钻石和其他各种宝石，只为了"西班牙和葡萄牙的贵族"将胸针别在胸前，戴上耳环，戴上手链。他们发现了这里，压迫印第安人为他们工作，当他们的奴隶。但他们发现，印第安人因无法承受繁重的工作，很快就死掉了。于是，他们带来了一些黑人，让他们工作，他们无法忍受，但白人说自己的种族优于他们。

可怜的黑人所做的工作十分有利可图。1502年，查尔斯五世批准每年向美洲输入4000名黑人。贩卖黑人的利润实在可观，以至于后来连英格兰的伊丽莎白女王和詹姆士二世都参与了奴隶贸易，为政府积累了巨大的财富，所以你们一直都是他们获得财富的手段。

我告诉你们（我告诉过伦敦的地理学院），我已经走遍非洲（我出生在那里），那里的人都是种植高手，我们的弟兄出去时随身携带尽可能多的种子，到哪儿都要播下种子，或者与他们的弟兄们交换。

所以，你们应该知道，你们所有的香料、棉花、水稻和咖啡都是从我们的弟兄们的土地上收获的。

你们的主人派监工督促你们辛勤工作，他们随心所欲地惩罚和鞭打你们，而他们住在北部的一些城镇，或在欧洲，挥霍你们为他们挣得的财富。他们一生中没有挣过一美元。男人们、女人们，我身边的所有人，为你们的主人挣了成千上万美元。你们是主人的挣钱工具，让他们过着理想而不光彩的生活，给他们的孩子们提供接受教育的机会。这些，他们都不会告诉你们，怕你们有想法。我环顾四周，我告诉你们，这个岛上和博福特的所有房子，我看着都很眼熟，因为这些跟我在非洲看见的一模一样。这些房子都是黑人建造的，一眼就能看出来。

我告诉你们，他们教不了你们什么，因为他们没有创造的智慧。至少我指的是南方人。哦，扬基人是很聪明的。现在听我说了这么多，你们告诉我，你们还是一文不值吗？还是他们所想的那样，上帝创造你们是为了接受诅咒，将你们当作奴隶使唤吗？他们还是不把你们当作真正的人对待吗？虽然我说过扬基人很聪明，但他们也有好人和坏人之分。好人会非常好，坏人会非常坏，而且坏人是非常糟糕的，甚至比你们的主人还要坏。就是那些扬基人受雇当监工的。

不要相信学校的教师、使者、部长和代理人，因为他们从来不会告诉你们真相。我要特别提醒你们，小心那些棉花代理商，他们口蜜腹剑，只是想利用你们的善良来牟利。

如果有人来找你，想干涉你的事，就把他带到你更开明的兄弟那里，他会帮你问他是谁，来找你干什么，等等。

除了政府派来的代理商，其他的通通不要相信。我是美国政府的官员，受命来援助萨克斯顿将军，他最近被任命为南卡罗来纳州的司令助理。（爱德华·A.）维尔德将军则受命为佐治亚州的司令助理。

（塞尔蒙·P.）蔡丝大法官到这里来跟你们说话，有些纽约的报纸却恶意地报道，他的目的只是想让你们选他当总统。我没有这样的野心，我告诉他们，白人、黑人都能当总统。我不在乎人家怎么说，也许他们非要那么认为不可。虽然他们威胁我或让我坐牢，但是我不怕，没有什么势力可以阻止我告诉你们真相。我在查尔斯也是这样说的，那里是流氓的温床，但你们的老船长——我，没有恐惧或不情愿。

现在，我要谈谈我来看你们的主要目的了。整个南方一如既往地依赖你们，而现在整个国家都将依赖你们。我给你们一个建议，告诉你们如何做：建立一个社区，尽可能多地得到土地，如果不行，哪怕一点儿也可以。

尽可能多地种蔬菜，你们的家人都需要食物。在其他土地上种植水稻和棉花。比如说 1 英亩种植 90 美元的棉花，那么 10 英亩的土地每年就有 900 美元了。如果你们个人不能获得土地，那整个社区一定可以，然后再平分利润。以种植烟草为例（弗吉尼亚州的广大地方都种植烟草），在都柏林和利物浦有整个地区就以烟草的恶名来命名的，所以你就能知道你们付出的劳动给你们的主人带来多大的价值。现在你们明白了，我希望你们能成为这个国家的生产者。明智的政府就会让你们这么做。我会派几个朋友到你们那里，指导你们如何进一步实现我们的愿望。你们如果坚持按照我们的想法去做，就会变得富裕和强大。

环顾四周，我发现了一个男人，他光着脚，浑身污垢，衣衫褴褛。现在我要问：这个人是做什么的？他替谁工作？我听到有人回答说，他每天给农民工作得到 30 美分。我告诉你们，不能这样。这将重新回到奴隶制的诅咒中。我不能坐视不管，政府也不会坐视不管。政府应该知道这件事。

我会告诉政府的。

我告诉你们，奴隶制已经结束了，不会再有了！我们现在有 20 万人在军队训练，准备上战场。我告诉你们，不会再有奴隶制了，只要你们决心废除奴隶制。

现在你们去工作，我很快会再与你们见面的。我会让其他朋友来告诉你们怎么开始。

你们的田地适合耕种，当我穿过田野时，看见一块土地被照料得很好，我从植物的样子就能看出，这肯定是自由黑人种的。当我看见土地里的植物稀疏，也没有被好好照看，那我就知道这是奴隶主让他的奴隶种的。

帮助组织美国第一支有色人种军队后，亨利·麦克尼尔·特纳成了军队的专职教士，成了亚特兰大州制宪会议的代表，并于 1868 年当选为佐治亚州立法机关的代表。然而不久，他就成了 24 个因黑人的“罪”被开除的立法者中的一个。下面，是他为立法者同胞反抗开除的演讲。

亨利·麦克尼尔·特纳：《有色人种获得佐治亚州立法机关席位的资格》（1868）

在开始讨论这件事的内在价值前，我想请议会的成员们明白我的立场。我认为我是这个团体的成员。因此，主席先生，我既不会对任何一方摇尾乞怜，也不会屈尊乞求他们给我应得的权利。我的一些有色人种同胞，他们一有机会就恳求对方的怜悯，甚至称颂他们的宽宏。先生，这让我想起很多奴隶在鞭打下求情的样子。我在这里要求我的权利，谁要是敢践踏我生为人的权利，我就让他承受我的雷霆之怒。有一句古老的格言：“用怒火打败大恶魔！”我就要在这种情况下遵守这一规则。我希望先生们能明白，我只不过是用自己的武器与他们战斗。

现在议会上的情景是世界历史上独一无二的。从今天开始，回到上帝吹了口气变成亚当的那天，他们都没有为之道歉。在世界历史上，没有一个人站在立法、司法或行政职能的机构里被提审，被控告身体的颜色比他的同胞较暗。我知道，这个问题已经在这个国家和其他国家的法院出现过，涉及的话题与今日所讨论的话题有相似性。可是，先生，在这个世界伟大民族的全部历史中，从来没有一个人被提审，这些被控告的罪行其实是上帝犯下的。有人因为犯重罪或轻罪而被剥夺权利的案例是有的，但在 19 世纪中期的佐治亚州，将一个人传上法庭，然后指控他犯了其实跟他无关的罪行却寥寥无几。先生，盎格鲁－撒克逊民族是最奇特的民族。在过去的三周里，没有人比他们更会欺骗人。我不知道，竟然有一个民族能这样怯懦。这个民族的绅士们的背叛动摇了我的信心，这比什么都重要。

争议的焦点是什么？先生，为什么今天是讨论和审议判决呢？今天，没有一个基路伯坐在上帝永恒的宝座旁颤抖，这是由最高法院自己发出的命令，在这里判决我是否有做人的资格。不管那些人怎么看待这个问题，也许他们更多的是漠不关心，但我要告诉你，先生，这个问题今天是解决不了的。本次活动后人会记住的，如同太阳每日都会东升西落。

这是谁的立法机关？是白人的立法机关，还是黑人的立法机关呢？是谁在制宪会议上投票？是谁要服从美国国会的决议呢？是谁首先同意重建的标准？是谁保证佐治亚州的忠诚？这个州的山谷里回荡的是谁的声音？那是全副武装的黑人与为数不多的有良心的来援助我们的白人的声音。先生，我要求说服成百上千的白人，啊不，成千上万的白人，美国国会的措施才是最安全和最好的，最有利于国家的利益的。

今天，立法机关中有人准备往我脸上泼毒药，可是他们却利用自己的权势违反宪法。他们质疑我成为这个机关一员的权利——代表推选我的那些有合法选举权的人。先生，这是可耻的专政。他们冲到我的家里，挟持我的老婆孩子，命令我出去。让我以罪犯的身份站在法庭上……有人告诉我，黑人想要说话，就要用白人的喇叭说；黑人想要表达自己的情感，就要被奸污，然后由白人传话。如果不遵守这些规定，那么他们选区的代表就会被剥夺权利。

先生，一个很重要的问题：我是一个人吗？如果我是一个人，那我就有权要求一个人的权利。我不是一个人，是因为我的肤色比我身边可敬的绅士们暗沉吗？

发言人先生，我并不认为这行动是攻击我的，而是攻击《圣经》的，是攻击上帝的，因为他创造了人，却没有弄完整。先生，虽然我们不是白人，但我们也做了很多贡献，我们也为美国的文明奋战，我们也是国家的建立者，我们在你们的田里劳作，给你们带来丰收，已经整整250年了！我们向你们要求过回报吗？我们为你们辛勤工作，却被你们伤害作践，我们要求你们安慰过吗？我们报复过吗？没有！我们只是将被你们杀害的人埋葬好，但我们现在要求你们给我们权利。

你们完全有高人一等的优势，我们和我们的钱财都是你们的，我们的土地也是你们的。在弗吉尼亚州的我们，没有钱财，没有受过教育，没有帮助，没有安身之所，死后也没有足够的土地将我们埋葬！你们当然是不同的，你们有大炮、荣誉，受过教育，天生就高人一等，你们和你们的后代都住在《圣经》提到的地方，那里有正义的法庭。你们就有这样的优势，向手无寸铁的可怜的黑人发动战争。

第十章
南北内战和阶级矛盾

关于内战的历史记载都是围绕南北军力的交锋展开的，战争中有60万人死亡（在今天，相当于300多万人），与此同时，一些重要的问题被忽视了，双方都有贫富矛盾。

在北方，随着工业体系的兴起，在工厂苦干的男男女女因为艰苦的生活开始反抗雇主。战争的到来缓解了这一矛盾，却没有消除这种矛盾。战争期间，全国各地都发生了罢工。战争本身就是阶级矛盾的升级。因为富人支付300美元就能躲过征兵，而穷人无论在什么战争中，都会死。纽约和其他地方的穷人都将矛头对准了富人，还有黑人，他们把这场战争全归罪于黑人。

在南方，只有一小部分白人是奴隶主，而许多贫困的白人也被说服相信维持奴隶制才有未来。一些白人主动参军，一些被征召。但随着战争的发展，南方军内部的叛逃越来越多。在家里，南方的妇女看着自己的丈夫、儿子在战场上受罪、死亡，而农场主不种粮食，却种棉花，因为棉花更有利可图。

因此，虽然南北方都要求团结抗争，但是阶级矛盾仍不消停。团结只是表面的，是政府宣扬、军队执行的。北方的工人一旦罢工，就会被士兵攻击。印第安人被美国军队屠杀。胆敢批评林肯政策的人不经审判直接关押，大约有 3 万名政治犯遭此厄运。

这是经典的情况，要求全国人民团结一致对敌，但事实上，国家已经形成鲜明的贫富两极分化。战争一结束，贫富分化将更强烈地表现出来。

下面是一个冷静的观察者对北方动乱的记录，描述了 6000 名纽约人在内战前的行动，他们攻击当地囤积居奇、哄抬物价的面粉商。

一个目击者记录纽约面粉暴乱事件（1837）

有一些发言人直接用最令人兴奋的方式，痛斥地主和面粉商的租金和定价太高。其中一个演说家在听众热情高涨后，明确鼓动对哈特先生的复仇。哈特先生是最大的面粉经销商。“公民同胞们！”他高呼，“哈特先生的店里现在有 53000 桶面粉，我们给他 8 美元一桶，如果他拒绝的话……”就在这时，有人拍了拍演说家的肩膀，他突然降低了声音，然后接着说，“我们就和平地离开那里。”

这样的暗示很明显，庞大的人群开始朝哈特先生商店的方向走去，这家商店在华盛顿戴伊和科特兰街道之间，是一处非常大的红砖建筑，临街有三扇宽大的铁门。得知人群过来了，店里的伙计赶紧关紧门窗，但中间的大门还没来得及关好，就有二三十桶面粉滚到了路边，有人冲了进来。这时，哈特先生带着一队警员过来了。这些警员在戴伊街头被一部分“暴徒”攻击，他们的手杖被夺走，弄得粉碎。“暴徒”的人数不是很多，警员成功地进入商店，并在短时间内中断了他们的破坏。

接着，市长来到骚乱现场，并试图劝谏发狂的众人停止自己的行为，但没有人听。“暴徒”的人数迅速增加，市长阁下本人也受到手里拿着不同武器的人的攻击。在汹涌的愤怒中，他被迫退了出去。“暴徒”的庞大援军到了，警员被迫从现场离开，商店遭到攻击。整个铁门从门框脱落，众人一下子涌了进去，门窗全部都被撬开。他们又开始了破坏……

一桶桶的面粉被人从门里往街道上扔，从窗户中接连不断地扔出去。与面粉一起扔出去的还有小麦，成百桶地往大街上扔。大约有一千蒲式耳的小麦、四五百桶的面粉被这样肆无忌惮、愚蠢地、邪恶地销毁了。其中，最活跃的破坏分子是外国人。事实上，攻击者大部分是外国出生的，还有一群人站在一边教唆他们。

一些女人也参与了销毁一桶桶面粉和一袋袋小麦的行动。一个名叫詹姆斯·罗奇的男孩，有人看见他在窗台上，将面粉一桶一桶地投掷到街上，扔一桶就喊一次：“这里有 8 美元一桶的面粉卖啰！”早在这次攻击前，就有人闯入哈特先生的账房，他的书和文件全散落在地上。那里也许是他最大的损失。

夜幕降临了，但毁灭工作并没有停止，直到强壮的警察赶到。随后，是士兵分队。店里由法官朗兹和布拉德古德清除，几个“暴徒”被捕。在前往监狱的途中，法官和他的助手受到了攻击，他的衣服从后背被撕裂，几个囚犯被救走。但是，后来又被抓获。

在哈特店一案诉讼结束前，有人大喊：“米奇！米奇！”那时“暴徒”支队穿过 CoentiesSlip，去攻击米奇公司。窗户是最先被打碎的，门也随即破开。二三十桶面粉被一桶桶地扔到了路边，十几个人拱了进去。

这次攻击的“暴徒”人数相对较少，他们很快就离开了。一种说法是，可能是听说警察要来了；另一种说法是，只要停止捣乱工作，店主保证将剩下的面粉全部送给穷人。但也可能是，军官们迅速到达现场，将这帮乌合之众打散，有三四十人被捕……

内战期间，南方出现了各种形式的社会不满，包括南方军内部的士兵叛逃，穷苦白人对南方种植园园主以及南方政体的仇视。南方在内战前很早就有了一些阶级意识。1857 年，作家欣顿·罗恩·黑尔珀就清楚地有所表达，他的著作《迫在眉睫的南方危机》在南方被列为禁书。

欣顿·罗恩·黑尔珀：《迫在眉睫的南方危机》（1857）

在南方生活了整整 27 年的我们，熟悉寡头的煽动性花招。他们的阴谋和骗术对我们来说如同家常便饭，可能这个世界会被更加会奉承、更加会骗人的政府洗劫一空。看着他们努力地胡说八道，神化和妨碍自由的神圣原则，还把诅咒奴隶主说成是一种祝福，这是多么有趣的无知啊！令人难以置信，简直是在侮辱人的智商。

他们向不识字的贫穷白人——奴隶制造成的贫穷和无知者胡说什么“奴隶制是自由的堡垒”，“是美国独立的基础思想”！日复一日，他们不停地阐述这个伟大、自由和独立的国家难以形容的盛景和优越，最后，用最奢侈的手势和华丽的辞藻总结他们的无厘头狂言，将一切荣耀——从缅因州到得克萨斯州、从佐治亚州到加州，都归功于所谓的“南方宝贵的制度”！

领主不仅是黑人唯一的绝对的主人，同时也是所有非蓄奴白人的发言人和仲裁者。绝大多数南方人知道国际的实际情况，都为“贫穷的白人垃圾”的低下地位感到悲哀和吃惊。事实是，他们连公共措施都不知道，除非他们专横的主人屈尊告诉他们。这种机会很少，很宝贵。除了在公共场合大声训斥之外，高傲的骑士是不会不顾身份跟无权无势的人进行私下交谈的。

一个奴隶主如果有兴致与人交谈，贫穷的白人会战战兢兢地听着，一言不发。他们必须像不会说话的牲畜一样，充满敬畏地站在他们威严的主人面前，否则就会被严厉斥责。他们的思想必须永远隐藏起来，任何反对奴隶制的思想表达必须隐藏起来。无论他们是否愿意，他们都注定生活在这个社区，所以他们有责任成为英雄、烈士或流亡者。他们可能渴求知识，但他们当中没有摩西能带领他们走出何烈山[①]。非奴隶主不仅一直都不知道北方的情况，连南方的情况都无从得知。广大的贫困阶层的人，生活在同

① 何烈山：又称摩西山，是基督教圣山，位于西奈半岛。据《圣经》记载，摩西带领以色列人逃出埃及，过红海，到达西奈半岛。在何烈山上，上帝显灵，赐给摩西“十诫”。

一个国家，竟能遭到如此卑鄙而巧妙的欺骗、这样惨无人道的迫害。

无论奴隶主说什么，愚蠢和盲从的群众——奴隶制的受害者都会相信。一般说来，他们确实都相信。他们都被哄骗，相信自己是世界上最自由、最幸福、最聪明的人，并且被教导对一切新原则和进步运动应当抱有偏见和非难，这就不可避免地造成了南方陷入无知和落后的惨境。

我们已经明确表示，南方普遍认为，自由州不事生产，他们依赖我们提供的面包原料和其他供应物资生活。到目前为止，谷物、水果、蔬菜和可食用的根茎，都靠我们提供。我们的想法彻底错了，我们在其他方面的想法也同样错了，离真相太远。我们可以证明，我们打算证明，从我们掌握的事实来看，自由州的干草作物比15个蓄奴州所有的棉花、烟草、水稻、干草和大麻的价格要高得多。这一说法可能让我们的一些读者惊得大笑，其他人也会觉得不可思议。但这是事实，我们很快就能证实。一个自由州生产的干草数量是所有蓄奴州的3倍。俄亥俄州生产的物资的吨数高于所有南部和西南部的州，宾夕法尼亚州也是如此。佛蒙特州虽然很小、很不起眼，但产量也很高。看看这些事实，让你亲眼看看这些事实。

然而，蓄奴的寡头会让我们相信，农业不是自由州主要的、最有利可图的产业，那里的土壤很贫瘠。我们北方的兄弟的优势在于财富、人口、对内和对外贸易、制造业、机械使用、科学发明、文学、艺术和科学，但是，他们的生活必需品都要依赖于我们的供应。

在寄给佐治亚州哥伦布《每日太阳报》编辑的这封信中，一位不具名的工人反对敌对报纸《问询报》的社论。这封信展现了联邦内部工人的阶级意识，还有贫民在战争后应得到的报酬没有兑现引起的愤怒。

“工人”（无名氏）：《按级投票》（1863）

《每日太阳报》的编辑：

周五晚上，我注意到《问询报》一篇文章，尖锐地抱怨按级投票，指责两大阶级都被排除在外，但他主要针对的是技工和普通工人。他说：“这个城市根本没有任何对立的理由。”在这点上，《问询报》搞错了，因为任何男人、女人和小孩都能看出，人被划分成两大阶级。举个例子，第一阶级，他们渴望收益，信奉财神，尽可能将钱都花在自己身上。他们已经丧失了人性、爱国主义和所有的美德。他们似乎已经忘记了他们积累的财富是以血的代价换来的，除非这种狂热熄灭，否则他们连自由都会牺牲掉。

我们知道军队的一些情绪，士兵知道他们虽然在战前得到许诺，但是他们无助的家庭还是没有得到照顾。他们知道，我们的货币贬值是国内的敌人的花招，那么，他们为什么要这么辛辛苦苦地保护这些呢？他们也知道，他们每天不在家中，情况越来越糟，战争临近结束，绝大多数的士兵将无法生活。事实上，很多人现在穷困潦倒了，为了家人的生计，他们的住宅和其他东西均落入投机者和勒索者的手中。所以我们可以看到，南方所有的资金，无论是金钱还是财物，都落入第一阶级手中。你可以很容易地看出谁属于第二阶级。士兵、技工和普通工人，不论是哥伦布的，还是南部联邦的。鉴于这些事实，难道我们不应该察觉到危机感，开始用最温和的方式进行自卫，并努力摆脱这种比英国对其贫苦农民更加残酷的束缚方式吗？然后，为了避免大灾难，我们应有权选出最能代表我们权利的人进入国家议会。如果这一要求行不通，我们就必须再尝试更有效的补救措施。

《问询报》不知道我们所抱怨的罪恶、我们异化的原因，我将简要列举其中的一些，我们认为这些都是一目了然的。

首先，一直以来，劳工的定价都没有征求技工和普通工人的同意，而生活必需品的生产者和投机者都在最大限度地榨取剩余价值，只剩下不到15%的利润给劳工大众。

让我们来比较这几个数据，你就可以发现，我们有正当理由进行投诉。我过去一天工作所得是75磅的面粉，而现在呢？我过去一天工作所得是25磅腊肉，而现在呢？只有2磅。我过去一天工作所得是50磅牛肉，而现在呢？只有6磅。我过去一天工作所得是8蒲式耳红薯，而现在呢？一个都没有。所有家庭所需用品都以同样的比例下降。所以，《问询报》又搞错了。当它说“劳动是独立的资本，始终要求有利的价格”时，不知道它是否能够在目前的物价水平下，用每日3美元的工资养活自己？

但是，技工和普通工人起码还能勉强维持生命，他们的情况比穷苦士兵好多了。士兵们为富人打仗，他们过着艰辛的生活，他们清楚地知道自己的家人在家里也是苦不堪言，许多难民没有遮风挡雨的地方，在一个陌生的地方被鄙视、迫害和侮辱。因为无情的敌人迫使他们流亡，因为她们的丈夫、兄弟和家里的顶梁柱都投身于自由的崇高事业。不过，他们有时会牺牲荣誉，得到教会和国家高位者的援助。《问询报》提到了平等权利，但是第一阶级剥夺了我们的这项权利，通过财产资格的教义，或剥夺公民权。而平等权已经逐步地（秘密地）进入了富人圈，我个人就听到这个圈子在大力提倡所谓的平等权。

内战期间的征兵引起北方普遍的仇恨，导致了1863年的一些暴力反抗，特别是在纽约。在纽约，许多爱尔兰移民指出一个事实，富人可以花钱免除征兵。

1863年7月13日，一些反对征兵者烧毁了纽约市政厅征兵办公室，还进行了为期四天的暴力行动。

在下面的记录中，历史学家乔尔·泰勒·黑德利表达了自己对北方反征兵者发自内心的同情，也显示出自己对翻天覆地的大变革的惧怕。

乔尔·泰勒·黑德利：《纽约大暴动》（1863）

一大早，他们就分成几群人聚集到这里，似乎是事先做好的安排，然后悄悄地通过不同的街道往北而去。女人也跟着人群往北走。他们分成了几个帮派，显然要将所有的街道都一网打尽。他们走访了工厂和车间，工人们受到鼓舞，纷纷歇工，加入他们的行列。业主们如果提出异议，他们就威胁要破坏他们的财产。一队队人马都手持棍棒等能拿上手的武器。他们一路向北，显然在北方早已选定了一个会合点。这个地点就是中央公园附近的一块空地，很快人涌入了这个地方，完全想象不出比这更狂野、更野蛮、更混杂的一大群人了。短暂协商后，他们再次确定行军路线，分成两队，分别走向第五大道和第六大道，直到他们到达第四十六街和第四十七街，再向正东方向行进。

一支衣衫褴褛、人流混杂的武装军队喧闹地走向第三大道。经过哈林和纽黑文铁路时，他们拆除电线杆，惹恼了建筑物周围的警队。驻扎在那里维持秩序的小警队的警员们一脸茫然，感觉自己无力对抗这么多人。不久，一块石头扔进了窗户，这是进攻的信号。前头的人先冲进去，后头的人破口大骂，开始破坏家具。隔壁房间里的军官大惊失色，仓促地从后门逃走了。暴民疯狂破坏，什么书籍、文件通通撕毁，扔得到处都是。一旁的安全箱里应该有重要的文件，他们用棍棒和石头砸都没砸开。恼羞成怒之下，他们放火烧毁了建筑物，便匆匆离开了。

烟雾开始上升，围观群众发出了响亮的欢呼声。虽然建筑的上层住的都是居民，但暴徒认为官员就藏匿在那里，朝着窗户扔石头和砖块，使得居民人心惶惶。

副宪兵司令范德普尔混在人群当中，鼓起勇气走向前，试图安抚暴民，告诉他们文件全被毁了，恳求他们离开，让人帮建筑里的居民逃生。暴徒的答复是给了他重重的一拳。范德普尔遭到暴徒的连番攻击，他猛地将人推开，穿过人群，冲到警察那边，而警察面对群情激昂的一大帮人完全束手无策。

与此同时，火势迅速蔓延到毗邻的建筑物。浓烟形成柱状，滚滚飘向上空。火焰的“噼啪”声和“轰隆”声一时间震住了暴徒，他们静静地望着比他们更为可怕的大火肆虐。

这时，警长（约翰·A.）肯尼迪悄悄地来到宪兵司令处詹金斯的办公室。走近时，他发现了大火，就在第四十六街和列克星敦大街的拐角处下车，徒步走向第三大道。街道上挤满了人，他们对着大火安静有序地站着。当他从容地向火场走去时，他听到有人呼喊：“肯尼迪在那儿！”“在哪儿？”第二人问道，有人指给他看。

肯尼迪穿着普通人的衣服，以为他们只是好奇才注意他，他继续前行，突然有人用力地推了他。肯尼迪转过头，看见一个穿着士兵旧制服的男人，这人严厉地告诉他：“是我推的。”他话还没说完，就迎面给了肯尼迪一拳。瞬间，人群将肯尼迪团团围住，对他连番拳打脚踢，直到他倒地不起。人群发出欢呼声，又涌向他。肯尼迪当即跳起来，往第四十七街跑去，甩开追赶的人。但是，当肯尼迪跑到第四十七街，企图登上大堤时，另一群人看见有人追他，便在前面堵截了他。他还在流血，惊呆之余，只能拼命逃跑，唯有这样才能保住性命。但是人群将他前后堵住。一个大块头拿着一根大木棒想要砸开他的脑袋，他躲开了。他专心地护住头，让他们攻击他的身躯，只做垂死挣扎。他听见人群破口大骂，他知道他们是要他的命。

在围追堵截中，人群慢慢移到了列克星敦大街，那里有一个宽大的泥洞。“淹死他！淹死他”的声音从四面八方传来，接着一个迎头痛击，他一头栽进了水中。

肯尼迪的脸摔在石头上，他被拳打脚踢，直到变成一团血泥。他仍在苦苦挣扎，设法重新站起来，直冲到池塘中间。水很深，暴徒不想被弄湿，就没有再跟着他，但跑着绕到另一边，等他从那里出来。但是，肯尼迪在他们前头上了岸，逃到了列克星敦大街。他看见一个认识的人，叫了一声："约翰·伊根，快来救救我！"伊根先生是附近一带有名、有影响力的居民，立即冲上前去帮助他，并制止了追来的人。但是这位警长伤痕累累、血肉模糊，伊根没认出他。然而，伊根成功地制止了暴徒，因为他们看到肯尼迪的情况很不妙，可能活不成了。有些人挺身而出，把肯尼迪护送进车里，开到警察总部。

当时，阿克顿就站在街上，看着血肉模糊的一团，做梦也没想到他是谁。司机问阿克顿要带他去哪儿，阿克顿漫不经心地回答："警察局吧！"司机犹豫了一下，再次询问："去哪儿？"阿克顿以为这人是酒鬼，跟人冲突被打成这样，就随意地答道："送去警察局。"这人随后告诉他这是肯尼迪。阿克顿凑近仔细看了又看，这伤情严重的人还真是警长。当警官围着还在流血、几乎失去知觉的人时，有人发出愤怒的声音，一副山雨欲来风满楼的架势。

1863 年 6 月，弗吉尼亚里奇蒙发生了面包暴动。那年夏天，南方各个城市都发生了反征兵的暴乱。9 月，亚拉巴马州莫比亚又爆发了一次面包暴动。乔治·李·塔特姆在其研究著作《南方军的叛变》中写道："在战争结束前，各个州都存在着不满情绪，许多叛变者联合起来，一些州还形成了组织良好、活跃的社团。"

不仅士兵反抗了，连妇女也反抗了，她们被迫承担战争的开支。下面这些南方报纸的文章展现了当时的狂热。

关于内战期间南方不满的四份文件（1864—1865）

佐治亚州萨凡纳面包暴动的报告（1864 年 4 月）

1864 年 4 月 17 日，周二，佐治亚州萨凡纳发生了一次小规模的"面包暴动”。据报道，有50—100名妇女出现在惠特克街的面包店，她们要了些东西，店主就在她们中间分发腊肉。这时，另一队人冲进店里，自己挑起了东西。同样，这群人还到其他两个地方做同样的事，也得到了熏肉等东西。三个妇女被逮捕，并带到警卫室，周四上午会被带到市长跟前。

关于这件事，新闻报道如下：

> 目前的高物价毫无疑问让人苦不堪言，昨天参与暴动的人就是迫于缺吃少喝的压力才铤而走险的。然而，这并不能成为违法乱纪的理由。根本就没有必要进行这种愤怒的抢劫的行为。使用这种手段的穷人不值得同情，不能因为社会的同情而无视法律和公共财产。如果真是生活物资匮乏、痛苦难耐，那就该通过正当的途径说明自己的情况，广而告之之后，社区不会置若罔闻，肯定能够给予援助的。
>
> 我们相信，我们的城市当局会调查此事，确定哪些人真正需要帮助，并采取适当的救助措施。这种措施不仅针对服役士兵的妻儿、无助的穷人，社区里有名望、爱好和平的人也能给我们的城市带来最佳利益。而人民的生活应该得到确实的满足，我们应该在这些时候依据“互相帮助”的原则行动起来。停止无谓的谩骂，不要让值得同情的、守法的穷人受苦。

“豁免”（未具名）：《走，还是不走》（1864年6月）

走还是不走，这是个问题
无论拿着不错的工资
而受懒散的女孩和饶舌的老女人的折磨
还是拿起武器对抗美国佬
在反抗中被杀——死去，沉睡
并在沉睡中说：
在我们国家所有的祝愿中安息
获得永生——这是我所追求的圆满
行进，战斗
战斗！也许有牺牲，也许遭遇艰难险阻
因为如果我睡着了，谁来照顾玛丽

和宝贝们——比利还那么小
谁来养活他们？唉
我爱护他们，这让生活甜蜜
谁会背着重重的袋子去磨坊
耕地、割麦子、挖马铃薯
杀猪，干各种苦活儿
如果我笨到让一个美国佬
用子弹爆了我的头
谁会为我哭泣
我死了，爱国主义会给我还债吗
哦！死后会恐惧的事情
某个未知的家伙会追求玛丽
代替我拥抱她——太痛苦了
这让我想留在家里
特别是我并没有对人发疯的时候
炮弹和子弹把我们都变成了懦夫
战马喷响鼻子，我全身起疙瘩
相比于目睹战争的盛况
我宁愿待在羽绒床上
让玛丽伴我身旁

O. G. G.（未具名）：《给编辑的信》（1865 年 2 月 17 日）

编辑先生：

上周四，在米勒县，大约有 50 个妇女自称是军人的妻子，突袭了 Colquit 的补给站，用斧头撬开大门，并从中拉走了约 50 袋的玉米——约 100 蒲式耳。在最后一次行动中，这些人被逮捕了。为什么军人的妻子落魄到要自谋生路的地步？难道有关当局没有好好调查此事？这些妇女因生活所迫犯下抢劫罪行，她们还是士兵的妻子，为了保卫国家，她们的需求应立即得到满足。

O.G.G.

敬上

《哥伦布太阳报》：《受苦的阶级》（1865 年 2 月 17 日）

这可怕的斗争的重负都压在了贫困的妇女儿童、为自由浴血奋战的士兵及没有多余时间的工薪族身上。富人囤积了巨大的财富，过高的税率使得人们怨声载道，物价增长了1000倍，民众更加苦不堪言，包括那些衣衫褴褛、鲜血淋漓的战士，那些疲于奔命、心力交瘁的妇女，还有只靠着可怜的年薪过活的人。

不单是生产商感到了战争带来的压力，其他人同样要面对战争带来的压力，那些投机者最后改变了想法。只要能满足贪婪，生死算得了什么？没有钱哪来的荣誉？什么是自由？除非你有百万财富！如果这个国家完蛋了，妇女被玷污，家园被荒弃，祭坛被捣毁，自由被永远消灭，只有大把美元，这些又算得了什么呢？

没错，积累财富。从士兵的遗孤或独臂英雄口中夺走面包，剥削民众的每一分钱，付出最小的代价，剥夺高贵的战士舒适奢华的生活，用各种手段增加生活必需品，让所有人（除了你自己和非生产者）承担战争税收。但是在公众面前要小心行事，在街头游行时大胆地表达你对国家的热爱，战争结束后，你就可以指着你那王子宫殿般的住所，浮夸地大呼："这些都是我爱国的所得呀！"

内战结束后，阶级矛盾顽强地表现出来。1877 年，国家深陷经济危机。那年夏天，在炎热的城市，穷人住在地下室，喝脏水，许多孩子生病。

同年，整个东部的铁路工人都在进行罢工，反对削减工资，反对长时间工作，反对被铁路公司压榨，反对因缺乏安全而导致的死伤。

罢工迅速扩展开来，随着国民警卫队和联邦军队（从南方撤退）被召来打击罢工者，暴力逐步升级。罢工结束后，有 100 人死亡，1000 人被关入监狱，不过 10 万工人仍不放弃罢工。

下面是圣路易斯的记者 J.A. 达卡斯描述的铁路工人罢工的动向。

J.A. 达卡斯：《美国大罢工编年史》（1877）

我们找到了大罢工直接的原因——经济萧条，但更重要的是，托马斯·A.

斯科特、约翰·W. 加勒特和威廉·H. 范德比尔特彼此的嫉妒和敌意造成的运输费率的萧条,必须依靠减少开支来“获利”。他们增长了10%的股票数量。低等劳动者最先感受到这种削减收入的压力。同时，高等雇工的工资并不比 10 年前多，而整个国家正在享受前所未有的繁荣。1876 年，公司高层的工资高于 1866 年的工资，尽管币值已经发生了巨大变化。

1877 年上半年，全国各地大多数铁路公司工人工资下调 10%，足以唤起被削减工资的工人的强烈抗议。对所有的铁路员工削减工资之举，在本季度可能引发大规模的罢工。铁路公司的雇主收到了雇工们的请愿书和抗议示威，但完全无视。工人感受到“困难时期”的重负越来越重，酝酿出了不满情绪。

矿井已经准备好了，一个火花就能引起爆炸。这得到巴尔的摩和俄亥俄铁路管理者的支持。雇工承受的压力使这个火花引起了爆炸。工人在西弗吉尼亚州马丁斯堡集合了不到 3 小时，罢工便全面开始，并传到了巴尔的摩。巴尔的摩和俄亥俄铁路线不到 20 小时就被罢工者控制了。从巴尔的摩和俄亥俄铁路，罢工者第一站到了康奈尔斯维尔，然后到宾夕法尼亚州、匹兹堡、韦恩堡和其他铁路建立站点。在极短的时间内，马里兰州、宾夕法尼亚州、西弗吉尼亚州、俄亥俄州、纽约州、新泽西州、印第安纳州、密歇根州、伊利诺伊州、肯塔基州和密苏里州都爆发了罢工，罢工人数达 15000 人。

全国立即陷入混乱之中。铁路罢工者人数之多，表明他们显然已经下定决心，相信自己已经组织和准备好了，这给所有大城市里慵懒而邪恶的阶级带来了危机感。工会突然行动起来，显示出惊人的活力。“美国工人党”不过是“国际工人协会”的别称，引起了欧洲各国政府的深刻忧虑，从朦胧状态变成了现实，引起了这个国家城市居民的惊讶和恐惧。

这是美国历史上第一次工人罢工，却是如此强大，以至于需要中央政府来维持秩序。现在是晚上 9 时，武装常规军列队走过华盛顿的街道，乘火车前往马丁斯堡。火车在晚上 10 时离开车站，前往暴乱现场。

同时，一队队罢工者控制了坎伯兰、格拉夫顿、凯泽和其他要塞的火车站，拒绝任何货运列车通过。马丁斯堡和惠灵市总部派出了使者，劝服康奈尔斯维尔、宾夕法尼亚州、匹兹堡和芝加哥铁路沿线的消防员和列车机务员参与罢工。白天，惠灵市的罢工者进行了示威游行。

巴尔的摩一个罢工委员会准备印发促使他们举行罢工的原因的声明。他们表示，他们在三年里被削减了三次工资。公司决定，拘留他们四天，只能得到两天的工资，他们被迫支付拘留期间的房租，比他们得到的工资还要多，他们已经没有余钱养家糊口了。这便是生存的问题，在铁路的工作极为沉闷，他们一个月只有不到15天的工作可干。去年冬天，许多不喝酒的、节俭的人开始负债了。那些老实人出去赚外快都不足以应对开支。而公司规定，凡是赚外快的人都要被开除。这是任何有理智的人都不能服从的暴政，被削减工资的男人完全不能养家糊口。

罢工者的声明引起了广大人民的同情。

罢工者正式宣布巴尔的摩和俄亥俄铁路公司暂时不会再开动沿线的火车。因此，倾一个庞大公司之力，即便在政府的全力保护和帮助下，也无法恢复国家最大的一条通衢大道的交通，而区区一些烧火工人和司闸员，不用金融信贷或政治酬谢就能轻而易举地做到。

政府发现自身暂时无力压制，所以罢工运动如火如荼地进行着。

现在，罢工者形成了一支强大的力量。遵从革命的宗旨，铁路工人和其他劳动者已经牢牢掌控了全国所有的商业中心，甚至可以推翻政府本身！

第十一章
镀金时代的罢工者和民粹主义者

亨利·乔治：《贫穷的罪恶》（1885）

奥古斯特·斯皮斯：《奥古斯特·斯皮斯的演说》（1886）

匿名：《正在进行的谋杀：路易斯安那蒂博多的黑人被肆意杀害》（1887）

欧内斯特·里昂牧师等人：《新奥尔良群众聚会的公开信》（1888）

玛丽·伊丽莎白·里斯的两份演讲稿（1890）

美国人民党的《奥马哈纲领》（1892）

J.L.摩尔牧师论证有色农民联盟（1891）

艾达·B.威尔斯巴内特：《私刑法》（1893）

普尔曼罢工者的演讲（1894）

爱德华·贝拉米：《回顾过去：2000—1887》（1888）

内战到19世纪末期，美国成为工业强国。蒸汽和电力代替了人力，铁器代替了木头，钢铁又代替了铁器。机械能够转动钢具，改变了农业的本质。石油可以用以润滑机器，给房屋、街道和工厂提供照明。铁路可运送乘客和货物。到1900年，已有19.3万英里长的铁路。

所有这些工业进步都需要损耗巨大的人力。1889年，根据美国政府州际商务委员会的记录，有22000名铁路工人死伤，还有另外几千人死在或被埋在矿井、钢厂和纺织厂里。工人被强制住在工业城镇。

一拨又一拨的移民，从欧洲经过磨难重重的远洋航线涌向各个城市。他们在铁路、服装厂、矿场工作，工作时间长，工资低。他们的家人挤在城市的贫民窟里。

人们不满这样的生存条件而进行反抗。农民们自己建立大农场，形成了平民党。工人们罢工，要求一天工作八小时。激进主义高涨。无政府主义和社会主义形成。上百万人开始构想不同的社会和国家财富不同的分配方式。他们的想法被亨利·乔治和爱德华·贝拉米这类的作家用文字记下来。

亨利·乔治是一个排字工人和报纸编辑，后来成为演讲者和经济体系批评家。他因著作《进步和贫困》而成名。

19世纪八九十年代，他几次竞选纽约市市长失败。在艾奥瓦州伯林顿的歌剧厅，乔治发表了下面的演讲，探讨19世纪美国贫困的社会根源。

亨利·乔治：《贫穷的罪恶》（1885）

今晚，我要与你们谈谈关于“贫穷的罪恶”这个问题。我不能在短时间内让你们接受很多新想法，但我希望告诉你们一个核心理念：贫穷是罪恶。我不是说贫穷是有罪的。犹如谋杀是一种罪行，但是被谋杀不是犯罪。

倘若一个人很穷，在我看来，与其说他是个罪犯，不如说他是受害者。我们都知道，贫困是一个诅咒，最恶毒的诅咒。（托马斯）卡莱尔说得没错，英国人最惧怕的地狱是贫穷的地狱。不仅是英国人，整个文明世界的人，不管是什么国籍的人都惧怕贫穷。为了逃离这个地狱，我们努力、挣扎和斗争。

对于贫穷的诅咒不仅局限于穷人，还渗透到各个阶层，甚至是最富有的阶层。他们也同样在受苦，他们也必须承受苦难，因为没有任何阶层能完全逃脱。邪恶、犯罪、无知、贫穷低下的出身、毒药……简而言之，穷人和富人要呼吸的空气是一样的。

某天早晨，我走过一条街道，看见三个人的手绑在一起，我能断定这些人肯定不是有钱人。虽然我不知道他们做出了什么冒犯行为才被绑着，但我可以打包票地说，如果你跟着去一探究竟的话，就会发现事情的起因多少是贫困。只要细心观察，你们就能发现，人类的不幸十有八九就是因为贫困。我很明白，绝大多数穷人并不是因为个人过失才致穷的，而是社会形势所迫。我认为的贫穷是罪恶，并不是说是个人犯罪，而是社会的罪恶，这项罪恶，我们所有人，无论是贫穷者还是富裕者，都负有责任。

我认为，凡是正视这些事实的人都能明白，贫穷是完全不必要的。贫穷并不是上帝的法令，而是社会的不公，是我们的自私和无知造成的。而这个祸害，比任何瘟疫都要糟糕，它蹂躏人类的文明，带来贪欲、苦难和堕落，摧毁我们的肉体和灵魂。放眼世界，看看19世纪文明的全盛时期，看看太阳底下的每一个文明国家，你会发现男人和女人所处的环境比在野蛮时期更糟糕。

即使在一个新的城市，在你周围的处女地，你也要在冬天建立救济协会。道路上满是流浪汉，有人告诉我，他一次要带15个流浪汉到一个圆形的房子里避难。最富裕的地方也是贫穷埋藏得最深的地方，不仅这里是这样，到处都是这样。

贫困是完全没有必要的！为什么呢？想想人类大脑中潜在的巨大力量！想想发明使我们只要一人之力就能完成不久前集结千人之力方能完成的事。据说，仅仅是英国的蒸汽机械所形成的生产力就超过世界上全部成人的生产力。而且，我们才刚开始进行发明。我们还没有开始使用所有已经发明的东西。看看地球，它几乎没有被开发。在每一个方向，我们都能发现等待开发的新资源。人类创造财富的能力似乎是无限的，完全不能限制。看看流经你们城市的密西西比河产生的能源，就是你们努力的方向。所以，放眼四周，我们能利用的能源还在白白浪费，我们能利用的资源仍然有待开发。

不久前，我读了纽约的报纸，上面说扬克斯工厂的女工们在进行罢工。报纸上说，女工们似乎不知道她们为什么要罢工，而相关人员暗示她们罢工是为了好玩。接着，女工们那边的说法出来了，她们似乎是要打破规则。因为她们彼此说话就会被罚款，放声大笑则罚得更重，迟到一分钟就要受到严重的处罚。我拜访了费城的一位曾在不同的工厂工作的女领班，我问她："这样的规则真的能执行吗？"她回答说在费城会执行，与邻近的人讲话、发笑都是要罚款的。她还告诉我，某个工作地的女工们迟到一分钟罚款10美分，虽然她们当中许多人不得不在暴风雪中赶路过来。她告诉我，有一个可怜的女孩，卖力工作了一周，挣了3.50美元，而对她的罚款竟是5.25美元。这似乎很荒谬，确实荒谬，可悲又可耻。

再举些相对独立和富裕的人的例子。这里的人一小时又一小时地工作，日复一日，周复一周，在做一件事情，一遍又一遍，为的是什么？只是为了活下去！他一天工作10小时，以便他可以睡8小时，还能在自己累瘫了的情况下给自己2—3小时的缓冲。这不是合理的生活，这样的生活完全是不由自主的。我认为每个人都该为自己而活。当我第一次开始工作，我就知道这点。我心想，人完全不可能是为了一天到晚埋头工作、养活自己而存在的。我以前常常阅读《美国科学》，看着上面的一项项发明，我心里就在想，等我长大成人后，我就不必太辛苦地工作了。但事实完全相反，生存竞争变得越来越激烈。想要证明事实相反的人搜集了大量数据来证明工人阶级的状况正在不断改善。拿着统计的显微镜也发现不了改善的痕迹，因为根本就没有改善。

我认为，一切贫困和无知都是不必要的。我认为，本来就没有什么能让我们现在就共同富裕。在某种意义上，每个人的生存需求都能够得到满足。我们完全可以过上轻松的生活，同时让人类更好地发展。财富完全足够，还有盈余。问题是，在残酷的斗争中，我们在践踏给我们所有人都提供足够资源的沼泽，互相厮杀。

看看当今世界，贫困无处不在。而贫困有个共同的起因，你不能把它归因于税收，或政府的形势，或在不同国家有着不同的国情。这个原因是什么呢？就是我们在赖以生存的地球上占有的自然资源的比例不均。

你有没有想过这样一个荒谬和奇怪的事实：在整个文明世界，工人阶级就是贫困阶层。到世界上的任何一个城市，叫上一辆出租车载你到工人的住所，他是绝对不会载你到大房子那边去的，相反，他会载你到最肮脏贫穷的地方。你是否会为此纳闷？想一想这将如何打击一个涉世未深的理性人！你要向他解释我们如何生活在地球上，我们如何工作来创造我们所需的房屋、食品、衣物以及诸多事物，难道不该是工人住在大房子里，享用自己生产的产品吗？然而，你把他带到伦敦、巴黎或纽约，甚至是伯灵顿，他都会发现那些被称为“工人”的人住在最破烂的房子里。

1886年5月4日晚，芝加哥秣市广场举行了一次集会，反对处死麦考密克收割机厂的4名罢工者。这是一次和平的集会。当180人的警察小分队要求群众解散时，集会人数从几千人减到几百人。

演说者说，集会已接近尾声。这时，有颗炸弹投到警察当中，导致66个警察受伤，其中7人不久死亡。警察队长就向群众开火，射杀了几个，射伤200人。

虽然没有证据显示是何人扔了炸弹，但8个芝加哥无政府主义者被逮捕了，这就是众所周知的秣市暴乱。这8人中有4人被处决，其中奥古斯特·斯皮斯在法庭上为自己辩护。

在行刑前，奥古斯特·斯皮斯说："总有一天，我们的沉默会比你们今日的声音更加有力。"

奥古斯特·斯皮斯：《奥古斯特·斯皮斯的演说》（1886）

法官大人：

我在法庭上的讲话是代表一个阶级对另一个阶级的讲话。我首先要说的是500年前威尼斯人道奇·费赫立在同样情况下对法庭说的话："我的辩词正是你的控诉。""我被控诉的原因是我指控了你们的历史！"我被控谋杀罪，作为共犯或从犯。我以这项控诉被判罪。完全就没有证据显示我知道投炸弹的人，或我与投炸弹行为有关。当然，您权衡了州检察官（朱利叶斯·格里内尔）和（詹姆斯）邦菲尔德的证词，还有莫尔文·汤姆森和（哈利）吉尔默的证词。

如果没有证据表明我要为此事负法律责任，那么对我控告和判刑就是任意的、恶意的谋杀，这无异于肮脏的政治、宗教或其他类型的迫害。像这类的法律谋杀还真不少，自以为秉承公正的原则，判定无辜者被控罪名成立。但在这个案件中，州代表们再不能用同样的理由来保卫自己了。因为他们本身就捏造证据来控告我们，通过审判给我们定罪！在这个法庭上，在公众面前，我要控告州检察官和邦菲尔德恶意地共谋犯罪。

如果今天法庭提供的是公正的法律，那么这个国家所有的人都能被合法吊死。我敢担保，根据你所读的这条法律，法庭上的所有人都能被"公正合法地”吊死！拿破仑的得力助手（约瑟夫）福凯曾对他的主人说：“给我写过一行字，我就能将他送上绞刑架。”而现在，这个法庭本质上就是在做同样的事。根据某条法律，整个国家的任何人都可以被控共谋罪，有些情况还是谋杀罪。商会、劳动骑士团和其他的工人组织的任何成员都可以被控共谋罪或使用暴力的罪名，也许事实是他们根本毫无责任，就与我们现在的情况一样。如果这一前提成立，那么，你就是在逼迫公众从和平抗议到公开反抗！这样做，你是在自绝生路，无辜者被害死，鲜血喷溅到你脸上！

“死了 7 名警察。”格里内尔说，同时还对着陪审团眨眼暗示。你想一命抵一命，想给 7 个人判罪，而这些人不需要证实真的与案件有关。这样的司法原则在野蛮部落普遍适用。简单说，就是一命赔一命，例如切努克人和阿拉伯人，本部落有多少人死在敌人手中，就要杀多少个敌人偿命。人命都是一样的，他们只想一命还一命。在桑威奇群岛（夏威夷群岛的旧称），这样的原则依旧盛行。如果我们是因为这样的原则被吊死，那么请告诉我们，告诉全世界，这个文明的基督教国家，这个古尔德氏、范德比尔特氏、斯丹福氏、菲尔德氏、阿穆尔氏等人带来的自由和平的国家是个什么德行！

格里内尔反复强调美国是一个理智的国家。天大的讽刺啊！法庭的裁定充分证实了这一断言，对我们的裁定是：仇视富人阶层剥削工人和农民。如果法官大人不能让人相信这点，如果您不能让他们相信我们曾到斯巴达的参议院、雅典最高法院和威尼斯委员会等地方，那么您就不能判罪。但是，如果您认为吊死我们，您就能铲除工人行动——解救上百万饱受蹂躏、处于水深火热之中的人的行动——如果这是您的意图，那就吊死我们吧！

您想踩灭这点火花，但是这里、那里，在您跟前，在您身后，到处燃烧着火焰。这是地火，您休想灭掉。

1886 年，路易斯安那的白人和黑人糖料工开始与劳动骑士团联合起来。他们的罢工运动遭到暴力破坏。

1887 年，1 万名工人，其中多数是黑人，因农场主不同意他们每日工资 1.25 美元的要求，离开甘蔗种植园。总督看着黑人和白人一起罢工，怒火中烧，召来了自卫军。他说：“让上帝将不同肤色的人分开吧。”

自卫军杀了 4 名黑人后，蒂博多黑人定居地遭到自卫军的攻击，至少有 20 人被杀。2 名罢工首领被逮捕并处以死刑。

下面是路易斯安那一份非裔美国人报纸关于罢工的报道。

匿名：《正在进行的谋杀：路易斯安那蒂博多的黑人被肆意杀害》（1887）

他们进行了谋杀——惨无人道的谋杀，受害者是无辜的、遵纪守法的黑人。凶徒穷凶极恶地在路易斯安那进行不法袭击，像对牲口一样射杀蒂博多的黑人。

在过去三周里，公众每天都能阅读大量关于甘蔗园工人和种植园园主发生纠纷的扭曲报道。奇怪的是，除了仅有的两篇报道之外，没有一篇报道为黑人的意图开脱，即黑人想通过暴力来实现他们提高工资的公平合理的要求。该州各个地区的自卫军都戒备着，而在这一整段时间内，犯罪的只有军队、种植园园主和他们的雇用者。黑人在这一整段时间都表现得平和、安静，遵纪守法，只想得到涨工资的保证，这是完全合理的要求。

种植园园主拒绝对他们的要求做出让步。在这关键时刻，特别是在蒂博多和霍马，多数工人加入劳动骑士团。上述城市租用了所有能租到的空房子，分给无家可归的黑人。这一行为逼疯了种植园园主及其帮凶，他们求助于军队和其他邪恶的团体，目的是迫使黑人接受他们提供的工资。

坚信他们的事业正义性的蒂博多黑人拒绝屈从种植园园主。

事情发展到这里，种植园园主决心杀一些黑人，迫使他们屈从。为了更好地实现目标，他们请来了自卫军。杀害黑人的准备工作就开始了。上周日晚上，大约 11 时，种植园园主的车辆载着全副武装的陌生人开到蒂博多，来到弗罗斯特的旅馆和饭店。他们是谁？从哪里来？无人知道，似乎只有种植园园主和泰勒·贝蒂法官知道。而事实上，第二天，也就是周一，军事法庭宣布：这些武装的骑兵队进行巡逻，不允许黑人进出城镇，违者格杀勿论。这样滥用权力，制造混乱。

事件发生了：周二晚上，巡逻队杀死了自己的两个人：戈尔曼和莫莱森，然后爆发出喊叫声：“武力戒备！武力戒备！黑人枪杀白人了！”本来，这样做就够了。然而，这帮身份不明的家伙居然是什里夫波特游击队，他们曾经训练有素地在沃希托河和红河进行杀害“黑鬼”的计划。现在，他们突然现身，朝房屋、教堂进行扫射，只要发现黑人的踪迹就袭击。

报纸上说“六死五伤”，但我们从一个当晚的目击者口中得知，至少有35个黑人当场死亡。瘸腿男人和盲眼女人都被射杀，小孩和白发老翁被粗暴地推倒！黑人没有进行任何反抗，这次屠杀突如其来，他们毫无还击之力。这就是发生在蒂博多的事情真相。读到这些的人，无论是黑人还是白人，只要还有点人的血性，都会感到刺痛，甚至会想：在美国，对人命的不敬居然得到允许，曾经的独立战争是否失败了？

美国的市民被州法官指导的暴徒杀害了！工人要求提升工资，结果像狗一样被虐待！黑人在法律面前的公平是受到尖刀“保护”的，比农奴好不了多少。路易斯安那州就是这样做的。

在这种情况下，谴责的话语如雪花般落在熔铅之上。黑人要捍卫自己的生命。如果他们必须死去，那么就应当面向迫害者，为他们的家园、孩子和合法权利斗争而死。

蒂博多大屠杀一年后，路易斯安那的黑人聚集起来反抗三K党、警察和雇主三者“联手”对非裔美国人的恐怖统治。下面是他们的宣言。

欧内斯特·里昂牧师等人：《新奥尔良群众聚会的公开信》（1888）

美国人民：

1888年8月22日周三，在路易斯安那新奥尔良戈德斯厅，我们——新奥尔良的公民，还有地方行政区的公民，召集了大会，宣布并确信：国家存在恐怖统治，法律被搁置，官员和政府，包括总督，都没有保护我们的生命财产免受武装白人的威胁，他们杀害无辜民众，犯下了人类黑暗时期无法超越的罪行。

在过去的12年里，我们被剥夺了公民权，还被夺走了政治权利。除了在许多地方剥夺我们对政党和候选人的选举权，还用强暴手段迫使我们投票反对民主党。媒体、教坛、商会和州执行机构都对这些罪恶行径大开方便之门。除了这些，似乎还有更深入的计划将黑人纳入悲惨的农奴制度和劳役偿债制度之中。

由武装团体执行，化身监管机构，成员一律为白人，除了有时会混入一个黑人……他们经常进行夜袭，命令和善的公民离开，不许回来，鞭打一些人，扫射屋里的一些人，给无自保能力的妇女儿童造成威胁，但是没有人检举他们。在这些州的白人身上，找不到他们维护正义、惩奸除恶的美德。

这些行径公然违背了美国的宪法和法律，黑人在路易斯安那境内没有受到保护，没有避难所，法律如同一张废纸。在过去的12个月里，自1868年民主党的血腥狂欢盛宴后，我们的人民遭到了监管人员前所未有的无法无天的迫害。

在极端无助之下，手无缚鸡之力的黑人在来势凶猛的“白人帮”“治安团”和“自卫队”面前毫无反抗的余地。

在黑人试图保护自己的实例中，例如在安德森维尔和蒂博多，州长采用野蛮狠毒的手段，全然无视法律的存在，迅速让雇佣兵或民兵用大炮和步枪维持表面的和平。

我们的人遭受的暴行简直罄竹难书，每天都要遭受压迫者的折磨。他们被剥夺宪法保障他们的所有权利，在国家的许多地方，他们只享有名义上的自由，他们不得在某个地方集会，讨论他们劳动应得的工资，作为产权持有者和纳税人的他们只被允许享用极少的公共设施。

我们已经用尽了所有的方式让那些宣誓自身职责是公正地执行法律的人纠正错误，但一切都是徒劳的。直到现在，因为我们的同胞被谋杀，担心自身的安危，所以我们呼吁唤醒良知、文明世界的正义感和同情心，尤其求助美国人给予我们道德和物质的支持，保障我们人民的迁移。他们中间有很多人在他们生活的封建制度下身无分文，而在西北地区的一些公共地方和其他地方，人们还可以享受人身和财产安全。

为达到此目的，我们组织了一个移民局。

对于人民，我们建议保持冷静，严格遵守法律和秩序。如果你的房子遭到入侵，不要期望怜悯，他们根本没有怜悯之心。如果你必死无疑，那么请尽你所能为捍卫你的生命和家人而死。如果你不被允许生活在和平与安全的地方，那就悄悄地离开吧。如果你没有任何代步工具，那就走公路或穿过沼泽。

汽船和铁路是最近几年的发明，而你的祖先敢于避过警犬、巡逻队和无数的障碍，住在树林里，再潜行到加拿大边境。

有上帝和人类的恻隐之心，我们都是你患难与共的弟兄，我们拥有共同的血缘。

19世纪晚期的农业机械化迫使小农场主借钱购买机器设备。如果他们付不起钱款，他们的农场就会被没收。于是，他们组织起来，组成了农民联盟。北方和南方的人，黑人和白人，举行了19世纪八九十年代的民粹主义运动，对抗他们的敌人——银行和铁路。

民粹主义形成了一股强大的势力，包括100万农民、黑人和白人。其讲座局向全国各地派送了35000名演讲者，还有1000多名民粹主义记者。

1896年，由于全力支持民主党候选人威廉·詹宁斯，这一运动最终瓦解，但其影响深远。

下面是最受敬仰的领袖玛丽·伊丽莎白·里斯（也叫玛丽·伊丽莎白）论述的这一运动的宗旨。

玛丽·伊丽莎白·里斯的两份演讲稿（1890）

国家为华尔街所有（1890）

这是一个不和谐的国家。原本逃离压迫而来的清教徒成了压迫者。我们为了摆脱英国的控制，争取自由而战，结果又剥夺了400万黑人的自由。我们消灭了奴隶制，但剥削和压榨依然存在，它与奴隶制一样糟糕。整个国家都为华尔街所有。这不再是民有、民治、民享的政府，而是为华尔街所有、由华尔街治理、为华尔街服务的政府。这个国家占多数的人是奴隶，而垄断者才是主人。西部和南部受制并服务于以制造业为主的东部。金钱才是万能的，我们的副总统（利瓦伊·帕森斯·莫顿）就是一名银行家。我们的法律正是这一体系的产物，坏人穿华袍，好人穿破衣。政党谎话连篇，政治发言人蓄意误导我们。两年前，他们告诉我们应当努力工作，争取大丰收，那是我们的唯一目标。我们很听话地去工作，去开垦和种植。日晒雨淋，天公作美，我们完成了他们要求的大丰收。可结果呢？结果就是，玉米 8 美分，燕麦 10 美分，牛肉 2 美分，黄油和鸡蛋免费。接着，政治家们告诉我们，生产过剩了。

在生产过剩的时候，统计数据表示，美国每年有 1 万名幼小孩童活活饿死，纽约有 10 万多名女售货员被迫出卖美德，因为她们微薄的工资买不起面包。我们需要金钱、土地与交通工具。

我们希望取消国家银行，我们希望能直接从政府那里贷款。如果有需要的话，我们想依靠武力站在我们的家里，待在我们的炉边。我们不会向高利贷公司偿还我们的债务，除非政府先偿还对我们欠下的债务。

人们现在已经穷途末路了，所以你们这帮吸血鬼要小心了！

在基督教妇女禁酒联合会上的演讲（1890）

总统夫人和市民同胞们：

如果上帝让我选择生活在过去的任何年代或未来的任何年代，我会说："哦，上帝啊，就让我活在此时此地吧，活在世界历史的这个时代吧！"

我们现在就生活在一个伟大而美妙的时代，旧思想、旧传统和旧习俗已经动摇，在人类浩瀚无边、无穷无尽的思想海洋里无望地漂浮。在这个时代，旧世界开始朦胧，我们明白了一个聪明女人的大脑与一个聪明男人的大脑没有区别，支配夏洛特·科迪爱国主义英雄事迹的灵魂力量和脑力与支配老约翰·布朗跟死亡打交道的灵魂力量和脑力也没有区别。我们生活在一个思想的时代。强大的思想动摇了社会和政治基础，让人类的心灵由内向外开阔。男人、女人和孩子都在骚动，讨论当代的重要问题。农民阶级，忠诚而爱国，行动缓慢、思想缓慢的一类人，现在也在做自我反思，他们的思想结晶化作行动。民众强有力的行动需要有组织的宗旨，耐心的、肩负国家责任的人，反对对经济和政治的迷信。

然而，在我们多年在西部边疆的所有辛劳和贫困、危险和困难之后，垄断者正用臭名昭著的抵押贷款止赎系统夺走我们的家园。这是文明国家有史以来最臭名昭著的系统。这一系统以每个月 500 家的速度夺走了我们最美好的生活、我们的辛苦所得、我们的希望、我们的幸福家园。这是怎么发生的呢？政府收购了华尔街，否认了与人们订立的合同，通货交易有利于夏洛克，从人均 54 美元到人均不到 8 美元。或者，如参议员（堪萨斯）所说："债务增加了，意味着偿还手段减少了。"或者，如大参议员（威廉·莫里斯）斯图尔特所说："20 年来，美元的市场价值上升而劳动市场价值下降。”直到今天，美国工人在痛苦和愤怒之中问道：“更糟糕的情况是什么？难道是黑人奴隶制消失或白人奴隶制开始吗？”

你很奇怪，女人会加入联盟吗？我想知道在这广阔的土地上还有哪个女人不加入联盟还能活得好好的。忠诚的女性应该是这个农民联盟运动的主干，因为派去国家议会代表我们的都是男人，他们落选了。在这里我想说，带着狂喜和骄傲，我们从堪萨斯派出的5个农民国会议员和美国参议员，地狱之门都不能阻挡他们。

这听起来像是夸大其词，我将向你们详细阐述堪萨斯女性在近期活动中发挥的积极而重要的作用。占大多数的共和党从82000人锐减到不到8000人，我们选出了97个代表，从7个国会议员中选出了5个，还有1个美国参议员，堪萨斯的女性要击败约翰·J. 英格尔斯。他感觉很不好，说：“妇女和印第安人是会给死人剥皮的唯一族类。”我很高兴，因为他终于意识到自己的政治生命完蛋了。

也许会让你们费神，但我还是要详细地告诉你们，联盟的女人是如何在照顾家庭和孩子之余抽出时间为联盟成员准备诱人、丰富的野餐食物的。有上千名甚至上万名饥肠辘辘的人聚集在森林或丛林中聆听慷慨激昂的演讲，演说者通常是女性，这使得堪萨斯男人忘记他们的党派偏见，投票给“莫丽和婴儿”。我手上有一本联盟的歌曲书，是联盟女人创作和配音的，其中巴特勒县的弗洛伦斯·奥姆太太为鼓励公众情绪做了大量努力。联盟欢乐俱乐部由女性组成，给美国带来了自1840年蒂珀卡努河和泰勒的竞选以来最激动人心的旋律。虽然是我的个人爱好，但我还是想向你们推荐一位联盟女性写的书——科罗拉多艾玛·G. 柯蒂斯太太的《傻瓜的命运》，我希望这块土地上的女性们能人手一册。这本书告诉大家，应当对女性公平而慷慨，并帮助人们原谅和宽恕对方犯下的罪，不计前嫌。

所有人都相信，这次起义和联盟不是一起稍纵即逝的政治事件。这是政治运动，因为我们要将耶稣的教义和戒律运用到实际生活中，我们要实现人与人之间的公平和正义，我们要让国家恢复我们的先辈用宪法保证的自由。美国人心中神秘的和弦向天际发出的声音，与林肯在萨姆特堡和旷野听到的枪声混响是一样的，再夹杂今日的号角，响遍世界各地。

皇冠掉落，王座震晃，王国覆灭，神授君权，资本主义的神圣权利如早晨的迷雾消散，自由的使者点燃人类心中的正义。“绝对的正义，再无特权。”再无百万富翁，再无穷人，再无黄金之王、白银之国和石油大王，再无搜寻面包屑的流浪儿。工厂里再无满脸憔悴、眼窝凹陷的女孩，再无小男孩因贫穷而犯罪，被挂在刑架上。

我们迎来了以赛亚高唱、先知预言的黄金时代。农民享受繁荣和幸福，在自己的葡萄树和无花果树旁住着，工人的劳动成果自己所得，占领和使用土地，每一个人应当遵守上天的指令：“有劳才有得。”男人应当公正、慷慨，女人应当正直、与人为善。我们不要资本家的政府，我们要民有、民享的政府。

1892 年 7 月，民粹主义者在内布拉斯加州奥马哈举行了第一次大会，通过了美国人民党提出的《奥马哈纲领》。请阅读下文。

美国人民党的《奥马哈纲领》（1892）

我们处在一个道德、政治和物质毁灭边缘的国家。腐败主宰着选举、议会和国会。社会道德败坏，大多数的州强制隔离投票站的选民，以防止普遍的恐吓和贿赂。媒体被贿赂拉拢或钳制，公众舆论被压制，商业萧条，房屋抵押贷款，工人生活每况愈下，土地集中在资本家手中。城市工人被剥夺了组织起来自我保护的权利。外来贫穷劳工工资低下，一群被雇用的常备军，无法律认可，他们很快沦落到欧洲殖民统治时期的境况。数百万人的辛劳成果被强行夺取，积累了人类历史上前所未有的巨大财富，财富所有者反过来鄙视共和国。从相同的多产的子宫中，政府不公地繁殖了两大阶级——流浪汉和百万富翁。

创造货币的国家权力使债券持有人更加富有，一个庞大的公共债务支付法定货币转变为黄金债券，从而增加了数百万人民的负担。

在历史之初，白银一直作为货币交易。为了增加黄金的购买力，白银才不再充任货币的价值，货币供应故意减少以养肥高利贷者，使企业破产并控制产业。在两大洲有一个巨大的反人类阴谋，并迅速占据整个世界。如果不将之立刻推翻，就会引起可怕的社会动荡、文明毁灭，或者形成绝对的专制。我们见证了超过四分之一个世纪两大政党为权力和掠夺而斗争，这严重的错误令痛苦的人雪上加霜。我们指控这控制力支配两大政党都允许现有的可怕的情况继续发展，任何艰苦的努力都无法防止或抑制它。

他们双方都没有向我们承诺过任何实质性的改革。他们达成一致，在未来的竞选中，忽略每一个问题，只有一个例外。他们建议用税收大战淹没被掠夺的人民的不满，以便使资本家、企业、国家银行、信托、虚股、禁止银的流通和高利贷者的压迫都不明显。他们打算牺牲我们的家庭、生活和孩子来满足贪欲，牺牲大众，确保百万富翁的腐败资金。

在国庆节，在我们伟大领袖赢得独立的这天，我们希望恢复“平民”所有的共和政府。我们肯定我们的目的与国家宪法的目的一致，形成一个更加完善的联盟，建立正义，确保国内安宁，提供共同防御，促进公共福利，并保证我们自己和我们的后代享受自由的福祉。

我们声明，共和国只有作为自由政府才能长存，建立在全民彼此友爱、热爱祖国的基础上，而不是被刺刀串联在一起。内战结束了，内战带来的所有激情和怨恨都将随之而去。

下面是黑人和白人农民联合思想的早期文件。在寄给佛罗里达报纸的这封信中，佛罗里达有色农民联盟的一位领导——J.L. 摩尔牧师论证了“有色工人和白人工人的利益一致性”，强烈要求建立代表工人和农民利益的政党。

J.L. 摩尔牧师论证有色农民联盟（1891）

在所有的白人参加的会议的讨论中，在针对黑人的各种断言、评论和演讲中，我从未听过编辑先生您或其他重要期刊的编辑们曾批评他们的行动或说他们有种族仇视，你们都不曾阻止。现在，让黑人说一次吧，听听他们会说些什么？种族仇视、黑人起义、黑人统治……让读者一直仇视黑人，却不允许黑人有发言的权利。如果黑人的论点有误，那就指出错误的地方，而不是当即将之归为种族问题。

作为有色农民联盟的成员，我们声明，我们要投票给能够保障农民和工人权利的个人或政党。

我们希望在投票时得到保护，那样，工人才有平等的机会，各种工人组织才能保卫他们的正当权利。不管属于哪一派别，我们都会联合起来。我们意识到一个事实：有色工人与白人工人的利益是一致的。南方的情况尤是如此。任何对工人有利的举措都有利于黑人。

所以，我个人已经决定投票给哪个政党和任何有利于工人的政党，并为之工作，无论是民主党、共和党，还是人民党。我知道我在讲述公约的宗旨，因为我们组成了这个国家的工人的五分之一，八分之七的黑人在这个国家是农民。

你想不想知道为什么我们把注意力从我们的成员能坐稳的少得可怜的办公室职位，转移到为我们的黑人大众谋福利呢？我们要求国会保护我们的投票权，这样竞选的人才可以公正地通过努力获得权利。我们知道，你们也知道，目前两党都不打算立法保障农民和工人的利益，除非这样做与他们自身的利益并不冲突。

编辑先生，我想说，如果美国工人放下党派问题，联合起来，要求制定满足工人利益的法律，那么，我，将作为普特南县有色农民联盟的统帅，以及国家有色农民协会的成员，知道我能代表这部分人发言，代表 75 万人的选票。我说，我们愿意放下过去，不分政党、种族或信仰，紧密地联合在一起。当我的声音从北方亚伯拉罕的高处传到佛罗里达州的沼泽地，从多岩石的东部海岸传到西部的黄金国时，那么，我们可以衷心地呼应这句座右铭：“人人平等，没有特权。”

1877 年，获得自由的奴隶被国家出卖，南方和北方部分地区普遍出现了对黑人的暴力迫害。

1880—1920 年，至少有 5000 名黑人遭到暴徒的私刑迫害，而当地政府纷纷视而不见。

1892 年，获知田纳西州孟菲斯的三起私刑事件，非裔美国人记者艾达·B.威尔斯巴内特开始记录私刑是如何对黑人造成恐怖和压迫的。

艾达·B. 威尔斯巴内特：《私刑法》（1893）

《私刑法》，弗吉尼亚·朗赛特说："起源于1780年。弗吉尼亚州皮茨尔瓦尼亚县的一群公民，为了压制一帮训练有素的马贼和造假犯，他们制定了蔑视普通法律的诡计，他们的成功鼓舞了社区的暴行。威廉·林奇上校为这些公民起草了宪法，自此'私刑'就成了私人和未经授权的公民惩戒凶徒的名称。"

这一法律至今在一些地方仍在执行，虽然地方法院早已建立，但其法律执行者是白人。该法在犯罪猖獗的地方最为盛行，受刑罚的主要是黑人。在前15年，黑人因为试图投票而被蒙面暴徒谋杀。公众舆论因此反对私刑，这也是证明过去15年谋杀案的新证据。黑人最初被指控企图统治白人，而数百人因这一假设而被谋杀。现在黑人被指控攻击或试图攻击白人妇女。这些指控，荒谬而愚蠢，夺去了我们对世界的同情，败坏种族的名声。

做出这些指控的人鼓励或引导了执行私刑的暴民。他们属于那种轻贱黑人性命，拥有电报线、报纸和其他所有与外界沟通的工具的种族。他们写报告证明私刑的正义，尽可能地丑化黑人，而媒体协会和世界毫无疑问或不经调查就接受了这些报告。暴徒的气焰更加嚣张，伴随着更加明目张胆的暴力行为。在过去的10年里，超过1000名黑人男性、妇女和儿童因此失去生命。面具早被抛到一边，现在的私刑都在光天化日之下进行。地方长官、警察和政府官员袖手旁观。验尸陪审团就是那些参与私刑的人，得出的判决就是："陪审团对凶徒毫无头绪。"在私刑数量增加的同时，私刑也变得更加残忍和野蛮。（1893年）前半年，有3个人在文明的美国被活活烧死，还有100多人也在这半年里被处以私刑。他们被处以绞刑，然后分尸烧毁。

下面是《芝加哥论坛报》1892年1月发表的数据，值得我们深思。

1882年，52名黑人被暴徒杀害。

1883年，39名黑人被暴徒杀害。

1884年，53名黑人被暴徒杀害。

1885 年，77 名黑人被暴徒杀害。

1886 年，73 名黑人被暴徒杀害。

1887 年，70 名黑人被暴徒杀害。

1888 年，72 名黑人被暴徒杀害。

1889 年，95 名黑人被暴徒杀害。

1890 年，100 名黑人被暴徒杀害。

1891 年，169 名黑人被暴徒杀害。

在这些数据中，其中 269 人被控强奸，253 人被控谋杀，44 人被控抢劫，37 人被控煽动，4 人被控盗窃，27 人被控种族偏见，13 人被控与白人男子争吵，10 人被控制造威胁，7 人被控制造骚乱，5 人被控种族通婚……

这些数据表明：

（1）数百名黑人被谋杀。某个所谓的罪犯被惩罚，仅仅是因为有白人妇女指控他，但这一指控从未被证实。同样的犯罪，如果是黑人对黑人，或者是白人对黑人女性，都会被法院有意忽略。

（2）上述罪犯多被处以私刑，人们相信这是所有私刑的起因。人们认为白人女性和儿童在黑人社区并不安全，尽管黑人在内战的 4 年里保护和照顾过他们。而白人妇女的丈夫、父亲和兄弟在那 4 年里却在为维护黑人奴隶制而战斗！

（3）“抢劫、纵火、种族偏见、与白人争吵、制造威胁、骚乱、异族通婚（嫁给一个白人）和盗窃”，这些罪行如果是黑人对白人犯下的，都会被处以死刑。许多黑人因这些罪名被私刑处死（不经证实），与犯强奸罪一样。

（4）这些私刑都毫无理由。不需要理由，也不需要遮掩，不需要有人负责。只要有白人说了某个黑人几句不好的话，就足以让一群白人对这个黑人动用私刑，根本不需要对被告审判是否有罪。在这种情况下，白人只要抹黑自己的脸，到社区搞破坏，然后指控一些黑人，直到他们被暴徒杀死。1891 年 8 月，威尔·刘易斯，一个 18 岁的黑人青年，在田纳西州塔拉霍马被私刑处死，理由是“醉酒闹事、骚扰白人”。

19 世纪 80 年代，乔治·普尔曼在芝加哥城外建立了普尔曼工人镇。

他剥削工人的工资，强迫他们支付高额房租，全面控制他们的生活，将他们当作封建农奴。

1894年5月11日，工人罢工。为了支持他们，美国铁路工会组织了全国性的抵制。很快，24条铁路线的交通瘫痪了。

罢工被总统格罗弗·克利夫兰派遣的军队镇压。德布斯被关押半年，成了社会主义者。

下面，是普尔曼工人在芝加哥乌尔立赫大厅发表的演讲。

普尔曼罢工者的演讲（1894）

主席先生和美国铁路工会的兄弟们：

我们在普尔曼罢工是因为我们丧失了希望。我们加入美国铁路工会是因为它给我们带来了一线希望。2万人，男人、女人、孩子都关注着今日的公约，怀着紧张而渴切的心情期盼天堂发到人间的消息能扫除我们内心的阴霾和绝望。

要申诉冤情的我们不知从何说起。你们都知道，我们进行罢工的直接原因是乔治·M.普尔曼和他的副主席托马斯·H.威克斯在保证了他们的绝对豁免权后，解雇了我们申诉委员会的两名成员。紧接着，我们要谈谈间接的原因了。1893年5—12月，在普尔曼普遍降了5次工资。最后一次最为严重，近30%，而我们的房租却一点儿也没有降。5月11日，罢工当天，我们欠了普尔曼7万美元。今日我们欠他的债翻倍了。他这样做的原因有两个：一是民心和舆论的力量；二是他希望饿死我们，破坏美国铁路工会，克扣我们少得可怜的工资，迫使我们偿还因入住他的房子而欠下的最后一分钱。

整个城市的房租都已经普遍下降了，有些降了一半。与那些住宅相比，我们住的就是茅草屋，而我们支付的租金都贡献给了百万富翁，使之成为亿万富翁。我们在普尔曼的租金是15美元，而罗斯曼只要8美元。记住，正如我们4000名男女工人都不曾感到乔治·M.普尔曼的友好，我们谁都别指望能得到乔治·M.普尔曼的一英寸土地。为什么？因为连街道都是他的。你知道街道叫什么名字吗？富尔顿、瓦特和普尔曼……

当我们告诉他我们的不满时，他说我们都是他的“孩子”。普尔曼，这个人和这个小镇就是政治体制的溃疡。他拥有房子、校舍和教堂，却声名狼藉。他用一只手支付工资——普尔曼豪华车公司，又用另一只手将其收回——普尔曼土地协会。他能投标这个国家的任何车店。他的业务对手，为了达到这个目标，必须降低工人的工资。这就是他削减工资以调节市场的借口。他的生意对手也必须跟着削减工资，只能如此。因此，快乐的战争——骷髅沐浴在人类的眼泪中，舞蹈将会继续，永远这样下去，除非，美国铁路工会的兄弟们阻止、铲除他们。

我们的城市如此美丽。在这 13 年里，我们或年轻或年老的女性都没有爆出丑闻。哪个有 2 万人口的城市能够如此呢？自从我们罢工以来，逮捕行为从平均每天 45 起减少到一周不到 1 起。我们和平共处，我们井然有序。我们今天不再绝望，因为我们不用再挨饿了，我们的妻子和孩子不用再乞讨面包了。但是，逃离公众指责的乔治·M. 普尔曼像《天方夜谭》中的瓶子精灵一样不给我们吃的。他耐心地坐在数以百万计的人旁边等待着什么？看着我们饿死。

乔治·M. 普尔曼已经将我们的工资从 30% 调到 70%。乔治·M. 普尔曼要在最后一年支付常规的 2% 的股息和额外一又二分之一的股息，占 3000 万美元资本的九又二分之一。乔治·M. 普尔曼用了三个合同，损失不到 5000 美元。因为他爱我们吗？不。因为这点小损失会从我们要给妻儿添置衣服的钱里补回来，然后在他伟大事业的每一个部门大规模地削减工资，灭掉男孩和女孩的工作热忱，包括在普尔曼汽车修理店的每个员工。就这样，他赚了个大满贯。

兄弟们，如果你们加入我们，我们会让你们感到骄傲的。帮助我们一起共同创造更加美好而健全的国家，将我们从绝望中拉出来。告诉穷人们，以色列的上帝还在，如果需要，那是战神耶和华①。行动起来吧！在最终胜利的那一天，你们会像无所畏惧的绅士一样如愿地站在白色的大宝座前。

19 世纪，对资本主义统治下的贫穷和暴力的反抗就是梦想有不同的世界。爱德华·贝拉米的小说《回顾过去：2000—1887》，假想一个成年人在 2000 年醒过来，身处一个公平公正的世界。他的书几年内卖了上百万册，全国 100 多个团体组织起来，为实现贝拉米的梦想而奋斗。

① 在以色列人的崇拜中，耶和华是一位战神。

爱德华·贝拉米：《回顾过去：2000—1887》（1888）

“究竟谁才是国民公敌呢？”利特博士高声问道，“是英法德这些国家，还是饥寒交迫、衣不蔽体的落魄境地？在你生活的那个年代，政府为了消除国家间微不足道的误解，常常利用公民的血肉之躯，致使成千上万人非死即伤，还滥用公众的财产，挥金如土。政府好事多为，却对受害者连一点起码的补偿都没有。如今天下太平，咱们的政府就没有借口打仗了，但是为了保护民众免受贫困之苦，并且满足每个人的一切身心需要，政府的职能就转变为指导发展一段时期的工业。不，韦斯特先生，细想之下，我保证你一定会发现政府职能极度扩张是你们那个年代的情况，我们这年代可没有。就算是为了做大善事，人们也不会允许权力膨胀的政府为非作歹。”

“别急着做比较。”我说，“在我那个年代，假定由政府控制民族工业，那么，公务员的煽动行为和贪污腐败都会被认为是不可避免的。我们早就该想到这一点，再没有比把国家制造财富的机构交给政客更糟糕的情况了。物质利益被争来争去，与政党间争相推卸的问题一样。”

“你对了，”利特博士说，“但眼下情况有变，政党和政客都不存在了，至于煽动行为和贪污腐败只是具有历史意义的话语。”

“人性一定也发生了巨大变化。”我说道。

“一点没变，”利特博士如是说，“变化的是人类的生活条件，随之改变的还有人类的行为动机。你所属的社会组织就是这样，让官员们不断地受到以权谋私的诱惑。在这样的情况下，你竟然还放心把你的事情托付给他们，这实在太令人费解了。现在，社会政治清明，再居心不良的官员也毫无滥用职权、牟取私利的可能。官员们能有多坏就有多坏，但他们绝对不会腐败，因为他们没有腐败的动机。社会制度不再助长欺诈行为。你只有在日后更多地了解我们以后，才能明白这些。”

“但是，你还没告诉我，你们是怎么解决劳工问题的。这是我们很长时间都在讨论的问题。”我说道，“在国家已经掌握工厂、铁路、农场、矿井和一般资本后，劳工问题仍旧是个问题。确定了资本的作用，国家就确定了资本家的困境。”

“一旦由国家确定资本的作用，各种困难就不复存在了。”利特博士回答道，“在你那个年代，当时那种制度下，无法解决的劳工问题，只要国家劳工组织统一方向就能够完全解决。国家成了唯一的雇主，所有的公民依公民身份成为受雇者，按照工业需要接受指派。”

“这也就是说，”我指出，“你只是简单地将我们这个年代的征兵制的概念运用到劳工问题上。”

“没错，”利特博士说，“一旦国家成为唯一的资本家，这就顺理成章了。人们已经接受了公民义务的观念，非身体残疾者都要服兵役、保卫祖国，人人如此，概莫能外。同样，每个公民都有义务贡献自己的一份力量，无论是体力还是脑力，以维护国家的运作，这一点不言而喻。只有国家成为全体劳工的雇主，市民才能这样服役，可称作普世性或平等主义。如果把用人权利分给几百到几千的个体和集团，就不可能形成劳工组织，因为这两者之间不会有任何形式的统一，更不用说真正实行了。一大批人想工作却苦于没有机会，相反，那些想逃避部分或全部债务的人就可以轻松做到。这些情况时有发生。”

“现在，强制服役高于一切。”我说道。

“与其说是强制，不如说这是理所当然的事。”利特博士回答道，“人们认为这是自然而然、合情合理的，所以没有人会认为这是强制的。”

“工业服役期是终身制吗？”

“哦，不是的。它比你们那个时期的工作时间更晚开始、更早结束。你们的车间里都是儿童和老人，但我们让青年接受专门的教育，到了成年后，体力开始猛增，就可以放宽要求，让他们适当地放松。工业服务期是 24 年，在教育课程结束时开始，即 21—45 岁，45 岁以后就不需要劳动了。但是，在 55 岁前，公民还有义务服从特别调用，以防意外之事引起的劳动力突发性短缺。不过，这样的调用极少出现，事实上，几乎没有出现过。”

第十二章
帝国的扩张

卡利斯托·加西亚写给威廉·R.沙夫特将军的信（1898）

非裔美国人反对帝国主义的三份文件（1899）

萨缪尔·克莱门斯：《评论摩洛人大屠杀》（1906）

斯梅德利·D.巴特勒：《战争是骗局》（1935）

从独立战争结束开始，美国的历史变成了不断扩张的历史。首先是跨越美洲大陆向西行进，发动了美西战争，使用武力，打破条约，驱逐印第安人。1890年，伤膝河印第安人大屠杀，扩张运动达到高潮。

国家扩张运动从大西洋海岸延伸到太平洋海岸，南邻加勒比海，西到夏威夷、菲律宾、日本和中国。

根据记录，1798—1895年，有103次军事入侵。具有讽刺意味的是，1962年才将这份单子交给国会。

19世纪90年代，政治领袖和报纸开始大力宣扬“命定扩张论”。马萨诸塞的亨利·卡伯特·洛奇写了一篇文章，“为了商业利益，我们应当建立尼加拉瓜运河。为了保卫这条运河，为了我们在太平洋的统治，我们应该控制夏威夷群岛，保证对萨摩亚群岛的影响”，还有，“尼加拉瓜运河建成后，古巴岛就是囊中之物了”。

《华盛顿邮报》的一篇社论宣称："我们突然有了一种全新的意识，力量的意识，迫切渴望展示这种力量。人们口口声声谈论的'帝国的滋味'，犹如丛林中的鲜血。"

1896 年，早在威廉·麦金莱当选总统之前，他就提出："我们需要外国市场来接纳过剩的产品。"印第安纳州的议员艾尔伯特·贝弗里奇谈及向外销售过剩产品的必要性："这是顺应形势的政策，世界贸易必定也是我们的。"

1893 年，一部分美国官员企图兼并夏威夷，支持推翻夏威夷政府的计划破产了。尽管有调查显示这是非法干预，威廉总统还是在 1897 年 6 月 16 日筹备了另一次兼并计划。在华盛顿，2 万名夏威夷人签署了反对兼并的请愿书，国会却没有驳回这一计划。但在美西战争中，美国通过法令兼并了夏威夷，这次是 1898 年 7 月 7 日国会做出的决议，夺取这块土地作为攻打占据关岛和菲律宾的西班牙人所需的军事基地。

美国还以解放波多黎各为由，将之纳入"保护范围"。但在 1898 年，商人阿摩司·K. 菲斯克在《纽约时报》上相对中肯地评估了波多黎各对美国的价值："波多黎各的商业价值是百分百的。"

1898 年，古巴人民就已经对西班牙的统治进行了长时间的抵抗。而美国人以西班牙对古巴的残暴统治为由，向西班牙发起战争，在哈瓦那港口炸毁了战舰"缅因"号，导致 268 人死亡，挑起了古巴公众反抗西班牙的情绪，尽管并无证据显示西班牙是这次灾难的幕后黑手。

美国在古巴快速取得了胜利。国务卿约翰·黑尔称之为"华丽的小型战争"。西班牙的统治结束了，但是古巴人民并没有获得自由，因为现在换成美国统治古巴了。古巴不是正式的殖民地，但是美国公司蜂拥而入，控制了古巴的经济。古巴修改宪法，允许美国军队随时进驻，曾经长期反抗西班牙统治的古巴人被撇到一边。美国不允许古巴人自己统治自己的国家。

现在，美国掉头转向太平洋，入侵西班牙的另一个殖民地菲律宾。与古巴战争不同的是，这是一次漫长而血腥的战争，持续了好几年。战争期间，美国还镇压了菲律宾独立运动。在赢得战争的过程中，美国士兵穷凶极恶，至少有 50 万菲律宾人死亡。

在美国，有人反对在菲律宾的战争。反帝国主义联盟成立，马克·吐温是其中的领导人。马克·吐温写道："我们给上千岛民带去和平，然后将之埋葬。然后，以神之名，我们是世界强国。”

极为讽刺的是，美国黑人的孩子被送去攻打菲律宾。在战争的那些年里，大量黑人被处以死刑，对黑人的教导是“耐心、勤劳和谦逊”，而白人则是“爱国主义”。

下面是卡利斯托·加西亚将军写给美国远征军军长威廉·R. 沙夫特将军的关于美国夺取古巴政权的信。

卡利斯托·加西亚写给威廉·R. 沙夫特将军的信（1898）

先生：

5 月 12 日，古巴共和国政府命令我，作为古巴军队的东部指挥官，与美国军方合作，遵从其计划并服从其指挥官的命令。先生，我已尽了全力实现我国政府的愿望。直到现在，我一直都是您最忠实的下属之一，为能在职权范围内执行您的命令而自豪。

圣地亚哥城向美军投降了，而这一重大的消息居然是一个完全陌生的人告诉我的。我没能荣幸地被您告知，关于和平的谈判或西班牙人投降的条件。其后，西班牙军队投降的重要仪式，您占领城市，这两大事件我是从公开报道中得知的。

先生，我和我的下属也没有那个荣幸被您好言邀请代表古巴军队出席那样难忘的场合。

最后，我才知道您已经放弃了在圣地亚哥的权力，而我同古巴独立的敌人西班牙当局抗争了三年。请允许我说这些当局从未通过圣地亚哥城市居民的推选，而是由西班牙女王钦命的。

先生，我赞成军队在你的命令下占领城市、驻军和筑堡。

我会诚心地配合您，执行您在美国军事法律规定下采取的最好的措施，驻军城市并维持公共秩序，直到时机成熟，实现美国人民的庄严承诺，在古巴建立一个自由和独立的政府。但在我们同西班牙奋战了 30 年的特殊情况下，古巴圣地亚哥任命的政府却出了问题，我深感遗憾地发现，这样的政府不是由古巴人民选举产生的，而是与西班牙女王钦命的一样，与为捍卫西班牙对古巴统治而任命的部长一样。

将军，有谣言说你采取这些措施和禁止我的军队进入圣地亚哥的原因居然是惧怕我们对西班牙人报复。这太荒谬了，简直难以置信。先生，请允许我抗议这种想法。我们并不是无视文明社会的野蛮人。我们只是贫困落魄的军队，与你们的祖辈一样贫困落魄——他们为神圣的独立战争而战斗，如同萨拉托加和约克镇的英雄。我们如此尊重我们的事业，以至于为野蛮和懦弱的行为感到羞耻。

鉴于所有这些原因，我很遗憾再也无法遵从政府的命令了，所以，今天我向古巴军队总司令少校马克西莫·戈麦斯提出辞去指挥官一职。

等待他的答复，我已将我所有的部队交给了希瓜尼。

卡利斯托·加西亚

美国的扩张引起了非裔美国人的强烈反抗，反对种族主义和暴力行为。

1903 年，黑人学者、作家 W.E.B. 杜波依斯在其作品《黑人的灵魂》中写道，黑人对“美国近期对西印度、夏威夷和菲律宾的弱势群体和有色人种的暴行”的反感情绪非常强烈。

下面是当时关于黑人反战情绪的三份文件。

非裔美国人反对帝国主义的三份文件（1899）

路易斯·H. 道格拉斯：黑人反对麦金莱（1899 年 11 月 17 日）

总统威廉·麦金莱在明尼阿波利斯演讲时，提到了美国统治下的菲律宾人：“他们将不再是仆从、农奴或奴隶。他们将得到一个自由的政府，一个有法可依、依法执政的政府，没有压迫和剥削。（菲律宾人民）依靠税收而不是暴政，依靠正义而不是贿赂，可以接受没有社会地位限制的教育，宗教信仰自由，拥有保卫生命、自由和追求幸福的权利。”

我不相信麦金莱总统能够满怀自信地发表上述声明。伟大的政治家忽视了一个事实：以自由和文明的名义杀死菲律宾人的士兵心中具有极强的种族和肤色偏见。

麦金莱总统知道，勇敢而忠诚的美国黑人士兵为他们的国家战斗牺牲，却遭到憎恶、鄙视和残酷的对待。美国总统知道自己不能在阿肯色州树立黑人的英雄形象。他认为民众的仇恨会破坏国家，所以他下令将黑人士兵送到小石城。政府缺乏勇气来处理美国公民对种族和肤色的偏见，显然证明了其脆弱和卑鄙，屈服于“政府是白人的政府”和“黑人种族没有任何权利”的观念。

这是一个悲哀的事实，无论政府怎么控制，对黑人的不公依旧盛行。古巴、波多黎各、夏威夷和马尼拉人对美国那些被迫害的印第安人和愤怒的黑人再清楚不过了。

我们要问：为什么政府对数千英里之外的菲律宾做出保护黑人公民的承诺，而在国内从不指责非法杀害具有非洲血统的美国公民以满足嗜血成性和种族仇恨的目的？

试图让我们相信对菲律宾人的杀戮是为了建立自由政府，保障生命、自由和追求幸福的权利的说法是最令人作呕的谎言。

美国认为不需要对不同种族和肤色讲正义。而现在，国家的扩张就意味着种族仇恨和残忍的扩张，对黑人的野蛮私刑和严重不公平。

黑人不要加入军队（1899 年 5 月 1 日）

现在，是告诉我们年轻的黑人不要加入美国军队的时候了。

如果这是白人的政府，那让白人自己保卫自己的政府吧。这个国家的国旗上有 40 多颗星，却没有一颗是代表有色人种的。黑人没有公民权，没有社会权，没有政治权，没有司法权以及现有的一切权利。他们可能存在着，还活着，直到死刑将之处死。当白人准备要夺走他们的生命，这个国家，上自总统麦金莱，下至最底层的最可鄙的白人垃圾，都会异口同声地说：“干得好！”即便是不出声，他们也会用沉默表示他们的赞同。而几个月前被征召的黑人就被侮辱、殴打，比野兽还凶蛮。如果他们从车里下来，他们就会被控试图杀死男人、妇女和儿童，放火烧毁城市和村庄。如果他们坐在汽车上不敢下来，报纸上就会给他们贴上懦夫的标签，说他们害怕，因为他们知道即将遭遇什么厄运。

“让火车站的警察武装到牙齿，凡有轻微的挑衅就可以随时开枪。”我们现在要问，面对这些事实，而且是并非片面的事实，黑人还想入伍，为这样的国家而牺牲吗？能得到什么呢？有什么好处呢？谁会给你好处呢？假定黑人大量入伍，到西班牙的岛屿，帮助解决领土争端问题，使之纳入美国的独裁统治之下，他们又能得到什么权利，能享受什么，拥有什么呢？有个哈瓦那来的古巴人一周前被迫与我们一起坐在歧视黑人的车上，他告诉我们，美国正在展现其恶魔般的偏见。他说："古巴从不以肤色衡量一个人，直到某个国家的流氓和恶棍攻入了古巴。"他给我们看了证明他是个伟大商人的文件，他经营最好的烟草和雪茄生意，可是，现在他被迫乘坐歧视黑人的车，在每个车站被围攻。这个古巴人并不是黑人。

我们想问问年轻的黑人，是否打算将自己宝贵的生命奉献给这样一个国家？如果你们想牺牲自己的生命，那应该是为了仁慈，为了荣誉，为了展现男子气概，为了更好的目标，为了高尚的行动，起码是为了给自己的人生留下点光辉的记忆。我们是美国历史上第一批非洲化的牧师，我们曾经向迎风飘扬的国旗致敬，但对黑人来说，那只是一块没有用的破布。我们承认，对白人而言，国旗是自由主权、国家独立的象征，但对黑人来说，又有什么意义、什么荣誉呢？我们并不是仆人一般的傻瓜，国旗只是一块污浊肮脏的破布。

应当反对美国军队征募黑人。鼓励美国军队征募黑人，无异于鼓励谋杀无辜者，而愚蠢的年轻人并不知道他们正在干什么蠢事。此外，大部分白人其实并不希望征募有色人士兵（我们的州长就不赞成），大部分白人媒体也纷纷反对。他们认为黑人士兵是怪物，而我们认为他们才是怪物。我们再次告诫有色人种，不要加入美国军队，不要对不保护你们的国旗进行无谓的宣誓。如果我们有雷鸣电闪的雄音，我们抗议黑人入伍的声音将惊天动地。

马萨诸塞州有色人种 I.D. 巴奈特等人给麦金莱总统的公开信

（1899 年 10 月 3 日）

先生：

马萨诸塞州有色人种进行大规模集会，决定给您寄一封公开信。先生，我们给您写信，不是祈求，而是我们作为美国公民的权利。我们是您的子民，您必须倾听我们的意见，平等地与我们对话，与您在类似的情况下对待您的同胞一样。

我们要求享受生活、自由和追求幸福的权利，与其他人一样。我们要求宪法和法律保障我们的权利，使我们作为美国公民拥有自由和充分行使所有权利，这是您郑重宣誓要服从并执行的。我们要求的权利是宪法和法律认可的属于我们的权利。整个南方剥夺了我们的权利，凶残的暴徒、无法无天的立法机构、无效的法规、各种团伙，就在您的眼皮底下，公开迫害我们。我们要求拥有属于我们的权利，政府必须保障我们的生命安全、我们的自由以及追求个人和社会幸福的权利。

先生，我们已经饱受折磨——上帝知道我们受了多少折磨！您当政以来，您自称美国是一个基督教国家，但其实不是；那些充满仇恨和暴力的人自称是文明人，但其实不是。高高在上的您亲眼看见了我们的苦难，见证了我们的惨况和不幸，可是，您在任何时候、任何情况下都没有开尊口为我们说话。为什么呢？我们想问。是因为我们是黑人，软弱无能，面目可憎吗？您保持沉默，是因为两个多世纪以来，没有任何过错的我们被您的祖先残酷地奴役吗？是因为我们身上承载了一代又一代盎格鲁－撒克逊的残忍和邪恶吗？我们被奴役，最后遭受贫困和无知退化，是我们的错吗？我们活该被白人虐待杀死，因为我们要从他们那里得到作物的种子吗？我们活该被苛刻的法律和暴徒的疯狂暴力杀害，因为我们是白人的奴隶吗？总统先生，我们确实是黑人，但我们同时也是美国公民。

18个月前，古巴为了摆脱西班牙束缚的革命，或西班牙镇压古巴叛乱，联邦政府参与了吗？我们相信，您和美国国会最后动用国家的武装力量将西班牙驱逐出了古巴。为什么这样做？是因为“古巴人有权获得自由和独立”吗？您和国会都是这样说的，那么，我们可能要热切地祈祷：“先生，这些勇士所争取的自由和独立不要被我们的政府剥夺了！”假设在您的决断中还有另一层考虑，将古巴问题纳入联邦政府的考虑范围，这就会导致美国政府武装干涉古巴的内政，因为“古巴时不时的暴乱威胁我们的利益和安宁”。所以，您要根除这种情况，实际上您也做到了。而南方“时不时的暴乱”对“我们的利益与安宁”有千倍的威胁。最好是古巴革命者自己争取古巴独立，而不是依靠美国的帮助。

国家的罪过和不公正地对待共和国不是更具“伤害和威胁”吗？有些人不认为古巴问题与联邦有关，而其他人则持相反意见，我们有意志和力量最终压制对国家和人类造成危害的错误行为。总统先生，有志者事竟成，无志者事皆空。难道说联邦政府要伸出布里亚柔斯[①]般的手臂到全球宜居之地保护其公民，解放岛民，压迫一些人？因为他们无力保证国内某些公民不可剥夺的生命权、自由权和追求幸福的权利，因为这些公民恰巧是黑人，且居住在我国南方地区。美国的有色人种是否应该得到和您统治下的古巴人民一样的平等权利——虽然晚了，但他们能得到吗？

19 世纪末，美国继续进行扩张，在美西战争结束后，紧接着吞并了夏威夷、古巴、波多黎各、萨摩亚和菲律宾。

扩张政策遭到了国内的反对。在反帝国主义运动的主要作家和学者中，包括萨缪尔·克莱门斯，他以笔名马克·吐温闻名。马克·吐温因其小说《哈克贝利·费恩历险记》和《汤姆·索亚历险记》而闻名。比较不出名的是他反对美帝国主义扩张的文章。有感于公众反对 1899 年对菲律宾的血腥侵略和占领——乔治·W. 布什在 2003 年引用为占领伊朗的“参考案例”，马克·吐温在国外居住了 10 年后回国，成为 1900 年才成立的反帝国主义联盟的副主席。他一回国就宣称：“我是反帝国主义者。我反对雄鹰将巢穴建在别的国家。”

下面，是他针对菲律宾 600 名摩洛人被屠杀的讽刺文章。

萨缪尔·克莱门斯：《评论摩洛人大屠杀》（1906）

上周五，驻扎在菲律宾的我军指挥官发给华盛顿政府的电报记录了震惊世界的事件。实情如下：

皮肤黝黑的野蛮人摩洛人组成的部落，坚守在离霍洛岛不到几英里的休眠火山口洼地里。他们很野蛮，对我们很不友好，因为我们在 8 年里一直企图夺走他们的自由，他们占据的位置对我们构成威胁。我们的指挥官伦纳德·伍德将军下令侦察，发现有 600 个摩洛人，包括妇女和儿童，而他们的火山口在海拔 2200 米的地方，基督教部队和炮兵很难攻入。然后，

① 布里亚柔斯：又称埃该翁。在希腊神话中，他是乌拉诺斯和盖亚所生的 3 个有着 100 只手、50 个头的儿子之一。据传，他和他的兄弟成功地帮助主神宙斯抵御提坦巨神们的进攻。

伍德将军下令突袭，他自己也参与行动。

我们的军队一路艰辛地爬上高地，有的甚至还带着一些火炮。到了火山口的边缘后，战斗开始了。我方540个士兵。他们付钱请来当地警察协助他们——没有记录人数，还有派遣的海军——也没有说明人数。显然，交战双方人数几乎持平——我方在火山口有600人，而底部是对方的600名男人、妇女和儿童。火山口深50英尺。

伍德将军的命令是："杀死或捕获600人。"

战斗开始了——官方说法是战斗，我军用大炮和致命精准的手枪向火山口发射，这帮野蛮人开始疯狂地还击，可能用的是碎砖——这只是我的一个推测，因为电报里没有提到野蛮人使用的武器名称。迄今为止，摩洛人主要使用刀和木棍。

官方的调查报告表示，双方的战斗惊人地持续了一天半，最后美国军队取得完全胜利。完全胜利的证据是：600个摩洛人无一生还，我方的600名英雄只有15人牺牲。

伍德将军就在现场旁观。他下令："杀死或俘虏那些野蛮人。"显然我们的军队认为"或"取决于个人口味，而他们的口味在8年里一直都是——基督教屠夫的口味。

官方报告恰如其分地赞美和放大了美国军队的"英雄主义"和"勇敢无畏"。哀悼牺牲的15人，认真处理了32名伤兵的伤口，甚至还细微如实地描述伤口的性质，以满足美国未来历史学家的兴趣。其中提到一个列兵双肘被导弹擦伤，连这名列兵的名字都提到了。另一名列兵的鼻子被导弹刮伤，电报中也提到了他的名字。这是一份每字1.5美元的电报。

第二天的新闻证实了前一天的报告，再次列出我军牺牲的15人和受伤的32人的姓名，并再次用最贴切的形容词描述他们的伤情。

现在，让我们想想我们军事历史的两三个细节。在内战的一次伟大的战役中，参战双方有10%的伤亡。在滑铁卢战役中，双方各有40万人，就有5万人伤亡，经过5小时的战斗后，只剩下35万人安然无恙，还能进行下次战斗。8年前，一场被称作"古巴战役"的悲剧拉开帷幕，我们召集了25万人。经历战争洗礼后，我方有268人伤亡。我们未能消灭西班牙人，还差得远呢。在每场战役中，我们平均造成敌人2%的伤亡率。

可以将这些数字与屠杀摩洛人的统计数据做比较。而在屠杀摩洛人的战斗中，双方都是600人，我们有15人当场死亡、32人受伤——连鼻子和肘部的擦伤都算在内；而敌人全军覆没，我们连丧母大哭的婴儿都没有放过。这是美国的基督教士兵有史以来最伟大的胜利。

我们是怎么收到这个消息的呢？周五上午，在这个有401.3万居民的城市里，各大报纸都用醒目的大标题做了报道，但是没有一份报纸的专栏页面专门报道这个消息。周五的晚报又出现这条新闻，而专栏页面面对这巨大的成就仍旧毫无动静。第二天，额外的统计数据和细节出现在所有的早报中，专栏页面一点都没提及此事。当天的晚报再次提到这些额外报道，专栏页面仍旧一声不吭。用于通信的专栏在周五和周六的早上和晚上都没有提到这场“战斗”。通常这些专栏都是乐意迎合公民的情绪的，大事小事均不放过，但专栏对此事就是既没有赞扬也没有谴责，没有表示欢喜或愤怒。

然而，正如我所说的，在这两天，它们跟一贯沉默的编辑一样。目前，我只发现，在我们8000万人中，只有美国总统一人有权公开评论这一伟大事件。星期五一整天，他与其他人一样刻意沉默着。但周六这天，他意识到，他的职责要求他说点什么，于是，他拿起笔，履行他的职责。这应该是罗斯福总统最为痛苦和耻辱的发言。我并不是在指责他。如果我是总统，我的职责也迫使我那样发言。这是惯例，必须遵守，完全无能为力。他是这样说的：

3月10日，华盛顿。

伍德·马尼拉：祝贺你和你手下的官兵，因你们杰出的军事才能为国争光。

西奥多·罗斯福（签署）

他的整个发言只是例行公事，并不是他的真心话。他清楚地知道，在一个高海拔的安全位置，用一天半的时间，屠杀洞里600个手无寸铁的野人，与杀死掉入陷阱的老鼠一样轻而易举，根本不能代表美军士兵的辉煌成就。他清楚地知道，这些穿制服的刺客并没有为国争光，而他们连续8年在菲律宾的所作所为却让国家蒙上耻辱。

第二天，也就是星期天，报纸上又出现了额外的喜讯。报纸的大标题是《摩洛人大屠杀中遇害的女人》，向首都人民大声呼告这一消息。

“屠杀”是一个恰当的词。当然，这样的情况在完整的字典中找不到更合适的词。

下一个标题是《混在暴徒中的孩子也一起死了》。

他们是几乎裸体的野蛮人，看着他们，我们能够感觉到他们的无辜和无助。如果不看他们的种族、肤色、信仰和国籍，他们也不过就是些孩子。看着他们害怕、哭泣和烦恼的样子，我们自然而然会疼惜他们。我们看到的是这样的画面：他们惊恐的脸，他们的泪水。我们看到了他们的小手抱住母亲在恳求。

下一个标题如天空的烈日照耀着美国的荣耀：《现在的死亡人数是900人》。

我至今都不觉得这是多么光荣的消息啊！

斯梅德利·D. 巴特勒是美国著名的海军陆战队少校，1898 年入伍，参加了美西战争。之后，他陆续参与了对菲律宾、尼加拉瓜、巴拿马、洪都拉斯、墨西哥和海地的军事入侵，两次获得国会荣誉勋章。

但是，巴特勒重新审视了自己的行为。他写道："对我来说很奇怪，一个军人怎么会接受这样的对照？真相驱使我这样做。我花了 33 年又 4 个月，作为美国最精锐的部队海军陆战队的成员，积极参与军事行动。在那段时期，我花了大把时间充当大财团、华尔街和银行家的高级保镖。简而言之，我就是个骗子，是资本主义的恶棍。1914 年，墨西哥，特别是坦皮科能安全地为美国提供石油，我尽了绵薄之力。还有，帮他们将海地和古巴变成花旗银行增加国家税收的好地方。我还帮助他们侵入美国六个中央政体，为华尔街牟利。我的'行骗'记录罄竹难书。1909—1912 年，我还帮忙在尼加拉瓜建立布朗兄弟的国际银行——之前在哪儿听到过这名字？1916 年，为了美国的甘蔗利益，我还给多米尼加共和国带去光明。在中国，我帮助他们确保标准石油顺利完成。那些年里，我就是个利欲熏心的骗子。"

1935 年，巴特勒发表了《战争是骗局》，强烈谴责自己参与过的为商业利益而进行的帝国主义扩张行动。

斯梅德利·D. 巴特勒：《战争是骗局》（1935）

战争是骗局，一直都是骗局。战争可能是最古老的、最赚钱的，当然也是最邪恶的骗局。战争还是唯一的国际范围内的骗局，唯一的以美元计算利润、以生命计算损失的骗局。

我认为，骗局是对战争最好的描述，尽管多数人并不知道这点，只有少数“内部”人士知道战争的本质。战争是牺牲多数人为少数人牟利的骗局。少数人大发战争财。

在第一次世界战争期间，至少有 21000 个百万富翁和亿万富翁在美国“诞生”。他们中许多人承认自己的巨额财富是偷税漏税得来的。

这些发战争财的富翁有多少人扛过步枪？有多少人挖过战壕？有多少人曾经挨饿受冻过？有多少人夜里失眠，担忧炮弹、榴弹和机枪子弹的突袭？有多少人躲避过敌人的刺刀？有多少人在战争中受伤或死亡？

国家战胜就能获得额外的领土，直接就占领了。少数人采用了这种快速获得新领土的办法——也使这些少数人在战争中大发横财，由公众埋单。

多年以来，我一直在怀疑战争是一场骗局，直到我退休后过上正常人的生活，我才完全意识到这点。现在，我看到国际战争乌云密布，我就必须面对事实，大胆地说出这个事实。

他们再次选择站在哪一方了。法国和俄国会面后结盟了。意大利和奥地利也不落人后，匆匆结盟。波兰和德国冰释前嫌，含情脉脉，将曾经的波兰走廊纠纷抛之脑后。

南斯拉夫亚历山大国王遇刺令时局更加复杂：南斯拉夫与匈牙利是长年的仇敌，意大利则跃跃欲试，法国则在一边观望，捷克斯洛伐克也是。这些国家都展望战争。不是人民，不是那些战斗、纳税和牺牲的人民，而是那些煽动战争的人安全地待在家里等着收钱。

世界上有 4000 万军人整装待发，而我们的政治家和外交官还在信口雌黄地说什么“不会有战争”。

地狱的钟声！难道这 4000 万训练有素的士兵只是舞蹈者吗？

可以肯定的是，意大利不是。总理墨索里尼知道练兵是为了打仗。至少，他直言不讳。就在第二天，墨索里尼在卡内基国际和平基金会发表了“国际调解”，说道：“最重要的是，慎重考虑和执行法西斯主义才是人类未来的政治方向。战争能让人高度紧张、激发潜力，勇于战斗的人将拥有荣誉称号。”

毫无疑问，墨索里尼所说的都是他的真实想法。训练有素的军队，大型飞机舰队，连海军都在紧张地备战。在匈牙利与南斯拉夫的争端中，他选择站在匈牙利一方，就表明了他的态度。

希特勒重新武装了德国，还不断要求更多的武器，同样威胁着和平。法国最近才延长了年轻人的兵役期限，从1年延长至18个月。

在东方，动作就更熟练了。早在1904年，日俄战争期间，我们一脚踢掉了我们的老搭档俄国，转而支持日本。然后，我们慷慨的国际银行家们都纷纷资助日本。对中国的“门户开放”政策对我们意味着什么呢？我们与中国的每年贸易总额约为9000万美元。还有菲律宾群岛呢，我们30年里在菲律宾花了大约6亿美元，（银行家、实业家和投机者）还私人投资了不足2亿美元。

然后，为了保障与中国贸易的9000万美元，以及在菲律宾投资的2亿资金，我们都将激起民众对日本的仇恨，向日本开战。战争很可能消耗我们数百亿美元，导致成千上万的美国人伤亡。

当然，对于这些损失，利润会有所补偿，有人能大发横财。少数人能够积累数百万甚至数十亿美元。军火制造商、银行家、造船商和投机者，他们都能发大财。

是的，这些都是国家筹备另一场世界战争的原因。为什么不打？战争能支付高额股息。

然而，对大众有什么好处呢？

死去的人能得到什么呢？他们的母亲和姐妹、他们的妻子和心上人能得到什么呢？他们能给他们的孩子留下什么？

战争除了给极少数人带来巨额利润，还有什么好处呢？

战争对国家又有什么好处呢？

以美国为例。直到1898年，我们在北美大陆之外没有得到任何领土。那时，国家的债务已经超过10亿美元。然后，我们有了“国际意识”。我们忘记或“扔掉”了先辈们的建议。我们忘记了乔治·华盛顿的“危险结盟”

的警告[1]，我们参战了，我们收购了外面的领土。

在世界战争期间，因为参与国际事务，直接导致我国债务飙升至250多亿美元。

远离国际纠纷，对一般美国人来说，支付的账单要少得多。对极少数人而言，战争骗局跟非法制造和其他底下交易一样，能带来巨额利润，至于操作的成本，总是转嫁到人民身上——而人民什么好处都没得到。

①华盛顿在其总统任期满后发表的《告别词》中提出：不要与任何国家建立永久的联盟。美国独处一方，远离他国，这种地理位置允许并促使美国推行一条独特的外交路线，使好战国家不能从美国获得好处，也不敢轻易冒险向美国挑衅。由于欧洲与美国无关，或者只有非常微小的利益关系，因此美国不能通过人为的纽带，陷入欧洲的政局变换中，或者卷进与欧洲为友或为敌的那些结合或冲突中。

第十三章 社会主义者和世界产业工人联盟

托莱多·比：《鼓动——进步最重要的因素》（1903）
厄普顿·辛克莱：《丛林》（1905）
W.E.B.杜波依斯：《黑人的灵魂》（1903）
爱玛·戈尔德曼：《爱国主义：自由的威胁》（1908）
劳伦斯纺织工人的《罢工宣言》（1912）
阿图罗·乔万尼提对陪审团的讲话（1912）
伍迪·格思里：《勒得罗大屠杀》（1946）
乔·希尔：《我的遗嘱》（1915）
茱莉亚·梅·考特尼：《记住勒得罗大屠杀》（1914）

海外战争，工人的悲惨状况，拥挤城市穷人的惨象，这些因素引发了20世纪早年的激进主义。

这一时期，激进主义的重要表现之一就是受无政府主义影响的工人组织，成为世界产业工人联盟。1905年，世界产业工人联盟成立后，工人领袖“大比尔”海伍德、社会主义党领袖尤金·德布斯和75岁高龄的矿工组织者玛丽·琼斯妈妈共同签署了纲领。

1908年，世界产业工人联盟提到了阶级矛盾：“工人阶级和雇佣阶级迥然不同。当数百万工人生活在困苦中，而少数人组成的雇佣阶级享尽人生美物，两者就无法和平共处。通过产业联合，我们就能够在旧社会中建立新社会的框架。”

社会主义运动是应运而生的另一次强有力的运动。1894年，尤金·德布斯因参与普尔曼罢工而被收监。在监狱中，他成了社会主义者。他成了社会主义政党的领袖，五次成为总统候选人。社会主义党一度拥有10万名成员，在340个自治区设立了1200个办事处。这一时期的著名作家，如厄普顿·辛克莱、海伦·凯勒和杰克·伦敦都是社会主义者。这一时期是美国历史上社会主义思想的全盛时期。

20世纪早期，最突出的工人运动的组织者是玛丽·哈里斯，我们称其为“琼斯”。生于爱尔兰的她成为联合矿工的组织者，她在80多岁高龄时，还组织了西弗吉尼亚和科罗拉多的矿工会议。1905年，她帮助建立了世界产业工人联盟。厄普顿·辛克莱受她的启发，将她作为小说《煤炭战争》里某个人物的原型，小说记载了勒得罗大罢工和大屠杀。“她行走在全国各地，她走到哪里，那里的人心中就燃起抗议的火焰。她的人生就是名副其实的奥德赛反抗史。”

下面是琼斯妈妈1903年在托莱多纪念馆发表的演讲，由托莱多·比报道。

托莱多·比：《鼓动——进步最重要的因素》（1903）

闻名全国的“琼斯妈妈”，也是举世闻名的“矿工们的天使”，昨晚在纪念馆对1200人发表了演讲。低矮的大厅里挤满了人，全场座无虚席，人满为患，连厅外的台阶都站满了人。

这确实是一个混杂的聚会。上流社会的女人，出于对享誉盛名的矿工守护神的好奇，工厂女孩，有钱人和穷人，黑人和白人，男女老少，并排坐着，交头接耳地评论着。

“琼斯妈妈”是一个雄辩的演说家。她的东部口音令她的话充满吸引力，她遣词造句的能力构造了一幅栩栩如生的画面。虽然她已白发苍苍，但仍旧乐观硬朗，她的声音传到了大厅最偏僻的角落。

“工人同胞们，”她开始说道，“很高兴我们能够聚在这里。100多年前，人们就常聚集在一起讨论重要问题，后来他们为了一个原则而奋斗，为我们赢得了公民自由权。40年前，男人们聚集在一起讨论旧社会的罪恶，后来他们并肩战斗，最后废除了奴役制度。但是，清除我们国家的这个污点后，另一种罪恶——工资奴役制度，再次束缚了我们的人民。

“我站在这个讲台上，为这个国家的现状而羞愧。就在几天前，我拒绝了到英国演讲的邀请，因为我感到羞愧。首先，我想让全世界知道美国的现状；第二，因为这里需要我。我来自上帝诅咒的地方，那个地方被称为西弗吉尼亚州。那个州产生了一些最好的、最聪明的政治家，那个州的情况糟糕到你们难以想象的地步。

“今晚我要告诉你们一些糟糕的事实，但是，也许你们最好能够知道。如果你们有男子气概、女人的柔情和爱国之心，这些将唤起你们的血性。我刚从一个州过来，这个州每隔一英尺的地面上就有一个禁令。数月前，前美国煤矿工人联合组织的主席（约翰·米切尔）让我观察西弗吉尼亚州矿工的情况。我去了。我在黑暗的夜晚让矿工们聚集在山边。我要在那里倾听他们的痛苦，然后试着鼓励他们。我不敢睡在矿工的房子里，因为如果我睡了，明天早上，这个可怜的人就会被叫到办公室，被控庇护琼斯妈妈。

“我尽最大努力给这些受压迫的人打气，但这是一个艰难的任务。他们被压迫久了，骨子里充满了惧怕。我常常在夜里坐在溪水边。我不能到矿工的茅草屋里，早上我会叫摆渡者带我过河，住在非矿主经营的酒店里。

“无烟煤区的男人要求提高工资，但被拒绝了，罢工开始了。我待在西弗吉尼亚州，召开了一次次会议。有一天，我站着与一些男孩聊天，就收到了两张禁令。我们被逮捕了，不过很快被放了出来。我抗议监狱里的食物，抗议对我的逮捕。当我被带到法官面前，我称他为‘沙皇’，他就让我走了。其他人都很害怕，然后他们被关进监狱。接着，我违反了一条又一条禁令，但没有再被逮捕过。为什么？法院本身就强迫人们不要尊重法院。

“几天后，斯坦福安静的小采矿营地发生了可怕的大规模谋杀。我知道那些人是守法公民。我去过那里。射杀他们的美国副警长们是残忍而冷血的罪犯。他们最后在宾夕法尼亚州最高级的酒店里享受矿主们的款待。你们完全无法知道这场大规模谋杀的可怕。拂晓前，副警长和特派官员走进屋里，将躺在床上的人杀死，因为矿主想让‘狗腿子’（破坏罢工者）离开矿场。

“我来告诉你们整件事的经过。副警长们将破坏罢工者带到矿场。这些男人想和他们说说话，最后踩到有禁令的地面上。他们拒捕，最后成功逃回家。矿工工会的官员之一向他们发电报：‘不要拒捕，去自首。我们会救你们的。’一个美国警长回话，因为矿主不允许他们使用电话发送消息到小采矿营地，他要花好几个小时才能到那里。矿工的官员保举了这些人，第二天早上授予他们代表权，将他们保释出狱。但是，第二天早上，他们就被冷酷地谋杀了。

“这些联邦法官仍旧在发布禁令，他们是工会的同胞们投票选出的政治代表啊！你想得到什么，就得像动物一般下跪乞求。看来，你还没有意识到自己拥有选举权。女人不用负责，因为她们没有选举权。

“我讨厌你们的政党，共和党和民主党。我希望你们能否认我接下来要说的这些话，如果你们可以的话。你们想要当官，你们就必须进入这个圈子。你们必须按照这个圈子的规则行事，否则你们就没有机会当选。只要你们这样做，你们就能得到资本主义的坚决支持。我要让你们认识这个人（塞缪尔·弥尔顿）琼斯，他最终当选这个美丽城市的市长。不，他不是我的亲戚。不是的，他属于那一派认为资本和劳动力必须结合起来的改革者。他可能是个好人，祈祷太平盛世。但是，我想知道，如果我攻击你们，你们还会跟我握手吗？他建造了公园，让工人们得到满足。但满足工人远远不够。所有进步止步于得到满足的人。我是个鼓动者，鼓动者是进步的最大因素。”

说到这里，她将话题转到了上流社会的女人身上：“我看到坐在下面的听众中有很多是上流社会的女性，因为好奇那个‘老琼斯妈妈’而来到这里。我比你们自己还了解你们。我可以走到过道上，挑出你们其中的一人。你们可能认为我疯了，但我确实了解你们。你们这些社会名流真是可怜的生物。你们穿着高领衣服来托起你们的下巴。这种吃人的商业已经将手伸向摇篮，将男孩女孩拉进工厂毁掉，而你们，仍然以基督的名义，在家里护理你们的贵宾犬。你们是时候出来为人类工作了。我从一家工厂开始做起。我到过一个又一个的工厂，没有哪一英寸的地面上没有沾染过孩子的鲜血。”

20世纪早期，社会主义思想的广泛传播部分是受了厄普顿·辛克莱的小说《丛林》的影响。辛克莱1902年加入了社会主义党，是颇具影响力的社会主义杂志《呼吁理性》的撰稿人，1905年《丛林》开始在上面连载。

小说详尽地描写了芝加哥肉类加工厂工人被剥削的情况，激起了改革的呼声，推动了1906年《肉类检验法》的进程。

在下面的选文中，辛克莱为不公正的资本主义构想了社会主义方案。

厄普顿·辛克莱：《丛林》（1905）

编辑梅纳德先生曾天真地说，他一向认为社会主义者对人类文明的未来有一个一成不变的纲领；而这里却有两位党的活跃分子，他们的观点，在他看来简直毫无共同之处。能不能请这两位，为了解开梅纳德先生的疑团，先说说他们究竟有些什么共同的地方？他们为什么同属于一个政党？结果，在经过很久的辩论后，拟出了两条经过仔细推敲的原则性意见：第一，社会主义者相信公有制，主张对生产生活必需品的生产资料采取民主管理；第二，社会主义者相信，必须通过靠工资生活的人的有阶级觉悟的政治组织来实现这一点。他们的意见相同之处就到此为止，别无其他。

在宗教狂热分子卢卡斯看来，合作国家是新耶路撒冷，是“在你心目中的”天国。但在另一个人看来，社会主义只不过是走向一个遥远的目标必须迈出的一步，是我们必须勉强忍耐的一步。希里曼称他自己是一个“哲学的无政府主义者”。他解释说，所谓无政府主义者，就是他相信人类生存的最终目的是各种个性的自由发展，除了本身存在的法则限制之外，不再受任何法律的约束。既然同一根火柴可以点燃任何人家的火，同一块面包可以填饱任何人的肚子，那就表明把工业交给多数人的表决意愿去管理是完完全全行得通的。地球只有一个，物质资源是有限的。另一方面，精神力量和道德方面的因素却是无限的，一个人不论占有多少，都绝不会使别人因此吃半点亏。因此“物质生产的共产主义，精神生活的无政府主义”乃是现代无产阶级思想的基本公式。等待生产的阵痛一过去，社会的创伤一愈合，一个任何人都按支付劳动、领取所需的简单的制度便将建立起来。在那之后，生产、交换和消费等过程便将自动进行，我们将丝毫不再为它们操心，一如我们今天谁也不去对心的跳动操心一样。

希里曼解释说，到那时，社会便将分裂成若干独立的、由互相喜悦的人组成的自治社会。今天的俱乐部、教堂和政党便是榜样。在这次革命之后，一切思想的、艺术的和人的精神活动自会有这类“自由社团”去负责：浪漫主义小说家自会有喜爱阅读浪漫主义小说的人供养，印象派画家自会有喜观印象派绘画的人供养。对于牧师、科学家、编辑、演员和音乐家，全都一样。如果任何人想要工作或绘画或祈祷，但又找不到供养人，那他可以将一部分时间用于工作，自己养活自己。目前的情况实际已是这样，所不同的只是，现在这种互相竞争的工资制度迫使一个人为了维持生活必须整天劳动，而在消灭了特权和剥削以后，任何人每天只需要工作一小时便可以维持生活了。

还有，艺术活动的观众目前只限于极少数人，因为为了在商业斗争中获胜必须付出的努力使他们变得品位低下和庸俗化了。当整个人类完全从商业竞争的噩梦中清醒过来之后，人的文化和艺术活动将会变成一种什么样子，那是我们现在完全无法想象的。

接着，那位编辑想请希里曼博士告诉他，他凭什么肯定一个社会有可能依靠它的全部成员每天一小时的劳动便能存在下去。他回答说：“如果把目前科学上的一切成就全部加以利用，那我们的生产能力究竟有多大，我们现在无法确知，但我们可以肯定，它将大大超过习惯于残暴、野蛮的资本主义的头脑所能设想的程度。在国际无产阶级获得胜利以后，战争当然会变成不可思议的事。谁能计算出人类为战争所付出的代价？比如，它所毁灭的生命和财产的价值；养活成百万的闲人，把他们武装起来，以便投入战争或进行检阅；战争姿态和战争恐怖所消耗的社会的活的精力；战争所招来的凶残、无知、酗酒、卖淫；工业的停顿和道德丧尽，等等。我若是说，如果让社会上每一个善于工作的成员每天工作两小时，那便将喂饱血红的战争魔鬼，你会认为这话说得太过分了吗？”

希里曼接下来又概括地谈了竞争造成的后果：工业战争的损失；无尽的忧虑和摩擦；各种恶习，如饮酒，由于经济斗争的加剧，酒的用量在20年中几乎增加了一倍，游手好闲、不从事生产的社会成员，荒唐的财主和赤贫的穷人；法律和一整套镇压的机器；社会虚荣所造成的浪费，帽子店、服装店、理发师、舞蹈老师、厨师和仆人。“你当然知道，”他说，“在一个商业竞争所支配的社会中，金钱必然是对勇气的考验，浪费则是权力的唯一标准。所以在现今社会中，约30%的人是在从事各种无用的东西的生产，而由1%的人把它们消耗掉。不仅如此，寄生者的仆人和帮闲也是寄生虫，帽商、珠宝商和仆役也全得靠社会来养活他们。还不能忘了这种可怕的疾病不仅影响无所事事的人和他们的仆役，它的毒素还浸透了整个社会。在10万个出类拔萃的妇女之下，是近百万中产阶级妇女，她们因为自己不属于那特殊阶级而又力图在公众眼里显得与众不同，变得非常可怜；而在她们下面还有500万阅读‘流行报纸’、戴花边帽的农妇，以及女店员和为了一点廉价的珠宝和一件人造的海豹皮大衣而把自己卖进妓院的女仆。同时，我们还应当想一想，除了这种摆排场的竞争，还有一整套如火上浇油的销售竞争！那些制造商尽全力制造千千万万只为骗钱的玩意儿，商店却帮着把它陈列出来，各种报纸和杂志还一个劲儿帮着吹嘘！”

“只要工资奴役制度存在一天，”希里曼回答说，“任何一项工作不论多么下贱和讨厌，都无关紧要，你都很容易就能找到愿意干的人。但是，只要劳工一得到自由，这类工作的工价立马就会上涨。这样，所有那些陈旧、破烂和不合卫生条件的工厂必然会一个个倒闭，那时，修建新工厂会便宜很多。轮船上加煤也会改用机器，危险的行业会采取安全措施，或停止生产，另找其他代用品。就这样，等到美国这个工业共和国的公民越来越高雅的时候，屠宰厂产品的价格便会一年比一年提高，直到最后谁要想吃肉便只好自己动手去宰了。在那种情况下，你想，这种吃肉的习惯还能维持多久呢？

“再说说另一个问题，资本主义制度产生的一个必然祸害是政治上的腐败。无知和为非作歹的政客管理国家行政的一个结果是，本来可以制止的疾病却使半数人口送掉了性命。而现在你即使让科学尽量发挥作用，也不会产生大的作用，因为现在绝大多数的人根本不能算人，他们只不过是为人生产财富的机器。他们被圈在肮脏不堪的房子里，备受折磨，在苦难中腐烂，那种生活条件使他们发病的速度远远超过了全世界的大夫加在一起的医治能力。这样，他们也就变成了传染病的中心，毒害着所有人的生活，使得即使最自私的人也无法获得幸福的生活。由于这个原因，我严肃地认为，等到被剥夺掉对地球的继承权的人获得了做人的权利的时候，科学在医药方面还会做出什么成就来都无关紧要，只要把我们现在已有的知识加以运用就足够了。”

在《黑人的灵魂》一书中，黑人学者、作家、社会活动家和美国有色人种协进会创始人 W.E.B. 杜波依斯描述了“在 20 世纪初黑人所具有的特别意义”，并预言“20 世纪的问题就是肤色的问题”。在这一经典研究中，杜波依斯预言了 20 世纪民权运动的兴起。

W.E.B. 杜波依斯：《黑人的灵魂》（1903）

我对另一个世界曾经有个没问的问题：一来是有某种微妙的感觉，二来很难具体地问出来。他们迟疑不定地靠近我，眼里装满好奇和同情，然后，委婉地问我，作为一个问题，感觉如何？他们说：“我知道我们城里有个优秀的有色人种”；或者“我在梅卡尼克斯维尔打过仗”；或者“南方的暴行难道没让你热血沸腾吗？”对这些，我都报以微笑，或表示很感兴趣，如果有需要的话，还会把大火调成小火。对那个真正的问题——“作为一个问题，感觉如何”，我几乎不回答。

然而，变成一个问题是一种奇特的经历，对于那些从来没有变化的人来说就更奇怪了，除了他们的婴儿期或在欧洲。在早期的欢乐的童年中，我遭遇了第一次启示，就发生在一天里。我还记得那个将我笼罩的阴影。我还是个小东西，走在新英格兰的山上。在一个木制的校舍，男孩和女孩脑中想的只是买华丽的卡片—— 一包 10 美分，然后互相交换。交换是快乐的事，直到一个女孩，一个高大的新生，拒绝了我的卡片，只看了我一眼就断然拒绝了。我就在那一瞬恍然明白了，我与其他人不同。就好像我们的内心、生活和渴望被一道巨大的面纱遮挡，被排除在他们的世界之外。

后来，我就不再想着拆除面纱，通过那道屏障了。我蔑视并超越它，活在上面的地方，那里有蓝天和飘荡的白云。当我在考试中打败了同学，在跑步中赢了他们，我头上的天空都特别蓝。

唉，时隔多年，这些蔑视才开始消退。因为我所渴望的世界和他们所有的令人羡慕的机会，都是他们的，不会是我的。但是他们保不住这些奖品，我会卷土重来！我还没有考虑好应该怎么做，也许通过攻读法律，通过治疗病人，通过讲述我脑海里的精彩故事，通过某种办法。对其他黑人男孩来说，这些冲突就不那么阳光了，他们的青春萎缩成无味的谄媚，或对苍白的世界、对他们的仇恨和嘲笑沉默以对，不信任所有的白人，或者浪费时间沉浸在痛哭中，为什么上帝使我成为一个流浪汉和一个陌生人呢？我们所有的人被关在牢狱中，四周是坚实的白墙，高不可攀，只能抬头望着方块大的蓝天。

在埃及人和印度人、希腊人和罗马人、日耳曼人和蒙古人之后，黑人是（上苍的）第七个儿子，天生有一道面纱，在美洲世界重见光明。在这个世界中，他们没有真正的自我意识，只能通过另一个世界看自己。这是一种奇怪的感觉。这种意识，需要通过别人的眼睛才能看自己。他们感觉到两个自己—— 一个美国人、一个黑人，两个灵魂，两种思想，两种不能和解的力量。黑人的身体里有两种敌对的理想，顽强的力量避免其被撕开。

美国黑人的历史就是这种冲突的历史，渴望得到自我的男子气概，并同第二个自我合并，发展成更好、更真实的自我。在这种合并中，黑人希望两种自我缺一不可。他不能使美国非洲化，因为美国比世界和非洲更先进、更文明。他也不会在美国白人浪潮中，漂白其黑人的灵魂，因为他知道黑人在世界上存在的意义。他只是希望使自己既是黑人又是美国人，而不用遭到同伴们的诅咒和唾弃，机会之门不会在他面前无情地关闭。

在过去的束缚中，他们认为有神圣事件能结束所有的怀疑和失望。两个世纪以来，美国黑人中很少有人抱着这样绝对的态度来崇拜自由。对他来说，他到目前为止能想到的是，奴隶制度事实上是恶行的总和，是所有悲伤的源头，是一切偏见的根源，解放才是通往美丽丰饶之地的关键。

但是，面对如此巨大的偏见，就不可避免地造成自我怀疑，自我轻贱和降低理想，永远受到蔑视和厌恶环境的压迫。瞧！我们病得快死了；我们没有文化，选举权报废了！我们需要什么教育呢？我们只要做好厨师和仆人的工作就够了。国家呼应并执行这种自我批评，全心全意做好仆人工作，其他什么都不要多想。你们这些低等人还需要接受高等教育吗？黑人的选举权通过武力或欺诈被剥夺了。然而，邪恶也带来了有益的影响，黑人所受的教育越是趋向于现实生活的使用，他们的社会责任感就越强，清醒地认识到进步的意义。

所以，狂飙运动的时机到来了，我们的小船在今日的暴风骤雨、惊涛骇浪中行驶，在冲突的声音之内，身体在燃烧，灵魂在分裂。过去的光明理想——人身自由、政治力量、脑力训练和体力训练，所有这些一点点变暗，消失在黑暗之中。这些都是错的、都是假的吗？不，不是的，每个人都有过于理想化和不完整的时候，幼年期盲从的梦想，或对另一个未知世界的美好想象。想要获得真实的正确的理想，所有的这些理想必须融化成一个。当今学校比以往任何时候更需要的是训练灵巧的手、敏捷的眼睛和耳朵，最重要的是，更广泛、更深入、更高的天才的思想和纯净的心灵。我们需要投票权进行纯粹的自卫，这才能拯救我们免受第二次奴隶制的迫害。

自由，我们过去一直在寻求的、现在仍然在寻求的自由，人身自由，工作和思考的自由，爱和渴望的自由。工作、文化和自由都是我们需要的，不是一个，而是全部；不是一个个来，而是全部一起来。三者相辅相成、共同增长，努力实现我们更为伟大的理想——人类兄弟会。这个理想要将所有的种族联合起来，增强和发展黑人的特质和天赋，不是为了反对其他种族，而是为了实现更理想的美国民主共和国的大整合，直到有一天，美国的土地上，两大种族可以互相取长补短。

我们黑人没有空手而来，今天再也没有比美国黑人更加维护《独立宣言》的人类精神了。还没有真正的美国音乐，只有黑人奴隶创造的美妙的旋律，美国童话故事和民间传说都来自印第安人和美国黑人。总之，我们黑人是充斥着美元和机智的尘土飞扬的沙漠中唯一具有简单的信仰和崇敬的绿洲。

如果美国用黑人的轻松而坚定的谦卑取代这野蛮、消化不良的浮躁，美国会变得更穷吗？用充满爱和快乐的幽默取代残酷的智慧呢？或用悲伤的灵魂音乐取代低俗的歌曲呢？

立陶宛移民爱玛·戈尔德曼是无政府主义者和女权主义演说家、鼓动家和组织者。她因为演讲而多次被关入监狱。第一次世界大战在欧洲爆发后，直言批评战争的戈尔德曼参与建立了反征兵联盟。

1917 年 6 月，当战火燃烧到他们的祖国俄国后，她和无政府主义者亚历山大·贝克曼公然反对征兵。她在第一次世界大战全面爆发后，在圣弗朗西斯科发表演讲。

爱玛·戈尔德曼：《爱国主义：自由的威胁》（1908）

什么是爱国主义？

就是爱一个人的出生地，那承载着童年的回忆和希望、梦想、愿望的地方吗？是那个如孩子般天真，看着满天飘荡的云朵，想知道我们是否也能如此迅速地移动的地方吗？是那个我们数着天上无数颗闪闪发光的星星的地方吗？是那个我们倾听鸟儿歌唱，幻想自己也能长出一双翅膀，如鸟儿一般，飞向远方的地方吗？是那个我们坐在母亲的膝盖上，陶醉地听那些动人的伟大事迹和征服的故事的地方吗？简而言之，爱国主义是对那个每一寸土地都承载着我们宝贵而美好的回忆，童年时幸福、快乐地玩耍的地方的爱吗？

如果这才是爱国主义，那么，有爱国主义的美国人少之又少，因为他们幼时玩乐的地方已经变成了工厂、作坊和矿场，震耳欲聋的机器鸣叫声已经取代了鸟儿的歌唱声。我们再也听不到伟大的英雄事迹了，因为现在母亲们所讲述的故事都是些悲痛欲绝、催人泪下、哀恸不已的故事。

那么，什么是爱国主义呢？（萨缪尔）约翰逊博士说："先生，爱国主义是流氓的最后招数。"我们这个时代最伟大的爱国主义者列夫·托尔斯泰认为爱国主义是：为大量刽子手的凶杀行为辩护的原则；需要比鞋子、衣服和房屋等生活必需品生产更好的杀人设备的买卖；能保证比普通工人获得更好的回报和更大的荣耀的交易。

事实上，自大、傲慢和自负才是爱国主义的本质。让我举例说明吧。假设我们的整个地球被划分为几个小地方，每个地方都有铁门包围，而那些含着金汤匙长大的人就认为自己比其他地方出生的人更好、更高贵、更聪明。因此，生活在这个地方的每个人都有责任进行战斗，杀死对方，最后确立自己高人一等的地位。

如果其他地方的居民也是这样想的，其结果就是，孩子在很小的时候，脑子里就充满了恐怖的德国、法国、意大利、俄国厮杀等故事。孩子成年后，他们就彻底地相信，他们是上帝选中来保卫他们的国家免遭外国人的攻击或入侵的。为此目的，国家才强烈要求扩大陆军和海军的军力，筹备更多的战舰和弹药。

玩具人陆军和海军，更具有吸引力和更受欢迎，于是我们将成千上万的钱砸在这些“玩具”上。这就是美国政府的目的，装备一支舰队，送到太平洋海岸，让每个美国公民都为美国感到骄傲和光荣。旧金山市花了10万美元建立舰队，洛杉矶花了6万，西雅图和塔科马花了约10万。为了建立舰队，一些高级官员在吃喝玩乐，而“勇敢的男孩”叛变只为得到足够的食物。没错，26万美元用于购买烟火、剧院聚会、狂欢，而男人、女人和儿童饿死街头，成千上万的失业者准备以任何价格出售自己的劳动力。

26万美元！有这巨款还有什么事干不成的？但是，这些城市的孩子没有面包和避难所，而是被带去参观这支舰队，可能如一份报纸所说，这是“孩子们永生难忘的记忆”。

真的是美好的记忆啊！不是吗？实现了文明的屠杀。如果孩子的思想被这些记忆荼毒，我们还怎么希望实现人类的兄弟情谊呢？

美国人声称自己爱好和平。我们讨厌流血，我们反对暴力。可是，我们只要想到飞机向无助的公民投放炸弹的情景，就会激动得热血沸腾。我们准备吊死，用电椅或死刑处死任何人。只要想到美国会成为地球上最强大的国家，最后将它的钢铁巨足踩在所有国家的颈上，我们的心里就充满了自豪。

这就是爱国主义的逻辑。

世界各地有思想的男女开始意识到爱国主义的概念过于狭隘，不能满足我们这个时代的需要。全世界被压迫民族团结起来的思想已经形成了，代表美国工人和外国工人最广泛的利益，不再恐惧外国的入侵，因为所有的工人在面对入侵时，都会对主人说：“你们自相残杀吧。我们为你们工作的时间已经够长的了。”

这种团结也唤醒了士兵的意识，他们也是人类大家庭的成员。团结一致在过去的斗争中不止一次被证明是可靠的。1871年的巴黎公社时期，这种意识导致了巴黎士兵拒绝服从命令，射杀他们的兄弟。这种意识将最终导致所有被剥削、被压迫者反抗国家侵略者的起义。

当我们揭露爱国主义的谎言，我们就为全世界各民族团结起来扫清了道路——最终建立一个真正自由的社会。

美国历史上最激烈的工人斗争发生在1912年马萨诸塞州劳伦斯。纺织工人，主要是女性，操着12种不同语言的欧洲移民，在1912年1—3月的酷寒中进行罢工。

不顾警察的暴力镇压和饥饿的折磨，他们坚持罢工，打败了强大的纺织厂主，赢得了胜利。借鉴美国《独立宣言》，下面的劳伦斯工人发表的《罢工宣言》被马萨诸塞州的纺织工人翻译成多种语言，在世界各地流传。

劳伦斯纺织工人的《罢工宣言》（1912）

我们劳伦斯的两万名纺织工人，为免受奴役和饥饿，为过度工作和过低工资，为被逼无奈、毫无人身自由的现状而罢工，我们要联合抵抗年复一年的工资奴役制度对我们的虐待和不公。

在我们的战斗中，我们遭受了纺织厂主人、市政府、警察、民兵组织、政府、议会和法院法官的虐待和侮辱。为了公平起见，我们觉得我们有必要让大家知道我们罢工的原因。我们认为，作为对社会做出贡献的人，作为财富的生产者，我们有权过上体面而尊贵的生活；我们应该住在像样的房子里，而不是破烂的棚屋；我们应该有干净的食物，而不是高价的掺假食品；我们应该有适宜的衣服，而不是劣质的衣服。为了获得足够的食物、衣服和住所，社会形成了一个强盗阶级和工人阶级。我们这些工人绝对有必要形成一个联盟，最有效地保证我们的安全和幸福。

纺织厂主人的历史实际上就是不断地施加伤害的历史，他们的直接目标都是建立对纺织工人的独裁暴政。为了证明这点，我们将告诉文明世界中所有有思考能力的男男女女：纺织厂主人拒绝满足罢工委员会的要求。他们拒绝考虑我们任何合理或合法的要求。他们的豪华办公室前有厚重的铁门，成排的拿着刺刀和木棍的警察守卫着。

事实上，马萨诸塞州和劳伦斯的政府已经成为纺织厂主人的摆设了。他们让工人忍饥受饿，将他们逼至绝境，让他们家不成家。过低工资迫使母亲和孩子跟着父亲到工厂工作，而所得的工资几乎难以维持他们的生存，最终导致死亡。劳伦斯1岁以下儿童的高死亡率就能证明大多数孩子在出生之前就已经在受饿了。那些挨过饿的孩子最后都营养不良。

警察对罢工者的暴行引起了他们更为叛逆的情绪，破坏一切维持秩序的行动。警察在罢工事件中犯下的罪行超乎人类的想象。他们在半夜将年轻的女孩从床上拖走。他们逮着机会就用棍棒暴打罢工者。他们将孩子从母亲的怀中拖走，用棍棒暴打孕妇。他们胡乱抓人进监狱。他们阻止母亲送孩子出城，像扔垃圾一样将他们扔进巡逻马车里。他们用棍棒将罢工者活活打死。他们无故逮捕并用棍棒暴打年轻男孩，逮捕无辜的女孩。

市政府否认罢工者在街上游行的权利。他们删除了集会权利，不允许罢工者在市政厅或任何公众地方开会。他们把城市的公共建筑变成了雇佣兵和屠夫的临时住所。他们否认罢工者在众议院开会的权利，还命令警察将小孩带离他们的父母，而他们则为警察的所有暴力和残忍行为撑腰。

马萨诸塞州立法机构拒绝使用任何公有财产资助罢工者。他们已经投票通过拨出 15 万美元资助 1500 个民兵，准备射杀那些罢工的男人、无辜的妇女和儿童。他们拒绝使用国家权力帮助工人。他们任命的调查委员会宣布：罢工者不存在生存问题。

各国都参与了为工人争取更多的面包的斗争。北方亚麻色头发的人与南方的黑发兄弟并肩作战。他们一直都在工厂为同一个老板干活儿。现在，他们为了一个伟大的事业联合起来，为了共同利益，抛弃了所有的种族和宗教偏见，决心战胜贪婪和腐败，战胜无情的纺织厂老板。

他们的孩子被带走，他们的合法权利被剥夺，他们被端着刺刀的民兵包围，他们在街上被酒足饭饱的傲慢的警察追捕。纺织工人和他们的孩子要求整个文明世界见证他们是怎么遭到雇佣兵和工厂主的毒手的。这些男男女女再也不能忍受了，他们被迫团结起来，武装反抗压迫他们的人。

许多世界产业工人联盟的会员到马萨诸塞联系劳伦斯的纺织工人，其中就有阿图罗·乔万尼提——意大利出生的诗人和劳工组织者。他们刚到不久，乔万尼提和他的朋友约瑟夫·埃特尔就被纺织厂主人指控煽动暴力。

马萨诸塞州的一个民兵在罢工中杀死了意大利女人安娜·罗皮佐后，地方当局指控一个意大利罢工者，并以“协助罪”逮捕了乔万尼提和埃特尔。一个国际运动组织起来支持三个被告，他们最终于 1912 年 11 月被无罪释放——在纺织罢工取得胜利后八个月。

下面是乔万尼提在被判决前对陪审团的讲话。

阿图罗·乔万尼提对陪审团的讲话（1912）[①]

福尔曼先生和陪审团的诸位先生：

这是我人生中第一次用你们美妙的语言进行公开发言，这将是我一生中最为庄严的时刻。我不知道自己能否讲完我所有的话。在场的地区检察官和其他绅士都习惯用码尺来衡量所有的人类情感，你们可能不能理解此刻我灵魂的“躁动”。

这个伟大的工业问题只有一方之见，只有一种方法和一种策略。但是，我想问，这个问题的伦理部分呢？我们的想法中的人类和人道部分呢？关于我们能预见的未来盛况，我们能预测现在所有的工人与重罪犯关在一样的监狱里，监狱里还关押着酒鬼、妓女和刺客？

更好的和高贵的人类，不再有奴隶的地方，工人不需要为争取每周 50 美分工资而罢工，孩子们不用再挨饿，女人不用被迫去做妓女——虽然法庭上有女性在场，我还是要说，因为真相最终都要被揭示，最后，不再有奴隶制，只有一个相亲相爱的大家庭。

也许你们都不相信，也许只是我们在做梦。检察官先生，也许只是我们在幻想。我们是狂热分子。但苏格拉底也是一个狂热分子，他不认可雅典的贵族哲学，他宁愿饮毒而终。耶稣基督也是个狂热分子，他不认可彼拉多[②]，不承认提比略[③]是罗马的皇帝，不屈服于当时的所有统治者和祭司，宁愿被挂在两个小偷中间的十字架上。所以中世纪的哲学家、梦想家和学者，他们宁愿在同一间教堂被活活烧死，也不承认自己是他们的一员。是的，陪审团的先生们，你们是法官，你们关注的是事实，而不是思想。

如果劳伦斯有任何暴力行为，那不是我的错。如果你们想回顾所有纠纷的起源，陪审团的先生们，你们会发现起源正是工资制度。这是臭名昭著的人奴役人、人支配人的制度。在 40 年前，正是同样的原因驱使你们伟

① 本次讲话的时间是 1912 年 11 月 23 日。

② 彼拉多，罗马犹太行省的执行官，下令将耶稣钉死在十字架上。

③ 罗马帝国的第二位皇帝，14–37 年在位。

大的总统亚伯拉罕·林肯通过一个非法手段，发表了《解放宣言》，这在当时已经超出了美国宪法的权限。

我认为，现在也是同样的原则。当时，让一个人作为动产的奴隶，一个没有灵魂的人，可以买卖的物件。现在，不过是换了个称谓，将白人之外的人充作机器的奴隶。

他们说，在这个伟大和美妙的国度里，你们是自由的。我认为，政治上你们是自由的，为此我奉上最好的问候和祝贺。但是，我认为，你们不能是半自由、半奴隶，在经济上是美国的工人阶级，实际上却无异于四五十年前的黑人。因为有人拥有工具，有人就要工作；有人拥有房子，有人就要住在那里；有人拥有工厂，有人就要到那里工作——这些人拥有并控制另外一些人吃的面包，进而拥有和控制他们的思想和身体、他们的心灵和灵魂。

现在，我要说，我要再说一遍，我们一直在为比我们的生命和人身自由更宝贵的东西而奋斗。我们在为我们的思想、我们的理想、我们的愿望、我们的希望而奋斗——陪审团的先生们，你们可以说我们在为我们的宗教而奋斗。

现在，我要说，不管你们承不承认，我们都正预示着一个新的文明。我们来这里是为了宣告一个新的真理。我们是新福音的使徒，在这同一时刻，在地球的这一端向另一端宣布和昭示。

在我讲话的同时，那些有共同信仰的同志正在世界各个不同的地方，在不同的论坛，对不同的人群进行演讲。他们用不同的口音、不同的文明语言，在俄国和意大利、英格兰和法国、中国和南非，传播社会主义的思想、兄弟会的思想、爱的思想。陪审团的先生们，我想说的只有这些，别无其他。

陪审团的先生们，我说完了。接下来是你们的裁决。我不要求你们原谅我们。我认为，有两条路。如果我们要负责，我们就要负全责。如果检察官对我们的指控是正确的，那么，我们就要受到严厉的惩罚，因为如果是真的，那就是一次有预谋的犯罪。如果他所说的都是真的，就意味着我们专门为了那个目的到劳伦斯，年复一年，我们一直研究和完善我们这些思想，那么我们期待你们有罪的判决。

但是，我们不指望你们能抚慰自己的良心，同时伸出援手，轻松地说："好了，既然事情发生了，就要有人负责。我们调整一下天平，各方负一半责任。"不能这样，先生们，我们还年轻。我才29岁，勉强算是很年轻。我还有个与我两情相悦的爱人。我的父亲和母亲还在等我出去。我有一个极为重要的理想。生活中还有很多赏心悦目的事，如此美好而光明，我心中还充满着生活的激情，我想活下去。

我不想对你们摆出英雄的样子，我不想当烈士。不，也许我比其他很多人还要热爱生活。但是，我想说，还有比生活更宝贵、更高贵、更神圣、更庄严的东西，那就是——我的良心，我对我的阶级的忠诚，对同在法庭上的我的同志们的忠诚，以及对全世界工人阶级的忠诚。世界各地的人一个个地团结起来支持我，想看着我被公平、公正地裁决。

因此，我想说，陪审团的先生们，你们的判决应当是这样的：打开这扇门，让我走出去，回到阳光普照的世界。我会向你们保证，你们的判决是正确的。让我再告诉你们，在这个英联邦或美国其他任何地方，我们需要在约瑟夫·埃特尔和阿图罗·乔万尼提的帮助下，我们再次进行罢工，无视任何恐惧和威胁。

1913 年 9 月，一系列的矿场爆炸和采矿营地恶劣环境激起了 11000 名矿工的罢工运动。从矿谷的破屋被驱逐出去，矿工们带着他们的妻儿和行李艰苦跋涉到联合矿工组织搭起的帐篷里。他们挑战了矿主的权利，特别是洛克菲勒家族所拥有的科罗拉多燃料和铁矿有限公司。矿主雇用鲍尔温·费尔茨侦探用步枪和机枪攻击他们。矿工顽强抵抗，总督派出了国家自卫队。

1914 年 4 月 20 日，国家自卫队的两队人驻扎在勒得罗最大的住着 1000 人的帐篷处的山上。他们开始向帐篷扫射，枪杀了一些人，其中有一个小男孩。然后，他们下山，将枪对准帐篷。第二天早上，一个巡边员穿过帐篷，发现了小孩和女人被烧焦的尸体。这就是著名的“勒得罗大屠杀”。

矿工们猛烈地攻击矿场，接着联邦政府派军队驻扎这一地区。罢工失败了。32 年后，伍迪·格思里用暗沉悲哀的歌声讲述了这一幕。

伍迪·格思里：《勒得罗大屠杀》（1946）

罢工发生在早春
他们将我们这些矿工赶出门外

赶出公司所有的房屋
我们搬进了勒得罗山上的帐篷里

我很担心我的孩子们
士兵守卫着铁路的桥梁
每隔一段时间都会飞来一颗子弹
砸在我脚下的碎石上

我们非常害怕他们会杀了我们的孩子
我们挖一个七英尺深的洞穴
让我们的小孩和孕妇
到洞穴里安眠

那天晚上，士兵们等待着
等到我们这些矿工睡着了
你们偷偷潜入我们的小帐篷城

你们划了根火柴，点燃了大火
你们拉紧了手中的加特林枪
我跑向我的孩子们，但火墙拦住了我
十三个妇女、孩子死在你们的枪下

我披着毯子跑到铁丝栅栏的角落
等着大火开始熄灭
我帮助一些人抢救他们的财产
你们的子弹杀死了我们身边的人

我永远不会忘记那可怕的一天
男男女女惊恐万状的脸
我们活着为他们举行葬礼
埋葬死者的尸体

我们请科罗拉多州州长打电话给总统
请求他取消国民警卫队
但国民警卫队属于州长
所以他只是应付了事

特立尼达来的女人用一辆小推车
从沃尔森堡拖来了一些土豆
她们卖了土豆，买了一些枪支
将枪支分了，人手一把

美国国家士兵跳进铁丝栅栏的角落
他们不知道我们有枪
乡下人矿工撂倒了他们
你们应该看过那些可怜的男孩多么能跑

我们拉来了一些水和泥涂在洞穴上
你们杀了躲在洞穴里的十三个孩子
我说，愿上帝保佑矿工工会
然后，我抱头而泣

1915年11月19日，劳工民谣歌手乔·希尔在犹他州被处决，被控谋杀两名店主。5年前，在加利福尼亚码头工作时，希尔遇见了世界产业工人联盟成员，并成为其中活跃的成员。

很快，他的幽默和讽刺政治的歌曲，如《传教士和奴隶》在全国范围内传唱。希尔在犹他州的牢房里写电报给“大比尔”海伍德，“不要浪费时间去哀悼。组织起来！”——这话成了美国劳工运动的口号。在被处决前夕，他写下了遗言。

乔·希尔：《我的遗嘱》（1915）

我的遗嘱容易确定
因为我并无财产分给所爱
亲人不必抱怨、悲哀——
滚石不生苔，我也不聚财
遗体怎么办
哦！如果还有商量
我愿它化为一撮灰烬
让欢快的柔风把它轻扬
吹到鲜花盛开的地方

也许有些正在凋谢的花儿
会因此复活，重新怒放

这便是我最后的遗愿——
祝你们所有的人幸福安康
乔·希尔

下面是科罗拉多州无政府主义者茱莉亚·梅·考特尼为爱玛·高曼的杂志《大地》写的关于勒得罗大屠杀的文章。

茱莉亚·梅·考特尼：《记住勒得罗大屠杀》（1914）

“记住勒得罗大屠杀！”是西弗吉尼亚州被压迫、被鄙视的矿工的战斗口号，响彻科罗拉多州南部一个又一个煤炭营，再次向世界表明工人屹立不倒。

和平的科罗拉多州，沉睡在永恒的阳光中，被粗暴地唤醒。它安逸的公民日日忙于完成琐屑的事务，突然被吓得陷入恐怖和歇斯底里之间摇摆不定的精神状态。感到恐惧和歇斯底里的社区，像人一样，急于抓住最近的救命稻草。联邦军队被派到罢工区，以为他们的出现能威胁罢工的矿工屈服，第一次突发性罢工已经消退了，但是事情还没有结束。

9月，科罗拉多州南部地区的煤矿工人罢工了。很快，这个消息从百老汇26号——洛克菲勒在纽约的总部传出，费尔茨－德温机构数以百计的暴徒和枪手坐船从弗吉尼亚州经得克萨斯州进入煤炭营地。矿工们和他们的妻儿被赶出公司所有的棚屋，罢工者开始搭建帐篷和为长期围攻做准备。而那个幼稚软弱的州长（伊莱亚斯）安蒙斯对煤炭公司摇尾乞怜，在科罗拉多燃料和铁矿有限公司的要求下，派出民兵自卫队“维持秩序”。

第一缕春风吹过高山，山上积雪融化后，事件达到高潮。第二年4月20日，“记住勒得罗大屠杀”口号传出，这是科罗拉多州和美国的工人都不会忘记的战斗口号。因为就在那一天，帐篷营地的人在背后被放了冷枪，而他们的妇女和儿童在勒得罗被烧死。

民兵在矿工们的帐篷营地进行了枪击训练。周日，罢工者正分成两队进行球赛，民兵的到来终止了比赛。民兵轻蔑地一笑，直接向帐篷进行扫射，他们当时也知道罢工者的妻儿还在帐篷里。他们还开枪扫射了两个最大的建筑——罢工者的商店，在每个帐篷的易燃部分浇上了油，放火焚烧。

从燃烧的帐篷里冲出妇女和儿童，又被民兵的枪林弹雨打回去。男人冲进去救他们的家人，而当他们这么做的时候，他们就像是在与死神搏斗。希腊殖民地的领袖路易斯·提卡斯死在魔鬼般的矿井警卫手中，先是被棍棒暴打，被抓住后背部中枪，死时身中52颗子弹。

55个妇女和儿童死在勒得罗帐篷地的大火中。挂着红十字旗的救助队被持枪歹徒逼了回去，24小时后，尸体被烧成灰烬，而救援人员却没能穿过警戒线。民兵和枪手在矿工向“切斯督查”（将军约翰·切斯）和州长安蒙斯要求建造家园和居住的权利时放声大笑。

这是美国劳工战争历史上，民众第一次站在罢工者这一边——为他们的斗争感到光荣。列车员拒绝运载自卫队和国民警卫队，各州几乎所有的联盟都为罢工者提供了资金和武力、人力支持，而州长则要求召集联邦军队。

联邦军队来了，以为他们会带来和平，但是，这是个无望的希望。和平不能建立在贪婪和压迫的基础上。而联邦军队不能改变这个制度，只有罢工者才能做到。虽然他们可能暂时放下武器，但他们会“记住勒得罗大屠杀”！

第十四章
反对第一次世界大战

海伦·凯勒：《罢工反对战争》（1916）
约翰·里德：《谁的战争？》（1917）
世界产业工人联盟不爱美国的原因（1918）
爱玛·戈尔德曼对陪审团的讲话（节选）（1917）
尤金·德布斯的反战演讲以及在法庭上的声明（1918）
鲁登道夫·伯恩：《国家》（节选）（1918）
E.E. 卡明斯：《我欢声赞扬奥拉夫的伟大》（1931）
约翰·多斯帕索斯：《一个美国人的尸体》（1932）
道尔顿·特朗博：《无语问苍天》（1939）

1914—1918 年，在同盟国（英国、法国、俄国和后来的美国）与德国、意大利、奥匈帝国和土耳其的战争中，100 万人死于欧洲战场。而很多没有丧生的人却残废了，缺胳膊少腿，断手断脚，失明，或者疯掉。有一张战时的照片：一排士兵走成一条线，后面人的胳膊搭在前面人的肩膀上，因为他们瞎了。

当战争最终结束后，没有人能解释这场战争到底是怎么回事。毫无疑问，美国国内普遍反对加入第一次世界大战。毫无疑问，政府立法允许将反战抗议者关入监狱。

威尔逊政府发动了大力宣传，得到1917年《反间谍法》和1918年《惩治叛乱法》的支持。依据这些法律，政府关押了近1000名公开反战的人，其中许多是工人活动家和激进主义者，包括社会主义领袖尤金·德布斯被判10年有期徒刑，无政府主义者爱玛·戈尔德曼和亚历山大·贝克曼被放逐。

战后，战时歇斯底里的爱国主义氛围消散后，强有力的反战文学出现了，著名的作家有：欧内斯特·海明威、约翰·多斯帕索斯、欧文·肖和道尔顿·特朗博。

反对第一次世界大战最早、最重要的声音是海伦·凯勒。海伦·凯勒是个聋盲女孩，后来成了著名作家，而我们都不知道的是，她还是一个社会主义者和鼓动者。

下面是海伦·凯勒在美国加入第一次世界大战前发表的演讲。

海伦·凯勒：《罢工反对战争》（1916）

首先，我想对我的好朋友、编辑们和其他被我感动、怜悯我的人说几句话。有些人之所以为我难过，是因为他们想象我落入了不择手段的人的手中，他们要将我引入歧途，说服我支持不受欢迎的事业，让我充当他们宣传的代言人。现在，我想让大家明白，我知道自己在说什么。我的信息来源和别人的一样正确而可靠。我本人就能阅读英国、法国、德国和奥地利的报纸和杂志。我见过的编辑不是谁都能做到这一点的，相当多的人看的是由法语和德语翻译过来的二手资料。不，我并不是在贬低编辑。他们属于过度劳累、常被误解的一类人。先生们，我只要求一个公平的场合，不偏不倚。我已经进入了反对备战和反对我们生活的经济体系的战斗之中。这是一场坚持到底的战斗。

世界的未来掌握在美国手中。美国的未来掌握在8000万工人和他们的孩子手中。我们的国民生活正面临一次严重的危机。从劳动群众中榨取利益的极少数人想把工人组织成一支军队来保护资本家的利益。你们在承受沉重的负担之上，还要再加上更大的负担，建立更大的军队和筹备更多的战舰。你们有权拒绝运输大炮，并摆脱一些负担，如轿车、蒸汽游艇和国家财产。你们不需要为此大声喧哗，你们可以以人的沉默和尊严，结束自私、剥削制度导致的战争。为了发动这场惊人的革命，你们要做的只剩下站直身躯，并肩作战。

我们不准备保卫我们的国家。虽然我们与国会议员加德纳说的一样无助，但是没有什么敌人会鲁莽到企图入侵美国。德国和日本攻击美国的谈论都是荒谬的。德国正忙得不可开交，在欧洲战争结束后，还要处理一摊国内事务呢。

完全控制大西洋和地中海，同盟军没有足够的兵力在加利波利击败土耳其，也没有足够的军力驻扎在保加利亚阻止塞尔维亚的入侵。从水路征服美国不过是无知的人和海军联盟的成员才会做的噩梦。

然而，恐慌升级了，我们也就有了备战的依据。这让我想起了我读过的一篇寓言。有个人发现了一只马蹄。他的邻居就开始哭泣和哀号，因为他公正地指出，这个人现在发现了这只马蹄，也许有一天他就会发现一匹马。邻居的孩子总有一天会靠近马匹，然后被马踢死。毫无疑问，两个家庭为此争吵和打架。这就是一只马蹄引发的惨案。

还记得美国的上一次战争，我们非常意外地得到太平洋的一些岛屿，也许有一天这些岛屿会成为我们和日本之间争吵的原因。现在，我宁愿放弃那些岛屿，忘掉这回事，也强过为了保住这些岛屿而打仗。你会这样做吗?

国会不准备捍卫美国人民。国会计划保护美国的资本投机者和投资者在墨西哥、南美、中国和菲律宾群岛的资金。顺便说一句，受益的是武器和战争机器的制造商。

直到近期，美国从工人处榨取的钱才投入使用。但现在对美国劳工的剥削已经达到了极限，我们国家的资源都被挪用了。而新资本的利润也在持续累积，我们繁荣的产业正填充纽约银行的金库。一美元若不用于奴役人，就不能体现其资本主义制度的目的。这一美元必须投资于南美、墨西哥、中国或菲律宾。

毫不意外的是，纽约国民城市银行在布宜诺斯艾利斯建立了一个分支，海军联盟也同时出现在那里。这不是一个纯粹的巧合，J.P. 摩根的六个商业伙伴正是防御联盟的官员。（约翰）米切尔市长应该任命安全委员会代表美国财富的五分之一的 1000 人。这些人希望他们的外国投资得到保护。

每一场现代战争都源于争夺。南北战争的争端在于是由南方的奴隶主还是由北方的资本家开发西部。美西战争的争端是美国想夺取古巴和菲律宾。南非战争的争端是英国想开发钻石矿。日俄战争的争端是日本与沙皇俄国争夺权益。目前战争的争端是哪个国家可以夺得巴尔干半岛、土耳其、波斯、埃及、印度、中国和非洲。我们拿剑恐吓胜利者，强迫他们与我们分享战利品。然而，工人们对战利品不感兴趣。事实上，也没有他们的份儿。

这些宣传还有另一个目的，一个非常重要的目的。他们想让人们去思考他们自身痛苦遭遇之外的东西。他们知道生活费用高，工资很低，就业不稳定，欧洲呼吁停止备战后，就业会更不稳定。无论工人多么努力地、不停地工作，他们依然不能过上舒适的生活，很多人连基本的生活必需品都没有。

每隔几天，国家便制造一个新的战争恐慌，证明我们的宣传不是危言耸听。他们让我们感觉自己处在卢西塔尼亚战争的边缘，现在他们希望工人因波斯船只的沉没而兴奋起来。工人对这些船只没有任何兴趣。德国人可能会让在大西洋和地中海的每艘船都沉没，杀死每一个美国人——但是美国工人仍没有发动战争的理由。

所有的机械系统已经启动。工人的投诉和抗议声被权威的声音掩盖。

"朋友们，"他说，"工人同胞们，爱国者们，你们的国家正处于危险之中！我们被敌人包围了。我们和我们的敌人只隔着太平洋和大西洋。看看比利时的结局，想想塞尔维亚的命运。你们的国家、你们的自由都处于危险之中。你们还在抱怨工资太低吗？比起胜利的德国军队扬帆东河的耻辱，你们还有什么更难以忍受的事吗？别再抱怨了，行动起来，准备捍卫你们的火炉和国旗。加入军队，加入海军，像一个忠诚的自由人直面侵略者。"

工人会走进这个陷阱吗？他们会再次被愚弄吗？恐怕还会。人们总是容易受这类演讲的摆布。工人们知道自己唯一的敌人就是他们的主人。他们知道自己的国籍并不能保证他们和妻儿的安全。他们知道自己持久的辛劳、汗水与多年的斗争并没有给他们带来值得拥有、值得争取的东西。然而，在他们单纯的内心深处，他们相信自己有一个国家。噢，盲目虚荣的奴隶们！

身居高位的人很聪明，知道这些工人有多么幼稚和愚蠢。他们知道，只要政府让他们穿上卡其布服装，发给他们步枪，用铜管乐队的奏乐和挥舞的旗帜欢送他们，他们就会走上战场，勇敢地与敌人战斗。当权者教导他们，为国牺牲者才是真的勇士。为这虚无缥缈的话付出的代价是：数以百万计的年轻人的生命，数以百万计的终身瘫痪者和失明者，还有数以百万计的残缺不全的人。一代又一代人的成就和财产顷刻无存，所有的人都遭遇不幸！

如果你为国捐躯、为国效力后，国家能给你提供衣食住，能教育和保护你的孩子，这样可怕的牺牲还是可以理解的。我认为，工人是所有人当中最无私的，他们为别人的国家辛勤劳动，为别人的国家，他们被迫一天工作 12 个或 10 个或 8 个小时。他们卖力工作，工资却低得惨不忍睹。他们完全没有自由，他们的孩子必须在矿山、作坊和工厂工作，否则就要挨饿。他们的女人受贫困生活所迫，从事耻辱的工作。他们为提高工资和争取作为人的基本正当权利而罢工，结果遭到棍棒暴打，被投入监狱。

我们完全没有自由，除非有人制定和执行代表人类生命利益的法律。选票并不能使一个奴隶变成一个自由人。世界上从来就没有一个真正的自由和民主的国家。从远古至今，人们都是盲目地遵从有钱、有权、有军力的强者。即使在战场上堆满了自己同胞的尸体，他们仍旧为统治者耕种土地，他们的劳动成果仍旧被夺去。他们建造了宫殿和金字塔、庙宇和教堂，但这些都不是真正的自由圣地。

随着文明越来越复杂，工人遭受到越来越多的奴役。今天，他们已经成为他们所操作的机器的一部分。他们每天都在铁路、桥梁、摩天大楼、货运列车、锅炉舱、牲畜围栏、木材筏和矿井进行危险的工作。在码头上、在铁路上、在地铁上、在海上，他们维持交通，运送我们生活所需的宝贵商品。可是，他们得到了什么酬劳吗？寥寥无几的工资，租金、税收、纳贡和战争赔偿造成的贫困。

工人们想要的是重建他们的人生，这是政治家或政府从来没有尝试过的。德国人在几年前发现，在贫民窟征募不到良好的士兵，所以他们废除了贫民窟。他们认为，所有的人应当享受一些文明的基本条件——不错的住宿、干净的街道、足够营养的食物、适当的医疗照顾和适当的保障员工的职业。这只是改革的一小部分，但这样的一小部分给德国带来了奇迹！18 个月，在其军队远征战斗时，国内没有遭到入侵，军队的士气一直是有增无减。敦促政府进行这些改革是你们的事。让我们不再谈论一个政府可以或不可以做什么。叫嚣要作战的所有好战国家都将这些事做了。由政府管理的所有基本行业都比由私人公司管理的要好得多。

你有责任始终坚持采取更多激进的措施。保证不让一个孩子受雇于一个工业部门或矿井或商店，不让工人死于事故或疾病，是你们要操心的事。保持城市的整洁，没有烟雾、污垢和堵塞，是你们要操心的事。还有，让工人得到足够生活的工资。你们要让国家的各个部门贯彻执行这些政策，直到每个人都有机会健康出生和成长，得到良好的教育，成为为国家服务的有用人才。

俄勒冈州波特兰的激进记者约翰·里德最为出名的文章是他对 1917 年 10 月俄国革命的详细报道《震惊世界的十天》。

在那之前，1917 年春季，他写了一系列文章，称第一次世界大战为帝国主义的扩张行为："战争就是丑陋而疯狂的暴徒，将说真话的人钉在十字架上，掐住艺术家的喉咙，偏离了改革发展的正道。"

约翰·里德：《谁的战争？》（1917）

我知道战争意味着什么。我参与了军队交战，我看到有人死去，有人发疯，躺在医院忍受地狱般的痛苦。但还有比这更糟的事情。战争就是丑陋而疯狂的暴徒，将说真话的人钉在十字架上，掐住艺术家的喉咙，偏离了改革发展的正道。美国已经将反对国家进入欧洲战场的人称为"叛徒"，而那些抗议削减我们所剩无几的言论自由权的人被称为"危险的疯子"。

这是谁的战争？不是我的。我知道成千上万的美国工人受雇于我们伟大的金融"爱国者"，却没有得到最低的工资。我看到穷人被送入监狱，长期未经审判，甚至没有任何指控。和平的罢工工人和他们的妻子、孩子被私人侦探和民兵枪杀、烧死。富人变得更富裕，生活费用更高，而工人相对更加贫困。这些苦干的工人不希望有战争——哪怕是内战。但是投机者、雇主和富豪统治集团，他们想要战争，就像在德国和英国一样，他们用谎言和诡辩激起我们的斗志，直到我们变得暴躁，再让我们为他们战斗到死。

我们都是普通市民。普鲁士的军国主义让我们难以忍受。我们认为侵略比利时是犯罪。德国的暴行让我们感到恐怖，想到德国毫无预兆地炸毁了一船无辜的人，我们冷汗淋漓。接着，我们又听闻了英国和法国收监、惩罚、驱逐甚至枪毙拒绝上战场厮杀的人。同盟军侵略并占领了保持中立的希腊，一个法国海军上将对它下了最后通牒，这跟奥地利对塞尔维亚所做的一样令人耻辱。俄国的暴行比德国还令人心惊胆战，在公海放置水雷，炸毁了一船无辜的民众。

我们一直在给同盟国运输大量物资，我们贷款给它们。我们严格地只对日耳曼人保持中立，最后还是不可避免地遭到了德国的警告，还是处于作战的边缘。

我们之所以投票给伍德罗·威尔逊，是因为我们认为他的思想和视野都很开阔，因为他让我们远离欧洲疯狗厮杀似的战争，还因为财阀集团反对他。我们已经足够了解战争的本质了，我们的幻想破灭了，我们只想保持中立。我们承认，总统基于他的立场，只能这样回应德国的警告——如果我们真的保持中立，德国就不会给我们发警告了。总统没有询问我们的意见，他不会询问我们是否想加入战争。这不是我们的错，这不是我们的战争。

自 1905 年建立起，世界产业工人联盟组织了全国范围内的工人——矿工、木工、纺织工人和铁匠，在他们的工作地方组织起来，包括熟练工、不熟练工、黑人、白人、土生土长的人、外国出生的人，结成了“大工会”。工会成员行动积极、英勇无畏、阶级意识强烈，虽然在高峰期也仅有 10 万成员，但其影响深远。反对第一次世界大战的行动给了政府可乘之机，将其领导者关入监狱。下面是工会成员在法庭上的讲话。

世界产业工人联盟不爱美国的原因（1918）

你问我：“世界产业工人联盟不爱美国的原因是什么？”如果你是一个连一条毛毯都没有的流浪汉；如果你离开妻小到西部找工作，最后再也没有见到他们；如果你睡在肮脏发臭的工棚，为填肚子而吃他们发给你的再坏不过的食物；如果警察将你的锅射成马蜂窝，将你的杂食倒在地上；

如果你的工资又降了，因为老板认为这样能让你屈服；如果你遵纪守法，但还是遭到毒打，被关入监狱，而基督徒们欢呼着，告诉你，他们就是要这样做，你还希望自己爱国吗？战争是商人的战争，而我们不明白为什么要滚出去，为什么会被射杀。

1917年，伍德罗·威尔逊总统宣布加入第一次世界大战后，为加强美国战斗力而强制征兵。公然反对征兵的人当即被关押，有些还被驱逐出境。1917年征兵开始后，爱玛·戈尔德曼和亚历山大·贝克曼帮助成立了反征兵联盟。他们都被法院审判，被控触犯《反间谍法》中的阴谋妨碍征兵罪，被判两年有期徒刑。戈尔德曼被送到密苏里州的州立监狱，而贝克曼则关在亚特兰大的联邦监狱。

1919年12月，两人被释放后，依据1918年的《移民法》，允许驱逐“外国”的无政府主义者，美国政府将戈尔德曼（她的丈夫1908年被撤销美国公民身份）和贝克曼（俄国移民），以及其他247个非本国公民驱逐出境。

下面是戈尔德曼1917年7月在纽约市对反征兵案件的陪审团的讲话节选。

爱玛·戈尔德曼对陪审团的讲话（节选）（1917）

我重点要说的是，在5月18日的会议上，或在任何其他会议上，没有人会说“我们相信暴力，我们要使用暴力”这种话。我不可能说这样的话，因为没有什么情况可以促使我说这样的话。如果没有其他原因的话，那是因为我希望我的讲座和演讲能前后逻辑一致。我根本不会说这样的话。

我给你们读过一篇冗长的文章，叫作《政治暴力的心理》，表明我对政治暴力的立场。但是，为了让我的立场更加简明易懂，我想说，我是一个社会学生。我的人生使命就是要弄清楚我们社会的丑恶现象和社会难题的根源。

作为一名研究社会弊端的学生，我的目标就是诊断这些弊端。一个人犯下政治暴力行为，单纯地谴责他，就好像一个医生因诊断病人患有肺结核、癌症或其他疾病而谴责病人一样不可原谅。正直、认真而负责的医生不仅会对症下药，还会试图找出病因。如果这个病人有其他糊口手段，医生会对他说："离开工厂，那里的污浊空气会导致你肺部感染。"医生不仅给他开药，还会告诉他病因。这正是我对暴力行为的立场，这就是我在每一个讲台上都要说的话，我试图解释政治暴力行为的起因。

陪审团的先生们，5 月 18 日，会议召开的主要目的是为了表达有良心的反对者的立场，指出征兵制的弊端。现在，谁是有良心的反对者呢？是开小差的人、懒鬼，还是懦夫呢？他们是谴责罪恶的暴力行为，被迫站出来反对全世界的男男女女，就像黑暗的地平线上一颗闪闪发光的孤星。威尔逊总统在他 1917 年 2 月 3 日的演讲中提到："人对正义的激情、所有的战争、家庭结构、国家和个人都必须建立在人类生存和自由的基础之上。"对人类的屠杀绝不会是基于对正义的激情。对正义的激情是有良心的反对者的力量所在。这个国家还未能认识到"建立在人类生存和自由的基础之上"的新型人道主义的重要性。

陪审团的先生们，我们已经有了 27 年的公共生活。我们陆续被"请"上法庭，但我们从来没有否认过我们的立场。甚至连警察都知道爱玛·戈尔德曼和亚历山大·贝克曼不是罢工者。在这次审判中，你们能说服自己，我们不否认我们的立场。我们很高兴和自豪地表明我们的责任，不仅是对所说所写的东西，还有别人写的东西、我们不认同的东西。但我们拒绝接受胡乱定罪的审判，或因伪证而被定罪，仅仅因为我们是无政府主义者，受到我们多年公开斗争的阶级的憎恶。

无论你们如何判决，先生们，你们都不可能影响我们不断上升的反战情绪，也不会影响我们日益反对征兵的情绪。你们的裁决更不能影响那些视人类的生命为神圣、不愿意与屠杀同流合污的人。

你们的判决只会加深各国人民的这一疑问："这个国家是否还有正义和自由的力量，或仅仅是过去的影子？"

当然，你们的判决可能会暂时影响我们，也许会限制我们的身体，但无法影响我们的意志。因为即使我们被判有罪并处以死刑，我们站成一排被枪杀，我们也会跟伟大的路德一样呐喊："我就是我，站在这里坚持我的立场。"

先生们，总之，让我告诉你们，和我一同被告的贝克曼先生说得对，他说美国的目光都在注视着你们。他们都注视着你们，不是因为他们同情我们，或者他们赞成无政府主义。他们都注视着你们，是因为他们想知道我们是不是正确的，我们能否给他们带来欧洲有而美国还没有的民主。言论自由和集会自由、评论和思想自由——《反间谍法》中未包括的——被破坏了吗？这些真的只是美国伟大的历史性的过去的影子吗？这些权利遭到侦探、警察和当权者的践踏了吗？言论自由、新闻自由和集会自由仍然是美国人民的遗产吗？

陪审团的先生们，无论你们如何判决，就我们而言，什么都没有改变。我一生都抱有这样的想法。我公开我的想法有 27 年了。世界上没有任何因素、任何力量能让我改变我的想法，除非你们能够向我证明我的立场是错误的，站不住脚，或缺乏历史事实。但是我不会因为被判有罪而改变我的想法。我想告诉你们，陪审团的先生们，两位美国伟人——拉尔夫·沃尔多·爱默生和亨利·戴维·梭罗。当梭罗因拒绝纳税而被关进监狱，拉尔夫·沃尔多·爱默生来看望他，爱默生问："戴维，你在监狱里做些什么？"梭罗回答说："拉尔夫，当诚实的人因理想而被关进监狱，你又在监狱外干了些什么呢？"

反战最雄辩、最坚决的声音之一发自尤金·德布斯——铁路工会的组织者、社会主义党的领袖。

1918 年 6 月，他在俄亥俄州对工人群体进行演讲，对自己因言论会遭到逮捕和监禁心知肚明。他在审判前对陪审团说："我被控妨碍征兵。先生们，我认罪，因为我憎恶战争。哪怕只有我一人，我也要反对战争。"尤金·德布斯因违反《反间谍法》而被判有罪。10 年有期徒刑的判刑在最高法院一致通过。

下面是他的演讲以及在法庭上的声明。

尤金·德布斯的反战演讲以及在法庭上的声明（1918）

在俄亥俄州坎顿的演讲（1918 年 6 月 16 日）

萨姆·约翰逊宣称："爱国主义是无赖的最后避难所。"他一定知道华尔街贵族，或者至少知道他们的原形，因为每个时代的暴君、压迫者和剥削者都用爱国主义和宗教的外衣包裹自己，对人民进行欺骗和威慑。

他们会让你们相信，社会主义党主要由不忠者和叛国者组成。这在某种意义上倒不是他们的污蔑。在太平洋海岸的黑帮正试图吊死汤姆·穆尼和沃伦·比林斯，尽管众所周知他们是无辜的，整个文明世界都为之抗议。

马克思·伊斯曼被起诉，他的文章《人民群众》被禁，如同我的文章一样。这是他们对我们的文章高度的赞美啊！他们害怕我们会误导和污染你们。你们是他们的病人，而他们是你们的监护人，只有他们才知道什么才是你们可以读到、听到和知道的。他们要让我们的声音传不到你们的耳中。所以，在我们伟大的民主国家，在我们的自由机制下，他们牢牢控制媒体，无知地以为这样做就能让革命宣传在美国销声匿迹。他们犯了多可怕的错误啊！反而让我们受益了。

为了公平起见，我们应该对此向他们表达感激。成千上万的人从未听说过我们的文章，现在都在询问，并坚持要阅读。他们这样做的结果只是成功地引起了大众的好奇心，（无形中）为我们做宣传。多亏他们搬起石头砸自己的脚，人们出于好奇而阅读社会主义读物！

历史上的战争都是为了征服和掠夺。在中世纪，住在城堡里的封建领主，现在沿着莱茵河依旧能看见城堡的塔楼——为了扩大他们的领地，增加他们的权势、声望和财富，而互相宣战。而现代的封建领主——华尔街的大亨参战的原因跟他们并无不同。中世纪的封建贵族和当今资本家都是战争的发动者。而他们悲惨的奴隶就要参与战争。贫穷而无知的奴隶已经学会敬畏他们的主人，相信当他们的主人宣战后，就是他们表现爱国精神的时候，要与对方搏斗，杀死对方，为了鄙视他们的领主和贵族的利益。

简而言之，这就是战争。主人宣布战争，仆从投入战斗。主人可以得到一切战利品，而不用付出任何代价。仆从则一无所获，但要承担一切损失——特别是他们的生命。

他们总是被教导和训练，相信这是爱国义务而去战斗。但在世界历史上，人民从来没有宣战过。虽然很奇怪，却是事实，在任何时代任何国家，从来没有人民出来宣战。

我要再次强调这个事实，参与战斗的是工人阶级，牺牲最大的是工人阶级，但对宣战或和平从来没有发言权。唯有统治阶级才有发言权，他们宣布战争，他们宣布和平。

“你无权过问原因；你只要依令而行，为之牺牲。”这是他们的座右铭，而我们的目的是唤醒这个国家的工人。

如果战争是正义的，就让人民宣战。如果做出牺牲的人是你们，那么你们就比其他人更有权决定战争或和平的重大问题。

法庭上的声明（1918 年 9 月 18 日）

法官大人，几年前，我对比我的亲属和所有众生，得出结论，我与地球上最差的人不相上下。那时我这样说，现在我还是这样说。有下层阶级，而我属于那个阶级。我在灵魂监狱里，没有自由。

法官大人，我认为，与所有的社会主义思想一样，这个国家应该拥有和控制自己的产业。我认为，与所有的社会主义思想一样，共同需要和使用的所有东西都应该共同所有，我们社会生活的基础——工业，不应该由少数人私有和经营，应该作为公共财产，民主管理，为人民服务。

我反对这种社会制度：少数人对社会大众毫无作为，却积聚数亿美元的财富；成千上万的男人和女人整日劳动，却连基本生活所需都无法保障。

这样的制度不可能永远存在。我表示我的抗议。我认识到自己的自不量力，但幸运的是，我不是一个人在战斗，还有成千上万不断增加的人，像我一样，已经意识到，在我们可以真正享受文明社会的成果前，我们必须重组社会机构，将之建立在共有的基础上。为此，我们要在全世界发动一个巨大的经济和政治运动。

现今有超过 6 亿的社会主义者，是这一事业忠诚的信徒，不分国籍、种族、信仰、颜色和性别。他们在为同一事业而战斗。他们不知疲倦地传播新的社会秩序的思想，他们日日夜夜都在等待、关注和努力工作着。虽然他们仍占少数，但是他们已经学会了如何保持耐心，等待时机的到来。他们感觉到，他们知道，是时候了，尽管遭到各种反对和各种迫害，在万民中传播解放的福音，他们的少数将成为胜利的大多数，开创历史上最伟大的社会和经济改革。

在那一天，我们将实现共同富裕，实现地球上国与国之间的和平共处。

法官大人，我不求怜悯。我认为人权最后必然获胜。我从未像此刻这般清楚地认识到贪婪和剥削的势力与工业自由和社会正义的兴起之间的伟大战斗。

我能预见未来美好的一天，人民觉醒了。在适当时机，他们会为自己而奋战。

作家、社会批评家鲁登道夫·伯恩因其友人查尔斯·彼尔德和约翰·杜威支持第一次世界大战而跟他们绝交。下面是其未发表的文章《国家》的节选，是在他英年早逝时发现的。伯恩在文章中揭露了战争如何增强国家对人民的强制力。

鲁登道夫·伯恩：《国家》（节选）（1918）

这一刻，宣战了！

大众们在一些精神引导下，相信他们是出于自己的意愿采取这一行动的。然后，除了几个不满者，他们继续让自己被安排、被强迫、被拉进这样的生活环境。公民放弃对政府的蔑视和冷漠，回想起军事行动和象征，让自己认同这个目的。爱国主义热情高涨，在强烈和绝望之间产生混淆的关系，作为社会一部分的人对社会要承担责任。

战时，国家明确表示自身理想是为了救援，但还是暴露了隐藏的态度和动机。在和平时期，共和国的国旗不是军事化的，因为战争本质上是国家的精神状态。国家的理想状态是在其领土范围内，其权力和影响力是普遍的。教会是人的精神救赎的媒介，而国家就是人的政治救赎的媒介。正是在战争中才最能显出联盟的重要性，因为国家的普遍影响的必要性似乎是最无争议的。国家就是用于防守、对抗另一国家的组织。越是危险的防御场合，组织的联结度就越高，群体对每个成员的控制力就越强。

战争将当前的目的和活动传达到群体的最低阶层和最远的分支。所有的社会活动都尽可能快地联系在一起，为了共同的军事进攻或军事防御，而国家就要做和平时期没做的事，作为人的行动、态度和观点的无情的仲裁者和决断者。

战争——或至少是由一个民主共和国对抗强大的敌人的现代战争，似乎能让一个国家获得所有最激烈的政治理想主义者想要得到的一切。市民不再漠视他们的政府，每个政治单元都充满了生机和活力。我们终于要完全实现集体社会了。在一个处于战争状态的国家中，每个公民与国家一致对外，强烈地意识到自己属于国家的一员。集体社会的每个人都全身心地投身于战争事业之中。个人和社会之间的区别似乎被抹除了。在战争中，个人感觉自身与社会融为一体了，从中获得高度的自信心，确立了自身思想和感情的正确性。虽然对手或异教徒似乎异常强大，但每个人都能感觉到自己背后有整个集体的支持。不是因为宗教冲动，美国也能有这种为集体奉献的精神，不惜牺牲和劳累。为了战争的进攻，支持艰难的事业，以“民主”为口号，集体力量将达到最高水平。

战争是国家的职能，而不是民族的职能，这点不是十分肯定，但战争确实是国家的主要职能。战争完全是人为的，没有军事设置就没有战争，没有国家组织就没有军事。战争是远古的传统的传承，只是因为国家有悠久的传统的传承。两者牢不可分，互相影响。

我们讨伐战争，就是间接地在讨伐国家。我们不能期望，或采取措施保证，这就是一场结束战争的战争，除非我们同时采取措施消灭传统形式的国家。国家并不是民族，在不伤害民族的前提下，现在这种形式的国家无法被改变和消灭。随着国家统治的消失，民族真正的中坚力量将得到解放。

如果国家的主要职能是战争，那么国家就必须吸纳民族的大部分力量，进行坚固的防御和进攻。这其实就是在不断地消耗民族的生命力，甚至消耗整个民族。没有人能否定战争是摧毁生命、残害生命的大型的复杂的力量。如果国家的主要职能是战争，那么国家就会将权力和技术结合起来发展破坏。这不仅意味着对敌人实际的、潜在的破坏，还意味着对自己的破坏。一个国家的存在，就意味着民族一直处于战争和被侵略的危险之中，而征募士兵意味着破坏民族生命生生不息的过程。

1918 年 11 月 11 日，第一次世界大战结束。1000 万人死亡，其中有 10 万多名美国人。人类开始反思，并反映在如雨后春笋般的反战文学中。例如，阿尔弗雷德·欧文和齐格菲·沙逊的诗歌、埃里希·马里亚·雷马克的《西线无战事》、欧内斯特·海明威的《永别了，武器》，还有福特·马多克斯·福特的《没有阅兵了》。

富有反叛精神和反独裁的诗人 E.E. 卡明斯第一次世界大战时在法国一个救护小组服役。下面是他表达强烈反对战争的诗歌。

E.E. 卡明斯：《我欢声赞扬奥拉夫的伟大》（1931）

我欢声赞扬奥拉夫的伟大
他用温暖的心反对战争
一个有责任心的反对者

他崇敬的上校——得到良好教育的绅士
拉着做错事的奥拉夫的手
但是
尽管是一个欢喜、诚实的未委任的士官
第一次敲醒了他的脑袋——用冰水
其他人都惊慌失措
用最近使用的刷子
清理泥泞的大便器
唤起了智力
钝器——忠诚奥拉夫
全神贯注于一具尸体
希望有块破布将之掩盖
没有被激怒，回答道
我不会亲吻国旗

突然间
银鸟变得很严肃
急匆匆飞走了

但是，尽管有各种各样的军官
国家的骄傲
他们对被逮住的猎物又是踢打又是诅咒
直到刺穿他们的号角

号叫声和踢打声愈演愈烈
怂恿一级步兵踩着他的屁股恶意取笑
通过巧妙的应用
刺刀用火烤热
奥拉夫——曾经屈膝
几乎不停地在重复
有一些东西我不吃

我们的总统
发出正式通知
把那婊子养的
关进了地牢
他就死在了那里

基督——以他无限的慈爱
我祈祷，奥拉夫也祈祷

更主要的是因为
除非数据有误
他比我更勇敢
他的皮肤比你白

约翰·多斯帕索斯写了《美国》三部曲，表达了对战争的恐惧。下面是1932年发表的《美国》三部曲中的第二卷《一九一九年》中的《一个美国人的尸体》的一个章节。

约翰·多斯帕索斯：《一个美国人的尸体》（1932）

约翰·多斯和理查德·罗，还有其他一个或几个不知其名的人在进行操练，远足，兵器教范，学习敬礼、列队，在公厕里闲荡，不准在甲板上吸烟，站岗。40个人和8匹马，视察，子弹飞过的“砰砰”声。

伐木工，请告诉我该怎么回到我的组织。

那些东西不见了，我忍不住跳起来。我在马恩河里游泳，和一个男人打闹。我们等着被放出去，还有一个叫珍妮的女孩。

士兵，看在上帝的分儿上，请告诉我该怎么回到我的组织。

约翰·多斯的心脏“扑通扑通”跳。在俄勒冈州森林的空地上，南瓜金黄金黄。目之所及，是秋天枯黄的树叶，叶片挂着小条纹蜗牛，苍蝇嗡嗡叫，黄蜂在吵闹，树林里飘着酒香，蘑菇、苹果和蜂蜜的气味涌入血液中。

血渗透到地里。

在他的胸前别着国会奖牌、哈纳克奖章、比利时荣誉骑士团勋章、印第安金牌，还有罗马尼亚的玛丽女皇颁发的荣誉勋章、捷克斯洛伐克战争十字架，还有个波兰军事十字勋章。所有的华盛顿人都带来了鲜花。

伍德罗·威尔逊带来了一束罂粟。

第一次世界大战结束后20年，在另一次世界大战前夕，对战争真相最彻底的控诉之一是剧作家道尔顿·特朗博写的《无语问苍天》。此书发行后几年，全球热销，特朗博也被列入好莱坞十大黑名单之一。

《无语问苍天》是从乔·博纳姆的视角写的，他是第一次世界大战的士兵，在战场上发现他时，他的肋骨全断了，双目失明，只剩下残缺不全的身体和比较完整的大脑。

道尔顿·特朗博：《无语问苍天》（1939）

带着我沿着乡间小路，在每个农房和每片田野停下，敲响晚饭的钟，让农民和他们的妻子孩子，还有他们雇用的男男女女都能看见我。给这里的农民讲一些，我认为他们从来没有见过的事物。这里有的土地不能开垦。这里有些庄稼、有些花朵种不了。给田地施肥的粪便很肮脏，但是还有比粪便更糟糕的肥料，不会消解，不会腐烂，还不能滋养种子。还有一种很可怕的生物，如果是牛马羊倒还好，我们能当场将它们宰杀，但这种生物是人类。人类有大脑，一直都在思考。不管你信不信，这种生物会思考，活生生的，总是违反自然规则，虽然造物主未曾想将他们造成这样。

带我到工人工作和生产的地方。带我到那里，看看男孩的落魄生活。也许时势艰难，你们工资低下。男孩们，别担心，总有办法改变这种情况的。打一仗，价格就上去了，工资也上去了，大家都来赚大钱。别不耐烦，男孩们，很快就有出路了。时机来了，你们的机会来了。无论选择哪条路，你们都能胜利。如果不是非战不可，你们为什么还要待在家呢？在船坞工作，赚 16 美元。也许你需要的是一双鞋子，而不是储蓄。假设你就是个瞎子，那你根本就不需要考虑眼睛的价格。也许你会跟我一样幸运。

男孩们，靠近点我，看着我，我不需要任何东西。每日喝三次肉汤，仅此而已。不需要鞋子、袜子，不需要内衣、衬衫、外套，不需要手套、帽子、领带，不需要电影、足球，甚至不需要刮胡刀。看看我，男孩们，我不需要消费。我知道自己在说些什么。我过去也需要你们现在需要的所有东西。我过去也是个消费者。我一生消费了许多。我用过的大炮和枪支弹药比任何人都多。别嫉妒我，男孩们，你们会有机会的，很快会爆发另一场战争。也许，你们会与我一样幸运。

带我到学校，世界上所有的学校。他们开始也许会做噩梦、会尖叫，但他们会习惯的，因为他们已经习惯了，从小接受教育。把他们叫到我的身边，说小女孩、小男孩，来看看你们的爸爸，来看看你们自己。等你们长成男人女人，你们都有机会为国捐躯。如果你们没有死，你们就会像我这样回来。

请靠过来点。靠在那边黑板的孩子，你怎么了？怎么哭了？你这个笨女孩，过来看看这个好心的男人，这个好心的男人是个士兵。你还记得他，是吧？你还记得你挥动旗帜，把辛苦攒下的积蓄奉送给那个人吗？你这个小傻瓜，肯定还记得。我就是那个士兵啊！

带我到大学。叫女孩们围过来，所有健康漂亮的年轻女孩。指着我说，女孩们，这是你们的爸爸。这个男孩昨晚还很健壮。这就是你们的小儿子，你们的婴儿，你们的爱，你们的希望，你们的未来。仔细看着他，你们就不会忘记他。这是他的脸。女孩们，别害怕，摸摸看，弯下腰来亲吻。之后，你们得擦擦嘴，因为嘴唇会沾上些腐烂的东西。不过不要紧，爱一个人是不会计较的，因为他是你们的爱人。

带我到你们的教堂，带我到那个每隔 50 年就要翻修的天主大教堂，因为这个教堂总被战争破坏。带我走上那条过道，国王、教士、新婚夫妻和孩子无数次走过的过道，为了亲吻那个钉死一个人的十字架，这个人很幸运地死了。让我站在高高的神坛上，呼唤上帝，请他低头看看他那罪恶的孩子，那心爱的孩子。挥一挥我闻不到的薰香，大口品尝我尝不出味道的圣酒。做些我听不到声音的祷告。进行一些我做不到的神圣的动作，因为我没有手，也没有脚。唱些我发不出声的赞美诗。大声地唱赞美诗，因为我知道真相，而你们这些傻瓜不知道。

你们这些傻瓜，你们这些傻瓜，你们这些傻瓜。

第十五章 从爵士时代开始的起义

F.司各特·菲茨杰拉德：《爵士时代的回响》（1931）

伊普·哈伯格：《兄弟，能给一分钱吗？》（1932）

保罗·安德森：《催泪弹、刺刀和选票》（1932）

玛丽·利希特：回忆斯科茨伯勒案件（1997）

内德·柯布（“内特·肖”）：《最高危机》（1969）

亚伯·墨洛泊：《奇异的果实》（1937）

兰斯顿·休斯诗两首（1934 和 1940）

巴托洛梅奥·万泽蒂在法庭上的辩护词（1927）

薇姬·斯达（斯泰拉·诺维奇）：《在院子后》（1973）

西尔维娅·伍兹：《你必须为自由而战》（1973）

罗斯·切尔宁关于 20 世纪 30 年代组织布朗克斯失业工人委员会（1949）

金奥拉（约翰逊）·多林格：《弗林特罢工：1936—1937 年通用汽车工人静坐罢工》（1995）

约翰·斯坦贝克：《愤怒的葡萄》（1939）

伍迪·盖瑟瑞：《这是你的土地》（1940）

20世纪20—30年代有一些值得重新审视的历史奥秘。

20年代通称为“爵士时代”“繁荣时代”，代表这一时代的欢乐时光。然而，被30年代的经济大萧条打破了。上层社会享受着表面的“繁荣”，而城市居民和农民却饱经苦难。3K党在全国横行，反外国、反激进主义的浪潮高涨，对国内非裔美国人进行暴力迫害。

另一奥秘就是罗斯福政府的善举，20世纪30年代的新政。这个观点忽视了这10年间连续不断的骚乱，从1932年退伍军人“向华盛顿进军”一直到广泛的罢工和抗议，它们威胁着资本主义制度。愤怒的结果是常常有无政府主义者和社会主义者参与，进行了空前的改革：社会保障，失业保险，低成本住房补贴，对于工会的保护。也许最惊人的、绝对不会重复的举措是给艺术家工作——作家、音乐家、演员和导演、画家和雕塑家。

在后面，我们试图展示这一重要时期的一些主要挑战。

1929年10月24日，股市崩溃，引发了大萧条。而文化和社会瓦解的迹象在这之前即已显露。《了不起的盖茨比》的作者F. 司各特·菲茨杰拉德对“喧嚣的20世纪20年代”的奢华做了极好的记录。他为《斯克里布纳》杂志撰文，回顾了这个时期。

F. 司各特·菲茨杰拉德：《爵士时代的回响》（1931）

能够不假装老成，深刻地反映爵士时代，现在还为时过早。很多人遇到反映它的特征的字眼时，仍然止不住干呕——那些词其实一直就有，生动地反映了那时的地下生活。像1902年的书《黄色的90年代》一样，它已经死寂，无人提起了。

然而，现在的作家重新开始怀着乡愁回顾它，它激励过他、恭维过他，给他的钱，他做梦也想不到，而只是因为他对人们说，他与他们感觉一样，那些为战争积蓄的、没有发泄的令人紧张的巨大能量需要释放。

这10年似乎不愿意“寿终正寝”，1929年10月，它灵光一现，死得蔚为壮观。而这时期始于1919年的五一骚乱，骑警骑着马驱散了麦迪逊广场上瞪着眼睛听讲演的乡下小伙子。这是一种策略，要把较有智慧的青年从现行制度中隔离出去。我们已经记不得任何《权利法案》的事情，直到(H.L.)门肯开始批判它。但是，我们知道这样的专制只存在于几个南欧小国。如果怯懦的商人能够这样影响政府，那我们也许就要为J.P.摩根的贷款诉诸战争了。但是，我们已经厌倦了“伟大的事业”，那只不过是义愤的短暂爆发……

大步迈进合众国的国民们还没有来得及喘上一口气，在战争中长大的最狂野的一代就把我这一代人推到了外面。他们在聚光灯下起舞。这一代的女孩以为自己是摩登女郎，这一代腐化了他们的上一辈，由于缺乏道德和趣味，最终没能实现妄想。让我来呈现1922年吧！那是年轻一代的顶峰，虽然爵士时代仍然继续，但对于年轻人的吸引力越来越小。

后来的事类似于孩子的晚会被大人接手，让孩子们感到迷惑、被冷落、震惊。到了1923年，他们的上一辈厌倦了心怀嫉妒的旁观，他们发现酒精会代替热血，振臂一呼，开始了狂欢。那些年轻一代于是成了过时的明星。

全国上下都变成了享乐主义者，选择了及时行乐。不论是否禁止，年轻一代过早的性行为都会发生。他们无疑要把英国传统纳入美国环境。比如我们的南方属于热带，早熟，让年轻姑娘十六七岁就结婚了。但是，始于1921年鸡尾酒会的享乐生活有着更复杂的起因。

“爵士”一词逐渐变得令人起敬，先是指性，继而指跳舞、音乐。它与一种紧张的刺激状态相关联，与战时后方大城市的状态相仿……

但是这一切并不会继续下去。某些人犯了大错，世界上最昂贵的狂欢就此打住。

它在两年前结束。十足的信心——这个时期的关键的支撑，受到了巨大的打击，这个脆弱的结构随即土崩瓦解。而两年之后，爵士时代似乎遥远得像战前的岁月。但是它本来就很短暂——全美十分之一的上层暂且容忍着花花公子和戏班女孩的无忧无虑生活。但是现在说教起来很容易，而安心地、无忧无虑地度过20岁是件乐事。即使你没有钱，也不必担心钱的事，因为周围的人都在大方挥霍。到了最后，你要争着付你那一份。旅行时接受别人的款待几乎是一种帮忙。魅力、坏名声、纯粹的好举止，人们把这些优势看得比金钱更重要。这种感觉很美妙，可是越来越弱，因为永恒的人类价值观会持续膨胀。作家只靠着一本有影响的书或一个剧本就被当成天才，就像战时有四个月指挥经验的军官一样。于是，就有了很多小人颐指气使，虚张声势。

在戏剧界，夸张的制作由几位二流明星演出，政界也是如此，最高的职位很难引起好人的兴趣。那些职位的重要性和责任远远超过了企业管理者的想象，但是他们只有五六千美元的年薪。

现在，遭遇又一次紧缩，回望虚掷的青春时，我们摆出一副合乎时宜的惊恐表情。不过，有时会有幽灵般的鼓声响起，在回到20年代早期的号声中，它像喘息的低语。在那时，我们喝甲醇，每天、每个方面都越来越好。那时第一次截短裙子却遭失败，而姑娘们都穿着毛衣，好像长得一模一样，你不想认识的人说："是的，《我们没有香蕉》[①]。"似乎没有几年，老一辈的人就会让位，把世界交给那些与他们眼光一样的人——在当时还年轻的我们的眼中，这个世界似乎太美妙、太浪漫，因为我们永远不会像当初那样，对周围事物的感知如此强烈。

一首广为人知的关于大萧条的歌是伊普·哈伯格写的。

他出身于俄国犹太移民家庭。他们一家住在纽约下东区。1932年，他与作曲家杰伊·戈尔尼合作，完成了这首《兄弟，能给一分钱吗？》。

伊普·哈伯格：《兄弟，能给一分钱吗？》（1932）

他们过去常说，我在编织一个梦，所以我随大流跟着大伙
当有地可种、有枪可扛的时候，我总是在那儿，在那儿工作
他们过去常说，我在编织一个梦，梦见安宁与繁荣的前途
为什么我得排着长队，为领一份面包苦苦等待

我曾建一条铁路，火车奔驰，让它与时间比赛
我曾建一条铁路，如今它建成啦，兄弟，你能施舍一分钱吗
我曾建一座高塔，耸入云霄，用砖头、铆钉和石灰料
我曾建一座高塔，如今它建成啦，兄弟，你能施舍一分钱吗

①《我们没有香蕉》：弗兰克·希尔福和欧文·科恩为百老汇讽刺滑稽剧《干脆点》创作的歌曲，由男演员艾迪·坎特在剧中演唱。这首歌曲在1923年被比利·琼斯重新录制后，成为当年的流行歌曲，蝉联歌曲排行榜冠军达5周之久。

我们曾穿着卡其军装，嗨，看上去真棒，扬基歌歌声嘹亮

五十万只穿着靴子的脚踏着沉重的步子走过地狱，我就是那年轻的鼓手

喂，你记得吗？他们叫我阿尔

一直叫我阿尔

喂，你记得吗？我是你的伙伴

兄弟，你能施舍一分钱吗

作为第一次世界大战归来的士兵，我在1924年得到了一笔津贴，是一种国家债券，1945年可以兑现。但是，由于大萧条发生，很多退役军人遇到困境。他们没有工作，家人在挨饿。他们开始组织起来，要求立即兑现债券。全国的退役军人会集起来，来到华盛顿，或带着妻儿，或独自前来，开着破车，或偷乘货运列车，或搭其他车。总共来了2万人。他们自称“津贴远征军”或“津贴部队”，他们在国会山旁的波托马可河对岸安营扎寨。然而，国会拒绝有所行动。

当退伍兵们露营时，赫伯特·胡佛总统命令军队驱散这群人。负责行动的军官里就有麦克阿瑟、德怀特·艾森豪威尔和乔治·巴顿。退伍兵们受到催泪弹和刺刀的袭击，他们的帐篷被烧毁。

保罗·安德森对于“向华盛顿进军”做了第一手记录。安德森是一位来自密苏里的记者，是美国报业协会的组织者之一。由于报道东圣路易斯大屠杀，他在全美国广为人知。

保罗·安德森：《催泪弹、刺刀和选票》（1932）

7月28日，周四，在宾夕法尼亚大街和第三街，胡佛的连任竞选开始了。竞选队伍有4个骑兵团、4个步兵团、1个荷枪实弹的机关枪队、6辆小型坦克、300名警察、一队联邦特工以及财政部特工。立即达到的效果包括以下几项：

2名第一次世界大战退役军人被射杀；1个11个月大的婴孩由于毒气

和惊吓，情况危险；1 个 8 岁男孩被毒气刺激成半失明；2 个警察脑袋开花；1 名旁观者肩部被子弹打穿；1 个退伍兵的耳朵被骑兵的马刀切开；1 个退伍兵的大腿被刺刀扎入；10 多个退伍兵、警察和士兵被砖头和棍棒打伤；1000 多人受到毒气熏，其中包括警察、记者、急救车司机和华盛顿居民；价值大约 1 万美元的财物被烧毁，包括衣物、仪器、临时住处及一名承包商的大批建筑材料。

相比之下，政治效果较不显著。实际上，当政的高级官员中，越来越多的人认为这一壮举的计划和实施太过鲁莽，缺乏判断，而作为一种竞选活动，这可能会成为历来政治上最适得其反的做法。有胆略的陆军部长巴特·赫里发表了两份公开声明，试图维护对手无寸铁的男女老少使用毒气、坦克、马刀、刺刀，以及放火。

动用军队和现代化战争武器把这些人赶出破烂的住处，赶出华盛顿，这让我得出一个不愿得出的结论：整个事件是为了政治目的精心策划和实施的，实际上，是为了“告诉”美国人民，政府确实受到了被颠覆的威胁，而赫伯特·胡佛以他的胆略和果断力挽了狂澜。无疑，胡佛先生和他的顾问们希望把这次竞选活动的主题定为“胡佛面对激进主义”。在华盛顿聚集的退役老兵及其家人让他们有机会昭示全美国，暴乱的危险确实存在，当局对此已有防备。为了达到这个目的，有必要激化冲突，这就是当局下一步要做的事。简单回顾一下突出的事实就能明显地看出这一点。

数周以来，这些退伍兵及其家人驻扎在华盛顿，有些人住在城中被毁坏废弃的房屋或棚户里，但是大部分人在一大块属于政府的地面上搭起临时棚屋，这块地就在安那卡那斯提亚河对岸。除了一小群人的主要成员是匪帮，人们的行为很有纪律和节制。说他们对政府构成威胁，对于多次来过营地并且与很多人交谈过的人，这实在是匪夷所思。甚至共产主义者也只不过两次在白宫前举行游行，没有有效的结果，只是打破了头，谈判和罚款。大多数人在极其简陋的生存条件下保持着良好的幽默和耐心，他们处处显露出要把多舛的命运变成喜剧的天性。

所谓的“津贴远征军”，实际上是一群失业的人，他们认为自己可以向政府追讨一笔债务，因此来到这里，请求政府的救援，或者提供一些工作。假如他们有工作、有津贴，他们不会来此。任何相左的判定都是荒谬的。

除了孤立的共产主义者的无力的姿态，在星期四的严重事件之前，并没有发生什么问题。这部分仰仗于警长格拉斯福德的干练和圆融，部分有赖于营地领袖们的纪律严明，当然也要特别归功于这些人本身遵纪守法。赫尔利装腔作势，说出这样的话：退伍士兵“行乞”，“强行要求市民施舍”。但是，我每一次去营地，人们除了一支香烟，没有向我要过更多的东西，而我看起来是个相当富裕的市民。国会延期，于是退伍军人断续撤离。退伍军人管理局每天都有报道，美联社和政府报纸也如实报道。负责任的官员总是重复宣称，一切都会好的，只是时间问题。

可是突然之间，当局的高层人士决定政府必须收回部分铲平的街区，以第三街、第四街以及宾州大道和密苏里大道为边界。大约有1500人在废弃的房屋和临时住所居住。这些人中的大多数来自田纳西、加利福尼亚、卡罗来纳、内布拉斯加、西弗吉尼亚和佛罗里达，这些地方并不是“激进主义”的温床。地方官员接到财政部下达的命令，要求警察负责驱除擅入者。周三，白宫有一次会议，与会者有赫尔利、米歇尔大法官、道格拉斯·麦克阿瑟和军方主要官员。周四上午，格拉斯福德听说财政部代表将负责一个路段的“清理”，假如有人抵制，就将其逮捕，罪名是扰乱秩序。这意味着实际的工作是由警察完成的，过程正是这样。

数分钟后，步兵、骑兵、机关枪队及坦克源源不断地从梅耶和华盛顿开来。

当大军到来时，老兵在宾夕法尼亚大街南侧人行道欢迎。一个军官突然高声喊道：“通通滚开！”步兵端着刺刀将人强行赶到街区。骑兵在北侧人行道骑着马，赶着警员、记者和摄像师上车，以免被踩踏。有三四千个围观者聚集在北侧街道的空地上。一队骑兵得令，用军刀对付这群人。男女和小孩在这块坑洼的空地上吓得乱窜，有的为了躲避军刀跌入洞中。与此同时，南侧的步兵已经戴好了防毒面罩，将毒气弹扔进赶入老兵的街区里。秘书长赫尔利说道：“妇女儿童所在的建筑受到保护，不允许被骚扰。”

我不知道他所说的“建筑”指的是什么，因为妇女儿童都待在街区几十座简陋的小木屋和帐篷里。我只知道，当毒气弹在他们周围炸开后，我看见几十个妇女拖着她们的孩子，尖叫着，踉跄地跑出那个地方……

“军队过来后，无人受伤。”尊敬的赫尔利先生宣布。我看见他手下一个骑兵被送上救护车，显然已经失去了意识；我看见他的几个同事追着一个逃奴到加油站，途中踩死了一个女人。事实上，救护车每次过来都会载走受害者。办公车发出指令后几分钟，我就在那倒霉的警员、记者和旁观者的行列中，一队步兵快速过来扔了炸弹后离开。在前面的人与黑人妇女和小孩堵在一起，一个人出现在居民房的门廊，两个小女孩倒在人行道上，被呛到了，尖叫着。

秘书长赫尔利竟宣称："游行者的木屋被军队放火焚烧的说法是谣传。"可就在他宣布的当天，许多报纸上刊登了一个步兵拿着火把到老兵住的小木屋的照片。士兵放火烧窝棚时，我就是众多目击记者之一。在官方的致歉声明中，秘书长声称："在军队通过安那卡那斯提亚桥之前，那里的窝棚和帐篷就已经被退伍军人自己烧了。"军队过桥时，我就在那儿。事实是这样的：军队面对人群，命令他们"后退"，而人群发出嘘声，拒绝这么做。军队立马向人群发射毒气弹。到达营地15分钟后，军队放火烧了两座临时营房，这是第一次大火。在此之前，麦克阿瑟将军召集记者，声称："所有行动都暂停了……我们的目的已经达成……营地已经被放弃，所以不会去烧毁营地。"记者会结束后，他便离开，去了白宫。那两座临时营房被点着后，猛烈的大火持续了半个小时，老兵们放弃了自己的住所，也开始点火。

数千名老兵聚集在河堤上，其中有当地的居民，都注视着底下骇人的景象。接近午夜的时候（麦克阿瑟前往白宫是在一个多小时以前），长长的一队步兵经过火光冲天的空地，往河堤而去，军刀和刺刀在火光中闪闪发亮。所有的人都已经放弃了营地，竟然还要遭到进一步的驱逐。那天早些时候，一个军官告诉我，军队要把露营者全部赶到"马里兰州的空旷野外"。

最了解情况的格拉斯福德表示，这样做"完全没有必要"。然而，他虽然是一个杰出的士兵、杰出的警员，却不是一名"合格"的政客。而政客决定这样做很有必要，有必要突出"胡佛对抗激进主义"的主题。总统声称营地不到一半的人服过军役，而赫尔利坚称，是"红色军团"和"鼓动者"引起的混乱。多么不幸啊！被杀害的人是第一次世界大战中名副其实的老兵，在阿灵顿的葬礼上还很体面呢！在这样的危急关头，美国政府由胡佛、赫尔利和米尔斯三巨头控制，这是多么悲剧的事啊！

1931年3月，在亚拉巴马州佩恩特罗克，9个年轻黑人从货运车中被拖出，被控攻击罪，随后被控强奸2名白人妇女。5天里，9个人都被联邦大陪审团起诉。在另外9天里，8个"斯科茨伯勒男孩"被判死刑。

这一案件引起了全世界的义愤，表明美国法律体系对非裔美国人的不公平。1933年，露比·贝茨在法庭上做证，表示没有强奸这回事，但9个人还是被关押。随着反对声的持续，最高法院要求重新审理案件，原因是辩护人不合格，陪审团只限白人。但是，他们还是被判有罪，刑期从20年到99年不等，其中一人被判死刑。最高法院拒绝接收他们的案件。

全国的骚动还在继续，他们在监狱服刑许多年以后，死刑犯被减刑，其他人被释放。美国共产党是主持公道的主要力量。

下面是其中一个组织者对案件的会议记载。

玛丽·利希特：回忆斯科茨伯勒案件（1997）

1931年3月25日，在亚拉巴马州佩恩特罗克，一队武装的暴徒拦下一辆货运车，围住了9个非裔美国人，其中年纪最小的只有13岁。2个年轻的白人女性和1个白人男人也被带走。

郡治安官逮捕了这9个年轻人，关在卡车里，送往斯科茨伯勒杰克逊郡的监狱。在那里，他们被指控："强奸了经过亚拉巴马州的一辆货运车上的白人女孩。"

12天后，9人被带上法庭，在4天里，4个白人男性组成的陪审团给他们定罪，判处死刑。

几年以后，许多人问我怎么跟这案子扯上关系的。就是因为这关系，我才能够直截了当地揭穿丹顿·L. 沃森对共产党在捍卫这9人的运动中所起作用的赤裸裸的谎言。

那时，我住在田纳西州查特怒加市，9人中的4人也住在那里。我第一次听说这案件的时候，就在监狱里等着"妨碍治安罪"的审判。

我认为他们和我被捕是同一回事：他们乘车去找工作，而我忙着组织被炒鱿鱼的失业者。

对这些失业的年轻黑人被逮捕、审判和定罪，说明了在美国120万非裔美国人遭到的不公。我认为，对他们的审判只是合法的私刑。

20世纪30年代早期，在胡佛政府的统治时期，美国陷入了毁灭性的经济危机，几百万人失业。虽然北方形势艰难，但1927年就已经开始陷入经济危机的南方才真正令人绝望。

然而，到1931年，群众反击开始了。在工会和共产党的领导下，全国组织了失业者委员会。早在1930年9月，要求救助失业者的请愿书，有100多万人的签名，送到了白宫。我是查特怒加市失业者委员会的负责人。

委员会要在3月6日进行全国性的群众示威运动，要求国会通过《伦丁法案》，保障对失业者的救助和维护社会安定。

查特怒加市的示威运动有白人和黑人工人加入，但在集会还没开始前，3个发言人，我是其中之一，都被逮捕了。在候审时，我们被控妨碍治安，不得保释。

当我看了对斯科茨伯勒年轻人的指控后，我对同事说，我们被释放后，我会将这案子告知国际劳工保护会（ILD）。我说，国际劳工保护会对我们审判的帮助让我相信，这是唯一能推翻这几个年轻人残暴死刑的组织。

我们的律师不仅依靠法律有利的论据和法庭的“公正”，他们还说我们必须向公众寻求支持。他们是对的。

我们的案件审判时，法庭里满是黑人和白人失业工人。3天的审讯后，我们被无罪释放了。感谢国际劳工保护会的律师乔·布罗茨基帮助我们洗刷了妨碍城市治安的指控。

我被释放后半小时，拜访了谢尔曼·贝尔，他被深情地称为查特怒加市黑人社区的“市长”。他曾经是圣路易斯美国黑人劳动代表大会（ANLC）的代表，发表了《黑人权利法案》，目的是开展运动，促进非裔美国人权利的立法和压制私刑。在大会上，ANLC改名为黑人权利斗争联盟，积极地参与了斯科茨伯勒案。

贝尔和我拜访了斯科茨伯勒案中3个被告的母亲——怀特太太和帕特森太太。我们告诉她们，我们的审判是如何进行的，一个装满人的法庭和一个雄辩的律师团，相信非裔美国人能够争取平等的运动。

我们向她们说明斯科茨伯勒案在南方的法庭不可能胜诉。我们说，来自世界各地的几百万人的大集会抗议活动才有用，最好行刑日期延期到7月10日。如果不能延期，那就白费力气了。

怀特太太和帕特森太太告诉我们，当天早上，NAACP（美国有色人种协进会）的代表就拜访过她们，他们可能已经回去了。他们确实回去了。但是，对这两位母亲10天的拜访和讨论后，她们同意让国际劳工保护会代表她们的儿子。不久之后，其他家长也答应了。

审判和判刑一结束，国际劳工保护会就到法庭要求延期行刑和重审案件，因为被告在审判时没有辩护律师。接下来的事就有历史记载了。全国主要城市都组织示威运动，美国大使馆成了外国几百万支持国际劳工保护会的群众发泄怒火的攻击目标。

共产党和国际劳工保护会对斯科茨伯勒案被告的支持并不是偶然为之，也不单纯是对9个年轻黑人的灾难出于人道主义的维护。正好相反，代表斯科茨伯勒案被告的决定是以共产党及其组织领导的数年活动为先导的。

1921年，工人党的建党大会采纳了争取黑人平等活动的建议，在当时是比其他组织更先进的活动。在1922年的大会上，工人党同压迫非裔美国人的数个世纪的种族主义做斗争。

黑人和白人都遭受到贫困的折磨，其中黑人还要面对经济和种族的双重压迫。下面是内德·柯布（在西奥多·罗森加滕的著作《最高危机》中名为"内特·肖"）的回忆。

1885年，柯布生于亚拉巴马州，在20世纪30年代成为亚拉巴马州佃农联盟（SCU）领袖。这个激进的联盟在大萧条期间组织了几千名黑人佃农，还有少量的白人农民。

在共产党组织者的帮助下，SCU组织了在面对危机时敢于参与联盟活动的黑人。会议都是秘密召开的，有时以《圣经》阅读会的名义。

内德·柯布（"内特·肖"）：《最高危机》（1969）

我还住在Sitimachas的Tucker时，许多家庭离开本地到北方去了。我的几个邻居也打包离开了。

我知道，我在这里的生活很糟糕，但我不打算离开，我从没有离开的想法。我只是想，不管怎样，困难总有办法克服的。我是个农民，我对这个农村的了解比对北方各州的了解要多。我一直都在养家，我爱我的家人，我努力养活他们，我很自信地认为，日子总能过下去。总之，我决心试一试。

在那饱受压力的几年，有一个叫作佃农联盟的组织在这个农场运动，我心想，这名字不错——我第一次知道这个联盟。这个组织1931年在克兰斯福特暴动成功。我听说的比亲眼见的多，我也常琢磨这些事。我知道南方白人和有色人种的经济情况恶化，这是很不寻常的。我听说有个穷人阶级的组织，那是我想加入的组织。我想要更详细地了解这个组织的情况。

现在我听说有卡车冲进村子向有色人种开枪，当然我觉得这只是一种说法，试图谴责黑人可能做的事情，或者他们根本没有。但是确实有人从卡车中向别人开枪了。有色人种事先没有得到任何警告，进一步说，这就好像仅仅是有人制造了一个骚动。当然，这里有些人有很好的枪，比如温彻斯特来复枪就不错。但是他们跟这个无关，那里没有人开枪，那些仅仅是他们自己的假想。

是的，他们在那里杀了人，一个有色人种，他的名字是亚当·科尔。他们告诉我，古特·北奥——Tukabahchee 县的治安官腹部也中枪了（我没有亲眼看见，但是我听到很多关于这件事的说法）。他跑过去想阻止有色人种聚会，然后有人开枪打中了他。

白人开始包围组织中的黑人。这是不久前发生的事。有一天，一位名叫麦克莱恩的老人像一只大鼬鼠溜进树丛一样来找我，我们在屋外遇见，他像一块烙铁一样靠近我，说：“内特，你是属于那个混乱的组织吗？”

我立马打断他：“我目前并不属于它，但是我渴望加入它，我的目标也是加入它，但是没有合适的机会。”

白人又说：“离那个远点，那东西会害死你的。这些黑人在组织某种活动，你最好离它远远的。”

我心里想：“蠢货！你以为你能让我远离它？”我立马离开，赶在下次集会前就加入它。他跑过来命令我不要加入那个组织。他怀疑我想加入那个组织，想赶在我加入前阻止我。然而，他所做的只是把我推向了那个组织。

组织中的一些导师开始离开这个小镇，他们不能让他们做的事被人知道。其中有一个有色小伙儿，他告诉过我他的名字，但是我忘了。他想让我们组织起来，他和我们待在一起很长时间，给我们开会——这是他工作的一部分。我们有色人群要做的就是加入这个组织。听说组织不接受无用的人、软弱的人，因为这些人会泄露信息，这是一个所有加入组织成员的秘密；他们知道要管好自己的嘴，然后集会，这是导师告诉我们的（他说话很特别，不知道来自哪里，我叫他“诱饵”）。他还说，如果一个黑人，比如他，告诉白人关于组织的事情，那他的下场就是被干掉。

在我们家里或者其他能聚会的地方开会的时候要确保没有其他人进来

看。小的聚会大概是12个人，人数不定，有时多，有时少。黑人有恐惧，这是事实。这个地方的白人不允许黑人有任何组织，不允许其有任何秘密的聚会。他们控制你、监视你，不允许聚众交流，除非是你的家庭或者教会活动。事实就是，黑人除了在教堂服务之外，不允许做任何事情，他们喜欢看你们去教堂。有时候白人也会来黑人教堂，坐在那里监听聚会。当然，那里只有教会活动，不会有其他的。但是如果一个黑人走进白人教堂，他会被赶走——如果他们不杀他的话。但是如果白人带着黑人仆人，黑人仆人会被允许进入，坐在最后一排，由一些白人盯着。

如果你是独立的黑人，你最好远离那里。如果你是白人的仆人，按照他说的做，哪怕坐在女人身边。这些仆人知道他们不能惹“麻烦”，如果他们违反了，他们会被赶走，然后导致一些严重的后果。但是他们从来不惹“麻烦”，就是坐在那里聆听，像只小羊羔一样。如果白人走进有色人种的教堂，黑人要忙着把最前排的位置让给他。这就是白人，他们把自己置于有色人种之上，有色人种只能做白人说的或者想的事情。白人是有色人种的老板和控制者，有色人种要明白并顺从这点。白人无论男女走进黑人教堂，只要在那儿，就有位子。

这个组织为有色人种做的第一件事情就是建立组织。这是他们可以为之奋斗和行动的最好的事情。从我小的时候到现在，或者更早的时候，我没有任何权利，没有任何话语权，甚至不能接受教育，学习书本。当然，这是白人不希望我们拥有的。这些都被剥夺了，我不满这样的统治。

从我来到这个世界之日起，我就从来没有尝试过打击谁。但是我知道一个种族想剥夺其他种族的权利。我已经身在其中了，我也看到其他人身在其中。这是很清楚的：如果每个人都能完全拥有自己的权利，这个世界就不会有这么多的有钱人——我很早就明白这一点。我甚至考虑得更多。那个人怎么逃脱这种境况，同时按自己的想法工作并成为一个富人的呢？他的收入来自哪里？那些穷困的农民和其他劳动者，有很多人不能支撑他的家庭；很多人本应该穿衣服，但穿不起；很多人本应该有积蓄，但是没有；很多人不能做他可以做的事情。

那么，谁是这个世界的基石呢？是劳动人民！上帝啊，一个巨人一直踩在他身上不愿意离开。我发现这根源于他们想剥夺我的一切。

我生活在这世界上，我发现我是被奴役的一员。像其他黑人一样，我处于被统治中。我知道这对人是一种伤害，对上帝是一种亵渎，但是我仍然不得不退缩。我尝试过，但是我知道没有用，没有人会支持我。我不断地咒骂不公。过去我迎合所有的人，但是我不认可这种屈膝于白人干他们吩咐的事情的方式。同时，我知道给白人时间，不然他们会敲我的头。我不愿意违背自己的意愿走别的路。最重要的是，我尊重自己，心疼自己。

我来到了一个违背我自己的世界。如果一个人拿走我所有的东西而不给我公平的补偿，我会像一处栅栏一样立着，让他在我面前死去。如果我因为保护自己而死，那为什么不去做呢？我肯定会尝试的。

1937 年，学校老师亚伯·墨洛泊看到一张可怕的照片，上面是黑人青年托马斯·希普和艾布拉姆·史密斯，他们在 7 年前的印第安纳州马里奥被处死了。那之后，他写下了一首让人难忘的诗《苦果》。墨洛泊，一个共产党员为一首歌写了词，发表在《纽约教师》和《新大众》上。这首歌被著名蓝调歌手比莉·哈乐黛演唱后一举成名。

虽然唱片公司拒绝发行这首歌，但是她通过在标题《奇异的果实》下做特别标记的方式发行了这首歌，并现场表演（感谢词作者路易斯·艾伦，墨洛泊的笔名）。

墨洛泊和他的妻子，在 1953 年埃塞尔·罗森伯格和尤利乌斯·罗森伯格被执行死刑后，收养了他们的两个孩子。

亚伯·墨洛泊：《奇异的果实》（1937）

南方的树上结着奇异的果实
血红的叶，血红的根
黑色的尸体随风摆荡
奇异的果实悬挂在白杨树上
华丽的南国田园风景
突出的眼，扭曲的嘴
木兰花清甜的香味
转眼成了焦灼尸肉的气味
这里有颗果实，让乌鸦采撷

供雨水摘取，任风吸吮
因日照腐朽，自树上坠落
这是奇异而苦涩的作物

19世纪二三十年代的“哈莱姆文艺复兴”产生了一个伟大的黑人作家和艺术家团体。他们中间有小说家卓拉·尼尔·赫斯特、内拉·拉森，画家雅各布·劳伦斯、亚伦·道格拉斯，诗人兰斯顿·休斯、格温多林·本纳特、克劳德·麦凯和康蒂·卡伦等。其中最有影响的声音是诗人兰斯顿·休斯，他在他的诗里道出了非裔美国人、穷人和工人的社会状况。休斯抓住了人民在焦急地等待从国家政治领导下解放出来的这种心态。

兰斯顿·休斯诗两首（1934和1940）

罗斯福民谣（1934）

锅是空的
橱柜光秃秃
我说，爸爸
发生什么事了吗
我在等待罗斯福，孩子
罗斯福，罗斯福
等待罗斯福，孩子

租金到期
灯也熄了
我说，告诉我，妈妈
这是怎么一回事呢
我们在等待罗斯福，孩子
罗斯福，罗斯福
只是等待罗斯福，孩子

妹妹生病了
医生也不会来
因为我们无钱支付所需的费用
等待着罗斯福
罗斯福，罗斯福
等待着罗斯福

后来有一天
他们把我们从房子里赶出来
妈妈爸爸
温顺如鼠
仍然等着罗斯福
罗斯福，罗斯福

但是，当他们觉得那些寒风袭来
并没有任何去处
爸爸说，我累了
噢，等待罗斯福
罗斯福，罗斯福
极其疲惫地等待着罗斯福

我找不到工作
我没有食物
前胸已经贴后背
等待着罗斯福
罗斯福，罗斯福

还有很多其他人
什么是饥寒交迫
现实已经浇灭他们往日的信仰
罗斯福
罗斯福，罗斯福

锅里仍然是空的
橱柜也是空空的
而且你不能脱离实际
建造一处平房
听啊！罗斯福先生
这里发生的事情

房东的民谣（1940）

房东，房东
我的屋顶漏水
难道你忘了
我上周就说过这事儿

房东，房东
楼梯已经坏了
如果从房子里出来还不摔倒
这简直就是一个奇迹

你说我欠你的那10美元
你说我欠你的那10美元
说实话，你要是把房子修好
我会给你更多钱

什么？你要下逐客令
你要断我的暖气
你要将我的家具扔到大街上
我的天！你趾高气扬地说着话
直到你走过去
如果我一拳过去
你将一句话也说不出来

警察！警察
来吧，抓住这个男人
他想毁掉政府
推翻国家

铜哨声
巡逻的钟声
逮捕

分局派出所
寒铁牢房
头条新闻
一男子威胁房东
租客被拘，没有保释
法官判黑人在县监狱监禁 90 天

1921 年，鞋匠尼可·萨科和鱼贩子巴托洛梅奥·万泽蒂，这两个意大利无政府主义移民被逮捕，并被控谋杀和滞留马萨诸塞州南布伦特里。当时美国笼罩在战时爱国主义氛围之中，战士的尸体被源源不断地从欧洲运回美国。

法官私下将这两个人称为“无政府主义的浑蛋”，审判就是在这样的背景下进行的。两个意大利人被判有罪，并被判处死刑。在接下来的 6 年里，这个案子引起全世界的关注，但是所有针对隐匿证据和审判不公的上诉都被压制下来。他们的罪名是由一个特别的陪审团认定的，其中包括哈佛大学校长、麻省理工学院校长和一个退休法官。

著名记者海伍德·布龙悲痛地写道：“这两个意大利移民还能指望什么呢？不是每个人都有被哈佛校长执鞭鞭挞的机会的。如果这就是酷刑，那么这个鱼贩子和他的工人朋友可以给自己的灵魂涂抹上油膏，并死于身着晚礼服和学位袍的人之手。”

1927 年 8 月 23 日，警方的逮捕和武力镇压阻止了示威游行，军队包围了查尔斯镇监狱，最终，他们被电击处死。

下面，是万泽蒂在法庭上的辩护词。

巴托洛梅奥·万泽蒂在法庭上的辩护词（1927）

沃辛顿书记员：你对你不适于死刑有什么要说的吗？

巴托洛梅奥·万泽蒂：是的，我是说我是无罪的，不但在布伦特里犯罪案中是无辜的，而且在布里奇沃特犯罪案中也是无辜的。

我不但在这两个犯罪案中是无辜的，而且在我的一生中，我从来没有偷过东西，从来没有杀过人，从来没有使人流过血。这就是我要说的。不仅如此，从懂得道理之时起，我就终生为消灭人世间的犯罪而奋斗……

陪审团憎恨我们，是因为我们反对战争，他们不知道反对战争的人之间是有差别的：一种人反战是因为他认为战争是非正义的，他喜欢所有的国家，因为他觉得四海一家；还有一种人反战是因为他讨厌别的国家攻打他的国家，因为他是间谍或者敌人，这些人在这个国家犯罪是因为他代表别的国家，为别的国家服务。我们不是这种人。没有人能证明我是德国间谍或者别的国家的间谍。

我们反对战争，是因为我们不认可他们发动战争的目的。我们相信战争是错误的，并且通过第一次世界大战后10年来不断研究、审视和认识战争的结果和影响，我们现在更坚定这种想法。我们从未像现在一样坚信战争是错误的，也从未像现在一样反对战争，我很高兴在审判席上对大家说：“小心，你正处在人类花一样的坟墓中。”为什么这样说呢？因为他们告诉你、承诺你的都是谎言、都是幻觉、都是欺骗、都是诡计、都是犯罪。他们把自由许诺给你，哪里来的自由？他们把成功许诺给你，成功在哪里？他们说这是高尚的，其实一点也不高尚！

从我来到查尔斯镇算起，不幸的人就翻倍地增长。战争没有带来好的德行。我们没有在战争中得到灵魂上的提升。我想问：“对生命的尊重在哪里？”我想问：“对那些好的品质和人类社会好的因素的尊重和钦佩在哪里？”与战前相比，从来没有这么多罪恶、这么多堕落、这么多倒退。

我想说的是：所有的人都知道我的第一场辩护会很糟糕。我的第一个律师没有想为我辩护。他没有尝试去搜集对我有利的人证和物证。在普利茅斯法庭的记录是一个遗憾。他们告诉我，有些部分甚至一半以上都遗失了。因此后续的辩护要做大量的工作，重新搜集证据和证词来补充和了解以前的那些证词……

我已经陈述过，我不但没有因那两项罪名有负罪感，而且我一生从来没有犯罪感——我没有偷盗、没有杀人、没有伤人，同时我一直在与犯罪做斗争，我把自己都奉献给法律和教堂认为合理的事业了，去减少犯罪。

我所要说的就是这些。

对于一只狗、一条蛇或世界上最低贱、最不幸的动物而言，我都不愿意它遭受平白无故的折磨。我受到折磨，因为我是一个激进派，我确实也是一个激进派；我受到折磨，因为我是一个意大利人，我确实也是一个意大利人；我为我的家人和我所爱的人受到的折磨比为我自己受到的折磨还要多。但我深信我是正确的，因而如果你能把我处决两次，而我又能再活两次，我还要再干我已经干过的事情。

20世纪30年代的经济危机导致工会的建立和罢工的浪潮席卷全国。斯泰拉·诺维奇是薇姬·斯达的假名。她是一位基层活动分子，在芝加哥的肉类加工厂积极组建工会。

多年后，她对着劳工历史学家和劳工活动家艾丽丝和斯托顿·劳埃德，讲述了工厂的情况以及积极分子组织工人的经验。

薇姬·斯达（斯泰拉·诺维奇）：《在院子后》（1973）

我17岁离开家。

我不得不这样，因为1933年的大萧条，家里没有钱养活我们。

当我来到芝加哥时，根本不知道什么是社会主义，直到马尔奇夫妇告诉我。我和他们一起住在阿什兰59号。他们住二楼，三楼是他们的卧室和阁楼。谁没有住处，都可以在那里找到地方栖身。我住的地方靠近有轨电车交叉口，当车靠近时就会变得黑暗。

在阁楼里，共产党员会聚会，他们邀请我加入。术语很像是一种外语。我想，我最好是加入这个组织，这样我就知道他们在说些什么了。

他们用一些很朴实无华、很乡村的风格教我一些事情。政府扔掉很多食物，同时很多人挨饿，吃不饱。那些日子我没吃的，也就是那时，我开始抽烟。有人说抽烟会让食欲变糟，最后也确实如此。我认为这是极大的不公平。他们告诉我，是政府的所作所为导致了这一切。他们认为与其我们单纯地只考虑我们自己，不如想想其他人，尝试去团结其他人，也许可以形成一个新的组织，也许能实现社会主义，到那个时候，就没有战争，也没有饥饿。

他们让我开始有了很多政治观点，并且给我一些材料阅读。我们会上课，而且我们讨论工业联盟、工艺联盟和劳动变迁的历史。我们讨论公司债券，讨论一天8小时工作制等很多问题。

我为了一周4美元的工钱做过家务活，但我很讨厌这工作，这会让我发疯。我讨厌整天被约束在家里。我更习惯于在农场，所以赫伯建议我在牲畜饲养场找一份工作。

赫伯曾经在亚默工作过一段时间。他带给我一把钢棍，削尖了，和小刀一样，我一直带在身边。他带我到饲养场，我说："这些好看的奶牛！不能杀死它们！"在家里，我们养奶牛是为了取牛奶。但是在这里，这些奶牛都要被宰掉。它们会喊叫，因为它们立即要被杀掉。但是有人需要一份工作！

寻找工作的途径之一就是去职业介绍所。即使你每天早上6时或6时半赶到那里，虽然有很多长椅，也会被早早占满，但他们也许只需要一两个人。招聘主管麦卡恩女士会招最大个儿、最强壮的人。我17岁从农场出来时，体重157磅，面色红润，身体强壮。"你有工作经验吗？"我回答道："从来没有在牧场干过，只是在家里宰过猪。"我手上的钢棍给她留下很深的印象，于是麦卡恩女士录用了我。

我在厨房工作。那时，政府收购旱区的牛，宰杀后制成罐头，然后分发给等待救济的人。先把牛肉切成大块，然后蒸煮，用一个架子盛着，放在桌上。妇女们围在桌子旁，把肉切开，去掉软骨和不好的部分，然后把它们切成肉丁。政府的检验员会不时地过来看看是不是把不好的肉放到了肉丁里。但是，只要他刚一转身，工头立即就会把那些东西放进斜槽，进入罐头——他把我们放到一旁准备扔掉的东西都放了进去，包括手套、蟑螂和其他任何东西。公司才不管这些呢。那些肉又热又烫，几乎能把你的手指烫起水疱，可是你还得坚持。1933—1934年，我们每一班工作6小时，每小时工资是 37.5 美分。我们必须很快地干活儿。又是夏天，有时候，有的妇女会热得晕过去。女洗手间就在楼下，有时候我就帮着这些妇女把几乎垂直的楼梯抬到洗手间去。

于是，我们开始谈论组织工会的事。促成这件事的是，在楼下一层，是做热狗的地方，一名妇女在把肉放进切肉机的时候，手指卡住了。由于没有安全装置，她的手指跟着进入热狗里面，被切掉了。真是太可怕了。

我们三个“开拓者”在工休的时候开了一次会，决定是时候停止这一切了。于是我们开始行动……所有的工人都罢工了。我们说：“坐下来，停止工作。”我们开始静坐示威。我们在工厂内停止工作，抗议工作速度和不安全的工作条件。我们认为人的手指是不应该进入机器里面的，那是令人愤慨的。因此，妇女们开始对工会有了兴趣。

我们要求公司更换更加安全的机器。在罢工之后不久，由于人们都热烈地谈论工会的事，公司主管就开始寻找罢工领导人。他们找出了有关人员，把他们全部开除。我也在这份黑名单上。

我又找了一份做家务的活儿。我要照顾一个有点娇惯坏了的孩子的家庭。我必须每天去照顾他们——除了星期四下午和每隔一个星期天休息一次，每周只能挣到 4 美元，我把其中的 2 美元寄回家。我再也受不了了，我宁愿回到工厂去工作，任何时候都行。

我的一个被解雇的朋友告诉我，她又被召回去工作了。现在，她从事一份办公室的工作，因此她不想再回到牲畜饲养场工作。她问我是不是愿意顶替她。她使用的名字是海伦·埃利斯。我来到饲养场，还是同一个部门，还是同一种工作。由于我是下午去的，麦卡恩夫人正好不在。她的助手在那里负责，她问：“你能干这个活儿吗？”我说：“噢，当然，我能干。我以前干过。”她告诉我，第二天下午开始工作。

我回到家里告诉了赫布和珍妮。大家一致决定，我应该去一趟美容店。在那里，我把头发剪短了，并且染成红色。我还把眉毛弄细，再用铅笔描过。我还擦了很多口红，涂了指甲。我穿上拖鞋，把脚指甲也染了，这是我以前从来没有做过的事。我看起来很时髦，不像个乡下丫头。因此我顺利地通过了，受雇于同一个工头，做同一个工作，只是我的名字变成了海伦·埃利斯！

几天以后，那个叫玛丽的工头——她也是波兰人，过来对我说：“海伦，我知道你是斯泰拉。你若想保住这份工作，就不要声张，我不会说出去的。”

我用波兰话回答她，我知道这份工作不会长久，但是我谢谢她。她知道我是支持工会的，而且我猜她也是。于是，我一直使用海伦·埃利斯这个名字，一直到我被再次解雇——我再次被解雇时，黑名单上的名字是埃利斯。

你仅仅因为谈论工会就会被解雇。由于工作难得，而且没有确保人们组织起来的权利的法律，因此，我们只能秘密地召开会议。每个人都必须为他介绍进来参加会议的人担保，确保这些人是值得信任的，因为一旦公司知道了我们正试图组织起来，那么他们就会派密探打进来。他们付钱给密探，让他们提供情报。

现在回想起来，我想我们当时确实是很有胆量的。可是在当时，我们连想都没想。那是我们必须做的事。我们有明确的目标。我们觉得必须达到的，而我们确实达到了。

我们把自己的人派往不同的群体和不同的车间。这样一来，当工会组织发起运动的时候，我们在各处都有人。

在工会里，妇女的日子也很难过，因为男人把他们的偏见也带到了那里。这些男人无法相信妇女参加工会是为了工会本身的缘故。他们还以为她们去那里，是为了找个相好或者其他什么的。有人以为我们是一些轻佻的人，总有男人接近我，希望与我约会。他们总是问我为什么要参加工会。我告诉他们，我赞成社会主义，我认为参加工会是为了让它能够实现的唯一办法。

一些相信平等和妇女权利的兄弟，他们自己不去操纵油印机，也不去打字，而是由我和少数几个妇女来做这些讨厌的工作，就仿佛我们是没有家庭责任似的。然后，当工会给这些工作支付报酬的时候，那些男人又得到了它，我和其他妇女却得不到。只有男人才能得到组织的工作。那些在工厂工作的男人会因为他们误工得到补偿，而我们却不能。我们是做出牺牲的一群人。

我在冷藏室上班。从那儿，我到工会大厅，印制小册子，为车间里的海报撰写材料，收会费，等等。然后，回家做晚饭，再回来。这些男人有妻子在家里为他们做这些，而我没有。有时候，我要一直工作到晚上 12 时；有时候甚至是凌晨 1 时才睡觉，第二天还要早早起床，打卡上班，一直工作到晚上 7 时。

我们组织了妇女团体——年轻妇女的团体。她们喜欢跳舞，我也喜欢跳舞，于是我们大家就一起跳舞，同时我乘机跟她们谈论工会的事。这些妇女看到工会确实能够为她们赢得一些利益，比如面包、黄油之类后，她们很快就开始对工会感兴趣了。

后来，在战争期间，在一个工会部门里，我们虽然有妇女参加，但是吸引不到男人，因为他们都在酒馆里流连。于是，我去了那里，开始与他们谈话。我不喜欢喝啤酒，就喝姜汁汽水，我还向他们请教怎样打台球。我学会了打台球，同时，我也把男人们带进了工会。我和他们做一样的事情。我也去酒馆，我也打保龄球，还加入了他们的团体。我唯一没做的事就是重新进入天主教堂。

如果你是一个得到工人们承认和支持的诚实的领导人，那么你就可以对他们提出问题，并和他们谈论问题。但是，你不能跟他们谈论社会主义和它的抽象内容。你必须与他们谈论具体的、实实在在的问题。你不能操纵别人，但是必须关心人们的利益和需要，所以你必须有一个平台——用来实现你的目标的地方。

有时候，我们觉得仅有工会是不够的。我们和黑人一起在冷藏室里工作，但是当我们回到家里的时候，我们进入了白人社区，而那些黑人则回到了贫民窟。我们怎样才能减小我们之间的差距呢？还有失业，有人被解雇，以及很多青年找不到工作。而那些城市里的父亲，以及教堂和工会里的人，还有其他人，都不关心这些年轻人的需要。那些失业的青年该怎么办呢？

林兹采访的另一位普通百姓出身的工会领导人是西尔维娅·伍兹。她是为非洲裔美国人的权利和妇女工会而斗争的先驱者之一。

下面她讲述了她怎样和其他人一起，与种族主义和性别主义进行斗争，并且在大萧条的艰难条件下组织起来的故事。

西尔维娅·伍兹：《你必须为自由而战》（1973）

我生于1909年3月15日。我父亲是个屋顶工，在屋顶上铺石板，因此我父亲也是个石板工。这是一项非常需要技术的活儿。你必须把石板钉牢。他们还经常用不同的颜色，把石板拼成漂亮的宝石图案。

我父亲还是个工会会员。当时一共只有两个工会—— 一个是白人的，一个是黑人的。他说，虽说我们需要有一个大的工会，但是有一个白人工会和一个黑人工会，虽然规模小，但总比什么都没有强。他挣钱很多——一天能挣 8 美元。我经常跟人炫耀说：“我爸爸一天挣 8 美元。”可是他教导我说：“你必须加入一个工会，即使是一个黑人工会。如果我没有加入工会，我一天是不可能挣到 8 美元的。”

大概是在我 10 岁的时候，我转学了。在我上学的路上，必须穿过一个只为白人开设的公园。我们可以从公园里走过去，但是不能停留，只能穿过去。公园里还有秋千，我非常盼望能停下来荡一会儿秋千，但是我不能，因为我是黑人。我总是从这个公园走过，到一个没有秋千的学校上学。

每天早晨，所有的孩子都按班级列队，一起祈祷，唱《星条旗永不落》，然后我们齐步走回各自的教室。

我打定了主意，不唱《星条旗永不落》。每天早晨，我只是站在那里，但是我不唱。有一天早晨，一个老师注意到我没有唱，于是她悄悄地把我叫到一边，问我为什么不唱《星条旗永不落》。我说，我就是不喜欢唱它。她说道：“好吧，你必须去见校长，去向他解释。学校里所有的学生都参加的事，你也应该一起做才是。”好吧，我走进了校长办公室。他问我为什么不唱《星条旗永不落》。

我告诉他：“因为歌词说‘自由人的土地和勇敢者的家园’，而这不是一个自由人的土地，我也不知道谁是勇敢者，因此我就不唱它了。”他又问：“你不是一直都在跟着唱吗？你怎么突然停止了呢？”于是我就告诉他关于穿越公园不能在那里荡秋千的事。我不能在那个莎士比亚公园里坐一会儿，我只能走过去，那么它就不是一片自由的土地。“谁是自由的呢？”他什么也没有说。

然后，他说道：“你可以向你的旗帜宣誓效忠。”我说：“它不是我的旗帜。它是自由的旗帜。如果这片土地是自由的，那么这面旗帜就是我的。可是为什么我不能像白人孩子那样呢？”

后来，我搬到芝加哥，在一家洗衣店工作。我去那里上班的第一个早晨，有个家伙问我：“你以前在洗衣店里干过吗？”我说：“没有。”他说：“那么你就不用来这里了，因为我们只雇用在洗衣店干过的人。”我说了声“好吧”，就离开了。第二天早晨，我又回去了，因为我没有别的地方可去。“你昨天不是来过了吗？”“是的。”他说：“我告诉过你，我们只雇用在洗衣店里干过的人。”我说：“也许有一天你会需要一个人的。明天早晨我还来。”于是，第二天我又去了。当我走进去的时候，他说：“跟我来。”他把我带到楼上，对工头说：“教她怎样抖开衣物。”

你必须把衣服抖开，才能把它们晾在长长的绳子上。你知道，衣服从绞衣机里出来是什么样子，你必须把它们抖开，才能让它们通过脱水机。一共有两个姑娘操作脱水机，一个负责床单，另外一个负责像毛巾和枕套之类的小件衣物。我工作很努力，我总是让那些绳子上都满着。那里的女人都说：“你以前真的没工作过吗？”我说：“是的，我以前没工作过。”

有一天，一个朋友打电话给我：“快点过来吧，有一个人说他打算雇你。”我们认为这个人可能与共产党有点关系，因为他雇用他所遇到的所有的黑人。玛蒂娜找到他说：“我有个朋友想到工厂工作，她到处找工作，可是白人永远也不会雇用她。”于是他说道：“让她来吧，我雇她。”他就雇用了我。当我走进工厂大门的时候，我心里说：“我要让那些拒绝雇用我的人都感到后悔！”

我在装配线上工作。我的工作对象是化油器。装配线有两边，中间有一条传送带经过。我的工作就是去掉毛边——去掉化油器上所有的毛边。在我对面是一个名叫伊娃的波兰姑娘，她教会了我应该怎样做。我们一起做了大约10个化油器。然后我说：“你不用再帮助我了。”她说：“你觉得你能跟上这条生产线吗？”我说：“我能跟上。”我说到做到。伊娃和我成了真正的好朋友，每当她那里卡住的时候，我就过去帮助她。

有一天晚上，她说：“今天晚上有一个工会大会，你去不去呀？”我说：“啊，我太累了。”她说：“呀，行了，走吧。”她还说，因为我帮助过她，她要请我喝一杯。我说：“好吧，你可以请我喝一杯，但是我可不想去参加什么工会大会。”

我们两人去了酒馆。我们开始谈论关于工会的事。我当时有点喝多了，就说：“好吧，咱们去参加工会大会吧。”

这就是全美汽车工人联合会。我是那里唯一的黑人。那里所有的工会干事都进来说他们怎么没法把工人组织起来，“我真是没有办法让人们加入进来”，“某某人说工会不好”，等等。

我说：“你们知道为什么别人不愿意加入进来吗？因为你们没有东西可以‘推销’。你们没有把工会‘推销’给他们。就我现在在这里听到的情况来看，反倒是他们把否定工会的东西‘推销’给了你们。如果他们告诉你工会如何如何不好，那么你们就永远也别想让他们加入工会。我自己也不会加入一个不好的工会。一个工会干事必须学会‘推销’工会，告诉工人们，当他们组织起来的时候，他们能够获得多大的力量。”

这时，我看到那个组织者的脸上放出了光彩。我接着说：“工会工作到底如何做？我敢说，如果我是工会干事，我能让他们立马就加入。”第二天，我被推选为部门的工会干事。两天以后，我所在的部门里所有的人都加入了工会。

我加入工会只是因为它能够为黑人办事。我一点也不在乎白人的事，我一点也不在乎他们是不是被抓起来排着队去枪毙——我倒希望这样！我对白人与黑人联合的概念一点也没有。我一点也不懂人们为什么就不能去有些地方。我唯一感兴趣的是对于黑人所发生的事。

每天晚上，我都召集部门会议。有些妇女是在凌晨3时下班。由于她们不用立即回家，因此参加工会就成了她们的休息方式。我们一起喝啤酒、吃三明治、喝咖啡、吃蛋糕等。我们坐在那里边吃边谈。她们都说出了对工厂、家庭以及任何事情的不满。她们很喜欢过来。每天晚上，我们都要挨个部门见面。这让我们一直保持着有组织的状态。

我们也有很好的工会大会。我们有发言人。有时候是我讲话，有时候是梅米·哈里斯讲话，还有的时候，我们邀请一个发言人来给我们讲话。我们讲的是工会主义，工会起初是什么样，它是怎样组织起来的。我们还谈论国际工会的结构，它是怎样建立起来的，它怎样运作，它这样运作的原因，还有美国产业工人联合会是怎样诞生的，等等。我们还给工人准备了提问的时间。我们还讨论时事问题。

在工厂倒闭了两年之后，我们仍然举行工会大会。我们那里总是聚满了人。我们为失业补助而斗争。我们能达到每小时90美分的工资标准，当然，有人可以得到更多。当你去领失业补助的时候，他们会给你提供一份工作。你不应该接受低于你以前工资水平的工作。我们为这些情况而斗争。他们要把我们赶出去，我们就到仲裁委员会去抗争，把这个案子赢回来。在工厂倒闭了两年之后，我们还能够召集75人的工会大会。我们在国际上也有代表，因为我们仍然保持着组织的状态。

还有，你一定要相信人民。你知道，我对白人不抱有信心。我认为我对黑人有信心。但是你必须对人民有信心。可能很多白人都像我看待白人那样看待黑人，但是，一般来说，人民才是成功的保障。

你必须告诉人们应该怎样看待事物。然后他们会说："噢，我从来没有那样想过。"或者是："我从来没有那样看待这个问题。"我看到过这样的事发生。就像田纳西先生，他以前恨黑人。他是一个穷苦的佃农，出来干活儿只是为了挣足够的钱，以便回去后买下他一直租的那块地。工厂倒闭了之后，他回到老地方，开始以不同的眼光看待世界了。他竟然能与女黑人跳舞。他被推举为工会干事。这就是我看到的人的变化，这就是我们要对人民怀有的信心。

一项重要的工作就是教育人民，而我这个人缺乏耐心。不管怎么说，你必须要有耐心。我就一点儿耐心都没有。如果一个工人做了什么事，我就会说："去你的吧，上次工会大会你没有参加，因此当你有不满的时候也别对我诉说。你按你最好的处理方式去处理吧。"但是你不能那样做。"你最好去与梅米·哈里斯谈谈，因为我不与那些不参加工会大会的否定工会的人谈话。别跟我说。"后来，我知道我这样做是错的。对人，你必须要有耐心。人们必须学习，但是如果你不给他们学习的机会，他们就永远也学不会。

20世纪30年代，数万名失业工人组成了为失业工人的权利而斗争的委员会。失业委员会组织游行示威，支持罢工，支持反拆迁运动。

下面是作家和活动家基姆·切尔宁记录的她的母亲——布朗克斯地区反拆迁运动的活跃分子罗斯·切尔宁所讲述的关于她们斗争的故事。

罗斯·切尔宁关于20世纪30年代组织布朗克斯失业工人委员会（1949）

现在，我们对于美国生活方式的一部分已经习以为常了，在30年代，我们刚刚提出来的时候，却是革命性的思想。我们要求失业保险，我们要求家庭补助，我们要求学校为孩子们提供热的食品，我们要求给住在城市贫民窟里的穷人提供住房。

在那个时候，有谁听说过一天工作8小时吗？如果一个工人在工作中受了工伤，你以为雇主会给他一分钱吗？如果总有另外一个穷人来填补他的位置，他为什么要管呢？就连“工会”这个名词，在当时，也是一个崭新的概念……我们生来就处于社会底层。对于这些人来说，说他们有权利罢工简直就像天方夜谭。

那么拿这一切怎么办呢？一个身高不足5尺的男人或者女人，他怎么能够改变世界呢？

让我来告诉你吧。这是一个很好的故事，因为在那个时候，我们开始组织起来了。我们组织了失业委员会，这是人们自发的组织。我想让你知道这些，我从一开始就参与了组织工作。在我加入共产党以前，就已经参与这项工作了。

我们在社区的中心地带设置了一个办公室。我们早晨过来，煮上咖啡，人们会带来面包圈，我们就边吃边谈。突然之间，会有某个新人出现，我们就会说：“嗨，你好吗？”

“我刚刚被解雇。”

然后，你会听到一声叫喊：“哇！又一个工人被解雇了。太好了！”

他看着我们，以为我们疯了。为什么我们要为他被解雇而欢呼呢？对于他来说，那意味着没有工资、没有房租、没有地方睡觉、没有东西吃。我们为什么会如此高兴呢？我们说：“我们很高兴你能来这里。我们又多了一个分发小册子的人。”

我们就是以这样的方式改变了那个可怜人的处境。我们把一切都变成了有建设性的行动。我们获得了对生活的控制，我们再也不是受害者了。

这非常简单。我总是想，为什么其他人不能也这样看待事情呢？从根本上说，失败是不可能的。只要人们走到一起，你就已经把你的个人悲剧、你的绝望、你的无助变成了集体的努力。

我们的主要目标：让一个议员在国会上提出失业保险法案。于是，我们在布朗克斯居民区挨家挨户地发放请愿书。

我们通常的遭遇是这样的：我和另外一个人进了大楼，开始敲第一家的房门。有人出来开门，通常是个男人。起先，门只是露出一条缝，当他看到我们不是房东的时候，就会把门开大。这时候，我会说：“我们是来发放要求议员在国会提出一项议案的请愿书的。我们要求失业保险，我们认为我们能够让政府把这个给我们。你家里有人失业吗？”

“你在开玩笑吗？我家里所有的人都失业了。”或者他们会说：“我们中的大多数人失业了。还有一个人在工作，但是这个周末可能就会被解雇。”

我们告诉他们：“我们也是失业工人。我们希望国会通过一项法案，要么给我们一份工作，要么给我们一份工资。”

他们会不相信地问：“不工作就让政府给钱，这可能吗？”人们根本就不相信我们能提出这样的要求。

我们回答说：“是的，我们要求政府给我们工作，但如果他们不能给我们工作，那么他们就必须资助我们。”

“你们要求的是社会主义呀！”

“我们要求的是或者给工作或者给钱。”

我们为了我们最基本的需求而组织起来。我们能很容易地与人进行交流，因为我们也是劳动人民。我总是奇怪，为什么人们不加入我们？我总是认为，组织才是根本的。也许你会奇怪，为什么我会成为一个共产主义者？但是我常常奇怪的是，为什么不是每一个人都是？从根本上说，我认为那些不来加入我们的人是没有信心。

有时候，我们甚至给那些来搬家具的工人演讲：“我们知道你们来这里的目的是移走那些失业工人的家具。你们知道自己的身份吗？你们也是失业工人，你们之所以这么做也是为了填饱肚子，所以我们不怪你们。其实，你们每个人都是我们当中的一员。我们代表的是失业委员会，昨晚我们已经从失业工人那里集齐了一笔资金。所以大家尽管放心，我们有足够的钱来支付和偿还你们。你们驱赶一名失业工人能得到多少好处呢？5美元，还是6美元？这些钱我们可以付给你们。来我们这里吧，我们不会亏待你们的，我们这里没有警察，也没有警察局局长。看看站在那里的警察局局长，他来了就能解决问题吗？我们倒很想知道他会如何处理。”

我们滔滔不绝地慷慨陈词。我们看到这些男人依然犹豫不决，于是我们继续高谈阔论：“作为女人，我们会和你们想拿走的这些家具站在一起。告诉你们吧，壶中的水已经开始沸腾了，我们会紧闭大门，绝不能让你们轻易进来。”

通常，被雇用来的男人不会就此罢手，他们依然会涌上来。有时候，我们会向他们泼滚烫的热水。有时候，他们会袭击我们，我们便跑向安全出口，抓起扩音器，大声地向人群中呼喊：“他们袭击我们，他们这些大男人竟然袭击我们。但是我们绝对不能让他们拿走这些家具。只要我们挺住，我们就是胜利者！”

有时候，他们实在厌倦了这种斗争，不耐烦地喊叫着：“我们必须把家具从公寓内搬走，但可以考虑将它留在平台上。”事实上，这样我们就已经胜利了。我们会在平台那里等丈夫们回来，将家具重新搬回公寓。然后，我们会给门换一把新锁，这样房东就不得不重下驱逐令了。他会再次把警察局局长找来，然后这个过程再重复一遍。

我们赢得了这场斗争。房租降下来了，被赶走的住户重新回到了公寓内，房东也不再为难我们了。可有时候我们也未必会赢，若是输了，我们的家具将被扔到大街上。因为害怕家具遭受日晒雨淋，我们会用涂胶帆布对其进行遮盖。这样家具就成了讲台，我们便可以在那里举行群众集会了。我们一直等着警察离开，只要他们一离开，站着集会的人就会将所有的家具搬回到楼前。我们砸了锁，将家具放回公寓内，然后换上新锁。于是，房东不得不从头开始，这样，整个流程又要重复一遍。

两年内，布朗克斯的房屋租赁价格得到了控制。而在那个年代使之得以实现的正是上述方法。

20 世纪 30 年代中期，静坐罢工开始在全国范围内蔓延。工人们发现，如果他们静坐并占领工厂，他们不但可以停止生产，而且能够防止被那些破坏罢工的人所取代。

来自不同产业的成千上万的工人加入到罢工的浪潮中，目的通常是要求改善工作条件和承认诸如全美汽车工人联合会（UAW）这样的新型产业工会。静坐罢工浪潮中最重要的一次罢工发生在 1937 年密歇根弗林特的汽车工厂里。弗林特的工人们连续坚持了好几周，他们强烈要求通用汽车将全美汽车工人联合会（UAW）作为工厂内部唯一能够代表工人进行谈判的组织，并在这次罢工中取得了重大胜利。

几十年后，社会主义者金奥拉（约翰逊）·多林格对此次静坐罢工及其影响做了描述。

金奥拉（约翰逊）·多林格：《弗林特罢工：1936—1937年通用汽车工人静坐罢工》（1995）

罢工之前，弗林特地区工人的生活条件相当令人沮丧。这里会集着大批来自南方的工人。由于家乡就业机会很少，所以他们不得不离乡背井，来北方找工作。

他们开着破旧的汽车，载着全部的家具，找寻他们能找到的最廉价的居住场所。他们找到的一般是一居室或者两居室，里面没有厨房，没有淋浴设备，也没有暖气装置。他们只能用煤油炉、取暖器取暖和烧水，用于洗漱和淋浴。你甚至都能从他们的衣服上闻到煤油的气味。他们的经济状况十分窘迫。

弗林特芬顿路附近的小区里集中居住了很多来自南方的穷人，其中有一个女人，她没有钱买手套，只穿了一双网球鞋，走在冰冷的雪地里，穿过哨兵线。她是个极好的人，而且每天都去那里，因此我们必须保证在她出发去哨兵线之前，先在联合会总部暖暖身子。

罢工之前，女人是完全没有机会参与任何活动的。附近的小教堂是她们唯一能去的地方。她们在那里认识了左邻右舍，她们在那里知道了别的小教堂，她们的活动仅此而已。男人们经常去露天啤酒店喝酒，谈论车间里的一些问题，或者其他什么事情。他们渐渐成了好兄弟。

那个年代里，没有人会在乎车间里的工人叫什么名字。如果你金发碧眼，那么你的名字有可能就是“白猪”；如果你是黑色的头发，那么你的名字有可能就是“黑鬼”。若问“他是谁”，你得到的答案估计是：“不知道，他在四厂某某车间工作，就是这条流水线下面中间的那个。”工人的名字仅仅就是“黑鬼”“矮子”一类的绰号。这些工人只是工厂老板的奴隶，在厂里没有身份，也没有任何权利。

最初，这些工人被要求加入联合会的时候，他们总是担心自己会丢了对他们极其重要和来之不易的工作。那时候，男人们在汽车工厂每小时的薪水约 45 美分。在通用汽车的交流电火花塞部工作的年轻姑娘们主要负责生产汽车上的小型仪表和仪器，她们每小时的薪水是 12.5 美分。通用汽车也是唯一雇用女工的工厂……

他们经常如是说："你一旦走进通用汽车的大门，就必须把美国宪法抛在脑后。"因为这家工厂的工人没有任何权利可言。如果某个工长不喜欢你的中分式发型——他不喜欢你身上的任何一处，万一某一天你看他的眼神不对，或者你说了什么摩擦出他厌烦的火花，他就会毫不犹豫地炒了你。没有人能帮你，你只能任其摆布。这还不算什么，工长们实际上是希望工人们在感恩节的时候送他们火鸡，在圣诞节的时候送他们巧克力，最好还能帮他们修车，甚至帮他们粉刷房屋。即使这样，工人们也仍然处于危险的边缘，因为他们一旦没有完成工长交给他们的任务，就很可能失去这份工作，家人就很可能食不果腹。相信由此你也能够体会到通用汽车工厂的工人被奴役和控制的痛苦了。

不仅仅是这样，当工人们谈论建立自己的组织时，管理人员就雇来一批懂唇语的人，监视工人们之间的谈话。即便是工人们交头接耳，这些唇读者也能判断出工人之间谈论的是不是联合会的话题。我的一个朋友是社会党员，他最先将全美汽车工人联合会（UAW）的理念带到了通用汽车的雪佛兰工厂。他甚至还没有开始工作，就被解雇了——因为被唇读者"看"出来了。如果你去露天啤酒店或其他类似的地方谈论与联合会有关的内容，还没有等你回到家中，你就已经被通用汽车雇来的暴徒狠狠地拳打脚踢一顿了。

以上是工厂内部的情况，工厂外部的情况也同样不容乐观：艰苦的居住条件，匮乏的食物供给，恶劣的医疗卫生条件，以及令人担忧的所有一切。工人们逐渐得出这样一个结论：如果他们不组建自己的联合会，那么他们将永远无法摆脱不公正的待遇。然而，仍然有很多后知后觉的工人……

罢工之前需要做很多准备，这些准备工作都是由激进党来完成的。我们在弗林特和底特律有好几个活跃的组织：共产党、无产阶级政党、社会主义工党、社会党和世界产业工人联盟。另外，除了共产党以外，我们的其他组织在彭杰利大厦中均设有总部。尽管这座大厦比较破旧，然而它是弗林特整个全美汽车工人联合会（UAW）的总部所在地。甚至在罢工进行的时候，二楼的所有房间依然被我们占据着，三楼礼堂里依然举办着我们最重要的活动。

就在罢工运动爆发的两年前，弗林特的社会党组建了工业民主联盟。为了避免工人被抓或者被殴打，我们只能在车库和地下室秘密地举行集会。

随着我们组织的不断扩大，社会党给我们派来了他们的演说者。他们中的大部分来自布鲁克伍德劳动大学。我们在最大的卫理公会教派的地下室和共济会教堂里举行集会，不仅制作了集会宣传册，还出售集会门票。

我们演讲的内容主要是社会主义，另外包括工人运动史和当前时事，重点讲述当下的政治热点。这样的集会很受欢迎，有时候参加这种集会的工人甚至达到三四百人。

所有这些活动都发生在罢工运动之前，其目的在于策划罢工运动何时真正开演，工人们何时无须继续忍受和进行反抗。社会主义者的核心目的就是要让工人们明白罢工势在必行……

第一次静坐罢工示威发生在 12 月 30 日，导火索是发生在规模较小的费希尔车身二厂里的一件特大冤案。工人们实在忍无可忍，于是他们开始静坐。在规模较大的费希尔车身一厂工作的全美汽车工人联合会（UAW）的领导们听说了费希尔二厂的事件之后，他们也开始进行静坐罢工。静坐不仅需要极大的勇气，还需要政治上的领导。各个政党的领导人也明白他们该做什么了，因为他们也学习过工人运动史，他们也看到了工厂对待工人的残忍和无情……

第一次静坐示威之后，我赶到现场，想看看我能否给工人们提供一些帮助。我一刻不停地来回奔波，不是在哨兵线，就是在彭杰利大厦的楼上。但是，领导罢工的工人并不认识我，也不知道我曾经给联合会上过课，所以他们对我吼道："去厨房吧，要帮忙就去那里帮忙吧！"除了这么说，他们实在不知道该跟一个女人再说些什么了。我平静地答道："你们这里有很多身材矮小且瘦弱的男人，他们守在外面的哨兵线上，已经不堪忍受饥寒交迫了，过不了多久，他们就支撑不下去。他们应该和女人们一起在厨房里削土豆。"就这样，我拒绝了厨房里的差事。

我组织了一条儿童哨兵线。我找来一些蜡光卡纸和颜料，我给儿童哨兵线涂上特殊的标志。我的一个社会主义同志对我说："嗨，金奥拉，你在这里做什么呢？"我说："我在帮你做工作呢！"因为他是专业做广告牌绘制的，所以我把涂抹标志的工作交给了他。就这样，标志图样设计部成立了。

那次，我们只能先给儿童哨兵线做标志，因为这项工作实在太危险了，所幸的是，我们因此而大受关注，甚至在国际上也产生了一定的影响。这是我 2 岁的儿子贾维斯的照片，他手里举着一个哨兵线标志，上面写着"爸爸为我们这群小淘气罢工”。很快，这句话就在很多国家传开了，法国、德国和其他一些欧洲国家的报纸都对其进行了刊登，他们还给我寄来了样报。我觉得这太让人喜出望外了，没想到消息传播得如此之快……

工厂决定对罢工进行破坏和镇压。1 月 11 日，他们袭击了规模较小的费希尔车身二厂。那天我碰巧就在哨兵线上，看到的状况让我目瞪口呆。工厂的警卫竟然连续 24 小时不让工人们进食。天寒地冻，他们还关闭了工厂大楼内的整个供暖设备。这种做法激怒了工人。

接着，工厂警察和城市警察开始用枪扫射。最初他们打算向工厂内部释放催泪瓦斯，但这谈何容易，工厂前面就是哨兵防线。于是，他们决定先用催泪瓦斯对付防线上的大量哨兵。警察使用的竟是步枪、大号铅弹、燃烧弹和催泪弹。这让工人们大为惊讶。我们以为通用汽车想把我们冻死在工厂内或者在工厂内对我们做些手脚，没想到只是将我们驱赶到城市中央，没有对我们开一枪一炮。

工人联合会的哨兵们开着自己的车设置路障，目的在于阻止警察对我们进行两面夹击。接着，广播里传出这样的话语：“弗林特发生了革命。”紧接着便谣言四起：“共产党准备接管联合会。”一时间，只见众人云集，围观这场斗争。当警察开枪时，催泪瓦斯和子弹从我们的头顶横飞到围观的人群中，引起了人群中的一阵骚动。人们四处逃散，不是冲进餐馆里，就是跑到街道上。

斗争持续了好一阵子。工人们推翻警车，作为路障，并捡起扔向他们的燃烧弹，扔回给警察。男工们拿消防软管对付警察，因为在异常严寒的天气里，流出去的水很快就会在表面结成冰。

我看到一位名叫弗雷德·史蒂文斯的社会党员跳过一条排水沟，里面淌着从消防软管中流出的冰水。血液汩汩地从他的腿上流入水中。看到这一幕，我一时有些精神崩溃。

男人们竭力帮我从这里逃走。相信你也知道的，这就是过去的“保护妇女和儿童”的做事方式。如果附近有任何妇女或者儿童，男人们会第一时间冲出来保护他们，并帮他们脱离困境。我告诉他们：“别管我。我手里拿着和你们一样的武器！”我是唯一坚守在罢工现场的女性。

斗争持续了几个小时。在此期间，播音车上不时发出各种指令，鼓舞着工厂内部的工人和外面线上的哨兵。维克多·路德演讲了一段时间，口干舌燥时，他便稍作休息，其他人接替他继续演讲，然而演讲者总是男性。

这时，维克多向我们走来，告诉我们，播音车上的电池快用完了。

我的脑子里突然“蹦”出一个念头：向众人演讲时我从来不用扩音器，为什么我不趁现在让他们明白女性也可以参加战斗？于是，我问他：“维克多，我能用扩音器讲两句吗？”他回答说：“好吧！”

我做的第一件事便是抨击警察。我朝他们喊道：“懦夫！胆小鬼！你们竟然向手无寸铁的民众开枪，向孩子的母亲开枪。”我话音未落，全场便安静下来了。斗争的双方都沉默了。我想：女人有能力打破眼前的僵局。于是我高声呼吁人群中的女人们：“让我们一起冲破警察的防线，让我们站在一起，与我们的丈夫站在一起，与我们的兄弟站在一起，与我们的叔辈们站在一起，与我们所爱的人站在一起！”

在暮色中，我可以清晰地看到一位女性挣扎着往前冲。一个警察从后面抓住了她的外衣。她便毫不犹豫地脱掉外衣，愤而走向斗争区域。就在这时，她的身后涌现出大批的女性和男性追随者。警察们不敢向人群开枪，因为人们像洪流一般涌来。就这样，战斗接近尾声了。当周围的观众拥入战斗中心时，警察撤退了，我们大获全胜。此次战斗就是众所周知的“警察落荒而逃之战”，是我们赶跑了警察……

罢工之后，工人有了脱胎换骨的改变。积极参与到此次罢工中的女性也与从前大不相同，不过这样的女性也仅限于参加罢工运动的女性，并未波及整个弗林特市。这些女性连走路的姿势都与从前有所不同，她们昂首阔步，自信满满。可以说，她们的身心状态都有着质的改变。如果你见过参与罢工前的女性，你可以对比一下有过罢工经历的她，你会发现她的学识和对事物的感受，已经完全能够让她在生活中独当一面了，她完全变成了另一种女性。

1939年4月，约翰·斯坦贝克的小说《愤怒的葡萄》首印版以每周1万册的速度全部售卖一空。小说中描述的农民工为了寻找工作，从遥远的俄克拉何马一路长途跋涉到加利福尼亚——对全球很多国家的工人境遇都具有象征意义。这部小说不但鼓舞了工人工会主义的信念，而且启迪我们去积极思考更多的根本性变化。

我们可以从小说第28章的情景中看到主人公汤姆·乔德说的一段话：“农民工像猪一样过日子，幸运些的工人有地耕，更幸运的工人一人就拥有上百万英亩土地，然而更多的数十万的工人正处于忍饥挨饿的境遇之中。”

约翰·斯坦贝克：《愤怒的葡萄》（1939）

妈妈俯身跪下，用手撑着地面。她感觉到手脚下面的沙子，洞穴里的黑色暗影也离她远去了，她摸了摸地上汤姆的毯子。汤姆将这些藤蔓重新整理过。洞穴里很昏暗，没有一点光亮。

“妈，你在哪儿？”

“这儿，就在这儿。说话小声点儿，汤姆。”

“别担心，这段时间我已经学会了像兔子一样生活。”

她听见汤姆打开了镀锡铁盒。

“猪排，”她说，“还有油炸薯条。”

“哇哦，老天有眼，还是热的呢！”

妈妈在黑暗中看不清汤姆在干什么，但是她能够听出汤姆一边流泪一边咀嚼着那块猪排。

“躲起来也没有什么不好的！”汤姆说道。

听到汤姆在狼吞虎咽，妈妈有些不安，说道：“汤姆，露蒂告诉过你的。”

“露蒂？她想干什么？”

“唉，也不能全怪她。与别人吵架的时候，有人说她的哥哥杀了人，所以才躲起来的。”

汤姆暗自发笑：“我总是追着约翰叔叔，让他和我一起住，可是他从来没答应过。这只是孩子的话，妈，别担心啦。”

“不，不能大意，”妈妈说，“孩子们一旦把这些话传出去，亲戚们就都听见了。如果他们再传出去，过不了多久，他们很可能就会派人来找你。以防万一，汤姆，你还是快走吧！”

“这也是我接下来想说的。你经常来涵洞给我送东西，我也很担心，生怕你万一被人看到。”

“这我明白。可是我担心你，希望你能在身边。我看不清你，你现在能看清我吗？你的脸怎么样了？”

“恢复得很快。”

“近一点儿，汤姆，让我摸摸。近一点儿。”

他慢慢地爬过来，妈妈伸出手在黑暗中摸到了他的脑袋，指尖从额头向下滑到了鼻子，然后轻轻抚摸着汤姆的左半边脸："你脸上有很大一块疤痕，汤姆。而且你的鼻梁也扭曲了。"

"说不定这还是好事儿呢。或许这样就没人能认出我来了。如果我的指纹也没有记录在案的话，我不就没事儿了吗？"说完，他继续吃东西。

"别出声！"她说，"有动静！"

"那是风，妈。只是风而已。"狂风经过处，树木摇曳作响。

妈妈爬着，靠近汤姆："我想再摸摸你，汤姆。在这里，我像是双目失明了一样，这里太黑了。我想记住你，尽管只是用我的指尖来记忆。你得走了，汤姆。"

"哎，一开始我就知道是这样了。"

"我们这样做蛮好的，"妈妈说，"我带了些钱来。把你的手伸出来，汤姆。这里一共是 7 美元。"

"这钱我不能要，"他说道，"我靠自己能够过活。"

"伸出手来，汤姆！你没钱我会睡不着觉的。这钱你或许可以用来坐公交车，或者零花。我希望你能走得远一点，300 英里或者 400 英里远。"

"这钱我真的不能要。"

"汤姆，"她的语气变得严厉起来了，"你必须收下这钱。听到了没有？你没有权利让我痛苦。"

"你这样做不公平。"汤姆答道。

"我想，也许你可以去大城市，比如洛杉矶。他们不可能去那里找你的。"

"嗯嗯。"汤姆答应着，"嗨，妈，你猜我一个人整日整夜地躲在这里，心里想着谁？凯绥！他讲过许多道理，常常叫我讨厌。可是现在倒想起了他说的话。他说，有一回他到荒野里去找自己的灵魂，他发现自己的灵魂不过是个大灵魂的一部分。他说荒野不好，因为他那一部分灵魂要是不跟其余的在一起，变成一个整体，那就没有好处。真奇怪，我怎么记得这么清楚？当时我根本没用心听。现在我明白了，一个人离开了大家是孤独无助的。"

"他是个好人。"妈妈肯定地说。

汤姆接着说："他曾经滔滔不绝地给我讲《圣经》的故事。他的《圣经》故事里没有地狱之火。他给我讲过两遍呢，我记得很清楚。"

"怎么说的，汤姆？"

“他说：‘两个人要比一个人强，因为两个人一起劳动很有益处。比如说他们跌倒了，其中一个人就可以将他的同伴搀扶起来，但是如果只有一个人的话，跌倒了，他就只能自认倒霉了，因为他没有同伴来帮助他。’这只是其中的一部分。”

“继续，”妈妈说，“汤姆，继续。”

“那我就再说一小段。‘再比如，如果两个人躺在一起，便会产生热量，但是如果是一个人，他能自己取暖吗？再者，一个人很容易被打败，而两个人就可以团结起来反抗了。绳子若是三股，就不会轻易断开。’”

“这就是《圣经》吗？”

“凯绥说这就是《圣经》，或者叫《圣经·传道书》。”

“别出声——有动静！”

“只是风而已，妈。我很清楚，那是风。妈，其实我在想，我们生活中有很多关于贫穷的道理，假设你一无所有，天哪，那么你就交叠双手，和地狱为伴吧，死后你就能得到金碟盛装的冰激凌了。对此，《圣经·传道书》中说，两个人一起劳动，就一定会有所回报。”

“汤姆，”妈妈问道，“你打算怎么做？”

他沉默了许久：“我在思考收容所会是怎样的情形。人们是如何照顾自己的呢？如果那里有斗争，他们是如何安顿自己的呢？他们那里有警察挥动着手中的枪，但是如果没有那些警察，或许他们的秩序会更好些。我很奇怪，为什么我们不能那么做，赶走那些警察呢？大家团结一致做我们自己的事情——我们只耕作我们自己的土地。”

“汤姆，”妈妈又重复道，“往后你怎么打算？”

“像凯绥那样去做。”他回答说。

“可是他为此付出了生命的代价。”

“是，”汤姆表示同意，“他逃得不够快。还有，他也做了一些违法的事。妈，我思前想后，想了很多东西。比如，我们农民工像猪一样过日子，幸运些的工人有地耕，或者更幸运的工人一人就拥有上百万英亩的土地，然而更多的数十万的工人正处于忍饥挨饿之中。于是，我在考虑如果我们大家齐心协力一起呼吁，就像他们那样呼吁，他们也只是胡珀牧场的一小部分人而已……”

妈妈担心地说：“汤姆，他们会开车把你带走的，会像对待年轻的弗洛伊德一样将你杀掉的。”

"他们愿意开车把我带到哪里都行。他们会开车把我们所有的人都带走的。"

"汤姆，你并没有杀人之心，对吗？"

"对。我在想，反正不管我怎么做都会违法，或许我可以——见鬼，对此我还没有考虑清楚，妈。不过别担心我，千万别为我担心。"

他们沉默了，静静地坐在爬满藤蔓的漆黑洞穴里。妈妈担忧地说："往后我怎么才能打听到你的消息呢？他们也许会伤害你，也许会把你杀了。我怎么知道呢？"

汤姆不自在地笑着说："也许凯绥说得对，一个人并没有自己的灵魂，只是一个大灵魂的一部分。那么……"

"那么怎样，汤姆？"

"那就无关紧要了。我就在暗地里到处周游。哪儿都有我——无论你朝哪一边，都能看见我。只要有饥饿的人为了吃饭而在斗争的地方，就有我在。只要有警察在打人的地方，就有我在。如果凯绥知道的话，天哪，人们生气的时候会大叫大嚷，我会跟他们一起嚷。饿肚皮的孩子们知道晚饭有了会哈哈大笑，我会跟他们一起笑。咱们老百姓吃到自己种出来的粮食，住上自己盖起来的房子，那些时候，我都会在场。天哪，我这样说简直像凯绥了。我想他想得太厉害了，有时候仿佛还看见他。"

"这我就不太明白了，"妈妈说，"我完全不能理解。"

"我也不太明白，"汤姆说道，"这只是我想象中的东西。一个人躲在这里总是不能动，难免会胡思乱想。你该回去了，妈。"

"那么，这钱你拿去吧。"

他沉默了一会儿，说："好吧。"他不再推辞。

"另外，汤姆，以后等事情平息了，你一定要回来。你会回来找我们的吧？"

"一定的，"汤姆说，"现在你最好还是离开。把手递给我吧。"他牵着妈妈的手走出洞口。妈妈的手抓着汤姆的手腕。他撩开藤蔓，也跟着妈妈出来了："沿着田地一直向北走，你会在路边见到一棵梧桐树，然后跨过小河就可以了。再见。"

"再见。"妈妈说完便匆匆地离去了。他的眼睛又湿又烧，却没有哭出来。

伍迪·盖瑟瑞，1912 年出生在俄克拉何马州一个陷入困境的家庭中，是20世纪最伟大的民俗音乐家之一，也是一位典型的社会意识创作歌手。与他一样的歌手还包括20世纪60年代的鲍勃·迪伦、琼·贝兹、皮特·西格以及菲尔·奥克斯。

1940年，盖瑟瑞写了一首《这是你的土地》来回应欧文·柏林的爱国歌曲《愿上帝保佑美国》。这首歌曲虽然在精神主旨上有些激进，但并不影响它成为一首独立的爱国歌曲，不但被编入教科书，而且唱响在全国各地各个学校。

由于歌曲的第四节和第六节突出表现了盖瑟瑞的社会公正意识，因此在很多情况下被省略。

伍迪·盖瑟瑞：《这是你的土地》（1940）

这是你的土地，这是我的土地
从加利福尼亚到纽约岛
从红杉林到湾流的水
这片土地属于你也属于我

当我漫步在蜿蜒如带的公路
仰望头顶那无尽的人行天桥
俯瞰脚下那金色的山谷，我深情地说一句
这片土地属于你也属于我

我追随自己的脚步悠闲漫步
来到有着钻石一样光芒的沙滩
我耳边萦绕着这样一个声音
这片土地属于你也属于我

第十六章
第二次世界大战和麦卡锡主义

保罗·福塞尔：《“定点轰炸”将结束战争》（1989）
河内山由莉：《战争来临了》（1991）
山冈美智子：《距离震源800米》（1992）
美国战略轰炸调查报告（太平洋战场）（1946）
海军上将吉恩·拉罗克与斯特兹·特克尔谈“正义的战争”（1985）
库尔特·冯内古特：《第五号屠宰场》（节选）（1969）
保罗·罗伯逊在众议院非美活动调查委员会未读的宣言（1956）
皮特·西格：《你不该歌唱》（1989）
I.F.斯通：《不只是约瑟夫·麦卡锡》（1954）
埃塞尔·罗森伯格和尤利乌斯·罗森伯格给他们的孩子们的最后一封信（1953）

第一次世界大战臭名昭著。而第二次世界大战有着第一次世界大战没有的道德指标。这是对抗大魔鬼的“正义”战争：反对纳粹主义——侵略欧洲国家，对犹太人的大屠杀，日本在中国的暴行。虽然起初美国并不愿意加入战争，但是珍珠港事件促使美国采取军事行动。这也许是美国参与的战争中最受欢迎的一次世界大战。

战争结束后，虽然没有质疑纳粹主义的邪恶，但是，同盟国的道德准则、美国军队的种族隔离政策、将日裔美国人关进集中营都遭到了质疑。在德国和日本，他们向无辜的民众疯狂地投掷炸弹，摧毁了德累斯顿，用火焰炸弹轰炸东京，用原子弹杀死了广岛和长崎成千上万的民众，炸弹总计杀害了100多万市民。

在战后几年，建立没有军事主义和战争、没有种族主义和不公正的新世界的许诺没有兑现。世界出现了两大拥有数千枚核武器的强国——苏联和美国，以“冷战”威胁着世界和平。

在美国，对共产主义的歇斯底里的恐惧导致了对言论自由的压制：关押持异议者，国会委员会的严厉审讯，FBI对普通市民的监视……这些现象后来形成了麦卡锡主义。

但仍旧有美国人坚持要表达自己的思想，一直坚持民主思想。

极少有作家敢于质疑“正义战争”的纯粹性。其中一个就是保罗·福塞尔。他在其著作《战时》的序章中写道：“在过去50年里，盟军战争被虚情假意、疯狂的爱国主义、无知者和嗜血成性者美化、浪漫化到失去本来面目。”福塞尔揭开了第二次世界大战之后反复出现的“定点轰炸”的神秘面纱。

保罗·福塞尔：《“定点轰炸”将结束战争》（1989）

多年来，国内民众被骗相信，精明的美国人能用技术措施取得战争的胜利，比如让造价昂贵的飞机在空中的安全高度投放炸弹，这招百试百灵。有一份热销的官方小册子宣传轰炸机是胜利的最终武器。胜利之日没有确切的日期，但“美国绝不会输”！表明是在1942年年底进行的，虽然这问题争议极大。胜利的最终武器尤指B-17空中堡垒，“当时威力最大的轰炸机”。这是一架“安装了诺登投弹瞄准器，能从2万英尺的高空投放轰炸方圆25英尺”的定点设备。机上人员的安全被着重强调。一张图片的说明文字写着："强力的机身能保证内部投弹手的安全，炮手用10厘米口径的重型武器瞄准。"

当时，还没有高射炮。（1942年，美国空军要求战时作家委员会发表文章，"消除对尾炮手工作的错误印象，那虽然是很冒险的工作，但并不是自杀的捷径那么夸张"。）从"7英里"的高空可以让空中堡垒的"白日突袭比其他轰炸机更具安全性"。1942年，大众很难想象未来轰炸机人员会像兰德尔·贾雷尔所说的"惨况"：

> 我们的尸体就在
> 我们炸死的人的尸体当中，消失不见。

事实证明，轰炸的精准度很差，飞机要飞到反飞行器轰炸目标的附近地区，这样做仍旧经常没有射中目标。随着战争的发展，"定点轰炸"成了轰炸机人员带着黑色幽默调笑的反喻。这点众所周知，除了在国内阅读《生活》杂志和《周日晚报》的市民。早在1941年8月对风向、云雾和气流动荡的调查就发现了这点，连英国皇家空军中最单纯的人都知道，轰炸机司令部下达的经典任务，"只有十分之一的轰炸机能到达制定目标的5英里范围内"。

在德国对伦敦的空中突袭中，500吨的炸弹在空中投放，只有一半落在地面上，其中只有30吨击中伦敦。著名播报员J.B.普里斯特利自己想象德国轰炸的主要目标之一是他所在的播报台，而德国人最终很幸运地命中了目标。

RAF总部的一名官员看了某次攻击完全没有命中目标的证据，说"我不接受这份报告"。由于"定点轰炸"的不准确性，最后改用了"区域轰炸"，而后者的威力，如丘吉尔著名的委婉说法，将敌人"灭门了"。区域轰炸不可避免地导致了对广岛和长崎的轰炸。直到战争进展到了一半，原先假定的轰炸机准确度的宣传才被放弃。1941年，RAF飞行员罗伯特在日记中写道："我在多次空袭中，常由于云雾遮掩，完全无计可施，只好在能看见地面炮火和照明灯的地方投放炸弹，而在第二天的轰炸报道中无一例外地发现被炸的是铁路干道或工业设施。"

日裔美国人权活动家、女权主义者和作家河内山由莉在加利福尼亚佩德罗出生和长大。日本轰炸珍珠港事件后，美国陷入反日狂潮之中，西海岸 12 万日裔美国人遭到圈禁，她和她的家人就在其中。

1942 年 2 月 19 日，总统富兰克林 · D. 罗斯福签署了行政命令，将权力交给军队，不需要委任状、起诉书或听证会，逮捕所有的日裔美国人（其中四分之三的人是在美国出生的美国公民），将他们从家中带走，关押在内部地区，处于被监禁状态。最高法院认为这是军事上的权宜之计。

直到 20 世纪 80 年代，联邦法庭才让步，承认那是错误的举动。河内山由莉描述了集中营的情况。

河内山由莉：《战争来临了》（1991）

我在周日学校教书，我是个非常美国化的人，同时我也是很有地方特色的人。

疏散时，我 19 岁，才读完大二。我忙着找工作，还不清楚校园生活同工作生活的区别。在校园生活中，我从未感受到种族主义。但进入社会以后，形势就复杂化了。1941 年，战争还未开始，我终于在百货商店找到了一份工作。而这是很重要的事情，因为我认为这个百货商店从来没有聘用过亚洲人。我就试了试，因为我看见一个墨西哥朋友在那儿工作。

珍珠港事件后，我的生活发生了翻天覆地的变化。12 月 7 日那一天，FBI 冲入我家，带走了我的父亲。他昨天才从医院回来，刚做完溃疡手术。那几天，我们都不知道他被带到哪里去了。后来，我们才发现他被带到终端岛的联邦监狱。他们将住在太平洋边上的居民和所有的渔民都带走了。一个月后，他们将终端岛的 16 个渔民带到一个地方，不像一般的集中营，但像南达科他、蒙大拿州和新墨西哥州的居留地。他们说，凡是给任何日本组织捐过钱的人都要被带走。而当时，许多人都给日本红十字会捐过钱。第一批是 1300 个国际教育情报中心的人，我父母就在当中。他们是社区的领导、日本学校的老师、军事教育的老师或者佛教僧侣。这对我们的生活造成了极大的影响。奇怪的是，他们一边将我父亲投入监狱，一边又同意我弟弟进入军队。我另外一个哥哥，比我大 2 岁，试着经营我爸爸的鱼档，但生意萧条，只好关门了。他几年前毕业于加利福尼亚大学。

我们只是在12月13日见过父亲一次。12月20日，他们说可以放他回家。他们送他回家后，他就不能说话了。回家12小时后，他就去世了。我想，审讯手段一定非常残酷。我母亲一直在乞求当局，将他送到医院治疗，等身体好了再送回监狱。他们在大约一周后将他送到医院。而他是医院里唯一的日本人，他们在他周围围上帘子，因为他是战犯。那里的环境很糟糕。

我父亲被带走的事实让我们遭到周围人的质疑。但总的来说，我的邻居们还是很友好的，特别是住在我们隔壁的邻居。我们的行动受到限制，早上6时到下午6时活动的范围不能超过离家5英里的地方。所以，如果我们有需要，他们会帮我们买东西。

日裔美国人不得不放弃工作，不管他们做什么工作，都必须离开。罗斯福总统于1942年2月颁布了疏散令。那年4月，我们被迁移到居留地。他们开放日本学校和佛教寺庙，让日本人居住。农民还带进了鸡群。他们只开放这些地方给日本人居住。一些日本人到科罗拉多州和犹他州投奔亲戚。当局的想法是疏散太平洋沿岸的所有日本人。而所有的资金都冻结了，即使知道自己要去的地方，也寸步难行。那时，人们知道要被送到居留地，就卖光家产，结果落得一场空。

我完全无法相信我们会遭遇这样的事。美国怎么可以这样对待我们?这可是世界大国啊！所以，我以为这只是暂时的，也许也就几周，他们会让我们回家。起初，没人知道这会持续多久。我并没有感到气急败坏，我认为，这也许是我们表现爱国的方式，我们不能小题大做、吵吵嚷嚷，我们要遵守他们的规定。事实证明，我还是太单纯了。我越想，越发现自己对美国历史的认知太少了。这才是他们想让你知道的。

起初，我们并不知道这样的情况是暂时的还是永久的。我们以为我们很快就能离开。几个月后，他们告诉我们这只是暂时的住所，他们正在美国其他地方建立永久住所。啊，简直令人难以置信。一年前，我们绝对想象不到在美国这样的国家，我们会有这样的遭遇。随着时间的推移，我们越来越感到绝望。许多家庭被分开了。一家之主的父亲被带到另外的营地。起初，儿子们完全没办法联系到家人。

在我们这群人到达居留地之前，我们几乎每天都要与到亚利桑纳州和犹他州等地方的人群告别。在这里，我们交了许多新朋友，我们跟他们相遇，住在一起，慢慢熟悉。所以，跟他们告别是很难受的事情。我们已经跟他们很亲密了，现在又要分开了。我认为，我们不会再去想他们将要带我们到哪里，我们又要在那里待多久。我们坐在火车里，不知道要被带到哪里，我们所有的人都不知道。我们后来知道，我们到了亚利桑纳州、科罗拉多州和其他地方。我们在这些居留地待了7个月。10月，我们这群人出发到阿肯色州的杰罗姆，它位于得克萨斯州和阿肯色州的交界处。

我们到达阿肯色州的杰罗姆后，完全震惊了，我们从来没见过这样的地方——周围都是森林。这地方不仅会变成泥地，还是阿肯色州的沼泽地。他们就将我们安置在森林包围的沼泽地里，跟在加利福尼亚州完全不同。

我们刚到的时候，设施很不齐全。比如，屋顶工还没有过来。大家都想知道外面世界的情况。我们想知道战争的进展如何。我们不能带收音机，也没有电视机。我们请求工人带回一些报纸，他们会给我们带得克萨斯州或阿肯色州的报纸，我们这才知道外面的新闻。

我们一直称这些营地为“迁移中心”。现在，我们发现称“集中营”更为合适。跟欧洲的集中营不同，那些是死亡营地。我们这里只是将人监禁，解除武装和公民身份，所以称我们在集中营更为恰当。在营地两年后，我被释放了。

1945年10月，我回归家园，发现很难找到工作。我不指望找到一份体面的工作，只想在我男友从纽约回来前找些事做。我要找的工作只是在饭店当侍应生，但是我到处都找不到，我从一个镇走到另一个镇，走遍每一条主街道。只要他们知道我是日本人，就会毫不犹豫地拒绝，或者他们会问我有没有加入工会。我刚到那里，当然不可能加入工会。其实，日本人是无法加入工会的，所以只要我说我没有加入工会，他们就会拒绝。到最后，我只能到圣佩德罗的荒野地区去工作。我希望是一份长期的工作，但很快，我只工作了大约两个小时，就有人问：“那个人是日本人吗？”只要有人这样问，老板就会说：“很抱歉，请离开。我们不想惹麻烦。”

纵观美国历史，美国一贯就这样圈禁人。首先是印第安人的居留地，在种植园的非洲人奴隶制度，芝加哥人的迁移工作，还有在铁路营地工作的中国人。他们都遭到孤立，丧失人权，被解除武装。我认为这就是我们要反抗的，不能让这种事情再发生。如果我们知道历史上诸多的集中营，我们就要大声说出来，遏制其再次发生。

1945年8月，美国在日本投放了两颗原子弹，造成20万人死亡。

幸存者山冈美智子描述了1945年8月6日的那个可怕的早晨，波音

B-29 轰炸机在广岛扔下了“小男孩原子弹”—— 一颗浓缩的铀弹。8 月 9 日，他们又将原子弹“胖子”扔到了长崎。

山冈美智子：《距离震源 800 米》（1992）

1945 年 8 月 6 日，我在女子高中读高三，15 岁。我是电话局的一名操作员。我们听到了东京和大阪被轰炸的消息，但没有听说广岛有事。对飞在天空的 B-29 轰炸机我并没有特别担心。

那天早上 7 时 45 分，我感觉房子在震动。我听说 B-29 轰炸机已经返航了。妈妈告诉我：“小心，B-29 轰炸机可能还会回来。”我家离震源 1.3 千米。我走到震源区域，那里的房子和建筑都被大火烧毁了。那是毫无遮挡的地方。我穿着白色衬衫和牛仔裤。我走到那里时，看见中学生正在推倒离震源 800 米处的房子。我走近河流时，就听见了飞机微弱的声音。飞机使诈了，它只是假装离开。我还是只能听见飞机微弱的声音——现在，因为那次大爆炸，我左耳失聪了。

我当时心想，真奇怪，所以我举起右手搭在眼上，抬头寻找它的踪迹。太阳很毒辣。就在那一刻，周围一片寂静。我有种强烈的预感，我感到极度紧张。我看见了某种颜色，我说不准是不是黄色，但不是蓝色。那一刻，我觉得我死定了。我自言自语道：“永别了，妈妈。”

“有火！快逃！救命！快！”人们无法正常说话，都是痛苦和绝望的呻吟声。“我要大声求救。”我心想。救我的人是我妈妈，虽然她后来被埋在我家坍塌的房子里。妈妈知道我行走的路线，她紧跟着来了，大喊我的名字。我听见她的喊叫声，我大呼“救命”。周围的建筑开始着火了。

我妈妈没办法救我。她请求道：“我女儿被埋在这里，她一直在帮军队工作。”她劝说附近的士兵帮忙，他们开始将我挖出来。火势开始蔓延。“女士，快逃走！”士兵喊道。石头下方的我听见“噼里啪啦”的火声。我对妈妈喊道：“我没事。别担心，你快逃！”接着，他们拉着我的双腿，将我拖出。

我的衣服和皮肤都被烧毁了。我整理了凌乱的头发。有些人只剩最后一口气，试着将肠子推回肚子里；有的人断腿了；有的人没了脑袋；有的人的脸被烧毁了，面目全非。我看见了人间地狱。

妈妈看着我的脸，什么都没说，我一点痛感都没有。她只是紧抓着我的手，告诉我快逃。她要去救我阿姨。很多人在灭火。我的眼睛还能看见，所以我往山上跑，那里没着火。在逃跑的过程中，我遇见了我在电话局的一个朋友。她一直待在屋里，没有被烧伤。我叫唤她的名字，她没有回应。我毁容了，她看不出我是谁。最后，她听出我的声音，说："美智子小姐，你看着像个怪物！"我是第一次听人那么说。我看着自己的双手，发现整个皮肤都脱落了，红肉暴露在外。我看不见自己的脸，才没有意识到自己的脸皮卷了起来。

我妈妈又来找我了，所以我还能活到现在。我再也不能走路了，也失明了。我被放在担架上送到被疏散的岛屿。在船上，我听到有人说："他们想喝水就让他们喝个够，反正他们都要死了。"所以，我喝了很多水。

我卧床不起一年多，我的头发全脱落了。我后来到亲戚家，他们都不让我进去，害怕被传染。我没有得到治疗和救助。有钱的人，父母健在的人，有房子的人，他们可以到红十字医院或广岛市区医院。而我们一分钱也没有。我和我妈妈相依为命。伤疤从我的脸延伸到脖子，我连脖子都动不了。我的嘴唇被烧毁了，我控制不住地流口水。在医院，我得不到任何治疗，所以我妈妈给我做了按摩。多亏了她的按摩，我的伤疤才没有恶化。我的手指僵住，动不了了。我唯一能做的就是缝短裤，因为我只要直直地缝就行了。我必须挣点钱。

原子弹投放后 10 年，我们到了美国。我是罗曼·卡曾斯（《周六评论报》的编辑）挑选的 25 名患者中的一人，到美国接受治疗和整容。我们被称为"广岛少女"。美国政府拒绝我们入境，但许多民间团体支持我们。我们被送到纽约西奈医院，花了 1 年半时间进行治疗。我做了 37 次手术，包括植皮手术。

我到美国的时候，对美国抱有深切的仇恨。我问："美国为什么用这样残酷的方式结束战争呢？"我得到的回答是："是日本先突袭了珍珠港！"美国人认为，他们投放原子弹是为了更快地结束战争，给日本制造更多的损失。

一些历史学家和许多政治家认为在日本投放原子弹是"必要的"，可以"避免更多的伤亡"，并结束战争。然而，美国战略轰炸调查报告的结论却是：“不投放原子弹，日本也会投降；苏联不进行对日作战，日本也会投降。”虽然日本已经快要投降了，但美国政府依然决定使用原子弹。其目的是向全世界证明，尤其是向苏联证明战后美国的军事力量。

丘吉尔的顾问——英国科学家 P.M.S. 布莱克特说：“投放原子弹与其说是第二次世界大战的最后军事行动，不如说是美国对苏联冷战的第一次大行动。”

美国战略轰炸调查报告（太平洋战场）（1946）

1945 年 8 月 6 日和 9 日，最早的两枚在实战中应用的原子弹分别投在广岛和长崎。10 万名平民死亡，6 平方英里，即这两个城市 50%以上建筑区域被摧毁。有关原子弹的第一个也是至关重要的怀疑因而得到事实上的最终解答：原子能已经被应用于军事领域，其压倒性的威力已经得以证明。

为了对这项革命性新型破坏性武器的当前威力和限制做出更精确的定义，对原子弹破坏力、经济和士气效应的详细调查占据了调查团在日本活动的主要部分。原子弹爆炸的目击证人均描绘出相似的景象：炸弹爆出一团巨大的蓝白色闪光，就像一枚大型镁照明弹。闪光持续时间短暂，伴随着强烈的光线和热量。随后而来的是巨大的冲击波和爆炸的轰鸣声。靠近爆炸中心的幸存者并不能清晰地回忆起这声轰鸣，但是处在 15 英里之外的其他人能清楚地听到。一团雪白的云雾快速地升上天空，地面景象最初被一层蓝色薄雾遮蔽，随后是一片棕紫色的烟雾和灰尘。

目击证人揭示了事情的先后次序。在爆炸的瞬间，能量以光、热、辐射和冲击波的形式被释放。全部辐射，从 X 射线、伽马射线到紫外线和可见光，再到辐射热和红外线，均以光速传播。由于巨大压力促成的冲击波几乎在爆炸时同时发生，但传播速度较慢，大约相当于音速。过热的气体形成初始的火球，以更慢的速度向外和向上扩散。

伴随着闪光，光线和辐射沿着直线传播，任何不透明物体——甚至一根藤蔓的一片叶子，和得到防护的物体均被其穿透。闪光的持续时间只有几分之一秒，但强度足以使 1 英里之外暴露的人类皮肤受到三度烧伤。衣物起火，随后很快被吹飞，电线杆被烧焦，顶部覆盖茅草的房屋着火。黑色或者其他深色表面的易燃材料吸收了热量，很快被烧焦或者起火；白色或者浅色表面反射了相当部分的辐射，因而得以幸存。在1英里之外，作为日本建筑标志性特征的重质黏土瓦管被烧出气泡。华盛顿的国家标准局对该类瓦管样品的测试表明：要使黏土表面产生类似效应，当时温度必须超过1800℃。在1英里之外，暴露在闪光中的花岗岩表面碎裂，出现裂痕。在原子弹爆心投影点（处在爆炸位置正下方的一点），热量将尸体烧焦至无法辨认。

伽马射线等穿透性射线将储存在距离爆心投影点几乎1英里之外的混凝土结构医院地下室的X光胶片曝光。对靠近爆心而后又经受其他效应幸存下来的人，射线的效应通常在两至三天后引发病症。骨髓以及血液系统均会受到影响。白血球数量下降，人体失去抵抗感染的能力。在通常情况下，死亡会很快随之而来。对于距离爆心更远的人，爆炸后1—4星期，射线的效应方才引发严重的病症。最初的病症是丧失食欲、疲乏以及不适。在12—48小时内，通常会出现高烧，直至104—105华氏度，严重的可导致死亡。如果发烧症状减轻，病人的其他病症通常会迅速消失，快速重新恢复健康的感觉。其他病症包括白血球减少、脱发以及精子数量减少。

虽然这类射线具备强大的穿透性，但物质屏障仍能过滤掉相当一部分。随着屏障的厚度增加，射线的穿透比例下降。这些迹象表明：即便靠近爆心投影点，数英尺水泥或更厚的泥土能够给人类提供足够的防御，以避免辐射造成的严重后果。

跟随而来的闪光、冲击波令钢筋混凝土结构的屋顶施加足够强的压力，可以完全压倒所有强度稍逊的建筑。由于爆炸的高度，爆心投影点的压力峰值不会高于一枚高爆炸力的近失弹所造成的压力，在距离稍远处衰减。山峦和建筑的遮挡和反射造成了冲击波散布得不均衡。不过，冲击波的范围和持续时间远远超出一枚高爆炸弹，在广岛700英尺范围内以及长崎2000英尺范围内，大部分钢筋混凝土建筑遭受了结构伤害或者坍塌。在广岛7300英尺范围内以及长崎8500英尺范围内，砖石结构建筑被推倒。典型的木质结构的日本房屋全部倒塌，一直到广岛7300英尺范围内以及长崎8200英尺范围内。在这个范围之外，建筑根基、墙壁以及其他部分受到较弱的破坏。

在5英里距离之外，玻璃窗户破碎。冲击波的持续时间比高爆炸弹更为长久，伴随着更多的碎片飞舞。窗户碎片、房门和其他能够被一枚高爆炸弹震落的部件高速度飞过那些没有倒塌的建筑。工厂建筑中，机械工具和大部分其他生产设备没有直接受到冲击波的破坏，但因倒塌的建筑以及引发的火灾而受损。

以上描述涉及广岛和长崎原子弹爆炸在各方面的破坏效果。然而，没有其他类型的破坏效果。没有蒸发或者被分解的事物，爆炸中心点正下方又长出植被；没有迹象显示爆炸之后的辐射活动持续到足以对人类造成伤害。

下面，让我们分析这些不同的破坏效果，对广岛和长崎这两座城市和它们的居民造成的影响。

广岛建立在一片宽广的河流三角洲之上，地势平坦，稍稍高出海平面。城市面积为 26 平方英里，但只有中间的 7 平方英里建筑密集。主要的工业区在战争中得到大规模扩建，位于城市的外围。作为平民疏散计划的结果，城市居民从大约 34 万人下降到 24.5 万人。爆炸出乎这座城市的市民的意料，因而，市民没有采取规避措施。炸弹在建筑密集区中心稍西北的位置爆炸。处在室外开阔地并暴露在最初闪光中的所有人，没有衣物保护的部位遭受严重烧伤。市中心超过 4 平方英里的区域被夷为平地，只有大约 50 栋钢筋混凝土建筑得以幸存，其中绝大多数内部被毁，大部分遭受结构损坏。

大多数位于开阔地的人群被倒塌的建筑或飞舞的碎片压倒或者困住。很快，多起火情发生，少数由于闪光的热量引发，但大多数由于倾倒的火炉或者其他原因引发。这些火情扩大，合并为一场大火灾，上升的热气被吸入城市中央的风吹动着。

平民防御机构完全被破坏力盖过，火势更多地被卷往中央的气流所遏制，而并非灭火措施。6 万—7 万人死亡，5 万人受伤。市内的接近 9 万栋建筑中，有 6.5 万栋被放弃使用，其余所有的建筑都遭受表面损伤。城市的地下管道没有受损，除了那些穿越整个城市河流的部分。市中心所有的小型工厂均被摧毁。不过，外围的大型工厂几乎全部完好无损，94% 的工人没有受到伤害。这些（大型）工厂占该市工业产量的 74%。

据估计，如果战争继续，它们将在原子弹爆炸的 30 天之内充分恢复正常生产。8 月 8 日，空袭两天过后，穿越城市的铁路系统修复完毕，恢复营运。

长崎是构建在港口周围并扩展至环绕群山的沟壑和河谷的一个拥挤城市。群山的侧脊向下延伸至滩头，将城市大致切分成两个盆地。城市建筑面积为 3.4 平方英里，其中 0.6 平方英里用于工业。市民很大程度上由于躲避空袭而被疏散，到1945年8月，人口从战争时的28.5万下降到23万左右。

在8月9日之前，长崎遭受过零星空袭，共有136架次飞机投下270吨高爆炸弹和53吨燃烧弹。大约2%的民居建筑被摧毁或者遭受严重损坏。在原子弹轰炸之时，这座城市相对来说较为完整。空袭警报没有正确地发出，因而只有部分居民躲入掩体之内。

原子弹在城市西北部分爆炸，山脊的隔绝保护了邻近山谷之内的城市的大部分范围。长崎原子弹的热辐射和冲击波比投在广岛的更为强烈，波及的范围更大，钢筋混凝土建筑遭受了结构损坏，三菱钢铁厂和军工厂的重型钢结构工业建筑被推离爆炸中心至危险角度。与广岛的情况相反，爆炸后立即开始的火情大部分由闪光直接引发。

大约4万人死亡或者失踪，受伤的数目类似。在长崎的5.2万栋建筑中，1.4万栋被完全摧毁，另有5400栋严重受损。长崎96%的工业品产出集中在完全统治该城的三菱公司的大型厂房之中。兵工厂和钢铁厂处在遭受主要破坏的区域之内。据估计，58%的兵工厂和78%的钢铁厂被摧毁。三菱电机厂的主要厂房位于主要破坏区域的外围，有接近25%被摧毁。修船厂是长崎最大的工业设施，它是曾经遭受过高爆炸弹轰炸的三个工厂之一，坐落在爆炸范围之外的海滩边缘，基本上没有遭受新的破坏。在原子弹爆炸之前，三菱各工厂运转正常，其中一小部分的产量受到原材料短缺的影响。如果战争继续进行，原材料状况得到恢复，据估算：修船厂将在3—4个月之内恢复80%的机能；钢铁厂将需要1年时间重新恢复生产；电机厂将在2个月之内恢复部分生产，6个月之内恢复产能；兵工厂恢复先前的60%—70%产能则需要15个月时间。

原子弹爆炸时，大约400人位于长崎的隧道掩体当中。掩体由沿着水平方向山体内开凿的坚固隧道构成，配有粗糙的由泥土填充的防爆墙保护入口。防爆墙向内轰塌，但所有入口之内的人得以幸存，即便在几乎位于爆炸点正下方的隧道，亦是如此。与入口方向不在同一直线上的人没有受伤。隧道大约可以容纳10万人。如果空袭警报准时响起，而这些隧道掩体之内人员满座，长崎的人员伤亡会大大降低。

根据调查团评估：从一架飞机上投下一枚原子弹，在广岛造成的破坏和人员伤亡，若要通过传统武器获得，则需要220架B-29投下1200吨燃烧弹、400吨高爆炸弹和500吨反步兵破片弹。需要125架B-29投下1200吨炸弹，方可获得长崎原子弹所造成的破坏和人员伤亡。以上估算基于原子弹爆炸时的客观条件，以及在战争结束前三个月中第二十航空军的平均投弹准确率。

正如预期的一样，民众对原子弹的主要反应是害怕，无法控制的恐惧，并因为破坏力的可怖、目击证人的受难经历、幸存者的经历得以加重。在原子弹投下之前，这两个城市居民相比其他城市较少担忧战争；在原子弹爆炸后，他们的士气比预期恢复得更快。

接受调查的29%幸存者表明：在原子弹爆炸之后，他们确认日本获胜已然全无可能。不少人则表示，由于原子弹的威胁，他们感觉日本已经无法继续战争。大约40%的幸存者表达了不同程度的失败主义倾向。更多比例的幸存者表达了他们对原子弹所体现出来的能力和科技实力的深刻印象。

日本民众的信心受到了原子弹的打击。原子弹在促成日本投降过程中所扮演的角色必须与所有其他参与其中的部队一起评估。

就这样，美国决定使用原子弹来加速日本失败的进程。8月6日，广岛核爆，9日，苏联对日参战，数小时后，长崎核爆。在日本内阁召开的紧急会议上，主和、主战两派的分歧依旧，最后天皇的裁决是接受《波茨坦公告》，无条件投降。

依据调查团对日本战后文件的查阅和审讯记录的研究，1945年12月31日得出的结论是：

即使（美国）没有投掷那两枚原子弹，苏联没有对日出兵，美军没有登陆日本本土，日本的战争能力也会在美军海空力量的绞杀下，在1945年11月因崩溃而被迫投降。

海军上将吉恩·拉罗克在海军中服役多年，亲历珍珠港事件，在第二次世界大战结束多年后，他和伟大的人民历史学家、无线电先锋斯特兹·特克尔分享了下面这些想法。

海军上将吉恩·拉罗克与斯特兹·特克尔谈“正义的战争”（1985）

1941年夏天，我被派送到珍珠港。太平洋舰队就在那里，这听起来很浪漫。日本突袭时，我隶属于美国军舰“麦克多诺”号。我们大约10时开始搜寻日本舰队。幸运的是，我们没有发现他们，不然我们就可能被他们击沉。我参与了整整 4 年的太平洋战争。

起初，我以为是美国航空队意外炸到我们。我们太自满了，目空一切，完全不把日本的实力放在眼里。我们完全不把日本舰队放在眼里，更别说他们胆敢攻击我们了。我们知道日本舰队的夜视能力不好，我们太理所当然了。我们认为他们不能制造性能良好的武器，他们的设备都是垃圾，他们只会模仿我们。我们所要做的就是出击，将之击沉。事实证明，他们的夜视力比我们更好，他们的鱼雷威力巨大。

我们认为他们是棕色的小男人，而我们是白色的大块头。他们属于低等人种。德国人是众所周知的英勇战士和大建筑者，而日本是软弱的人。我们在这些棕色的人身上使用核武器。我们谈论在越南使用核武器，我们谈论使用军事力量从中东深色皮肤的人那里夺取石油。我从来没有听到我们使用军事力量从加拿大获取石油。我们一直认为自己是一个伟大的高等人种。

我讨厌无聊的 4 年太平洋战争，尽管我参加了 13 次战斗，击沉过一艘潜艇，是第一个登陆罗伊的人。在那 4 年里，我一直在思考，战争是多么浪费生命的行为。我失去了很多朋友。我有义务告诉我室友的父母，我们在一起的最后时光。有人缺胳膊少腿，有人失明，有人半身不遂，这都是为了什么呢？老人送年轻人上战场，在旗帜、横幅和爱国名言中欢送他们……

我一直在美国海军服役，是因为我相信美国真正可以保障世界民主的安全。我穿着军服到高中，告诉孩子们，我认为战争是愚蠢的，诗歌、小说和电影中的关于勇敢、英雄主义和美好生活的描述，这些都是胡扯。

战争结束后，美国成了世界上最强大的国家。美国国富力强，我们以巨头自居，世界由我们经营。我们是唯一没有遭到破坏的大国。法国、英国、意大利和中国都发现了这点。苏联也“甘拜下风”，他们有 2000 万人死亡。

第二次世界大战后，我们已经成了军国主义制度化的国家。1947 年，我们通过了《国家安全法案》。在此之前，你在任何文学作品当中都找不到“国家安全”这个词。根据法案，美国建立了国防部。[①] 在此之前，当你为战争部门拨款时，你就能一目了然地知道这是“贡献”给战争的。

---

① 1947 年，美国通过《国家安全法》，决定成立国家军事部。1949 年的《国家安全法》修正案中，国家军事部改为国防部。

现在，则是给国防部拨款，人人有责，否则就是不爱国。你想给多少钱没有绝对的限制。他们以“自卫”的名义要求所有的基督徒捐款，甚至以“正义的战争”的名义。

军队执行国家的外交政策。国务院只是走过场，“解决”军队制造的混乱。美国国务院已经成为五角大楼的马屁精。在第二次世界大战前，这从未发生过。我们有一个战争部，有一个海军部，只在战时才发挥作用。最终控制军队的是平民，而第二次世界大战改变了这一切。

我认为我没有改变。我是一个好船长，不畏艰难困苦。我曾像个魔鬼，保证我的船和我的人员一切安好。我爱大海，一直都热爱大海。我认为，美国已经变了。美国不再试图通过和平手段解决分歧。第二次世界大战后，我们开始使用军事力量在世界上得到我们想要的东西。这就是帝国主义。不久前，五角大楼自豪地宣布，第二次世界大战以来，美国使用了215次军事力量实现其战略目标。五角大楼赞成用军事力量执行国家意志。当然，现在还有核武器。

核武器已经成为常规武器，我们认真考虑在越南使用它。我曾经在五角大楼参与决定目标的讨论。我们探索了赢得这场战争的所有办法。我们只是找不到一个足够好的目标。我们不在乎使用核武器会遭到怎样的谴责。

在越南，我看到人类生命无意义地浪费。我自愿参与越南战争，我没有质疑过这是否符合国家利益。我是一个专业的海军军官，就必须参与战争。你可以争论第二次世界大战必打，必须阻止希特勒。不幸的是，我们今天也面临同样的情况。我在第二次世界大战期间遇到了一些俄罗斯人，他们是船上的官员。他们面色如常地看着我。我以前被烧伤过，周围人教我对日本人抱有极大的仇恨。而我认为，我没有充分的理由讨厌我在第二次世界大战中认识或与之战斗过的俄罗斯人。

第二次世界大战已经扭曲了我们现在看待事物的观点。我们以战争的角度看待事物，在某种意义上那是一场正义的战争。而对战争扭曲的记忆鼓励我们这一代人乐意并充满渴望地在世界任何地方使用军事力量。

第二次世界大战后约20年，我没有看过讲述第二次世界大战的任何影片，不想勾起自己对那段时期的记忆。我讨厌看到他们美化战争。在这些电影中，只有衣冠楚楚的人在优雅地吹嘘。你们看不到残缺不全的尸体，只能看到一具经过杀菌的干净整洁的尸体光荣地消失。我讨厌他们说：“他把他的一生献给了他的祖国。”没有人应该为所谓的“事业”奉献一生。

我们偷走这些孩子的生命，是我们夺走了他们的生命。他们不是为了国家的荣誉和荣耀而死，是我们，是我们杀死了他们。

对第二次世界大战正义性的多年反思中，似乎只有在小说中才能挑战这自吹自擂的“正义的战争”。

库尔特·冯内古特写了关于“定点轰炸”的小说《第五号屠宰场》。约瑟夫·海勒轰炸过法国和意大利，写下极端滑稽的战争小说《第22条军规》。

小说遭到25位出版商的拒绝，最后出版后，被上百万人阅读。

下面是《第五号屠宰场》的节选。

库尔特·冯内古特：《第五号屠宰场》（节选）（1969）

8个德累斯顿人跨过铁路调车场的铁轨。他们身着新军装，昨天他们才宣誓参军的。他们中间有的是孩子，有的已中年，还有2个是在苏联身负重伤的退伍军人。他们的任务是看管100名来当合同工的美国俘虏。这个德国兵班里有一老一少，是祖孙俩，爷爷是个建筑师。

8个德国人走进看管对象的车厢时神情十分严峻。他们知道自己看起来是一群多么令人作呕、多么呆头呆脑的士兵。其中一个人有一条假腿，不仅荷枪实弹，还拄着一根手杖。即便如此，他们仍然期望在刚从前线大砍大杀回来的这些高大、自信和凶残的美国人那儿赢得服从和尊敬。

接着，他们看到蓄着胡子的毕利·皮尔格里姆穿着天蓝色的宽大礼服和银白色靴子，双手放在“皮手筒”里。他看上去至少有60岁。靠近毕利的是断了胳膊的小个儿保罗·拉扎罗，他因患狂犬病而发出“嘶嘶”的响声。拉扎罗旁边是可怜的老中学教员埃德加·德比，他满怀爱国热忱和中年人的自以为是，因而显出一副悲天悯人的模样。如此等等。

8个可笑的德累斯顿人探明这100个可笑的人果真是刚从前线抓回来的美国俘虏，开头是微微一笑，接着便哈哈大笑起来。他们的恐惧烟消云散了，没啥可怕的嘛，只不过是又多了一些瘸子，又多了一些像自己一样的蠢人，纯粹是一出轻歌剧。

轻歌剧演员们走出铁路调车场，进入了德累斯顿街道。毕利·皮尔格里姆是明星演员，走在前头当领队。成千上万的人回家，走在人行道上。他们有气无力，面色苍白，因为过去两年吃的大多数是马铃薯。他们除了希望天气变暖以外，不想其他好处，却想不到来了一场滑稽表演。

毕利没有注意到许多人因他的滑稽相而捧腹大笑，还直盯住他看。他被这个城市的建筑物迷住了。快乐的爱神们在一扇扇窗户之上编织花环，淘气的牧神和裸体的宁芙从雕花飞檐上眯着眼睛俯视毕利。石猴在雕有旋涡花饰的石洞里，在贝壳和竹子中间跳跃。

毕利凭着对过去的回忆，预测本城在一个多月之内将被炸毁烧光，他将在这里目睹他的大多数同伴死于非命。就是这么回事。

毕利朝前迈步时，他的两只手在他的“皮手筒”——小个儿乐队指挥的上装里摸索着，指尖儿在暖烘烘的黑暗处翻来翻去，想摸出上装衬里是两块什么东西。指尖摸到了衬里的里面，接触到那两块东西，一块像粒豌豆，另一块像小马蹄铁。交通灯变红了，他们的队伍在交通堵塞的转弯处不得不停下来。

在转弯处，行人的前列是一名外科医生，他成天进行手术。他是地方上的医生，但有军人风度，在两次世界大战中都服过役。毕利的模样使他大为不快，尤其从看守美国俘虏的卫兵那里得知毕利是美国人，对毕利则更为反感。在他看来，毕利的审美观糟透了，可能毕利遭到了许多可笑的麻烦，以至于穿着如此可笑。

外科医生会讲英语，便对毕利说：“你把战争看得很滑稽啊，是不？”

毕利心不在焉地看着他，一时间不知道自己究竟到了什么地方，也不清楚怎么会到这儿来的。他不明白人们为什么认为他在扮演小丑的角色，当然这是命运，命运给了他这一身打扮。是命运和想活下去的微弱意志造成他现在的这副模样。

“你希望我们笑吗？”外科医生问。

外科医生想得到某种满足。毕利却被搞糊涂了。毕利想对人表示友好，如果有可能的话，想对人有所帮助，但是他已到智尽能竭的地步了。他的手指抓着那件小上装衬里的两块东西，决定让外科医生看一看。

“你以为我们爱被嘲弄？”外科医生说，“像你这样代表美国，你感到自豪吗？”

毕利从他的“皮手筒”里抽出一只手，举到外科医生的鼻子下面。在他的掌心上有一颗2克拉重的钻石和半副假牙，这半副假牙是令人厌恶的小小的人工制品，闪烁着银色、珍珠色和橘红色。

毕利微笑着。

第二次世界大战结束时，1938年，美国建立了众议院非美活动调查委员会（即HUAC），调查美国内部的“破坏性”活动，推测电影行业传播共产主义思想的证据，逮捕了好莱坞的剧作家、演员和导演。这些艺术家因拒绝回答委员会关于他们是否与共产党有联系的问题而遭到逮捕，其中就包括后来著名的“好莱坞十君子”。委员会还审问了民歌手皮特·西格、剧作家亚瑟·米勒，还有其他许多人。

这是美国同苏联“冷战”的大氛围下，大规模妨害公民自由的部分行动。政府雇员宣誓效忠于总统哈里·杜鲁门政府，参议员约瑟夫·麦卡锡领导的参议院小组的听证会（给那段时期的一系列事件命名为“麦卡锡主义”）。FBI搜集了成百上千名美国人的名单，他们签订某种请愿书，要求参加特别会议。

共产党领导人都被关入监狱。其中一个遭到攻击的是艺术家，伟大的歌手和演员保罗·罗伯逊，他是种族主义和美国外交政策强烈的反对者。

下面是罗伯逊打算在HUAC发表的宣言，但没有被允许宣读。

保罗·罗伯逊在众议院非美活动调查委员会未读的宣言（1956）

这是对美国公民自由的状态悲伤而痛苦的评论，以议员弗朗西斯·沃尔特和他的参议院同行为代表的人，不准我访问讲座台、音乐厅、歌剧院和戏剧舞台，而现在又强迫我在调查委员会面前，说我不得不说的话。很显然，那些妨碍我享有言论自由的人，是绝不会让我在他们控制的听证会上自由发言的。

为什么杜勒斯不敢给我发护照，让我出国旅行、演唱、采取行动、说出我的想法？国务院的律师在法庭上回答了部分原因，他明确表示，美国国务院声称有权拒绝给予我护照，是因为他们所称的我在“大部分的美国黑人中被认可了发言人地位”，因为我“多年来代表非洲殖民地人民的独立表现异常活跃”。国务院拒绝给我发护照，还基于我向尼赫鲁、苏加诺和世界其他有色人种的伟大领导者共同召开的万隆会议发去问候的事实。所以，从原则上说，杜勒斯反对我在国外给受美国人压迫的人做演讲。

我争取护照的斗争就是争取自由的斗争。自由旅行、自由谋生、自由发言，自由地表达自己的艺术和文化思想。我一直被剥夺了这些自由，因为杜勒斯、伊斯兰特、沃尔特及其同僚反对我对解放殖民地、受压迫美国黑人的反抗以及与各个国家和平共处强烈愿望的观点。但是，这些观点是我逮着机会就要传播的观点，不管是在这个委员会或任何其他团体面前。

总统（德怀特）艾森豪威尔强烈敦促国际文化交流。我同意他的观点。美国人民欢迎来自南美、欧洲、非洲和亚洲一流的歌手、演员、芭蕾舞剧团、歌剧公司和交响乐团的艺术表演，还有非洲人民的民间和古典艺术、中国古典文化以及西方世界的艺术作品。我希望这一天能很快到来。沃尔特同意降低残酷的限制，让美国人民有机会见证许多伟大的外国艺术家的表演。

我一直受到莱斯利·林德的邀请，到英国扮演《奥赛罗》中的主角。英国演员权益协会一致批准我到英国进行表演。

我受到主办方亚当·霍兰德的邀请，到以色列开办巡回演唱会，他已经给我发来一份拟议的合同。

苏联电影制作公司莫斯邀请我扮演《奥赛罗》电影版的主角，保证“我的艺术天赋将产生巨大的艺术快乐，带给观众”。

英国电气工会要求我出席其年度政策会议，因为我在 1949 年出席了类似的会议，他们写信给我，“您的歌声和演讲同样动人”。

澳大利亚和平委员会邀请我进行“唱歌与和平之旅”。

我收到伦敦教育委员会合作社的邀请，在他们的支持下，在伦敦举办音乐会。

我还收到南威尔士矿工的邀请，于 1956 年 10 月 6 日在矿工歌唱节演唱，还有之后在矿业山谷举办了一系列演唱会。

在英国曼彻斯特，“让保罗·罗伯逊演唱委员会”邀请我在那个城市的自由贸易大厅举办音乐会。

毫无疑问，这些国家的政府和其他许多邀请我演唱的国家政府，并不担心我会在演唱会上唱些什么、说些什么。这些政府是不是美国的盟友和朋友，或中立国？还是那些与美国人民的友谊被杜勒斯和沃尔特及其志同道合的反动派所阻碍的政府？

我出国旅行、唱歌、行动和说话不可能危害美国人民。过去，我就在我的数百名观众中为真正的美国赢得了朋友——不是为沃尔特、杜勒斯、伊斯兰特，不是为给美国丢脸的种族主义者，而是为美国黑人，我们的工人、农民和艺术家赢得朋友。

通过在国内外为和平以及同一世界各国人民的友谊进行的持续斗争，为结束殖民主义统治，为美国黑人赢得完整的公民权，为促进世界艺术和文化的共同繁荣的斗争，我决定继续为更美好的美国生活赢得更多的朋友。

1949 年 9 月 4 日，我带着妻子和两岁的女儿到纽约皮克斯基尔镇附近听保罗·罗伯逊的露天音乐会。8 月 27 日，一周前，种族主义者暴力地阻止了罗伯逊的表演。今晚，在工会成员和其他人的保护下，他无所畏惧地为上千名观众演唱。这时，一帮来势汹汹、漫天怒骂的人来到会场。音乐会结束，我们开始离场，流水线似的车辆缓慢行驶，我们看见街道两边站满面露讥讽、粗言怒骂的男男女女。接着，他们开始扔石头。当时我的妻子怀着身孕，她将我们的女儿推到车底。车两侧的四扇玻璃窗和后窗都被打碎了。坐在后座的是个搭顺风车的陌生女人，一块砖砸中了她的脑袋。

那天发生的惨案有几十起。下面是民歌歌手皮特·西格描述的当晚情景。

皮特·西格：《你不该歌唱》（1989）

皮克斯基尔镇暴乱发生在 1949 年 9 月。

从我与不同的人的交谈中，几乎可以肯定这是 3K 党组织的。当保罗·罗伯逊在巴黎发表宣言，声称美国黑人不会对抗苏联，而苏联法律反对种族歧视时，这一言论激怒了他们。他触到了美国的痛点，所以，当他来到皮克斯基尔镇开演唱会时，他们就说："嗨，我们去'会会'他。"

这帮暴徒来到了会场，掀翻舞台，暴打布置会场的人，警察就在一旁站着，没有做出任何阻止的举动，保证 3K 党破坏行为的顺利进行。但他们很快大吃一惊，因为罗伯逊站在麦克风前说：“我有权选择演唱会的地址。我下周就要到皮克斯基尔镇开演唱会。”

下周到来时，有1万人来听他的演唱会。100多个工会成员肩并肩环绕着会场，防止暴徒进去捣乱。罗伯逊旁边还站着警惕周围动向的保镖。

100—150人的反对者守在门口，他们大声吼着：“滚回苏联！你这个犹太人！可恶的黑人解放运动者！”还有三四个警察一直不让门关上。接着，10多辆车开进来，他们停好车，坐着听演唱。我是前半场的一个歌手。沾了罗伯逊的光，我并不出名，唱功一般，我唱了三四首歌。然后，罗伯逊唱下半场。演唱会结束后，人群慢慢往门口移动。约过了1个半小时，我们一家的车才开出大门。

我想要左转，我家在皮克斯基尔镇北部。但警察说：“不行，车只能往那儿走。”他指的是南方。我们没走几码就看见路上的玻璃碴儿了。当时车里有我的妻子、两个宝宝、我的岳父、我的两个朋友。我说：“哦，哦，我看见玻璃碴儿了。大家躲好。有人对我们扔石头。”

我们仿佛受夹道鞭打刑罚，两侧玻璃窗和后窗都被打破了。当时还有个警察就站在离扔石头的人不到100英尺的地方。我停下车，对他说：“长官，你就不能阻止他们吗？”他说：“快走，快走。”我环顾四周，后面的车被我们的车挡住不能向前，而他们的车正被人扔着石头。所以，我只好开走。

到家后，我们给孩子淋浴，冲掉他们头发里的玻璃碴儿。我们车上无人受伤，不过别的车里有。演唱会的某个人失明了。有人用身体护住了罗伯逊。

皮克斯基尔事件过后一个多月，更确切地说，六周后，那些“美国，醒来”的标语很多都消失了。虽然我没有证据，但我认为，在许多家庭里发生了争论。很可能是一位奶奶说：“你是说你向妇女和小孩扔石头？好吧，我也不喜欢那些人，可是，你也不能向妇女和小孩扔石头。”美国还是很讲体面的国家。我猜有人会说：“托马斯·杰弗逊是这样教导你们的吗？亚伯拉罕·林肯是这样教导你们的吗？我听说南部有人动用私刑。我们真要那么做吗？”所以，在20世纪50年代，许多地方都有恐怖主义行为，但皮克斯基尔事件也就仅此而已。

记者I.F.斯通多年编辑了非常宝贵的《I.F.斯通周刊》，大胆揭露了美国对朝鲜和越南战争背后的谎言。

在下面这篇文章中，他不仅公然挑战约瑟夫·麦卡锡，还有许多麦卡锡的御用文人接受的整个反共产主义歇斯底里和冷战体系。

I.F. 斯通：《不只是约瑟夫·麦卡锡》（1954）

这周的事件值得回味。布兰特·查尔斯·威尔逊要求麦卡锡指控军队的“荒唐行为”，而麦卡锡还是没有复职。第二天，他终止了对前议员（威廉）本顿200万美元的诉讼，后者称麦卡锡为大坏蛋、大话精。这种蹩脚的借口引发了全国性的“我相信本顿”运动。接着，为了令严肃的保守派印象深刻，加深对艾森豪威尔政府在（拉夫）茨维克尔将军事件中表现胆怯的厌恶，（阿德雷）史蒂文森发表了一篇演讲。

当麦卡锡试着回应史蒂文森时，共和党全国委员会出现在总统威尔（德怀特·艾森豪威尔）的办公室，将收音机和电视机全都收走了。由（理查德）尼克松回应，麦卡锡出局。麦卡锡大为光火，出恶言恐吓。而他在联邦通信委员会的人员——罗伯特·E. 李不知感恩地宣布，网络设备已经为尼克松准备好了。第二天，一个共和党员——佛蒙特州的（拉夫）弗兰德斯到议会发表反对麦卡锡的演讲。当晚，爱德·默罗通过电视广播巧妙地攻击麦卡锡。

白宫会议一结束，共和党政策委员会主席——议员（荷马）弗格森给议会调查委员会下达了一系列建议，这些都不是改革的大举措，但一经采纳，就能让麦卡锡不再将其小组委员会用于展现其个人秀。这也许只是对抗麦卡锡主义的小进展，但足以让麦卡锡自食恶果。

到目前为止，过道两侧的麦卡锡同事都低调蛰伏。当弗兰德斯攻击麦卡锡时，议会跟几周前一样保持沉默。那时，路易斯安那州的（艾伦）艾伦德进行了猛攻，而阿肯色州的（詹姆斯）富布赖特投了唯一反对拨款的票。只有纽约的（赫伯特）雷曼和肯塔基州的（共和党员）约翰·谢尔曼·库伯起身祝贺弗兰德斯。没有人为麦卡锡辩护，也没有人加入代表议会演讲开始的欢呼。当民主党核心会议进入尾声时，史蒂文森的演讲被无视了。得克萨斯州的林顿·约翰逊——民主党议会中的政党领袖，害怕麦卡锡的得克萨斯支持者。

当脆弱而歇斯底里的演讲攻击麦卡锡主义时，国家真正陷入困境之中。弗兰德斯称其为“陷入上帝和魔鬼为人类灵魂而长期战斗的危机之中”。

他提到意大利“将要落入共产主义的手中”，英国“蚕食着贸易利润的麻醉诱饵”。这些都是幻想的必经阶段，就像这个“让我们看看南方。在拉美有自由的优势，但同样还有共产主义病毒的传播，整个国家都被占据了”。什么是“整个国家”？什么是“自由的优势”？弗兰德斯画了一道极为逼近美国和加拿大的“铁幕”，而世界其他部分正在被“渗透和颠覆”。弗兰德斯告诉议会成员：“我们没有地方进行贸易，没有地方旅游，因为我们要得到世界之主社会主义的允许。”

真正的和平才是这个国家自由强有力的基础。而真正的自由需要自己活,也让别人活,即共产主义的和平共存。唯有相信人和自由,恐惧才会消散。世界的“社会主义”形式各不相同，共产主义只是这一活动的极致形式，只有盲目落后的统治者，如沙皇和蒋介石之流，因为恐惧才会强行阻止这一浪潮出现。

有这样一种说法：“世界上肯定有巫婆，她们法力无边，将我们重重包围，但我们对疑犯还是要公平一些。”这并不够，默许造成恐慌的幻觉并不能根除这种幻觉。

冷战时期，反对共产党最黑暗的时期是1953年6月19日埃塞尔·罗森伯格和尤利乌斯·罗森伯格的死刑。他们被指控向苏联泄露了原子弹的机密，针对这一指控的争论持续了多年。

尤利乌斯·罗森伯格可能参与了向苏联传递军事信息，当时苏联还是美国的战时盟友。而他的妻子埃塞尔·罗森伯格绝对是无辜的（指控她的人也知道她是无辜的），但她也被关入监狱，为的是让她丈夫认罪。

虽然他们的死会让他们的两个孩子成为孤儿，但两人都坚持自己是无辜的。

这次审判带有极大的偏见，受冷战时期反共产主义热潮的影响。法官跟司法部门秘密决议，如果他们罪名成立，就判处死刑。

世界范围内发起拯救他们的活动,最高法院的一些法官同意搁置处理，然而，在暑假后，最高法院的多数人赞成死刑。

下面是这对夫妻在行刑当日写给他们6岁的儿子罗伯特和10岁的儿子迈克尔的信。

埃塞尔·罗森伯格和尤利乌斯·罗森伯格给他们的孩子们的最后一封信（1953）[①]

最心爱的孩子们：

今天早晨本该是我们相聚的最后时光。现在恐怕无法实现了，我们迫切地想告诉你们——我（们）现在悟出的一切。

不幸的是，我（们）只能简单写下几行字。你们的余生会教会你们，正如我（们）的余生教会了我（们）。

首先，你们一定会为我们的死哀恸，但是你们不会独自哀恸。这是我们的慰藉，最终也会是你们的慰藉。

最后，你们一定要明白生命的意义。虽然现在我们的生命正缓慢地走向终结，但是我们感到慰藉，因为我们坚信我们能够打败刽子手！

你们的生活也会教会你们，罪恶中不能滋生出善良，自由和构成真正满足和值得的生活的所有要素的代价是极为昂贵的。我们内心平和，我们深刻地明白，文明还未发展到不需要为生活付出生命代价的程度，我们感到慰藉。我们心知肚明，在我们之后还有前仆后继者，我们感到慰藉。

我们希望，我们在另一头，能过上极端快乐和满足的生活。你（们）的爸爸在最后几小时一直陪着妈妈，他将他的整颗心和心里的爱都给了他最心爱的儿子们。永远记住，我们是无辜的，别误解我们的意思。

我们用尽全力抱紧你们，亲吻你们。

爱你们的爸爸和妈妈

① 本信件写于1953年6月19日。

第十七章
反对种族隔离的黑人起义

理查德·怀特：《1200万黑人的声音》（1941）
兰斯顿·休斯：《延迟之梦的蒙太奇》（1951）
安妮·穆迪：《在密西西比州长大》（1968）
约翰·路易斯在林肯纪念馆演讲的原稿（1963）
马尔科姆·X：《传到基层的消息》（节选）（1963）
玛莎·哈妮从密西西比州寄出的关于自由暑假的信（1964）
范妮·露·哈默的证词（1964）
丽塔·L.施魏策尔的证词（1964）
艾丽丝·沃克：《一度》（1968）
桑德拉·A.韦斯特：《暴乱！—— 一个黑人市民的见闻》（1967）
马丁·路德·金：《我们向何处去》（1967）

美国宪法第十四、第十五修正案通过后的100年中，联邦政府并没有执行这些保障投票权和所有平等权利的修正案。简而言之，美国政府无视内战以后宪法规定的权利，遗弃了南方的黑人。结果就是，黑人被剥夺了公民权，受到种族隔离的迫害。

在这表面的平静之下，蕴藏着仇恨和愤慨。一小部分人还攻击这样的体制，但多数没有成功，不受关注。

1955年，亚拉巴马州蒙哥马利市黑人抵制公交以反对种族隔离制度的大举动打破了这表面的平静。抵制行动取得了胜利，反种族隔离运动开始兴起。1960年，北卡罗来纳州格林斯伯勒4名黑人大学生由于静坐示威而遭到暴力驱逐和逮捕。但这一举动引起了整个南部地区的静坐示威热潮。静坐示威还形成了著名的青年人活动组织——学生非暴力协调委员会。

第二年，黑人和白人活动家加入了这场自由乘车行动，乘坐南方的公交。乘客过去遭到攻击和暴打，现在全国都在关注民权运动。在接下来的几年，南方的示威游行愈演愈烈。1963年，在亚拉巴马州伯明翰，上千人为种族平等进行游行，民权运动达到高潮。1963年前三个月，司法部门就记录了1400多起示威游行。

现在整个世界都在关注。国会迫于压力，于1964年和1965年通过了民权法律，最终解除了种族隔离，并在南方恢复黑人的选举权。但这并没有解决生活在贫民窟的黑人的苦难，1964年和1965年，在哈莱姆区和洛杉矶爆发了种族暴动，接着是1967年的底特律叛乱。

黑人取得民权运动胜利后，仍在遭受贫穷、绝望和警察的暴力迫害。马尔科姆·X是黑人愤慨的一个表达者，直言政府无能，1965年被刺身亡。

黑豹党、道奇革命联盟（DRUM）等团体探索了革命组织的形式进行反抗。在最后一年，马丁·路德·金和马尔科姆还得出了更激进的结论。

在马丁·路德·金被刺杀前一年，他意识到经济公平的根本问题还没有得到解决。他对其成员谈论资本主义制度的缺陷，要在华盛顿组织“穷人游行”，但他没有活到那一刻。

民权运动的根源可以追溯到南方常年的种族隔离政策对黑人的压迫和北方黑人的悲惨境遇，成百上千万的黑人希望摆脱种族歧视。移民到北方的黑人都抱着有更好的工作环境、更好的生活条件的希望。结果，他们发现自己面临着失业、危险低薪的工作、种族隔离，还有警察的暴力。

下面这篇文章，是小说家理查德·怀特从密西西比搬到芝加哥后，描述了黑人到北方后面临的危机。

理查德·怀特：《1200万黑人的声音》（1941）

1916—1928年，火车和汽车载着我们1200万黑人陆续从南方迁移到北方。不分昼夜，不论晴雨、冬夏，我们一路向北。

我们坐在车里，百无聊赖地望着连绵起伏的田野，我们满怀希望地发现，南方密集的沼泽地能打造广阔肥沃的玉米田。农房收拾得井井有条，筒仓里堆着一摞摞干草。拖长腔调、慢吞吞的南方调，对我们黑人来说，如同天语。北方人说得又快又不带感情色彩，我们耳力不佳，跟不上，也听不懂。而那些外国佬，有波兰人、德国人、瑞典人和意大利人，我们从来没有料到世界上有这么多的外国人！

我们这些到北方当佃农的黑人简直是到了另一个国家。我们开始意识到自己将要到达一个陌生、充满未知恐惧的地方。

我们看见穿着昂贵崭新衣服的白人男女上了火车。我们警惕地盯着他们，担心他们来骚扰我们。他们会叫我们给他们让座吗？他们会把我们赶到后头吗？尽管有人告诉我们不需要这样，可是，我们长期惧怕白人的脸，我们忍不住屏息而坐，等候他们"发落"。我们环顾车厢，倒是没再看见那熟悉的标志：有色人座位和白人专座。

火车向北加速，我们都睡不着。我们的头昏昏沉沉的，但我们都紧绷着身子，警惕着周围陌生的环境。但一切风平浪静，这些白人面无表情，对我们视而不见。于是，我们压制住内心深处的恐惧，强迫自己放松，因为这些人面色无异，他们对我们漠然置之。哦，太棒了，这样最好不过了！

火车进入芝加哥、印第安纳波利斯、纽约、克里夫兰、布法罗、底特律、托莱多、费城、匹兹堡和密尔沃基，我们要在这些地方找工作。我们感到前所未有的自由，但我们还是有点担心。简直与做梦一样。我们是不是会突然醒来，发现这所有一切都不是真的，我们只是在做白日梦，很快我们就会听到老板粗野的声音："黑鬼，你以为你是谁？起身，滚开！"

我们怯生生地下了火车。我们抱着行李箱，担心有扒手，控制不住好奇的眼睛望着眼前的大型砖房。我们都摆出沉稳的样子，因为有人警告我们，不能表现得像"雏儿"，城里人在1英尺远就能认出谁是"傻瓜"。

然后，我们第一次乘坐北方佬的街车到各自的亲戚朋友家。我们向售票员买了车票，就认真地找座位。他们告诉我们可以随便坐，但我们还是不放心。

我们不可能在3小时内忘却300年的恐惧。我们放松自己，坐到座位上，透过窗户，看着街道上熙熙攘攘的人群。白人男女上车坐到我们隔壁，一个眼神都没有留给我们，好似这是稀松平常的事。我们身上的肌肉紧绷，难以言说的情绪压制了我们的皮肤和血液。我们的眼睛偷偷地瞄了瞄旁边近在咫尺的白人的脸。一时之间，我们想大笑又想大哭。我们紧咬住嘴唇，凝视着窗外。

当我们知道我们没有足够的住所，我们眼里充满迷茫。跟我们争住处的是数千名白人移民，他们跟我们一样也是从南方过来的。房屋的造价很高。这地区唯一能住的地方在商业区之外，是一个过渡区，聚集着工厂和磨坊，黑烟熏染衣服和肺部。

我们黑人市民并不是唯一住进这所谓过渡区的地方的，这其实是接纳不断涌入城市的移民的第一个港口站。我们的租房极为破旧，几乎没有修补或翻修过。大多建筑都有"房产出售"的标志。我们随时都可能要搬走，然后这屋子被拆掉，建成新的工厂。

第二次世界大战之后，黑人从战争中归来后，又重新面对种族歧视、种族隔离、失业和贫穷的厄境。国内缺乏民主的现状与他们在战场上听到的"为民主而战"的口号形成了尖锐的对比。在《延迟之梦的蒙太奇》中，兰斯顿·休斯描述了"延迟之梦"即将"爆发"的思想。他的言论很有预见性。

兰斯顿·休斯：《延迟之梦的蒙太奇》（1951）

舞动梦想（1951）

早上好，爸爸
你听到了吗
那迟来的梦想摇摆的隆隆声

请走近点听
你会听到他们的脚步
在敲打着，敲打着

你觉得
那是快乐的节奏吗

请再走近一点
你听到了吗
在那下面仿佛有个
我说什么了

是的
我很高兴
拿走吧

嘿，摇起来吧
动起来吧
摇摆起来吧

吔

哈林（1951）

延迟之梦怎么了

干涸了
如暴晒的葡萄干
如伤口化脓
流了出来
难道像腐肉一般发出恶臭
延迟之梦只是

裹着糖浆的糖果

也许它不堪重负
而垂下
还是说，延迟之梦已经爆发了

冒着极大的生命危险，黑人开始用身躯作为非暴力反抗种族隔离的屏障。1955 年 9 月，在亚拉巴马州蒙哥马利，罗莎·帕克斯在公交车上拒绝给白人乘客让座，引发了为期 381 天的公交车抵制运动，最终取得胜利。

早在 20 世纪 60 年代，南方的学生就进行了反对便餐馆种族隔离的运动。其中最重要的静坐示威是 1963 年 5 月 23 日，在密西西比州杰克逊的一家百货商店。

下面是民权主义活动家和作家安妮·穆迪回忆静坐示威的情景，当时她是陶格鲁学院的一名学生。

安妮·穆迪：《在密西西比州长大》（1968）

我跟我的社会学教授约翰·索尔特成了朋友，他是校园 NAACP 活动的负责人。在那一整年里，NAACP 发起了杰克逊市中心商店的抵制运动，我就是索尔特最忠实的游说者和教会发言人。在校最后一周，他告诉我，杰克逊的静坐示威要开始了，他希望我充当伍尔沃斯餐馆静坐小组的发言人。另外两个示威者是我的同学孟菲斯（诺曼）和波琳娜（路易斯）。波琳娜是 NAACP 忠实的工作者，而孟菲斯并不怎么参与校园活动。组织似乎很难找到不怕被关押的学生。不管怎样，我是光脚的，不怕穿鞋的。示威那天上午 10 时左右，NAACP 总部将消息透露给媒体。结果，警察局也收到消息了，不过警察和记者都不知道示威的确切时间和地址，他们只好在州议会大厦所在大街严阵以待。

为了转移伍尔沃斯静坐的注意力，J.C. 彭妮的纠察队提前 15 分钟开始行动。这样，在他们被逮捕前就能在商店前来回巡视三四次。上午 11 时整，波琳娜、孟菲斯和我从后面进入伍尔沃斯。我们一踏入商店就分散，在不同的吧台买了点东西。波琳娜将手表递给孟菲斯，这举动告诉我们已经 11：14 了。我们要在 11：14 跟他会合，在 11：15 就座。

11：15 的前几秒，我们坐在伍尔沃斯餐馆之前进行隔离的座位上。起初，侍应生没有注意到我们，因为他们不知道我们到底要干什么。有位女侍应生从我们身边经过了几次，才后知后觉地发现我们在写菜单，我们需要服务。她问我们需要什么，我们开始念我们的菜单，她告诉我们要坐到专供黑人坐的吧台。

“我们想坐在这里吃饭。”我说。

女侍应生又重复了一遍，话还没说完，她就关掉了吧台的灯，其他女侍应生几乎在同时跑到店后面，请走了所有的白人顾客。我想，他们以为很快就会有暴力行动发生，吧台后的白人意识到了我们的意图。吧台里还有五六个人，一些人很干脆地起身离开了。坐在我隔壁的女孩吃完香蕉奶昔才离开。一个中年白人妇女还没吃到饭，起身来到我们身边，“我想跟你们一起，”她说，“可是……我丈夫还在等我。”

正午，附近白人高中的学生涌入了伍尔沃斯。他们看见我们时，面露讶异之色，他们不知该如何反应。接着，这些白人学生开始反复有节奏地喊着反黑人的口号。除了我们三个坐着的座位，其他的都用绳子隔开，不让人坐了。有几个学生想用绳子绕上我们的脖子。随着越来越多的学生和成人进来用餐，人数持续增加。

我们直视前方，完全不看人群，只偶尔瞥几眼，查看情况。突然，我看见了一张熟脸——公交静坐的醉汉。我一直盯着他，直到我们认出对方。今天，他也喝醉了，所以，我想他记不起在哪儿见过我。他拿出一把刀，打开放进口袋里，慢慢挪着步子。就在这时，我向波琳娜和孟菲斯示意，孟菲斯建议做祷告。我们弯下腰。一个男人直冲过来，将孟菲斯扔出座位，打了我一巴掌。接着，一个店员将我扔进邻近的吧台。

我跪倒在地上，看见孟菲斯嘴角血流不止。他试着护着脸，而扔他的人一直踢他的头。最后，一个穿着便服、自称警察的人逮捕了孟菲斯和攻击他的人。

波琳娜被扔到地上。孟菲斯被逮捕后，波琳娜和我回到了吧台前的高脚凳上。人群里有我们陶格鲁学院的白人老师。他们问我们要不要离开，现在情况很严重。我们不知道接下来该怎么办。我们刚要做出决定时，琼来了。现在我们三个联合起来。人群中有个老人要求学生将我们拉下高脚凳。

“先拉哪个？”一个大块头男孩问。

“与黑鬼在一起的白人。”老人说。

那个男孩抓起琼，将她扔出门外。同时，两个高中生抓住我，将我拖到门外。我从地上爬起来时，看见琼又进去了。我们又回到店里，与波琳娜会合。陶格鲁学院的教员路易斯·查菲就坐在她的旁边。现在，我们有了四个人——两个白人、两个黑人，都是女人。暴徒开始向我们扔吧台上能抓住的东西——番茄酱、芥末、糖罐和饼子。

不管他们怎么攻击我们，我们就在那儿坐了三个小时，直到暴徒到别的吧台拿食物砸我们。

经理决定关门。他一直乞求大家快点离开，但他足足求了15分钟，双方还是互不让步。我们先走，他们才走。陶格鲁学院的院长比特尔跑着过来，说自己刚收到消息。

约有90个警察站在店外，透过窗户玻璃观察整个过程，但没有进来阻止暴徒或有所行动。比特尔院长请警察护送我们出去。

我们出去的时候，警察站成一线，挡住了暴徒。但是，暴徒们还是将手里的东西扔向我们。不到10分钟，我们被送回了NAACP总部。

1963年8月28日，为工作和自由的华盛顿游行，可谓历史性的，20多万名示威者游行到林肯纪念馆，要求民权。

这次游行最令人印象深刻的就是马丁·路德·金的历史性演讲《我有一个梦想》。而最斗志昂扬的是约翰·路易斯的演讲，他是亚拉巴马州SNCC的年轻领袖。但在马丁·路德·金等领袖的压力下，他放弃了讲述“革命”的段落，只论说总统约翰·F.肯尼迪提出民权立法决议的时间“太迟”，“太不值一提了”。

下面，是他当天想演讲的内容的原稿。

约翰·路易斯在林肯纪念馆演讲的原稿（1963）

今天，我们为就业和自由而游行，但没有什么值得我们骄傲的，因为我们还有成千上万的兄弟不在这里；因为他们没有钱付车费；因为他们的工资低于基本工资，或者根本就没有工资。

凭良心说，我们不能支持政府的民权法案，因为来得太迟，太不值一提了。法案没有提到要保护我们免受警察暴行的迫害。

这项法案没有保护儿童和老年妇女在和平示威时免受警犬和消防水管的伤害……

这项法案的选举权部分没有帮助成千上万的黑人公民获得选举权，没有帮助密西西比州、亚拉巴马州和佐治亚州有资格投票却缺乏六年级教育水平的黑人。“一人一票”是非洲人的呼声，也是我们的呼声。

我们正在参与革命。这个国家仍然充斥着无底线的政治领导人，通过不道德的妥协，建立自己的事业，再辅之于对外政治、经济和社会剥削。这里的政治领袖可以站起来大声说“我们的政党是有原则的政党”吗？肯尼迪的政党也是（詹姆斯）伊斯兰特的政党，贾维茨的政党也是（贝利）戈德华特的政党。那我们的政党在哪里呢？

革命迫在眉睫，我们必须摆脱政治和经济奴役的锁链。非暴力革命者说：“我们不能再等待法院采取行动了，因为我们已经等了数百年。我们不会等待总统、司法部或者国会的行动，我们要自己处理自己的问题，创建一个国家结构之外的政权，保证我们的胜利。”

对那些说“耐心等待”的人，我们必须说：“耐心是肮脏恶心的词。”我们已经急不可待了，我们不想逐渐取得自由，我们想要我们的自由，现在就要！我们不能依赖于任何政党，因为民主党和共和党人都背叛了《独立宣言》的基本原则。

我们只承认一个事实，如果这个社会要进行任何激进的社会、政治和经济的改革，那执行者一定是人民群众。在斗争中，我们不仅要寻求公民权利，我们还要建立一个充满爱、和平和真正的兄弟会的社区。唯有所有的人都获得了自由和公正，我们的思想、灵魂和心灵才能得到宁静。

这是一场大革命。肯尼迪试图将革命从街道转移到法庭。听着，肯尼迪先生，听着，议员先生，听着，市民同胞们，黑人群众正在进行就业和自由游行，我们必须对政治家说，没有“冷静期”。

我们现在不会停下来。伊斯兰特、巴尼特、华莱士和瑟蒙德的力量阻止不了这场革命。我们在华盛顿游行不受限制的话，我们就要行动了。我们要往南去，穿越南部各州，走（威廉）谢尔曼将军的路线。

我们追求我们自己的“焦土政策”——非暴力运动。我们要将南方瓦解，重新建立民主形象。我们在过去几个月的动作看起来很小，但我要告诉你们：美国，醒来！

民权运动的一些领袖要求采取更为谨慎的方法赢得民权，而马尔科姆·X则表达了许多黑人不妥协的斗争的必要性的想法。如黑豹党成员马尔科姆·X提倡黑人和美国社会中其他受歧视迫害的种族有武装自卫的权利。

下面，是马尔科姆·X在密歇根州底特律演讲的节选。

1965年，发表这篇演讲两年后，他在纽约市被刺。

马尔科姆·X：《传到基层的消息》（节选）（1963）

我们希望你们和我们开诚布公地谈谈。我们用实在的语言，所有人都容易理解的语言谈谈。我们都赞同，所有的发言人都赞同，美国有一个非常严重的问题。不单美国有一个非常严重的问题，我们的人民也有一个非常严重的问题。美国的问题是我们。我们是它的问题。它有问题的唯一原因是它不希望我们在美国生活。每次你看看你自己，你是黑色、棕色、红色或黄色—— 一个所谓的黑人——黑人就是美国存在的一个严重问题，因为美国排斥黑人。一旦你正视这个事实，你就可以开始制订一个明智而非无知的计划。

你和我要做的就是学会忘记我们之间的差异。当我们在一起时，我们并不像浸信会教徒或卫理公会教徒那样聚在一起。你是浸信会教徒，就不用下地狱。你是卫理公会教徒，就不用下地狱。你是民主党或共和党，就不用下地狱。当然，你是美国人，就更加不用下地狱了。但只要你是黑人，你就要下地狱。你要下地狱，我们要下地狱，因为我们都是黑人。

所以我们都是黑人，所谓的黑鬼、二等公民、前奴隶。你们只是前奴隶。你们不喜欢这样的称呼，那你们希望要别的什么称呼呢？你们是前奴隶！

你们不是坐着“五月花”号①来到这里的。你们是坐着奴隶船来这里的，像一匹马、一头牛或一只鸡一样被绑着送到这里的。是乘坐“五月花”号到这里的人将你们带来的，是所谓的清教徒和开国元勋将你们带到这里来的。就是他们带你们来到这里的。

我们有一个共同的敌人。我们的共同之处是：我们有一个共同的压迫者、共同的剥削者和共同的歧视者。一旦我们意识到我们有一个共同的敌人，我们就可以在这个共同的基础上团结起来。而我们最主要的共同敌人就是白人。白人是我们所有人的敌人。我知道你们中有些人认为，白人不都是我们的敌人。时间会证明我的观点。

看看 1776 年的美国革命。革命的目的是什么？为了领土。为什么要领土呢？为了独立。独立是怎么实现的？通过流血战争。领土是独立的基础。而达到目的的唯一途径是流血战争。法国大革命的根源又是什么呢？无地的农民反抗地主。革命的目的是什么？土地。怎么实现的？流血事件。不是通过爱、妥协或谈判。我想告诉你们什么是革命。因为一旦你们知道什么是革命，你们就能走出死胡同，豁然开朗了。

俄国革命的根源是什么？无地的农民反抗地主。革命的目的是什么？土地。怎么实现的？流血事件。革命就必须涉及流血事件，而你们害怕流血。我说，你们害怕流血。

只要白人把你送到朝鲜，你就会流血。只要他们把你送到德国，你就会流血。只要他们送你到南太平洋对抗日本人，你就会流血。你在为白人流血，可当你看到自己的教堂被炸毁，黑人小女孩被谋杀，你却不能为他们流血。白人让你们流血，你们才流血。白人让你们咬人，你们才咬人。白人叫你们学狗叫，你们就得学狗叫。我讨厌这样说，但这些都是事实。

你们对下述事实该做怎样的解释：你们的教堂被炸毁，黑人小女孩被杀害，你们在密西西比州和亚拉巴马州进行非暴力运动，同时你们又要用暴力反抗希特勒、东条和其他你们根本不认识的人。

如果暴力在美国是错误的，那么暴力在国外也是错误的。如果暴力对待黑人女性、黑人孩子、婴儿和黑人男性是错误的，那么美国征募我们为捍卫美国到国外进行暴力行为也是错的。如果美国征募我们，教我们如何

① 英国第一艘将清教徒移民运往北美殖民地的船。1620 年 9 月从英国出发，12 月到达普利茅斯。船上载有移民 102 人。在航程中，部分移民商订了《五月花号公约》。上岸后，根据这一公约，组织了自己的管理机构。

为捍卫美国使用暴力是正确的，那么你们和我为捍卫这个国家的黑人而做的一切都应当是正确的。

学生非暴力协调委员会（SNCC）是民权运动时期出现的最重要的新组织之一。SNCC成立于1960年，是由南方学生静坐示威运动发展而来。

1964年，这一组织号召年轻人到密西西比州参与投票登记、“自由学校”和其他活动。

下面是一位志愿者、社会活动家、作家玛莎·哈妮——奥柏林学院的大一新生写给同班同学布莱克·奥柯特的一封信。

玛莎·哈妮从密西西比州寄出的关于自由暑假[①]的信（1964）

亲爱的布莱克：

戴夫失败了，未能完成任务。钱尼的家人相互抱着痛吟。多数听众和我一样，哭成一片。我不知道该如何描述这整件事，突然间，我听说三个人（詹姆斯·钱尼、迈克尔·施魏策尔和安德鲁·古德曼）失踪了，我第一次意识到黑人做出了这么长时间的牺牲。黑人要承受白人的所有侮辱、所有伤害和所有不公，让我以白人为耻。有的黑人想要杀死白人，还有很多忍受困苦的黑人仍旧抱着未来白人能爱护黑人的希望。我们的孩子严厉地谴责了白人，但还是梦想着种族双方能够互相理解和包容的自由世界。这是孩子们要面临的艰巨任务，而我有时什么都做不了，只能痛哭。我希望孩子们能担起这个任务，但如果我是密西西比州的黑人的话，我不知道自己能

① 自由暑假：1964年夏天，1000余名来自美国各州的青年志愿者在俄亥俄州的牛津集中，经过短期培训后，奔赴密西西比，分散到各个城镇，与黑人同吃同住，展开为期两周的民权支教之旅。他们的工作主要有三项：逐家逐户拜访黑人，动员他们登记为选民，参加投票；教黑人儿童识字，了解自身的历史和文化；促使密西西比州黑人派代表参加1964年的全国民主党代表大会，发出自己的声音。他们的座右铭是“撬开密西西比，改变整个南方”。希望以自己的行动，吸引国人关注密西西比州黑人的现状，从而突破整个南方的种族藩篱。

否担起这个任务。作为一个北方白人，我想参与就参与，我绝望了或害怕了，就可以逃回家。我讨厌北方白人的态度和立场，虽然我也是如此。

最近，我又想家了，怀念和朋友们一起划船、游泳的快乐时光。我不知该如何是好，我不能忽略回家的渴望，我比我想象的还要脆弱。我一直都会避免糟糕的情况，比如争论、脏乱的房子，现在也许还有密西西比州。我问父亲，我能在这儿待一年吗？我很高兴他说“不可以”。我想回家，想读很多书，想独自一人，这样我就可以认真地思考一些问题。但是，我知道如果我还是像过去一样让情感操纵，那我只能过平静的生活，然后又想活跃，想认识新朋友。

这些想法听起来很疯狂。我很暴躁，因为我要做出选择：是为这一活动工作，还是离开？我想跟你谈谈这个问题，我想知道你是否遇到过类似的情况。我指的是你是否曾经因为自己意志不坚定而厌恶自己。更糟糕的是，所有该死的北方人都认为我是个勇敢的英雄。

民权运动活动家范妮·露·哈默出生于密西西比州蒙哥马利县，是两个佃农的女儿。1962年，跟着学生非暴力协调委员会（SNCC）的詹姆斯·福尔曼和基督教领袖会议（SCLC）的詹姆斯·贝沃参加当地的一个会议后，她加入了一个有18个黑人的团体，到印第安纳州的法院登记投票。

当时，不到7%的黑人在密西西比州投票。而且密西西比州要求投票者在登记前要先通过文化测试，而哈默和其他人被告知没有通过测试，所以不能登记。回到鲁尔维尔，这队人遭到攻击，之后哈默被逮捕。

哈默后来成为SNCC和密西西比州自由民主党（MFDP）的领袖。1964年，她在华盛顿向民主党全国代表大会的代表资格审查委员会上诉她试图在密西西比州投票时的遭遇。她是密西西比州的一个代表，要求大会准予密西西比州黑人的代表出席大会。民主党领导人，包括林肯·约翰逊和休伯特·汉弗莱，驳回这项请求，因为密西西比州的代表只能是白人。

范妮·露·哈默的证词（1964）

主席先生和代表资格审查委员会：

我名叫范妮·露·哈默，我住在密西西比州鲁尔维尔东拉斐特街626号。

1962年8月31日，我们18个人走了26英里来到印第安纳州法院，试着登记成为一级公民。

但他们一次只让两人进去参加文化测试。当我们完成后，准备返回鲁尔维尔的时候，我们被警察拦截了。公交车司机被控所开公交车的颜色不对。

我们付完罚款后，继续前往鲁尔维尔。杰夫将我带到农村，我在那里做了18年的计时工和佃农。我的孩子们来接我，告诉我种植园园主很生气，因为我私自前去登记。

我丈夫走过来，对我说种植园园主要加田赋，因为我去登记了。他的话还没有说完，种植园园主就过来了。他说："范妮·露，他们都对你说了吗？"

我回答："是的，先生。"

他说："如果你不去取消登记，你就得离开这里……我们还没有准备让黑人在密西西比投票。"

我郑重其事地告诉他："我不是为你登记，我是为我自己登记。"

当天晚上，我就离开了。

1963年6月9日，我参加了投票登记小组。我们10个人坐着公交车回到密西西比州，4个人要上厕所，2个人提议到餐馆上厕所。

这4个准备进餐馆的人被驱逐出去。当时，我还在公交车上。我透过玻璃窗看见他们被赶出来，我下车查看情况，其中一个女士说："是州高速公路的巡逻员和警察局局长将我们赶出来的。"

我回到车上，上厕所的人也都回到了车上。

我刚在车上坐好，就看见他们将4个人塞进高速巡逻车里，我下车查看情况，有人大喊："快！抓住那边那个。"我被抓到车里，那人说我被逮捕了，还踢了我一脚。

我被带到监狱里，与一个叫辛普森的年轻女人关在一起。我在牢房里听见了踢打声和尖叫声。我听见有人说："你会说'是的，长官'吗？黑鬼，你会说'是的，长官'吗？"

她回答："会的，我会说，'是的，长官'。"

"那就说吧。"

她说："我跟你不熟。"

他们又打了她。不知过了多久，她开始祷告，请求上帝原谅这些人。

很快，三个白人来到我的牢房。其中一个问我是哪里人，我回答鲁尔维尔，他说："我们会查清楚的。"

然后，他们离开了牢房，很快又回来了。"你是鲁尔维尔来的？"他骂了一句，说："我们，会让你知道什么叫生不如死。"

我被带到另一个牢房里，那里有两个黑人犯人。第一个黑人叫我趴下，我听话地趴下。

第一个黑人开始打我，直到他没了力气。

第一个黑人筋疲力尽后，他又叫第二个黑人接手。

第二个黑人开始打我，我挪动了一下双腿，那人又叫第一个黑人将我的腿固定住。我开始尖叫，有个白人过来打了我的头，叫我安静。

这就是我想登记成为一等公民的遭遇。我质疑美国，这个美国是自由的土地、勇者之家吗？在美国，因为我们想活出个人样就要每天遭受威胁吗？

1964 年，密西西比州自由暑假期间，有 1000 多名白人学生从北方来到南方，反对种族隔离和剥夺黑人的选举权。

1964 年 6 月 21 日，自由暑假开始之初，年轻的密西西比州黑人詹姆斯·钱尼和北方的两个白人——迈克尔·施魏策尔和安德鲁·古德曼，开车到密西西比州费城，调查黑人教堂爆炸案。他们请求司法部门立即采取行动，却遭到冷遇，并且有去无回。

钱尼、古德曼和施魏策尔被当地警察逮捕，然后释放了。一群白人跟踪他们，挟持了他们的车，把他们带到荒废的农场，用铁链暴打他们，并开枪杀死他们，然后将尸体埋掉。这是当地州警长和副警长都参与的阴谋。这群白人被逮捕后 44 天，才找到黑人遇难者的尸体。

施魏策尔的妻子丽塔在找到的三具尸体前做了如下证词。

丽塔·L. 施魏策尔的证词（1964）

我22岁，是迈克尔·施魏策尔的妻子，他是1964年6月21日起在密西西比州费城附近失踪的三个民权主义工作者之一。1月16日，迈克尔和我来到密西西比州，作为种族平等大会派到联邦委员会组织的外勤人员。大约在1月21日，我们来到密西西比州默里迪恩，目的是建立一个社区中心，提供州和地方政府不会为黑人公民提供的城市服务。从那时到1964年6月21日，我们一直都在默里迪恩及其附近地区，和第四个国会选区东部其他郡工作。据我所知，迈克尔在这六个半月里只离开过几次，2月，到新奥尔良参加为期四天的会议。3月，我们两人到纽约玩了一天，到俄亥俄州牛津之后，他就不见了。

1月，我们抵达默里迪恩后不久，就遇见了詹姆斯·钱尼先生，一个21岁的黑人男子。他与我们一起工作，最终成为种族平等大会的成员。

在前几周，我和迈克尔就在默里迪恩，我们居住的黑人家庭接到了恐吓电话，不敢让我们再住下去，所以我们不得不更换住址。2月，我们终于租到一个黑人的房子，阿尔伯特·琼斯先生租了白人女子罗伊·坎宁安太太的房子。

我们在默里迪恩的前几周，没有受到威胁，也没有遭到地方当局的骚扰。然而，随着人们慢慢地了解我们、认识我们，知道我们试图在做什么，情况开始变得糟糕。有几次，我的丈夫被当地警察带到警察局，质问我们的活动，要求证明我们的汽车的所有权，等等。他们从来没有找我问话。

当我们在建立社区中心取得了一些成功时，威胁和恐吓开始增加。5月，我们在深夜接到了恐吓电话。为了睡好觉，我们晚上睡觉前都要拔掉电话线。我们被驱逐，搬到新公寓后，获得了一个未公开的电话号码，问题才得到解决。但是打到办公室的电话还是日夜不停。当我拿起电话，电话另一头就使用极具攻击性的语言，对我进行暴力威胁，比如他打算杀了我的丈夫或者我的丈夫已经死了。迈克尔也接到匿名电话，说他们打算杀了我或者我已经死了。

2月，迈克尔开始拜访尼肖巴县，总共去了30次。每次他到尼肖巴县工作，我都会在办公室等他的电话，报平安或出了问题，他需要联系什么人。有几次我也出差了，不能接他的电话。因为那个县太危险了，我坚持要自己去。当詹姆斯·钱尼在3月底回到默里迪恩后，他们俩就经常一起前往尼肖巴县，有一两次，他们其中一个单独去或跟另一个人去。尼肖巴县声誉不好，被称为“血腥尼肖巴县”，许多经验丰富的民权工作者都有充分的理由拒绝到那里工作。

我的丈夫非常相信安全预防措施，比如打电话告知下落，好几次我听到他谴责那些没有打电话到办公室的人。我记得迈克尔失踪前的一件事，他从尼肖巴县返回迟到了两个小时，却没有打电话告诉我原因。我急疯了，差点去报警，但是最后我忍住了，因为我知道，如果他没有出事，那我就变相告诉了当局他的下落，那会让他的情况更为糟糕。当他和詹姆斯在那个晚上回来后，他们说，他们被拘留在一个没有电话的地方，而且他们不敢在路上停下来打电话，告诉我他们会迟归。

1964年6月26日，我赶到尼肖巴县，去见警长（劳伦斯）雷尼。我坐的车后面紧跟着一辆新型的、蓝色的、没有牌照的卡车，卡车里有两个白人。卡车一度在前面挡住了我们，一辆新型的白色汽车从后面挡住了我们。我们绕过汽车，而那辆卡车又跟了我们一段路。我们将这情况报告给费城调查此事件的联邦调查局。我跟警长雷尼说了情况，但否认三人失踪的情况，我们得到雷尼和FBI警长的批准，跟着警长的车到车库查看被拘留的公车（6月21日他们乘坐的）。几个年轻的白人，应该是车库的工人，当他们认出我是谁后，笑着尖叫起来。离开车库时，我们紧跟着警长的车，蓝色卡车再次跟在我们后面，直到我们开到小镇的郊区，警长没有试图阻止它或询问其牌照。

艾丽丝·沃克出身于佃农家庭，在佐治亚州伊腾顿长大。她从小就开始阅读，到斯佩尔曼学院和萨拉·劳伦斯学院读书，很快出了诗集和小说。她的小说《紫色》赢得了美国图书奖和普利策小说奖，销量达几百万册。

在斯佩尔曼学院读书时，她积极参加学生反种族隔离的运动，遭到逮捕，但在其后几年都是和平和社会公正的有力的发言人。

下面这首诗反映了她在南方运动中的经历，提到了民权运动斗争的动力。

下面是她的诗集《一度》的第一卷。

艾丽丝·沃克：《一度》（1968）

一

尖桩篱栅围着
绿草坪
花朵儿
我的朋友笑了
她听说
南方的
监狱
死气沉沉

我抬头看见
一个强壮的人
提出
法律
保护美国人
免受
我的
伤害

早晨
有个人
穿着灰衣服
而天是
蓝色的

二

看那个
和白人在一起的
黑鬼
我那黑皮肤
但很自信的朋友
平静地转过头，好奇地
热心地问道
哪个
他问

这是第五次
逮捕
在这么多天里
我多么高兴
我可以
仍旧
露出
好奇的表情

三

跑在
亚特兰大的
街道上
我做着手势
我看见有人
转头
眼睛
直瞪着我

像她一样
漂亮的女孩

一个黑人厨师
向她的女主人
保证

但我看见
眼角被泪
打湿

四

在佐治亚州的
某天
在黑人区附近
工作的
一个朋友收到
一封信
信上说
我希望你
过得愉快
所有黑鬼
都去死

甜心，我迟疑地问
谁
写的

我妈妈
她说

那天，她坐了
很长一段时间
一个梳着辫子的
黑人小女孩
坐在她膝上

她的眼神非常
宁静

她过去常常讲述伟大的有色女性的事迹
她明亮的双眼
依旧有神
我很孤独
我妈妈死了
再没有
她的来信

五

没错
我一直爱着
亲爱的
你们
比如那个黑人
年轻人
他试着
立刻
冲过
所有障碍
想要
在亚拉巴马州海滩
游泳

六

皮特一直
认为
启蒙
南部城镇的
唯一
办法
是
首先
将他自己
介绍给
郡警长

皮特还想做的
另一件事
是被火化
但是我们
找不到他
当他需要的时候
而他只是个十七岁的
犹太人

七

我
从没有真正
喜欢过
白人
某天
事情

突然
发生
我认为
他有
一双
锐利的
眼睛

八

你看见
这里有个
黑人小女孩
孤单地
站在这里
而她的妈妈
进了那边的
商店
然后
这个小男孩
从那里过来
身边没有妈妈
他吃着
一根冰激凌
看上面
还有草莓

不管怎样

那个小女孩
很饿
却比那个小男孩

强壮

不管怎样

那小男孩
太
肥了

九

有人
对我说
如果南方
再次崛起
那一定是
从坟墓里
爬起来

还有人说
如果南方
再次崛起
他会
一脚
踩上去

迪克·格雷戈里说
如果南方
再次崛起
那就有
一个
秘密计划

但我说
如果南方
再次崛起
等到那时
我已经消失

十

但我不是
真心要骂
我女儿的
丈夫
那个女士
很可爱
当时是在一家
小旅馆里
我记得
她女儿
坐在
她旁边
拉着她的手臂
十六岁的姑娘
非常腼腆
满脸粉刺

十一

有个
蠢蛋
告诉法官
有伤风化的暴露
但是当我

走出澡盆
我看起来
很好
只是因为
我的黑肤色
并不代表
不美丽
你个杂种
我们会
让你
嫉妒

一些人就喜欢
在洗澡后
去散步

十二

亲爱的，你看
那个白皮肤金发碧眼
体态丰满的
宝贝儿说

我喜欢你
真的
我没有
嫉妒你

但是
上帝没有
给我
像那样的

双腿
因为
他想
吊我们的
胃口

但是他们的双腿
比我的
漂亮
多了

你真的在意吗
他问
想请她跳支舞

十三

我记得
看过
一个小女孩
好像梦见了
被一辆卡车
撞了
那个黑鬼
挡了我的路
男人对
表示理解的警察说

但真的是她吗
她才
八岁
她妈妈说出了

她的年龄

十四

有张照片
眼圈青肿的
黑人
小女孩
挥动着
美国国旗
用她的指尖
小心翼翼地
举着

虽然民权运动取得了胜利，但对贫困和警察暴力的憎恨依然存在。最大的证据就是1965年8月13日洛杉矶的瓦茨暴乱。

总统林登·B.约翰逊签署《投票权法案》，允许黑人登记投票。这是第二次世界大战以来最激烈的城市暴乱。起因是一个年轻的非裔美国人司机被逮捕，一个路人遭到警察棍棒袭击，还有一个年轻的黑人妇女被诬告对警察吐口水而被逮捕。五天的暴动后，34人死亡，多数是黑人。

1967年7月，瓦茨暴乱两年后，对升级的种族歧视、贫穷和警察暴力的仇恨情绪爆发，密歇根州底特律掀起了三天的城市暴动。那年夏季，纽约、克里夫兰、亚特兰大、芝加哥和新泽西都发生过城市暴动。

下面，是记者桑德拉·A.韦斯特在《底特律新闻》中对底特律事件的报道，40多名非裔美国人被杀，7000多人被捕。

桑德拉·A. 韦斯特:《暴乱!——一个黑人市民的见闻》（1967）

黑人搬到了底特律西边地区。

昨天的烧杀抢掠让他们惊慌失措、惊叫不已。

我从 1954 年开始就住在这里。

昨天，我看见了我做梦都想不到的情景。我看见我只能在报纸上读到或在电视上看到的情景:

大火从一个街区蔓延到另一个街区，粗大的黑烟，灰渣如下雨。

住在着火房屋附近的人都露出绝望的神情，担心自己的房子也会遭殃。

我们的朋友，区内区外的，一直与我们通电话，传递最新情况。传言如火势一般快速传播，很难分辨真实情况。

下午 5 时，我们关好门窗，以防止烟雾进入。

傍晚 6 时半，停电了，风扇不能用了，我们只好把门打开。

我们走到暴乱开始的地点第十二街道，看见纵火犯正在一个街区的两栋建筑前纵火。

防盗警钟坏了，完全没有回应。

一个 12 岁的男孩拿着一个钻石戒指，说是在自家草坪上捡的。

第十二街道西边的三个街区浓烟密布，完全看不清隔壁的街区。

一些家庭开始打包行李，准备在万不得已的时候离开。我们就是其中一个。

一个男人，带着妻子和两个小孩，提着一个行李箱，还用床单包裹随手抓走的物品。那个妈妈的脸上满是泪痕。

浓烟呛鼻，太阳下山，我们开始点上蜡烛，打开手电筒。邻居跟我们说，晚上他们将整晚坐在走廊上。

晚上 9 时，宵禁。街道相对比较安静，但是在那儿过夜的我们还是惊惧未消。

晚上 10 时，街道一片安静，除了偶尔有警车、吉普车和卡车载着国家护卫队经过。

市民们担心暴乱还未结束。是的，还未结束。

黑人领袖马丁·路德·金的雄辩是无与伦比的。他发表过几十次演说，领导了更多的行动，成为划时代的标志。

在《我们向何处去》的演讲中，他提出了一些对美国社会最深入的评论，指出了种族歧视的经济根源，还提出了美国资本主义改革的根本问题。

马丁·路德·金：《我们向何处去》（1967）

为了回答“我们向何处去”这一问题，我们必须首先明白我们目前的现状。当初拟定宪法时，一个不可思议的公式规定黑人在纳税和选举权方面只是一个完整人的60%。如今又一个匪夷所思的公式似乎规定黑人只能交纳一个人应交税的50%，只能享受一个人应享受的选举权利的50%。对于生活中的好事，黑人大约只享有白人所享受的一半；而生活中的不愉快，黑人却要承受白人所面对的两倍。因此，所有的黑人中，有一半人住着低标准的住房，并且黑人的收入只是白人的一半。

每当审视生活中的负面经历时，黑人总是占双倍的份额。黑人无业者是白人的两倍，黑人婴儿的死亡率是白人的两倍。从黑人所占的总人口比率上看，在越南死亡的黑人是白人的两倍。

其他领域也有同样惊人的数字。在小学，黑人比白人落后1—3年，并且他们所在的被白人隔离的学校的学生人均所得到的补贴比白人学校少得多。20个上大学的学生中，只有1个是黑人。在职的黑人中，75%的人从事低收入、单调乏味的非技术性工作。

这就是我们的现状。

我想告诉诸位的是，当我们谈论“我们向何处去”时，我们应当真诚地面对下列事实：这一运动必须解决重建整个美国社会这一问题。我们现在有4000万穷人。总有一天，我们必须提出这一问题：“美国为什么会有4000万穷人？”当你问这个问题时，你便开始质疑经济体制和更大范围的财富分配。当你问及这一问题时，你开始质疑资本主义经济。我的意思是，越问越会触及整个社会。我们有责任帮助那些在人生市场上沦为乞丐的失意的人。但我们终将会意识到一个制造乞丐的社会需要重建。这意味着必须质疑。

我的朋友们，当你这样做时，你开始质疑："谁拥有石油？"你开始质疑："谁拥有铁矿？"你开始质疑："为什么在一个三分之二被水覆盖的世界上，人们还得缴付水费？"这些都是必须要质疑的问题。

当我说质疑整个社会时，我指的是最终能懂得种族歧视、经济剥削和战争这些问题是密不可分的，它们是相互关联的三重罪恶。

请允许我讲一个简短的《圣经》故事。一天晚上，一个陪审员来见耶稣，想知道他该做些什么才能得到拯救。耶稣没有局限在孤立地建议他不要做什么事。耶稣没有说"尼科迪默斯，你现在再也不能撒谎"；他没有说"尼科迪默斯，如果你在偷窃，你必须立即改正"；他没有说"尼科迪默斯，你不能通奸"；他没有说"尼科迪默斯，如果你酗酒，你必须立即停止"。耶稣的回答迥然不同，因为他知道事情的本质。如果一个人撒谎，他就会偷窃；如果他偷窃，他就会杀人。因此，耶稣没有局限在一件事上，而是看着他说："尼科迪默斯，你必须重生。"

换言之，他说："你的整个人必须彻底改变。"一个奴役国民达244年之久的国家会把人"物化"，把他们变成东西。因此，他们以及所有的穷人会从经济上遭受剥削。一个在经济上进行剥削的国家不得不向外国投资并干些别的什么巧取豪夺的勾当，因此需要军事力量来保护其利益。所有这些问题都是密不可分的。

我今天要说的是，当我们结束这个集会时，我们必须说："美国，你必须重生！"

今天，我最后重申我们的任务，让我们带着"神圣的期待"开始抗争。

让我们期待着美国不再患有信念上的高血压和行动上的贫血症，即在种族平等问题上只唱高调而不见行动。

让我们期待着把城外富裕舒适的人与城内贫困绝望的人分隔开来的悲剧的墙被正义的攻城锤摧毁。

让我们期待着那些濒临绝望的人会被拉回到每日有保障的生活中来。

让我们期待着贫民窟将被丢进历史的垃圾堆，每个家庭都能拥有体面的有卫生设施的家。

让我们期待着遭受种族隔离的学校的黑暗的昨天会被取消种族隔离的素质教育的光明的明天所取代。

让我们期待着种族融合将不再被看作是问题，而是参与创造异彩纷呈的美的机会。

让我们期待着衡量黑人男女的标准是他们的人格才识，而不是他们的肤色。

让我们期待着所有的州都有一个做事公正、慈爱为本、追随上帝的州长。

让我们期待着在所有的市政厅里看到公正像浩渺的水域，正义像不息的溪流，滋润众生。

让我们期待着有一天狮子会与羔羊同卧一处，所有的人都会坐在自家的葡萄藤和无花果树下，不再怀有恐惧。

让我们期待着所有的人都会明白上帝用同一个血脉创造了所有的人，使之生活在地球表面上。

让我们期待着，有一天不再有人叫嚣“白人权利”！也不再有人叫嚣“黑人权利”，而所有的人都会谈论上帝的权威和人类的权利。

我必须承认，我的朋友们，前面的路不会总是平坦的，岩石遍布之处会带来挫败，蜿蜒曲折之处会令人迷惘。到处都有不可避免的障碍。有时我们会从希望之巅跌入绝望之谷。我们的梦想有时会被打破，渺茫的希望有时会破灭。我们可能会泪眼模糊地再一次站在某位勇敢的人权志士的灵柩前，悲悼嗜血成性的暴民凶残地夺去他的生命。无论多么艰难，无论多么痛苦，我们都必须以毫不畏惧的信念在未来的日子里勇往直前。

当绝望阴云密布，我们的日子变得阴郁无望时，当我们的夜晚变得比1000个深夜还黑暗时，让我们记住宇宙之间有一种创造力，能把黑暗的昨天变成光辉灿烂的明天。让我们铭记道德的苍穹虽然广阔无限，但它终将落向正义。

让我们铭记威廉·卡伦·布莱恩特的至理名言吧：“真理无论怎样被践踏，都终将再度被证明是真理。”

让我们带着《圣经》里的箴言开始抗争：“不要被欺骗，因为上帝不能被嘲弄。种瓜得瓜，种豆得豆。”这就是对未来的希望。

带着这个信仰，我们就会在不远的将来用宇宙的过去时来歌唱：“我们已经胜利，我们已经胜利。在我们心灵的深处，我坚信我们会胜利。”

第十八章
越南及越南背后：历史性对抗

密西西比州自由民主党反对越南战争的请愿书（1965）

马丁·路德·金：《越南背后》（节选）（1967）

学生非暴力协调委员会：《越南战争意见书》（1966）

鲍勃·迪伦：《战争之王》（1963）

穆罕默德·阿里公开反对越南战争（1966）

乔纳森·谢尔：《边水村庄》（1967）

拉里·柯尔伯恩：《他们在滥杀无辜》（2003）

海伍德·T.柯克兰：《流血：黑人老兵口述越南战争》（1984）

玛丽亚·埃雷拉-索贝克：关于越南战争的两首诗歌（1999）

丹尼尔·埃尔斯伯格：《秘密：越南战争和五角大楼文件回忆录》（2003）

第二次世界大战后，1954年，法国在一场旷日持久的战争后，失去了印度支那殖民地（包括老挝、柬埔寨和越南），被美国占领。法国和越南（越南劳动党创始人胡志明领导的独立战争）签订协议，结束战争。协议规定1954年进行选举，统一越南。但是美国不顾协议，建立了南越政府。

反对南越政府的运动兴起，美国派遣越来越多的军队镇压反抗运动。1964 年，越南东京湾（旧称北部湾）事件爆发，美国以此为借口，对越南发动了全面战争。

美国国内反对越南战争的活动开展缓慢，后来发展成为全国性运动。南方的黑人最先反对征兵，后来反征兵在全国范围内传播。民众很快就知道了美国在越南的残暴行为：炸毁村庄，圈禁妇女儿童，毁坏水田，杀害大量市民。

1966 年，三分之二的美国人支持战争。20 世纪 70 年代早期，三分之二的人反对战争。反抗军队、返国老兵直言反对战争、公民不合作运动、反对征兵等一系列活动形成了前所未有的国家运动，对最终阻止战争起到了至关重要的作用。

1965 年 7 月，在密西西比州麦库姆，密西西比州自由民主党的民权主义活动家印发了下面这份请愿书，这是早期反对越南战争请愿书中的一份。

密西西比州自由民主党反对越南战争的请愿书（1965）

黑人不应该为美国而战的原因有五点：

第一，密西西比州的黑人不应该为美国参加越南战争，除非密西西比州的全体黑人都获得自由。

第二，黑人男孩不应该以密西西比州征募为荣。妈妈们应该劝退她们的儿子们。

第三，美国政府和密西西比州政府乘着卡车，带着枪支和警犬，带走了我们的孩子，为保卫密西西比州、亚拉巴马州、佐治亚州和路易斯安那州而战斗牺牲，我们才能获得尊重和尊严。

第四，无人有权要求我们牺牲生命。杀死越南的有色人种，为的是让美国更加富有。如果黑人继续毫无目标地参与战争并牺牲，我们将会被全世界的有色人种视为叛徒。

第五，上周，一个新泽西的白人士兵拒绝到越南打仗，被赶出军队，他进行了饥饿罢工。黑人男孩可以效仿他。我们可以写信问问我们的孩子们，是否知道自己在为什么而战。如果他们回答“为自由而战”，那就告诉他们，密西西比州的我们也在为自由而战；如果他们回答“为民主而战”，那就跟他们道明真相，我们不明白什么是共产主义、什么是社会主义，但是我们知道在美国所谓的民主制度下，黑人连屁大的权利都没有。

一些民权运动的领导人要求马丁·路德·金不要公开评论美国在越南日益升级的侵略行为。但是，后者回答说，他不可能将经济不公、种族主义、战争和军事主义这些问题分离开。马丁·路德·金遇刺的一年前，在纽约河边教堂的一次演讲中，清楚地表达了他的反战立场。

下面，是那份历史性演讲的节选。

马丁·路德·金：《越南背后》（节选）（1967）

受良心的驱使，今晚，我来到了这个宏伟的教堂。

我加入你们的会议，因为我深深地认同这个将我们集结在一起的组织的目标和工作，神职人员和世俗人都在关心越南战争。执行委员会近期的声明道出了我的心声，我完全认同其开场白：“时机成熟了，沉默就是背叛。”

这句话的真实性毋庸置疑，但是我们的使命是最困难的。即使是出于内心的迫切要求，人们要承担反对政府政策的任务依旧艰难，尤其是在战争时期。

人们要消除循规蹈矩的思想和外界的影响，也要面临巨大的困难。此外，当手头的问题似乎跟可怕的冲突一样让人困惑，我们总是因为不确定性而陷入迷茫的边缘，但我们必须继续前进。

我们中的一些人已经开始打破夜的沉静，他们发现呼吁是一项痛苦的工作，但我们非说不可。虽然我们视野有限，但我们还是非说不可。而且，我们应该感到快乐，因为这是在我们国家的历史中，第一次有大量的宗教领袖选择在和谐的爱国主义之外，基于良知的要求和历史的阅读，给坚定的异议者道义上的优势。

也许我们心中产生了一种新的精神。如果是这样，让我们遵循其踪迹，祈祷我们的内心跟着它的指引。因为我们迫切需要一种驱散笼罩在我们周围的黑暗的新办法。

在过去的两年里，我已经打破了我以沉默方式的背叛，带着满腔怒火发表演讲。我呼吁彻底停止对越南的破坏，许多人都质疑我这样做是否理智。他们经常大声问道："金博士，你为什么要谈论战争呢？你为什么也发出异议的声音？""和平与公民权利不能混为一谈。"

当我听到他们的质问，尽管我能够了解他们关心的缘由，但我还是非常痛心，因为这些问题意味着询问者还是不了解我，不懂我的目标和决心。事实上，他们的问题表明，他们不知道他们所生活的世界是怎样的。

如果我们国家坚持要发动越南战争，我们就必须继续提高我们的声音。我们必须说到做到，寻找一切可能的创造性方法进行抗议。

我们要建议服兵役的年轻人，我们必须向他们澄清我们国家在越南战争中的角色，质问他们良心的选择。我很高兴地告诉你们，这是我的母校豪斯学院的70多名学生选择的办法，我将它推荐给认为美国在越南的战争是不光彩和不公正的所有人。

现在是做出真正选择的时刻。

我相信，如果我们站在世界革命正确的一方，我们作为一个国家就会经历一场激进的价值观革命。我们必须迅速开始从物质至上的社会转变为以人为本的社会。当电脑和其他机器、利润动机和产权被认为比人更重要，三座大山——种族主义、物质主义和军国主义就无法被征服。

真正的价值观革命很快会让我们质疑我们过去和现在的许多政策是否公平和正义。我们总是被教导在人生道路上要做心地善良的人，而这只是最初的行动。某一天，我们发现耶利哥[①]之路必须转变，这样在人生的高速公路上，男男女女才不会遭到不断的殴打和抢劫。真正的慈悲不是丢给乞丐一枚硬币，而是要改革产生乞丐的制度。

真正的价值观革命很快因鲜明的贫富差距而不满。出于义愤填膺，它会放眼海外，发现西方的几个资本家在亚洲、非洲和南美洲进行了大量投资，

① 耶利哥：第一个被以色列人攻陷的城池。以色列人在约旦河东边的摩押平原停留不久后，即以耶利哥城为进军目标。约书亚先派遣探子刺探城中情况和附近地势，城中的妓女喇合接待探子，并帮助他们逃脱。由于她的协助和合作，城破时，她与家人幸免于难。以色列人围困耶利哥时，每日默不作声地绕城一次，一连6日，第7天则绕城7次，然后祭司吹角，百姓大声呼喊，城墙倒塌，不攻自破。

只想获取利润，丝毫不关心当地国家的社会改良，它会说：“这不公平！”西方的傲慢认为自己能教导别人一切，而自身则不需要向谁学习。

真正的价值观革命会维持世界秩序，认为战争“不是解决分歧的公正方式”。用凝固汽油弹烧死人，让家里只剩孤儿和寡妇，将身体残疾和精神错乱的人从黑暗和血腥的战场送回国，这些都不是理智、正义和爱的行为。一个国家年复一年地持续将钱花在军事国防上，而不用于促进社会进步的项目，这个国家就会走向精神死亡。

美国是世界上最富有、最强大的国家，最有资格带领这场价值观的革命。除了悲剧性的死亡，没有任何一种力量可以阻止我们重新安排我们的第一要务，追求和平优先于追求战争。

早在 1966 年，学生非暴力协调委员会就公开反对越南战争，在下面的宣言中，将国内的种族主义问题与在亚洲的战争联系起来。

学生非暴力协调委员会：《越南战争意见书》（1966）

学生非暴力协调委员会有权对美国的任何外交政策提出异议，其反对美国卷入越南战争的理由如下：

我们认为，美国政府关心越南人民的自由的说法是谎言，正如政府一直谎称关心多米尼加共和国、刚果、南非、津巴布韦等国家及其美国国内的有色人种的自由。

学生非暴力协调委员会在过去五年里一直参与美国黑人争取解放和民族自治的斗争。我们的工作，特别是在南方的工作，让人们明白，美国政府从未保证受压迫公民的自由，也没有真正决定结束国内的恐怖统治和压迫。

我们本身也是美国政府官员执行暴力和监禁的受害者。我们还记得南方有许多人因为争取自己的公民权利和人权而被杀害，而杀人犯则逃脱了惩罚。亚拉巴马州塔斯基吉的萨缪尔·扬被谋杀与在越南被谋杀的人一样，因为扬和越南人一直都在寻求自己的合法权利。在某种程度上，美国政府要为他们的死负大部分的责任。

我们知道，在很大程度上，在这个国家，无论是在北方还是南方，都没有自由的选举权。我们已经看到，1965年的《投票权法案》和1966年的《民权法案》都未得到整个联邦权力的支持和关注。所以，我们怀疑美国政府保证外国自由选举的能力甚至意图。我们坚持认为，美国“维护世界自由”的口号只不过是一个虚伪的面具，在其背后肆意破坏解放运动，还一意孤行地实行冷战政策。

我们同情和支持那些在这个国家不愿参军的人（参军意味着迫使他们将生命献给以“自由”名义侵略越南的美国）。我们惊恐地回避这个社会，这个本该“自由”的社会，现在却将对自由的责任等同于个人对军事侵略的责任。我们注意到这样一个事实：这个国家16%的入伍者是黑人，为的是抑制越南的解放，维护“民主”，而这些黑人在自己的国家并未享有民主。

我们想问：美国在哪里征募为自由而战的士兵呢？

我们会鼓励那些更乐意建立这个国家的民主形式的人参军。我们认为，民权运动和其他人际关系组织才更值得招募士兵。

我们要求所有的美国人接受这个选择，因为他们都清楚，他们可能要付出生命的代价——与在越南一样痛苦。

罗伯特·齐默曼出生于明尼苏达州，后自己改名为鲍勃·迪伦。他的歌曲是20世纪60年代和越南战争期间激进主义不可或缺的一部分。

1963年迪伦创造的反战歌曲《战争之王》是流行歌曲中最有力的歌曲。迪伦还写了诸如《上帝与我们同在》《随风飘荡》等歌曲，将注意力转到国内的种族主义和不公正上。下面是他的《战争之王》。

鲍勃·迪伦：《战争之王》（1963）

来吧，你这个战争之王
你制造了武器
你制造了死亡的战斗机
你制造了大爆炸
你躲藏在高墙后面

你躲藏在办公桌后面
我只想让你知道
我能看穿你的面具

除了制造毁灭
你无所事事
你把我的世界
像你的小玩具一样玩弄着
你把枪放在我手上
你却躲藏在我的视线之外
当子弹飞来时
你转身跑得远远的

像古时的犹大
你撒谎欺骗我
你想让我相信
世界战争会赢
但我能看透你的眼睛
我能看穿你的大脑
就像我可以一眼看透
下水道里奔流的水一样

你扣上扳机
却让别人开火
然后你悠然坐着、看着
当死亡人数在不断增加时
你躲藏在你的豪宅里
就在此时，年轻人的鲜血
流出了身体
被掩埋在泥浆中

你抛出最严重的

被愤怒地大喊出来的恐惧
恐惧使我们不愿意
把孩子带到这个世界上来
因为你会威胁到
我那没出生的没名字的宝宝
你不配
血管里流着人的血

我知道多少呢
我没有资格说什么
你或许会说我太年轻
你或许会说我无知
虽然我比你年轻
但我至少知道一件事情
即使耶稣也不会
原谅你的所作所为

让我问你一个问题
你的钱真的那么好吗
它会给你买来宽恕吗
你真的认为你的钱可以做到这个吗
我想当你发现
死亡之神召唤你的时候
你得到的所有的钱
永远不会赎回你的灵魂

我希望你死去
你的死亡马上就会来临
我会跟着你的骨灰盒
在苍白的下午
我会看着它慢慢下葬
到你的坟墓

我会站在你的坟墓上

直到我确信你是真的死了

1964年，在成为重量级的世界拳击冠军后，拳王卡修斯·马塞勒斯·克莱（以一个白人废奴主义者命名）改名为穆罕默德·阿里。两年后，这位直言不讳的战斗者因反对到越南服兵役而引起了媒体的轰动。

反战的结果是，阿里的拳王称号被取消，被判五年有期徒刑。阿里不满这样的判刑，上诉至美国最高法院，直到1971年才撤销刑罚。

1966年，阿里在他的家乡肯塔基州路易斯维尔讲述了关于反对越南战争的原因。

穆罕默德·阿里公开反对越南战争（1966）

为什么他们叫我穿上军装，到离家1万英里的地方，对着越南的棕色人投放炸弹、发射子弹，而路易斯维尔的黑人被人像狗一样对待，被剥夺了基本人权？

不！我不会到离家1万英里的地方去杀害、烧死另一个可怜的种族，让白人奴隶主继续统治世界上的深肤色民族！这样的罪恶就要在今日宣告终结！

有人警告我，如果我坚持这样的立场，我的名誉就会陷入危机，会失掉上百万美元的冠军奖金。但是我回答过一次了，我现在再说一次：我的民族的敌人就在这里。我不会给我的信仰、我的民族和我本人丢脸，我不会成为奴役那些为自己的正义、自由和平等而斗争的人的工具。

如果我认为这场战争能给2200万黑人带来自由和平等，他们不用特意来征募我，我明天就入伍。但是，我要么遵守美国的法律，要么遵守阿拉的教义。我站在自己信仰的立场上，就不会失去什么。所以，我要到监狱去了。我们已经在监狱里待了400年。

乔纳森·谢尔是最早揭露越南战争真相的记者之一。他的处女作《边水村庄》起初是《纽约客》杂志的连载文章。

与当时的诸多报道不同的是，谢尔关注越南人民的声音。

乔纳森·谢尔：《边水村庄》（1967）

在富利营地的第一周，我花了几个下午，通过译员采访了边水村庄过来的村民。我问他们问题前，都会先声明自己是个记者，与美军无关。他们显然不信任我。起初，他们会表示明白地点点头，过后就向我讨要盐、油和大米，或者要求离开营地，然后我就会再跟他们解释一遍我在这些事上没有任何权利。他们还是会一直向我索要食物或权利，似乎我说自己是记者是与他们在玩审问游戏。他们拒绝相信我这个年轻人，认为我试图劝服他们、利用他们。我们在谈话时，很难听清对方说话，因为公共广播会播放吵闹、激情的音乐。

我带着翻译到一个地方，问一个牵着 3 岁儿子的年轻男人，我们可不可以跟他交谈几分钟。他弯下腰，笑着对儿子说："到妈妈那里去。"这个年轻男人从容不迫地面对我们。我在边水村庄遇见的人都是这样的，好像跟美国人说话是最寻常不过的事。我像平常一样先自我介绍，我问他到营地来感觉怎么样。译员翻译了他的回答："我知道外面在打仗了。我得离开，让政府军队和美国人保护我们。这里很安全，没有大炮。我家田里的作物被化学物质破坏了，我哥哥被炸弹炸死了。去年，炸弹炸死了很多人。"

我问他在边水村庄最快乐的是什么事。

听到这个问题，他笑了笑，回答："我会弹吉他，我喜欢在晚上唱歌，与朋友一起喝酒、吃鱼，通宵达旦。我 31 岁了，23 岁结的婚。我有三个小孩。我信仰孔子，希望他保佑我平安。以往，我 6 时起床，吃饭，洗澡，然后到田里干活儿；中午，我回来洗澡，吃饭；晚上工作完再洗澡。现在我已经四天没洗澡了。你觉得我们能很快洗澡吗？"

我对他要洗这么多次澡表示惊讶，我告诉他，多数美国人一天只洗一次澡。

"真令人难以置信！"他说，"我们一天要洗三次澡，生病的时候要洗四次。洗完澡后，就能身心舒畅，吃饭也有胃口了。我们在这里等食物，等水洗澡，已经很不耐烦了。"

我走到一个中年男人身边，他告诉我，他胃疼。他把手用力压在肚子上。“我昨晚坐船来这里，我们没有带上行李。东西都放在边水村庄了，斧子、大米、农具和家具。”他没有看我，径自说着，“现在，我们只能吃白米饭了，没有下饭的食物，连盐都没有。他们都没有带食物。唉，这里也没有足够的水洗澡。”

我问他离开村庄有什么感觉。

“谁离开村庄都会伤心。”他说。

说到这里，他的妻子转过头来，非常生气地说：“我们一无所有了！我们没有油和米！我们要向隔壁的人乞讨！”

我问她是否知道革命发展工作者在发放大米。

这会儿，她再也控制不住情绪，从口袋里取出一张绿色的粮票，在我眼前挥了挥。“他们一天前给了我这种粮票，但就是没有发放足够的大米。连毯子、衣服都没有。我儿子光着身子了。看！”她指着一个大约4岁的裸体男孩，“这里不适合孩子待。晚上会着凉，也没地方让他们玩。”突然，她转过身，试着再次生火。

她生病的丈夫还是盯着地板看。大约过了一分钟，他说：“其实，我是米虹村的，村子被炸了以后，六个月前才到边水村庄。”

我问他认为自己要在这个营地待多久。

“我不知道。我什么都干不了。我不会说英语。我怎么知道他们接下来要干什么！我听不懂他们说什么。”

在另一个地方，我刚对一个抱着婴儿的妈妈自我介绍，就被三个妈妈围住了。我问她们在营地的生活怎么样，起初只有一个人回答我。

“大家都被带离边水村庄，”她说，“我们都没带大米，只带了点行李。”

我问到她们的丈夫，她们都开始踊跃回答了。

“我丈夫在外面耕地，我不知道他现在在哪里。”

“我们不知道他们在哪儿。”

“他们被带走了。”

“我甚至不知道他是死是活。”

“我看到田里有死人，但不知道他们是谁。”

其中一个妇女接着说，其他人都沉默了：“我们想回去，但是又怕他们会破坏一切。”

我问她是不是边水村庄来的。

“我其实是摇提村的，只在收割的时候到边水村庄给我父母帮忙。我的钱和东西都落在摇提村了。我那时还在村中心，还没到我父母家。我想，我妹妹现在还在边水村庄。”

获知越南村庄通常由一群老人决定村务，我觉得跟他们谈话会很有趣，我就问这三个妇女知不知道边水村庄的老人在哪里。我一问完这话，一个妇女就露出了笑脸，说：“我们村没有老人。”她的微笑很有感染力，三个女人交换了眼色，好像有秘密似的。第一个说话的妇女说：“没有人位高权重，大家都是平等的。”她们三人齐齐地望着我，看我如何反应。

我问有没有收税官。

“没有，没有税收。”另一个女人回答道，“我们是自给自足。”

第一个说话的女人说：“没有政府，也没有政府军队。”三个人都憋着笑。

我问她们没有政府和政府军队的感觉怎么样。

听到这话，三人突然像小女生一样大笑起来，双手努力捂紧嘴巴，没有人回答这个问题。

另一个女人说道：“而这次，许多人都受伤了，死掉了，被带走了。”

1968 年 3 月 16 日，一队美国步兵进入了美莱村，尽管他们没有遇到对方火力的“迎接”，他们还是屠杀了大约 500 个越南农民，大多是妇女儿童。自由撰稿记者听说了这一事件，但主流媒体不准他报道。

最后，在 1969 年 12 月，《生活》杂志刊登了罗纳德·黑博尔拍的一张可怕的照片，美国士兵用步枪对战壕进行扫射，越南妇女抱着婴儿面露恐惧的神情蹲在战壕里。军队逮捕了威廉·卡利，许多军官都参与了这一事件，但真相被掩盖，最后只有卡利被判刑。他的无期徒刑又在尼克松总统的干预下改判为 5 年有期徒刑。他只在牢房里关了 3 年半就被放了出来。

直升机炮手拉里·柯尔伯恩和飞行员休·汤普森到过现场，阻止他们滥杀无辜。他在下面的回忆中，讲述了这一事件。

拉里·柯尔伯恩：《他们在滥杀无辜》（2003）

我们不是和平主义者。我们在执行任务，迫不得已时我们也会杀人。但我们杀人不是为了好玩。与枪为伍的人手里必须有武器，不仅使杀人合法化，在心理上还会更容易地说："如果我不这样做，对方会杀了我的。"

3月16日，7时后不久，我们来到车站。我只收到一份简报，说他们打算放下一队人干掉这个村子。在通常情况下，我们事先要飞进去找到对方位置，或吸引他们射击。晴空万里，雾气弥漫在稻田之中。我们第一次经过，看见一个人穿着制服，背着卡宾枪和包袱在树林中走。汤普森说："谁来？"我说："我来。"于是，他驾着飞机瞄准他。那人显然是越共。他有武器，逃过了我们的射击，直奔树林里去了。我未能打中他。我们又在那个地区徘徊了几次，但那人就是我们当天发现的唯一的武装越南人。

之后，我们开始在美莱村周围巡逻。我看到美国军队乘坐直升机进来了。我们又飞到他们前头查探，仍然没有遇到对方火力。当天是赶集日，我们看到很多妇女和儿童离开了屋子，他们挎着空篮子走在路上。我们凑近看，发现在南部的稻田里有几个受伤的妇女。我们给她们的身体发射烟幕弹标志，希望有医生过来给她们治疗。

然后，我们看到一个大约20岁的年轻女孩躺在草地上。我们发现她手无寸铁，胸部受伤。我们也给她做了烟幕弹标志，因为我们看到不远处有一队人过来。烟是绿色的，意味着安全，可以靠近。红色则相反。我们的飞机就在离地6英尺处徘徊。队长欧内斯特·梅迪纳走过来，踢了她一脚，后退一步，结束了她的生命。当时我们的飞机在离地不到20英尺的地方。他就在我们眼前这样做的。我们看到梅迪纳那样做，我方的人在杀人。

是我们给她们的身体做了标志，我们觉得自己间接杀了她们。我永远不会忘记一位女士藏在草地里，像婴儿一样蜷缩着。我示意她低下身，保持安静，待着别动。然后，我们飞走，到别处侦察。我们回来之后，发现她按照我说的那样，在那个地方保持着那样的姿势。但有人跑到她的身后，砸了她的脑袋。我永远不会忘记她脸上困惑的表情。

10时左右，休·汤普森发现一群妇女和孩子跑向美莱村东北方的战壕处，紧随其后的是一群美国士兵。我们飞到那里时，格伦·安德烈奥塔发现几个人的头伸出战壕。汤普森知道这些人在几秒钟内就会被杀死，所以他将飞机降落在攻过来的美国军队和战壕之间。他走过去，跟中尉斯蒂芬·布鲁克斯交谈。汤普森说："这些都是平民。我们如何让他们跑出战壕？"布鲁克斯说："我会用手榴弹把他们炸出来。"汤普森脖子上的静脉都凸出来了，我以为他们要打起来了。汤普森走回来，对安德烈奥塔和我说："我把战壕里的人叫出来，如果他们开枪杀人，你们就对他们开火。"然后，他走开，留下面面相觑的我们。汤普森走到战壕旁，示意里面的人出来，有9—10个人。

我们跟美国士兵互相干瞪眼。他们大约有一半人坐下来，吸烟和开玩笑。我记得我对一个家伙挥手，他也向我挥手，我知道我们相互间没有敌意。我们都没有用枪指着对方。

汤普森叫了丹尼·米利安斯——他的武装直升机飞行员朋友，说："丹尼，我出了点小问题，你能帮忙吗？"米利安斯说"没问题"，然后做了一些闻所未闻的事。没有人会用武装直升机救人，但他做了。他把这些人运到几英里之外，放走他们。我想，他得跑两趟。

我们飞过战壕，发现那里有100多个越南人被杀。安德烈奥塔发现情况，汤普森再次降落。安德烈奥塔径直走到战壕，他在堆积的尸体中挖出了一个小孩。格伦走过来，把孩子递给我，但沟里满是尸体和血液，他出不来。我将我的步枪递给他，将他拉上来。我们把这个小孩带到了一家孤儿院。我们分辨不出这是个小男孩还是小女孩，就是一个很可爱的小孩。我摸摸他的身体，查看有没有骨折或弹孔。他没有受伤，他没有哭，但他的眼睛毫无焦距，浑身是血。

将之与美国的某个小镇对比，我们在跟本国的人打仗。他们来到一个小镇，强奸女人，杀死婴儿，甚至杀死所有的人。我们会是什么感觉？他们不仅是在谋杀平民，简直就是在滥杀无辜。他们所做的就只差煮人和吃人了。

1968年3月24日，在《纽约时代杂志》的一篇文章中，记者索尔·斯特恩写道，"1961—1964年，军队中黑人的死亡人数占军队死亡总数的20%，尽管黑人只占赴越南美军人员的12.6%"，在美国总人口的比例中就更少了。"简单地说，数据表明，黑人在军队中比白人更有可能最先被派到越南；在越南，黑人更有可能被安排在前沿阵地；在战斗中，黑人比白人更可能被杀或受伤”。没有死在越南的黑人老兵返国后就要面临持续的种族主义和普遍的失业。

许多人一开口就批评战争，加入反战组织和民权运动。斯特恩援引从越南返国的黑人老兵的话：“我再也不愿意为美国到国外打仗了。这里才是我的战场。”海伍德 · T. 柯克兰从一个黑人的角度，叙述了越南战争及其后果。

海伍德 · T. 柯克兰：《流血：黑人老兵口述越南战争》（1984）

1966 年 11 月 22 日，我被军队征募。高中毕业后，我做过书本分销工作，在几家商店当售货员。很多纨绔子弟要手段延迟征募。我的一个兄弟把某种液体滴进眼睛，说他眼睛出了问题，他就不用参军了。

我没有尝试这些事。我知道我参军后就要去越南。我知道，是因为我 12 岁就见过这样的情景。

当我到达南卡罗来纳州的杰克逊堡训练营时，他们试图完全改变我的个性，将我的平民心态转变为军事思想。

他们立刻告诉我们，不要叫他们越南人，要叫他们亚洲佬、丁克族。

接着，他们告诉我们，到了越南，我们就要跟越共正面交锋。他们像动物一样，总之，他们不是人。他们不懂得生活。他们不配让你把他们当作人来谈论。他们告诉我们，对待那些人不能有怜悯或同情。他们就是这样给我们洗脑的，让我们成为本能的杀手。

1967 年 5 月 15 日，我作为补员到达越南二十五区的第三旅。这是个特别行动小组。

侦察部队的基本任务就是寻找“敌人”，呼叫空袭或更大的军事力量来攻打“敌人”。我们大多进行夜间活动。

我到那里后，战争的政治准则并没有实施。他们告诉我们，除非对方先开火，我们才能开火。但是，我们一旦进入村庄，就可以为所欲为，毫无章法可言。

他们派我到科罗拉多州的卡森堡服役的最后六个月，我真的不想再待在军队了，所以我装疯。

我跟人说，我不知道自己的军衔。我告诉他们，我在越南被炸死了，我没有得到勋章，我是一个列兵，我不知道这些文件放哪里了。

他们让我理发。我没有合适的帽子，而这顶帽子盖住了我的眼睛。

然后，我劝医生给我开假证明，说我的脚出了问题。我不能跑，不能站太长时间。我不能穿靴子，只能穿胡志明凉鞋。

我穿着凉鞋，戴着大帽子，遮住眼睛，看不清前方，我在走方阵时出了丑。

我挑战了他们的忍耐极限，他们准备将我赶出军队。

我21岁生日那天，他们说，他们要参加民主党全国代表大会。我们这组人要到芝加哥担任防暴工作。我告诉他们，我不会去那里，用武器对付我的兄弟姐妹。队长说："柯克兰，你必须去芝加哥！"我又跑去找医生，告诉他，我疟疾复发了。他说，他不能这么说，不过，我必须周末住院。我说："好极了。"

我装疯成功了！我退役了！

因为我是一个被授予过奖章、退役的军人，华盛顿市给了我一份工作：警察局或邮局。警察跟军队有太多的联系，而我打定主意不想跟军事扯上任何关系。

我选择了邮局。我分拣邮件，填写邮件，整理邮件，越做越快。六个月后，我辞职了，因为我感到厌倦。

现在，我变得更倾向于革命性、激进的态度。当我离开越南前，开始与我的朋友们谈论黑人的斗争，想为世界做贡献，因为越南战争并没有为黑人做什么。在我回国前，他们杀了（马丁·路德）金先生。我感觉到自己人生的意义。

在下面两首诗歌中，诗人玛丽亚·埃雷拉－索贝克描述了在越南战争中被忽视的奇卡诺人和拉美人的遭遇。

与黑人和其他有色人种一样，因为种族歧视，奇卡诺人常被派到危险的位置上。他们也是积极的反战者，指出美国政府给越南带去"民主"的骗局。

玛丽亚·埃雷拉－索贝克：关于越南战争的两首诗歌（1999）

无题

我看见他们过来
用葬礼的黑袋子包裹
他们称之为“尸体袋”
眼睛永远闭上
他们是我们的
棕色人
在不为正义的战争中
被射杀
越南战争教我们明白
不要相信
超过三十个的一伙人
他们有枪支
和权力
送我们的男友
父亲和兄弟
上战场
而他们穿着纯洁的白衣
闲逛
隔离
乡村俱乐部
一颗炸弹种在
我们脑中
一颗炸弹在
1969 年爆炸
在沃茨，在东洛

黑豹党
特种部队
在晚上喝醉
用家庭制作的
爆竹
点亮夜空
战争来临了
在我们的后院
战况加剧
美国的枪支
转头朝里
杀死了我们的年轻人
死在街上
死在战场
死在学校
悲哀的歌声
回应着爆炸的“噼啪”声
在这火焰弹的鸡尾酒中
坚持相信
我们能渡过难关

越南—— 一个低俗的词

越南是个
低俗的词
空中弥漫着
汽油弹的臭气
烧毁我们的噩梦
加利福尼亚州的棕榈树
挥动反爱国主义的叶片
不，我们不去
这不是电视的广告词

是游行的
不同调子
他们将和平
挂在前额
将爱装进袖套
将美国国旗
放在身后

1969 年，丹尼尔·埃尔斯伯格——兰德公司的策略分析员和前政府官员，开始进行国防部部长罗伯特·麦克纳马拉授权的秘密研究《美国在越南的战略决策（1945—1968）》。

出于对美国支持战争的谎言的怒不可遏，丹尼尔·埃尔斯伯格将文件秘密复印了数千份。1971 年，他将五角大楼文件泄露给了《纽约时报》《华盛顿邮报》和其他报纸。

报纸不顾政府的阻挠，刊登了部分内容。数百万人知道了政府内部对越南战争的巨大分歧。下面是埃尔斯伯格回忆录的序章，阐述了他泄露文件的动机。

丹尼尔·埃尔斯伯格：《秘密：越南战争和五角大楼文件回忆录》（2003）

1969 年 9 月的一个晚上，我带着装满绝密文件的公文包，步行通过圣莫尼亚市兰德公司的哨岗。我准备当晚复印包中的绝密文件。该绝密文件是美国对越南政策研究的一部分，文件全长 7000 页，余下的部分锁在我办公室的保险柜里。我准备将文件全部复印下来，然后将其公开。如果有必要的话，我或许会通过参议院听证会或是让媒体公开文件的全部内容。将文件公之于众，特别是通过媒体公布文件，等待我的将是漫长的铁窗生涯。

从 1964 年中期到 1975 年 5 月战争结束，整整 11 年，我跟其他美国人一样，全身心地投入越南战争。战争伊始，我认为越南战争不过是一个难题，后来意识到越南战争可能会演变成一个僵局，最后我才认识到这是一场道德和政治灾难，是一宗罪行。本书的三个部分基本上是依照我的观点的演变写作的。刚开始时，我只是思考如何解决问题；当战争演变为一个僵局后，我又试图在不损害国家利益的情况下，帮助美国从战争中解脱出来；然而，当战争构成一宗罪行后，我便决心披露这宗罪行，同时加以抵制。更为重要的是，我决心立刻结束这罪恶滔天的越南战争。

在那段时间里，我无时无刻不在寻求各种方法，以避免冲突不断升级。1973 年初期，因为我在 1969 年后期所进行的活动，受到了联邦政府的刑事诉讼，可以说，我个人以及其他人所追求的目标和为此所做的努力均以失败告终。人们对打赢这场战争所做的努力大加赞许，但是对那些为结束越南战争所做的努力却嗤之以鼻——有人视其为失败的尝试，有人认为那只会让人裹足不前，还有人认为那是一次错误的道德冒险。

后来我认识到，这场战争不仅需要被抵制，还需要被理解。30 年后，我仍然对此确信无疑。

1964 年中期开始后的三年内，作为高级公务人员，我协助执行了越南战争。一开始我就认定，越南战争注定要失败。1964—1965 年为华盛顿高层决策者工作期间，我发现他们正秘密地将我国引向一场大规模的战争中，而这场战争根本就没有胜利的希望。那时候，我还没有彻底绝望。总统和其他人虽然顾虑重重，可最终战争还是爆发了。从 1965 年春天到 1966 年春天，整整一年的时间里，我一直希望越南战争可以取得一定的成功，并且也为争取越南战争的胜利付出了自己的努力。

全面开战后，我于 1965 年中期，作为国务院工作人员自愿在越南服役。我的工作是评估“绥靖政策”在农村地区的施行程度。我一直希望越南战争尽快结束，我们出兵印度半岛，来达到美国总统的目的，这样做是否有充足的理由——是否比当年法国的理由更充分？此类问题我以前从未想过。在越南工作的两年中，我接触到一些越南人，目睹了他们的疾苦。他们和我身边的美国大兵一样，都是血肉之躯；他们和我的双手一样弥足珍贵。凡此种种，都使我无法忍受眼前这场前途黯淡的战争。

因为肝炎，我离开了越南战场，回到美国。1967 年中期，我开始竭尽所能、想方设法地帮助我的祖国脱离越南战争。在随后的两年里，作为五角大楼的内幕人员，我向高层官员简要地介绍情况，向总统候选人提出建议。后来，在 1969 年初期，我又帮助国家安全助理亨利·基辛格认识到战争中存在的不确定因素，向他提供了一种可供选择的方案，希望可以帮助美国摆脱越南战争。到后半年，我觉得有必要扩大自己的行动范围。这种想法呼之欲出，于是我随即终结了自己作为政府幕僚的生涯。

其中的一个行动足以让我失去终身自由。1969—1970 年，在我的朋友——前兰德公司同事托尼·拉索的帮助下，我秘密复印了 47 册五角大楼文件。这些文件是美国发动越南战争的决策研究报告，属于绝密文件。我将复印文件妥善保存，随后转交给当时的参议院外交关系委员会主席、参议员威廉姆·富布赖特。1971 年，我把复印后的文件转发给《纽约时报》《华盛顿邮报》。当时，我遇到了史无前例的 7 项政府指控，可是我没有退缩，随即又将这些复印件转发给其他 7 家报社。所有这些报社，均置政府权威于不顾，将文件公之于众。

尽管我个人遇到了风险，可是我无怨无悔。很快，联邦法院对我提起诉讼。在第二次起诉中，拉索也遇到了同样的指控。最后，我受到 12 项联邦重罪指控。我认为，日后还会有进一步的审讯，我可能会在监狱中服刑 115 年。但是，我的做法完全是正确的。披露 6 位总统曾经保守的秘密，戳穿他们讲述的谎言，对美国的民主制度将会大有裨益。为了我们的民主制度，我甘愿冒此风险。

实话实说，也激起了一系列事件。白宫曾试图采取非法手段，让我保持缄默，或是让我永远不能说话。然而，正是因为白宫的一系列非法手段，法院撤销了对我和同伴的指控。更重要的是，总统办公室犯下的种种罪行，迫使总统下台。该事件和越南战争的结束一样意义深远。

第十九章
妇女和其他反抗的声音

艾伦·金斯伯格：《美国》（1956）

旺姆苏塔（弗兰克·B.）詹姆士：《新移民抵达普利茅斯参加350周年纪念活动时被禁止的讲演》（1970）

艾比·林肯：《谁会敬重女黑人》（1996）

苏珊·布朗米勒：《堕胎是女人的权利》（1999）

阿萨塔·沙库尔（乔安娜·切希马尔德）：《女犯人：我们的状况》（1978）

凯瑟琳·尼尔·克里弗：《妇女、权力和革命》（1998）

20世纪60年代发起了反对种族隔离、反对越南战争的运动。这些运动促使人们思考，自己应当过怎样的生活。人们的主张各不相同。妇女运动开展起来。对于历史上和现今遭遇的不公，住在加利福尼亚州阿尔卡特拉斯岛和南达科他州伤膝屠杀地的美国原住民也愤愤不平。

美国经历了一场普遍的文化革命，反对专制、虚伪的生活方式，而此前人们对此不假思索。这场暴动触及个人生活的各个方面：出生、童年、爱情、性、婚姻、服装、音乐、美术、运动、语言、食物、住宅、宗教、文学、教育、死亡……所谓的“60年代”虽然已经过去，但是文化上的革命继续着。

艾伦·金斯伯格是我们这个时代“最伟大”的反叛诗人。

20世纪50年代，在旧金山，他朗读了自己的诗《嚎叫》，这位垮掉派诗人从此举国皆知。这首诗由他的诗人朋友、城市之光书店的发起人劳伦斯·弗林格蒂出版。金斯伯格与杰克·凯鲁亚克、格雷戈里·科索、威廉·巴勒斯等人有过交往。有一次，美国海关扣押了520本《嚎叫》，称之“猥亵、下流”。

金斯伯格作为20世纪60年代反文化运动的一位重要人物，深入参与了反越南战争运动。《美国》这首长诗是在《嚎叫》完成后几个月写成的，发出了他对美国法规的批判声音，表示他拒绝任何形式的正统教育，支持60年代与70年代的反文化及其他多种解放运动。

艾伦·金斯伯格：《美国》（1956）

美国，我已经给了你一切，可现在我一无所有
美国，今天是1956年1月17日，2元2角7分
我无法再忍耐下去
美国，什么时候我们才能结束这人类间的战争
用你自己的原子弹去操你自己吧
我不舒服，别来惹我
我不愿写诗，除非我有好心情
美国，你什么时候能像天使一样可爱
你什么时候才能脱去你的衣裳
你什么时候能从坟墓那里打量你自己
你什么时候才不辜负你那难以计数的社会主义者
美国，为什么你的图书馆眼泪汪汪
美国，你什么时候才能把鸡蛋送往印度
我厌恶你那疯狂的一厢情愿
什么时候我才能到超级市场买我的必需品，并神情愉悦

归根结底，美国，只有你和我现在才是完美的，不用期望于来生
你的机器实在太多，我无法接受
你使我想当一个圣人
总该有些什么别的方法来解决这场争论
巴勒斯在坦泽尔，我想他不会回来，真是富有心计
你是否也别有用心，或者只不过在耍弄某种可笑的把戏
让我回归正题
我拒绝放弃我的念头
美国，别咄咄逼人，我知道自己该干什么
美国，那丛梅花正在凋零
几个月来我不读报纸，每天总有人因杀人受到审判
美国，我对世界工人组织成员深表同情
美国，当我年少时就曾是共产主义者，却从不后悔
我吸大麻，只要一有机会
我成天在屋里静坐，凝视着壁橱中的玫瑰
当我去唐人街时，我总会喝得烂醉，但从不倒在地上
我相信就会有麻烦缠身
你一定看到我在阅读马克思
我的心理医生相信我压根儿没有任何毛病
我可不愿向上帝祈祷
我有着神秘的幻觉，感受到宇宙般无尽的振奋
美国，你还没有告诉我，马格斯叔叔从俄国回来后，你怎样对待他
我在跟你说话
你难道是想让《时代》控制你的情感隐私
《时代》真让我着迷
我每周都在读它
它的封面总是瞪着我，当我每次悄悄走过街角的糖果铺
我读它时是在伯克莱公共图书馆的地下室
它总告诉我什么是责任感：商人们认真精明
电影商非常务实，人人都是正儿八经，除了我
我忽然感到我就是美国
我又对自己喃喃自语了

亚洲正在起来反对我

我没有从任何中国人那儿得到过任何好处

我最好从长计议自己国家的资源

我的国家的资源包括两卷大麻、几百万的男根、未出版的文学作品用喷气机运送、每小时跑1400英里，还有25000个神经病院

我还没有提我的监狱和几百万受苦受难的人

他们活在我的花盆里，在500个太阳的照耀下

我废除了法国的妓院，下一个该是坦泽尔

我的志愿是当总统，虽然我是天主教徒

美国，你是如此傻里傻气，我怎能为你写一曲神圣祷歌

我仍将写下去，像亨利·福特，我的诗行如同他的汽车，都属于个人，尽管它们的性别不同

美国，我把诗节卖给你，一节2500元，比你以前买的便宜500元

美国，释放劳工领袖汤姆·莫尼

美国，解救西班牙忠于共和政府的人士

美国，萨柯和范泽绝对不能死去

美国，我就是被囚禁在斯葛斯博罗镇那些孩子中的一个

美国，当我7岁时，妈妈带我去参加共产党支部会，他们卖给我们毛豆，一张票一大把，一张票5美分。人人可以畅所欲言，人人都像天使一样可爱，人人对工人怀着深情。一切如此真诚，让你觉得没有什么会比这个党更好！1935年，斯科特·尼尔是一个了不起的好老头，一个真正的负责明理的人；布鲁尔妈妈让我落泪；我曾看到共产党人演讲家伊萨里尔·阿姆特平易近人。大概那儿每个人都是一个间谍

美国，你不是真的想打仗

美国，这都怪那些可恶的俄国佬

是他们俄国人还是他们中国人？是他们俄国人

俄国要把我们活生生一口吞下去，俄国当权者疯了，俄国人要将我们的汽车从车库里全抢走

它要抢走芝加哥，它需要一个红色的《读者文摘》，它要把我

们的汽车制造厂迁往西伯利亚，用它庞大的官僚机器来统治我们的加油站

那可不妙啊！唉，俄国要强迫印第安人学会识字，它需要身强力壮的黑鬼

啊哈，它要强迫我们人人每天工作16小时。呜呼，救命啊

美国，这一切可不是说着玩的

美国，这就是我看电视时所得到的印象

美国，你说说这些都是真的吗

看来我最好还是去干好自己的活儿

我真的不愿去参军，也不想在精密零件工厂开车床。我是近视眼，而且心理有病，怎么也能逃得脱

美国，恕我奇谈怪论，我对你可算是尽力而为了

新教徒抵达普利茅斯参加350周年纪念活动时，马萨诸塞州的官员策划了一场庆祝活动，打算邀请旺姆苏塔（弗兰克·B.）詹姆士发表演讲。

詹姆士是万帕诺亚格印第安人，官员最终没有允许他发表演说。审查讲演稿的官员害怕他说出在万帕诺亚格人的土地上殖民的真相。詹姆士和很多原住民活动家来到普利茅斯岩，宣布此日为“美国原住民全国哀悼日”，开始一年一度的感恩节抗议，抗议美国对这块土地上原住民的屠杀。

下面是1970年9月10日詹姆士准备在马萨诸塞州普利茅斯发表的演讲。

旺姆苏塔（弗兰克·B.）詹姆士：《新移民抵达普利茅斯参加350周年纪念活动时被禁止的讲演》（1970）

我作为一个人，一个万帕诺亚格人，自豪地说：“我是一个骄傲的人，为我的祖先骄傲，为我在父母严格教导下所取得的成绩而骄傲。”（“你必须要成功，在这个小小的鲟鱼角的人群里，你的肤色跟别人不一样！”）我是贫穷和歧视这两个社会与经济疾病的产物。我、我的兄弟和姐妹痛苦地克服了这些，并在某种程度上赢得了人们的尊敬。

我们首先是印第安人，然而，我们又称得上是“好公民”。有时，我们很骄傲，但只是因为社会逼得我们采取这种姿态。

我百感交集地站在这里，讲我的感受。这对于你们来说是庆祝，庆祝白人来到美国的开端。这是一个回顾过去、反思的时刻。而我回顾过去发生在我的人民身上的一切时，心情沉重。

早在新教徒抵达之前，就有捕捉印第安人的事情发生，把他们运往欧洲，当作奴隶贩卖，220 先令一个。新教徒到达鲟鱼角的海滩还不到 4 天，就开始掘我先人的坟墓，偷当地人的玉米和豆子。莫特描写了 16 个男子的寻宝队。莫特接着说，这个队大肆抢掠印第安人为冬天储备的粮食，直到他们带不动为止。

马萨索伊特——伟大的万帕诺亚格人领袖，他知道这些事，可是他和他的族人仍然接纳普利茅斯种植园的定居者，把他们当成朋友。他这样做也许是因为他的部落受到流行病的重创，或是他知道严冬即将到来，形势严峻，所以才对这些行为视而不见。马萨索伊特的错误做法也许是我们导致的。我们，万帕诺亚格人，张开双臂，迎接你们这些白人，并不知道这是毁灭的开始。只经过短短的 50 年，万帕诺亚格族就失去了自由。

在那短短的 50 年间发生了什么？在 300 年前发生了什么？历史的事实告诉我们，是痛苦，是背信弃义——而这些事件大多是以土地拥有权为核心的。在我们自己人之间，我们知道疆界是怎么回事儿，但是从来也没有使用过围栏和石墙，而白人则需要用拥有土地来证明自己的价值。新教徒刚刚定居 10 年，就开始对万帕诺亚格人缺乏善意，想让他们所谓的“野蛮人”的灵魂皈依他们的信仰。新教徒对他们自己人也很严酷，印第安人更是被当作女巫对待，被夹以石板吊起来，草草处死。

年复一年，印第安人的土地被掠夺，象征性地设立了所谓的“保留地”，他们只能在那里生存。这样的记录数不胜数。印第安人的权利被剥夺，只能站到一边，眼睁睁地看着白人掠走土地，为自己谋利益。这是印第安人不能理解的。因为对印第安人来说，土地的存在是为了耕种、打猎和享受，而不应当被滥用。我们看到这样的事屡屡发生。白人总是想驯服“野蛮人”，让他们皈依基督教的生活方式。早期的新教定居者让印第安人相信，他们如果不检点，挖地时就会再次引出瘟疫。

白人使用印第安人的航海技能。白人只不过让他们当水手，从来也不会让他们当船长。一次又一次，在白人的社会里，我们印第安人被称为“图腾柱底层的人”。

万帕诺亚格人真的消失了吗？没有他们的地方，有一种神秘的气氛。我们知道，一场瘟疫夺走了很多印第安人的性命——有些万帕诺亚格人向西迁移，加入了切罗基和闪族。他们被迫迁移。有些人甚至去了加拿大！为了活下去，很多万帕诺亚格人放弃了他们的印第安传统，接受了白人的生活方式。由于社会或经济方面的原因，有些万帕诺亚格人不愿意别人知道自己是印第安人。

那些选择了留下，与早期定居者生活在一起的万帕诺亚格人怎么样了呢？他们作为“文明人”的生活又过得如何呢？的确，那时的生活不像现在这样复杂。可是，他们仍然感到困惑，要适应变化。诚实、信任、关怀、骄傲、谨慎贯穿在他们的日常生活中。可是，他们被说成是“狡猾、奸诈、贪婪和卑鄙的牲畜”。

正是为了让我们相信印第安人是野蛮、无知、没有教养的牲畜，有组织和纪律的人们写了这样的历史，他们将我们说成没有组织和纪律的一群人。两种迥然不同的文化相遇了：一种文化觉得自己一定要驾驭生活；另一种则觉得生命是用来享受的，因为生活是大自然给予的。印第安人现在和过去跟白人一样，都是人。印第安人感到疼痛，受到伤害，变得好斗。印第安人有梦想，承受悲伤和失败，忍受孤独，既需要笑，也需要哭。他们时常被误解。

在印第安人看来，白人有一种可怕的能力：总是让印第安人感到恐惧，深深的恐惧。这让印第安人始终觉得他们很神秘。这也许是白人给印第安人留下的印象吧：他们说印第安人“野蛮”是自食其言，而他们的野蛮并不奇怪。

我们伟大的酋长马萨索伊特的塑像高高地矗立在山上，俯瞰著名的普利茅斯岩。马萨索伊特多年来站在这里，沉默不语。我们，伟大酋长的后代，是一个沉默的民族。在白人的物质世界里谋生使我们变得沉默。今天，我和我的族人决心面对现实：我们是印第安人！

随着时间的流逝，我们的文化、语言几乎消亡，但是我们万帕诺亚格人仍然在马萨诸塞的大地上行走。我们也许支离破碎，我们也许备感困惑。很多年以来，我们大家已经不在一起了。我们的土地被侵犯。当你们白人抢走我们的土地时，我们就像你们一样奋战，保卫它。我们被征服了。我们一次又一次成了美国的战俘、美国政府的收容者，直到最近为止。

印第安人的精神拒绝死亡。昨天，我们走在林中小路和沙地上。今天，我们必须走在柏油公路和大街上。我们正在联合起来，我们不仅仅是站在我们的长屋里，也站在你们的水泥帐篷中。我们骄傲地站立，要用不太长的时间改正我们默认的你们对我们犯下的错误。

我们失去了自己的家园，我们的土地落入侵略者之手，我们被白人吓跑了。发生的事已无法改变，可是今天，我们必须使美国变成一个比较人道的美国，一个有着印第安元素的美国。这里的人和自然再次显现其重要性，这里奉行荣誉、真理和兄弟情谊的印第安的价值观。

你们白人在庆祝一个周年纪念，我们万帕诺亚格人将帮助你们庆祝一种开端，这是新教徒新生的开端。350 年后的今天，是美国原住民、美国印第安人下定决心的开始。

这个广阔的国土上有一些事使万帕诺亚格和其他印第安人担心。我们在白人中生活已经有 350 年的经验了，我们现在能够说他们的语言，能够像白人那样思考，我们现在能与他们竞争顶级的工作。我们的声音被人听到了，我们正在被倾听。重要的是，在日常生活中，我们的精神仍然存在，我们仍然有独特的文化，我们仍然有这样的意志。最重要的是，我们仍然有印第安人的决心。

我们决心已定，我们今晚来到这里就是活生生的见证：美国印第安人，尤其是万帕诺亚格人，要重新得到我们在这个国家里应得到的地位，这仅仅是开始。

在下面的文章中，美国伟大的爵士乐歌手艾比·林肯强烈地反对对黑人妇女的侮辱，向女权主义者和其他人讲述了非裔美国人的斗争。

艾比·林肯：《谁会敬重女黑人》（1996）

马克·吐温说，如果一个国家奴役一个种族，它要做的头一件事就是让大家觉得这个被奴役的种族是下等人；第二件事则是让全国都相信，这类人是劣等的。然后，它做的最冷酷的一件事，就是让这类人相信他们自己是低劣的。

美国做了很多事，让被奴役的人相信他们是劣等的。整个白人群体用千千万万种方式确切地告诉我们，在创造我们和我们的附属时，“上帝”和“自然”犯了错误。

奇怪的是，我听到太多的成年黑人男子异口同声地说，黑人女子使黑人男子失败，因为她们“邪恶”“难以相处”“霸道”“多疑”“心眼窄”。总之，她们黑、丑、恶毒。

年岁渐长，我知道了，对我母亲、姐妹以及女黑人这种共同的描述被黑人男性当作逃避现实的借口，他们要像鸵鸟那样，把头深深地扎进沙土，努力忘却残酷的现实。于是乎，黑人母亲、家庭妇女、所有可爱的女孩，都要受到凡是一个女人都要承受的身体和感情上的羞辱，而且还要继续承担自己的责任。

黑人女子比一般的女人挨打的次数更多，并且是被自己的男人殴打。她成了查理先生的替罪羊，她不得不被迫讲求实际，暗淡的现实，做梦被人发现就会受到斥责。因为要合乎情理，所以她对自己和家人的期望被压抑，她的身体形象被罪恶地污蔑、攻击、否认。她一开始就被说成“难看”的，从来没有美丽过……

被强暴，被剥夺了喊痛的权利，她被称为“随便”“放荡”“容易激动”“撩人”“毫无道德”。她被当作白人的外室，她自己的没有血性的男人鼓励她继续“拥有”这个身份。她自己也渴望遇上白马王子，被带走。她必须诚心诚意地相信，她的王冠是那些毁坏和强暴她的人夺走的……她一步一步地被贬低、羞辱、激怒。

我们最多只能感受到自己是白人女子的垫脚石。

刻毒？你可能会说这是刻毒。黑人女性受到伤害，感到迷惑、挫败、愤怒、怨恨、恐惧，并且刻毒！很多黑人妇女变得极其刻毒、愤怒，乃至要采取一些行动，让她们的男人们清醒起来。有一种不能改变的事实，太多的黑人男子不能面对，那就是我们这些“黑、刻毒、难看”的女人是你们“黑、刻毒、难看”的男人的完整、精确的镜像。你们可以继续玩捉迷藏的游戏，也可以像鸵鸟一样，依然把头深深地扎入沙土，但是你们对我们的所有排斥和冷漠都证明了，你们受到的蒙蔽和洗脑是多么彻底。说得更清楚一些，我们说你们的时候，最终说的是我们。你们是我们，反之亦然。

黑人女子被绑架、拐到这片大陆上当奴隶。我们这些女人曾经并且仍然在被强奸，我们的孩子从我们的怀里被夺走，被风吹散，被处以私刑，被阉割，被剥夺自我，被抢劫，被欺骗。黑人女性的身体强壮结实，一直在安妮小姐的厨房和查理先生的卧室里当廉价的劳力，我们黑人妇女的奶水曾经并且仍然哺育着种族主义者和邪恶的奴隶主的后代。

在美国，我们这些女人居住在地狱一般的贫民窟里；我们这些女人的身体被白人的医院用作外科实验；我们这些女人在电影、电视、百老汇的舞台上是隐形的；我们这些女人被白种男人贪求、嘲笑、勾引、训斥、怒骂、随便带走、尾随，在我们可怜的、穷困的、低贱的住处自生自灭。

我们这些女人不得不烫头发，漂白皮肤。我们“体形过大”，声音太响，臀部太大太宽，脚太大太平，脸太黑太油亮。我们经受的苦难和折磨都难以令人置信。

我们总是代所有的人受过。

我们这些女人的丈夫、父亲、兄弟、儿子的成果被白人剽窃、抄袭、拒绝，他们的劳动所得被白人据为己有，我们眼看着他们最终失去力量，被监禁、处以私刑，被剥夺权利，愤怒而自取灭亡。没有人在意我们这些女人，社会让我们觉得自己无能、愚蠢而落后，是世界上能找到的最大的一群劣等人。

那又是谁在颠倒黑白，宣扬“这个国家只有白人男子和黑人女子才有自由”？假如这就是自由，那么天堂等于地狱，对就是错，冷就是热。

谁会敬重女黑人？谁会让无辜的女黑人有安全的住所？黑人女子被激怒、被污辱。黑人女子渴求尊严、补偿和救赎。谁会给她们尊严？谁会保持她们的高贵、纯洁？谁会赞美、称颂她们美丽的形象？遭到强暴时，她向谁呼救？

在最高法院裁定罗伊案（1973年1月22日）之前，堕胎在美国是违法的。即使不想要孩子，妇女也要怀孕期满，不然，她们就在危险和简陋的条件下非法堕胎，为此而冒很大的风险。

很多妇女因为仓促堕胎而丧命。争取堕胎的权利成为女权运动的核心部分。在罗伊案之前的年代，有些女性建立了自己的网络，支持想要堕胎的人，提供医疗上的帮助。一个最为重要的努力结果就是芝加哥的“妇女解放堕胎咨询处”，人们普遍称之为“珍妮”。

女权主义者、记者、活动家苏珊·布朗米勒著有《违背我们的意愿：男人、女人和强奸》。她回忆了自己在罗伊案之前的年代里堕胎的经历，描述了妇女运动如何成功地推翻了联邦政府对妇女自由选择权的禁止。

下面的文章选自该书。

苏珊·布朗米勒：《堕胎是女人的权利》（1999）

妇女解放运动发现的第一个统一的问题就是堕胎。而堕胎成为女权运动中第一个席卷全美国的运动。1969—1972年，一个富有想象力的运动——猛烈、粗犷、分散，却又被各种主张和热情联结在一起。这个运动成功地改变了公众对堕胎的认识，使这一概念从法律定义的"罪行"变成了"妇女的宪法权利"。它的顶点是罗伊案——1973年美国最高法院里程碑式的裁定。

正是在1969这一年，育龄女性将几位激进分子和温和改革者提出的一个无人问津的问题变成了争取生育自由的公众运动。这些妇女被称为"避孕药的一代"。实际上，在20世纪60年代早期，很多妇女没有太多的避孕知识，对其技术也知之甚少。她们发现了被迫怀孕的艰辛仍然是女性的一个问题。

不像上一辈人那样被孤立起来，自己默默地寻找解决问题的办法，她们在堕胎辩论中坦率地发出自己的声音。她们会说出自己的故事，先是一对一的，之后公之于众。她们会借助激进左派的斗争技巧，她们产生于那个阵营。她们会违犯法律，之后会引起争执，改变那些法律，设计出天才的策略，通过法庭为堕胎而战。

在新的运动爆发之前，堕胎在每一个州都是违法的，除非医生给出诊断，说明怀孕会危及孕妇的生命。对健康受到威胁的妇女，三个州慷慨地扩展了范围，大概说明，如果有两位心理医生的诊断证明其存在健康问题，而健康的范围也包括精神健康。但是，每年只有不到1万人在医院进行流产手术。对于大众来说，堕胎是耸人听闻的小报上可怕的头条消息：年轻女子的尸体在汽车旅馆的房间里被发现，她因为仓促做手术失血致死。警察突袭一所堕胎诊所，堕胎术施行者和不幸的患者一起被捕。也有令人兴奋的例外，像罗伯特·斯宾赛，他在宾夕法尼亚开的诊所一尘不染，收费低于100美元。不过，在非法行业里，腐败盛行，非法经营者被突袭、拘捕，患者被迫成为线人。地下交易的并不只是金钱，有些施行者还要求与患者进行性交易。

100 万名妇女要经历这种“未知数”，只依靠地下的传播和误导，通过非法途径中止怀孕。那些足够幸运的能得到一个可靠的施行者的地址，有足够的钱，收拾起小小的行装，前往圣胡安、哈瓦那，或者东京，或者也许就在本城的另一端。较为不幸的则冒着感染和子宫穿孔的危险，让陋巷中业余的施行者用导管、缝衣针或者一个展开的金属衣架在她们的身体里捅来捅去。她们还会被碱液和来苏水伤害，这是家庭手术的最后招数。1967 年，据《生活》杂志估计，每年死于堕胎的妇女有 5000 人之多。

作家珍妮·奥瑞丽的故事揭穿了富有的女子总能找对人这个简单的谎言。1957 年夏天，这位来自圣路易斯的天主教女子即将在雷德克利夫学院上大学四年级。这时，她发现自己怀孕了。斯宾赛医生的医院这时正在休业，古巴听起来有些陌生、怕人，而她信任的家族医生坚持要她对父母坦白。最后一位同学给了她一个纽约的地址，并借给她 600 美元。奥瑞丽回忆说，有个留小胡子的男人让她躺在一张饭桌上，用一根毛衣针对她捅来捅去，还给了她一些药片。

一个月之后，她淋浴时晕倒。珍妮·奥瑞丽还是从宿舍搬了出来，笑着说，身体越来越胖，穿雨衣去参加期末考试。考试之后的第二天，她就在救世军医院里生下一个女孩，并且签字同意放弃女儿。事情过去 34 年了，每年的 5 月 10 日——女儿的生日，奥瑞丽就陷入绝望的哭泣中。1991 年，这种痛苦减轻了，女儿通过寻亲，终于找到了她。

我们这一代的女子仍然需要做证，我们仍然带着创伤。我第一次堕胎是在 1960 年，我去了奥瑞丽害怕的古巴。我只记得，中午午睡的时候，我在哈瓦那，使劲敲打陌生的街门。只过了几个小时，我转动脚趾，整个人又活了过来。我坐上一架小飞机到了基维斯特，然后一路搭车回到纽约。一路上我都在流血。流血？我一直在流血，也许我弄得汽车和旅馆的床单上都是血。

阿萨塔·沙库尔（乔安娜·切希马尔德）作为黑豹党和黑人解放军的成员，是 FBI（联邦调查局）所谓“反间谍计划”中打击的对象。1973 年 5 月 2 日，新泽西的州警察拦住她和其他二人，两度开枪。在对峙中，一个州警察和她的一位同伴死亡，她被控谋杀此二人。

沙库尔于1977年被判33年监禁，但她在1979年越狱。自1980年起，她就在古巴生活。沙库尔撰有自传《阿萨塔》，书中描述了莱克尔岛女子教养院的情形。在那里，很多犯人“来时，理想像破房子一样被丢弃”。

书中第一人称“我”用“i”表示，其他一些故意拼写错误的都是沙库尔原本的文字。该书由黑人学者出版社出版。

阿萨塔·沙库尔（乔安娜·切希马尔德）：《女犯人：我们的状况》（1978）

我们坐在大房间里，都是黑人，都很不安，冷得要命。我们问看守，看守告诉我们，暖气正在调试。我们大家坐在那儿喝苦的糖浆茶。那个高个儿的四十来岁的女人，肩膀有些塌，一边咬着三明治，一边按自己的节拍一前一后地点头。有人问她为什么进来，她说：“他们说我杀了什么黑人，可是我一直在南加州，这怎么可能呢？”人们面面相觑，交换眼神。有个矮胖的年轻的女犯穿着男式的裤子和皮鞋，问高个儿的女人：“你一直在南加州吗？”高个儿说：“是啊，南加州，我就在那儿。你不知道吗？你屁都不知道，是不是？不是我，不是我干的。”她不断地重复，扫掉三明治的渣子，再也不说什么了，又开始一前一后地点头，回到自己的世界里。她的音乐只有她自己能听见。

露西尔走到我面前，问：“C级重罪的刑期是多长时间？”我知道，但是不能说。我告诉她，我会查一下，给她看刑期表。我知道，她刚被定了二级谋杀罪。我还知道，她可能被判15年。凭她告诉我的我就知道。只是后来区检察官请求辩诉交易：用承认有罪换取较轻的判决——5年缓刑。

她的律师觉得她有一个有利的条件：医疗记录显示，她的身体被死者殴打，多次受伤，由于多次挨打，在被捕的前夜，她的胳膊被砍断，现在她还要用金属圈来固定。除了其他的严重伤害，她的一只耳朵被部分撕裂。她站在被告席上为自己辩护时，她的律师认为她的证言可以引出这一事实：死者不仅反复殴打她，并且在她被捕的前一晚扬言要杀死她，痛打她，用刀刺伤她。可是在纽约不允许自我辩护。

区法官就她喝酒的事小题大做，陪审团受到《法律与秩序》电视剧中种族歧视宣传的影响，对露西尔的良好公民表现无动于衷，判她有罪。是我告诉她，会有15年徒刑。而我们都在心里纳闷：谁来管那四个十来岁的孩子？这些孩子几乎全靠她一人抚养。

斯派基的刑期较短。很明显，在释放的前一天，她不想回家。她因打斗而进了隔离室。坐在她的囚室前面，我对她说，我觉得她打架是最后一搏，让狱方改变初衷，收回让她出去过“好生活”的决定，只能这么办。她年近50岁，手肿着，很大。她的腿上有大大的裸露的疮，嘴里只剩下十来颗牙齿，全身灰白，净是伤疤。她吸毒20年，静脉都塌陷了。她患有囊性纤维病、癫痫和浮肿。约有8年的时间，她没有见过自己的三个孩子。她羞于联系家人，因为她虐待自己的母亲的次数太多了。

我们聊天时，正临近圣诞节。她告诉我，她的运气不好。她告诉我，她已经在监狱里过了四个圣诞节，回家会有多么高兴。但是我知道，她无处可去，她世上唯一的朋友在监狱里。她告诉我，她离开的唯一遗憾只是不能参加圣诞合唱了。我跟她说话时，我在想，她会不会再回来？我跟她道别，祝她好运。6天后，有人传话，说她又回来了，刚好赶上圣诞演出。

我们到监狱诊所看病。在米黄和橙色的屋子里，我们坐在木头长凳上等着医生。旁边有两个年轻女子，看起来饱经生活的蹂躏，穿着单色的衣服、尖头鞋（穿这种鞋意味着买不起监狱商店里的球鞋）。这两个人在谈她们在街上有多么风光。我偷听她们的谈话，发现这两位都有“老头子”，对她们爱得不得了。我听说她们的男人穿得帅，有很多好行头。她们也是，一个有40双鞋，另一个有100条裙子。一个有两件磨砂皮外套、五件皮外套，另一个有七件磨砂皮外套、三件皮外套。一个有三件水貂外套，还有一件银狐、一件豹皮，另一个有两件水貂外套、一件拖地狐皮大氅，还有件鼠皮的。一个有四只钻石戒指，另一个有五只。一个住的是二层楼，有地下浴池，客厅也在地下，里边有小瀑布，另一个说她住的是一座楼，带旋转客厅。叫我的名字了，我感到如释重负。我坐在那儿一直感到非常难过。

在（纽约州）莱克尔岛女子教养院没有罪犯，只有牺牲品。多数女子（95%）是黑人和波多黎各人。很多是受到虐待的儿童，多数被男人虐待过。而她们全都曾经被制度虐待过。

这里没有强盗、英雄，没有杀人狂，没有黑帮老大，没有大毒贩，没有绑架者，也没有水门事件的阴谋者。这里其实没有欺诈或贪污之类的白领犯罪。大多数女子的案子都与毒品有染。很多人受到的指控只是男人为主的案件的从犯。这里主要的罪行是卖淫、偷商店、贩卖毒品。刑期短的大部分是卖淫的。女人们把偷盗和骗钱看成自己或孩子生存的必要手段，因为工作不好找，福利根本不够维持生活。有一件事情很清楚，莱克尔岛女子教养院的女人根本没有威胁美国的资本主义。

初来莱克尔岛的人会得到这样一个印象：建筑师把这座监狱建得像青少年中心。在访客经过的地方有很多玻璃窗、植物和花。囚禁区有两条长长的走廊，两旁是牢房。中间是看守室，那儿有守卫，看守室被叫作“泡泡”。每条走廊上都有一个活动室，有电视，有床，有颜色鲜艳的椅子，有不生火的炉子，还有一个冰箱。有个工作间，里边有水池，有一台洗衣机和一台烘干机，但都不能用。

牢房没有用栅栏围着，门漆成了亮色，门上有块小玻璃，可以察看里面的情况。这些门都由“泡泡”里的守卫们控制。大家把牢房叫作“房间”。房间里有一张床、一个柜子、一张书桌和一把椅子，墙上还有一个塑料吊柜，可以放东西，另外还有一个小书架、一面镜子、一个水池和一个马桶。监狱发的床单颜色鲜艳，毯子也有种居家的感觉。有一个学校区、一个体育室、一个铺了地毯的礼堂、两个犯人食堂，外边还有运动场，不过只有夏天才能使用。

守卫成功地让多数女人相信莱克尔岛是个乡村俱乐部。她们说，这里比起其他监狱（尤其是男人的监狱），如同“过家家”。这个说法在某些意义上不只是表明莱克尔岛的设施是多么人道，而是说明其他监狱的野蛮多么令人难以置信。很多女人相信她们在服刑。有些甚至认为，因为没有吃什么苦，她们并没有在真的坐牢。

看守类似母亲的态度进一步加深了这种印象。这种欺骗往往成功地把女人变成孩子。看守叫犯人时，不带姓，直呼其名。犯人叫看守长官、小姐或是外号（泰迪熊、史班奇、路易斯大婶、抱抱、中士、黑美人、疯子、杜松子酒等）。常常，当一个女人回到莱克尔岛，她会拜访一圈，高兴地拥抱她喜欢的看守——浪子归来。

如果两个女犯之间发生争执，往往通过“问长官”的方式加以解决。看守们总是告诉这些女人，“别孩子气”，“行为要像淑女”，要“听话”，要当“好姑娘”。如果一个犯人犯了小错，比如与另一层的朋友打招呼，或者晚几分钟回去，看守就会开“玩笑”地说：“别让我打你的屁股。”一个看守会对女犯说：“你需要一通板子。”这种说法一点也不稀奇。她的语调像家长那样，她会说："我告诉你，姑娘，你要……"或者"你应当知道……"而女犯也会根据她的说法回应。有些看守和犯人一起"玩"。看守喜欢的一个游戏就是解下她的皮带，挥舞着，在走廊里追她的"女孩"，抽她们的屁股。

这种母亲式的面具掩饰了看守所的真相。大多数看守是黑人，她们往往出身于劳动阶层，在向上爬，有公务员背景。她们认为自己是中产阶级，有中产阶级的价值观，极具物质主义。她们不是世界上最聪明的人，很多人极其狭隘。大多数人知道美国司法系统没有公正可言，而黑人和波多黎各人在美国生活的方方面面受到歧视。可是，她们相信这个制度多少是"宽容的"。对于她们来说，这些女犯是"输家"，因为无知而进了监狱。她们多数相信靠自己的努力可以获得成功——任何人只要努力就可以成功。她们庆幸自己了不起的成功。她们认为这些女犯无知、没有教养、自暴自弃、意志薄弱、愚蠢。她们不知道这样一个事实：她们勉强的成功不是因为她们有多么聪明或者多么努力，而只是凭运气，并且当上了公务员。

很多看守憎恨这一行，沉陷其中，无法脱身。时间一长，看守们看到的同事、妓女以及犯人的恶习——奉承、例行公事、强制等——就越来越多（对于看守来说，至少每周要连续值两个班）。但是，不论她们多么军事化，有多少内斗，工作多么讨厌，她们都知道，如果自己不当看守，收入就会更少，甚至失业。不仅失去金钱，很多人还会失去优越和大权在握的感觉，尤其那些残酷的、有虐待狂倾向的人。

看守通常会为自己的"工作"辩护，她们自身的行为也表明她们并不是清白无辜的。她们反复、执着地让自己相信，"这种工作与其他工作一样"。她们越是这样说，就越显得奇怪。

这里谈论的主要话题是毒品。80% 的犯人在外边吸过毒品。女犯们说她们出去后要做的第一件事就是过毒瘾。在监狱里，流行着一种逃避文化。至少 50% 的囚犯会使用迷幻药，设法获得违禁药品的周密计划总是在悄悄进行中。

日子一天又一天地打发掉：肥皂剧、纸牌……一小群犯人在认真学习，更少的人试图研究法律书籍。犯人中间没有法律专家，大多数女犯人缺乏最基本的法律程序的知识。如果被问到法庭上发生了什么，或者，她们的律师怎么说，她们要么说不知道，要么说记不得了。她们感到完全无助，草草了事，于是会痛骂她的律师或法官，根本不知道法庭做了什么，也不知道自己应当做些什么。多数人认了罪，不管她们是否真的有罪。没有人出庭时有州政府指派的律师跟随，她们往往被判有罪……

对一些人来说，监狱是休息和复原的地方。对于妓女来说，比起在风风雨雨中“做买卖”，监狱生活如同度假——一个远离粗鲁的客人的假期。监狱对于有毒瘾的人来说，是个戒毒、看病、增长体重的地方。往往，当这种嗜好花费太大时，有毒瘾的人就让自己被捕（通常是不自觉的），这样她就可以干干净净准备好，再重新开始。一个女人声称，为了摆脱她的丈夫，每年总有一两个月，她要么进监狱，要么进疯人院。

对很多人来说，与外边的廉租房、停车房和福利旅馆相比，监狱没有什么不一样。监狱医院跟外边医院的急诊室也没有什么不同。监狱里的打斗也差不多，只是危险性更小一些。同样的警察，同样的贫穷，同样的异化，同样的种族歧视，同样的性别歧视，同样的毒品，同样的制度，莱克尔岛只不过是另一个机构。在童年，学校这个机构是她们的监狱或者教养院，或者儿童避难所，或儿童之家，或精神病院，或戒毒所。在她们看来，所有这些机构对于她们的需要都无动于衷，而她们需要借助它们生存下去。

莱克尔岛的女犯人来自哈莱姆、布朗斯维尔、贝德福德－司徒维森特、南布朗克斯等。她们曾经待过的地方，理想像破房子一样被丢弃。那里没有社群的感觉，那里的邻居换来换去，那里被孤立的人出了火坑又掉进火坑。城市偷走了我们身上的力量，拔去了我们传统的根。城市夺走了我们的园子、我们的番薯饼，硬塞给我们麦当劳。它成为我们的监狱，把我们锁在绝望和散发着尿臭味的走廊里，这条走廊是死路。它让我们彼此孤立，使我们彼此害怕。它硬塞给我们毒品、电视之类的东西。

没有什么政客可以相信，没有明路可走，没有大众进步的文化可以依靠，没有什么新玩意儿，再也没有黄金铺成的前途，没有别的地方可去。我在外边的姐妹，如同我在莱克尔岛的姐妹一样，看不到出路。一个女人在她出狱的那天说：“我能去哪儿？如果没有什么可相信的，我除了飘飘欲仙，什么也做不成。”

1966年，奥克兰的一群黑人活动家认为20世纪60年代初民权斗争的成果不足以解决贫困和种族歧视，应当采取暴力手段来反抗种族主义者和警察。他们组建了黑豹党。

休·牛顿、鲍比·希尔和大卫·希利亚德起草了该党的建党宣言。宣言声明："我们需要土地、面包、住房、教育、衣服、公正与和平。"这个党很快在全国有了成员。

该党的主张和它的活动，对全美国贫民窟里的黑人青年很有吸引力。于是，它成了警察和联邦调查局的目标。联邦调查局动用多种非法手段试图消灭黑豹党。1969年发生了一场臭名昭著的对黑豹党的袭击。由联邦调查局指使的地方警察闯进一座公寓，击毙了两名黑豹党领袖：弗莱德·汉普顿和马克·克拉克。其他领袖被捕，受到虐待。

凯瑟琳·尼尔·克里弗是全国学生统一行动委员会的活动分子，她于1967年秋天加入黑豹党后，很快成为该党的全国发言人及其核心委员会的成员。克里弗领导了一场解救关押的黑豹党领袖休·牛顿的运动，定期为黑豹党写文章。

克里弗用笔描述了她组织黑豹党活动的经历。

凯瑟琳·尼尔·克里弗：《妇女、权力和革命》（1998）

我加入全国学生统一行动委员会的两周前，"黑人有力量"的战斗口号变成了"现在就要自由"。我们年轻男女聚集在战斗的前线反抗种族主义，与种族主义的残余奴隶制度做斗争。我们决心消除在法律、社会、心理、经济和政治上对黑人权利的种种限制，对我们的人权和公民权利的限制。这就是我们争取消除性别限制的背景。我们清楚地意识到我们与之斗争的这个问题并不是孤立存在的。

在那个年代，我们使用的消除性别歧视的语汇并不太多。美国政府支持残忍的恐怖分子强加给我们种族主义和贫困。这些苦难如此深重，而越南战争可怕的背景使我们警醒。并不是因为性别歧视不够明显，在最直接的事情上，它都显露出来——厕所标示着"有色妇女"和"白人女士"；众多学校不接受女子；如果你是女性，如此多的工作，你不能从事。不过，从20世纪60年代初期到中期，首要的事情并不是作为女子推进我们的事情，而是如何让我们所在的群体得到力量，如何在这个过程中捍卫我们的权利。

参加运动给了我和所有的参与者巨大的教益。这种经历教会我们如何去认识周围的世界，认真思考如何推进我们的事业，如何组织我们的人民去改变周围的世界，如何与恐怖主义做斗争。1967年11月，我把在全国学生统一行动委员会学到的一切，带入尚在初期的黑豹党。这时，休·牛顿已经被捕三四个星期，被指控在某个黎明的枪战中，杀害了一名奥克兰的警察。我组织游行，发传单，召开新闻发布会，参加法庭听证，设计标语，准备电视节目，在集会上讲话，甚至竞选公职——只是为了把黑豹党周围的人群组织起来，为释放休·牛顿获得支持。

有很多次，我在演讲之后回答听众问题时，有人问："女人在黑豹党中扮演什么角色？"说实话，我一点儿也不喜欢这样的问题。我只是简单地回答："与男人一样。"我解释说，我们是革命者。那时，我不知道他们为什么要将男人做的事和女人做的事分开。我用了很多年，实际上大约25年，才弄明白我不喜欢这种问题的原因实际上是这个问题背后的假设。这个假设认为参加革命运动与提问者习惯性地认为的女子举止有所冲突。那种概念我一点儿也没有过，不过我敢肯定，持有这种想法的人比我预料的要多得多。

现在，这个问题变得更加复杂："黑豹党中存在性别问题吗？""黑豹党难道不是一个性别歧视的大本营吗？"等等。但是谁都没有问过我这样的问题："我从何入手参与革命斗争？"在我看来，产生性别问题的部分原因只是一种主张，是一个障碍，使人们不再关注我们的组织。在我看来，比起集聚力量反抗社会给予我们的压迫和冲突来，这种讨论要次要得多。对于"性别问题"，没有太多的回答能顾及我个人的经历。我讲到或听到的那些答案似乎都在回应一种特别的学术问题，这种问题没有顾及我认为的关键：如何给反抗种族主义、军国主义、恐怖主义和性别歧视的被压迫的穷人以力量？我是指，怎样做到这一点？这才是问题的关键所在。

我们这一代在世界极度混乱的时候开始觉悟。那时，越南战争和非洲、亚洲、拉丁美洲无数暴动挑战着资本主义国家对资源的控制。资本主义国家正面临着重大的打击。被早期黑豹党吸引的我们只不过是另一支年轻男女组成的反抗军，我们不能容忍给贫穷的、中产的、普通的黑人以制度性的暴力和虐待。当我们看到自己的处境时，看到暴力，看到破房子，看到失业，看到糟糕的教育，看到在法庭上受到不公平的对待，看到警察的直接袭击时，我们的反应是——应当保护我们自己。我们成为打击资本主义政权的一支力量。

在种族主义登峰造极的世界里，我们要团结一心。我们呼吁黑人的权利属于黑人，红种人的权利给予红种人，褐色人的权利给予褐色人种，黄种人的权利给予黄种人，就像埃尔德里奇·克利弗说的那样，白人的权利给予白人，因为他们只知道“猪的权利”。我们组织了彩虹联盟，把同盟聚集起来，不只包括波多黎各青年会、一个叫布莱克·P.斯通巡逻员的青年团体、芝加哥棕色贝雷帽、亚洲红卫兵，还包括主要成员为白人的和平自由党和阿巴拉契亚青年爱国党。我们对现实的挑战不仅限于理论，也是有实际行动的。我们这些男男女女一起工作。

女性在我们的组织里担当的职责没有性别特点。一些女性为报纸工作，如雪莉·伯尔西，她因拒绝给陪审团做证而入狱，她拒绝配合对黑豹党报纸的调查。我们中的女性，如艾丽卡·哈钦斯，丈夫被杀害，她本人被捕。艾丽卡与鲍比·希尔，以及纽黑文分部的大多数人遭到逮捕，罪名是谋杀。她后来被判无罪。想象一下，14名成员遭到严重指控而被捕，一个组织将如何发展呢？没有太多的时间拥有家庭生活。也许这就是那些人想给我们的压力，迫使我们放弃自己的信仰。

我设立了联络秘书这个岗位，我看到全国学生统一行动委员会的朱丽安·邦德这样做。我找摄影师和记者报道我们，我为我们的报纸写文章。我竞选和平自由党的席位，对手是当时的民主党州代表，也就是威利·布朗（现在的旧金山市长）。我们在黑豹党的报纸上做宣传，那是威利·布朗的漫画，他的嘴被缝了起来，身体被绳子捆着，图下文字是：威利·布朗对越南战争、政治犯和种族主义的态度。一目了然。我们在组织上也富有想象力。玛提拉巴（J.塔尔卡·路易斯）是黑豹党最早的女党员。她与艾莫莉·道格拉斯一起为报纸画漫画。康妮·马修在哥本哈根的联合国办事处工作。当鲍比·希尔去那儿旅游时，她见到了他，加入了黑豹党，成为我们的国际协调员。阿萨塔·沙库尔参加了黑豹党的纽约分部，后来被指控在新泽西腾派克的枪战中谋杀了一名州警察。在这场枪战中，她受了伤，另一位黑豹党党员扎伊德·沙库尔不幸身亡。她担心被谋杀，越狱逃跑，一度隐姓埋名，最后在古巴避难。

其实，据鲍比·希尔在1969年做的调查，三分之二的黑豹党党员是女性。你会想：“为什么这个结果与我对黑豹党的印象不一致呢？”好吧，问你自己，你对黑豹党的印象是从哪里得来的？你是否读过FBI植入报纸的文章？你是否听过新闻评论员宣布自以为是的消息？还有，有多少黑豹党党员被捕或被杀？你见过多少女黑豹党成员的照片？想一下：多少摄影记者是女性？多少电视制作人是女性？多少新闻评论员是女性？多少杂志、图书、报纸出版人是女性？谁在决定流传什么样的消息？而决定一旦做出，你觉得它会代表哪一方的利益？有没有可能，这只是个问题？有没有可能，黑豹党日常进行的事情只有很少的新闻价值，而情报部门和警察对我们进行的一系列处置是否恰当？你看到、听到的黑豹党的形象和故事是不是编造的，并不真实？

我认为黑豹党内部的性别关系最重要的一点是，这种关系在全世界得到复制。实际上，世界极为歧视女性，极为专制。这反而激励我们奋起反抗。女性受到敌视、虐待、忽视和打击——这不是警察或黑豹党的特有行为，而是因为世界上缺少了什么——这是整个世界的情况。黑豹党内部产生的不同意见，让身入牢狱的女子能够反抗自己所受到的种种不公正的待遇。我记得开会时遇到的一件小事：一个成员被指控强奸了党内一个年轻的妇女，她是从洛杉矶分部来的。大家投票决定，把这个成员开除出党。

1970 年，黑豹党公开表态支持妇女解放。对于妇女解放，美国国会曾经做过任何表示吗？美国国会是否使《平等权利修正案》成为宪法的一部分？奥克兰警察有没有在性别歧视上公开表态？应当在这样的背景下考察黑豹党内部的性别关系，那时的环境还没有得到改善。

应当把反抗压迫的黑豹党女性与历史上争取自由的斗士相提并论，如索琼纳·特鲁思（废奴主义者）、韦尔斯 – 巴尼特（黑人记者及交际家）。我认为这至关重要。她们对整个压迫的世界宣战，坚决要求她们的种族、性别、人性都得到尊敬。三者之间没有轻重之分，每一个都是独立的，同等重要。如果想看清楚这场斗争的实质，就不能从我们现实中的某一方面单独去看待。在某些情况下，那些提问的人实际上显示出他们对于黑豹党片面的想法：全是男人的革命团体。可是，先要看看这种印象从何而来，然后才能认识到，适当的做法是考察黑豹党内部性别的状态。我这么说，不是批评这个现象，而是批评看问题的角度。

黑人女性对我们群体的支持十分重要。在历史上，我们并没有在父权的社会中生活，残酷的奴隶制使我们与黑人男性“地位平等”。我们的女祖先知道我们需要自己面对世界，她们试图使我们对斗争有所准备。我认为，在反抗奴隶制、种族隔离、种族歧视中，对妇女所做的重要贡献需要做进一步的考察和阐述。在这个背景下，妇女参加黑豹党显示了她们长期的斗争传统。

第二十章
20 世纪 70 年代的失控

霍华德·津恩：《问题在于民众的顺从》（1970）
乔治·杰克逊给父亲的信（1965）
乔治·杰克逊给律师的信（1970）
鲍勃·迪伦：《乔治·杰克逊》（1971）
安吉拉·戴维斯：《政治犯、监狱与黑人解放》（1970）
阿提卡监狱暴动中的两个声音（1971 和 2000）
伦纳德·佩尔蒂埃关于“美国印第安人对违背条约的抗议之路”（1999）
调查政府在情报活动方面的特别委员会：《1963—1973 年在智利的秘密行动》（1975）
诺姆·乔姆斯基：《反情报计划：被销毁的是什么？》（1978）

20 世纪 70 年代，作为 60 年代运动的结果，美国的整个体制似乎都失去了控制，它再也无法取得公众的信任了。早在 1970 年，密歇根大学调查研究中心就发现，对政府的信任在各个层面都陷入低谷。有趣的是，在蓝领工人中，有 60% 的人对政府持低政治信任态度；在专业人群中，则只有

40%。

到了20世纪70年代，美国民众开始对外国的军事干预表现出厌倦情绪。结果是，政府依然继续他们在海外扩张霸权的活动，但转成了秘密行动。例如，智利选出的总统是一位社会主义者，因而他们进行了一场推翻政府的秘密行动。

比起以前来，有更多的选民宣称自己既不是民主党人，也不是共和党人。在1940年，20%的受调查者宣称自己是“独立人士”，到1974年，这个数字上升到34%。

陪审团也开始宣判激进分子无罪。公开宣称自己是共产主义者的黑人激进分子安吉拉·戴维斯，就被全部由西海岸的白人组成的陪审团宣判无罪。在卡姆登地区袭击了一个征兵站的和平主义者，在法官允许对越南战争的非道德罪行进行举证之后，陪审团也判他无罪。

当尼克松政府把战争扩大到老挝和柬埔寨之后，在全国范围内引发了巨大的反战示威活动。面对民众巨大的反战声浪，美国政府只好从越南逐步撤军。

20世纪70年代也是水门事件[①]丑闻的时代。尼克松总统由于害怕在选举中被击败，指派手下人秘密非法侵入民主党全国总部。当东窗事发后，随之而来的是全国哗然，促使国会弹劾尼克松总统，并最终促使他辞去了总统职务。

越南战争、水门事件以及民众对政府信心的下降，导致国会对中央情报局和联邦调查局进行了不寻常的调查行动。最终公布的报告显示，这两个机构不论在国内还是在海外，都从事了非法活动。

当权者开始感到不安了。于是，来自美国、日本和西欧的政客和智囊们组织了一个三边委员会，试图制定出一套措施对付60年代形成、70年代初高涨起来的反对浪潮。哈佛大学政治学家塞缪尔·亨廷顿在给该委员会的一份报告中总结说：“20世纪60年代兴起的民主浪潮的实质，就是在公共领域和私人领域对现存权利制度的挑战。”在亨廷顿看来，这“引起了70年代民主的执政能力的问题”。他提出了“过度民主”的概念，主张“对于政治民主的无限扩展来说，应该有一个适度的界限”。

---

① 1972年美国总统大选中，共和党的尼克松竞选班子中有5人潜入位于华盛顿水门大厦的民主党全国委员会办公室。在安装窃听器并拍摄文件时，当场被捕。由于此事，尼克松于1974年宣布辞职。

现在，当民众继续努力拓宽三边委员会所害怕的民主时，当权者们开始尝试收回权利了。

1970 年 11 月，我因为参与阻止波士顿的一个军营把士兵派往越南的行动而被捕之后，坐飞机来到了位于巴尔的摩的约翰斯·霍普金斯大学，参加哲学家查尔斯·弗兰克尔关于非暴力抗恶的讨论会。

那一天，我本来应该出现在审理我在军营抗议的“罪行”的法庭上。当时，我面临着一次选择：是顺从地出现在法庭上，从而失去我实施非暴力行动的机会，还是面对因为藐视法庭而带来的后果？我选择了后者。第二天，当我回到波士顿，到我任教的波士顿大学去上课时，两个侦探已经在教室外面等着我，随后把我直接拖上了法庭。在那里，我被判处几天监禁。

下面，是我头一天晚上在约翰斯·霍普金斯大学演讲的全文。

霍华德·津恩：《问题在于民众的顺从》（1970）

我的所有论点都是基于“整个世界都是颠倒混乱的，都是谬误的”这一论断。无辜的人遭到囚禁，罪有应得者却逍遥法外；无能又无德的人执掌着权力，善良的人们却受到奴役；整个美国甚至全世界的财富分配都是贫富不均，迫切地需要进行分配上的激烈变革，而不是小打小闹的改革。

对这些现象，我们已经无须多谈，我们需要做的就是考虑怎样改变今天之世界的现状和增强对颠倒混乱的状态的认识。丹尼尔·贝里根被投入监狱——他是一位天主教牧师和一位诗人，因为反对战争而入狱。埃德加·胡佛这个战争贩子却逍遥法外。大卫·德林杰，这位长期以来热情地反战的斗士，也面临着入狱的危险；而那些对美莱村大屠杀负有责任的人却没有受到审判，他们仍然在华盛顿身居高位，担负着国家的重任。

是他们酿成了大屠杀的惨剧，而当这种事件被披露出来之后，连他们都感到吃惊。在肯特州立大学，四名大学生遭到国民卫队的屠杀，可是遭到控告的却是这些学生。

在这个国家的每一座城市，每当有示威发生的时候，不论示威者做了什么或者没做什么，都会受到警察的攻击，接着他们就会以袭击警察的罪名而被捕。

现在，我每天都跟踪发生在马萨诸塞州波士顿的群众事件。不论你是否参与过这类抗争，不论你是否曾经在场，不论你是否遭受过警察的攻击，只要你曾经认真地生活过、思考过，你都会吃惊地发现，他们是以所谓的“正当程序”这种奇妙的东西，使每日的不公大行其道。这些就是我的论点的前提。

你只要读一读乔治·杰克逊的索来达书信就行了。他由于在一家加油站抢劫了70美元而被判处1年监禁，可是他在那里服刑了10年。而一个美国参议员，却可以每年获得18.5万美元的汽油消耗补贴。区别就是，一个是强盗，另一个是立法者。当我们为了自己的利益，把1万颗充满了神经毒气的炸弹运出这个国家，投进别人家的游泳池的时候，那么一定是有什么地方出错了，严重地出错了。当然，我有时候也会失去判断力。如果你不再思考，而只是接受电视上宣传的和阅读学者的观点，那么你就会以为原来这一切并不算太糟，或者只是在一些小事上出了差错。可是，你只要退后一步观察，就会被你所看到的现象吓倒。于是，我们又回到了我的那个论断——一切都是颠倒混乱的。

我们的问题是民众的顺从；我们的问题是全世界的民众服从他们国家的独裁统治者的命令去参战，并且因此造成上百万人被屠杀；我们的问题是《西线无战事》里的学生们顺从地列队从军的场面；我们的问题是全世界的人民在面对贫穷、饥饿、愚昧和残酷的战争时，选择了顺从；我们的问题是，当监狱里关满了小偷小摸的窃贼，而那些江洋大盗却在执掌国家政权的时候，人民选择了顺从。这才是我们的问题。

这种现象在纳粹德国时期曾经有过。我们知道他们的问题就是服从，当时的德国人民选择了服从希特勒。人民服从独裁者，那是错误的。他们本来是应该挑战独裁者的，应当反抗他。如果当时我们在那里，我们就会做给他们看。

但是，美国的情况是不同的。我们从小就被教育要反抗强权。我还记得我很小的时候，弗兰克尔先生的演讲就在我的耳边回荡——“你列举一下我们美国独有的美好的事物：一、二、三、四、五……”

如果说我们在过去的10年中学到了什么的话，那就是我们明白了这些可爱的美国事物已经不再可爱。我们从一开始就是扩张主义者，是有侵略性的，是对其他国家行使卑鄙伎俩的国家。而且，我们对自己国家的人民同样是有侵略性的，是卑鄙的。在我们这个国家里，财富分配的方式非常与众不同。在法庭里，对待穷人、黑人和激进的人，我们从来也没有公正过。现在，我们还能够吹嘘美国是个与众不同的国家吗？它没有什么不同。实际上，根本就没有什么不同。

那么，这就是我们的题目，这就是我们的问题：非暴力抵抗。法律是重要的。我们谈论的是对法律的顺从——法律，多么了不起的现代发明啊！我们把它归功于西方文明，并且以此为骄傲。法制，噢，多么奇妙的事物啊！在这片大地上经历了全部西方文明的进程。还记得人们受封建主义剥削的旧时光吗？中世纪的一切都是可怕的——而现在我们有了西方文明，有了法治。法治使在法治出现以前存在的不公现象系统化和最大化。这就是法治的作用。现在，让我们以现实的眼光看待法治，而不是以我们一贯持有的形而上学的自满的眼光。

还记得《第二十二条军规》吗？里面的主人公尤索林是对的。他被指控向敌军提供帮助和方便，这是从来没有人受到过的指控。而尤索林对他的朋友克莱文杰说："不论从哪一方来说，你的敌人就是要让你送死的人。"当这句话没有被理会之后，他又对克莱文杰说，"现在你要记住这句话，否则有一天你就会去送死。"没过几天，克莱文杰真的死了。因此，我们必须记住，我们的敌人并不是按照国界线来划分的，我们的敌人也不限于说不同的语言和占据不同的领土，我们的敌人是那些想让我们去死的人。

或许有人会问我："如果人人都不遵守法律，怎么办？"而我有一个更好的问题问他们："如果人人遵守法律，会怎么样？"这个问题的答案是更容易想到的，因为我们有很多切实的证据显示，如果人人遵守法律会怎么样，或者是只有大多数人遵守法律会怎么样。过去曾经发生的事，现在也正在发生。人们为什么会尊重法律？我们都是如此。即使是我，也必须抗拒这种倾向，因为这是在我们还是童子军的时候就已经植入我们骨子里的。我们之所以尊重法律，原因之一就在于它的模棱两可。在现代生活里，我们总是会遇到类似"国家安全"这样的词组或词汇。噢，是的，我们这样做都是为了"国家安全"！那么好吧，那它的意思到底是什么？是谁的国家安全？在什么地方？什么时候？什么理由？我们根本不用费尽心思去解答这些问题，甚至不必提出这样的疑问。

法律掩盖了很多事情。法律就是《权利法案》。事实上，这正是当我们对法律怀着敬畏之心的时候所想到的。法律能够保护我们，法律是我们的权利——法律就是宪法。权利法案日以及美国退伍军人协会举办的关于权利法案的作文比赛等，都是说的这项法律。这些都很好。

但是，关于法律还有一个秘而不宣的部分——从共和党建立开始，就成年累月地进行着立法活动，这都是为了把这个国家的资源按照使一些人永远富有而另一些人永远贫穷，其余的人永远疲于奔命的方式进行分配。这就是法律。倘若你上过法学院，你就会发现这一点。你可以通过计算那些从事法律工作的人所携带的那些大部头的厚重的法律书籍，看看究竟有多少法律书是关于“宪法权利”的，又有多少是关于“财产”“合同”“侵权法”以及“公司法”的。法律主要讲的就是这方面的事。是法律带来了汽油消耗补贴——虽然我们没有汽油消耗补贴日，我们也没有关于这方面的论文。有一部分法律是为了公布和对付我们的——这就是法律，《民权法案》。同时，还有另外一部分法律在悄悄地起作用，甚至没有人谈起过它。

这一切从很早就开始了。还记得吗？当《民权法案》第一次通过的时候，是在乔治·华盛顿执政的时候。了不起的事情——《民权法案》通过了！可以大吹大擂了！可是与此同时，亚历山大·汉密尔顿的经济政策也通过了，悄悄地把钱给了富人——我这样说虽然有些简单化，但是并未夸大其词。是汉密尔顿的经济政策开了先例。你可以在汉密尔顿的经济政策、汽油消耗补贴以及企业减免税之间画出一条直线来。这一条线一直贯穿下来——这就是历史。所不同的是，《民权法案》公布了，而经济法案却没有公布。

你们当然知道，法律的强制执行与它的内容同样重要。《民权法案》强制执行了吗？并非如此。另外，你们还会发现，在宪法中规定的言论自由也是一个非常难解、模糊而又容易引起麻烦的词汇。没有人真正知道自己什么时候能够讲话，什么时候不能。不过，只要查阅一下最高法院的判决就行了。当谈到一种制度的可预见性的时候，你并不能预见当你站在街上讲话的时候，会有什么事情“掉”到你的身上。你可以试一试，看看你能否在特米涅罗案（特米涅罗诉芝加哥案）与费纳案（费纳诉纽约案）之间找出不同点来。你能预测出这类事情的结果吗？顺便提一下，在法律中有一项规定是毫不模糊的，那就是在大街上分发小册子的权利。最高法院对这一点做出了非常明确的裁决。通过一个又一个的裁决，我们确信了我们拥有在大街上分发小册子的绝对权利。可是你上街去试一试，去分发小册子。警察立马就会出现，并且对你说：“离开这里。”然后你会说：“啊哈！你听说过 1946 年马什诉亚拉巴马州的案子吗？”这就是《民权法案》的实际施行情况。这就是宪法中那部分为我们描绘了美妙图景的内容的实际情况。还记得吗？就在明确规定了“国会不能制定剥夺言论自由的法律”的《权利法案》通过之后的第七年，国会通过了一项剥夺言论自由的法案，即 1798 年通过的镇压叛乱法。

因此，我们可以说《民权法案》不是强制实行的，可是汉密尔顿的经济政策却是强制执行的，因为当 1794 年宾夕法尼亚州的威士忌工人“暴乱”的时候，汉密尔顿亲自骑上马赶去镇压，只有这样，才能确保政府的财政税收。你可以沿着这件事的线索，一直追到今天，看看到底什么法律是强制执行的，什么法律不是。所以，当你说“我赞成法律，我尊重法律”的时候，一定要当心。你要明白你正在谈论的是哪一部分法律。我并不反对所有的法律，但是我认为，我们应该开始着手在“什么法律为什么人服务”方面做出判断。

关于法律，还有其他方面的问题。奇怪的是，我们都倾向于相信法律会带来秩序，可是法律并不能。我们又是怎样知道法律不能带来秩序的呢？只要看看我们的身边就知道了。我们生活在法律的统治之下，可是看看我们到底获得了多少秩序？有人说，我们应该为我们的非暴力抵抗的后果承担责任，因为这可能会导致无政府状态。看看法治给我们带来的今天的世界。这实际上是最接近人们心目中的无政府状态——迷茫、混乱以及国际间的匪盗行为。真正有价值的秩序不是通过法律的强制来获得的，而是有正义和和谐关系的社会建立的。在这样的社会中，人们只要做最小的调节，就能创造出真正的秩序来。但是，依靠法律的强制力量带来的秩序属于集权国家的秩序，它不可避免地导致要么完全不公、要么反叛——最终导致巨大的混乱。

我们都是怀着法律神圣的信念长大的。当他们问丹尼尔·贝里根的母亲，她是怎么看待儿子破坏了法律时（贝里根烧毁了征兵记录，以抗议战争，他因此被判刑入狱。他们问他 80 多岁的母亲，怎样看待儿子破坏法律的行为），她直视着采访人的眼睛说：“那不是上帝的法律！”而现在，我们都已经忘了这一切。这些法律毫无神圣可言。想一想是谁制定了这些法律。它们不是由上帝制定的，而是由斯特罗姆·瑟蒙德制定的。如果你还对法律怀有神圣和亲切敬畏之心的话，那么就看看这个国家里的那些立法者吧。去州立法院参观一下他们的会议，去国会看一看那些制定了应当令我们敬畏的法律的议员。

所有这一切都是以愚弄我们的体面方式进行的。这就是问题所在。在过去，事情像谜团一样，你根本弄不清楚；但是现在我们知道了，因为案例都写在书本上了。现在我们是经过“正当程序”做事的。现在发生的事情还与从前一样，只不过我们是经过正当程序罢了。在波士顿，一个警察走进一家医院的病房，向一个黑人开了五枪，射杀了他，就因为这个黑人曾经用毛巾抽打了他的手臂。为此，召开了一个听证会。法官裁决这个警察的行为是正当的，因为如果他不这样做，他将失去他的警察同事的尊敬。对了，这就是所谓的正当程序——也就是说，那个家伙没有受惩罚。我们经过了正当程序，一切都有条不紊地进行。法律的体面和堂皇愚弄了我们。

首先，我们要说这个国家是建立在不尊重法律的基础上的，然后才有了詹姆斯·麦迪逊和汉密尔顿所喜欢的宪法和稳定的说法。但是，我们紧接着就会发现，在历史上的某些关键时刻，法律框架总是显得不完善。为了结束奴隶制，人们必须到法律框架之外去寻找依据，就像美国独立战争和内战一样。在20世纪30年代，工会为了建立制度，获得某些权利，也不得不到法律框架外面去寻找依据。而现在，比起独立战争和南北战争来，也许我们面临的问题更为严峻，以至于当我们需要做出声明、进行抵抗或者尝试建立一个真正的社会需要的制度和关系的时候，我们必须要到法律的框架之外去寻找。不，我们不仅要破坏掉旧的东西，还要建立起新的东西。即使你想要建设，如果那是别人不允许你建的——比方说你要建立一个人民公园，那根本不是一件破坏性的事情；你要建立一个东西，但是你在“非法”建造——国家的警力还是会过来把你赶出去。这就是非暴力抵抗所要采取的方式：在旧制度中建立新社会。

但是，投票和选举怎么办呢？人们告诉我们，我们并不需要非暴力抵抗，因为我们可以通过选举制度实现目标。到现在，你们难道还不懂吗？从小时候开始，投票站在我们的心目中就是神圣的，就像是忏悔室。当你走进投票站再走出来的时候，他们会给你拍照，然后把你带着幸福的微笑的照片登到报纸上。你已经投票了，这就是民主。但是，如果你曾经读过政治学家说的话，你就会明白整个投票程序就是一个大骗局。集权国家热爱投票，他们把人们圈拢到投票站，以此来表达他们对当权者的支持。我知道我们与他们还是有区别的——他们有一个政党，而我们有两个。你明白吗？我们不过是比他们多了一个政党。

我们所努力要做的，就是真正回到《独立宣言》里所宣称的原则、目标和精神上去。这种精神就是要对非法的权威进行反抗，对那些剥夺人民生活、自由和追求幸福的权利的力量进行反抗。因此，我们要求获得改组或者取消现有政府的权利——而且重点是在取消上。但是，要树立《独立宣言》的精神，我们就需要“走”到法律的外面，即停止服从要求我们去杀戮的法律以及维护现有分配制度的法律，还有把有小的技术性过失的人关进监狱，而让大的罪犯逍遥法外的法律。我希望这种精神不仅在这个国家里再生，同时也在别的国家里发扬，因为人们都需要它。所有国家的人民都需要这种非暴力抵抗的精神。它并不是抽象的说教，而是一种实际的力量和财富。全世界的人民为了这个共同的目标都需要具有《独立宣言》的精神。

乔治·杰克逊在 16 岁的时候，被指控偷了一家加油站的 70 美元。他被判处 1 年徒刑。每年，他的案件都会复审，但是杰克逊从来没有获得过假释。在加利福尼亚州萨利纳斯的索来达监狱服刑期间，杰克逊变成了激进分子，成为狱中和监狱外政治斗争的领袖。

他的狱中书信和其他作品打动了千百万反对种族主义、贫穷、警察暴力执法以及司法系统不公的人们的心。1970 年 8 月，杰克逊的十几岁的弟弟乔纳森，在马林县的法庭上试图营救他而被杀。紧接着，乔治·杰克逊被转到圣昆丁监狱。

1971 年 8 月 21 日，在面临再次受审的前几天，他被狱警射杀。

下面是他的两封狱中书信，其中一封给他的父亲罗伯特·杰克逊，另一封给他的律师费伊·斯滕德。

乔治·杰克逊给父亲的信（1965）

亲爱的父亲：

我感到迷惑，急于找出能充分解释我们为什么要这么迫切地追随查理的理由。我们为什么会被他的明显的技巧打动呢？只要看一下欧洲的历史，就会发现那是一系列连续的战斗。在整个欧洲历史上，没有一刻是和平与和谐的。它的过去的每一时刻，都是由战争、暴乱、疾病和人为的饥馑而造成的文明的崩溃。你给我寄来了他结束穴居生活的日期，以后我会告诉你他的哪些部落参加了对我们的以及他们自己人之间的战争。

西欧人在美国的历史也同样是一部与各个民族进行长期战争的历史。这是他们唯一懂得的事情，也是他们唯一尊敬的事情——也是他们唯一精通的行当。你真的要接受这个恶棍作为你的未来生活的导师吗？如果那样的话，我们就必须分手了，而且最好是现在就分手，免得以后有麻烦。但是，我请求你静下来好好想一想，这样你就能够让自己有时间转变过来，以免未来发生的事会使你震惊。在过去的三四年里，我没有浪费自己的时间。我讲话的时候是有权威性的，人们都听从我。像我这样的人，正在为你创造明天。你只要以开放的心态坐在后面看着，因为你连最基本的事情都帮不上我。

是的，我的朋友，我还记得一切，我还知道了那年夏天和冬天为什么德洛拉和我必须待在哈里斯堡的原因，而且我时常回忆起那段时光。我还记得我们在拉辛的住所旁边和后面的垃圾堆，还有妈妈一边看着彭妮和乔恩，一边用手洗衣服和拧衣服，而她的身后就坐着一个红头发的母亲。我还记得当我去斯金纳学校上学的时候，你们是用一种怎样陌生的眼光看着我的。你永远不会知道我上学的第一天是怎样差一点丢命的，可是我记得。我还记得房租和衣食是怎样弄得你穷困潦倒。我们大家都怀着对食物，还有对其他使生活变得更加容易的事物的渴求。

你和妈妈休息时，你们没有任何可以娱乐的消遣方式。住在沃伦大楼里的住户都知道，你是怎样把我从我们在胡同里打棒球的地方一路打回家的。罗伯特，你就不明白当你说到“美好的生活”或是成为一个自由的成年人的时候，在我的眼中，你显得多么荒唐吗？我知道，这里的黑人很少有几个曾经是自由的。在签署了《解放宣言》之后，奴役的方式只不过是从动产奴隶转变成经济奴隶。假如你能看到我在这里遇到一些黑人并与他们谈话，那么你立即就会明白我的意思，并且会赞成我的看法。他们都是普通的人，有着相同的背景，进监狱都是为了同样的东西——为了获取某种形式的食物。

在美国的全部犯罪中，70%—80% 是由黑人犯下的。造成这种情况唯一的原因就是我们中 98% 的人都在贫困线以下痛苦而卑贱地挣扎着。你一定要摘下你的有色眼镜，停止作假。我们所忍受的都是彻头彻尾错误的制度带来的！当我看到你每天回家，都比前一天更沮丧，你认为我会怎么想？

当我看到你的脸上愁云密布的时候，当我看到你茫然四顾，看到自己的一切努力都白费了——彻底白费了的时候，你认为我会怎么想呢？我甚至还可以算出你强作微笑的次数。

乔治·杰克逊给律师的信（1970）

亲爱的费伊：

在这里，我可以听到非常放松而平静的关于怎样用最好的方法和什么样的次序杀死所有的黑鬼的谈话。我并不是因为当局考虑要杀死我才感到沮丧。500年以来，他们一直在干着“杀死所有的黑鬼”这件事，可是我仍然活着。我可能是全世界最能活的“死人”了。令人沮丧的是，他们从没有考虑过我会进行反抗。是的，他们就是那样看待我们的！他们用鞭打和驯化解除了我们所有的防御和攻击本能。我们大脑中存储的使人进行合理反抗的那部分东西已经缺失。他们不是说过建立集中营吗？他们不是还说过这样的事情不会在美国发生，因为这里的纳粹都是好纳粹吗？他们还说，他们之所以不这样做，并不是因为他们无法监禁3000万反抗者，而是因为他们是有人性的帝国主义者，是经过启蒙的法西斯主义者。

他们犯了一个巨大的错误。我时常想起我出生那天，也就是我人生的第一天。那是在芝加哥，是在第二次（也是破坏性最大的一次）资本主义世界争夺殖民地战争期间。那是9月底的一个下着雨的早晨。这一切都发生在拉辛一间很小的半公寓式的房子里，在一张很小的能折叠的床上。接生的是罗杰斯大夫。火车就从离我们的窗子（这间房子里唯一的两扇窗户）只有15英尺的地方呼啸着经过。对我来说，那声音就像是妖精一样，预示着痛苦和死亡，危险而又急迫。我的眼睛第一次注意到的运动，是一只粉红色的大手划着巨大的弧线挥向我的黑屁股，我挡住了那只手，用左手阻挡，同时右手向他的眼睛抓去。我出生的防御反射机能是健全的。

傻瓜，这话应该这么说，“如果你能的话，就来杀死我吧”，而不是“如果你愿意，就请杀死我吧”。

那么，就让他们继续他们的基于“就像奴隶，就像儿子”的理论的计划吧。我是不会自我的，他们的到来将会让我的防御更容易。一个狱警已经把钥匙给了一群右翼歹徒。他们会打开我们的牢房，一次一个，直到打开大楼里所有的牢房。他们不会考虑逃跑或者是去对付那些把他们关进这里的人。他们以为只要把我们都杀了，所有的问题就都得到了解决——想象一下吧，这些家伙就住在离我有几间牢房的距离的地方。他们从来没有在外面好好地生活过，他们中的大多数人都是在类似这样的国家经营的机构中长大的。他们一无所有，也什么都不在乎。在维护右翼理想和现状的行动中，他们说过，在监狱中过上 99 年黑暗的日子，就是他们的理想。他们一生里的大部分时间就是在这里进进出出。他们认为他们在外面过的日子是不寻常的。也就是说，他们认为他们在监狱里过的日子更自然，更合乎他们的口味。

我理解他们的处境，我也知道他们变成这个样子的原因所在。假如他们不是这样不义、这样愚蠢地被那些畜生利用的话，我可能还会同情他们。这些事听起来有点像德国的三四十年代发生的事。其实，外面的情形也是一样。我敢说，在杀害福瑞德·汉普顿的凶手中，他们和他们的家人没有一个人持有一只股票、一份债券。他们在全国范围内组织游行示威，支持彻底毁灭越南，可是过后又没有一个人站出来“埋单”。这些法西斯主义者，在对待底层人民的问题上，有他们一套惯用的伎俩。实际上，在整个人类历史上，压迫阶级一直都在使用这一套。他们让一个人自己与自己过不去——想一想我们做过的那些让我们感到愉快的事情，但是同时这些事情也让我们中的一些人产生了负罪感。想一想下层人民是怎样衡量自己与统治者之间的关系的。想一想那些因为犯了死罪而被判刑的犯人，却反过来支持死刑，是怎样的心理。我敢说，我今天就听到了这样的事情。

南北战争以后，奴役的形式已经从动产奴隶变成了经济奴隶。我们被驱赶到劳动力市场上，带着劣势与穷困的白人竞争。从那时起，我们首要的敌人就应该被单独确定为资本主义。奴隶主过去是，而且一直是工厂主和资本主义国家美国的商人。这些人控制了雇佣工人、工资和价格，控制了国家的机构和文化。欧洲和美国的资本主义的基本结构，应当对非洲和亚洲的奴隶负责。

虽然，鲍勃·迪伦已经不再写那些让他在 20 世纪 60 年代中期出名的，他自己称为“指手画脚的歌”了，但是在 1971 年，由于被乔治·杰克逊被杀的消息震撼，他再次走进录音室，录下了一首纪念杰克逊之死的新歌。

同时，他发布了这首歌的两个版本：一个是原声的，一个是有乐队伴奏的。

鲍勃·迪伦：《乔治·杰克逊》（1971）

今天早晨我醒来
我的床上洒满了眼泪
他们杀害了我热爱的一个人
射穿了他的脑袋
主啊，主啊
他们干掉了乔治·杰克逊
主啊，主啊
他们放倒了乔治·杰克逊

把他投入监狱
就因为他抢了七十美元
在他的身后关上了门
然后他们扔掉了钥匙
主啊，主啊
他们干掉了乔治·杰克逊
主啊，主啊
他们放倒了乔治·杰克逊

他不买任何人的账
他不去屈膝投降
当权者们，他们恨他
因为他是对的
主啊，主啊
他们干掉了乔治·杰克逊
主啊，主啊
他们放倒了乔治·杰克逊

狱中的警察恨他
因为他们虽然居高临下地看他
但是他们害怕他的力量
他们害怕他的爱的力量
主啊，主啊
他们干掉了乔治·杰克逊
主啊，主啊
他们放倒了乔治·杰克逊

有时候我想
整个世界就是一座大的监狱
有些人是囚徒
另一些人是狱警
主啊，主啊
他们干掉了乔治·杰克逊
主啊，主啊
他们放倒了乔治·杰克逊

安吉拉·戴维斯一直积极地支持乔治·杰克逊和他的两名监狱里的同伴（他们被称为“索来达兄弟”）。她是著名的黑人活动家，伯克利大学的教授。她还是一名共产党员。她成了加利福尼亚州官方的目标。他们试图把她“拖入”1970年8月企图从马林县法庭解救乔治·杰克逊而造成三人死亡的事件中。虽然她没有出现在现场，但是警方说，当天“罪犯”使用的枪支是用她的名字登记的。于是，戴维斯躲了起来。于是，她的名字上了十大通缉犯之榜。

不久，戴维斯在纽约被捕。为了营救她，人们展开了一场国际运动。她被一个全部由白人组成的陪审团宣判无罪。戴维斯参与了关于妇女、种族主义和监狱等著作的写作，参加了无数社会运动。

下面，是她在1970年写的关于监狱制度的论文。

安吉拉·戴维斯：《政治犯、监狱与黑人解放》（1970）

在我们热烈追求基本人权的斗争中，黑人一直被要求耐心等待。人们告诉我们，只要我们对现存的民主秩序保持忠诚，那么我们成为真正的人类的光荣时刻最终会到来。

但是，痛苦的经历告诉我们，我们知道了在民主制度和资本主义经济制度之间有一个显著的不协调，这成为我们的痛苦之源。删除那些令人眼花缭乱的修辞，我们发现人民并不是这个统治着我们的法律和制度的最终母体——当然不是黑人和其他民族被压迫的人民，也不是大多数白人。人民并不能对决定他们生活的因素造成影响。

官方一直宣称不同意见是受欢迎的，只要是合乎法律的就行。实际上，这只不过是他们为了掩盖对压迫的默许而施放的烟幕弹。奴隶制是不义的，对黑人的奴役也是不公的，但是他们把这看成是可以忍受的（尤其是当这些对一小群人来说是有利可图的时候），从而从法律上禁止逃跑和其他行为。这就是《逃亡奴隶法案》的目的所在。

不用说，美国历史从一开始就受到了大量的不公正的法律的破坏，其中充满了对压迫黑人的公开赞许。由于以特别的方式反映了现存社会的不平等，因此这些法律反复见证了这个社会种族主义的内核。对于美国的黑人和墨西哥人，以及其他所有受压迫的民族的人民来说，反抗不公的法律和这些不公的社会环境，有着直接的现实意义。我们的生存环境经常是我们能不能建立有效的反抗渠道的直接因素。在反抗中，我们被迫公开破坏那些直接或间接压迫我们的法律制度。但是，即使是把我们的反抗限制在法律框架之内，我们也会被冠以“罪犯”的名头，进而受到种族主义的司法工具有条不紊的压迫。

监狱是国家强制机器中一个重要的零件，其最主要的功能就是确保控制社会。“监狱”这个词语在词源学上的意义，为我们提供了“监狱制度”从诞生开始就隐藏着的控制意义。监狱就是让曾经对社会进行过反抗的人悔过的地方，是对那些曾经挑战了必须完全服从的规则和规定的人进行生理上和精神上清洗的地方。它给自己披上了普遍性的光环——监禁应该跨越一切阶级界限，因为犯罪是由行为定义的，而不是根据罪犯的身份定义的。然而，实际上监狱已经成为阶级专政、阶级压迫的工具，成为防止一无所有的人“侵害”占有一切的人的工具。

在一个财富分配不平均的社会里，犯罪是不可避免的，它表明社会生产力被引向错误的方向。大多数犯罪都与财产有直接关系。从财产的概念来说，犯罪就是以反社会的行为模式来表达自己深刻的受到压抑的社会需求。这种由资本主义的社会组织形式自发产生的犯罪，同时也是对社会的一种抗议。它所挑战的是资本主义的症候，但不是它的实质。

特别是在今天，当如此多的黑人、墨西哥人、波多黎各人由于资本主义内部动态运动的结果而处于失业状态的时候，这些失业者（同时也包括流氓无产者）在革命斗争中的作用应该受到高度重视。不断增加的失业人口，尤其是受压迫民族的失业人口，仍将是技术进步的副产物。目前，至少有30%的黑人青年处于失业状态。在存在阶级剥削和民族压迫的情况下，很明显，大多数人被迫选择犯罪，但这并不是他们有意识地选择的结果——当然，是在还有其他选择的情况下——而是因为社会已经有针对性地剥夺了他们达到这样的生活水平的可能性。基于这种情况，迫切需要把失业者和流氓无产者组织起来，就像黑豹党和监狱中的活跃分子已经开始做的那样。

在考虑把黑人和棕色人种的失业人口组织起来的可能性的同时，必须考虑美国的历史特点，尤其是种族主义和民族压迫。在黑人和棕色人种社区，同时也包括流氓无产者，已经有了长期的集体反抗民族压迫的历史。

此外，在研究美国囚犯作为一个整体的革命潜能的时候，应该记住，并不是所有的囚犯都真正犯过罪。正如杜波依斯所说的那样，司法系统根深蒂固的种族主义的自我表现就是，把不计其数的无辜的黑人和其他种族的人强行赶入这个国家的强制场所。

同时，我们还要考虑到黑人和棕色人种囚犯往往有更长的服刑期。典型的犯罪心理就是把服刑看作是对于某种特定的犯罪行为的可以计算的风险。一个人的刑期也是或多或少地可以通过计算得出来的，然而在司法刑罚系统中，由于种族主义的存在，彻底打破了这种可预期性。如果一个黑人窃贼预期自己判2—4年的徒刑，结果可能是10—15年的徒刑；白人窃贼却在服刑2年后就出狱了。

在监狱这个封闭而强制的空间里，被关进来的人必须面对种族主义的现实。这就不仅仅是带有态度倾向的个人行为了，而是被迫要对付作为制度性现象的给受害人带来群体经验的种族主义。黑人和棕色人种社区的不成比例的代表，假释委员会里明显的种族主义，狱警与黑人、棕色人种之间的固有的紧张野蛮关系，这一切造成了囚犯每时每刻都必须面对集中而成体系的种族主义。

对于那些无辜的囚犯来说，激进化的过程会来得相对容易，因为当他们看到司法刑罚系统中自我呈现出来的种族主义的本质时，他们就会开始质疑自己过去的犯罪行为，并且重新评估以前自己在这个充满种族主义和剥削的社会中所使用的生存手段。不用说，这个过程不是自动开始的，它不会自发地出现。因此，由狱中的政治活动分子对他们不断地进行教育，在发展这些囚犯的政治潜能上能够起到关键作用。

囚犯们——尤其是黑人、墨西哥人和波多黎各人，越来越自觉地朝政治犯的方向发展。这些人认为自己是政治犯，是因为他们基本上是一种压迫性的政治经济制度的受害者。不过，这也说明他们很快就意识到他们之所以受害的原因。

种族主义的压迫在各个层面侵害了黑人的生活。黑人被囚禁在一个特殊的世界里。在那里，他们即使能够找到工作，辛苦地劳作，也不能让他们勉强过上体面的生活。一旦遇到经济衰退时，他们总是首当其冲。当经济开始复苏的时候，他们仍然继续住在令人沮丧的环境中。贫民窟的失业率，通常比国家的平均失业率高两倍，黑人妇女和青年就更高了。现在，黑人青年的失业率竟然高达30%。如果三分之一的美国白人青年找不到谋生的手段，那么我们的国家要么处于激烈的革命之中，要么陷于法西斯的铁蹄之下。次等的学校，人的医疗水平几乎不及动物的医疗水平，过高的价格，残破的住房，以及一套基于吝啬的让步而设计出来的用来贬低和分化人群的福利体系（就连这个也很快就要被取消了）——这些只是全部压迫景象清单中的开始部分，而对于大多数黑人来说，这就是他们的世界。

在黑人社区里，不论是处在什么地方，仿佛永远都有一个无所不在的东西时刻在提示我们，一定要使我们的世界保持在乏味、贫穷和残酷的状态之中。从伯明翰到哈勒姆再到沃茨，黑人贫民窟时常受到大批警察的占领、控制和袭击。那些本来应该是阻止暴力犯罪的守护人，却成了压迫者，他们的责任就是要把我们固定在我们受压迫的区域内。

政府宣称警察的职能是“保护和服务于人民”，可现在他们却成了保护和维持压迫者利益的古怪的漫画式人物，而提供给我们的除了不公平之外，什么也没有。他们在那里是为了恐吓黑人，用他们的暴力告诉我们，我们是没有力量改变我们的生活条件的。拘捕往往就是心血来潮。他们除了完成被指派的对人民的普遍的恐吓之外，他们用枪里的子弹杀人的时候，只需要一点借口或根本不需要任何借口。保护毒品贩子和黑手党式的剥削者，支持黑人社区里持有最反动信念的成员（尤其是那些要求多派警力的人），这些都在这些代表法律和秩序的力量的职能范围内。他们用暴力之盾把社区包围起来，更多的是让黑人社区的自然侵害向内发展。弗朗茨·法依对殖民地警察的作用分析也是对美国贫民区警察功能的准确描述。

不言自明的是，假如警察没有得到司法系统的许可和支持，他们是不敢开动他们的种族主义机器的。法庭不仅一贯地避免追究警方的犯罪行为的责任，还依据警察带有偏见的证词，判无数无辜的黑人有罪。法庭指定的律师在多个法庭之间奔波，为多种不同的利益集团服务，劝说 85% 的当事人承认有罪。即使是无辜者，也被他们劝说承认有罪，以避免漫长而费用昂贵的陪审团审判过程。这就是这架把黑人送进监狱的机器的运行机制。我在纽约女子拘留所关押期间，遇到了数不清的无辜的黑人妇女被劝说认罪。其中，有一个姐妹进入她的白人房主的公寓交房租，房东试图强奸她。在随后的搏斗中，一支燃着的蜡烛被打翻，点着了一张台布。房东要求把她按纵火罪抓起来。她听从了法庭指定的律师的劝告，承认有罪。那个律师欺骗她说，法庭会宽大处理，但结果她被判刑 3 年。

贫穷→警察、法庭→监狱的恶性循环构成了贫民窟生活的全部。与白人不一样的是，通往监狱的道路深深地植根在黑人受压迫的生活中。正是由于这个原因，一种几乎是本能的亲密把黑人群体与政治犯联系起来。由于大多数黑人对警察怀有深深的怨恨，因此他们也就不容易被法庭的所谓公正的宣告所欺骗。

1971 年 9 月 9 日，纽约阿提卡监狱的 1000 多名囚犯发生暴动，抗议监狱的野蛮条件。他们把 40 多名狱警抓起来作为人质，以引起公众对监狱情况的注意。在监狱的院子里，黑人和白人一起建立了一个著名的社区。

9 月 12 日，州长纳尔逊·洛克菲勒命令州警察和国民卫队对监狱进行军事袭击，导致 32 名囚犯和 11 名狱警死亡。

在短短的9分钟里，这支军队至少发射了2000发子弹。当他们重新夺回监狱后，他们开始野蛮地对付囚犯。事后，没有一个官员、警察或狱警受到惩罚，但是叛乱者全被判了终身监禁。

下面是两个参加了阿提卡起义的囚犯说的话。第一个是埃利奥特·詹姆斯·巴克利，是他宣读了阿提卡囚犯写的声明。在宣读这份声明几天后，巴克利被杀害，当时他只有21岁。第二个声音来自于阿提卡起义的幸存者——“大老黑”弗兰克·史密斯。在他去世之前，他一直致力于让政府承认对阿提卡囚犯人权的践踏。

阿提卡监狱暴动中的两个声音（1971和2000）

埃利奥特·詹姆斯·巴克利（1971年9月9日）

1971年9月9日在阿提卡爆发的整个事件，并不是两个囚犯的卑劣的游击战引起的，而是一年来监狱管理机构种族主义的十足压迫造成的。

我们是人！我们不是畜生！因此，我们不愿意任人殴打和驱赶。整个监狱——也就是在这里的我们每一个人，在此提出要永远改变这里和整个美国的无情的野蛮行径和无视囚犯生命的状况。

这里所发生的只不过是被压迫者的愤怒的吼声。除了满足我们所提出的条件之外，我们不会对任何条件做出妥协。我们向全美国有良知的公民呼吁，请你们帮助我们结束这种不但威胁我们生命，而且关系到你们每一个人的状况。

我们已经提出要求，这将使我们更接近取消这种监狱机构的目标。它不但没有给美国人民带来实际利益，相反却是为美国的奴役者和剥削者服务的。

我们的要求是明确的。

我们要求大赦，即免除一切肉体的、精神的以及法律的报复行为。我们要求（政府提供）快速而安全的运输方式，把我们从监狱送到一个非帝国主义的国家。我们要求联邦政府进行干预，以便让我们直接处于联邦司法的管辖之下。我们要求政府和司法部门保证不会秋后算账。我们要求所有的媒体对此事进行报道。

我们保证进出这所监狱的所有人员的安全。我们邀请全体人民来目睹这里的腐败，以便让他们更清楚地知道该怎样做才能结束这种腐败。

采访“大老黑”弗兰克·史密斯（2000）

美国公共电视台（PBS）问：你们希望改进的条件是什么？

弗兰克·史密斯：我认为首先是“奴隶工资”。就拿我自己来说吧，我替监狱长工作。他们管我叫“洗衣男孩”，我是个成人，但他们硬给我这样一个“头衔”。我每天挣30美分，你知道，我要用手工熨衬衫、床单和桌布，以及其他的东西。

这里有一个金属店，可是你在那里挣不到钱。你要整天工作，才挣到25美分。你要整天在一个温度达90℃—100℃的像蒸笼的地方工作，无法洗澡，一周只能洗一次澡。可是当你洗澡的时候，只能得到两桶水，一共3加仑的水。一桶用来洗头，一桶洗身体。

在医疗方面，我在监狱里几乎失去了我的全部牙齿。这是因为，如果你想看牙医的话，你必须先看医生。我们这里有两名医生——斯坦贝克和威廉姆斯，我们都管他们叫“避难医生”。如果要看牙医，你必须先经过他们。如果你说要拔牙，那么他们就会让你去；可是如果你说你不想拔牙，那么他们就只给你两片阿司匹林，把你打发回牢房。你听明白了吗？

这里的教育部门真是过时了，全是过时的书。我们想看那些街上的人看的书。

很长时间以来，我们希望改善监狱的伙食，因为这里的人长期吃不到肉，尤其是猪肉。我们想在这方面改变一下。

美国公共电视台（PBS）问：当谈判开始的时候，最初的反应是什么？

弗兰克·史密斯：我们是与特使打的交道，（拉塞尔）奥斯瓦尔德，你知道的。“嗯，很对，是的，我们是那样做的，你说得很有道理，我们可以改变，我们会那样做，我们要开始做这件事，我们要着手做那件事，我们要真真正正地改变……”但是，当他走到外面之后，他忘了我们都正在国家电视台的节目上，而且正好还有一台电视机。他说：“噢，在那里，他们什么都想要，他们想要整个世界。”他立刻就变卦了。

然后，我们开始与观察员们谈话，他们包括阿瑟·伊芙、克拉伦斯·琼斯、汤姆·威克以及约翰·邓恩。我们对他们说，我们要见州长。我们需要真正能负责的人到这里来，因为奥斯瓦尔德，那个前假释官，他在江普大街那儿说的话不算数。而且，他还是个两面派。

当事情发生的时候，洛克菲勒本人应该亲自到场，作为纽约州的最高官员与我们对话。我们知道他的手伸得很长，可以直通华盛顿，甚至还不止于此。他在政治风暴中还有自己的打算，他正在密谋。他可以在事业上高升。但是在当时，我们并不知道这些。

美国公共电视台（PBS）问：为什么说洛克菲勒的最高助手不太称职？

弗兰克·史密斯：我的意思是，不够好。不仅是我们这样认为，你知道，他们做观察员不称职。我们感到洛克菲勒本人应当亲自到场，负责处理这件事情。我们觉得连他的专员都不怎么样，那么他的替身又能好到哪儿去呢？

但是现在，即使与最高长官州长对话，也不会使情况朝好的方面发展。你知道，我们不想通过替身传话。你跟替身说了点什么，然后他再把这些转给洛克菲勒。他有他秘密的想法，有他自己的安排。你知道，他正在考虑去担任其他的职务，或者说是高升。他真的是手眼通天，可以一直通到华盛顿。这一点我们后来才知道。因此说，他的心并不在这件事上。

但是紧接着，就像我刚才说的那样，苹果是不会掉落到离苹果树太远的地方的。回过头来看看他爸爸做过的事，你就会知道，这个家族的人都知道怎样对付暴力。他们就是那样做的，他们派来军队，然后说："你们把问题解决了！"他把事情交给奥斯瓦尔德的时候就是这样说的。他说："你来处理这件事。你知道应该怎么做。"他没有说："好吧，你去那里把他们杀了。"但是他知道会有什么事情发生，而且那些观察员也知道。他们知道有什么事要发生，因为他们都置身事外。

美国公共电视台（PBS）问：你在星期一的早晨看到了什么？

弗兰克·史密斯：我最先看到和听到的是一架直升机在监狱的上空盘旋，然后就是毒气，高音喇叭里说："把手放在你们的头上，你们不会受到伤害……"与此同时，射击开始了，所有的人都趴在地上。我就趴在观察员来时坐的桌子旁。

然后，他们跃墙而来，他们的攻击部队从墙上跃过来，开着枪。后来，我听见有人喊我的名字，是我的一些朋友跑过来告诉我，让我把衣服脱掉，因为那种气体让人火烧火燎的。我们能做的就是把牛奶抹到身上，这样也许就能防止大面积烧伤了。因此，我也把衣服脱了。

但是，他们让所有的人把衣服都脱光了。当我从D区来到A区，刚进入A区的门时，他们让我肚皮贴地地爬过去。然后，我听见有人叫我的名字。我在洗衣房里替他干活儿的那个人说道：“这就是‘大老黑’，就是他。”他们让我站起来，开始打我，一直把我打到院子的一个角落里。然后他们把我放在楼梯下面的一张桌子上，在我的脖子底下放上一个足球，并且说，如果足球掉下来，他们就杀死我。他们还朝我吐痰，扔东西，还骂一些难听的话：“黑鬼，你们为什么要把警官阉割了？你们为什么要把警官活埋了？我们现在就阉割了你。”我就那样全身赤裸、手脚伸展着躺在那里。其实，院子里的大多数囚犯都是赤裸的。就这样持续了三四个小时，也许有五个小时。

你知道吗？我就躺在那里，那儿是楼梯，这儿是过道。就在我的身后，他们建了一个夹鞭刑行刑的地方。他们把碎玻璃撒在地板上，让每个人跑着经过鞭刑的地方，鞭打他们——每一边站着二三十个打手，手里拿着他们称为“黑鬼棒”的棍棒。

美国公共电视台（PBS）问：即便是洛克菲勒亲自来了，他所能做的也不过是延迟这不可避免的一幕的发生，而所发生的看来势必要发生。

弗兰克·史密斯：他犯了一个大错误。他犯了一个非常大的错误，而你是无法通过派一个像罗伯特·道格拉斯那样的亲信来为他开脱的，来这里说那些他们所说过的话，说我们想要一切。我们所要的就是对监狱状况的改变。我们承认我们在监狱里，但是监狱的条件必须改善，因为作为人类是不能那样生活的。

因此，请你不要再向外界重复那些谎言了。我们需要对这一事件做一些真实的报道。应该从这件事中总结出一些教训，而不是一些人来来去去，到处说该怪这个该怪那个。你知道，阿提卡事件不只是这些。阿提卡事件是一次屠杀，一次不应该发生的屠杀。假如州长负起责任，真正做了最高长官的职位所要求他做的，那么，事情就不会照那样发展，他就不会只是派亲信等人来这里，来摆样子。而现在，你知道，总共有43个人，而不是他们所说的39人，在这次行动中被杀。

政治犯和美国原住民活动家伦纳德·佩尔蒂埃出生于北达科他州的龟

山保留地阿尼希纳贝 / 齐佩瓦。

由于有感于美国原住民受到的迫害，佩尔蒂埃加入了“美国印第安运动（AIM）”，参加了 1972 年的抗议破坏条约的大篷车队。这次抗议，作为对美国多年来在对待原住民的问题上一再食言的一种反应，最终酿成了对华盛顿特区的印第安事务局的占领。

下面是佩尔蒂埃对占领过程的叙述。

伦纳德·佩尔蒂埃关于“美国印第安人对违背条约的抗议之路”（1999）

1972 年 11 月，我们把对印第安人权利的不满，以群众示威的方式带到了华盛顿。我们把这次穿越全美国的游行示威叫作“违背条约的抗议之路”。我们本来的愿望是希望能够与政府进行一系列的会谈，讨论 21 项关键问题，包括全面改组印第安事务局，让它置于印第安人自己的控制下，同时建立一个委员会，全面调查政府对条约的违反行为。

本来应该是一次和平的会议，但是当印第安事务局的官员抛弃接见我们的承诺，并试图让保安把我们驱赶出大楼的时候，却立即变成了静坐示威。当保安开始使用强制手段对付我们的妇女和老人的时候，静坐示威升级成了激烈的冲突。

我们是不会掉头逃跑的，疯马酋长的精神依然伴随着我们。我们占领了位于华盛顿中心的印第安事务局，允许所有的工作人员都平安地离开。我们在那里占领了 5 天——这引起了美国公众的愤怒，他们一如既往地被所发生的事和原因完全误导。我们被报纸描述为“暴徒”“流氓”和“暴力民兵”。是的，我们洗劫了印第安事务局大楼，寻找——而且找到了很多能够证明政府在与印第安人打交道时使用欺诈手段的证据。为了对付政府威胁所说的进攻，我们把一切能找到的东西都堆到桌子上作为街垒。我们打破了封闭的窗子，这样催泪弹就无法使我们窒息，迫使我们出去。警察打破了底层的大部分玻璃。当然，一些被政府的谎言和残酷虐待激怒的年轻人开始毁坏那里的东西。我们很快就阻止了这种行为。我还记得克莱德·贝勒库尔曾经宣布，每打破一扇印第安事务局大楼的窗户，在印第安的土地上，就有 1 万颗印第安人的心被打碎。他应该说 10 万，甚至是 100 万——那才更接近实际情况。

一位老爷爷，他毕生是印第安事务局的受害者，拿起了一把消防斧，跳到印第安事务局局长的大桃花心木桌子上，把它劈成两半！他兴奋地大笑着、哭泣着，一边劈，还一边唱着他的死亡之歌："那儿……看这个……这个……还有这个！"他一边哭泣，一边喘气，一边唱歌，用每一斧修正古老的罪恶。这太美了！在那一刻，他就是疯马酋长的化身。

外面，警察和特种部队已经聚集。如果谁想要一次流血冲突，那么我们已经准备好了跟他作战。如果他们冲进大楼，我们准备好了向他们投掷桌椅、打字机、文件柜和燃烧弹。有一些战士还做了战时伪装。我们每个人都成了疯马酋长。看到我们的决心，政府不得不三思而行：在 1972 年大选开始前几天，在离白宫不远的地方，杀害 400 名印第安人，不会引起公愤吗？联邦调查局决定暂时平息这件事情，然后再一个一个地秋后算账。他们确实也是这样做的。那时候，我的名字已经作为"首要煽动者"和"关键的极端主义者"上了黑名单的前列。在劳顿要塞的占领行动中，我被捕过一次。我成了被永久标记的人物。

政府终于开始与我们谈判，但那只是为了结束对印第安事务局大楼的占领，而不是决心解决我们的 21 条不满。我们感到我们至少达到了一个目标——那就是让他们知道了我们的存在！我们证明了这一点。政府承诺，认真考虑我们的不满（但是他们从来也没有做）；他们还承诺，不追究参与对印第安事务局大楼占领的人的责任（这个承诺也像其他的承诺一样失效了）。

但是，无论政府怎样花言巧语，我们都不相信他们。为了平息事件和结束他们的窘迫处境，政府最终提供车辆，让警察护送我们在凌晨出城，同时还私下支付了我们的返程费用。一些老人甚至还得到了坐头等座回家的待遇。政府以为他们再一次把我们扫进了垃圾堆。

但是，这一次我们不会被扫除掉！

20 世纪 70 年代中期，全美国陷入了对总统、国会以及其他政府机构，如联邦调查局和中央情报局的普遍的幻灭。部分原因是出于对越南战争的反应，另外一部分原因是出于对尼克松总统"水门事件"丑闻的反应。

1972 年 6 月，尼克松总统的手下非法进入民主党总部。尼克松总统被迫于1974年8月9日辞职。1974—1975年，国会委员会调查了联邦调查局和中央情报局，揭露了政府在国内和国外的犯罪行为。其中的一项调查是针对1973年推翻智利民主选举的萨尔瓦多·阿连德政府的军事政变——这次政变是尼克松、亨利·基辛格和美国公司参与策划的。

奥古斯托·皮诺切特总统领导下的新政府上台后，数千人或被杀害，或被宣布“失踪”，或遭受严刑拷打。下述内容摘自关于在智利秘密行动的参议院报告，其选自于题目为《秘密行动与跨国公司》的部分。

调查政府在情报活动方面的特别委员会：《1963—1973年在智利的秘密行动》（1975）

跨国公司除了为中央情报局提供信息和掩护之外，还参与影响智利政治的秘密行动。下面是1963—1973年期间，中央情报局与在智利的国际电话电报公司（ITT）之间的关系的简要描述。这不但因为国际电话电报公司是最突出的最大众化的榜样，而且因为中央情报局与国际电话电报公司之间交换了大量的信息。下面这份综述是基于为本委员会提供的最新信息，以及之前由参议院外事委员会的跨国公司下属委员会公布的信息，整理而成的。

1.1964年智利大选

在1964年的智利总统选举中，跨国公司的代表找到中央情报局，向他们提出要向基督教民主党提供竞选经费。第三部分详细描述了大选期间跨国公司与中央情报局接触的情况。

2.1970年智利大选：第一阶段

1970年，美国政府和几家跨国公司共同反对当时的候选人，也就是后来的总统萨尔瓦多·阿连德。在这一阶段，中央情报局与跨国公司的联系可以分成两个阶段。第一阶段，包括在美国官方政策不支持（即使秘密地）智利的任何候选人或政党的情况下，中央情报局以及美国的跨国公司采取的行动。在这一阶段，该部门被授权进行意在击败萨尔瓦多·阿连德的秘密的“破坏”活动。第二阶段，包括1970年大选之后情报部门和跨国公司之间的关系。在第二阶段，美国政府反对阿连德，并且开始支持他的反对者。在这件事上，政府寻求与跨国公司的合作。

许多跨国公司都明白阿连德被选举为智利总统的可能性。阿连德的公开宣言表明了他的意图：一旦他当选，他要把基础工业收归国有，并且把诸如国家电话公司（当时是国际电话电报公司的一个子公司）这样的服务业纳入智利的控制范围。

1964年，阿连德曾经被击败过。当时在智利获得巨大利益的跨国公司都知道，他的反对者受到美国政府的支持。

1970年，中央情报局前局长，同时也是国际电话电报公司董事会理事的约翰·麦科恩，了解了美国政府在1964年行动中的卷入程度，同时也了解了当时美国跨国公司提供的帮助。情报部门的文件显示，是麦科恩把这些情况通报给国际电话电报公司的董事会主席哈罗德·吉宁的。

1970年，在智利获得巨大利益的跨国公司，和其他一些关注“假如阿连德获胜，智利会发生什么”的美国公民一起，联系美国政府官员，表达他们的态度。

1970年7月，中央情报局的一个代表在智利的圣地亚哥与国际电话电报公司的代表见面，讨论即将开始的大选，并且暗示豪尔赫·亚历山德里可以得到资金援助。这个代表还提出了一个人的名字，可以作为亚历山德里竞选中使用这笔资金的安全通道。

此后不久，约翰·麦科恩给中央情报局局长理查德·赫尔姆斯打了电话。局长给国际电话电报公司董事会主席和中央情报局西半球分部主任安排了一次会面。吉宁提出给中央情报局提供一大笔款项，用于支持亚历山德里的竞选活动。在随后的会面中，美国电话电报公司提出为中央情报局提供100万美元。中央情报局拒绝了这一提议。备忘录进一步显示，美国电话电报公司就一个可能成为把资金提供给亚历山德里竞选活动的渠道的人，咨询了中央情报局。

中央情报局确认这个人可以把资金安全地提供给亚历山德里。从国际电话电报公司流出的第二笔款项是给阿连德的反对者国家党的。他们听从了中央情报局的建议，将中央情报局在智利的两处不动产作为安全的资金提供给他。这些资产同时还提供给情报部门，用于“破坏”活动。

在9月大选之前的阶段，国际电话电报公司的代表与中央情报局在智利和美国的代表频繁接触。中央情报局为国际电话电报公司向亚历山德里和国家党输出资金的事儿提出建议。中央情报局一直保持着对资金情况和运作机制的了解。最终，国际电话电报公司给选举活动至少提供了35万美元。其他美国公司也提供了大致相等数额的款项。中央情报局了解了这些提供资金的活动，但是没有提供帮助。

3. 1970年智利大选之后：第二阶段

9月4日大选之后，美国政府采取了直接针对智利的经济高压政策，并且在这方面寻求吉宁的帮助，对其他美国商业人士造成影响。尤其是，美国国务院受到四十人委员会①的指派，与那些在智利获得利益的美国商业集团进行联系，看他们是否能够采取与美国对智利的经济高压政策一致的行动。9月29日，中央情报局西半球分部主任与国际电话电报公司的代表见面。中央情报局方面希望国际电话电报公司在智利能够参与更积极的活动。根据中央情报局的文件，国际电话电报公司注意到了中央情报局代表所说的经济战，但没有做出积极的反应。

在反对阿连德活动中一贯使用的一家智利机构是水星报业集团。美国政府和国际电话电报公司一直在向与该报纸有直接联系的个人输出资金。这种输出在阿连德当选之后仍在继续。

麻省理工学院的语言学家诺姆·乔姆斯基是反对越南战争的最重要的声音之一。他在《纽约书评》杂志上发表了一系列严厉斥责这次战争的文章，并且多次发表反战演讲。

20世纪70年代，他还写了一系列关于美国在全世界实行帝国主义以及揭露美国对内与对外政策之间的联系的文章。在下面的文章中，乔姆斯基描述了联邦调查局的反情报计划（在他们内部称为COINTELPRO），此计划开始于1956年，但是在60年代迅速升级。打着保持“内部安全”的幌子，联邦调查局对黑豹党、美国印第安人运动、萨尔瓦多人民阵线、波多黎各活动分子、全国律师行会以及民主社会学生团体等组织与活动，进行了调查、侵扰和渗透。

---

① 四十人委员会：尼克松政府机构，由国防部部长和各军种参谋长组成，任务是讨论批准中央情报局的重要活动。也有传说，“四十”只是房间号，而并非与会者人数。

诺姆·乔姆斯基：《反情报计划：被销毁的是什么？》（1978）

人们通常认为美国是个不寻常的国家。在众多的工业民主国家中，在与其有着相似的政治经济结构的社会中，以其狭隘的思想和政治行为，严重右倾而独树一帜。为了解释这种有趣的现象，甚至“生产”出诸多复杂的理论。

当然，这牵涉到一些敏感的问题，但是一些简单的事实也同样重要。一方面，美国商业界多年来一直不遗余力地进行大规模的组织宣传，这些实践家美其名曰“同意工程”。它的规模是巨大的，影响远远超过了其他工业民主国家。在这一行动中，另一个关键因素是国家政治警察——联邦调查局的作用。半个多世纪以来，它一直集中精力以一种更加直接的方式进行“同意工程”——武力。这一机构的本性和规模直到最近才被揭示出来。当你把所有的故事拼凑在一起时，效果是非常惊人的。

1919年，埃德加·胡佛被任命为司法部情报总局（反对激进分子）局长，他一下子在全国获得了声望，之后不久就进行了“帕尔默大搜捕”。在这次行动中，在全国范围内23个州的33个城市中，共逮捕了4000名所谓的激进分子。《华盛顿邮报》对此评论说：在面对布尔什维克威胁的时候，“已经无法将时间浪费在对自由的微小的破坏的求全责备上了”。有200多名外国侨民因此被递解出境。右翼的司法部部长米歇尔·帕尔默宣称：“本政府现在正在为我们这个国家清扫外国垃圾。”这一行动获得了报界的压倒性的支持，因为他们意识到自己的利益已经受到威胁。“红色恐惧”可以用来控制工人的斗志，肢解激进的政党，恐吓自由派，支持外交政策上的干涉主义。胡佛的联邦调查局正好完成了这些使命，他指挥这一类事情相当成功。

联邦调查局开始广泛撒网。比如，1920—1943年，美国民权自由联盟被渗透。因此在20世纪50年代，它在政治计划和行动控制上，与联邦调查局进行秘密合作。即使是非常微小的对于正统的偏离，也无法逃过联邦调查局的眼睛，而且政治活动很容易被发现。这里举一个我亲身经历过的小例子。1969 年，我在麻省理工学院教授大学生人文学科的课程时，有两个助教，他们都是民权运动与和平运动的积极分子。联邦调查局在波士顿的分部阻止了他们两个人被重新聘用。他们进行得很隐蔽，以便确保“调查局的利益在这件事中受到完全保护”。内部的一份给局长的备忘录中说：“波士顿分部麻省理工学院的一个线人”告诉我们，“他已经使这两个人重新受聘为麻省理工学院员工的机会被取消了”。这个例子在为我们的学术机构提出了有趣的问题的同时，也非常明确地说明了情报机构的本质。

而在其他例子中，联邦调查局的手段则不仅限于此。我以前的一个学生也是和平运动的积极分子。1971 年，他在圣地亚哥州立学院教书。根据美国民权自由联盟提交给丘奇委员会[①]的一份报告，联邦调查局向他所在的学院管理委员会提供了诽谤性的信息（同时，他们也接触到学院的机密记录）。在学院的主持下，召开了三次公开听证会。每一次他都被宣告无罪，但最终他还是被加州州立学院院长格兰·杜姆克免职了。这只是那个年代里多所大学背信弃义的例子之一。在此期间，我的这个学生还成了暗杀的目标。企图暗杀他的人是由联邦调查局组织、资助、武装并指导的秘密恐怖主义军人组织。联邦调查局帮他们隐藏犯罪证据，并防止负责此事的联邦调查局特工受到起诉。渗透进来的领导这一组织的联邦调查局特工，专门针对左派，疯狂地进行爆炸、枪杀和一般的暴力恐怖活动。这一切全是在联邦调查局知情和合作的基础上进行的。

在这个案例中，联邦调查局企图暗杀的那个受害者逃脱了，但是一个年轻女人因此受了重伤。而其他人就不那么幸运了，比如黑豹党领袖弗雷德·汉普顿与马克·克拉克，1969 年 12 月，在一次黎明前的盖世太保式的警察搜捕行动中被杀——这样用词是准确的——这是在联邦调查局的合谋下进行的。联邦调查局把他们在黑豹党里面安插的担任安全主管的奸细提供的公寓建筑平面图提供给警察。这张建筑平面图无疑解释了警察射击的惊人的准确度。这点已经被一些记者注意到了。汉普顿是在床上被射杀的，

① 丘奇委员会：1975 年，由民主党人弗兰克·丘奇主持的美国参议院委员会，是美国国会参议院情报特别委员会的前身。中央情报局和联邦调查局的一些活动因“水门事件”被曝光而终止，此机构负责调查 CIA 和 FBI 搜集情报活动中的违法行为，叫停了若干非法秘密项目，并促成了《阳光政府法案》《外国情报监控法案》等一系列立法。此后，此机构演变为常设的参议院情报委员会，与众议院情报委员会联手，对整个国家安全机构进行日常的、持续的监督。

很可能是吸了毒。据目击者说，他是被残酷地谋杀的。

在此之前，联邦调查局曾经试图让芝加哥贫民窟里的犯罪黑帮“黑石突击队”杀害他。联邦调查局派当地的一个特工给黑石突击队寄去一封匿名信，告诉他们，黑豹党准备杀掉他们的老大。但是他们这次试图挑起暴力火拼和谋杀的努力失败了。在其他情况下，联邦调查局的成功率就高多了。内部备忘录沾沾自喜地夸耀联邦调查局在挑起贫民窟黑帮之间的火拼和帮里内讧时所取得的丰功伟绩。同时，他们还破坏像在教堂里向穷孩子施舍免费早餐这样的活动。

现在，有大量的记录表明，联邦调查局的使命就是攻击民权运动，阻止合法的选举，销蚀大学和文化群体（比如在瓦茨贫民窟里的西部最大的黑人文化中心），以各种手段破坏他们所不认同的政治活动，包括大量使用奸细、纵火、爆炸、抢劫和谋杀等手段。仅仅是在“反情报计划”之下，它的目标就包括共产党、社会工人党、波多黎各独立运动、60年代的各种黑人运动，以及整个“新左派”。虽然左派并不是这些国家政治警察的唯一目标，但是他们的首要目标。从活动的范围和暴力的水平来看，联邦调查局的犯罪行为远远超过其他工业民主国家里的任何行为，因此可以在“美国例外主义”的清单上再添上一笔了。

关于联邦调查局的活动已经有了一些研究，但是这些研究很少引起人们的注意。事实上，那些令人震惊的文件记录本身几乎没有激起什么反响。

令人惊奇的是，对于联邦调查局的犯罪活动的揭露，正好是在水门事件曝光的时候，它们之间形成了无聊的对比。然而，如果把水门事件造成的影响与这些国际政治警察的犯罪所引起的关注做一个对比，却是很有意思的——我再强调一次，后者对美国的文化和政治气候所产生的深远影响是无可比拟的。

历史为我们提供了一次控制实验的机会，让我们看一看尼克松的批评者们到底是受民权和人权关注的驱动，还是仅仅因为尼克松。就像在他之前的约瑟夫·麦卡锡一样，把矛头指向了有权有势的人物——这些永远的“非法”的目标。这项实验的结果清楚地表明，他们对水门事件的愤怒主要还是因为又一次伪善的表演。

第二十一章
卡特、里根、布什时期

玛丽安·莱特·艾德尔曼：在密尔顿中学毕业典礼上的演讲（1983）
凯萨·查维斯：在加利福尼亚共同体俱乐部的演讲（1984）
伊斯梅尔·瓜达卢佩·欧提兹：关于别克斯岛的证词（1979）
P-9罢工者和支持者与霍梅尔公司的斗争（1991）
道格拉斯·安德鲁·弗雷泽：致劳工管理组织的辞呈（1978）
维托·鲁索：《我们为什么要斗争》（1988）
艾比·霍夫曼的最后陈述（1987）
公敌：《争取权利》（1990）

历史学家理查德·霍夫斯塔德在《美国政治传统》一书中分析了美国历史上各个时期的政治领袖，从托马斯·杰弗逊、安德鲁·杰克逊直到现代的领袖。他得出结论："两党初期的辩论者的想象总是在财产和企业的地平线以内。他们认为资本主义文化的经济道德是人类应当具备的品质。"霍夫斯塔德指出："这种文化充满了民族主义。"

以吉米·卡特为首的民主党执政，以及后来的以罗纳德·里根和乔治·H.

W. 布什为首的共和党统治，清晰地证明了霍夫斯塔德的论断。在所有这些政党执政期间，公司的权力增大，伴随着极度贫困产生了巨大的财富，军国主义继续保持现状，为了维护公司利益，他们继续干涉他国的外交政策。两个党都没有超越资本主义和国家主义的界限。

1983 年，玛丽安・莱特・艾德尔曼在马萨诸塞州的精英学校密尔顿中学对毕业生讲话，要求他们采取行动，反抗社会不公。她说这个社会有钱制造 B-2 轰炸机，给大公司减免税，却没有钱用于医疗，没有钱用来办教育，没有钱消除贫困。

艾德尔曼毕业于史贝尔曼学院和耶鲁法学院，是密西西比律师协会的第一位黑人女律师。她主持着密西西比杰克逊的全国促进有色人种法律保护协会、教育基金会，后来又成为穷人游行[①]的顾问。

1973 年，艾德尔曼建立了儿童保护基金会。

玛丽安・莱特・艾德尔曼：在密尔顿中学毕业典礼上的演讲（1983）

为儿童筹一点款，这种人道精神和政治意愿在哪里？这是个什么样的世界，每天让 4 万名儿童白白死去。联合国教科文组织估计，到 1990 年，一年花费 60 亿美元，采用科学新方式：种疫苗、鼓励母乳喂养、普及儿童发育曲线图，每天可以挽救 2 万名儿童的生命。而在美国本土，哪里有强大的政治呼声：要求为儿童投资，而非炸弹；为母亲投资，而非导弹？

1953 年，德怀特・戴维・艾森豪威尔就发出警告：

> 每支做好的枪，每艘下水的军舰，每枚发出的火箭……都是从那些饥寒交迫、衣不蔽体的人那里窃取的。
>
> 这个穷兵黩武的世界花费的不只是金钱。

① 穷人游行：1968 年由马丁・路德・金和南方基督领袖联盟共同组织的在华盛顿进行的民权运动，旨在争取穷困人群的经济平等。

它花费的是劳动者的血汗、科学家的天才、孩子们的希望。

世界上的窃贼是多么厚颜无耻，窃取了儿童和其他人的迫切需要。

在罗纳德·里根当政的第一年，新政府对有作用和无作用的项目不加区分，就儿童保护和支持贫困家庭生命线，建议裁减110亿美元的投入，国会批准了90亿美元的经费裁减。

在其任期的第二年度，里根政府再度提出，对同类项目裁减90亿美元开支，国会批准了10亿。在其执政的第三年，总统本人建议对相关项目再裁减35亿美元。此时，前番的削减产生了后果，数以百万计的美国人没有工作，居无定所，失去了健康保障。由于家庭支持、健康和社会服务机构大幅度减少，家庭不能满足儿童的需要，成千上万名孩子面临着不断增多的虐待、强制收养、疾病和死亡的威胁。

这是我个人的强烈感受：美国的领导人“兜售”给美国人民一些虚假的选择，他告诉我们，我们必须在就业与和平之间进行选择，在街上的监控器和孩子的牙齿保健之间进行选择，在500万儿童的日托和让老人院中数百万孤独的老人享受家庭护理之间进行选择，在裁军和建造MMMX导弹之间进行选择。

在大幅度减少最迫切的儿童服务项目的同时，总统和国会给公司和个人免去了7500亿美元的税额。里根政府还试图让美国人民同意，分七年拨给五角大楼2万亿美元，完成有史以来最大的和平时期军备。你知道2万亿美元是多少吗？假如你从1年开始，每天花掉200万美元，花到现在，你还没有花掉里根总统说的这笔钱。他要美国人相信7年就能花完。

里根总统上任时，我们在军事上的花费是平均每小时1800万美元。

今天，我们在这方面的花销是每小时2400万美元。

下一年，里根总统要做到每小时2800万美元。民主党领袖却要做到每小时“只”花2700万美元，他们被认为在国防上持“温和态度”。

到1988年，如果总统的目标实现，美国每小时的军费开支将是4400万美元，每个美国人在国防上的支出大约要增加63%，穷困儿童及其家庭的支出则要少22%。里根总统建议追加的一小时军费，就可以让19000个孩子享受一年的免费在校午餐，一天的军费就可以让50万低收入家庭的儿童享受一年的免费在校午餐。而他所说的一周的军费，可以为全国所有低收入学校的每个班买一台小型电脑。

你想怎样支配稀缺的国家资源呢？对以下事例你会做什么样的选择？

●你是否愿意少制造一个计划中的226MX导弹？制造这种导弹每枚要花1.1亿美元，而我们仍然无处栖身。你是否愿意帮10.1万个女人操持的家庭解脱贫困？如果我们取消了MX导弹计划，我们就可以让1200万名贫困儿童摆脱贫困，剩下足够的钱也可以让30万名穷人上大学，日后成为工程师、数学家和科学家。你觉得哪一样投资更能促进国家的长期安全？里根总统砍掉了给穷困家庭的保障措施，去建造MX导弹。

●你是愿意每年给军乐队1亿美元，还是宁可把这笔钱花在20万名穷孩子的教育上，让他们与境况较好的同龄人一样，学会读书写字？美国的中学乐队会乐意在爱国游行中进行演奏，我担保。里根总统削减了对贫困儿童的补偿教育费用，却没有动军乐队一丝一毫。

●对于国防部在夏威夷万基海滩德吕西堡拥有的豪华饭店，你愿意继续保留还是出售？它的市值高达1亿美元。你是否愿意为所有的穷人孕妇提供医疗？她们中有些人在生产时被医院的急诊室拒之门外。里根总统砍掉了她们的医疗保障。没人严肃地建议军方应当停止这种过度的奢侈享受。

●我们计划建造100架B–1轰炸机，每架造价是2.5亿美元。如果我们造91架，少造9架，我们就可以给所有的穷人产妇和贫困线以下的所有儿童提供医疗。你觉得这样做会威胁到美国的国防安全吗？

●你要满足的是谁的需要？是国防部长温伯格还是穷孩子？每当国防部长贾斯伯·温伯格和他的精英同事坐在五角大楼的私人餐厅里，他们19个人每餐只付2.87美元，而我们纳税人要替他们付12.06美元，这12.06美元可以买40份加餐牛奶或果汁或饼干。里根总统逼着穷孩子的母亲自己出这笔钱。我想，我们应当要求温伯格在五角大楼里其他四个高管餐厅里就餐，把100万伙食补助归还给穷孩子。

我认为，我们应当权衡无谓的军事与平民的必需项目，并且对军事项目采用与平民项目一样的国家目标、功用和效率标准。我还认为，富人应当在经济复苏中承担一定的责任，而他们却没有。

正当你们要进入成人的世界，你们要努力关注人类的底线时，我希望你们懂得民主不是旁观。

凯萨·查维斯：在加利福尼亚共同体俱乐部的演讲（1984）

21年前的9月，在萨林那附近一条与美国101公路平行的孤独延伸的铁道上，32位墨西哥农场工人在一场悲惨的事故中丧生。

这些农场工人来自墨西哥，应招到加利福尼亚农场干活儿。他们乘坐的由卡车改装的汽车撞上了一辆货运火车，车上工人全部身亡。卡车的改装没有经过有关部门的准许，汽车司机患有视野狭窄病。多数尸体多日无人认领，没有人（包括雇用这些工人的农场主人）知道死者的姓名。

今天，成千上万的农场工人生活在恶劣的环境中，在树下，在垃圾和人的粪便中——就在圣地亚哥的西红柿地附近，这些西红柿地用的是现代农业机械。他们睡觉时被可怕的老鼠啃噬，他们要走数公里去买食品，价钱高得不得了。他们用浇地的水泵打水生活。

在很多农场，使用童工仍然很普遍。北加利福尼亚的大蒜采摘工30%是未成年人。州工会选举中，投票者有的只有6岁，因为他们是工人，他们有投票权。

在全美国，大概80万名未成年人跟他们的家人一起收获庄稼。

移民工人家庭的新生儿死亡率比普通家庭高出25%。

移民工人家庭儿童营养不良的比例比全国平均水平高10倍。

移民工人平均寿命只有49岁，而美国人的平均寿命是73岁。

我毕生追求一个梦想、一个目标、一个幻想：推翻这个国家以前的农业工人制度。这个制度把农工看得无足轻重。农工并不是农业工具，他们也不是驮东西的牲口——用完就丢弃。这个梦想从小就有。在我早期组织工会时，它开始萌发，蓬勃生长，并受到打击。

那个梦想，来自于我经历的种族歧视，来自于我的希望，来自于我的盼望，我盼望得到公平的对待，盼望看到我的人民被当成人而非奴隶。它来自愤怒——40年前，加利福尼亚很多地方不许我这种肤色的人看电影或在餐馆里就餐。它来自挫败和羞辱，当我还是小孩的时候，不明白为什么农场主可以虐待和剥削农工，我们的人这么多，而他们只有几个人。

后来，在20世纪50年代，我受到了另一种剥削。在圣胡安，在洛杉矶，在其他地方，我们——墨西哥裔美国人被占多数的白人驱使。我开始发现，将其他少数族裔组织起来是唯一的解决之道。我们越来越多的人成了美国公民。我们要登记选举。而我这样的人需要培养技能，以便组织、教育墨西哥人，让他们获得力量。

在建立工会之前，我花了很多年时间学习怎样帮助人们。

我们有了一些成就，在选举登记、政治、反抗种族歧视等方面。当我们取得这些成绩的时候，美国黑人刚刚开始争取公民权利，而西班牙裔人几乎没有政治觉醒。但是，在我内心深处，我知道，除非我把农业工人组织起来，否则我永远不会真正感到高兴。我不知道我是否会成功，但我要去尝试。

所有的西班牙裔人，城市的和农村的，不分老幼，都有过农工的经历。我们或我们的父母都在田地里干过活儿。我们受过同样的羞辱。我们住到了城里，而农工们——跟我们肤色一样的男男女女，还被迫过着没有尊严的生活，我们怎样才能像一个民族一起前行？农工们——他们代表着我们在这个国家的历史，仍然被剥夺了自尊，我们怎样才能像一个民族一起前行？当这种屈辱、这种不公仍然被默许时，我们的人民怎么会相信他们的孩子会成为律师、医生、法官和商人呢？

那些攻击工会的人经常说："这不是真正的工会，而是别的东西。一种社会运动，一种民权运动，某种危险的东西。"

他们说对了一半。

农业工人联合会是最重要的工会。这个工会像任何工会一样。这个工会如果不能为它的成员提出日常生活的基本问题，它就会夭折。但是，农业工人联合会一直以来不仅仅是一个工会。不过，假如你相信《权利法案》，它就绝对没有危险性。农业工人联合会成立了！我们抨击我们的人民在这个国家遭受的羞辱和恶行的根源，我们抨击不公正，不是抱怨，不是乞求，也不是在对穷人的战争中自相残杀。

我们组织起来了！

农业工人联合会知道我们曾经使自己成为民主社会的牺牲品。在这个社会里，多数人统治、集体谈判已不是学术理念和政治空谈。而通过强调这个历史性的问题，我们对全体人民创造未来的能力有了信心。

农业工人联合会的存在，依我之见，无疑是始于最初。当联合会成为可能之后，更多的墨西哥裔美国人开始进入大学，我们的人民在全国各个社区的方方面面开始行使他们的权利。

工会的存在，对所有西班牙裔美国人发出了一个信号。

我们为了自己的尊严而战。

我们挑战并战胜不公。

我们使受教育最少的人——最穷的人变得有力量。

这个信息清楚地表明：如果它不能在田野里发生，它就不能在任何地方发生——在城市、在法庭、在市政厅、在州议会。

那时，我并不十分理解这些。但是，联合会的出现标志着西班牙裔美国人发生了巨大的变化。

我曾经到过这个国家的各个地方，我遇到过成千上万的西班牙裔美国人，并与他们谈话。他们来自各行各业、各个社会阶层。

无论他们的年纪或社会地位如何，我听到他们以及他们以外的人说得最多的是，农业工人给了他们成功的希望，鼓励他们为改变而努力。

你会一次次听到我们的对手宣称，联合会很软弱，没有人支持联合会，我们的讣闻已经被写过多次。多么具有讽刺意味啊！觉得联合会影响不够的这些人，也正是激烈反对我们的人。

联合会在农业产业中的力量与签署了联合会合同的工人人数并无关系。它也与农业工人对于民主党政客的贡献无关。

我们存在的事实本身迫使整个产业，有工会和没有工会的，每年花费数百万美元提高工人工资待遇，改善劳动环境，增加工人福利。假如我们软弱，不够成功，为什么农场主会继续如此热衷于攻击我们？因为只要我们继续存在，农业工人就会从我们的存在中得到好处。之前，他们在没有工会的保障下工作。

我们有 10 万还是 50 万成员，这并不重要。实际上，今天，加利福尼亚和其他州的千百万农业工人因为我们的工作而受益。而且，全加州的西班牙裔人以及非农业工人都得到了好处，因为农业工人教会了人们组织起来，常给人们尊严、力量，教会人们掌握自己的生活。

农业工人数以万计的子孙后代正在从田野和郊区走出来，变成专家，进入企业界、政界。这种流动不可逆转！

作为给西南部的墨西哥人增加力量的组织，联合会将永远存在，这意味着我们的力量和影响将更加强大！

两个主要潮流给了我们希望和鼓舞。

联合会获得了久经考验的非暴力武器——抵制！《农业劳动关系》于1975年成为加利福尼亚的法律之后，我们解除了抵制，遵守这项法律。

在20世纪70年代初期和中期，数以百万计的美国人支持我们的抵制。1975年后，我们重新调整，把抵制转变为组织和合法选举，通过法律帮助农业工人战胜贫困和不公。

在那些有工会合同保护的公司，在取消童工、提高薪酬、改善工作环境、消除对女工的性骚扰等方面，我们都取得了进展。我们只要组织起来，不公很快就会成为过去。

但是，在共和党州长乔治·杜克梅吉安执政期间，保障我们权利的法律和组织不再保护农业工人，它们失去了效用！

1982年，公司农场主们给杜克梅吉安100万美元，让他竞选加利福尼亚的州长。他一上任就用加利福尼亚农业工人的血汗偿还这些农场主。杜克梅吉安不但不遵守法律，反对破坏者，而且把破坏这项法律的农场主置放在他们的代言人的庇护之下。

对于农业工人，这意味着什么？

这意味着能够参加自由选举并拥有投票权是个谎言！

这意味着工友能够在劳作时自由谈论联合会是个残忍的骗局！

这意味着不受农场主的威胁和逼迫只是空头许诺！

这意味着农业工人坐下来与雇主平等地谈判只是个骗局！

这意味着成千上万的农业工人还在等待着支票，因为雇主们违犯了法律，拖欠了他们几百万的工钱。

这意味着36000名农业工人——他们通过自由选举选出的农业工人联合会——还在等候雇主签订合同，而后者拒绝真诚地谈判。

这意味着，在农业工人中，童工的现象会继续下去。

这意味着高婴儿死亡率会继续下去。

这意味着我们的子女仍然会营养不良。

这些威胁是编造的吗？它们是否言过其实？

去问问那些农业工人，他们仍然在等待农场主诚恳谈判、签订合约！

去问问那些农业工人，因为他们说了联合会的好话而被开除！

去问问那些农业工人，他们曾受到实质性的暴力袭击，因为他们支持农业工人联合会！

去问问瑞尼·洛佩兹的家人，这位年轻的农业工人去年被枪杀，因为他支持了联合会！

…………

历史和命运站在我们一边。农业工人和他们的孩子们——西班牙人和他们的孩子们，是加利福尼亚州的未来，而公司种植园园主已经成为过去！

那些与公司种植园园主结盟反对农场工人和西班牙人的政客会大吃一惊。

他们要在政治上飞黄腾达。他们希望执掌20年或30年。

然而20年或30年之后，莫德斯托、萨利纳斯、弗雷斯诺、贝克斯菲尔德、因皮里尔河谷以及加利福尼亚州的许多大城市里的社区将由农场工人及其子孙主宰，而不是农民及其子孙。

这些趋势是无法阻止的历史力量的一部分！没有人和组织能够长期抵抗这种力量。一旦社会变革开始了，就无法逆转！

你无法让一个已经学会了读书的人变成文盲。你无法侮辱一个内心骄傲的人。你无法压迫再也没有恐惧感的人民！

我们的对手必须懂得，我们所建立的，不仅是一个像其他组织一样来来去去的工会。我们不仅仅是一个组织。在过去的将近20年里，我们的工会一直为了人民的事业而冲锋陷阵——你是无法消灭整个人民队伍的，你也无法抹杀人民的事业！

无论工会的未来如何，无论农业工人的未来如何，我们的成就都是无法抹杀的！联合会培养起来的意识和自豪感将永生，并且在那些永远也不用当农场工人的百万西班牙青年中发扬光大！

像其他移民群体一样，我们赢得与我们的数量相当的经济和政治地位的那一天一定会来到。政治家们做出合乎我们人民利益的事，仅仅是出于政治必要性而不是出于慈善或理想主义的那一天也一定会来到。

那一天也许今年不会来到。

那一天也许在10年内不会来到。

但是有一天，它总会来到。

当那一天来到的时候，我们将看到《马太福音》中的那段话所描述的场景："最末的将成为第一个，第一个将成为最末的。"

到了那一天，我们的国家将会实现它的信条——而这样的实现将使我们都得到幸福！

自从1898年美国夺取波多黎各之后，美国政府一直把它当成殖民地，随心所欲地把它的土地作为自己的军事基地，波多黎各的库莱布拉和别克斯岛被用作轰炸训练基地，当地人民被赶出自己的家园，乡村被毁灭，造成了一系列死亡。

1975年，在经过了长期的抗议活动之后，库莱布拉岛上的轰炸训练终于结束了，然而岛上的居民依然抱怨，多年的滥用在这片土地上留下的有毒废物仍然未清理干净。别克斯岛上的积极分子开展了类似的斗争。

下面是别克斯岛的一个教师在1979年对美国法庭所做的一份声明。这篇声明的作者伊斯梅尔·瓜达卢佩·欧提兹在1964年就组织过最早的反对美军的抗议活动，在发表演说之后被捕。1999年，又一颗美国海军的炸弹炸死了别克斯岛上的一个平民警卫——大卫·萨内斯。

4年以后的2003年，解放别克斯的运动终于迫使美军停止将该岛作为军事训练基地。

伊斯梅尔·瓜达卢佩·欧提兹：关于别克斯岛的证词（1979）

我，伊斯梅尔·瓜达卢佩·欧提兹，今年35岁。我的一生都住在别克斯岛，是别克斯岛公立学校的一名教师。

许多年前，我开始为我的别克斯兄弟们能够和平地生活而战斗。1978年以来，我成了拯救别克斯十字军的领导人之一。这个组织把别克斯地区的多种政治观点、宗教哲学和社会地位的人团结到一起，肩负起团结一致、共同有效地对抗美国海军的斗争。当我提到别克斯人与美国海军的斗争，以及这支军队在我们的土地上所代表的力量，我便说的确有其事。

美国海军对我们的土地的破坏在我出生以前就开始了。在我出生以后，我们的"小妹岛"[①]就已经被这支海军占领并分割，这也就是今天他们把我们抓到这里来的原因。

今天，我来到这里，不是作为一个罪犯，而是作为指控罪犯的人。我指控美国海军以及美国在波多黎各所设的法庭对别克斯人民所犯下的罪行。这是我们美洲大地历史上最大的犯罪之一。

我丝毫也没有夸大。我指控美国海军和它的法律伙伴——联邦法院来到当地大肆征用土地，致使数千人无家可归。而这支海军竟然宣称我们的土地是他们的。那么，我将举出谁来当我的证人呢？首先，是我的父母（纳西索·瓜达卢佩·瓜达卢佩与默西迪丝·欧提兹·马尔多纳多），他们本身就是受害者之一。紧接着，我要请数百名仍然健在的别克斯人证明20世纪40年代所发生的事。让他们做证，我们的妇女不得不在甘蔗田里生产，因为推土机已经把她们的房子推倒了；请他们做证，我们的人民在一觉醒来之后，发现自己已经没有了一寸可以用来养家糊口的土地。

我想说的还不仅限于普遍的对财产的破坏。我还要谈到生命，也就是别克斯人宝贵的生命，美国海军在别克斯岛上夺走了他们的生命。我知道至少有十几个别克斯人死于美国海军醉鬼的谋杀和他们留在岛上的炸弹。这就是我指控他们为罪犯的原因。所有的别克斯人都记得楚尔托·罗格朗之死。他是个只有12岁的男孩，成为美国海军留在我们土地上的炸弹的又一个受害者。这件事发生在1953年。老人们还告诉过我亚历杭德罗·罗萨多的尸体是怎样被发现的，他头朝下腿朝上埋在土里。人们对1954年4月费利佩·弗兰西斯·克里斯蒂安被杀仍然记忆犹新。老人们还给我讲了阿纳斯塔西奥和多明戈·阿科斯塔父子死于美国海军炸弹的情形。我还能举出胡安·梅索纳、海伦娜·霍利迪以及其他一些有血有肉的受害人的名字。

我们当然还记得所谓的1952年、1958年、1964年和1968年暴乱是怎么一回事。那不过是一群喝醉的美国海军陆战队队员对岛上的平民大打出手的事件。

所有的这些罪行都没有受到惩罚。罪犯们呼啸而去，而这个法庭和其他任何法庭都没有判他们有罪。相反，你们这些法官今天却来这里，要给我和参加了拯救别克斯十字军的别克斯兄弟们判刑，因为他们反抗美国海军所犯下的罪行。

---

① 当地人对别克斯岛的别称，意为"波多黎各岛的小妹妹"。

除了这些针对个人的犯罪之外，还有针对岛上8000名别克斯人的集体犯罪。他们已经从我们的33000英亩土地中夺去了26000英亩。他们还禁止我们在自己的海里捕鱼，而那是我们别克斯人数百年来赖以生存的基础。同时，这支军队还要限制我们在空中和陆地的交通。

今天的别克斯人受困于两个美军基地，受困于储备的爆炸物和炸弹的袭击。美国海军以强迫放逐的手段使数千名别克斯人一点一点地死亡。

我们还可以提到失业和缺少教育对别克斯的年轻人和儿童造成的严重后果，但是我并不想谈这些。

不用说，我作为一个别克斯人，作为一个波多黎各人，同时也作为两个孩子的父亲，我为我在这样的时刻能够站在我的人民的一边而感到非常骄傲。我想说的是，他们的父亲之所以成为囚犯，是因为他不想让他的孩子们将来生活的别克斯与现在一样。是的，我不想让他们和岛上其他的孩子生活在一个受到外国人疯狂轰炸和射击的地方，我不想让喝醉的水兵在他们的岛上侮辱和伤害他们。我还希望我的孩子和他们的小伙伴们能够把今天的迫害当成是过去的事情，或者是作为历史来讲述，而不会让它在任何地方再次发生。这就是我斗争的原因。

我的罪行是我在我出生和生活的岛上行走了，我的罪行是我与我的波多黎各和别克斯的兄弟们一起与美国海军战斗了。正是因为这些“罪行”，我才被带到这个代表了美国政府在波多黎各的利益以及美国海军利益的法庭上受审。正是在这同一个法庭，几天前判定美国海军轰炸和射击的权利要比8000名别克斯人的和平生活的权利更重要。你们这个外国法庭没有权力审判我。我是一个波多黎各人，我是不会在攻击了我的人民的侵略者的法庭上寻找正义的。

这个法庭可以把我关进监狱，但是外面还有数千人将坚持斗争，因为这是人民的斗争。

1984年年末，联合食品和商业工人工会（UFCW）的当地分会“P-9”举行了一次协调一致的反对霍梅尔公司大幅度削减工资和福利的行动。霍梅尔是位于明尼苏达州奥斯汀市的一家大型肉类加工企业。1985年8月，尽管受到国际工会官员要求让步的压力，90%以上的当地居民还是开始罢工了。这次罢工引起了其他工会会员之间的广泛团结，其中有些人因为服从了设在霍梅尔工厂外面的流动纠察线而被解雇。

正如历史学家彼得·拉克莱夫在他的《中心地带的压力》一书中所写的："联合食品和商业工人工会以及美国劳工联合会－美国产业工会联合会都知道，当地工会为其他劳工积极分子和普通工会会员提供了危险的榜样。分会'P-9'很快就成了一种象征，代表了民主，代表了参与的成员都愿意不顾国际工会的计划和战略，反对向公司让步。而且，他们还形成了一种'横向的'联合，这威胁到了国际工会在各地实行的垂直的官僚化的管理机制。"1986年，全国工会强迫当地的分会"P-9"进入破产管理，并强迫它接受了一个不利的合同。

这次罢工虽然最终失败了，但是工人和工会为怎样维护自己的利益提供了经典案例。

下面是几名罢工者对他们与霍梅尔公司的斗争及其教训的思考。

P-9 罢工者和支持者与霍梅尔公司的斗争（1991）

吉姆·古耶特：我出生和成长在奥斯汀，这里是我的故乡。我从1968年7月开始在霍梅尔工作。1978年，我成为工会积极分子，因为他们当时正与公司就一份让步性合同进行谈判。当时双方都同意，我们借钱给公司，用来建造一座新的工厂。是无息贷款，条件是他们永远也不削减我们的工资。当时我就说过："银行的钱比我们的多，他们为什么要向我们借钱呢？"

他们告诉我们，我们必须投票决定这份让步性合同。但是公司和工会负责人都没有告诉我们全部实情。结果这件事为管理者为所欲为开了绿灯。它成了利润上的让步，它成了工作中的所有方面的让步。其中还有一条8年不许罢工的条款，还有加快生产速度。然而，一旦加速生产，就会出现很多工伤事故。

丹尼·米利：我还清楚地记得当时的霍梅尔的执行副总裁查克·尼贝里在电视上说，在新工厂里，工人永远也不会挣得比在以前的工厂里少。可是当我们转到新工厂之后，我失去了奖金，大约每周有100美元。医疗福利上也出现了倒退。这样一来，每周我就要向公司交回43美元的医疗费用。从转到新工厂到让步合同生效期间，我每周损失160美元。工作条件也改变了。管理者对待工人的态度也改变了。工伤事故成了家常便饭。公司已经不是从前的公司了。

吉姆·古耶特：工会的会议都是晚上召开。为了照顾我们这些上夜班的人，他们在第二天白天也召开一次。工会主席和一两个负责人会坐下来给我们讲头一天晚上开会的内容。如果我们中有人打算采取行动，他们就会说这些会议只不过是“礼节性的”，大家所能做的就只是提问题了。可是，当有人提出了他们不喜欢的问题时，他们就会立即拍屁股走人。后来，当我也参加了工会的晚间会议的时候，他们就总是裁决我违反规章。终于，有一个老兵站出来说：“喂，我已经厌倦了你们这种动不动就用‘违反规章’之类的东西说话。他也是像我们一样交了会费的，让我们听听这个孩子有什么要说的。”

1981 年，我进入执行委员会。在谈判之前，我们去芝加哥开了一次会。他们所做的就是让你喝个够，拍着你的肩膀，告诉你，当你脑满肠肥的时候，你就是一个了不起的领袖了。然后，这笔大买卖才登场。他们说，我们还必须做出更多的让步，因为人人都是如此，等等。

好吧，我们就做了一个又一个让步。我对于公司在 1978 年、1979 年和 1980 年的情况非常了解。我的意思是，如果公司亏损，那还情有可原。可是我看不出有任何理由需要向一个赚钱越来越多的老板让步。同时，我也不认为我们必须要对公司发起行动。于是，我就说：“喂，我坦白地告诉你们这些家伙，我回家后，我要告诉人们，投票反对这件事。”他们说：“我们应该团结。”我说：“你们跟你们自己团结去吧——我要提交我的少数派报告。”我真的那样做了，我们一起投了合同的反对票。

国际工会对此很不满意，于是我们只得又投一次票。实质上，这就是一种“一直投到他得到满意的结果为止”。这次选举简直就是一场骗局——有人把选票批发了，每投票一次就能得到 25 美元。我要求重新统计得票数量，但是他们在第二天就把选票销毁了。最后，就这么通过了，而我因此得了一个“捣乱者”的名声。

1983 年，我参加竞选工会主席。我的对手是约翰·安克尔，他当时是这个破坏罢工工会的主席，他是第一个越过纠察线去上班的人。在选举之前，我提出一个动议：让普通工会从他们的成员中选出人来组成选举委员会。我问这个新的选举委员会的负责人，他能不能自己买一把挂锁，把投票箱锁起来，免得有人往里面塞东西。他那么做了，于是，你瞧，我赢了。

在我接手工会以后，工会内部的老会员与新会员之间产生了一些摩擦。工厂里起了一种谣言：“古耶特当选后，仍然会无所作为，因为权力都控制在执行委员会手里。”但是，我直接从会员入手，情况开始改变。我们所说的事情在工人们那里得到了认同。我们对人非常坦率而又诚实，回答问题总是用我们所知道的最好方式。我想，这就是我们能够做事的力量所在。我相信，如果让他们了解情况，让他们知道问题所在，他们通常会做出正确的决定。而如果他们错了，那么他们也有犯错误的权利。

在我当选工会主席之前，我们开会的时候，人数若是能达到法定的 35 人就谢天谢地了。我当选后，工会大厅能容纳 500 人，一旦开会，我们便联络每一个人，人数众多，我们必须每天分四批开会。所有的问题都会反复讨论，每个人都有机会说出他们的意见，不论那是什么样的意见。这是前所未有的。

塞西尔·凯恩：我记得我参加过的第一次工会会议是在 1984 年的 7 月或 8 月召开的。

工会已经做出了无数的让步。可现在，公司又开始威胁工会要削减工资了。我那时每小时的工资是 10.69 美元，可是公司方面还要削减，于是我参加了工会的会议。我记得吉姆·古耶特带回了公司想要我们同意的一份计划书，即每小时付给我们 8.75 美元。我的天啊，少了将近 2 美元哪！而我们这家公司绝对是全国利润最高的肉类加工厂。但是，公司还想得到更多，而且不是一角一分地要。

我真不敢相信吉姆会问我们怎么想。在我的心目中，他是工会主席，他为什么不告诉工人们应该坚持下去？我直接走上讲台，说：“我不知道你为什么要回来告诉我们这些。”但是我发现，吉姆的风格是，在行动之前，他总是先问问普通老百姓。我越来越欣赏他了。他总是说出问题的两三个方面，然后问你：“你想要怎样做？”那就是他的行事方式，无论在罢工前、罢工期间，还是现在。

吉姆·古耶特：霍梅尔对一切控制得都很严。以前，工人们对这种专制看得不是很透。现在，他们看到了权力是怎样控制的，他们知道了那些已经很有钱的人永远也不会失去获得更多的钱的欲望，也不在乎自己是怎样得到的以及伤害了谁。看到人们以每年每100个工人有202次工伤事故的比率受到伤害，我们再也不能袖手旁观了。

丹尼·米利：我在公司的头5年，在最危险的环节工作。切牛排是整个肉类加工厂最危险的活儿。在那5年中，我进行了196次缝合，做了两次手术，重新对齐我的手腕。这样的工伤事故率几乎失去了控制。

吉姆·古耶特：只有22岁的年轻妇女，在这家公司工作了不到两个月，就患了脉管综合征。她们甚至无法抱孩子了。30岁或者32岁的人，敢吃蜗牛的足够生猛而健壮的人，甚至拿不起一个10磅重的盒子。然后，公司就会对他们进行培训，让他们去哈迪斯快餐店或麦当劳烤汉堡包，并且告诉他们，好好继续生活。这是在他们已经毁了人生之后！只要是有良知的人，就不能坐视不管。我们努力去接近霍梅尔公司，以便创造一个安全的工作环境，可他们总是对我们说："如果你不喜欢这里，还有很多其他人愿意在这种条件下工作呢。"

我们很早就看出了公司的意图。但为了避免与霍梅尔直接发生冲突，我们说："我们可以跟你们一起赌博。我们可以把我们的工资与你们的利润捆绑到一起。我们保证让你们赚到比前一年更多的钱，否则就降低我们的工资。"可是公司方面一口拒绝说这还不够。当我们问他们多少才算够时，他们却回答不出来。

塞西尔·凯恩：8月，当我们开始罢工的时候，霍梅尔公司的态度是：我们很快就会变得疲倦而又饥饿。公司认为罢工很快就会结束，只不过它并没有在几个月——三四个月或者五个月结束。我们的坚持真的很成功，我们没有变得软弱。但是相信我，当你每周只能得到40美元，再加上偶尔得到的25美元补贴时，那可真是够难的了。为了解决罢工运动给工人们带来的生活上的难题，我们开始了一项"收养一个家庭"的活动。11月底，我们向全国各地的人们发出呼吁。到圣诞节的时候，我们就得到了回应。我的上帝，这样我们就能生存下去了！

丹尼·米利：到这个时候为止，霍梅尔已经停业五个月了。一直到1986年1月13日，霍梅尔的奥斯汀工厂才重新开业。

吉姆·古耶特：当他们试图用破坏罢工者填充工厂的劳动岗位时，我们的人决定与那些破坏罢工者在同一上班时间行动。我们绕着工厂的周围以每小时2英里的速度行驶，这造成了奥斯汀市巨大的交通堵塞。但由于没有人违反交通规则，警察也只好干瞪眼睛。

丹尼·米利：我们决定进行非暴力抵抗。我们一起来到工厂，手挽着手。后来，公司叫来了警察。警察把罢工者从人群里拉出来，然后立即逮捕。我们都经历过多次被逮捕。人数最多的一天，竟然有115人被捕。随着我们人数的增加，警察部门也增加了警力，他们从偏远社区调来人增援。他们使用催泪弹和防暴犬。对于完全非暴力的我们，他们使用了暴力。

吉姆·古耶特：你看，他们需要使用暴力，于是他们就努力地想让我们也使用暴力，变成疯狂的人群。我们永远不会那样干的。在奥斯汀，唯一的暴力是由公司、警察和国民卫队造成的。我们从一开始就主张非暴力。我们信奉甘地和马丁·路德·金的理念。我们也投入了大量的时间，召集了很多次会议，向人们讲述我们想要做的，以及我们应该怎样不使用暴力去做。

卡罗尔·基奥：大多数时间，我都在纠察线上。我们所做的基本上就是手挽着手。我们手挽着手，保持着和平。特里·阿伦斯是第一个被捕的人。当时他正在与一个警官说话。他说："我们什么错事也没做。我们是非暴力的。我希望你们也能这样。"就这句话，让警察们非常生气，他们说："把他抓起来！"警察非常用力地拽他，特里说他的胳膊就要脱臼了。当他们看到无法控制住他的时候，就用手指去挖他的双眼，就这样才把他弄倒。特里的眼睛受了伤。

然后，他们开始用棒子打人。他们还有能把你活活撕碎的警犬。他们已经到了毫不在乎对罢工工人使用什么手段的地步。那是一种可怕的感觉，但他们才不管你们的内心受不受伤害呢。

塞西尔·凯恩：我们将有四五百甚至600人到那里去。我们让工厂关闭的办法很有效。于是，他们的禁令就来了：每个大门前，罢工者只能有

3个人站岗。因此，我们这么多人就成了非法的。然后他们就大肆逮捕人。接着，他们开着广播车高喊“暴力！暴民”。再接着，国民卫队就来了。

卡罗尔·基奥：他们造谣，说叫来国民卫队，是因为工人攻击了工厂方面派出的摄影师。事情是这样的：那天早晨，我正在工厂的大门口。车来车往，还有一些上班的人。有一些罢工者和一些破坏罢工者。那个摄影师故意挑起事端（如果你读过事后的警察报告，他们自己也承认这个人是故意挑起事端）。他从他的汽车里出来，对一个罢工者又踢又打。于是，那个工人开始反击。摄影师回到车上，开着车去了警察局。突然，他们用救护车把他拉走了，以此来显示他受了伤。可是，他先前是自己开车并走进警察局的，毫无问题。这是栽赃——我真的这样认为，整个事件就是个圈套。他们说，那就是他们调来国民卫队的原因之一——发生了“肢体冲突”。

丹尼·米利：国民卫队封闭了所有的大门，只留下一处北门。然后，他们排成了一个V字形，就像一个漏斗形。从90号州际公路一直到工厂大门。他们总是能够找到破坏罢工者，作为替代工人来工厂上班。这支霍梅尔的“私人安全部队”花费了明尼苏达州纳税人所缴的300多万美元。

我们决定用汽车封闭出口，形成一个瓶颈。交通开始堵塞。接着，高速公路上的警察参与进来。霍梅尔的政治影响力促使他们使用拖车，把桥顶上的车推下去，把汽车从隔离带上和十字路口推开。

塞西尔·凯恩：当时，我与流动纠察线正在内布拉斯加州的费尔蒙，可真把我们冻坏了。当我们回来的时候，就听说国民卫队来了。他们驻扎在圣·爱德华教堂里。他们是来占领的。我开车过去，直接上了州际公路。我看到国民卫队的大卡车以及士兵手持盾牌站在那里。平时，你是在电视上看到在别处发生这种事，但不是你自己生活的地方，也不是你孩子上学经过的地方，更不是针对你的。我们什么也没有做，我们没有伤害任何人。我们过去总是说：“他们不能那样干，是不是？”可是我们再也不那样说了。当我们再听到有人这样说的时候，我们会笑话他，因为他们真的是什么都干得出来的。天哪，我毕生都在工作，缴了所有的税，做了一切我应当做的，可是这些家伙来到了这里。这是错的，绝对是错的。

皮特·温克尔斯：如果不是亲身经历，你是很难想象的。国民卫队实际上就是军队，开进来，封锁了半个城市。他们拥有绝对的控制权。这个城市里的人第一次看到他们，心中禁不住问自己："这究竟是怎么一回事啊？"

塞西尔·凯恩：我们想要回我们的工作，但是一切都改变了。数百年来，人们一直在讨论白人与黑人、男人与女人、青年与老人之间的区别——那些扯淡的事，但是情况变了。在明尼苏达州中部的一个无名小城——只是一群农民，一群白人，天哪，他们也经历了那些想得到工作和体面的住房的黑人所经历的一切，他们也经历了那些说西班牙语的人为了得到正式的而不是非法黑工所经历的一切，他们也经历了那些想要获得与男人同工同酬的妇女所经历的一切。在你没有穿上别人的鹿皮靴走上一英里路之前，你是不会明白别人在谈论什么的。那些墙倒塌了，这些人开始以不同的眼光看待这个国家、这个世界。我们有很多人在谈论他们的问题，在谈论工会主义，还有很多人在观望。我们有很多人紧紧地团结在一起。我们对劳工运动起到了一份作用。

1978年，道格拉斯·安德鲁·弗雷泽成为全美汽车工人联合会（UAW）主席。一年以后，他从一个由八个执行委员和八个劳工代表组成的，由前劳工部长约翰·邓洛普任主席的委员会辞职。

这个劳工管理组织代表的是在工人和雇主之间达成合作的尝试。但是正如弗雷泽在他的辞职信中所说的，美国公司已经用行动证明了他们没有与工人进行合作的诚意，相反，他们选择的是与工人阶级、失业者、穷人、少数民族、儿童、老年人以及社会中的很多中产阶级"进行一场单方面的阶级战争"。

道格拉斯·安德鲁·弗雷泽：致劳工管理组织的辞呈（1978）

主席先生：

我对于取消原计划在7月19日召开的劳工管理组织会议深感遗憾。我本来打算在会上亲自告之我的意图，可是由于我们这个组织下一次会议是在9月下旬，因此我不得不用这种写信的方式表达我的意思。

我已经得出了很不情愿的结论，认为我在劳工管理组织中的工作不能再进行下去了。因此，我准备7月19日辞职。您是有资格知道我这样做的原因的，而且您也应该理解我对约翰·邓洛普先生、对处在我们劳工一方的同事们以及那些代表公司精英的人有着最崇高的敬意。

虽然有着个人的魅力，但是我们都是以代表的身份出席的。我已经得出结论，参加这种会议对于我以及我作为全美汽车工人联合会（UAW）主席所代表的150万工人已经不再有意义。

我相信那些商界领袖，除了极少数的例外，都选择了在这个国家中进行一场单方面的阶级战争—— 一场针对工人阶级、失业者、穷人、少数民族、儿童、老年人以及社会中的很多中产阶级的战争。美国的那些工业、商业和金融界的领袖，已经撕毁并丢弃了在过去的增长和进步阶段一直存在的那种脆弱的不成文的协议。

相当长一段时间以来，商界领袖和劳工领袖坐到了一起——在劳工管理组织的圆桌上，承认彼此之间的差异，开始寻求共同点。这样做产生了效果，因为美国的商业群体成功地进行了一个所谓的对良性资本主义效忠的宣传。这种所谓的良性资本主义制度在要求人们效忠自由和民主的政治制度的同时，也重视个人财产、独立和自我管理。

当然，这个制度的最大好处在于它是为我们社会中的那些“有”的人，而不是那些“没有”的人服务的。它之所以能够存在下去，部分原因是它有一个不言自明的基础：当一部分社会组织的情况变得很糟时，那些商业精英能够“给出”一点——让政府或利益群体能够为那部分有问题的社会组织的生存条件做出某种程度的改善。这样的“给出”通常是在经过了持续的斗争之后，比如20世纪30年代的劳工运动和60年代的民权运动。

商业界对于劳工运动的接受，只是由于他们害怕出现别的情况。美国的商业界没有加入1964年的民权法案和投票权法的斗争，但是他们最终接受了这些法律获得通过的不可避免的结果。其他类似的，目的在于为弱势群体立法，也都是在经过真正的斗争之后，才成为国家政策的。

这种制度不尽如人意，但是在这种制度下确实取得了进步。然而今天，我确信商业群体已经把他们的策略转向了斗争，而不是合作。现在，商业群体加紧了他们对美国社会的控制。随着控制的加紧，那些"没有"的人将受到挤压。

最近，这种关系破裂表现得非常严重。商业群体对劳动法改革法案的攻击成为30多年来最恶毒的、最不公平的对劳工运动的攻击。企业的领导人知道，并不是他们所描述的"大劳工夺权"那回事，相反，这是一份非常温和而公正的立法，只有那些为非作歹的企业才会感到害怕。劳工法改革本身不会把任何一个工人组织起来，相反，它会限制一些无赖雇主通过故意延迟和对现存劳动法的公然违反，来阻止工人自由地选择被工会代表的能力。

我知道，在这个合作组织里有一些商业代表在商业圆桌会议上要求保持中立，但是他们失败了。于是，他们转而通过提供资金，支持不义而丑陋的反对劳工法改革的百万美元运动。在这次行动中，合作组织中的商业代表与一些群体联合起来。这些群体包括"击败工会的老板委员会""无工会环境委员会""工作的权利委员会""反对工会控制政府的美国人"，以及那些有名的反工会人物，诸如希斯·拉里、理查德·莱舍以及奥林·哈奇等。

已经可以看到这些新的商业巨头在很多领域一展身手。新崛起的跨国公司，它们既不知道爱国主义，也不知道遵守道德，有的只是自私自利。它们使责任感几乎荡然无存。实际上，在各个层面，我看出商业都需要一个温顺的政府和不受限制的商业个人主义。以前企业所希求的是一个卑躬屈膝的工会，可到了现在，他们根本就不希望工会继续存在下去。

通用汽车公司在这一点上是个特殊的案例。作为世界上最大的制造企业，通用汽车公司从全美汽车工人联合会及其成员那里获得了产量、责任和合作。反过来，通用汽车公司却提出要为我们建立一个无工会网络的南方战略，要让我们全美汽车工人联合会多年来通过艰苦努力获得的成果付之东流。我们提供了稳定，却因此获得了仇视。它在海外也是一样。通用汽车公司虽然在南非大量投资，但是它拒绝承认那里的黑人工会。

我要传达的信息很明确：如果像通用汽车公司这样的企业想要对抗，那么它就不要希望从工人那里获得合作的机会。

还有很多企业方发起的阶级战争的例子。我们这个合作组织里的每一个人都知道，商业精英是绝不可能参与为全民健康保险而进行的斗争的，甚至连让他们保持中立都不可能。而除了南非以外，美国是世界上唯一一个没有全民健康保险的工业国家。我们现在正致力于与《汉弗莱·霍金法案》里的公司利益做斗争。我们对最低工资、社会安全资金方面的改进以及近来提交给国会的每一部法律都不满意。

商业界把通货膨胀归罪于工人、穷人和消费者，并且拿通货膨胀作武器来对付他们。价格上涨，因此利润也增加了，可是公司代表告诉我们，他们没有办法减少工伤事故。他们还告诉我们，公司必须推迟基本工资的轻微增加。对于那些工资很低的人，在这种情况下，他们几乎无法生存下去。

我们的税法获得通过就是一件丑闻，可是美国公司还想制造更大的不公平。如果人们真的明白了，他们就不会选择13条提议，而是要求提高整个税率体制，让商人和富人付出他们应该支付的份额。富人们不仅希望不要堵上税收上的漏洞，还通过鼓吹资本利得税的回落来扩大它，从而给他们带来巨大的财源。

就连美国民主制度的基础也受到商业精英们的新一轮威胁。除了博茨瓦纳，世界上还没有哪个民主国家有比美国更低的参与投票率。此外，参与投票率还与阶级有关——商人比工人高出50%的投票率；比起穷人、黑人、年轻人和讲西班牙语的人来，富人的投票率则要高出90%—300%。可是商业集团通常都是赞助政客、公民投票和立法战争，以便进一步为市民参加选举设置屏障。比如在俄亥俄州，许多属于财富500强的公司为阻止公正、民主的选民登记提供了资金。

即使是去除了所有这些阻碍参加选举的屏障，对于那么多在我们的社会里感到无助的人和以任何方式影响制度都无能为力的人来说，他们也不会蜂拥而至投票站。共和党永远被商业利益所控制，民主党则永远受商业利益的严重影响。现实就是，作为政党，这二者都是软弱而无效的。他们之间没有显而易见的思想上的差异，因为商业主导一切。美国公司面对的如果不是工会劳工，而是脱离组织的公民，那他们失去的会更多。前者始终努力提倡各方参与协商，而后者却在扼杀它。

鉴于以上这些原因，我认为再也没有理由继续坐在劳工管理合作组织的圆桌旁，对这个国家甚至世界做一些哲学上的论断，而劳工一方与坐在对面的一方几乎没有共同之处。我不能够坐在那儿寻求与美国工业界领袖的联合，而他们正在试图毁灭我们的组织和我所代表的人们的生活。

我宁愿与乡村里的穷人、城市里生活在脏乱环境中的绝望的孩子、种族主义的受害者坐在一起，也不愿与那些信仰保守、目标就是利润、内心冷酷的人坐在一起。我们全美汽车工人联合会的人，希望能够与那些相信斗争的人重新联合起来，包括那些30年代在工厂里静坐示威的人和60年代在塞尔玛游行示威的人。

我不能向您保证我们会成功地建立起新的联盟，来帮助我们的国家找到出路，但是，我可以向您保证，我们一定会努力去尝试。

1979年，洛杉矶和纽约的医生开始报告不寻常的而且难以诊断的肺炎和癌症。1982年，疾病控制和防治中心（CDC）正式把这种情况命名为“获得性免疫缺陷综合征（艾滋病 AIDS）”。不到两年之后，医学研究者们找到了与艾滋病有关的病毒——“人类免疫缺陷病毒（HIV）”。但是，艾滋病的历史却是一部被否认和压制的历史，因为那些直接感染了艾滋病的人大多数是同性恋者，他们很多是有色人种和吸毒者。

罗纳德·里根总统一直到1987年10月才把这个消息公之于众。那些得了艾滋病和携带艾滋病病毒的人以及公共健康的提倡者，为了使这种疾病得到承认，为了负担得起而又有效的治疗，为了建立防止艾滋病病毒传播的大众教育健康工程，进行了斗争。

1987年3月，针对艾滋病危机在纽约发起了名为“行动起来”（ACTUP）的政治运动——此名字来自“AIDS Coalition to Unleash Power”的首字母缩写。这个群体有名的口号就是“沉默＝死亡”。他们开始以直接的行动和非暴力，与不关心民众健康的政客、卫生官员以及其他当权人物展开了斗争。

下面是维托·鲁索写的关于艾滋病人不是因为疾病，而是由于同性恋恐惧症、种族主义和漠不关心而死去的文章。他是开创性著作《赛璐珞壁橱》的作者，也是“行动起来”以及同性恋反诽谤团体的创始人。

1990年，鲁索死于艾滋病，年仅44岁。

维托·鲁索：《我们为什么要斗争》（1988）

我在纽约的一个朋友有一张半价通票，他乘坐公共汽车和地铁只需要半价。有一天，他向乘务员出示车票的时候，乘务员问他："是残疾人半票吗？"他回答说："我有艾滋病。"乘务员却说："不，你没有。如果你有艾滋病，你就会在家里死去。"因此，作为一个得了艾滋病但是并没有死去的人，我要站出来说说。

你们知道，在过去的三年里，自从我被确诊之后，我的家人就对我的情况做了两个假设：第一，我会很快去世；第二，政府竭尽全力挽救我的生命。然而，他们错了，在两件事上都错了。

如果说我是死于什么，那么我是死于同性恋恐惧症。如果说我是死于什么，那么我是死于种族主义。如果说我是死于什么，那么我是死于漠不关心和官僚作风。正是这些阻止了我解决这一危机。如果说我是死于什么，那么我是死于参议员杰西·霍尔姆斯。如果说我是死于什么，我是死于这一切，死于美国总统。如果说我是死于什么，我是死于报纸、杂志和电视节目中的煽情主义，是他们对我的故事感兴趣——只要我愿意当一个无助的受害者，而不是一个为自己的生活而斗争的人。

如果说我是死于什么，我是死于不够富有，皮肤不够白，死于同性恋，因为我们把艾滋病传给每一个人，等等。屁话！你知道，得了艾滋病的人在这个国家里就像是生活在边缘地带。得了艾滋病的人就像是那些战壕里的战士一样，经历的是一场战争。每当一颗炮弹爆炸的时候，你看看周围，你会发现你失去了更多的朋友，可是别人不会注意到，因为这件事不是发生在他们身上。他们照常走在街上，就像我们根本不存在这世上一样。只有你自己能够听到那些垂死的病人的呻吟声和求救的哭泣声，似乎别人都没有注意到。

而且，这比一场战争还要糟糕。因为在战争中，人们由于共同的经历而联合在一起，而这种情况使得我们不仅不联合，反而分裂。它使我们这些得了艾滋病的人以及那些为了艾滋病而斗争的人与其他人分离开来。

两年半以前，当我拿起生活杂志，我看到社论中说："是应该注意的时候了，因为这种疾病正在开始袭击其余的人。”这让我感到仿佛我就不是那个手里拿着杂志的人。从此以后，在我心目中，艾滋病人与这个国家中的普通人没有关系的观念一直都没有改变。

这种疾病没有发生在美国的普通人身上，而是发生在他们身上——那些苦工和毒贩子等罪有应得的垃圾人身上。媒体告诉他们，不必在意，因为真正重要的人群没有危险。《纽约时报》曾经三番五次地刊登社论说，不要为艾滋病恐慌——因为它还没有进入主体人群。只要它还没有进入主体人群，我们就用不着在乎。

然后，一天天、一月月、一年年过去了，他们舍不得花一丁点时间考虑怎样得到最新的实验药物，使用什么剂量，与其他的什么药物组合，从何处而来，以及你怎样支付费用，从哪里获得资金，等等。没有发生在他们身上，因此他们一点儿也不在乎。

他们也不用坐在演播室里，身边围着戴着橡胶手套的技师，戴上耳麦，录制这方面的节目。因为这没有发生在他们身上，所以他们一点也不在乎。而且他们自己的房子也没有被偏执狂和白痴点着过。他们只是看看新闻，然后吃晚饭，最后上床睡觉。因为没有发生在他们身上，所以他们一点也不在乎。

出于忽视和偏执，他们也不会浪费他们的散步时间，在从医院的一个病房走到另一个病房，看着他们所爱的人慢慢地死亡。就因为没有发生在他们身上，所以他们一点也不在乎。他们也没有在过去的三五年里每周参加两次葬礼。因为没有发生在他们身上，所以他们一点也不在乎。

上星期六的《纽约时报》头版上，安东尼·福西说，在过去的两年里，对于很多种可能有疗效的药物都没有进行实验，因为他们支付不起雇人进行实验的费用。我们应该感谢这样的事情，因为它发生了两年以后才出现在报纸上。也没有人想知道为什么记者不对这个故事进行挖掘，并且在18个月以前，在福西被拖到国会听证会上之前刊登出来。

如果那些药物能够很快经过测试，那么在过去的两年里，一共有多少死去了的人就可以活下来呢？全国的报纸都忙着印政府发布的新闻，他们一点也不在乎，因为没有发生在他们身上——也就是说，没有发生在像他们这样的人身上——他们才是真正的人，是我们常常听说的世界著名的公众。

军团病发生在他们身上，因为得这种病的人是跟他们长得一样。说一样的话、有着一样皮肤的人。然后你看看在全国的报纸和杂志头版上，反复在登载那几十个人的故事，一直到这种神秘的病解决了之后。

我在报纸上看到的内容告诉我，主流人群、白人同性恋没有处在得这种病的危险之中。我读过的所有报纸都告诉我，注射毒品者和同性恋者仍然占艾滋病患者中的绝大多数，因此也是最危险的人群。

有谁能告诉我，为什么为教育和防治疾病所花出的每一分钱，几乎都要以广告活动的方式，花在白人异性恋的青少年身上——而他们却一直告诉我们，他们没有危险！

有谁能告诉我，为什么一家电视网络制作的唯一的关于艾滋病的电影，不是讲这种病对于艾滋病人的影响，而是讲艾滋病对于一个正统的异性恋白人家庭的影响？八年来，为什么这个国家里所有的报纸和杂志都只有在提到异性传染的危险的时候，才把艾滋病做成封面故事？

…………

如果说同性恋者和注射毒品者是艾滋病的高危人群，那么我们就有权利要求对艾滋病知识的普及和防治都应该具体针对这个人群。可是这样的事没有发生。我们一天一天地死去，而低危险的人群却在恐慌——认为我们罪有应得。

我们今天为什么到这里来呢？是因为艾滋病发生在我们身上，我们在乎。如果我们的人数再多一些，那么历史上的艾滋病就不会像现在这样了。它已经不仅仅是一种疾病，而是冷漠的人用于表达他们一向持有的偏见的工具。

这是比小报上的恐怖故事更可怕的事儿。艾滋病是对人类的一种考验。当后代人问起在这次危机中我们做了什么的时候，我们会告诉他们，我们今天在这里集会……

有一天，艾滋病危机将过去。请记住这一点。

当那一天到来的时候——当那一天来了又去了的时候，地球上还将会有活着的人类——同性恋和异性恋、男人和女人、黑人和白人，他们都将会听说这样一个故事：从前，在这个国家甚至全世界，有一种可怕的疾病叫艾滋病，这时候有一群勇敢的人站出来战斗，其中一些人献出了生命，这样其他人就可以继续自由地生活了。

今天能够与我的朋友们和我所爱的人们在一起，我感到很骄傲。我认为你们都是英雄，而我也很高兴能够成为你们中的一员，和你们一起战斗。

借用迈克尔·卡伦的一首歌《爱是不需要理由的》中的一句话："我们现在所有的就只有爱，我们所没有的是时间。"

在很多方面，艾滋病活动家就像医生一样——他们忙着到处去救火，去用呼吸机救人，但是他们没有时间照顾所有的病人。我们现在就是同样地忙着到处救火，我们甚至没有时间彼此交谈，策划下一轮，即明天、下周、下个月以及明年的行动。

再过几个月，我们一定要挤出时间做这件事。我们必须下决心做这件事。这样，等我们把这种病彻底打败之后，我们就能够活着打败这个不平等的制度，让这一切再也不会发生。

1986 年 11 月，在一次反对中央情报局在麻省理工学院征募的示威活动中，有 12 个人被捕，其中包括艾比·霍夫曼，他是 20 世纪 60 年代的反文化英雄；埃米·卡特——前总统吉米·卡特的女儿。他们被指控犯了非法入侵罪和扰乱治安罪。在这次行动中，这群人为了传达他们的信息，占领了校园里的大楼。

当这个案子在 1987 年 4 月开庭审理的时候，被告方请来了丹尼尔·埃尔斯伯格和其他人出庭做证，把法庭变成了一场控诉中央情报局滥用权力的论坛。这是一次重大的胜利，所有的被告都被宣判无罪。

艾比·霍夫曼——青年国际党（雅皮士）创始人之一，也是 1968 年民主党全国大会期间的抗议者。那次抗议被镇压之后，他成了著名的芝加哥七人审判中的被告之一。

下面，是他向陪审团所做的最后陈述。在本案中，霍夫曼充当自己的律师。

艾比·霍夫曼的最后陈述（1987）①

陪审团的女士们、先生们：

上午好！

作为一个 50 岁的人，我是被告中年龄最大的。再过一会儿，你们就要

① 本陈述的时间是 1987 年 4 月 15 日。

退庭去做出你们的裁决了。在你们研究摆在你们面前的物证的时候，我提请你们注意第三号证据，第一页第一段，那是政府给马萨诸塞大学社区的一封信，日期是1986年11月21日。

> 大学一贯都致力于提供、促进和保护能够鼓励自由交流思想的环境。这种交流可以通过正规课堂、会议、公开演说、私下谈话和示威活动等形式进行。

此外，我还想提请你们注意第二页第一段：

> 大学尊重学生以他们认为合适的方式，包括游行示威、集会和教育性的论坛等表达他们的观点的权利。

被告从来没有宣称过中央情报局没有参与自由交流思想的权利。正相反，被告鼓励言论自由的权利。但是一家私人或公共的公司来此征募，就不是一种权利了；它是一种特权，用来确保马萨诸塞大学、联邦以及美国的法律被招募者遵守。

你们一定听到了拉尔夫·麦吉描述他是怎样被招募进中央情报局的情形了吧。他们告诉他，他将负责搜集情报。当然，我们也不反对这种事，因为一个国家需要情报。但是他们没有告诉他，他将成为一个暗杀团队的成员。他必须"安排和制造假证据"，证明北越正在入侵南越。他必须给国会写一份完全都是谎言的白皮书，以便国会能授权对河内进行第一次轰炸。我还想提请你们注意麦吉先生证词中那段关于国会在中央情报局中的大笑话："对待他们要像对待蘑菇一样——让他们处在黑暗之中，给他们提供很多粪便。"有谁能相信这是招聘者说的话吗？他们告诉过被招募对象（正如证人莫特·霍尔珀林做证时所说的），他们可能打破中央情报局自己的章程，进行国内间谍活动吗？告诉过他们可能让丹尼尔·埃尔斯伯格闭嘴吗？告诉过他们可能与一个一直与美国和平相处的国家进行战争吗？霍尔珀林先生做证说，1976年在参议员弗兰克·丘奇主持的参议院情报听证会上，人们普遍认为，在外交活动中进行一些秘密行动是必要的。同时，非常明确的一点是，秘密行动或计划不能与政府公开声明的政策相冲突。换句话说，你要求你的同盟国在六年内不能与伊朗做生意，但是与此同时，你自己却悄悄地向伊朗出售武器。

言论自由并不是代表可以误导和撒谎而不必接受质疑。我们已经邀请中央情报局派出代表，在法庭上与我们这些被告辩论。不管怎么说，在“必要的辩护”中，我们都必须证明更大的法律没有被违反。但是，中央情报局怎么不反驳我们在你们面前提出的证据呢？如果你们接受了我们所说的必要的辩护，那么起诉方就必须提供确凿证据证明这种理由不存在，就像我们必须证明它的存在一样。

当我小时候在马萨诸塞州的伍斯特长大的时候，我的父亲对民主非常自豪。他经常带我去克林顿、阿瑟尔和哈德孙的市政厅。他经常说，看看人们是怎样参与的，看看他们是怎样参与影响他们生活的决策的——那就是民主。我是怀着这样的信念长大的，即民主不仅仅是你所信仰的，或者存在于你挂帽子的地方，而是你的行动、你的参与。一旦你停止参与，民主就会崩溃。上个月，我很难过地读到新英格兰市政厅的会议终止的消息。从更广泛的意义上说，这个法庭就是基层民众参与民主精神不死的证明。如果把我们在这里讨论的事情都拿到华盛顿的关起门来的听证会上去，那么我们的政府就不再是人民的政府了。

当你到全国走一走的时候，不论你走到哪里，人们总是会说，别浪费你的时间了，什么也改变不了，你无法与现存的权力斗——没有人能够。我从我的孩子那里听到这样的话：“爸爸，你太古怪了吧！怎么会相信‘希望’呢？”今天，孩子们的生活正经历着噩梦：艾滋病会把人类全都消灭，极地冰川会融化，核弹可能在任何时间被引爆。就连最高尚的人都倾向于相信我们没有能力影响事物。难怪青少年自杀的比率会破纪录。年轻人不仅与历史疏离，与星球疏离，最重要的是与未来疏离。我对你们说，我坚信这种与未来的疏离，这种缺少希望，与青少年中的高自杀率是紧密相关的。

这个案件包括了很多事，从非法侵入到质疑政府中权力最大的机构的行为。而这又是在汉普夏区法庭审理的。你们已经看到了被告们举止得体，你们也已经看到了我们的律师努力为我们的立场辩护。目击证人，其中许多是身居高位的，也来到你们的面前，告诉你们，中央情报局经常违法、经常撒谎。起诉方虽然费尽心机，但是仍然无法挑战他们的诚实。法官就在这里，还有公众、媒体。我问你们，是我们这些人，这些被告，在制度之外行动吗？你们所听说的关于中央情报局在尼加拉瓜和其他地方的所作所为，不是正意味着他们一直在民主和法律之外操作吗？

托马斯·潘恩，这位美国独立战争中最直言不讳而又远见卓识的领袖，在很久以前曾经说过：“每一个时代的每一代人，必须在各方面要像他们的前代人一样自由地行动。人无法给人留下财产，同样，任何一代人也不能给后代留下财产。”

托马斯·潘恩说的正是在这个春天法庭里正在发生的事。无罪的判决终将做出。如果我们的国家是正确的，那就让它保持正确。但是如果它是错的，那么就要纠正它的错误。对马萨诸塞大学的无罪判决终将做出，那将是对这些示威者作为公民行使他们的正当权利的确认。无罪的判决将说出托马斯·潘恩所说的话：“年轻人，别放弃希望。如果你参与，未来就是你的。”谢谢！

说唱音乐从一开始就带有美国城市中的种族歧视、异化和不平等的特点。但是在20世纪80年代，说唱音乐也开始变得商业化了。当1987年公敌乐队发行它的第一个专辑《哟，流浪汉赶去表演》的时候，它的歌词与里根时代的保守主义的背景，以及仍然是当时主流的白人音乐电视节目形成了鲜明的对比。下面是选自他们的第三张专辑《害怕黑色的星球》里的一首歌，其中传达出了毫不妥协的抗议信息。

公敌：《争取权利》（1990）

1989的夏天是又一个数字
惊恐的鼓已经敲响
音乐打动了你的心，因为我知道你有个灵魂
（弟兄姐妹们哪，嘿）
听着，你是不是错过了全部内容
在我唱歌的时候扭动
把你得到的给出
知道我所知道的
当黑人乐队流汗的时候

那节奏就开始流动
给我们带来我们所想要的
给我们带来我们所需要的
我们的言论自由是自由或死亡
我们要反抗权力
让我听听你也说了什么
反抗权力

随着节奏在震荡
重要的就剩下节奏
要充满你的心房
现在你已经意识到自豪感的到来
我们就要给你打进能让你坚强的东西
从心里
这是个开始，是一种艺术活儿
革命会发生变化这一点也不新奇
人民人民，我们都是一样的
现在我们还不是
因为我们不懂这游戏
我们需要的是意识
我们不能变得漫不经心
你说这是什么
我亲爱的，让我们言归正传
精神的自我防御技术
（哟）流浪汉赶去表演
你一定要去做你知道是正确的
让每个人都看见，为了反抗权力
让我们听见你说
反抗权力

埃尔维斯是大多数人的英雄
但是对于我来说，他狗屁都不是

他是个彻头彻尾的种族主义者
那个笨蛋和约翰·韦恩简直就是浑蛋
因为我是黑人，而我还很自豪
我是准备好了，热血沸腾
我的那些英雄大部分都没有被印上邮票
只要回顾一眼你就会发现
四百年来都不过是乡巴佬
如果你发现了这一点，请不要担心
因为高兴才是第一位的即兴演奏
该死，如果我说了，你可以扇我的这个地方
让我们把这次聚会弄好点
来吧，来吧
我们应该说什么
权力归于人民不再延迟
要让每一个人都明白
为了反抗权力

第二十二章
巴拿马，海湾战争以及国内的战争

亚历克斯·莫尔纳：《假如我在海军陆战队的儿子被杀死了》（1990）
艾格巴尔·艾哈迈德：《海湾危机的根源》（1990）
琼·乔丹反对 1991 年海湾战争的演说（1991）
尤兰达·休伊特－沃恩：《拒绝在海湾战争中服役的声明》（1991）
在巴拿马城的雷哈托军事基地采访当地工人（1990）
麦克·戴维斯：《在洛杉矶，烧掉一切幻象》（1992）
穆米亚·阿布·贾马尔的两篇评论（2001）

乔治·H.W.布什政府在1989年初开始执政。他似乎决心要彻底消除“越南综合征”——美国人不愿意作战的心理。布什发现了巴拿马这个容易拿下的目标。它的独裁者曼努埃尔·诺列加曾经为美国中央情报局工作过，但是现在成为给美国政府制造麻烦的人。这次战争的借口是诺列加参与毒品走私——这无疑是真的，但是并非战争的真正原因。战争的真正原因与美国对巴拿马运河的控制有关，同时也是为了证明美国公开干预另一个国家事务的能力。

这是一次简短的战争，完全是单方面的。对巴拿马城的轰炸导致生活区遭到毁坏和至少1000名巴拿马平民死亡。诺列加被监禁，但是毒品交易依然继续。

1990年，伊拉克独裁者萨达姆·侯赛因占领了邻近的石油王国科威特。萨达姆曾经是美国的盟友，并且接受美国政府提供的武器。美国政府干脆拒绝与伊拉克进行任何谈判，以便结束它对科威特占领的可能性，布什政府在得到国会的批准后，直接进入了战争。

这次入侵，又是两个力量根本不对等的军事机器之间的争斗。美国空军的狂轰滥炸造成了伊拉克人民的重大伤亡。战争中，有几百个美军士兵被杀，但是数万人，也许有10万伊拉克的士兵和平民被杀。

在美国，全国都兴起了抗议战争的活动。在华盛顿，15万人游行，反对战争。在纽约和旧金山也有大规模的游行示威。

公众对战争支持的很大一部分，来自于“我们必须支持我们的军队”这样一个信条。一个名叫菲利普·阿维洛的越南战争残疾老兵，现在是宾夕法尼亚州约克学院的历史教授，他在当地的报纸上写道：“是的，我们需要持有武装的男人和女人的支持。但是必须通过让他们回家来支持我们，而不是通过允许这种野蛮而暴力的政策。”

比起这个国家的其他社区对这场战争的热情，黑人社区显得比较冷淡。1991年2月，美国广播公司和《华盛顿邮报》在战争期间进行的一次联合调查表明，在白人中有84%的人支持战争，而黑人中只有48%。黑人领袖在纽约举行的一次会议上称这次战争“是一次不道德的非精神的消遣和对国内责任无耻的逃避”。

随着美国进入20世纪90年代，不论是民主党还是共和党当政，整个政治体制依然控制在那些拥有大量财富的人手里。虽然没有哪一个主流政治领导人愿意承认这一点，但是整个美国已经分裂成极度富有和极度贫穷的两个阶级，其中夹杂的是一个没有安全感和受到危害的中产阶级。

虽然大部分都没有被披露，但是显然还有一种被忧心忡忡的主流媒体记者称为“永远的敌对文化”的力量存在。这些人拒绝放弃对一个更加平等、更加仁爱的社会的希望。如果说美国的未来还有希望的话，那么就存在于这种拒绝当中。

1990年，正当华盛顿积极准备战争的时候，一个父亲给美国总统布什寄去了一封公开信，全文登载在《纽约时报》上。

亚历克斯·莫尔纳：《假如我在海军陆战队的儿子被杀死了》（1990）

亲爱的布什总统：

今天我吻别了我的儿子。他今年 21 岁，是海军陆战队队员。你已经命令他开往沙特阿拉伯了。

8 月 13 日，他告诉我们他就要出发的加急邮件寄到了我们在威斯康星州北部的度假小屋里。于是我们赶紧离开那里，赶往北卡罗来纳，去与他会面。我们的休假就这样结束了。

一些人评论说，你还在继续你的休假，以免给人“被白宫的事务缠住”的印象，就像卡特总统在伊朗人质危机期间所做的那样。也可能那就是你的理由。但是，当我坐在我的汽车旅馆房间里，看到你出现在电视上的时候，看着我儿子匆匆写就的最后遗嘱和证词，听着军事机器隆隆开过，而你追逐高尔夫球或坐在游艇上在肯纳邦克波特的海里往来游弋，对我来说，显得既无情又荒唐。

当我去看儿子的时候，我有机会看到了他在给他的化学武器服打包，试穿他的防弹衣。我不知道你是否有过这种经历，总统先生？但是我希望你永远也别有。

我还有幸见到了我儿子的很多战友，他们都是很好的年轻人。有人告诉我，他们都来自穷人的家庭，他们加入海军陆战队是为了赚足够的钱上大学。

我遇见的这些年轻人中没有一个人会像你的儿子尼尔那样，被邀请进入一家银行的董事会。他们的父母也不会有足够的关系，给一个将军打电话或写信，确保他们的孩子远离危险，就像副总统奎尔的父母在越南战争期间为他做的那样。

我在今天的《罗利新闻和观察报》上看到，与你一样，副总统奎尔和国务卿贝克尔也都在度假。同时，国防部部长切尼正在波斯湾。我认为这象征着一个政府已经不再有一个非军事的外交前景了，而只能使用军事手段来掩盖美国外交上的欺骗性。

是的，在过去的三周里，你已经证明了你是一个相当熟练的战术家。但是如果美国的外交人员在过去的七八年中都没有度假，那么我们今天就不会有这个处境了。

当伊拉克使用毒气杀害它自己的人民的时候，你在哪里？总统先生，为什么在这次危机出现以前，你与那个你现在叫作希特勒的萨达姆·侯赛因的生意照旧？

1980年，你因为许诺让美国人过上更好的生活，让美国在世界上重新“耸立”，而当选为副总统。你们的里根－布什政府一边进驻华盛顿，一边谈论着神奇的石油“自由市场”。你们降低了对汽油的行驶里程的要求，取消了联邦能源政策。现在你又命令我的儿子开往中东。为了什么？为了便宜的汽油吗？

你们说我的儿子要用生命去换取的“美国生活方式”，就是让美国人始终有消费世界上25%—30%的石油的“权利”吗？你们所热烈鼓吹的“自由市场”，至少对于像我这样的父母和我的孩子那样的年轻人来说，价格太昂贵了。

既然我们面临着战争的威胁，那么我就希望竭尽所能地反对美国在波斯湾地区的军事进攻行动，来支持我的儿子和他的战友们。我所遇到的这些部队，他们应当拥有更好的政治家和政策，而不是让你们把他们绑到战车上。

上周，当我的妻子和我坐在儿子兵营外面的咖啡馆里，努力忍住泪水吃点什么的时候，一个年轻的海军陆战队队员与我们搭上了话。在告别的时候，他祝我们一切都好，并且说：“但愿上帝能够原谅我们所要做的事。”

布什总统，在过去的10年里，你所宣扬的政策已经为这次中东的军事冲突搭好了舞台。伊拉克占领科威特引发的一系列事件，迫使你把我们的军队不是派去保护沙特阿拉伯，而是去进攻伊拉克。而且我还担心，随着这个压力不断增加，你可能会在这场赌博里以我的儿子的生命为代价，去挽救你的政治前途。

在过去，除了为了你的政治上的升迁，你没有显示出对任何原则的坚持，这使我怀疑你既没有勇气也没有人格去面对寻求外交解决这次危机的挑战。如果如我所预料的那样，你最终命令美国士兵进攻伊拉克，那么能原谅你的就只有上帝了。我是不会的。

艾格巴尔·艾哈迈德出生在分裂前的印度，成长在巴基斯坦。他死于1999年5月。正如爱德华·萨义德在为艾哈迈德所写的讣告中所言：

> 他的一生是史诗性的，充满了诗意，充满了奔波。他几乎直觉性地被解放运动和被压迫与被迫害者的运动，以及被不公地镇压的人民的运动所吸引——不论这些人是生活在欧美的大都市中心，还是在车臣、黎巴嫩南部、越南、伊拉克、伊朗以及印度次大陆的难民营，还是被围困的城市、被轰炸的或处境艰难的村庄。

1990年11月，在美国开始大规模进攻伊拉克之前，艾哈迈德在马萨诸塞州的波士顿做了一次演讲，解释了战争背后的动机。

下面这份演讲是由艾哈迈德的朋友——有献身精神的广播记者大卫·巴萨米安录制，并在他的节目《另类广播》中播出的。

艾格巴尔·艾哈迈德：《海湾危机的根源》（1990）

本世纪很快就要结束了。由于多种原因，这是一个很不寻常的世纪。其中一个原因就是西方世界开始“盘点”他们的战争了。因此，我们有了第一次世界大战、第二次世界大战，以及对第三次世界大战的恐惧。

一个世界体系诞生（从17世纪开始）的标志就是帝国主义，是全球市场，是资本主义，而最重要的标志就是没有记录、没有记忆的大屠杀。同时，这个世纪也是伟大的文明国家——地球上玛雅、印加、阿兹特克等伟大文明的国家被毁灭的世纪，也是其他伟大的文明国家——非洲各国、中国、印度和中东被征服的世纪。

那些是不被记忆的，或者我应该说，只有当一个花园被围困，某个将军被杀死，才会被铭记。而20世纪重要的一点，就是那些有殖民地的和没有殖民地的国家终于开始厮杀了。从此，西方开始“盘点”战争的次数。同时，他们也开始意识到战争的代价。这些都证明了历史不仅是对人性的无数次背叛，同时也是人类所表达出的无数次希望。

我应该提醒人们这样一个事实：第一次世界大战也许是西方世界的最后一次“快乐的”战争。至少在开始时西方世界是快乐地参加的。当时，在伦敦和巴黎的大街上，人们载歌载舞。歌手们歌颂这次奇妙的战争。而在第一次世界大战之后，有一种普遍的群体性的对战争的厌恶和对和平的渴求。因此，《当和平来到》这样的著作才能成为畅销书。伍德罗·威尔逊提出的“十四点”纲领才开始被看作是人类希望的表达。因此，国际联盟的缔结受到了普遍的欢迎。

这个世纪也见证了对我们的希望的背叛。正是在背叛的基础上，才有了第二次世界大战。当第二次世界大战结束后，对战争的厌恶达到了很深的程度，以至于要让人们再接受一次世界大战——第三次世界大战，简直是不可思议。因此，《联合国宪章》受到欢迎。现在，我们又一次见证的是失望——对于在第二次世界大战之后我们所培养起来的希望的背叛。

第二次世界大战后的格局实际上意味着两件事：

军备竞赛（战略武器的竞赛）以及大规模军事预算和军火交易，这是一方面；另一方面，是以第三世界作为战场的战事的继续。因此，才有了希腊战争、朝鲜战争、越南战争以及古巴导弹危机；才有了美国每隔 15 个月就有一次的对第三世界的战争，以及苏联每六年一次对东欧（最后一次是对阿富汗）的干预。

现在，发生了一点特别的事，那就是，冷战游戏中的两个主要对手中的一个出局，退出了比赛，留下美国一个选手在棋盘面前。这就是实际上所发生的事儿。而这被视为苏联软弱的例证。于是，问题出现了：现在怎么了？那个棋盘面前剩下的棋手会不会捡起所有的筹码，把它们揣在自己的兜里，然后去欺侮世人呢？还是这意味着一种新的世界秩序诞生了？我想这就是我带给你们的一个问题，而我还没有答案。

也许，我应该提醒大家，在过去的希望与背叛的周期中，有一些决定性的事件——不是一件，有时是多个事件。

其中就有对埃塞俄比亚的入侵。喜欢读历史的人一定记得，一个脆弱的小个子男人来到国际联盟，捋着他的稀稀拉拉的胡子说：“如果你们放过这一次，你们会后悔的。”这个人就是塞拉西一世。

你们可能会记得，第二次世界大战以后，首先是阿塞拜疆危机中的伊朗战争（这是自美国对广岛和长崎使用核武器之后，第一次使用核外交）。在那之后不久，发生了希腊内战，这导致了杜鲁门主义“横空出世”——

当任何地方的政府受到外部或内部力量威胁的时候，美国同意进行干涉（从此为美国不断对第三世界进行干预奠定了基础）。你们一定还记得紧接着的一场决定性的战争是朝鲜战争。这是在联合国安理会通过第68号决议之后发生的。这些都是决定性的事件。

我想对你们说，在这个改革的时代，海湾危机很可能会成为破坏我们的希望，开始新一轮背叛的又一个决定性的事件。我想提醒你们1936—1937年和1944—1945年的两次背叛——从此，一个新的暴力和专制的秩序产生了——这依赖于媒体、国会（请原谅我这样想）和公众的合谋。

媒体从来就不会发问：这场大危机的背后是什么？他们甚至不愿意问为什么他们的自己人——像乔治·波尔克[①]在希腊被杀（又是被谁杀的）。他们从来也不会问是谁发起的以及怎样发起的朝鲜战争。美国发动朝鲜战争的目的是什么？你们知道，美国参加希腊内战，美国发动朝鲜战争，都没有经过公众的讨论，没有国会的授权，也没有宣战（就像他们在越南发动战争一样）。只有一个声音——I.F. 斯通，他写了《朝鲜战争的隐秘的历史》一书。只是40年以后，我们才开始了解，实际上，美国政府是通过谎言把美国人民和国会拖进朝鲜战争的。

这一次，每天的所作所为又是与以前一模一样。而这一次我们不能再做他们的“同谋”了。媒体、大学和国会都没有问海湾危机中的基本问题。在这场危机已经进入第四个月的时候，在已经派出了40万军队（大部分都已经到了那里，更多的也已经陆续派出）之后，还没有出现针对这个问题的实质性讨论。

首先，媒体没有任何关于是什么驱动了萨达姆·侯赛因的非凡野心的报道。这个家伙现在被称为希特勒。作为一个独裁者，作为一个暴君，作为海湾地区一个危险的家伙，却没有人问为什么。这个独裁者已经逍遥15年了。是什么因素导致他在1990年突然野心勃勃，需要美国出动35万军队去控制局面？原因是什么？

没有人提到过《戴维营协议》。而萨达姆·侯赛因的野心可以直接归因于《戴维营协议》。

请记住下列事实。

① 乔治·波尔克：新闻人，1913年出生在得克萨斯州的沃斯堡，供职于哥伦比亚广播公司。1948年在希腊失踪。他的尸体最终被发现——四肢被绑，头后部被近距离枪击。

自从奥斯曼帝国衰败以来（换句话说，也就是自从19世纪以来），埃及在阿拉伯世界一直发挥着重要作用。从政治上、经济上、军事上（甚至思想上），埃及都引领着阿拉伯世界。《戴维营协议》的最高成就就是把埃及从阿拉伯世界里孤立出来。

在安瓦尔·萨达特签署这一协议的时候，他希望能把埃及的领土归还给埃及——他确实做到了，同时能给巴勒斯坦人一点公正。这样一来，只要假以时日，他的孤立状况就会得到改善。在《戴维营协议》中答应给萨达特的那一小部分没有成为光荣，而那一大部分却成了他的耻辱。

有一个事实是，卡特、（哈罗德）桑德斯和威廉·匡特——这三个美国谈判代表，从上至下排列是卡特在上、桑德斯居中、匡特最后——他们都在书中回忆说，在戴维营谈判的最后三天里，他们在一个问题上产生了分歧。那个问题就是萨达特坚持要在《戴维营协议》中写上以色列不再在约旦河西岸和加沙地带建定居点。梅纳赫姆·贝京当时说："我愿意非正式同意，但是不写入协议。"这时卡特插进来说："你应当理解贝京的艰难处境。我向你保证，不会有定居点。"然后，在那天，他们就在黄金时段，在电视摄像机面前，签署了那张纸。然后是安瓦尔·萨达特和贝京、卡特互相亲吻对方。萨达特尤其喜欢亲吻，他走过去亲吻他的朋友芭芭拉·沃尔特斯，并告诉她，在中东地区会有和平——广泛的和平。这一点也得到了卡特和贝京的确认。第二天中午左右，以色列就宣布建立新的定居点。卡特管那叫"胡说八道"。

但是，更为严重的是，正是在《戴维营协议》之后，以色列才进一步加快了修建定居点；正是在《戴维营协议》之后，约旦河西岸60%的巴勒斯坦土地才被没收；正是在《戴维营协议》之后，将近80%的巴勒斯坦的水被以色列军事占领当局控制；正是在《戴维营协议》之后，巴勒斯坦地方领袖开始被驱逐出境（有违《日内瓦公约》）。

你注意听我刚才说什么了吗？我说的是，正是在《戴维营协议》之后，生命的四个元素——没有了它们，哪个社区都不能生存下去——受到以色列军事占领当局有组织的侵占。这四个元素是：土地、水、文化和领袖人物。"巴勒斯坦人暴动"这个奇特的词不仅仅表达了他们的英雄主义，或者说是他们解放自己的意愿，而且是巴勒斯坦人的绝望，以及他们生存下去的意志。

现在看来，很明显，《戴维营协议》意味着埃及在道德上、思想上和政治上从阿拉伯世界中孤立出来。在《戴维营协议》之后，中东就出现了政治真空。而一些轻量级的选手，像叙利亚和伊拉克就很乐于并趁机野心勃勃地去填补这个真空。

萨达姆·侯赛因在无缘无故地侵略伊朗的时候，就显示出了他想要填补这个真空的迹象。美国不但不阻止他，反而支持他对伊朗的侵略。而由沙特阿拉伯和科威特为他的战争付款，金额达600亿美元之多。此外，萨达姆还向这些国家借了400亿美元。

现在，既然他已经入侵了科威特，每一个人对此都感到沮丧。可是奇怪的是，依然没有人谈论他那非凡的野心后面藏着的是什么。

现在来看看第二个问题：决定这次冲突的国际政治学是什么？在过去的通货膨胀的10年里（1980—1990年），石油是怎样成为唯一的价格下跌的产品的？你们已经知道了，原油价格从每桶42美元下跌到14美元，这是怎么发生的？是谁起的作用？确实应该有一些这方面的讨论。

现在来看下一个问题。在美国干涉计划的背后，有一种非同寻常的国际上的认同。实际上，这也是美国干涉计划第一次得到所有大国的支持，确实不同寻常。但是它没有得到那11个占半数的阿拉伯国家的支持。

为什么阿拉伯人反对美国的干涉呢？答案非常简单：他们不相信美国人是为了阿拉伯人的利益。他们害怕这是重新殖民的开端。

当布什说“以武力获取领土是不允许的”时候，没有人相信他。当美国报纸欢迎联合国通过对伊拉克的制裁决议的时候，它在阿拉伯世界里却激起了义愤。1982年，以色列入侵黎巴嫩，超过2万人被杀。当时，联合国安理会的一个类似的决议被美国否决了。现在，以色列正占领着四个阿拉伯国家，并且已经吞并了其中的两个。美国一直支持这种吞并和占领。因此，在这样的基础上，不会有信任可言。

报纸上也看不到有关这方面的讨论。我们每天都听到“这是联合国的决议，美国军队是在执行联合国的决议”的论调，可是为什么已经三个月了，美国政府还是拒绝建立联合国同盟军呢？俄罗斯一直在督促、催促（当然了，他们已经无能为力，或者说是不想做什么了）。俄罗斯一再要求启动联合国军事委员会（在安理会控制之下）已经有两年之久，但是美国拒绝启动军事委员会。媒体没有一点相关报道，这是为什么？

最后，在这个国家里，大学或媒体没有关于“美国在波斯湾的目的是什么”的讨论。那么，美国的政策目标是什么？到底是什么？现在，你会注意到布什总统已经尽了最大的努力来引起争论。这对他们是无可责难的。他们已经尽他们的一切努力，去鼓励、刺激和引起关于这个问题的争论——因为他们已经说出了太多的事情。他们说过：“我们是来反对压迫的，因为这是一个原则性的问题。”第一条、第二条，等等。他们说：“我们去那里是因为联合国要求我们去那里。”可是从来没有这回事。联合国是在美国去了之后才去的（而这时候他们已经忘了他们所说过的话了）。他们又说：“我们是为了石油来的。”最重要的是他们说了：“我们是为了拯救美国人的工作而来的。”鉴于已经有了这么多关于目的的声明，以及对于美国公众完全处于迷惑之中的报道，人们就会认为要厘清目的究竟是什么，这应该是媒体、大学、学者和专家的责任。

我本来很愿意谈论这些目的——也许在后面的某些讨论中，我会那样做，但是现在，我先谈两个简单的问题。

首先，你可能会记得自从1970年以来，美国一直急于在中东施加它的军事和政治影响。你们可能还会记得，20世纪70年代，通过美国的选择，使得世界争夺权力的斗争中心从太平洋和大西洋转移到地中海和印度洋（也就是中东和南非）。你们也许还记得快速部队和新的现代化海军都是为了在中东使用而设计的。快速部队一开始只有6万人，到卡特总统当政时，增加到20万人，而到了里根总统当政时，则达到35万人。你们也许还记得，自1975年以来，美国就要求沙特阿拉伯为它提供军事基地，但是被拒绝了。你们也许还记得美国在伊朗培养成了一支主要的军事力量，作为美国南方战略的一部分，扼制石油带的东翼（以色列在西翼）。

我想说的是，萨达姆·侯赛因的“伟大功绩”就在于敞开了美国干预的大门。那些以为萨达姆·侯赛因不管怎么说还是干了一些反抗帝国主义的事情的人都错了。萨达姆·侯赛因不仅是一个暴君和独裁者，还是一个傻瓜。正是这个傻瓜创造了这样的形势。

其次，我要向你们阐述一个简单的问题：这是一次争夺霸权的战争，这是一次控制石油的战争。而保持霸权和控制石油并不是指向阿拉伯世界，而是指向世界上的两大力量：欧洲和第三世界。因为美国对它的西方盟国施加了两个杠杆：战略武器的杠杆（战略保护伞）和经济主导的杠杆。现在，两个都丢失了。自1970年以来，美国的政策制定者们一直在寻找对它的老盟友的新杠杆——控制了石油，就能够达到这个目的。而对于第三世界，美国希望既持有石油的杠杆，又继续保持它的地位——在一个改革的时代，作为西方自由世界的围墙的看门人。我们能让它得到这一切吗？这就要看你们的了。

琼·乔丹是黑人女权主义者、作家和活动家。她的写作是关于普通人的爱、欲望、斗争和感情的——既是个人的，又是政治性的。乔丹于2002年6月死于乳腺癌。

她还是一个国际主义者，致力于打破国家和民族的界限。正如她的朋友爱丽丝·沃尔克说的："她是一个宇宙居民。"

1991年2月21日，在马尔科姆·X遇刺26周年纪念会上，她发表了反对海湾战争的演讲。

琼·乔丹反对1991年海湾战争的演说（1991）

如果我说错了，就纠正我——但是这些杀手十字军，把别人的土地变成了杀人的屠场，把人类简化成录像带，造就了历史所不支持的杀人修辞学。这是我们该谴责的共同命运。

这场战争没能够拯救一个人。这场战争没有拯救一个美国人的生命，也没有拯救一个以色列人的生命。这场战争没有拯救一个伊拉克人的生命，也没有拯救一个科威特人的生命。

这是项伟大的使命，是巨大的无穷无尽的过度杀戮，是毒害我们良心的吸血鬼，是对一切爱心的消除，是对一切理性地、文明地解决争端的方法的抹杀，是使用邪门歪道对和平可能性的攻击，是对我们正在萎缩发抖的星球的亵渎。让这些杀人凶手统治我们，无异于把这里变成地狱。这场战争没有使一个人免于恐惧或痛苦的死亡。那么，我们为什么会允许这样的亵渎继续存在、扩大，并且毁掉我们的政治和中东呢？

我要发出哀伤的咆哮、哀伤的号叫。我为这场战争丑陋的结局感到悲哀。但是，我相信，不是每一个美国人都失去了理智或灵魂，也不是每一个爱国者都成了身裹国旗的疯子、渴望石油和权力的爬虫、快活的变态者和电视的应声虫。有一大批美国人在德国、英国、法国、意大利和西班牙，很多阿拉伯人社区和当地欧洲社区，以及印度和巴基斯坦的一些社区，一起发出了“停止战争”的吼声。

当我使用“巨大”这个词的时候，我说的是真的。如果说民意调查者所接触到的1000个美国人就能代表2.5亿美国人的话，那么我们在每一个大洲的一个海岸到另一个海岸的这些超过10万人的反战运动集会，又该代表多少亿人呢？为什么竟然没有人做过这样的政治算术呢？

今天，1991年2月21日的晚上，美国的白人统治者再一次唾弃和平，嘲笑谈判，在办公室里手指一动，就发动了这场邪恶的战争。这代表了一种种族主义的价值体系。那就是他们永远也不允许他们自己的国家主义以外的体系存在，永远也不允许第三世界的人民控制他们自己的自然资源。而他们对于那些非白人的生命损失，既不会表达遗憾，也不会感到后悔、羞耻和恐惧。今天晚上，我对我是非洲裔美国人尤其感到自豪。1月15日，乔治·布什批准发起历史上对伊拉克的最大一次空袭，他竟敢给马丁·路德·金的生日抹黑。

今天晚上，在大规模轰炸任务完成之后，是马尔科姆·X遇刺26周年纪念日。在这个悲哀的夜晚，世界见证了在布什和其政府道貌岸然的修辞后面的病态的真实面目。这场波斯湾战争不是为了让伊拉克撤出科威特。很明显，它也不是为了国际法或联合国决议。如果把巴格达与比勒陀利亚做一个对比，那么对于这种伤天害理和蔑视世界舆论的行为，这个巴格达的屠夫不过是个迟到的小兄弟而已。今天晚上发生的事件是，苏联领导人戈尔巴乔夫与伊拉克政府已经达成了伊拉克从科威特撤军的协议。不管这个协议中还有什么条款，这就是最基本的事实。这个协议希望能够立即停火，停止对伊拉克人民的屠杀，停止对他们的饮水供应、食品供给和安全的破坏。

请问，那个坐在美国白宫里的头号白人会做出什么反应呢？他已经去了剧院。我猜想那就意味着最近的教堂关门了。或者科林·鲍威尔正忙于把勺子伸进去，品尝别人为他烹制好的食物。而对于迪克·切尼来说，只要没有人来拿走他的爱国者导弹、阿帕奇直升机、B-52集束轰炸机，黑人、棕色人和穷白人士兵、水手，以及其他一个顶级懦夫所需要的玩意儿，他的身材就好到能够穿上任何尺码的军服。面对和平前景的噩梦，布什去了剧院。因为如果他承认萨达姆·侯赛因是个男人，是个主权国家的首脑，是个敌人，是个必须与之谈判的对手，那么他就完了。萨达姆不是白人，他和他的阿拉伯人民必须被毁灭。不能有和平，不能停火，不能有谈判。

今天晚上，我很自豪地纪念金博士和马尔科姆·X，在我沿着他们所开创的艰难的道路前进的时候，来怀念他们的伟绩。这两个人以各自的方式，提出了有全球价值的意见，以反对亚拉巴马、哈勒姆、南非、越南的种族主义，他们因此都成了白人怒火的靶子。假如这两个人现在还活着，我相信他们都会谴责目前正在发生的对阿拉伯世界的攻击。他们中谁也不会容忍不公正和不平等的权利。

因此，现在搁在萨达姆·侯赛因身上的无可否认的种族主义的双重标准，也会使他们感到新奇和震惊。能够与越来越多的出于良知而拒绝服兵役的非洲裔美国人握手，使我感到自豪。我很高兴地听到坚定的道德捍卫者——美国国会议员罗纳德·德勒姆斯对这场战争的反对。我很高兴地听到国会议员格斯·萨维奇、约翰·科尼尔斯以及梅尔文·迪马利对这场战争发自内心的反对。不论非洲裔美国人在美国军队里不成比例的代表状况，还是公众态度的反复无常，我们作为这个国家的一个族群，都要态度鲜明。我们一定要对这场恐怖的战争、这种对国内腐败和恶化的逃避保持一种高压的反对姿态。

总统先生，我要对你说一点具体的事情。当然你可以羞辱，你可以追猎，你可以粉碎，你可以焚毁，你可以恐吓，你可以得意地笑，你可以吹嘘，你可以诽谤，你可以妖魔化，你可以不理会，你可以轰炸，你可以使人挨饿……是的，你可以迫使某个人投降，你可以用你的那双瘦骨嶙峋的手把人们鲜血淋漓的躯体抓住。但是，我们这些弱者都在盯着你。我们从你的仇恨中学习。我们也不会忘记。而且，我们已经准备好了。总统先生，我们是上帝遗弃在星球上的大多数。

冒着很大的风险，超过 220 名士兵宣布他们在 1991 年海湾战争中拒绝服兵役。在这些人中，有一个口才最好，她就是堪萨斯的医生尤兰达·休伊特－沃恩。

休伊特－沃恩是从墨西哥来的移民。1982 年她退役之前，已经在军队里服役 5 年。1989 年，她被征入预备役。在伊拉克入侵科威特之后，她被召前往沙特阿拉伯。

在下面的声明中，休伊特－沃恩解释了她反对逐步升级直至最终造成美国对伊拉克进行战争的政策。鉴于她的这种立场，她被定为“逃兵”，先是被软禁 4 个月，然后被军事法庭判了 30 个月的监禁。大赦国际把休伊特－沃恩列为“良心囚犯”，并组织了一场营救她的运动。她在服刑8个月之后被释放。

尤兰达·休伊特－沃恩：《拒绝在海湾战争中服役的声明》（1991）

我，尤兰达·休伊特－沃恩，医学博士，通过职业验证的家庭医生。我是一个妻子，是2岁、5岁和8岁的孩子的母亲。从1980年开始，我成为有社会责任感医生组织的成员、国际医生防止核战争美国分会会员。1982年，我与别人共同创办了有社会责任感医生大堪萨斯市分会。我来自于堪萨斯州的堪萨斯城。我在美军预备医疗队里任上尉。由于海湾危机，1990年12月，我被征召服现役。

在中东的一次进攻性的军事部署中，我拒绝服从在我认为是不道德的、不人道的也是不合宪法的行动中做一个共谋犯的命令。假如我参与“沙漠盾牌”行动的话，那么我作为一个公民要保卫宪法的誓言，我作为一个挽救生命、防治疾病的医生的誓言，以及我作为人类的一员保护这个星球的责任，都将受到破坏。

作为一个国家的人民，我们已经汲取了越南战争的教训——50000美国人在那里送命，数十万平民死亡，还破坏了环境。而这一次，我们在中东所面临的是更大规模的毁灭和死亡。虽然在越南我们每周有200人伤亡，但是据估计，在伊拉克的战争中可能每小时就有200人伤亡。

在战争中最大的伤亡人员是平民，因为伊拉克和科威特57%的人口集中在城市。在这些平民中，47%是15岁以下的儿童。

对有400多万人口的巴格达的狂轰滥炸，并不只是针对萨达姆·侯赛因，还有平民。他们中有200万是儿童。我们作为美国人，事先就已经知道了这些，知道这不是命运，却选择带着对这些死亡的人的道德负担而生活。

从医学的观点来看，对于战士和平民身上的伤痛的本质，公众一直受到了误导。我们作为美国人，在事先知道这一切都可以避免的情况下，是否真的愿意在每天的晚间新闻里看到那些伤亡数字呢？

作为一名母亲，我深深地意识到，如果战争爆发，它将给中东地区乃至全球带来长期的医疗和环境上的负面影响。据一位约旦医生估计，油田原油的燃烧将持续 6 个月，每天将有 100 万桶原油被烧掉。这种燃烧将产生发热源，使全球变暖的进程加速 20 年。

也许等待着平民和军人的最大的医疗灾难是使用化学武器、生物武器以及核武器的可能性。从前，还从来没有这样庞大的杀伤性武器被组装起来。根本无法保证以常规战争开始的冲突，不会迅速升级成使用大规模杀伤性武器的战争。

我们作为美国人，真的准备承担这种进攻性策略很容易引发的第三次世界大战的责任吗？我问你，是什么导致了这么多的死亡和毁灭？在越南战争之后，我们除了眼泪、痛苦和损失，还得到了什么呢？

作为一名医生，我知道有些病是无药可治的，预防才是唯一的手段。因此，我通过拒绝服从参加“沙漠盾牌”行动的命令，把我的医疗知识和训练用在避免战争上面。正如阿尔伯特·爱因斯坦在核武器刚出现时说过的：“如果文明就是生存，那么人类就需要一种全新的思维。”我觉得，我们都必须把我们的思维拓展到一个全新的水平，因此我敦促我国的领导人在承认战争会带来医疗和环境恶果的同时，致力于寻求通过外交解决问题的途径。

我自认为我是一个爱国者。我这样做是为了支持那些已经部署在海湾地区的美国军队，是为了支持美国人民，也是为了支持我们这里以及在中东的那些无法表达他们意愿的儿童。我希望我遵从良心的行动能在和平解决海湾危机方面起到微小的作用。

美国在 1991 年进行海湾战争的时候，口口声声宣称大国（伊拉克）不能够侵略小国（科威特）。但是，1989 年 12 月，美国军队入侵了小国巴拿马——美国一直控制着这个已经显示出独立迹象的小国家。

从 1904 年开始，美国就已经控制了巴拿马的战略运河——主要的航运通道，但是运河的管理权即将移交给巴拿马。1989 年的入侵就是为了扶植一个亲美的政府。布什总统说，这场战争是为了推翻巴拿马独裁者曼努埃尔·诺列加。

长期以来，诺列加一直是华盛顿的朋友，一直由中央情报局提供资金，但是他突然停止了按华盛顿的要求出牌。对巴拿马的入侵毁灭了整个居住区，夺去了很多生命，我们不知道确切的数字。正如当时的人权考察团“美国观察”评论的那样：“我们要求对在巴拿马的军事行动做一次调查，以便对于严重违反战争法律的情况确定个人和集体的责任。到目前为止，还没有一份这样的调查，甚至没有想过要有这样的一份调查。”

下面是对雷哈托军事基地工人的一次采访。

在巴拿马城的雷哈托军事基地采访当地工人（1990）

问：你当时在雷哈托军事基地吗？

答：是的，我在雷哈托军事基地。我是个平民——我在基地负责维修工作。

驻扎在雷哈托基地的是第六远征连，一个山地坦克分队，还有两所学校：一所是军官学校，一所是中学。在中学里，他们可以选择今后是上军校还是上大学。这些学生被叫作“托马西托”。

12 月 19 日至 20 日的晚上，我们都上床睡觉了，但是有谣言说，第 82 空降师已经离开美国，很有可能入侵这里。

问：那是什么时候？

答：大约晚上 7 时，也许稍晚一点。当你考虑一下这两个国家之间力量悬殊的时候，我想没有人会相信入侵真的会发生。我想，如果仅仅是为了除掉诺列加，那么不需要一次入侵行动。诺列加在那个周末一直在基地附近，由一小队护卫陪同来这里呼吸新鲜空气。如果美国兵想活捉他，他们可以很容易地做到，或者他们可以在前一个星期天，当他正与他的一个朋友在基地附近的时候活捉他。如果必须有流血，他们可以在那时以杀死 20 人或者最多 30 人的代价干掉他，而不是实际发生的几千人的死亡。入侵并不是为了活捉诺列加。我从来不相信这样的说法。

在差一刻钟就到凌晨 1 时的时候，人们听到了爆炸声和直升机“嗡嗡”地震动大楼的声音。接着，机枪响了，我们冲出了营房。由于那天晚上是满月，因此我们可以清楚地看见降落的伞兵。虽然已经有了疏散学生的计划，但是兵营之间的距离很远，因此疏散计划只能对一小部分学生进行。另外一些学生被美军俘虏了，还有一些学生被杀。

这是因为美国军队没有意识到他们实际上只是孩子。他们还不到18岁，还没有来得及投降就被机枪扫倒了。

问：他们中有人有武器吗？

答：这些孩子中间吗？没有，一个也没有。他们中的有些人去军械库要武器，但是那些人不给他们。他们不是大街上的孩子，但还是没有给他们武器。

问：开火时有多少人被杀？

答：我自己没亲眼看见，但是我听那些孩子说，至少有30人被杀。

问：你当时在哪里？

答：我冲向了山里，但是我待的那个地方离基地还是很近。直升机冲着我开火。那时，我遇到两个有武装的士兵，还有四个男孩——四个没有武装的托马西托。这些孩子吓坏了，他们不知道那些闪光的是什么东西，显然他们没有接受过任何军事训练。他们非要说这是一个军事训练学校不可，但那不是真的。

他们使用激光，他们使用非常大型的直升机发射能引起一连串爆炸的炸弹——爆炸力非常强的炸弹。他们用机枪朝我们扫射。还有一些其他炸弹，非常奇怪的那种。说它怪，怪就怪在它爆炸的时候，先产生的是白光，然后是红光。有人告诉我，这就是他们在乔里洛使用过的炸弹，是一种用来烧毁整个街区的炸弹。它们很不同，就连那些士兵以前也从来没有见过。

当我最终被俘后，他们让我面对墙跪着。他们用M-16冲锋枪的枪口顶着我的脖子，他们威胁说要杀死我。干这件事的是个非常紧张的家伙。当时，我所看见的那些美军士兵看起来都很紧张。他们也很年轻，20岁左右。这一定是他们第一次真正的战斗经历，也许他们以为会遭遇有组织的抵抗。他们看起来非常害怕和紧张。

他们中有一个人告诉另一个，不要杀死我，他们要审讯我。他们把我从那儿转到关押着另外一些俘虏的地方。那里有很多男孩，都是托马西托。他们的胳膊背在身后，被人用胶带绑在那里。美国士兵对待他们的态度很差，殴打他们。还有一些受伤的，美国士兵让他们待在太阳下面，不给他们任何治疗。美国士兵还搜他们的身，拿走他们的手表和钱等个人物品。他们给人的印象是雇佣军，而不是职业军人。有一次，一个美军士兵给另一个士兵看一只表，问他是不是喜欢，他回答说："如果还能走，那就是我的了。"然后他把它拿走了。

美国士兵还抓了一些平民。这些平民受到的对待不像那些军事俘虏那样差。他们抓的是一家人，其中有小孩——3岁的小孩。那个小姑娘一直哭着说她想回家。

我在那里待了整整一天。12月20日那天，美国士兵给我们拍照，记下我们的名字。

到了早晨，美国士兵开始查看那些受伤的人。其中有一个年轻人看起来伤势非常重——他的腹部和双臂都受了伤。我不知道那是子弹打的，还是炮弹的弹片，还是榴弹，看起来他的情况非常糟。他被平放在地板上，然后进来一个美军，我猜他是军官，他命令下属给伤者治疗。

问：这是什么时候？

答：我不能确定。我想一定是11时左右。他是在凌晨1∶30受的伤，有10个小时没有得到治疗。可是他的情况非常糟，美国士兵就把他留在地板上。地板非常脏，因为那里是基地的自动机枪仓库。我们就被关押在那里。

我有机会看到了一个兵营的内部情况，因为我请求他们允许我去上厕所。那些兵营都被完全烧毁了，是被一种完全不同的火烧的，因为当你碰一下什么东西的时候，它马上就变成了灰，虽然外表看起来还是完整的，可是你一碰，它们就散架了。

他们公开地说，有23个美军士兵被杀。后来我发现，在雷哈托基地就有两架直升机被击落，有19个士兵死亡。这也就意味着在巴拿马的其他地方，一共只有4个被杀的美军士兵。这真不可信，不是吗？美国士兵的伤亡要比他们官方承认的数字多得多。

美国士兵围捕了所有的平民。有两个离基地非常近的小镇，他们到那里不加区分地把所有的14岁以上的男孩全都抓了起来——美国士兵还抓老人。看看那些老人的年纪和身体状况，你不可能想象他们还有力量拿得起武器。他们把这些人关了起来。他们把所有的人都关了起来。

由于我已经是成人了，因此能够对环境有意识。巴拿马一直都是比其他拉美国家更富裕的国家。但是在过去的两年里，随着经济压力的增加，贫困程度急剧严重。以前，你从来也看不到儿童在街上乞讨，如今，精神病人到处闲荡。现在酒精消费水平也在上升。

巴拿马人对这些现象很不适应，因此很多人为诺列加的倒台而欢呼，他们认为美国将提供大量的经济援助。可是正相反，人们看到的是国际货币基金组织的政策在这里的应用，其中之一就是减少公共部门的雇员，偿付外国贷款。这将使很多巴拿马人从幻想中清醒过来。我想，他们已经清醒了。

对 1965 年瓦茨暴乱仍然记忆犹新的洛杉矶，在 1992 年 4 月 29 日再次发生暴乱。直接的起因是陪审团宣判 1991 年 3 月 3 日残酷殴打黑人摩托车手罗德尼·金的四个白人警察无罪。

这起事件是被一个观察者抓拍到的。录像显示警察用警棍反复殴打罗德尼·金，还踢他，致使他的颅骨破裂。这次审判从多种族聚居区的洛杉矶转移到富裕的白人居住的市郊西米谷审理。当最终宣布审判结果的时候，洛杉矶爆发了多种族的叛乱，一连持续了好几天。

与 20 世纪 60 年代的城市暴乱相类似，这次暴乱表达了长期压抑的对警察残暴、种族主义、失业和贫穷的不满。下面是麦克·戴维斯——劳工历史学家、作家和《石英之城》一书的作者所做的对洛杉矶的调查，叙述了叛乱和随后的镇压行动。

麦克·戴维斯：《在洛杉矶，烧掉一切幻象》（1992）

那辆停在街角的装甲车就像一只丑陋的大癞蛤蟆——这是 9 岁的埃默里奥说的。他的父母正以焦虑的声音——几乎是在耳语——谈论着那些失踪的人：从特皮克来的劳尔、大马里奥、年轻的弗洛雷斯女孩，还有从阿瓦查潘来的表亲。与所有的萨尔瓦多人一样，他们都懂得“失踪”的含义：他们仍然记得那些无头的尸体，以及一个男人的舌头被人从喉咙的一个洞里掏出来，就像是一条领带。那也正是他们来这里的原因——到加利福尼亚州的洛杉矶，来到邮政编码为90057的地方。

现在，他们正在谈论他们突然失踪的朋友和邻居，他们都是萨尔瓦多人和墨西哥人。他们中的一些人仍然被关在博谢大街上的县监狱里。他们就像是棕色的沙粒一样，被淹没在被捕的17000名所谓的抢劫者和纵火犯之中。这是自从1863年爱尔兰穷人放火烧了曼哈顿之后，美国最激烈的城市暴乱。那些非法移民可能已经沮丧而又身无分文地回到了蒂华纳，与他们的家人和新生活彻底告别。警察把数百名倒霉的非法移民抢劫者转交给移民与自然规划署，在美国民权自由联盟以及移民权利组织知道他们被捕的消息之前，就已经递解出境了。

多日来，电视上一直在谈论“南方市中心的暴乱”“黑人暴乱”以及“土豆帮和血帮”，但是埃默里奥的父母知道，他们在麦克阿瑟公园区的上千名邻居——那里是全世界十分之一萨尔瓦多人生活的家园——也因为参与抢劫、纵火以及在宵禁之后仍然待在外面不回家而被捕（对第一批被捕的5000人的分析表明，他们中52%是穷拉丁人、10%是白人，只有38%是黑人）。他们还知道这个国家的第一次多民族暴乱与空空的肚子和沮丧的心情的关系，与警棍和罗德尼·金的关系同样紧密。

在暴乱发生前一周，天气不合时宜地热。晚上，人们在他们住处旁边的人行道上闲荡（在洛杉矶，麦克阿瑟公园区就是西班牙人的哈勒姆区），谈论着他们新的负担和烦恼。在一个比曼哈顿中部还要拥挤、比底特律市中心还要危险、吸毒者和帮派分子比选民还多的街区，在最后一次灾难降临之前，这些人知道怎样对每一个灾难都一笑了之。然而，空气中弥漫着一种新的郁闷的气息。

有太多的人失去了工作，他们靠当女裁缝、苦工、餐馆勤杂工和工厂工人挣的那点可怜的每小时5.25美元的工资生存。在经济衰退的两年里，洛杉矶移民社区的失业率已经翻了三倍。圣诞节的时候，整个市中心有两万多人，其中主要是拉丁裔的妇女和儿童，为了领到慈善组织发放的一只免费的火鸡和一条毯子而彻夜待在那里守候。贫困的另外一个明显的晴雨表是迅速增长的无家可归的人数。他们住在荒凉的皇冠山山坡上和洛杉矶河边的水泥河床上，被迫用下水道的水洗澡和做饭。

随着父母失去工作，或者失业的亲戚搬进大家庭一起居住，青少年就有了更大的贴补家里收入的压力。贝尔蒙特中学是这片“小中美洲”的骄傲。但是，该校有4500名学生，太拥挤了，所以有2000名学生必须坐校车去遥远的圣费尔南多谷以及其他的学校上学。此外，在贝尔蒙特区，足足有7000名学龄儿童失学，他们中的一些人进入了黑帮（包括贝尔蒙特中学在内的学校区，至少有100个黑帮），但是大部分人要在衰退的经济中努力寻找只能拿到最低工资的立足点。

我所采访的住在麦克阿瑟公园区的居民，例如埃默里奥的父母，都提到了那种越来越强烈的不安和前途无望的感觉。这次暴乱的到来就像是一种奇妙的补偿。人们最开始时是被暴力震惊，紧接着被电视上的在洛杉矶南部市中心的多种族的人群随便搬拿自己想要的货物而没有被警察干预的景象所催眠。第二天，也就是4月30日，星期四，当局犯了两个错误：第一个错误是学校停课，把孩子们“赶”到了街上；第二个是宣布国民卫队正在赶来帮助他们执行黄昏到黎明的宵禁。

成千上万的人立即把这一消息理解成是对参与全面的财富再分配的最后通知，抢劫像爆炸的力量一样在整个好莱坞、麦克阿瑟公园区、回声公园、凡奈斯和亨廷顿公园的部分地段传播开来。虽然他们四处破坏，但这些抢劫的人仍明显遵循着道德经济原则。正如一个中年妇女对我解释的那样：“偷窃是一种犯罪，但是这更像一个电视游戏节目，每个观众都参与进来获奖。”不像好莱坞的抢劫者（有一些是滑着滑板来的）专偷麦当娜的紧身胸衣和弗雷德里克店里的所有胯下开洞的内裤。麦克阿瑟公园区的抢劫人群则专注于多种生活必需品，像蟑螂喷雾剂和纸尿裤。

一周以后，麦克阿瑟公园区进入了被围困的状态。一个特殊的“我举报”热线邀请人们对有抢劫嫌疑的邻居和熟人进行举报。洛杉矶警察局的精英分队在国民卫队的支持下横扫住宅区，搜寻偷窃来的物品。从得克萨斯赶来的边界巡逻队在大街上巡逻。疯狂的父母寻找失踪的孩子，比如14岁的智障儿童朱莉·埃斯特拉达，据说她已经被递解回了墨西哥。

与此同时，数千名抢劫者，其中许多人是可怜的捡破烂的，在抢劫之后的第二天，在烧焦的瓦砾堆前被抓住。他们由于无法支付奇高的保释金，只好在监狱里继续煎熬下去。一个人因为一包瓜子和两盒牛奶被抓住，要付1.5万美元的保释金才能出狱。另外的数百人面临重罪起诉以及可能长达两年的刑期。公诉人要求对破坏宵禁者处以30天的刑期。尽管他们中的许多人要么是无家可归者，要么是讲西班牙语的人，根本不知道宵禁是怎么一回事。这些都是乔治·布什所说的我们必须从这片土地上除掉的“杂草”，以免他们因为创业区和对私人资本减免税等再生“种子”，重新播种。

人们越来越明白，整个社区即将成为替罪羊。自从经济衰退以后，丑恶的关闭边界的国家主义就像杂草一样在南加州迅速生长。奥兰治县共和党的一群私刑暴民，在亨廷顿比奇的议员达纳·罗拉巴切的领导下，要求立即把在这次暴乱中拘捕的所有非法移民递解出境；自由派的民主党人安东尼·贝伦森则提出剥夺非法移民在美国所生的孩子的公民身份。麦克阿瑟公园区的中美洲难民中心的罗贝托·罗瓦托说："在乔治·布什正在发明他的城市秩序军事化的实验室里，我们正在成为实验对象，成为犹太人。"

这次暴乱不像1965年发生在瓦茨南部的那次，主要集中在贫民窟里最穷的东区，这次暴乱是顺着克伦肖大街达到了最高潮——那里是洛杉矶黑人区里更富裕的西区的中心地带。虽然有由直升机和小型摄像机带来的全部沉浸于"现实"的假象，但是对这次暴乱愤怒的锋刃般的电视报道比克伦肖大街上被毁的商业中心熔化的钢铁更加扭曲。很多记者——他们在中南地区被称为"形象的抢劫者"，当他们踏过那些根本不想了解的生活废墟时，只不过把那些描述郊区的陈词滥调搬来这里对对口型罢了。令人迷惑和复杂的暴乱的万花筒，被削平为单一的可以归类的场景：黑人对罗德尼·金一案判决合法的愤怒，由于受到街头犯罪的裹挟，转变成了对他们自己社区的疯狂攻击。

地方电视台在不知不觉中照搬了（约翰）麦科恩委员会的简易判决，即1965年8月的瓦茨暴乱主要是流氓分子的极端行为。随后的加州大学洛杉矶分校对那次事件所做的研究表明，那次"乌合之众的暴乱"实际上是一次大众起义，其中包括至少5万名工人阶级以及他们的十几岁的孩子。当最近这次逮捕记录被分析之后，结果可能也会证明很多市民的判断：所有层次的黑人青年——帮派的和非帮派的，下层的和黑人雅皮士，都参加了这次暴乱。

社区不满的情况是很复杂的。罗德尼·金事件很可能只是一个象征，它释放了洛杉矶警察的种族主义情绪，与从拉斯维加斯到多伦多的黑人生活的危机联系起来。越来越清楚的是，金的事件可能成为与美国历史上的德雷德·斯科特事件同样重要的分水岭，是对非洲裔美国人为之奋斗了400年的公民权的意义的一次检验。

但是，在社会底层，尤其是在帮派青年当中，罗德尼·金可能不会引起深刻的反响。正如英格伍德血帮中的一个成员说的："什么？罗德尼·金？胡扯！我哥们儿每天都被警察像狗一样地打。这次暴乱是为了被警察杀害的帮中的兄弟，为了 27 年的压迫。罗德尼·金只是个导火索。”

就其本身而言，布什政府把在洛杉矶的镇压联邦化，企图造成总统凯旋的景象，就像罗马皇帝一样，他也要给被抓住的帮派成员拴上锁链。因此，司法部才派出了捉住巴拿马总统诺列加的那样一支精英部队，作为洛杉矶警察局的增援。同时，联邦调查局努力追踪这次暴乱的所谓的帮派煽动者。但是，正如 1965 年暴乱中的一位参加者看着特种部队逮捕那些试图在沃茨的约旦唐斯住宅项目和平见面的数百名帮派的成员时说的那样：“布什这个老傻瓜，他以为我们是萨达姆，把海军陆战队派来康普顿，还想竞选连任。老兄，这里不是伊拉克，这里是越南。”

1982 年的一次充满了程序错误的审判，使得获奖记者穆米亚·阿布·贾马尔一直被关在宾夕法尼亚州的死囚牢里。他被指控犯有射杀丹尼尔·福克纳警官的罪行。

阿布·贾马尔在费城长大，后来加入黑豹党。在他的案子开审的时候，他已经是一个著名的有奉献精神的记者和活动家了。虽然有很多人权组织要求重审，还有国际上的抗议以及给他错误定罪的证据，但是阿布·贾马尔仍然被关在监狱中。

在监狱中，穆米亚·阿布·贾马尔录制了一系列广播评论，并写了很多关于种族主义和美国监狱制度的不公正，以及监狱内外对穷人的战争等的文章。

下面，是摘自他的《活在死囚牢》一书中的两篇评论。

穆米亚·阿布·贾马尔的两篇评论（2001）

活在死囚牢

请不要告诉我关于死亡之谷的事。我生活在这里，在宾夕法尼亚州中南部的亨廷顿。这座有 100 年历史的监狱挺立着。它的哥特式尖塔投射出一种不祥的气息，引发出一种中世纪的阴郁情绪。我和另外 45 名囚犯，每天 22 个小时都生活在 6 英尺宽、10 英尺长的牢房里。另外的 2 个小时可以在户外，在枪口的“注视”下，在一个铁丝网栅栏围成的方形空地上度过。

欢迎来到宾夕法尼亚州的死囚牢。

我惊呆了。几天前，宾夕法尼亚州最高法院敲定了对我的定罪和死刑判决。这是四位大法官的投票决定的，虽然有三位没有参加。

当我只有十几岁的时候就加入了黑豹党。作为一名黑人记者，我经常研究美国的合法私刑处死非洲人的历史。我还记得黑豹党报纸的一个头版上有这样的引言："黑人没有要求白人尊重他们的权利。"这是美国最高法院首席大法官(罗杰)特尼关于臭名昭著的德雷德·斯科特一案(德雷德·斯科特诉桑福德)说的话。在那个案子中，美国最高法院认为"非洲人和他们的自由的后代都没有宪法赋予的权利"。

很深刻，是吧?

也许是我太轻信，也许是我太愚蠢，但是我真的认为法律必将获胜，判决将被逆转。真的!

即使是面对1985年5月13日费城的野蛮屠杀，拉蒙纳对非洲人的陷害，埃莉诺·帮珀斯、迈克尔·斯图瓦特、克莱门特·劳埃德、艾伦·布兰查德，从纽约到迈阿密，无数次警察对黑人的屠杀，之后都没有被定罪，我都依然保持着信念不变。即使是面对那些仇视黑人的州里最恐惧的情景，我依然认为我的上诉会胜利。

即使是带着我所知道的一切，我仍然怀着对美国法律的信念。因此，意识到我的上诉遭到驳回，对我确实是个打击。

现在，我才能理性地理解美国法庭是种族主义的水库，而且一直都对黑人被告持敌视态度。但是由于终生受到美国司法"公正"的宣传影响，这一点很难摆脱掉。

看看这整个国家，在1986年10月，黑人占了死囚牢里的人数的40%；在整个宾夕法尼亚州，在1988年8月，死囚牢里总共113个人，其中有61个是黑人，超过50%。这就是事实，是藏在法官的黑袍下面和同等权利的承诺后面的现实。

黑人只占宾夕法尼亚州人口的9%，比全国的11%还低。我刚才说，这很难摆脱掉，但是也许我们能一起来试试看。怎么办呢?我试着引用我1982年在费城著名的律师大卫·凯瑞斯写的一本法律书里读到的一句话："法律不过是政治的另外一种形式。"

这句话可以用来解释法庭不论是在今天，还是在130年前的斯科特案子上，究竟是怎样运作的。这不是关于法律，而是关于另一种形式的政治。

现在，谁能说他说得不对呢?

随着时间的流逝，我越来越倾向于与你们分享一些真理。我将继续与这不公的审判斗争下去。也许我可以摆脱掉，揭去蒙在我们头脑中像第二层皮肤一样的危险的神话——得到公正而无偏见的陪审团审判的“权利”，代表自己的“权利”，公平审判的“权利”，等等。

他们的权利不是权利。

他们的权利是有权有势的人的特权。对于没有权利的穷人，这些都是幻想，一旦当你要把它们当成真实的东西的时候，它们就消失了。别指望这个形成了庞大的网络和巨大的链条的媒体能告诉你这些。由于媒体和政府还有大财团之间的这种同谋关系，它们两个都为财团服务，因此媒体不能说出来。

可是我能。

即使我必须从死亡之谷里说出来，我也会的。

对穷人的战争

这个国家在每一个阶段每一个层面上的生活，都有对穷人进行的战争。在社会政策中，穷妈妈被定为刑事制裁的目标，假如是更高经济阶层的妈妈犯了同样的罪，那么她受到的待遇就可能是去贝蒂福特中心。在青年政策上，政府急于关闭学校，却在同时建造新兵训练营和监狱，“作为他们的毕业学校”。排外的政治家们开展运动，为街头乞丐者推广监狱这个黑暗之星，进一步育肥堡垒经济。唯一明显可行的解决无家可归者这一祸根的办法就是多修监狱。

20世纪90年代的美国，穷人不仅仅社会经济地位低，而且他们有人格上的缺陷、精神上的瑕疵。联邦统计数字告诉我们的是得与失的故事，其可怕程度，连狄更斯的《双城记》都望尘莫及。

考虑一下：700万无家可归的人民，每个月的收入低于200美元。3500万人，占全国人口的14.5%，生活在贫困线以下。在这群人中，29%是非裔美国人，即超过1015万的黑人生活在贫困线以下。

占统治地位的“共和民主党”的两翼，互相竞赛，试图通过实施更加严厉的措施，来限制、压制、控制和消灭穷人。这使我们想起法国作家阿纳托尔·法朗士带有讽刺意味的观察：“法律，以其高贵、平等，禁止穷人和富人在桥下睡觉、上街乞讨和偷面包。”

美国的制造商已经开始逃往北美自由贸易区协定地区——与美国关系友好的墨西哥。只有在恰帕斯的萨帕塔发生起义的时候，才显示出已经像洪水般流入的西方资本。由于在技术上赶不上日本和德国，于是美国就开始实施低技术、低技能、高就业率的计划。通过建造更多的监狱——这是美国唯一增长的工业项目——来剥削穷人和没文化的反应迟钝的人。这样一来，就会有更多的美国人在更多的时间里看守更多的美国囚犯。而这一切，发生在犯罪率最低的10年里。没有哪个主要的政党对于这种增加牢笼和坟墓的社会困境给出过答案。

是时候进行一次新的、更加光明的、肯定生命的解放，而不是压制穷人的展望了，因为穷人毕竟是这个地球上居住的人类的主体。那些深奥的政治理论和只是把他们作为经济因素的无效的经济理论，都不能给他们带来希望，因为他们为之投票的政客会朝他们的脸上吐唾沫，而那些经济学家会把他们当作微不足道的因素而一笔勾销。

在穷人中必然会产生一种基于他们是谁而不是他们占有了什么的反抗精神，来肯定他们固有的人类价值。

第二十三章
挑战比尔·克林顿

布鲁斯·斯普林斯汀的两首歌

洛雷尔·派特森：《伊利诺伊州迪凯特战区的罢工》（1995）

威诺娜·拉杜克：《获得绿党提名美国副总统候选人的讲话》（1996）

艾丽丝·沃克：《致克林顿总统》（1996）

亚得里安娜·里奇：《就拒绝国家艺术奖致珍妮·亚历山大》（1997）

拉尼亚·马丝里：《还想要牺牲多少人？》（2000）

罗尼·可罗兹曼：《WTO 决战西雅图：一个目击者的记录》（1999）

安妮塔·卡梅隆：《阶梯倒下来——ADAPT 与 HBA 之战》（2000）

伊丽莎白（贝基塔）·马蒂涅兹：《被棕色皮肤的人击倒》（1998）

沃尔特·莫斯利：《戴着铁镣劳作》（2000）

朱丽亚·巴特弗莱·黑尔：《活在暴风雨中：大自然的教训》（2001）

克林顿总统出版了他的回忆录《我的生活，2004》，回忆他的 8 年总统生涯。媒体把焦点聚集在他的性丑闻上。克林顿用撒谎掩盖他的性丑闻，遭到众议院的弹劾……

对有孩子的贫困家庭援助的“新政”计划的终止，扩建监狱，维持庞大的军事预算，他的立法受到共和党的普遍支持——克林顿的这些执政记录大多被忽略，轻轻带过。

在海外，克林顿政策的特点是时不时地显示军事力量。他上任后仅仅6个月，就派空军向巴格达投掷炸弹，凭借不足的证据，声称伊拉克在幕后支持谋杀乔治·布什总统。6人被炸死，其中包括著名的伊拉克艺术家和她的丈夫。

克林顿轰炸了伊拉克，指称它拥有“大规模杀伤性武器”，同时对其施行了广泛的制裁，导致成千上万名伊拉克人丧生。当美国驻肯尼亚和坦桑尼亚的使馆受到攻击时，克林顿轰炸了阿富汗和苏丹，误把苏丹一家制药厂当作化学武器工厂。

克林顿出兵索马里，干涉索马里领导人之间的纷争。在一次冲突中，19名美军被杀，克林顿即刻收兵。而美国军队杀死了成千上万的索马里人。

在他执政的第二年，1994年，在国际维和部队撤出卢旺达时，美国起了重要作用。国际社会，包括美国这个世界上最强大的国家，在大屠杀发生时，站在一边袖手旁观，屠杀的规模达100万人之众。

在克林顿任期，全国各地纷纷抗议他的外交政策，发起促进经济公平的运动。到他任期结束时，4万多人聚集一起，扰乱在西雅图召开的世界贸易组织大会。警察和抗议者之间的斗争被全世界报道，书写了反抗公司全球化斗争的新篇章。

1995年，在新泽西出生的滚石音乐家和歌曲作者布鲁斯·斯普林斯汀出版了新的唱辑，有意引出约翰·斯坦贝克的《愤怒的葡萄》和伍迪·格思里的歌。他写了穷人、移民、墨西哥人的斗争故事。斯普林斯汀也在他的唱辑《内布拉斯加》中让被20世纪90年代的“繁荣”所抛弃的人发出声音——这些人让富人更加富有，自己却仍然一文不名。

下面，是其中的两首歌。第一首是《扬斯敦》，灵感来自戴尔·马哈瑞吉和迈克尔·威廉姆森所著的《未知的旅程》。

布鲁斯·斯普林斯汀的两首歌

扬斯敦

希顿家的詹姆士和丹
在黄溪河底找到矿石
他们建了一座高炉
在河边这里
做炮弹
帮助联邦打胜仗
就在扬斯敦
就在扬斯敦
可爱的珍妮是我的心上人
亲爱的人就在扬斯敦

我爹烧着高炉
让它比地狱还热
我从越南回家
一直干着炼钢的活儿
这个活儿也配得上魔鬼
铁矿石、可乐和石灰石
养孩子挣钱
烟柱升起，像上帝的手臂
伸向美丽的灰蒙蒙的天空
就在扬斯敦
就在扬斯敦
可爱的珍妮是我的心上人
亲爱的人就在扬斯敦

我爹就在俄亥俄钢厂炼钢
那时他刚从第二次世界大战归来
厂子里乱七八糟
他说那些小伙子比希特勒强
在这些工厂里，他们造坦克和大炮
帮助国家打胜仗
我们把孩子送到朝鲜和越南
我们在想，他们的死是为了什么
就在扬斯敦
就在扬斯敦
可爱的珍妮是我的心上人
亲爱的人就在扬斯敦

从莫农加希拉河谷
到米沙比矿场
再到阿帕拉契亚的煤矿
故事总是这样
一天生产七百吨钢
可是，先生你说世界不一样了
我曾经让你致富
富到忘了我叫什么
就在扬斯敦
就在扬斯敦
可爱的珍妮是我的心上人
亲爱的人就在扬斯敦
我死的时候，我不想要什么天堂
天堂里的活计我做不好
我祈祷魔鬼带走我
让我站在地狱的火炉旁

锡那罗亚牛仔

米盖尔从北墨西哥的小镇来
三年前，他跟着哥哥路易斯来到北方的加利福尼亚
走过河堤的时候，路易斯刚刚十六岁
他们一起在圣华金的田里找到了工作

他们离开了家乡和家人
他们的爸爸说
儿子，有件事你们要记住
北方给钱一点儿也不多
他们肩并肩地在果园干活儿
从早上到天黑
他们干的活儿大力士也干不动

有信儿说，锡那罗亚有人找帮手
弗雷斯诺的远处有个荒凉的鸡场
山沟边上的小铁皮屋里
米盖尔和路易斯站着熬冰毒
你可以在果园干一年
也可以一天十小时挣出一半的钱
为锡那罗亚的人干活儿
可是，如果你失手了
氢碘酸就会把你的皮肉烧坏
你要是吸了毒气
就会把血吐在沙漠里

有个冬天的晚上
米盖尔在外面望风
小屋爆炸，照亮了山谷
米盖尔扛着路易斯走到一片洼地

在小河边的深草里
路易斯·罗赛尔死去

米盖尔把路易斯的尸体装进卡车，然后开走
开到早上，停在朝阳映照的一丛桉树前
在土里，他挖出了一万块钱，那是他们攒下的
他亲了哥哥的嘴唇，把他安放在坟墓里

20世纪90年代中期，在伊利诺伊州迪凯特这座小型工业城市里，十分之一的工人参加了罢工或被阻止进厂。劳工活动家把这座城市形容为“战区”。汽车工会会员反抗卡特皮勒——有名的挖掘设备国际巨头。橡胶工会会员与普利司通－费尔斯通橡胶制造商对峙。而同时，有750名斯坦利的化工厂工人被工厂管理层挡在厂外，因为他们反对削减工资和福利，要求保障工作安全。三个罢工运动的积极分子周游全国，为罢工者和被封在厂外的工人筹款。

罢工最后一一失败，部分原因是破坏分子的瓦解。比尔·克林顿总统许诺，禁止使用代用工人，但是这个许诺并没有兑现。下面，洛雷尔·派特森，作为斯坦利的工人以及黑人工会联盟的成员，描述了这场罢工斗争。

洛雷尔·派特森：《伊利诺伊州迪凯特战区的罢工》（1995）

在伊利诺伊州迪凯特，我们正在为正义和平等的待遇而战。如果我们不敢反抗现在的不公，我们就会在这个泥沼中越陷越深，这正是公司所希望的，我们坐在那儿，无所作为。

我想，这是我平生遇见的一群最傻的傻瓜。我们指责纽特·金瑞契、鲍伯·多尔、菲尔·格莱姆这样的人，但是我们必须指出另外几位跟他们一样的共和党人。我站在那儿，看着这些人，有些人还是美国黑人——他们实际上相信了《北美自由贸易协定》和《关贸及贸易总协定》的鬼话，以为那是为大家创造就业机会的最好办法。

我写信给参议员卡罗尔·莫斯利－布劳恩。她在回信中告诉我，我们之所以失业，是因为我们没有受过教育——我们只上过12年的学。但是，过了几周，这些小丑又回来了，开始取消在职培训计划。我们应当让他们明白：我们不会再接受这一套了。

我们要求受教育，我们要求可以活命的工资，我们要求像样的住房。我们要求终生享受医疗，而并非只在合同期内。这很简单——政客们理解起来并不难，每个人都有权享有这些基本权利。

我认为我们得到这些的唯一办法是组织起来和接受教育。我们应当站起来，对他们说“不”。我们有权被当成人来对待，倘若我们不站起来，不强迫他们给予，我们就绝不会得到。

所以，当人们试图告诉我，我们不能改变法律时，我提醒他们，就在不久之前，他们制定法律，把穷人、少数族裔、女人以及所有不富有的人排除在外。我告诉人们，如果他们相信这些，就是在贱卖自己，贱卖自己的子孙。我们应当开始相信，我们有力量，而不是政客们有力量。

每每有这样的时候，你会遇到这样的人，他们想把自己的问题归罪于其他人。他们想怪罪于黑人和少数族裔，他们想怪罪于靠福利生活的母亲，他们想怪罪于移民，他们想怪罪于穷人。你要知道，是时候了，我们应当不能再让别人当成替罪羊。

我思考了很久才明白，谁是我的敌人。我的敌人住在漂亮的房子里，穿着华美的衣服，信誓旦旦地告诉我，我不配拥有什么。这些公司的大亨们有政客和钱来撑腰。但是，有一样东西他们没有，我们却有。那就是我们拥有彼此，而且我们比他们人多。当我们学会一起站出来像一个人一样，我们就能叫停这个局面。我一点儿也不怀疑这个。

我们当前要做的事情是把那些说我们不能赢的人组织起来。我锁定了我周围的这样的人，我不想再听这些话了。两年来，这些话一直被认为一文不值，我烦了，厌倦了那些说我们什么都不行的人。

在迪凯特，与我们对峙的不仅有公司，也有法官，还有警察和流氓。每一天，我活在这个世界上，遇见新人。我知道这是一场对工人的世界性的战争。到了这样的程度，我们需要站出来发出一致的声音——各个种族的人们。

我知道在美国生活，被当作所谓的美国人——被当作尘土——是怎么回事。因此，我可以想象移民们在这个国家的遭遇——因为我曾经经历过。

当黑人投票赞成187号提案时，我感到很难受。我在生活中学到的一件事就是你不能剥夺别人的权利，同时又指望他们不剥夺你的。

所以，如果有这样的人找上你——他们没人会找我，因为他们知道我是谁——他们就开始聒噪，他们赢不了。我劝你说点能引起效果的话，比如：如果你敢争取，你就敢赢。如果你不敢争取，你就不会赢。如果你是这样一种人，害怕被抓起来，坐牢，失去你辛苦工作得到的一切，就请你回家吧。因为他们最后会找上你，他们会把你和你孩子的所有东西都拿走。

因此，我感到悲哀，这个世界上有人不相信他们有权利当人。我很欣喜，我的童年和家庭教我每天早晨总有起床的原因，尽管我很穷，尽管我什么也没有。我学会了什么是真正重要的东西：照顾他人和自己，有胆子说“我决不退缩”。

著名环境活动家和作家威诺娜·拉杜克属于明尼苏达北部白土巧克陶族密西西比分支的阿尼希纳贝族。拉杜克曾参与过白土土地归还项目以及建立印第安妇女组织的活动，1996年和2000年，在绿党内两度成为支持消费者的拉尔夫·纳达尔的副总统候选人。

在竞选活动中，拉杜克提出了其他候选人忽视的问题。这篇文字是她1996年在明尼苏达圣保罗参加选举时的讲话。

威诺娜·拉杜克：《获得绿党提名美国副总统候选人的讲话》（1996）

我不赞同选举政治，但我也深受国家政策的影响。我对社会重构问题的讨论很感兴趣——权力和财富分配的问题、滥用职权的问题、自然界和环境的权利问题、需要考虑修正美国宪法的问题，今天我们对于这些问题所做的决策都应当从其对第七代美国人产生的影响去考虑。我想这应该就是可持续性的全部内涵。这些问题都很重要，却往往容易被所谓的“主要政党”和媒体忽略。

我认为制定决策不应当是享有特权。只要是受到政策影响的人——我指的并不是那些缺席的高居于政策之上的人，都应当参与到对上述问题的讨论之中。因为他们的声音才能真正地反映美国国家政策和美国政治体系的特色。

可能你们大多数人都知道我生活并就职于明尼苏达州北部的印第安保留区白土，也是全国范围内从人口和面积总数来讲最大的保留区。你们大多数人应该也知道——从政治和法律斗争的角度来说，最近几个月，这个区域内的民众变得激进了很多。这也就是为什么我把自己看成是一位民众活动者。虽然我知道我们的北部地区森林覆盖面积不大，尽是一派乡村风光，也没有几条河流小溪，但是华盛顿的各项决策依然影响着我。

另外还有其他人的决策，那些与我未曾谋面之人、未曾目睹过我们湖泊之人、未曾品尝过我们野生大米之人以及未曾听闻过庞斯福德的孩子哭声之人，也都对我和我们那里的民众产生了一定的影响。在这里，我想说的是，所有的公民都有权利和责任来决定自己的命运，我绝对不会向政治行动委员会、说客以及那些甚至距我们有万里之遥的政策制定者屈服而放弃这项权利。

只要你在国内最贫穷的地方或者明尼苏达生活一段时间，你就能深刻地感受到国家政策的影响有多大。这就是我的论点：不改善美国最贫困地区的生活质量，美国的生活质量就无法真正地得到改善。

例如，我所在的保留区有半数以上的印第安民众生活在贫困之中。这是全国平均水平的 5 倍。尤其令人担忧的是我所在的保留区有三分之二的儿童生活在贫困之中。另外，户主为女性的家庭中有 90% 的儿童生活极端贫困。我所在的保留区中等家庭的收入仅略高于全国中等家庭平均收入的一半。个人平均所得处于同一水平。根据印第安人事务局最新的统计数据，保留区的失业率高达 49%。另外，保留区接近三分之一的印第安人没有接受过中等教育。最后显而易见的是，保留区约有 50% 的人口年龄在 25 岁以下，这就说明解决以上问题任重而道远。

看看这些数据是什么含义？让我来给大家举例说明吧。

福利改革法案：从贫困人口的数目来看，美国处于世界前列。美国约有 900 万儿童处于贫困之中。福利改革破坏了这些儿童的安全网。现在，我给大家举几个活生生的例子。印第安人是美国最贫困的人群。全国最贫困的县中，有 40% 位于印第安保留区。当然白土也是其中之一。这些贫困区域孩子的父母——45% 的失业率——唯一的希望就是能够在赌场找份工作，这样每小时就有 6 美元的收入了。即使父母双方都有工作，他们支付了孩子的保健费用后，生活也很窘迫。我的朋友们，一个拥有两间卧室的拖车（拖车有 15 年的历史了）的七口之家，就住在我家的下一个路口的救助无自理能力儿童处，对新的福利改革计划有一些想法。看到那些孩子和第三等级人们的安全网被破坏了，我绝对不会袖手旁观。

环境政策：位于俄亥俄州东利物浦的技术产业废弃物焚烧炉是非常危险的，距离附近的一所学校只有千把英尺之遥。1992 年，阿尔·戈尔曾去过那里，并承诺，若他当选，必会责令其停业。焚烧炉确实不应该再营业了。

濒临灭绝的物种：比尔·克林顿曾在 1992 年说过，他会坚定地执行《濒危物种法案》，然而在 1994 年签署的政府预算案中禁止动用任何资金将一些物种列入《濒危物种法案》之中，这无疑破坏了近千种濒危物种等待被列入法案的计划……

对印第安人的政策是怎样的呢？只有一堆空洞的承诺，而无任何实际行动。免费的午餐也只是幸福的一瞬，真正的后果是被狠狠地削减预算。对印第安人的政策在美国由来已久，这倒不是问题的关键。直到 19 世纪末，印第安人才得到了作战部的关注。也就是从那个时候起，印第安人才加入了内政部。我们印第安人在内政部仅仅被视为自然资源……

如果美国不在国内外政策中切实体现改善最贫困人群的生活质量，那么我们讨论生活质量问题便是空谈。如果不能像正常民众一样对待我们——给予我们完整的人权，那么我们是不会停止运动的。如果政策的制定不能保证占人口总数 90% 的人群的利益，而只确保少数更为富有的人的利益，那么我认为我们绝对不能笼统地说我们是在讨论经济和社会利益的问题。最后我要说的是，除非我们考虑到环境、经济和社会的各项政策对第七代人产生的影响，否则我们将依然生活在被占领和征服的社会，而不是生活在寻求生存之道的社会。

以下是两封来自知名作家艾丽丝·沃克和政治积极分子亚得里安娜·里奇的抗议信。

克林顿政府虽然已经高抬贵手，不再刻意限制民众到古巴旅行，但是依然严格禁止与古巴的贸易往来，这是冷战政策之一。几十年来，它一直阻碍着重要商品进入岛国。当贸易限制进一步收紧时，克林顿签署了《赫尔姆斯－伯顿法案》。小说家和诗人艾丽丝·沃克对此回应了一封公开信。信的内容如下：

艾丽丝·沃克：《致克林顿总统》（1996）

敬爱的克林顿总统：

非常感谢您（今年）1月在我逗留华盛顿时邀请我参观白宫。但是很抱歉，由于种种原因，我们却未能谋面。我期待着以一种新的方式来体验北美政府的象征性座椅。从前的我，对于白宫只能在外观瞻。上学的时候，我在白宫外面的街道上来回走动过。当时，我很好奇，里面到底是什么样子的呢？它看起来那么不真实，似乎是空的，却似乎又压得人喘不过气来。对于来自南方的一些黑人学生来讲，根本轮不到他们——当然也包括他们那些有胆识的白人老师，去关心白宫……

您签署的法案进一步阻碍了贸易的发展，这让我十分痛心。我有空的时候就会去古巴转转，买点药品呀、小东西呀，这些许算不上什么重要的东西，但足以证明我的存在感。有时也去那些给予我勇气和温柔并给我一生启迪的人那里转转。

我也看到了贸易限制是怎样深深地伤害了古巴人民的感情，尤其是伤害了古巴的儿童，确切地说是婴儿。有时候我会彻夜难眠，我担心那些孩子……我的父母来自佐治亚州，我非常重视从他们那里学到的信仰和价值观，他们也是我见过的最真诚和最谦卑的基督教徒。对于古巴孩子们所受的苦难，我感同身受。

您签署这项法案的行为是错误的……这项法案本身也是错误的，限制贸易更是错误的，因为它惩罚的是人民，甚至是还未出生的婴儿，让他们丢失了对自身价值的认可。想想他们为了获取自由经历了多么漫长的奋斗啊！尤其是从西班牙和美国争取到的自由更是来之不易，对此，他们情不自禁地满怀自豪，这也是在情理之中的。他们选择了一种与我们截然不同的生活方式，这种生活方式使他们从根本上理解了内在确定存在（提升自己和帮助别人）的意义，并且让他们在同等程度上理解了深层精神平和的意义。从我遇见的古巴人身上，我发现了他们有一个难能可贵的品质，那就是用心聆听和用心分享。

我认为您必须和古巴领导人菲德尔·卡斯特罗谈谈，面对面地谈。他其实并不是你们所认为的那种怪胎。如果您仔细研究一下您对古巴的所作所为，您定会发现他是古巴当之无愧的领导者。我如是说，并不是强调他没有缺点。总体而言，生活在地球上的每一个人都有缺点，都会受伤，也会发怒，都经受过打击。人类的有些行为会给我们带来痛苦，从某种意义上讲，也是可耻的——因为当我们自己的真实状况被暴露的时候，我们就会发觉自己是那样软弱无力。能够提高我们的承受能力的办法便是分享，面对面地用传情达意的心灵之窗——人类的眼睛来沟通和交流……

当杰西·赫尔姆斯鼓动我们的国家危害古巴人民的时候，他考虑过古巴人民的感受吗？他考虑过自由吗？也是杰西·赫尔姆斯，他使生活在南方的我的祖父母、我的父母以及我的同辈们在种族歧视和种族隔离的斗争中受到严重的伤害。您会将您的名字和他的名字放在一起，签署这项法案吗？虽然现在签署已成为事实，但是我依然觉得不可思议。我相信日后您也一定会因为您的名字和他的名字有关联而感到沮丧和后悔。为您的这一行为，我深表遗憾。

我们的国家已经迷失了方向，就像从前一样。主要原因是它的资源和空间有限，已经无法承受日复一日无休止的扩张和剥削了，有时我们称其为“生长”过剩。贪婪是自始至终的主要动力。为了复仇的梦想和重新占有古巴的贪念，就可以对孩子喝不上牛奶的危机不管不问吗？就可以对成人的分配卡上一周只分一个鸡蛋的情况熟视无睹吗？您身材魁梧高大，您想过您是如何生长发育成今天的模样的吗？

我对于您的另外一个行为——您对待黑人女性的方式也是不赞成。看到您对待拉妮·吉尼尔的方式，尤其是对待优秀的乔伊斯琳·埃尔德斯的方式，我只能遗憾地认识到我们之间有很大的距离。但是，我依然很关心你们——希拉里和切尔西（克林顿），并希望你们一切安好。我也的确不想用抗议你们的所作所为的方式来砸你们的饭碗。

与此同时，我将会永远爱护和尊重古巴人民，尽我所能帮助他们。他们照顾全人类的方式让我觉得他们就是我的家人。所以当您想要伤害或者帮助他们的时候，请您务必要记得我。

当女诗人亚得里安娜·里奇于 1997 年被授予国家艺术奖时，她却拒绝了此项殊荣。她不仅是作家，还是社会活动家。由于她反对美国政府，因此她拒绝接受美国政府给予她的任何荣誉。克林顿政府破坏了新政中帮助有未成年子女的贫困家庭的计划，里奇对此深表愤慨。

亚得里安娜·里奇：《就拒绝国家艺术奖致珍妮·亚历山大》（1997）

敬爱的珍妮·亚历山大：

我刚刚听到您办公室里的一位小伙子跟我讲，我成为今秋在白宫接受国家艺术奖的12个获奖者之一。我立即回复他，我拒绝接受这个来自克林顿总统或者白宫的所谓的荣誉。就我的理解而言，真正意义上的艺术与克林顿政府的玩世不恭是互不兼容的。在此，我向您澄清一下我拒绝的理由。

任何一个对我从60年代初至今的工作有所了解的人，都应当清楚地知道我对艺术社会的存在深信不疑——它是让官方沉默的断路器，它为那些被忽视的声音代言，它是人类与生俱来的权利。据我平生所见，艺术的空间是由社会正义打开的，而艺术的能量又能打破社会的绝望。在过去的20年中，我目睹了日益残酷的种族和不公正的经济问题给国家带来的影响。

艺术和公正之间的关系不是一个简单的公式。然而，我深知——至少我自己诗歌中的艺术是这样的——若艺术只能用于装饰持有人的餐桌，那么这样的艺术将毫无价值。美国财富和权力的差距正以毁灭性的速度急剧扩大。作为一个总统，不应当在绝大多数人都没有荣誉可言的情况下，只是象征性地给特定几个艺术家一些荣誉。我理解您一直致力于节省国家艺术方面的资金的严肃却又令人沮丧的斗争，同时反对那些对艺术的恐惧和猜疑之人，那是赤裸裸的专制。最后，我认为艺术是绝对不可能与人类的尊严和希望相分离的。我对国家的担忧事实上源于我是一位忧国忧民的艺术家。我若参加这样的授予仪式，我会觉得自己很虚伪。

1991年海湾战争末期，美国政府和联合国共同对伊拉克进行制裁。战后，伊拉克的基础设施严重受损。军事制裁不仅消耗了大量的武器，而且阻断了人们生活所必需的大量原材料，并极大地破坏了伊拉克的基础设施建设。

1991 年 3 月，一支前往伊拉克执行任务的联合国部队报告了海湾战争后“近似灾难”的破坏情况，报告中说：“现代化的生活设施……一律被毁灭殆尽。”尽管人道主义组织再三强调军事制裁对于伊拉克普通民众造成的严重后果，然而布什和克林顿政府并没有丝毫停止的意思。

许多社会活动家开始“挑战”对伊拉克的贸易限制——去伊拉克旅行时带回一些食品、药物甚至是玩具——违反了政府的法令。一些人因此被罚款；一些人甚至被恐吓，回美国后将被关进监狱。除了加强对伊拉克的贸易限制之外，克林顿政府还负责监督对伊拉克实施的袭击和轰炸，范围是从土耳其到沙特阿拉伯。

拉尼亚 · 马丝里是反对美国向伊拉克进军的先锋，又是伊拉克行动联盟的奠基人，她呼吁停止对伊拉克的残酷的贸易限制。

拉尼亚 · 马丝里：《还想要牺牲多少人？》（2000）

想象一下：在枪林弹雨中生活 10 年会是怎样的场景？假设你生活在伊拉克最南部的城市巴士拉。清晨，你恐惧极了。家里的电每 6 小时就会中断 3 小时；你口渴难忍，水龙头里的水却因污染而不能饮用；你饥肠辘辘，然而这个月分配的食物已消耗了大部分，剩下的只有一些大米和茶叶；你 8 岁的儿子开始厉声尖叫，每一次扫射的枪声过后，就是儿子恐惧的喊叫声，他几乎天天都能听到爆炸声；你 4 岁的女儿，由于饮用了被污染的水腹泻不止，然而家里没有医生说的那些普通的药丸可以让可怜的孩子服用，最终的结果很可能是可怜的小女孩在你的怀抱中离开这个世界。

这样的故事，在伊拉克的大多数家庭中反复上演。

军事制裁支持者声称围攻伊拉克是为了确保伊拉克的繁荣。即便这是真的，我们怎么能够允许大量的伊拉克儿童由于疾病和营养不良不断地死亡呢？当前线的武器核查人员反复汇报伊拉克已经不再拥有武装力量的时候，我们怎么还能一直继续这样的政策——对这样的人间惨剧保持沉默呢？

前联合国武器核查员斯科特 · 里特 3 月在《波士顿环球报》表示：“……伊拉克的武装实质上已经被解除了……生化武器、核武器以及远程弹道导弹项目在 1991 年时确实会对地方安全构成威胁，但这些武器在 1998 年就已经销毁或上缴了。”

国际经济研究所的调查显示，对伊拉克的制裁让美国的出口额每年减少了 190 亿美元。这份调查还指出，经济制裁并不能实现美国的政治目的。

美英两国拥护制裁政策的人抱怨说，这些举措并没有实现他们不可告人的目的——推翻伊拉克政府。这些人同时表示，制裁伤害的是伊拉克的民众，而不是政府。既然这些制裁造成了这么多不利的后果，为什么还要继续执行这些制裁呢？

联合国助理秘书长和驻伊拉克人道主义协调员丹尼斯·哈利迪为表示抗议，辞去这些职务。他说：“我们正在毁掉一个国家。这是非常荒唐的，也是非常可怕的。”

美英两国对伊拉克的轰炸仍在持续。在过去的两年中，两个国家对伊拉克发动的攻击超过 2 万次。纳税人平均每年要拿出 10 亿美元负担这些超出联合国安理会制裁范围的攻击。自 1998 年 12 月以来，已经有超过 300 名伊拉克平民在轰炸中丧生。

虽然这些常规的轰炸让人生畏，但对伊拉克的制裁导致了更多人的死亡。过去的 10 年中，联合国会定期公布这些制裁产生的恶果。联合国儿童基金会在 1998 年的一份报告中说，在伊拉克每天大约有 250 人因联合国的各项制裁而死亡，其中包括 150 名幼儿和新生儿。

联合国 1999 年的一份报告进一步指出，伊拉克“正从比较富足迅速跌入急剧的贫困之中。比起 1990—1991 年一系列事件之前的整体形势，伊拉克现在最突出的变化就是新生儿的死亡率居世界前列……5 岁以下的儿童中，每四个人中就会有一个人长期营养不良……伊拉克现今的医疗护理制度是非常落后的”。

而伊拉克过去则享受着全世界最好、最方便的医疗护理制度，这一点是尤其让人痛心的。此外，伊拉克现在有将近一半的人无法获得安全的饮用水，而在 1990 年，制裁强制执行之前，这一比例只有不到十分之一。

在被主流媒体誉为“人道主义救济”的石油换食品计划中，每个伊拉克平民每天所得不到 70 美分。难怪联合国儿童基金会宣称：“石油换食品计划并没有有效地保障伊拉克儿童远离疾病和营养不良。那些活下来的儿童依然无法享受《儿童权利公约》赋予儿童的基本权利。”

怎么解决？减轻对伊拉克人民的经济制裁。

70多位国会议员，还有美国国家海湾战争中心、前武器核查员、联合国人权委员会、众多国际人权组织、宗教领袖、十几所美国高校以及成千上万关注此事的美国民众都在疾呼：立刻减轻对伊拉克的制裁。

第二任驻伊拉克人道主义协调员汉斯·冯·斯蓬内克也以辞职表达了抗议。在此之前，他在2月提出了自己的质疑。我现在要重申一下他的问题："这些平民都是无辜的，他们究竟还要为自己从没有做过的事情承受这样的惩罚到什么时候啊？"

1999年11月底12月初的时候，很多国家的金融专家来到华盛顿的西雅图参加世界贸易组织的会议。世界贸易组织和世界银行、国际货币基金组织一样，也是为了监督全球资本的结构和发展。

世界各地的积极分子也在西雅图酝酿他们自己的峰会，这次集会的成员包括环保人士、工会成员、学生积极分子、激进主义者，他们反对国际货币基金组织、世界银行和世贸组织的理念：在这个世界上，公司和利益可以跨越国界，但公民不可以；公司享有特权，而为之工作和劳动的工会和农民却无法享有；利益高于人民。

虽然会议主办方做了最周密的部署，并出动了大批警察镇压，但仍然有成千上万的民众走上街头游行。面对大规模的抗议人群，西雅图市长宣布城市进入"紧急状态"，并实行了宵禁。当地警察在国民警卫队和州警察的支持下，一次又一次地向示威者发射催泪瓦斯和橡皮子弹。然而，示威者的抗议最终迫使世贸组织的会议推迟举行。

由于独立媒介中心使得媒体机构无法对这些新闻进行过滤与屏蔽，因此示威者在西雅图抗议的消息迅速在世界范围内传播。这里就有一份关于"西雅图之战"的第一手资料，作者是罗尼·可罗兹曼，她是记者兼校园动作网络的发起人。

罗尼·可罗兹曼：《WTO 决战西雅图：一个目击者的记录》（1999）

当我亲眼看见上周二占领西雅图市中心第四大街的人海时，我情不自禁地感到非常振奋和骄傲。我们占领了这座城市，并在大街上跳舞。我们以非暴力的方式阻止了世贸组织的会议和全球化。

我们创造了历史。

但当我将视线从示威者转移到当地的新闻时，我听到的是对暴民和混乱的报道，而不是人们在唱歌跳舞。我听到新闻说警察在面对那些“无政府主义”的暴力分子时极其克制，而不是对那些和平的行为采取了粗暴的方式。我听到新闻报道这些“愤怒的示威者”让这座城市濒临崩溃，而不是人们以一种极具创意的方式完美终结了一个不公平的发展体系。

有人说战争的真相是最容易被扭曲的。不幸的是，大规模暴乱的真相也是最容易被扭曲的。现在，是时候对西雅图已经发生和正在发生的事情做一个直观的记录了。

我见证并参与了人们在这周的行为。这是令人难以置信的一周，不同的利益团体联合在一起，创造性地向利益高于人民的全球秩序发起挑战。从周五晚上到周六一天，2500 多名像我这样的人参加了一系列的讲座，那些来自美国和世界其他各个地方聪明而富有激情的人感染并启发了我们，但媒体没有参加。

讲座和研讨会在周日仍在继续，直到第一波抗议的人出现。有几百人，包括法国农民、反对全球化的积极分子约瑟·波夫，他们充满活力和创造力地在市区一家麦当劳门前示威。集会接近尾声时，有人打碎了麦当劳的玻璃，这成了媒体报道的焦点。

当晚，我无意间来到“集会中心”——西雅图民间运动总指挥部，我简直不能相信眼睛所看到的一切。几百人挤在这个商业区，把这儿变成了国会山，三个堆满了传单、横幅和其他道具的巨大房间里人头攒动，他们看上去都非常忙碌，在小范围内讨论，创建标语，互相传授有关公民如何反抗和法律援助的知识，间或研究一下挂在墙上的 200 平方英尺的该市地图。

突然，一个人闯进了熙熙攘攘的人群，对我们说，他们已经占领了市区一栋空置的大楼，他们需要我们前去帮助，以保护这栋大楼不被警察夺回去。我们迅速穿过 10 个街区，赶到现场后，刚好看到人们蒙着面站在楼顶上，打开一条横幅，上面写道："住房是权利，不是特权。"

第二天，我回到"集会中心"，参加了各个团体发言人都出席的全体会议。这次集会共有 13 个团体，每个团体都由三四个亲密小组组成，每个小组有 5—20 名成员。会议进行了 5 个小时，参加会议的 13 个团体的代表最终敲定了周二行动的计划。会议有时候令人感到受挫，但这才是民间民主的精髓，每个代表都说出了自己的想法，并与坐在旁边的其他相关小组的代表相互协商，讨论出一个清晰、有序的计划。

那次会议之后，我理解了那张巨大的地图的含义。13 个团体分别占领华盛顿会展中心和世贸中心周围的 13 个十字路口，然后以非暴力的方式封锁这些路口。难以想象，这样一个有序的计划是在如此充满创造性和民主的氛围下制订出来的。

当晚，我参加了"平民庆典"，里面有音乐、喜剧以及鼓舞人心的演讲。看着钢铁工人和素食主义者坐在一起，新、老左翼分子坐在一起，我也被鼓舞了。

那天晚上，我异常兴奋，根本没法入睡，闹钟在第二天凌晨 5 点将我叫醒时，我才刚刚睡了一个小时。我将身份证放在床头柜上，穿上毛衣和外套，披上雨衣，背上书包，走向黎明前阴冷潮湿的大街。我坚信，这一天我将创造历史。

我们这个被雨水淋湿了的团体在 7 时之前迅速出发，在此之前，数十个亲密小组早已趁夜色悄悄地占领了这座城市。当听到码头装卸工人联盟的领导宣布西海岸的港口这一天不会有任何生意时，我们全都抱在一起唱歌、欢呼。同时，我们不断重复着非暴力的口号：不喝酒，不吸毒，不进行身体和语言的攻击，不破坏财物。

当清晨的云层开始透出太阳的光芒时，在一支由钢铁工人组成的小分队的带领下，我们开始在这座正在清醒的城市里游行。随后我们遇上了很多警戒线，几千人与把守在通往大会现场道路上的士兵发生了直接对峙。随着游行的进行，每次有 10 个、20 个或 50 个小组离开游行的队伍，加入到已经占领了十字路口的积极分子中。我们欢呼着、歌唱着，我们感到自己可以控制任何地方。我看到示威者如潮水般兴奋地涌向各条街道。

这时候，催泪瓦斯和橡皮子弹来了。上午10时左右，警方的无礼冒犯仍在继续，他们要求聚集在Sixth和Union交会处的至少1000名示威者解散，从而为世贸组织的代表让路。我们没有答应。但当数十名示威者在警戒线前面静坐时，一支10人小分队拿着自动或半自动的机枪从后面将这些人控制了，有几个人还受伤了。

人群发出了嘘声和嘲笑声，大家拒绝解散，并说道："我们是和平的！你们呢？"配备防暴装备的警察对此的回应是大量的催泪瓦斯和有毒气体，导致数百名示威者撤离了这里。一些抗议者迅速戴上防毒面具，表示决不退让，而迎接他们的是如冰雹般袭来的橡皮子弹。至少两个人被打中，一个被打中了腿，另一个人是嘴。法律观察员报道说，两人伤得并不严重。

示威人群吓了一跳，有些混乱，但并没有出现大规模的恐慌，因为直接领导此次行动的医务人员和其他积极分子及时对伤者进行了医治。在一股可怕的白色气体和头顶直升机的"嗡嗡"声中，数千人反复说道："耻辱！耻辱！耻辱！""全世界都在看着呢！"

到上午晚些时候，已经有超过5000名示威者和数百名警察卷入了这次行动，半个城市的公交车和小汽车改变了行车路线，西雅图的各个咖啡馆里的人都在谈论着这次游行。随着时间的推进，对峙也在升级，一些抗议者采取了更加激进的手段。几个年轻的积极分子将集装箱般大小的垃圾堆推到了路上和十字路口，包括Fourth和University的交会处。中午，警方命令喧嚣的人群解散，得到否定的回答后，他们对人群使用了催泪瓦斯弹。又有几百人撤离了，还有一些示威者将催泪瓦斯弹扔回到警察那边。

在会展中心背面的派克大街上，几个人数不多的小组里的年轻人身穿黑色衣服，头戴滑雪面罩或头巾，他们毁坏了诸如耐克、老海军以及好莱坞星球餐厅等商店的物品。这次游行的组织者试图采取非暴力的方式，但令他们懊恼的是，这些年轻人在墙上和显示牌上胡乱写满了反企业的话，他们用锤子、棍子、路牌砸碎了公司直营店的玻璃，还砸了一家星巴克咖啡店。

绝大多数积极分子都没有参与这些行动，他们通过有序的组织成功阻止了2500—3000名代表进入会展中心。为了冲破抗议者组成的隔离带，警方占领了更多的十字路口，用辣椒水向坐在Sixth和Union交会处的抗议者射击，并试图用装甲运兵车将人群打开缺口。警方的企图并没有成功，反而招致愤怒的人群重复喊着："保护并为市民服务！"整个城市都爆发了类似的冲突，潮水般的抗议者穿梭在各个主要的十字路口，用各种障碍物保护自己。警方又将这些路口一个一个地夺了回来，有时还被数千名示威者前后包夹。我简直不敢相信眼前的情景。

下午 2 时，大约有 25000 名积极分子从纪念球场来到市区，这些人大多是普通百姓，他们加入到直接执行此次行动的人群中。游行队伍包含各式各样的人，这在美国历次社会运动中是很罕见的，无政府主义者、环保人士、恪守素食主义的嬉皮士和卡车司机、钢铁工人、社会活动家并排走在一起……

西雅图这一周的情景与我之前见过的任何情景都不一样，或者说这样的情景是我从没有想过的。与我参加过的很多抗议活动不同，这次的参与者绝大部分是 20 多岁的年轻人、大学生或高中生。这次游行的范围同样不可思议。这次西雅图的抗议活动的特点是人员多样化，有组织、非暴力的直接行动。这样的情形大概在 1968 年的芝加哥大罢工之后就再没有出现过，当时也是各式各样的人互相分享自己的想法和经历。最后，我们实际上已经成功了。我们让世贸组织的会议无法进行，从而使其无法达成世贸协议。

我们的成功在很大程度上来自于对民间组织的行动进程和结构的统筹，我们通过一周的讨论会明确了组织结构和人员的调配。这次运动也与当时反映出的问题关系很大。因为全球一体化会影响到每一个人以及地球上的每一件事，所以世贸组织其实是将太多不同的而且之前互相冲突的利益团体"绑"到一起了。这次运动并不只是捍卫劳动者的权利或保护海龟，它的目的是讨一个说法，并且将权利从统治个人和集体的机构、公司和政府手中夺回来。

主流媒体将这一行为描述成了警方"试图恢复秩序"，而不是警方利用美国作为警察国家的战略制造混乱，并践踏了宪法赋予这数千名和平示威者和路人的权利。我知道发生在这里的真相，我是用自己的眼睛亲眼看到的。我参加了他们的会议。我在街上游行，我闻到了催泪瓦斯的气味，惊慌地躲避橡皮子弹。

西雅图运动是真正的分水岭，不同信仰的人们聚集到一起，要求得到一个公平、民主的世界。现在我们只能希望他们回到自己的组织，开始努力地奋斗，以实现这样一个世界。西雅图之战可能会为全球的公民运动拉开序幕，这也是这些民间组织所希望的。

美国今日残疾人服务项目（ADAPT）这个组织开始要求公共交通系统设置供残疾人上下车的通道，以此作为争取公民权利的一部分。

这一行动也有助于迫使政府通过1990年的《美国残疾人法案》。但这一法案无法解决残疾人面临的所有问题，包括强迫推行体制化，缺乏卫生保健，高楼持续缺少残疾人通道，等等。

一位丹佛的积极分子安妮塔·卡梅隆讲述了一次对楼房施工人员的抗议活动，因为施工方拒绝按照联邦法规的要求建造供残疾人使用的通道。

安妮塔·卡梅隆：《阶梯倒下来——ADAPT与HBA之战》（2000）

3月2日，星期四，正当建筑商协会（HBA）在丹佛的科里根大厅举行“房屋解决方案2000展示会”的时候，ADAPT也在外边举办自己的房屋解决方案展示会，以此作为对丹佛大都会的建筑商协会为期4天的抗议活动的开始。

ADAPT与HBA交涉了一年，试图让他们按照《公平住房法》的规定修建残疾人通道。会谈、信件以及委员会的努力都没有效果。很明显，HBA并不想让他的成员在盖房子时配备供残疾人使用的设施。HBA真正想要的是废除《公平住房法》！他们认为残疾人通道应该根据需要而修建，他们觉得独户式住宅、连栋房屋和公寓不应该修建供残疾人使用的设施。

应该给HBA点颜色看看了。

这就是大约80名来自科罗拉多和堪萨斯的ADAPT成员在那个寒冷的星期四的夜晚来到科里根大厅的原因。他们向HBA传递了一个强烈的信号：我们也有重要的作品需要展示。其中一个展品是配备了电梯的芭比娃娃小屋。还有两条走廊，一条是残疾人通道，一条不是，我们将演示第一条走廊的意义以及另一条走廊使用上的不便。我们还展出了很多楼房的照片，这些楼房被亚特兰蒂斯（Atlantis）买去后经过改造，都配备了残疾人设施，还提供了残疾人使用的教材。我们甚至还有请愿书和传单，上面列出了 ADAPT 的需求——30% 的新建住房要配备残疾人设施，30% 的新建住房要适于拜访，这意味着门口没有台阶，一楼有供残疾人使用的卫生间，并且明确地执行科罗拉多州的《公平住房法》。

我们一边游行一边唱歌，几个 ADAPT 的成员谈到了住房配备残疾人设施的必要性，还讲了一些故事，涉及被迫购买没有残疾人设施的房子，甚至有人由于缺少这类房子而搬出这个州。警察试图驱散我们，但他们也奈何不了我们，因为我们大部分时间都在人行道上。

星期五，我们带着更多可怕的道具来了，包括华丽的泡沫台阶，这是轮椅修理工帕特·金制作的。当道恩·拉塞尔激动人心的演讲结束后，人们纷纷用木棒将那些台阶敲碎。后来，我们站在展会门前的台阶两侧分发传单。随后，我们组成人链，反复唱着“联合起来的人们是永远不会被打败的”。

星期六，我们又回来了，警察已经设置了路障，我们迅速把这些路障移走，并且要让 HBA 明白，他们不可能让我们改变主意。ADAPT 兼易用建筑（AIA）委员会的成员乔·伊曼大肆嘲弄了 HBA 副主席罗格一番，因为后者曾在几周前的一次会议上侮辱 ADAPT 的人头脑简单。我们当中有些人接受了媒体的采访，有些人买票进入了展厅，一有机会就和不同的建筑师、承包商探讨修建残疾人设施的事情，并发了一些传单。上百件展品中只有一个很小的展品勉强和残疾人设施沾点边。

这次，警方派出了一位训练有素的协调员，他对我们说，警方已经用障碍物围出了一个“区域”，ADAPT 的人必须待在这个“区域”里。我们对他说，只要能把罗格·莱茵哈特叫出来与我们对话，我们就离开这里。几分钟后，他把罗格叫出来了，但罗格给我们的答复依然是那些陈腐的带有歧视性的解决方案。我们显然无法接受这样的方案，但我们依然遵守诺言离开了。临走之前，警方威胁我们，如果明天再敢来，并且不待在指定“区域”的话，他们就逮捕我们。但他们不知道的是……

星期日，我们发动了猛攻，只是为了做我们应该做的事情。我们迅速冲上斜坡，堵住大门，并用手铐将我们自己铐在大门上。警察也在现场，但他们已经来不及制止我们了。他们开始大喊着昨天威胁我们的话。很快，逮捕开始了。混乱结束后，17 名 ADAPT 的成员被逮捕，他们以妨碍公共秩序罪被起诉。

HBA 在 7 月的房屋巡回展是另一个抗议的目标。房屋建筑师为这次巡回展建造了很多新房子，在他们无视 ADAPT 呼吁为这些房子修建残疾人设施后，这次展示会甚至变成了布置展品的活动。我们爬进房子里，用木桩在外面将房子围起来，最后演变成公民非暴力的反抗，科罗拉多州的 ADAPT 成员用行动告诉建筑师们，残疾人通道不能再被忽视了。ADAPT 的行动仍在继续，他们要求房屋建筑师建造房子时不能以任何理由忽略为残疾人修建相关设施。

伊丽莎白（贝基塔）· 马蒂涅兹是重要的墨西哥裔作家、教育家和组织者。她在旧金山与他人共同创建了多民族司法研究院，积极参与学生非暴力协调委员会的活动。1968—1976 年，她在新墨西哥州任报纸《北方的哭泣》的编辑，并成为墨西哥后裔交流中心的创建人之一。

马蒂涅兹编著了开创性的双语书籍《用照片讲述墨西哥裔 500 年的历史》，这是关于人类历史的经典著作。

下面，是马蒂涅兹从加利福尼亚抗议前线发回的报道，那里的年轻人正在抗议发生在移民和青年人身上的犯罪行为。

伊丽莎白（贝基塔）· 马蒂涅兹：《被棕色皮肤的人击倒》（1998）

1968 年 3 月，洛杉矶持续动荡了 10 天。墨西哥后裔和墨西哥裔的高中生走出教室，抗议具有种族主义的教育系统。

人们将这次行动形容为“井喷”。最初，只有 6 所地方学校的几千名学生参与。随后的一周，人数每天都在增加，直到超过 1 万人。他们高呼口号：“墨西哥裔的权利！”“墨西哥裔万岁！”整个城市的学校系统彻底瘫痪了，这里也是美国规模最大的教育系统。

激进学者小卡洛斯 · 米诺后来在《青年，身份，权力》一书中写道：“这次罢课是第一次完全由墨西哥裔学生自己组织的反对种族主义以及要求改变教育环境的游行。”不仅如此，这次群众抗议也是第一次将矛头指向了针对墨西哥后裔或美国历史上对墨西哥裔移民的种族主义（这样说并不是否定墨西哥裔工人为了争取工作待遇而开展的数次大罢工，这些罢工的根源也常常在于工作环境中的种族主义）。在 1968 年的抗议活动中，学生的目的超越了一般的政治诉求，他们要争取“墨西哥裔移民的权利”！

这次“井喷”同时引爆了其他的抗议活动，包括圣何塞州立大学墨西哥裔学生的响应，这是墨西哥裔大学生的第一次抗议。随后，墨西哥裔大学生加入了在旧金山和加州伯克利大学就读的第三世界学生的阵营，与他们共同展开漫长而富于战斗精神的罢课。新的墨西哥裔大学生组织成立了，而之前已经成立的组织也迅速壮大。一时间，年轻人的反抗在全国乃至世界范围内同时爆发了——从墨西哥到法国，再到日本。在加州，墨西哥裔学生的表现非常突出，因为他们大多数来自工人阶层。他们的主要目的是加强他们自己的文化价值和历史认同感，而不是像很多英国年轻人鼓吹的那样反文化。

大约 30 年之后，从加州到科罗拉多州的墨西哥裔高中生复制了那段历史。他们用新的“井喷”要求增加更多的拉丁美洲后裔的老师和辅导员；加强民族研究（不仅包括拉丁美洲后裔，还包括非裔美国人、美国当地人、亚洲和太平洋地区原住民）；双语教学以促进学生对原有文化的认同；保证拉丁裔学生所占的比例。其他问题也一并加了进来。在加州，这些问题包括落实新颁布的打击犯罪的法律；制止右翼分子皮特·威尔逊再次当选；抵制非人道的《187 号提案》，它号召停止对有非法移民嫌疑的人提供教育和医疗服务。

加州的抗议活动最初只集中在美国北部的公立学校，随后扩展到南边。参加抗议的大都是墨西哥裔和具有萨尔瓦多背景的学生，有高中生、初中生，还有一些小学生。他们为什么选择在上课的时间罢课，而不是在周末举行游行或集会呢？原因在于，根据他们了解到的情况，对于每个无故缺席的学生，加州的公立学校每天要损失 17.2 美元或者更多。学生的策略就是阻断学校的经济来源。就凭借这一点，他们创造了历史。

第一波抗议的潮流也不知是怎么突然冒出来的。1993 年 4 月 1 日，1000 多名以拉丁裔为主的初中生和高中生在奥克兰的 12 个学校罢课。9 月 16 日，墨西哥独立纪念日的庆祝活动中，奥克兰、伯克利、圣何塞和吉尔罗伊镇爆发了 4000 多名学生的罢课。吉尔罗伊镇的警察逮捕了少年丽贝卡·阿门达里兹，并指控她唆使未成年人犯罪，理由是她示意将学生使用的校车租出去。虽然此事困扰了阿门达里兹好几个月，但整个罢课期间基本没有出现暴力事件，也很少有人被逮捕。在右翼为主的奥兰治县，300

名学生与警察发生冲突，警方打伤了一些人，并使用了辣椒水。

加州北部在 11 月和 12 月间爆发了另一波的学生罢课。在加州通常很保守的中央谷的一个小镇埃克塞特，500 名高中生集体拒绝上课，起因是一个学生拒绝用英语宣读效忠誓词，老师对这个学生说："如果你不愿意这样做，就滚回墨西哥。"这样的言论在这所学校经常出现，这所拥有 1200 名学生的学校里有 40% 的学生是拉丁裔，只有 6 名老师是拉丁裔。

在旧金山的米慎高中，200 名拉丁裔学生和其他学生也像其他地方一样为反对种族主义而游行，同时，他们如果为了抗议穿了某种类型的衣服，就会由于人们的刻板印象被当作青少年犯罪集团的成员。校理事会同意了他们的主要诉求，开设拉美人研究的课程，但只有一节课，而且是在常规上课时间之前或之后。校方的基本意思是：并不打算真正做出让步。

1994 年 2 月 2 日是签订《瓜达卢佩 – 伊达尔戈条约》的纪念日，美国在 1848 年签署的这一条约确保了美国得以接管墨西哥一半的领土，就是今天美国西南部地区。在萨克拉门托，罢课活动像野火一样迅速蔓延开来。大约 500 名高中生以及来自各个地区的支持者震撼了州政府。"州长需要更多的监狱，我们需要学校。他需要更多的警察，我们需要更多的老师。我们需要重视并涵盖我们文化的教育。我们要让所有人都了解他们自己的文化。"当地报纸《人民至上》这样报道了他们的呼声。

3 月，查韦斯生日那天，里士满四个市区学校的约 150 名拉丁裔学生来到区政府游行。4 月 18 日，匹兹堡有一半的小学生在父母的支持下集体拒绝上课，原因是一位讲西班牙语的校长降职了。这次罢课是有传统的：20 年前，匹兹堡的小学生就因为缺少一位拉丁裔的校长而集体罢课。

4 月 22 日，加州北部 30 多所学校爆发了一场大规模、有组织的抗议，将春天的这波抗议浪潮推向了顶峰。这次抗议令人难忘，大约 800 名年轻人聚集在旧金山，高举着"要教育，不要监禁""我们自己的历史而不是别人的历史"这样的标语，萨帕塔和墨西哥革命中全副武装的妇女举着旗帜。

各个民族联合起来，组成全民族的战线，反对帮派冲突。人们不断发出这样的号召："不要让美国的谎言分裂我们！"一个秘鲁女生说："拉丁美洲不会像墨西哥一样妥协。"另一个声音说道："这不仅仅关系到拉美人或黑人或亚裔，它关系到整个世界！"一个 16 岁女生的呼喊压倒了其他声音："我们应该忘掉肤色！"

当天在海沃德镇，20多所学校的1500名高中生和初中生集体拒绝上课。其中有大约300人将他们代表帮派的红色或蓝色的布条换成了棕色的头巾。棕色代表棕色人种的权利和联合。随后，一些人召开了一次会议，以控制暴力行为。17岁的莫妮卡·曼里克斯说："你戴上了棕色的头巾，就永远不要与墨西哥后裔发生冲突。"

5月5日，更多的骚乱来临。紧接着，洛杉矶在6月迎来了900名高中生的抗议活动。这些年轻人自己都不敢相信他们能取得成功。戴利城16岁的塞尔吉奥·阿罗约说出了大家的心声："所有的人都联合起来，人们并不相信会发生这样的事，但这件事确实发生了。"海沃德的卢克丽霞·蒙特斯说："我们正在创造历史。是的，我们正在创造历史。"

作家沃尔特·莫斯利最知名的作品就是易希·罗琳斯系列惊悚小说，1990年出版的《蓝衣魔鬼》是该系列小说的第一本。

莫斯利是纽约大学非洲研究院的访问艺术家，他同时积极鼓励非洲裔美国人独立出版自己的作品。

2000年，他出版了《戴着铁镣劳作》，对这个受利益驱使的社会提出了重要的质疑。

沃尔特·莫斯利：《戴着铁镣劳作》（2000）

美国的奴隶和俄国的农奴几乎是同时被解放的。锁链在他们面前被打碎了，通向外界的门大大地敞开着。然而，有很多奴隶、农奴却自愿地留在奴隶主的庄园，不是因为他们喜欢这里，而是因为要想生存下去，似乎只能当奴隶。

今天，工人的工作时间更长，可是只能拿到较低的工资（或者拿到与付出对等或更高的工资，但它们已经贬值了），也有的人工作时间较短，但这意味着他要放弃医疗保健或其他方面的福利。所有这一切都是为了利益。一个奴隶获得自由时，他作为一个自由人，可以为农场主创造更大的利益。工人在受到赞美时，称赞者可能正从他的身上榨取黄金呢。

整个美国都在创造财富，但我们中的大多数人却无法享受。我们中的大多数人在工厂为了价值上下波动的美元而工作，但经理们从未真正关心过我们。我们生活在财富的边缘。我们就是财富的边缘。我们劳动创造的财富被用来换取政治权利，而这些权利从不属于我们。我们缴的税被用于联邦授权的航空运输，我们没有决定权；用于银行的紧急援助；用于召开关于总统私事的公开听证会；用于执法部门和法官，而他们并不能让我们的孩子远离毒品。

坑坑洼洼的马路，根本不存在的交通信号灯，上不起学的孩子，私人运营的监狱，这些也是边缘，财富的边缘。

然后就是边缘化，被资本主义的财富边缘化。我们就是花旗银行、美孚石油公司和奇基塔牌国际公司（曾被称为联合果品公司）的注脚。我们这些边缘人勾勒出了这个庞然大物的轮廓，而对我们说，这是唯一的方式。

上帝是靠我们这些处于财富边缘的人创造的，但他属于那个大家伙。我们向他祈祷和献祭，我们把孩子献给他，但他连最起码的关心的征兆也没有，因为他不能表达关心。劳动力只是商品，只有当它能被任意使用时才是有价值的。劳动的双手可以被其他更廉价或更高效的劳力取代，但如果不能在第一时间砍掉这些被淘汰的劳动力，他们就会成为负担。

利益的世界就是一个掠夺的世界。进步是由财富衡量的，而不是人们生活质量的提高。为了利益，公平被抛弃。所有的一切都是商品——爱情、憎恨以及为了维持生命所需要的药物。

如果利益是唯一的追求，那将是一件很悲哀的事情。犹如大门被锁了起来，而钥匙却被人扔了……

解决这个问题的方法很简单，就是放弃制约我们的经济体制。所有的人都应该一起工作，所有的人都应该生活得很好。每个人把一切都贡献出来，然后彼此分享。这是一个美好的愿景，也许我们的子孙后代会有足够的认识，实现这样的理念。但我们，就像19世纪的奴隶们，已经习惯于异化的劳动：我们付出100%的努力，得到的回报总是那么一点点。在强加我们对自由特权的种种需求之时，我们拿走本该属于我们自己的东西，用它去完成力所能及的事情。

好吧，现在，让我们先承认这个体制。我们接受公司、资本家、异化的劳动是我们工作的一部分。然而，我们就不能提点要求吗？我们就不能在休息时间问几个与自己有关的问题吗？

财富的边缘化和其他事情一起决定了我们的劳动，更重要的是，它决定了我们的人性。你的工作，你带回家的工资，你对社会的价值，这一切全都受到劳动形式深刻的影响。如果这一体制塑造了你，那么它同样会补偿你一些。问题是，它会补偿你什么呢？

这个问题必须由至少 10% 的人一个接一个地回答。10% 只是个虚数，我只是在说要想改变政策，这个比例的人实在做不了什么。一小部分人能够做的是改变他们邻居的观念。真理……来自于这一小部分人。12 个星期内不要接触体育场和电子媒介，此时你就可以问问自己：一生的劳动换来了什么？请列出一份清单，与任何愿意倾听的人分享。

也许你认为颁布《医疗权利法案》很有意义；也许你觉得每一个美国儿童都应该享受到良好的教育；也许你认为资本主义国家的人们不愿意生育，所以生孩子这件事应该得到报酬和国家的尊敬。把这些写下来并发出去。

也许我们需要更多的医生和科学家；也许这些劳动力创造的财富应该成为人民的共有财产；也许当工作从生产玉米片变成生产医药和战争领域所需的东西时，对财富的压榨应该受到更严格的监管；也许利益和医药不应该混在一起。

也许你需要一个睡觉的地方，而且除非你知道所有的人在这个全世界最富有的国度都安然无恙，否则你将睡不安稳。

列份清单，把它放在钱包里，随时拿出来修改。根据这份清单做决定，根据它投票并争取这些主张。将你认为正确的与你老板以及政治领袖的观点做个对比。然后，再列一份清单，列出支持你的观点的那些人和制度。注意这份清单上少了哪些。

通过个人的启蒙，革命才能实现。不要照搬其他人的清单，不要从报纸上摘抄。“红宝书”上没有，《独立宣言》上也没有。你能达成的任何生活目标都必须在一定程度上是你自己在脑海中勾勒出来的。你现在需要做的就是渴望那样的生活，向它伸出双手，建构它，然后向这个世界去“讨”要这样的生活。

我知道，这个训练没有新意。我不打算创新。当几十亿的人口一起创新时，很容易引发大规模的屠杀。我只是尝试把几种不同的观念摆在一起：一边是利益的边缘人，一边是我的一系列要求。电视关上了，选举在明年，现在是晚上，就像西西弗斯一样，在继续完成上帝强加在我身上的工作之前，我还有一段属于自己的时间。

当你一旦开始做出尝试，情形就改变了，启蒙运动已经开始了，被利益边缘化的情形将会颤抖着移向相反的方向。

朱丽亚·巴特弗莱·黑尔在加州洪堡县一棵1000岁的红杉树上住了738天，以此阻止太平洋木材公司砍伐这棵树。黑尔一直在从事着这项非暴力的抗议活动，不仅是为了让人们关注古老的红杉树被砍伐，还为了引发人们对全球环境被破坏的关注。

最终，该公司同意永远不再砍伐这棵树。黑尔将这棵树命名为“月神”，并表示它周围的树也不能被砍伐。下面，黑尔阐述了参与这次抗议活动的动机。

朱丽亚·巴特弗莱·黑尔：《活在暴风雨中：大自然的教训》（2001）

我并不是一个激进分子，但当我第一次看到加州那些古老的红杉树的命运时，我的心情跌到了谷底，我开始哭泣并立刻投入抗议活动。

我的生活改变了。当人们知道我是典型的环保狂时，每个人都认为我一定是个铁杆的极端激进分子。但我直接“扎”入运动最深的层面——不只是坐在树上，不只是森林问题，而是整个社会的、环境的和意识层面的运动，我对自己说：“努力游，不然你会被淹死的！”所以我开始学习怎样游泳。

在坐在“月神”那古老的树杈上738天中，我一直在学习：通过不断地观察和交流，问问题，听讲。我了解到不同的策略是如何被运用的，以及为什么使用这些策略。我学到技工用来维持一台机器正常运转的工具就是拆除它最好的工具。我很早就发现这一情境下的技工是公司、公共媒体和政府，他们互相勾结在一起。他们说得很少，而且大部分内容都不真实，导致参与此事的另一方（不论他们是看到、听到还是读到）无法了解真相。

如果你不知道真相，那么你就不能制定明智的决策。如果你没有制定明智的决策，那么你就不能采取理性的行动。如果你不能采取理性的行动，那么你就是这些毁灭生物的人的帮凶。

我看到激进分子使用的某些策略并不奏效，因为他们没有使用技工的工具。他们来到户外，坐到树上。警察用辣椒水向他们喷射，他们被击溃、杀死，或因为莫名其妙的起诉被关进监狱。但除了当地的组织之外，没有人知道他们曾经做过这些事。

这就像在唱诗班传道。我们需要这样做来鼓舞民众。我花费了很长时间鼓舞那些已经发生转变的人，因为在当今世界多管闲事是会受到伤害的。变得麻木和随波逐流总是容易的——无论你 15 岁、25 岁还是 50 岁，但我们仍然需要去做这些事情。要想这样做，我们就需要得到真相、鼓励、信息和希望，这些工具可以帮助我们采取理性的行动，让事情发生积极的转变。不过，为了拆掉这台机器，我们同时也要利用技工（那些试图维持机器运转的人）的工具。否则，我们就像是试图用起子拧开螺丝钉一样。

我在守护“月神”期间不得不学习倾听大自然并尊重它，否则我就会死去。在树上的那些时日，我的生命一直处于悬崖边上。我在很多方面都异常脆弱。前三个月太艰难了，以至于我祈祷自己能够死去。我再也不想与那群坏人对着干了。不过，我也不想放弃。然而，当死神降临时，我又祈祷能够活下去。我在精神上和身体上时常处于“过山车”的状态。打击一个接着一个。

一天，他们将我周围的树全都砍倒，我开始哭泣并抱住“月神”。我哭泣是因为我为自己是白人而羞愧。人类对其他物种的灭绝已经延续了上千年，如今灭绝地球上剩余物种和生命形式的任务落到了我们的肩上，我为此感到羞愧。它将我从内到外活生生地吞噬了。我感到异常生气、异常受伤、异常羞愧，我抱住“月神”，不停地哭泣和道歉：“对不起！对不起啊！”

当我最终坐起来时，我发现我身上粘满了红杉树分泌的汁液。以前爬“月神”时，我身上也曾经粘到过一些，但从未像今天这样全身都粘满了。我意识到这些汁液是从它整个身体里倾泻出来的——绝对是倾泻。我可以看到汁液的流动，我之前从没有看到过这一景象，它刺痛了我：“月神”是在倾诉它的悲痛。汁液就像是它的悲痛，你无法将它洗掉，它牢牢地和你粘在一起，并成为你的一部分。正是在那时，我意识到大自然在与我交流（事后，有人向我提供了科学的证据，证明汁液确实是树木交流的一种方式）。

我开始注意这一切。我开始倾听周围的一切，并从中获取答案——“月神”、小鸟、熊、松针。当我敞开心扉后，周围的一切都成为我的老师。我和“月神”的关系更密切了。我意识到“月神”已经和人类进行交流长达1000年了，只是我们不知道如何去倾听。但我学会了如何倾听，从那时起，一切都奔向了我。有时，我需要一点点的深究才能得到答案——是的，谢谢。你想告诉我什么呢？我与“月神”的连接、与大自然的连接成为让我走下去、让我继续生活下去的动力，在我即将放弃或将要犯下大错的时候，它们就会给我上一堂至关重要的课，而这些正是我需要的。我会永远感恩这一切。

我学到的并且经常用到的一节课就是如何在暴风雨中生存。在那场加州历史记录中最恶劣的冬天的暴风雨中，我差点失去生命。这些树木教会我挺过暴风雨（以及日常生活中的暴风雨）的方法是不要动摇，集中注意力但不要死板。那些过于要求挺直的树木都折断了。唯一能挺过暴风雨的树木懂得弯曲、摇摆，让风自己吹过去。我现在仍在生活中运用这些道理。当我面对媒体、民间激进分子、主流团体和一切事物的密集攻击时，我就会运用这些知识。当我看到风暴来临时，我只是弯曲和摇摆。我放弃自己的原则，并做好被吹走的准备，随后再曲折地回来。而且，我已经准备好第二天早晨起来后将这一过程再来一遍。

我留给人们的是对一个更美好的世界的愿景。我们保护了一片生长着古树的树林。我们生动地描绘了那个更美好的世界的样子：古老的树木和野生环境都能得到保护的世界，每一处水域都能得到保护的世界，哪怕我们生活在洛杉矶、芝加哥、底特律或纽约。所有那些纯自然的地方都是水域的一部分，这些水域是柏油路和钢筋混凝土下面大自然跳动的脉搏，这是维持我们生命的血液。

为了服务于一个更好的世界而活着是永远的承诺。这是一个印记，它能否实现就取决于我们每一天每一刻的选择和行动。我要告诉你们，我见过的最酷的人是那些为了美好的目标贡献自己生命的人，不论年长还是年幼。他们更加耀眼，他们是我见过的最美丽、最有魅力、最有力量的人。他们比最富有的人强大，比任何模特儿都美丽，因为他们的美丽和力量是由他们内心深处的生命力散发出来的。我从来不会在模特儿、演员或亿万富翁面前下跪，但我会在那些激进分子以及为了公共利益而奋斗的人面前折服。这是荣耀。

金钱不是荣耀，用生命做一些真正有价值的事情才是荣耀的。

第二十四章
布什二代和恐怖主义战争

麦克·摩尔：《总统职位——另一种“福利”》（2000）
奥兰多·罗德里格斯和菲利斯·罗德里格斯：《不要以我们儿子的名义》（2001）
丽塔·雷萨：《若想避免另一次“9·11”，美国必须加入这个世界》（2002）
慕娜美·莫里克：《后“9·11”时期组建我们的团体》（2001）
国际卡车司机兄弟会705分会：《反战的决心》（2002）
若雪·柯利：《来自巴勒斯坦的信》（2003）
丹尼·格罗佛在世界反战日的演讲（2003）
艾米·古德曼：《战争时期的独立媒体》（2003）
蒂姆·普雷德摩尔：《还要有多少人必须死掉？》（2003）
玛丽察·卡斯蒂略等给美国陆军上校麦克·G.琼斯的公开信（2003）

美国的选举制度天生就不民主，总是被两个大党操控，这一点在2000年的选举中异常突出。那一年，小布什的选票比他的竞争对手戈尔少。尽管如此，最高法院依然任命小布什为新一任总统。最高法院拒绝重新统计佛罗里达州的选票，尽管那里出现了很多选举问题。它宣布小布什获得了多数选票并当选为总统。

2001年9月11日，发生了美国历史上最严重的恐怖事件之一。恐怖分子劫持了客机，并驾驶客机撞了纽约的双子塔和五角大楼，遇难人数接近3000人。布什立刻宣布“反恐战争”，很快入侵并轰炸了阿富汗，因为策划“9·11”事件的嫌疑人奥萨马·本·拉登就藏身于阿富汗。

数千名阿富汗民众在猛烈的轰炸中丧生，数十万人流离失所。残暴的塔利班政权被推翻了，但阿富汗依旧十分混乱，奥萨马·本·拉登没有抓到，政权还是掌握在这类人手里。

第二年，2002年，布什政府开始大肆宣传，以使美国人相信伊拉克拥有“大规模杀伤性武器”，对世界安全的威胁非常大，应对其发动战争。当这一提案没有得到联合国其他国家一致通过时，布什政府在2003年3月单方面对伊拉克发动了一场“先发制人”的战争。

一场短暂但猛烈的轰炸宣告了入侵的开始，很快，巴格达就失陷了。美国政府实现了蓄谋已久的“改变伊拉克政府”的政策。萨达姆·侯赛因让出了权力。但几千名伊拉克平民在战争中丧生，更多的人在一次名为“震撼与威慑”的致命运动中受伤。美国有14万军队驻扎在伊拉克，这种军事占领遭到了伊拉克人民的抵抗，美军每天都要面对暴力袭击和逐日增加的人员伤亡。

大多数美国人最初是支持这场战争的，但由于布什政府误导公众，导致公众在伊拉克所持有的武器，以及伊拉克的声明与“9·11”恐怖袭击的关系这些问题上产生误解，这些事实的曝光让民众开始觉醒。“9·11”事件中遇难者的家属组织起来，抗议通过战争解决恐怖主义的做法。在伊拉克的美国士兵开始出现反战情绪。

安布尔·阿蒙森的丈夫是空军飞行员，他死于恐怖组织对五角大楼的袭击中。安布尔·阿蒙森说：“我听到一些美国人非常愤怒的措辞，国家的很多领导人也建议进行严厉的报复和惩罚。面对这些领导者，我要明确表示：‘愤怒的言辞丝毫无法抚慰我的家庭。如果你们对这类野蛮暴行的回应就是对其他无辜平民采取长期的暴力攻击，你们并不是在为我的丈夫讨回公道。你们的言论和即将实行的报复行为只会增加我的家庭的痛苦。’”

越来越多的人开始感受到这种情绪。2004年夏天，一次全国性的投票显示，大多数美国人反对这场战争。

纪录片制片人、平民主义鼓动者麦克·摩尔是反对布什政府的人群中最突出的一个。在充满争议的2000年选举结束后一个星期，麦克·摩尔在他的网站上向众多读者发布了下面这篇文章。

麦克·摩尔：《总统职位——另一种“福利”》（2000）

亲爱的统治者和当选总统布什：

这是我们历史上第一次由既不得民心又没有足够选票的候选人出任美国总统。

我能理解你为什么要获得这个头衔。你的一生都在享用递到你面前的东西，你从不需要为自己的地位而奋斗。金钱和背景已经为你将每扇门都打开了，不需要努力、艰苦地工作，不需要头脑或天赋，你就可以得到终身的特权。

你在很小的时候就了解到，在美国，像你这样的人要做的就是炫耀。你发现自己被新英格兰的贵族寄宿学校录取了，因为你的名字是布什。在那里，你不需要为自己的前途而努力，这些都已经用钱搞定了。

然后，你知道了自己可以以“C”的平均成绩进入耶鲁大学。其他学生为了能进入耶鲁大学刻苦努力了12年，这些更应该被录取的学生却没能如愿。你被录取了，因为你的名字是布什。

你以同样的方式进入了哈佛。在耶鲁完成了4年的学业后，你的平均成绩依然是“C”，你占了其他人进入哈佛的名额，这个名额本是属于他们的。

然后你假装在得克萨斯州空军国民警卫队全职服役。但根据《波士顿环球报》的报道，你有一年半的时间不在部队。你不需要付出就能得到服兵役的记录，因为你的名字是布什。

之后，你长时间郁郁不得志，这些不如意并没有写进你的工作档案中。之后，你的父亲和其他家庭成员为你提供了一个又一个职位，你不需要努力就能得到这些职位。不论你的商业投资失败了多少次，总会有另一个机会送到你的面前。最后，你成为一支球队的合伙人，这是给你的另一份礼物，虽然你只为这支球队提供了1%的资金。然后，你说服得克萨斯州阿林顿市的纳税人，给了你另一个便宜——一座几百万美元的崭新的体育场。

所以我并不奇怪你为什么能当选总统。你没有为之付出或赢得它——因为它一定是你的。

你觉得这一切没有任何问题。

你怎么会觉得有问题呢？你所了解的生活就是这样的。

我永远也忘不了第一次宣布戈尔赢得了佛罗里达州竞选的那个晚上，你坐在政府大楼的情景。你在父母的陪伴下，给担任佛罗里达州州长的哥哥打电话，你表现得非常平静，没有丝毫的焦虑。你对媒体说，你的哥哥向你保证，佛罗里达州是你的。如果姓布什的人说是这样的，那就是这样的。

但事实不是这样。当你明白了总统的职位是需要努力争取并要赢得民众的选票时——是的，赢得民众——你暴怒了。你派出自己的打手詹姆斯·贝克（“该死的犹太人，他们是无论如何都不会给我们投票的。”这是他在1992年给你父亲的建议）欺骗美国民众，并激发国民的恐惧心理。当这些都没有效果时，你来到联邦法庭，要求停止计票，因为你知道投票的结果。

打败我的是你如何向庞大而邪恶的联邦政府寻求帮助！你在竞选活动的每一站的口号不都是这句话吗？

> 我的对手相信联邦政府。我相信你们，我的国民！

于是，我们现在知道了真相。你完全不相信你的人民。你操纵联邦接受你的要求（你辩解说：“相信机器，而不是人民。”），但法官并不买账，这可能是你生命中第一次有人对你说“不”。

现在，你会怎么做呢？根据《纽约时报》的报道，你竞选资金的90%来自于775个美国的百万富翁。哦，他们本可以帮你摆脱困境的！我不指望他们——这可不像他们在克林顿时期经历的财政困境。他们清楚干了这件蠢事对他们没有什么帮助。我想，你现在只剩下一个人了，我的朋友。

布什先生，你唯一的希望就是戈尔变得软弱无能并投降。我们有充分的证据证明民主党人是多么喜欢投降。你和你右翼的朋友们清楚，民主党人都是软骨头。你是否还记得戈尔和所有的民主党人如何通过投票，将反对堕胎的狂热分子安东尼·斯卡利亚送上最高法院，以及11名民主党人如何在克拉伦斯·托马斯的问题上发挥重要作用的?

这就是你的算盘——恐吓戈尔和他的政党，让他们相信一群特别的人对他们很恼火，伪造一份民意调查支持这一说法，找几个废话连篇的道学先生对他进行指责和攻击。也许，只是也许，你将会成为最后的胜利者，而这个胜利原本不属于你。

2001年9月11日，劫机者驾驶两架飞机撞向纽约的世贸中心，第三架飞机撞向华盛顿的五角大楼，第四架飞机在乘客的反抗下，坠毁在宾夕法尼亚州，这次袭击造成3000多人死亡。

紧随袭击而来的，是布什总统和其他众多政治家大声疾呼要做出回击。不久，阿富汗就成了他们攻击的目标，尽管大部分劫机者来自于沙特阿拉伯，也没有明显的证据证明阿富汗政府与此次袭击有关。美国弥漫着悲伤的情绪，一些人呼吁进行报复，但“9·11”事件中很多牺牲者的家属反对这样的行为。这些人聚集在一起，组成了一个叫作“‘9·11’家庭要求和平的明天”的组织。

最早反对将“9·11”事件当作发动战争的借口的两个人是奥兰多·罗德里格斯和菲利斯·罗德里格斯。他们的儿子格雷戈里那天在世贸中心的103楼工作时因袭击而丧生，年仅31岁。

在遭到袭击后的第四天，罗德里格斯夫妇将这封公开信投给了《纽约时报》和其他报纸。

奥兰多·罗德里格斯和菲利斯·罗德里格斯：《不要以我们儿子的名义》（2001）

我们的儿子格雷戈里是世贸中心被袭后的众多失踪者之一。

刚听到这个消息时，我们经历了悲伤、安慰、希望、绝望、美好的回忆，他的妻子，我们这两个家庭，我们的朋友、邻居，他的同事，以及所有聚集在皮埃尔酒店的悲伤的家庭都经历了这些感受。

我们发现伤痛和愤怒也写在我们遇到的每个人的脸上。我们无法关注对此次灾难的新闻报道，但我们看到的新闻已经足以让我们觉察到美国政府正在准备采用武力报复，可以预见，在一个遥远的地方的儿女们、父母们、朋友们将因此丧生、受苦，承受更大的悲伤。不应该是这样的。不要为我们儿子的死而报仇，不要以我们儿子的名义发动战争。

我们的儿子是反人性的意识形态的受害者。我们的行为不能也和他们一样。让我们承受悲伤。让我们反省和祈祷。让我们找出一个合理的解决方式，为世界带来真正的和平与正义，但不要让整个美国再为这个时代增加反人性的行为了。

丽塔·雷萨是"'9·11'家庭要求和平的明天"组织的创建者之一，她在"9·11"事件中失去了她的弟弟艾弗拉姆·亚伯·察尔马罗维茨。他本可以跑出来的，但他待在里面帮助一位四肢瘫痪的同事恩·贝伊。

当布什总统在华盛顿的国家大教堂的演讲中提到亚伯的英雄壮举时，雷萨愤怒地表示，美国正在利用她弟弟的牺牲，使其入侵阿富汗具备正义性。

对阿富汗的袭击开始后，雷萨加入了一个代表团，去拜访那些在美国袭击阿富汗的战争中失去亲人的家庭，并且目睹了关于这次轰炸造成的影响的第一手资料。

在她弟弟一周年祭日前夕，丽塔·雷萨写下了这篇评论。

丽塔·雷萨：《若想避免另一次"9·11"，美国必须加入这个世界》（2002）

去年9月11日，飞机撞向世贸中心时，我的弟弟艾弗拉姆正在北塔，他没有加入撤离的队伍，因为他的挚友兼同事是一个四肢瘫痪的人，他不能顺利离开，我的弟弟非常担心他的安全。所以，艾弗拉姆留了下来，希望能够得到救援。当救援没有到来时，他和他的伙伴，以及数千名无辜的纽约人一起离开了这个世界。

我的生活在那一天改变了。双子塔遇难者所有家属的生活都改变了。

在宾夕法尼亚州坠毁的飞机上，乘客家属的生活改变了。五角大楼遇难者所在的数百个家庭的生活改变了。可能在较小的程度上，在美国的很多人的生活改变了。

这场灾难发生后的几个月内，我常常听到“9·11”事件如何改变世界。但我不认为这次袭击改变了世界。至于说到美国人相信“9·11”事件改变了世界，这是因为他们并不非常了解他们生活的这个世界。

我从没听到任何人说1994年卢旺达恐怖大屠杀改变了世界，有50万人在那次屠杀中丧生。也没有人对我说印度尼西亚在20年间对20万东帝汶人的屠杀改变了世界。甚至没有人说过在撒哈拉以南的非洲每天有8万人死于艾滋病这件事改变了世界。

这些人不如我亲爱的弟弟重要吗？

虽然我个人非常悲痛，但我必须指出，与这些更加严重的灾难相比，“9·11”事件并没有改变世界。“9·11”事件以一种可怕的方式邀请美国人加入这个世界，而这个世界通常是一个麻烦不断的地方。问题是我们是否会接受这个邀请。

不幸的是，布什总统对这件事没有兴趣。他不想让美国加入国际刑事法庭，甚至不愿意与其合作。他还终止了与俄罗斯长期的反弹道导弹协议，哪怕印度和巴基斯坦因处于核战争的边缘而战战兢兢。他拒绝在旨在减缓全球升温的国际协定上签字。他也不会批准禁止陆地采矿的协议，导致美国一直干涉伊拉克、伊朗和朝鲜——布什所谓的“邪恶轴心国”。

现在，总统正计划向伊拉克开战。且不说伊拉克并没有做出任何引发战争的侵略举动，我们根本就没有任何证据表明伊拉克与“9·11”事件有关。总统似乎并不在意全世界反对美国入侵伊拉克。

参与了第一次海湾战争的国际盟军凭借这个原则结成同盟：不能在没有受到挑衅时入侵其他国家。现在，白宫打算解散这个同盟，它要在未被挑衅的情况下入侵伊拉克。

孤立的美国是一个不安全的国家。正像“9·11”事件表现出的那样，没有足够高的屏障，没有威力足够大的炸弹，没有足够聪明的大脑让美国免受伤害。

我们的结论是美国是孤立的。只有这个世界欠我们的，没有我们欠这个世界的。这是布什“你不是朋友就是敌人”这一立场隐含的前提。而这一立场是短视的，以自我为中心的。

或者我们可以睁开眼睛，看到众多的机会可以让这个星球更安全、更公平。通过积极加入国际组织、多边协议以及倡导和平与社会平等的协定就可以实现这一点。

“单打独斗”的策略已经行不通了。如果我们需要这个世界从根源上铲除恐怖主义，我们就必须向其他国家提供帮助。我们必须明白，这个世界上有数百万人完全能够体会到像“9·11”这样的灾难。

当人们有这样的意识时，也只有在那时，我们才能瞥见“9·11”事件是如何改变世界的。

“9·11”事件之后，美国政府通过了很多限制公民自由的政策，最臭名昭著的当数2001年的《爱国者法案》。国会的民主党和共和党议员以压倒性的优势通过了这一法案，而他们当中很多人根本就没有阅读法案的内容。

这份法案赋予政府极大的权力，政府可以窃听、抓捕、拘留与恐怖主义有关系的任何“嫌疑人”。南亚和其他有色人种成了美国攻击的目标。这些人还在大街上、工作中或家中遭受到语言和肢体的攻击。低收入亚裔移民组织（DRUM）领导人慕娜美·莫里克这样写道：“在这段悲伤的时期，我们不得不承受可能是这个国家最大规模的反对阿拉伯、南亚的暴力行为。”

莫里克出生在加尔各答，在布朗克斯长大，此前在纽约出租工人联盟工作，1997年成立了DRUM。“9·11”之后，她为《玛纳维》写了《后“9·11”时期组建我们的团体》这篇文章。

《玛纳维》是设在新泽西州的新不伦瑞克市的南亚时事通讯。

慕娜美·莫里克:《后“9·11”时期组建我们的团体》(2001)

导致众多人丧生的“9·11”事件后，我发觉组建我们自己的团体变得更迫切了。但这不是因为“9·11”事件或将会成为唯一的大规模平民伤亡事件。自海湾战争后，超过50万伊拉克儿童直接死于美国对伊拉克的经济制裁。这些孩子的生命就这么没有价值吗？面对大规模的反人性的战争和专制，民间团体将成为建立一个以社会公平为核心的世界的希望之泉。团体组织和服务项目、主张、救济工作的区别在于团体组织会去挖掘并解决导致社会不公正的根源问题，以此来解决表面问题。但问题是我们是要挑战压迫我们的机构还是维持现状？

“9·11”的灾难深深伤害了整个南亚的团体。首先，我们团体的成员也死在世贸中心。更重要的是，那些失踪者中很大一部分人是低收入的非法移民，从事服务行业，他们的家人没有资格获得联邦救助和抚恤金。其次，在这段悲伤的时期，我们不得不承受可能是这个国家最大规模的反对阿拉伯、南亚的暴力行为。从恐吓到殴打再到杀害，全国报道了数百起这样的事件。我们的房子、组织、做礼拜的地方持续遭到袭击。而这些仅仅是被报道的事件。不仅如此，由于新通过的反对恐怖主义的法规，种族定性，暂时剥夺来之不易的公民基本权利，这种反对移民的激烈冲突很快变成了有组织的行动。自“9·11”之后，数千名移民遭到非法拘留和驱逐，这些人大多是阿拉伯人和南亚人。再次，美国对阿富汗的轰炸，在巴基斯坦驻军，要开始一场没有期限的战争，这让我们当中的很多人担心我们的组织和家庭将被破坏。

鉴于全国范围内对南亚移民组织的敌对情绪，尤其是考虑到近几年来到美国的非法移民，现在比以往任何时候都迫切需要成立一个组织以对抗日益增长的保守主义，这种保守主义会让这些年反对种族主义、追求男女平等、追求更好的工作环境的努力付诸东流。我们的短期目标是重建组织的安全性以应对种族暴力，并向非法移民的家庭提供紧急援助。我们的长期目标是向种族主义和仇外主义提出挑战，结束以《爱国者法案》或其他的反对移民的法案为依据的全国性的暴力活动，与移民领袖、有色人种的团体共同组织反战运动，尤其要关注那些在历史上历来不被重视的声音，如妇女、非法移民和低收入群体发出的声音。

…………

现在是时候要问问自己究竟想站在哪一边了。一边是持续对第三世界人民的暴力攻击，我们已经在9月11日那天瞥到了它的结果；另一边是正义与和平，不仅包括美国国内的移民、穷人、妇女、有色人种，还包括美国国外的阿富汗人民以及其他受到美国军事和专制统治的国家。DRUM和我们正在组建的团体会选择后者。

当布什总统明确表示阿富汗战争后美国将会攻打伊拉克时，全国众多劳工联盟通过决议反对战争。100多个城市的市议会也通过了反战决议。

下面，是国际卡车司机兄弟会伊利诺伊州芝加哥当地的705分会通过的决议，这是全国规模最大的卡车司机团体之一。

国际卡车司机兄弟会705分会：《反战的决心》（2002）

有鉴于，我们珍惜我们的儿女、我们的兄弟姐妹的生活超过布什对中东石油利润的控制。

有鉴于，我们没有与普通的工人阶层及在伊拉克战争中的那些遭受苦难的儿童发生过争执。

有鉴于，数十亿美元被花费在这场战争中，意味着这数十亿美元从我们的学校、医院与公共安全领域被抽走；尽管布什发动战争用于掩盖与转移经济不振、公司的腐败、失业与哈特利法案（曾用于针对国际码头工人工会）。

有鉴于，国际卡车司机兄弟会705分会是作为正义的勇士而广为人知。

我们立场坚定地反对布什总统发动战争。

为了进一步表明我们的决心，国际卡车司机兄弟会705分会执委会发表了这份声明，并在劳工运动及社团中寻找其他对推动反战运动感兴趣的工会组织、劳工及社团活动家。

若雪·柯利，常青学院及正义与和平奥林匹亚运动组织的成员。2003年早些时候，她作为国际团结运动组织的志愿者赶赴巴勒斯坦加沙地带。2003年3月16日，她在试图阻止对巴勒斯坦家庭住宅破坏时被履带式推土机碾轧致死。

推土机由一名以色列人驾驶，但是是美国制造的。司机不是没有看到柯利，她穿着鲜亮的橘黄色夹克，并且手持扩音器在喊话。

柯利去世后，她的家人与朋友们发表了她的一些令人感动的记述与反对以色列在美国支持下侵占巴勒斯坦的有关信件。

下面，是她寄回家的信件中的一封。

若雪·柯利：《来自巴勒斯坦的信》（2003）

各位朋友、家人：

大家好！

我现在到达巴勒斯坦两周又一个小时了，我仍然只能用很少的词汇来描述我所见到的情况。当我坐下来写信的时候，对于我来讲最困难的是我下一步将去哪里。我不知道这里的儿童是否曾经生活在没有占领军四处巡逻以及塔楼上没有被坦克炮击出洞的环境中。我想，尽管我不能完全确信，但是甚至是那些最小的孩子同样明白他们的生活环境与其他地方不一样。一个8岁的孩子在我到这里两天前被以色列的坦克杀害了，许多孩子低声地告诉我他的名字——阿里，或者指着贴在墙上的海报上的他。

孩子们也喜欢通过问我“沙龙怎么了”“布什怎么了”，让我练习我有限的阿拉伯语，当我用阿拉伯语说“布什疯了”“沙龙疯了”的时候，他们大笑。当然我相信这不是全部，一些可以讲英语的成年人纠正我，布什是商人。今天，我试图说“布什是工具”。但是我不认为这样翻译是正确的。然而，无论如何，这里一位8岁的小孩对于全球力量结构的了解比仅仅几年前的我所了解的还要多。

你不能想象，除非你看到了，甚至你会一直认为你所经历的这些不是现实：以色列军队枪杀了一名没有武器的美国公民，他们所面临的处境是什么？当军队破坏了水井，人们不得不花钱买水喝，他们的感受是什么？当然，我有离开这里的选择权。我的家人中没有人被枪杀，开着他们的车，从我家乡的一条主街尽头的塔楼开始风驰电掣。我有一个家，我被允许去看大海。当我离开学校或工厂的时候，没有手持武器的士兵等在泥湾与奥林匹亚市中心半途中，决定我是否可以随心所欲地去办我自己的事，及办完事后是否还能正常回家。事后才想到所有这些凌乱的东西，我在拉法——一个大约有14万人口的城市，其中有60%是难民，他们中的许多人是第二次甚至第三次避难。

今天，我行走在曾经是住宅的碎石上，埃及士兵在边境的那一边冲我喊：“走开，走开！”因为一辆坦克开来了，然后他挥舞着手臂问，“你叫什么名字？”某些事扰动着这些充满友好的好奇心，它提醒我，这种好奇心会有多少，会是怎样的程度。我们都拥有孩子一般的好奇心，埃及的孩子们对游荡在坦克通道上的陌生女子大喊，巴勒斯坦的孩子们躲在墙后面偷看发生了什么的时候被坦克射杀。各国的孩子们站在挂着横幅的坦克前面，以色列孩子们在没有标志的坦克里，时而叫喊，时而挥舞手臂——许多是被强制带到这儿的，有一些是好斗的。

获取外面世界的信息对于在这里的我是很麻烦的事，但是，我听说伊拉克战争的升级将不可避免。有大量对于重占加沙的新闻报道，每天，加沙都被不同程度地侵占，但是我想，真正让人们恐惧的是坦克开进街道并且滞留在这里，代替了以前那种坦克开进街道几个小时或几天后在社区边缘观察，开几枪后就撤离的状况。对于这个地区的人来讲，如果还未想到战争的后果，我希望他们现在可以开始思考了。

2003 年 2 月 15 日，全球超过 1000 万人表达了反对伊拉克战争的立场，这是人类历史上最大规模的国际协同抗议活动。尽管警察用路障阻止人们游行，仍然有超过 100 万美国人参加示威，其中纽约有 50 万人参加。

抗议示威两天后，《纽约时报》的记者在头版刊文：“伊拉克战争与本周末遍布全球的反战示威让西方国家联盟破裂，它提醒人们，在这个星球上仍然有两个超级大国：美国与世界公众舆论。”

2003 年 2 月 15 日，数十名活跃分子在纽约街头发表反战演讲。下面是演员及非裔美国社会活动家丹尼·格罗佛的演讲。

丹尼·格罗佛在世界反战日的演讲（2003）

我们来到这里，重申我们作为世界公民和平抗议的权利。我们必须以一个声音去要求那些大规模杀伤性武器的使用者——我们自己的国家解除它们。那些制造恐惧氛围者应当停止他们的谎言，注意本国人民及世界上其他地方的人民对战争说“不”的愿望。这，就是我们来到这里的原因。

今天下午，我们为了能站到这里，克服了重重障碍。另外，地球母亲向我们露出了笑容，因为她清楚地理解我们的声音一定会被听到。她知道，她身患重病，并且知道，只有我们，我们的人民，能够治愈她。她非常清楚这一点。

我们已经克服了在本次行程中被故意安置在通往纽约市、纽约州及联邦政府机构路途上的各种障碍。今天，我们已经克服了因为来到这里而产生的恐惧，因为只有承认了这种恐惧，才更能展示出我们来这里举行示威抗议的真正勇气。我们站在这里，因为我们表达异议的权利及我们作为真正民主制度的参与者的权利，已经被那些由谎言炮制者和谋杀者组成的政府所劫持。他们诅咒我们，因为我们站在了他们那充满邪恶和残忍的发动战争的路途上。一个堕落和贪婪的政府是永远无法被满足的。我们站在历史的开端对他们说："不要以我们的名义！不要以我们的名义！"

我们站在这里是非常重要的，因为将来不可避免地，我们将挑战美国在几内亚湾的政策，我们将不得不这样做。我们不得不挑战潜在的非洲再殖民主义。我们站在这里，因为我们站在那些在我们之前就来到过这里倡导和平与公正的先辈的肩膀上——人们喜欢的芬妮·娄·哈默、哈丽特·塔布曼、马丁和马尔科姆、杜波依斯、杜桑·卢韦杜尔。

在200年前，杜桑·卢韦杜尔48岁的时候领导了海地岛的反奴隶运动。我们站在这里，是的，我们站在这里，因为保罗·罗伯逊为我们站在这里而感到骄傲。他对我们说，我们正在攀登雅各布的天梯！[①] 我们正在攀登雅各布的天梯！我们正在攀登雅各布的天梯！

在克林顿和布什任职期内，媒体变得越来越集中在极少数人手中。于是，社会活动家们积极寻求建立一些敢于揭露真相的独立媒体。

他们所做的各种努力中，最为重要的是为挽救太平洋广播网络公司及《今日民主》节目而展开的各种运动。

这里，记者艾米·古德曼讨论了在2003年入侵伊拉克期间独立媒体的重要性。

① 雅各布的天梯：西方神话中的一个故事，讲的是雅各布做梦时梦到自己攀登登天的梯子，取得了"圣火"。于是，后人便把神话中的梯子称为"雅各布的天梯"。

艾米·古德曼：《战争时期的独立媒体》（2003）

不久前的一天，《每日新闻报》记者问我：“你反对嵌入式记者吗？”我知道他们是说在主流媒体中，“我们的记者嵌入到美国海军陆战队中”。

甚至，前不久的一天，沃尔特·克朗凯特提出了反对意见。“什么是负面词汇的选择？”他问道。于是，他遭到了批评。在记者职业化的今天，你很少在主流媒体中听到批评意见，不是吗？你能看到批评性报道吗？

有些人，例如威斯利·克拉克将军，他“荣登”美国有线电视新闻网络公司在职人员名单。他正在前线询问那些嵌入式记者，那些记者回答：“是！将军。”“不是！将军。”

这就是今天的美国记者！他们重新定义了“通稿新闻”，我们已经向其发起挑战。为什么有退休将军出现在媒体在职人员的名单上，而和平主义者以及和平主义领袖们却没有在该名单上出现呢？那么，让我们有同样数量的记者嵌入到伊拉克家庭中，让我们的记者同样嵌入到遍布全球的和平运动中，或许我们还可以获取对众多事件更精准的报道。阿隆·布朗有一些有趣的评论，他说，他承认 CNN 的《新闻之夜》节目对于和平运动来讲有点晚，但是，一旦战争开始，那些声音就不再是可有可无的了，因为战争已经开始了。

我们正在“欣赏”那些具有浪漫主义色彩的新闻图片：士兵们的背脊映在美丽的落日余晖中，以及那些嵌入式摄像师抓拍的日出时刻航空母舰上齐刷刷的战机。

回忆一下主播唐·拉勒报道的那些炸弹落在伊拉克的夜晚。他播报：“早晨好，巴格达。”汤姆·布罗考播报：“我们不想破坏伊拉克的基础设施，因为我们在未来的某一天内将拥有它。”彼得·詹宁斯在对美国广播公司记者克里斯·科莫做访谈，然后，他走向街头，来到时代广场，那里早已聚集了成千上万名在冰冷的雨水中抗议战争的人。

他们的标语牌被雨水浸湿，人们试图将雨伞打开，警察冲向一部分人群。詹宁斯对科莫说：“他们为什么来到这里？他们希望表达什么？”然后，他说，“他们的标语牌上写着‘不要带血的石油’，但是当你问他们那是什么意思时，他们看起来非常困惑。我认为他们并不知道自己为什么要聚集在这里。”是吗？难道集会的人是遇到了交通大堵塞吗？答案是否定的。为什么詹宁斯不邀请他们去演播室，像那些将军一样进行讨论呢？

为什么他们也没有将医生们列在媒体在职人员名单上？那样，你们就能对洛克希德·马丁公司制造的炸弹和被击落的各种飞机，以及它们是否能精确制导进行广泛的讨论。然后，你们可以与医生们讨论炸弹的威力，不仅仅是为了战争或者反对战争。

榴霰弹是如何“钻”进你的皮肤的？当你的脚被炸飞，但你幸运地没有被炸死的时候，意味着什么？这恰恰证明媒体已经变得平庸不堪。

不仅仅福克斯，还有微软全国有线广播电视公司及（美国）全国广播公司（被通用电气这个世界上最大的核武器制造商所拥有），将五角大楼对伊拉克的入侵称作“伊拉克自由行动”，并作为他们新闻报道的口径。那就是五角大楼干的，他们研究了最有效的宣传名字来称呼他们的行动。然而，对于媒体使用五角大楼提出的称呼，每天看到“伊拉克自由行动”这样的新闻报道字眼，你不得不发问：“这就是标榜公正、客观的美国国家媒体吗？”

现在，媒体不得不开始报道一点抗议，但不是我们所谈论的事件。它是每天在《纽约时报》上的头版和《华盛顿邮报》大字标题上的故事。他们抨击外交政策。

对新闻报道的公正性和精准度做个研究吧！本周，科林·鲍威尔将军去国家安全委员会参加有关入侵伊拉克的会议，一个星期后，这个国家超过一半人反对入侵——他们研究了哥伦比亚广播公司的《晚间新闻》、全国广播公司的《新闻之夜》、美国广播公司的《今晚世界新闻》以及美国公共广播公司的《吉姆·莱赫新闻时间》。4 个新闻广播节目，2 个星期，393 个有关战争的访谈，其中 3 个是反战的声音。

几乎是 400 个中的 3 个，并且包括美国公共广播公司。这种情况不得不被改变，它将面临挑战。

提供能够充分表达争论、痛楚，讨论那些需要在全国范围讨论的事情的多元化意见表达平台，这是媒体在一个民主社会的责任。

在入侵开始前的一小段谈话中，我说以后媒体上直接刊登被枪瞄准的萨达姆·侯赛因的满版照片，而不是一个伊拉克小女孩，应该更为准确。因为在那之前，她可能就已死于这场战争了。大量无辜的平民死亡了。请问，在入侵的第一夜发生了什么？导弹空袭了巴格达的居民区。政府说，这样可以除掉萨达姆·侯赛因。当炸弹落下的时候，独立记者梅·英·威尔士正在那里——就是《今日民主》节目中经常提及的那个人——在首次袭击后去了医院。在那轮导弹袭击中，有一个4岁的小女孩及她的母亲、母亲的姐姐受了重伤。

我们的使命是将不同政见在美国大众化，所以，当你在工作场所，有人走过饮水机旁时做了一个评论，其他人不觉得震惊，那就是建立在这个国家公开表达上的优良传统。人民参与对不同意见的表达，在这个国家，我们拥有一个平行的世界。这是世界上最伟大的民主。至于其他人，移民们被关在拘留所里，他们没有权利，甚至没有律师。我们不得不到那里看望并倾听他们的声音。我们不得不讨论他们的故事，直到他们能够自己讨论自己的问题。这就是为什么我想《今日民主》节目对于非主流媒体（比如遍布全国及世界的独立媒体）是一个非常好的模式。

如果媒体的存在只是为了满足那些厌倦日常生活甚至害怕知道这个世界现实的人的猎奇心或一时兴趣，那是非常危险的。不同的政见使得这个国家政治健康。于是，媒体为之而战，下一步，我们为媒体的独立而战。

2003年3月20日，美国政府无视抗议与全球的反对意见，发动了对伊拉克的战争。一些最重要的不同政见是来自士兵和他们的家属的。他们问道："是伊拉克大规模杀伤性武器库的威胁引发了战争吗？"但没能找到答案。

布什总统声称在5月1日终结主要打击行动。但是士兵的死伤数量继续攀升，很快超过了入侵期间的数量。美国士兵很快不再被看作解放者，而是被看作占领军。

2003年8月，在伊拉克的摩苏尔，蒂姆·普雷德摩尔——第101空降师的一名士兵，写下了如下的声明，刊登在伊利诺伊州的《皮奥里亚星报》上。

随后，该文刊登在《洛杉矶时报》上。

蒂姆·普雷德摩尔：《还要有多少人必须死掉？》（2003）

“震惊”和“畏惧”是用于描述解放伊拉克战争开始后可怕的景象的词语。它作为特写，戏剧性地展示了在美国、英国军队武器系统中军事力量的强大，以及高技术含量。

然而，作为准备入侵伊拉克的美军士兵，词语“震惊”和“畏惧”深深地植入了我的灵魂。这两个超级强国——美国和英国破坏了它们要求其他国家遵守的规则，在没有联合国同意的情况下，忽略了本国人民的意愿，入侵伊拉克。

“震惊”和“畏惧”，是的，这词语准确地描述了准备参加这场战争的我所受到的心理冲击。

从这场被称作“解放和自由的战争”打响第一枪的时刻，伪善去掉了。随后，阿拉伯电视台播放了美军士兵死亡和被抓捕的画面，当口诛笔伐网络上展示的这些刺眼的图片的时候，英国和美国领导人发誓要报复。在萨达姆的两个儿子（乌代·侯赛因和库赛·侯赛因）死亡后数小时之内，美国政府公布了这两个人的照片，让全世界观看。一个“按我们所说的做，而不是我们做的事”的脚本呈现在世人面前。

作为赴伊拉克的美军士兵，我们被告知，我们在这里的目的是通过提供必要的军事支持以及人道主义努力来帮助伊拉克人民，并告诉我们人道主义精神在哪里。最近的《星条旗报》上描述了两个年轻的孩子被他们的母亲带到美军兵营，寻求医疗救助。两个孩子是因为在发生爆炸的圣餐礼仪中玩耍而被烧伤的。文章讲述了两个孩子在一个小时的等待后，是如何被两名美国军医拒绝治疗的。这是士兵记述的在美国军队里他所目击的许多意外事件——“暴行”之一。

这就引发了诸多问题：我们来这里的目的是什么？入侵伊拉克真的是由于大规模杀伤性武器引发的吗？如果是这样，大规模杀伤性武器在哪里？我们的入侵是为了除掉与本·拉登关系密切的政权及其领导人吗？如果是这样，证据在哪里？我们的突袭侵略是由美国的经济利益引发的吗？伊拉克的炼油成本在世界上是最低的。噢，或许两者仅仅是巧合。

这看起来好像是一场现代版的“十字军东征”，而不是解放被压迫人民或者解放一个由凶残的独裁者统治的世界，但这“十字军”在控制其他国家的自然资源。至少我们是这样，石油是我们来这里的原因。

只有一个真相，那就是美国人在不断地死亡。在伊拉克每天大约有10—14起针对军人（包括女性）的袭击。死亡的人数在不断增加，看起来这一情况有扩大的趋势。

我曾经相信我为一个原因而服务：支持和维护美国宪法。

现在，我已经失去了我的信条、我的决心。

我不能证明我所服务的军队的行动是为了我所相信的真相。我的时间以及那些我们为之奉献力量的对象的时间已然流逝，我们在这里时时刻刻面临着死亡，却没有合理的理由。

在让那些保护所谓的“美国利益”的士兵返回自己的国家之前，还要有多少人必须死掉？还要有多少眼泪应该继续流淌？

玛丽察·卡斯蒂略及19名其他国民警卫队队员的家属来到伊拉克战场。下面是他们给佛罗里达军事事务部美国陆军上校麦克·G. 琼斯的公开信。

玛丽察·卡斯蒂略等给美国陆军上校麦克·G. 琼斯的公开信（2003）

尊敬的琼斯上校：

我们——佛罗里达国民警卫队士兵的亲属们，希望以此信表达我们对士兵们延期返回家乡的立场。我们想告诉您，我们正团结一致地在为士兵们尽早返回祖国而斗争。

这封信只是提醒您，士兵们离开家乡，离开他们的孩子、妻子和父母，离开他们就读的大学或放弃他们的工作，在一个毫不了解的国家，不了解那里的语言与文化，一天24小时充满着危险，时刻遭到地雷、炸弹和子弹的威胁，身着军装，携带着他们的装备，在华氏130度的地方卷入游击战，已经8个月了。

在不到3个月的时间里，在拉马迪，一小群士兵已经遭到无数次的袭击，造成4名士兵残疾，另外1名因伤重而昏迷。这数字还不包括那些受轻伤的士兵。

国民警卫队的士兵是平民，不是现役军人。他们从来没有受过在沙漠中作战及在城市中打游击战的训练。自从我们到达拉马迪，我们就了解了这些，我们年轻的士兵们开始巡逻及搜捕可能藏有游击队员的住宅。我们知道他们缺乏足够的装备。许多时候，他们在没有防弹背心的情况下巡逻，在缺乏足够的武器弹药的情况下应对游击队。这还不足够吗？几个月来，他们承受了多少次凌虐？

我们将不再提及士兵们遭受的每一个痛楚和苦难。我们仅仅想告诉您，我们知道他们正在经历的，我们不再对这些耻辱保持沉默。我们将不停地呐喊，直到这些年轻的士兵回到自己的家乡。

我们决定将为此抗争到底。如果有必要，一个母亲团将进行一场不定时的绝食抗议。您不但要为年轻的士兵们的生命承担责任，而且还要对他们的母亲承担责任。我们将不接受政治道歉。布什总统政府缺乏善意，违背联合国“关于通过各国合作恢复伊拉克政府权力”，是仅由大国组成的国际力量参与的行动不可能顺利的理由。我们被告知的所谓联合政府实际上是不存在的。承载着这场战争的是美国的军队，由于傲慢和不公的态度，使我们的孩子牺牲在异国他乡。

我们要求年轻的士兵立即回家！我们将不再放弃我们所爱的人！我们将不再放弃我们的军队！我们将日复一日，挨门挨户地要求他们回来。

我们将邀请全世界的人加入我们的行列。我们不会放弃我们的抗争，直到年轻的士兵全都回到家中。

第二十五章
战争与不公正：人们大胆地讲出来

卡米洛·梅伽：《我发誓效忠于消除贫穷和压迫的事业》（2005）

辛迪·希恩：《是反战合唱团开始唱歌的时候了》（2005）

凯文：《帕特的生日之后》（2006）

持续高涨的反对伊拉克战争的呼声已经影响到军队招募新兵。

从伊拉克战场回来的士兵，开始以严肃的反战者身份发表反战主张。开小差的人员在增加。

2004 年年底，哥伦比亚广播公司报道，在一年半以前，“自伊拉克战争开始，已经有超过 5.5 万军人成为逃兵”。他们中的许多人去了加拿大。《纽约时报》报道：“军队遭到了来自让他们返回军事岗位的超过 2000 名退伍士兵的抵制。”2006 年秋天，一些称作公民士兵的人在纽约水城开设了“不同的鼓手网络咖啡屋”，向附近一个大的军事基地德拉姆堡的美国大兵开放，是一个他们可以运用互联网、喝咖啡分享有关战争观点的地方。当招募士兵的军官去高中试图劝募年轻人加入军队的时候，反招募组织者也会光顾学校，向学生们提供有关战争成本的不同信息。

美国大兵的父母们开始大胆地发声。辛迪·希恩，在伊拉克战争中失去了儿子，变成了反战的国家符号。作为一种新的情绪信号，供职于著名新闻机构的随军记者们开始大胆地发声。安迪·鲁尼，在非常热门的电视节目《60分钟》里，在2006年美国阵亡战士纪念日，作为一名参加过第二次世界大战的老兵，当着千百万群众的面，发表声明："我愿我们所缅怀的这个肃穆庄重的纪念日，不仅仅是纪念那些在战争中阵亡的战士，更应该寻找出一个根本的办法去挽救那些会在将来的战争中献出生命的年轻人……让战争远离我们的生活。"

海伦·托马斯，一名记者、老兵，在报纸专栏里写道："我们不需要更多虚假的时间表去拖延巨大的痛苦，我们需要从糟糕的境况中迅速退出。"

她针对民主党对于战争的无力应对，问道："反对党的反对意见在哪里？"

反对的声潮来了，事实上，不是来自政治领导人，而是来自普通的公民。当数千亿美元花费在战争中的时候，它正在变得清晰，即人民的急切要求正在被忽视。2005年8月，当飓风"卡特琳娜"毁灭新奥尔良及墨西哥湾的时候，当政府未能妥善帮助身陷密西西比河三角洲洪灾中的那些不论是白人还是黑人的穷人的时候，愤怒在数百万民众中爆发。

自20世纪30年代大萧条以来的最坏的经济危机让许多家庭期待着改变。奥巴马在2008年的选举中承诺改变，但是战争仍在继续——在伊拉克、阿富汗、巴基斯坦等地，而健康、住房、失业，还有弱势群体所坚持的诉求等各种社会问题，政府没有采取主动措施，进行雷厉风行的改变。于是，民众们开始呐喊，反战、反不公正，以及为自己生活之自由而呐喊。

卡米洛·梅伽是拒绝为布什发动的伊拉克战争作战而走进公众视线的第一位美国士兵，军事法庭因此判了他7个月监禁。

释放后，梅伽就投身于反战运动及组织反招募活动。

2005年，他在芝加哥做了如下演讲。

卡米洛·梅伽：《我发誓效忠于消除贫穷和压迫的事业》（2005）

参加美国大兵反战运动的我们那些伙伴，不论我们认识还是不认识，均面临着一个强大的敌人。当我们提到反战运动，仅仅局限于伊拉克战争，然而，伊拉克战争仅仅是被看作那些更大规模及更具有破坏性的战争的一部分而已。

强大的敌人是那些以资金支持国会及总统竞选的企业，这些企业在私有化的政府控制之中。每个星期花费美国人民几十亿美元，让他们的孩子们参加反对伊拉克儿童的犯罪战争。

当返回家乡的老兵被要求重返前线时，那些人说“支持我们的军队”，我们要与这些人做斗争。通过在 SUV 的保险杠上挥舞旗帜及拍打黄色的缎带支持军队，军队正在射杀伊拉克的兄弟姐妹，同时，一些阵亡的战友躺在覆盖着国旗的棺材里回到了祖国，让他们受伤的恐怖远离公众的视野。

我们与那些通过扩大饥饿与贫穷范围来扩展战争及收获利润的制造恐怖主义的人斗争！我们与那些为了资源而入侵并占领其领土，却因为那里的人拒绝被征服而称其为恐怖分子的人斗争！

不能再依靠对于冷战的雄辩，那些企业家、好战者需要这种全球恐怖主义去证明他们帝国拓展的合理性。所以，我们反对的战争是由遍布全球、生活在极度痛苦之中的几十亿人所在的企业发动的。

我们所称的美国梦，对于许多穷人来说，就是反对被企业掌控的战争的义务。这些人被称为志愿军。现在，我要说的是：请向我展示人人都可以享有公共医疗的社会；请向我展示一个人人都有接受教育权利的社会；请向我展示一个人人都可以挣到体面的工资、过着有尊严的生活的社会。然后，我将向你展示一个志愿军。

遍及世界的贫穷和压迫提供了帝国的构件，国内的贫穷和压迫提供的构件建立起了帝国的军队。请对帝国军队说“不”——拒绝参加针对伊拉克兄弟姐妹的帝国战争，我发誓效忠于世界上消除贫穷和压迫的事业。对帝国的军队说“不”——拒绝参加针对伊拉克兄弟姐妹的帝国战争，我发誓效忠于世界上的工人阶级。他们的斗争，是我的斗争，也是你的斗争。

辛迪·希恩的儿子凯西在2004年4月4日的一次伊拉克军事行动中被杀。下面是辛迪·希恩2005年8月在得克萨斯达拉斯的老兵和平集会上发表的演讲。这里紧挨着布什的得克萨斯克劳福德度假地，布什总统拒绝接见她，仅仅是因为希恩激励反对占领伊拉克的民众情绪。

辛迪·希恩：《是反战合唱团开始唱歌的时候了》（2005）

我对儿子说："你不要走。"我说，"你知道那是错误的，你知道你正在走向那里，你知道你的战斗单位正在杀害无辜的人，你知道你或许会战死。"他说："我的战友们正在开赴前线，如果我不去，他们将处于危险之中。"

8月，我们最勇敢的年轻战士们中有30人阵亡了，这仅仅是这个月的第五天。俄亥俄州海军陆战队的悲剧是可怕的。

乔治·布什将会中断他的休假去俄亥俄州看望30名阵亡的海军陆战队队员的家属吗？不，他不关心这个，他没有良心。这不足以中止他在克劳福德五个星期玩"小牛仔"游戏。

所以，像你能够想象的，每一天，悲痛中的父母们失去了——已经失去了他们的孩子。我不想用那个词——谋杀，他们的孩子被谋杀——这是极为艰难的，你甚至不能在我们的伤口上见到一小块伤疤，因为它每天都在被揭开。

海军陆战队的悲剧发生后，满嘴喷粪者和战争贩子乔治·布什在俄亥俄演讲，他说的两件事让我非常愤怒。

乔治·布什正在讲话，他并没有提及那些海军陆战队队员遭到恐怖袭击的可怕事件，但是他对阵亡士兵的家属说，要充满信心，他们所爱的人是为"高尚的事业"而牺牲的。

他还说——他经常说，这是真正让我发疯的地方——美国士兵不得不留在伊拉克完成自己的使命，要给予那些已经倒下的牺牲者荣誉。

我大声地发问："为什么要让更多的母亲经历我所经历的丧子之痛

呢？”我想说的是：他能够给予我牺牲的儿子的荣誉的唯一方法是将剩余的部队从伊拉克撤回来。让我儿子的死对于和平与爱有价值，而不是（布什）所代表的战争和恨！

我不想让他利用我儿子的死继续杀人，我不想让他利用我儿子及其他人的荣誉继续杀人。

我刚刚突发奇想，我要去克劳福德。我不知道克劳福德在哪里，但是我不介意，我要去，我将去那里，我将告诉他们：“你们这些邪恶的疯子走开！有一个母亲，（布什）他手上沾满了她儿子的血。这个母亲要质问他。”

我会说：“听着，乔治！第一，我要求，每次起床后，满嘴喷粪的你说你正在我儿子牺牲的伊拉克继续杀人。你说：‘除了凯西·希恩。’”

你没有获得我的许可使用我儿子的名字。

我会说：“你告诉我，我儿子是为了什么高尚的事业而阵亡的？”你如果说“自由和民主”，我会说“胡扯”，你应当告诉我真相。你应当告诉我，我儿子是为石油而死的；你应当告诉我，我儿子的死可以让你的朋友发财；你应当告诉我，我儿子的死可以让你在中东拓展你帝国主义的美式和平之路。

你应当让美国人离开伊拉克，你应当让以色列人离开巴勒斯坦，你应当停止恐怖活动。

如果你不想让我对你说“胡扯”，那你就错了，我说这是我心中的声音。

无论如何，我明天就去克劳福德，我会说：“布什，你出来！”如果他们说：“他不会露面的。”我会说：“好吧，我将在这儿支起帐篷，直到他出来。”

另外，我儿子在2004年阵亡，我还没有缴纳2004年的税。我把这事告诉每一个人，如果我从美国国税局收到一封让我缴税的信，我会说：“你们为了钱杀死了我的儿子，我不欠你们任何东西。”

我住在加利福尼亚的瓦卡维尔，如果你们能到那里找到我，就来把我送上法庭审讯吧。

作为有道德的人，去违背不道德的法律，并且抵制它。一旦一个国家的领导人向你说谎，他就没有权力统治你，这些疯狂的举动令他威信扫地，他或许可以把你的身体投进监狱，但是他不能把你的灵魂投进监狱。

在我长大的时代，那是“共产主义”，现在，它被称作“恐怖主义”。所以，一直有一些让我们害怕的敌人存在，所以，军工企业制造了更多的炸弹、枪支和子弹。

但是我看到了希望。我在这个国家看到了希望。58% 的美国公众与我们站在一起。我们发出同一个声音，虽然，并不是每个人都在发声。如果这 58% 的人一起呐喊，这场战争终将结束。

当前美国橄榄球联盟队员及陆军别动队队员帕特 · 蒂尔曼 2004 年战死在阿富汗的时候，布什总统讲到了他的死亡。但最后证明蒂尔曼是被美国士兵误杀时，五角大楼和白宫封锁了这个消息，甚至蒂尔曼的家人和凯文——与他在一个部队服役的兄弟，仍蒙在鼓里。

为了揭露这一真相，他的父母——玛丽和帕特先生满怀对伊拉克战争的真实感受，走到公众面前。他们认为这场战争是非法的，并且十分怀疑这场所谓的反恐战争。2006 年 10 月，凯文也发表了意见。

凯文：《帕特的生日之后》（2006）

11 月 6 日是帕特的生日。它让我想起在参军之前我们俩的一段对话，他提到了签下参军的文件后我们将要面临的危险，尽管我们在美国人民的仁慈佑护之下。

自从我们递交了我们的文件后，许多事发生了：不知为什么，我们被派去入侵一个国家，因为它直接威胁到美国，或者整个世界；港口遭到了恐怖袭击；卷入了“9 · 11”袭击；在尼日尔收到了武器级的铀；有一个移动武器实验室；有大规模杀伤性武器；去平息一场叛乱；去制止一场我们制造的尽管就是内战但不能被称作内战的内战。

不知为什么，我们民选的领导人由于在世界各地建立了秘密监狱，破坏了国际法和人道主义，秘密绑架人，将他们无限期地羁押，无理由地秘密起诉他们，秘密地施以酷刑。不知为什么，那些施以酷刑的公开政策成为军队中少数“坏苹果”式的错误。

不知为什么，回到家的时候，感觉支持士兵们就意味着看到一个 5 岁的幼儿园孩子用画笔涂抹着一幅画并将之寄往海外，或者在车里拍动着粘贴纸。一个士兵作为一个 5 岁的孩子的朋友，在阵亡前第三次或第四次征途中关心一幅由这个小孩子画的画或者一张在车里褪了色的粘贴纸是有趣的事。

不知为什么，越来越多的士兵阵亡了。

不知为什么，那些几十年前害怕与非法入侵者作战的人却让非法入侵者阵亡。

不知为什么，假的品行、情操和优点被宽容了。

不知为什么，来自于悲剧和恐怖的利润被宽容了。

不知为什么，死 10 个人——如果不是 100 个人或数千人，就可以被宽容了。

不知为什么，颠覆《权利法案》和宪法的行动被宽容了。

不知为什么，暂停实施《人身保护法》被认为是为了这个国家的安全。

不知为什么，酷刑被宽容了。

不知为什么，谎言被宽容了。

不知为什么，信仰、教义被无情地抛弃了。

不知为什么，美国的领导层设法建立一个更危险的世界。

不知为什么，不称职、自我陶醉、无德、无知及凶恶的罪犯仍然掌控着这个国家。

不知为什么，这就是宽容。

不知为什么，没有人对此负责。

幸运的是，这个国家仍然是民主国家，人民仍然有自己的声音，人民仍然可以采取行动。

后 记

我想用诗人、词作家、音乐家帕蒂·史密斯的一首歌的歌词作为结尾。

帕蒂·史密斯：《人民充满力量》（1988）

我在梦中梦想
一个光明而公正的梦
我被吵醒了
但我的梦并未逝去
在光明的山谷中
我呼吸到了纯净的空气
我的感官重新开启
我清醒过来，大喊
人民充满力量
要从蠢材那里夺回权力
在温和与优雅的沐浴下
人民被赋予权力

人民充满力量
人民充满力量

人民充满力量
人民充满力量

复仇的想法遭到质疑
弯下腰去聆听
士兵不再前进
因为人民自有公论
牧羊人和士兵
同在一片星辰之下
互换视角
放下武器
化为尘埃
在光明的山谷中
我呼吸到了纯净的空气
我的感官重新开启
我清醒过来，大喊

人民充满力量
人民充满力量
人民充满力量
人民充满力量

在沙漠之中
我看到泉水
犹如水中升起的乳汁
我们一起散步
没有嘲笑和批评
美洲豹和羔羊
自在地待在一起
我在希望中希望
回忆起自己的发现
我在梦中梦想

上帝了解更纯净的想法
当我臣服于睡眠之中时
我将我的梦献给你

人民充满力量
人民充满力量
人民充满力量
人民充满力量

梦到掌握权力的力量
与蠢材争夺这个世界
人民被赋予权力
人民被赋予权力
听，我相信梦到的一切
一切都会来到我们身边
我们可以转动世界
我们可以转动地球

我们充满力量
人民充满力量